전략 아키텍처로 대응하라

Enterprise Strategic Management
Enterprise Strategy Architecture and Strategic Governance

엔터프라이즈 전략경영
– 엔터프라이즈 전략 아키텍처와 거버넌스의 통합적 실천기법

박 동 준

소프트전략경영연구원

전략 아키텍처로 대응하라 :
엔터프라이즈 전략경영 – 엔터프라이즈 전략 아키텍처와 거버넌스의
통합적 실천기법
Enterprise Strategic Management : Enterprise Strategy Architecture and
Strategic Governance

박동준 지음

발행처: 소프트전략경영연구원
발행인: 박동준
인쇄일: 2011년 8월 5일
초판발행일: 2011년 8월 12일
등록일: 1993년 2월 10일
등록번호: 제22-146호
주소: 서울시 마포구 용강동 469 하나빌딩 3층 한결미디어 출판 컴플렉스
전화번호: (02)3436-3030 팩스: (02)3436-5656
웹사이트: www.aiasm.com

ⓒ 2011 박동준 Dong Joon Park, Printed In Korea

ISBN 978-89-7736-125-6

표지디자인: 김현진 eimal@naver.com

Enterprise Strategic Management

전략 아키텍처로 대응하라 :

엔터프라이즈 전략경영
– 엔터프라이즈 전략 아키텍처와 거버넌스의 통합적 실천기법
Enterprise Strategy Architecture and Strategic Governance

Enterprise
Strategy
Architecture

박동준

소프트전략경영연구원

Enterprise
Strategy
Architecture

서 언

우리의 현실인식

최근 국제경제의 현실이 위태롭다. 그리스 사태에 이어 아일랜드, 이탈리아도 재정위기를 맞고 있으며 유럽의 재정위기로 지구촌 금융시장을 공포로 몰아넣고 있다는 기사들이 쏟아지고 있다.

그리스에 이어 경제 규모가 유로 존에서 세 번째로 큰 이탈리아까지 재정위기 불똥이 튀었다. 이탈리아는 채무가 국내총생산의 120% 정도로 세계 최대 채무국 가운데 하나다. 갚아야 할 빚은 앞으로 5년간 약 9000억 유로, 천3백조 원을 넘는다. 그런데 이탈리아가 빚을 갚지 못하는 채무 불이행 상황에 빠질 수 있다는 우려가 빠르게 확산됐다. 이런 가운데 국제 신용평가업체 무디스는 아일랜드의 국가 신용등급을 '정크(투자 부적격)' 등급으로 강등했다. 불과 2년 전만 해도 Aaa 등급을 유지했던 아일랜드는 부동산 거품 붕괴와 재정위기로 인해 투자 등급을 상실하게 됐다.[1]

이와 같은 국가의 재정위기는 우리도 이미 10년 전에 사상초유의 경험을 한 적이 있다. 그 실상과 여파가 어떠했는지는 우리 모두가 직접 체험했던 악몽과도 같은 현실이었다.

그러나 외환위기극복을 위하여 전 국민이 합심하여 대응했던 그 현실에서 벗어난 지 얼마 지나지 않은 시금 또나시 국가부노의 우려를 염려하는 지직이 늘고 있다. 2011년 우리나라 국가채무는 393조원, 가계부채 801조원으로 가계와 국가부채를 합치면 1194조원이 되므로 전년도 국내총생산 1,172조원을 이미 넘어서고 있다. 여기에 추가석으로 5대 공기업 200조원(참고: 5대 공기업 부채는 전체 공기업 부채의 50% 수준)과 우리나라 30대 그룹 부채 규모, 1,036조원이 있다.[2]

더욱이 인구고령화와 사회복지 지출수요의 증가, 그리고 실업은 지속적

---

1) KBS뉴스, 이충형 특파원, 2011년 7월 16일자

2) 매일경제, 2011.07.04

으로 정부부채를 압박하고 있으며, 중앙정부나 지방자치단체의 정책수립과 집행에서 효과성을 상실하거나 예산의 비효율적 집행, 부적절한 사업추진에 의한 낭비도 결국은 국가부채를 높이는 요인이 된다. 뿐만 아니라 공사 및 일반 기업조직의 전략대응에서 시행착오가 늘어나고 그에 대한 통제활동 성과가 떨어지게 되면 또다시 국가 재정위기는 물론이고 국가 체제와 사회안전망도 심각한 위험상태에 빠지게 될 수 있다. 국가 경제현실의 주체들, 즉 정부부문, 산업 및 기업에서 스스로 부채는 줄이고 수익을 높이며 각각의 현실에 대응하는 전략을 정비하여 더욱 지능적이고, 강력하게 대응해야 한다.

이러한 현실에 대응하는 우리의 전략은 어떠한가?

전략은 현실과 상황에 대하여 전략주체, 즉 국가나 기업, 개인이 적극적으로 대응하여 목적을 추구하는 행동특성이다. 대충대충 일을 하며 자신이 처한 현실과 상황을 어물쩍 넘기거나 임기응변으로 모면하려는 것은 결코 전략적 행동특성이 아니다.

환경 현실의 대응주체가 당면하고 있는 현실의 역경과 대응과제를 극복하고, 상황에 적응 또는 추구하고자 하는 현재와 미래를 창조하기 위하여 생각과 마음, 행동 그리고 정신을 결합하여 생존지능과 성공지능을 발휘함으로써 전략이 창조되고 강한 의지를 통하여 행동으로 실천된다.

전략은 복잡하고 힘든 현실대응 과제들의 돌파구를 탐색하여, 자신과 조직을 강하게 만들고 효과적이고 성공적 대응방법을 찾아내어 대응하기 때문에 생각과 행동을 강력하게 만들고 행동실천의 현실성과를 높인다.

따라서 일반 기업조직은 물론이고 공공부문, 정부조직을 비롯하여 한시적으로 운영되는 프로젝트 조직에서도 전략에 대한 관심과 추진노력이 증대하고 있다. 국방부문 뿐만 아니라 여타의 정부조직을 비롯하여 일반 기업조직들에서도 대부분의 사업기본계획에 주요한 전략들이 반영되어 있으며, 실천계획을 수립하고 집행하는 과정에도 전략이 빈번히 거론된다.

전략은 조직 의사결정과 실천에서 필요에 의한 선택적인 적용이 아니라 필수적 기능으로 자리매김을 하고 있다. 일부 조직에서는 조직의 전략을 지휘하고 감독하기 위한 전략 위원회를 조직 내에 설립하기도 한다.

그러나 현실적으로 대부분의 조직에서는 전략에 대응하는 조직과 참여구성원들의 상황대응의 노력투입과 방법전개가 제대로 현실성과를 거두지 못하고, 좌절하게 되는 경우가 많고 심각한 경우에는 치명적이거나 파국적인 결말을 초래하는 경우도 적지 않다.

그동안 조직 내에서 수립해왔던 대부분의 전략을 반추해보면, 일부는 완수된 것도 있고 실패로 귀결된 전략들도 있으며, 확실히 추진해야 할 전략적 과제들 중에 많은 과제들이 아직도 해결해야 될 미제의 상태로 여전히 잔존하고 있는 것들도 있다. 또한 새로이 추진해야 할 것으로 선정된 정책적, 전략적 과제들 중에도 엄밀히 살펴보면 추진을 해야 할 전략들이 있는가 하면, 도저히 추진해서는 안 되는 전략들도 섞여 있다.

최근 TV 프로그램에서 지방자치단체의 정책적 사업의 입안 및 추진실태와 그에 따른 예산집행상의 문제, 주민의 요구사항과 시의회의 거버넌스 활동에 대하여 심층취재를 통하여 다각적으로 집중분석하여 보도하였다. 즉, 수많은 사업들이 실패로 끝나고 있으며 그로 말미암아, 지자체의 심각한 재정위기에 처하게 될 소지가 있거나 소속 지방공무원들의 임금을 4개월 치나 지불하지 못하는 위기상황에 처하고 있는 조직도 있음을 보도하고 있다.[1]

이와 같은 현상은 공공부문에만 국한되지 않는다. 사업의 책임평가와 수익에 대한 계산이 치밀한 일반 기업 부문의 경우에도 다양한 전략적 시행착오를 경험하게 되는 경우가 비일비재하다. 당면하고 있는 현실의 상황이 이와 같이 전개되면, 그에 대응하기 위하여 무엇을 해야 할 것인지에 대하여 더욱더 전략적으로

---

[1] 이에 대하여 MBC PD수첩 908회 「줄줄이 새는 국민세금」(2011년 7월 5일 방송)에서 김환균 PD, 임경식 PD는 균형적인 관점에서 객관적이고 심층적인 취재를 통하여 제대로 검증하지 않고 전개하는 지자체 정책사업의 무리한 수행에 따라 늘어나는 부채에 대하여 문제의 핵심과 구조적 현상, 그리고 실천적 대응방향을 제시하였다.

점검해야 한다. 그런데 각자가 처하고 있는 현실에서 대응해야 할 상황이 의외로 힘들게 전개될 뿐만 아니라 추진해야 할 대응전략과 의지도 감퇴된다.[1]

경쟁상황이라면 이와 같은 현상은 후발 공격자에게는 아주 좋은 기회가 아닐 수 없다. 선발 경쟁기업에서 스스로 자초한 전략 실패로 불리한 상황에 처하여 기력을 잃고 전략 피로감에 찌들어 있을 때, 공격적 대응으로 유리한 입지를 차지할 수 있게 된다. 즉, 후발 신생조직에서 생생하고 도전적 전략의지와 창의적 전략지능을 발휘하여 새로이 등장하는 전략 기회들을 신속하게 발굴하여 대응하고 선발기업의 현장경험과 실패사례를 교훈삼아 총력을 집중하여 큰 성과를 실현할 수 있기 때문이다.

그러나 그와 같이 기민하게 대응하던 조직에서도 현실대응의 전략 활동을 지속하다 보면, 그동안 창조적이며 탁월한 전략적 조직으로 칭송되던 기민한 기업들조차도 어느 순간부터 전략적 대응에 있어서 무기력, 무능력, 무의지를 보이기 시작하고 수익은 줄며, 부채가 증가한다.[2]

이와 같은 현실 상황에 제대로 대응하려면 정부조직이건 일반 기업조직이건 **엔터프라이즈**에서 추구하는 비즈니스 전략의 설계와 상황대응을 제대로 검증하여 추진해야 한다. 전략의 설계도 제대로 검증하지 않고 즉흥적, 관행적으로 전략을 전개해서는 곤란하다.

현장에서 경영 관리자나 실무자에 대하여 전략지도활동을 하다보면, 전략을 생각하고 고안하며, 계획하고 추진하는 일을 '너무나' 귀찮고 번거로운 일이라고 생각하는 사람들이 의외로 많다. 복잡하고 다양하게 전개

---

1) 그런데 향후 몇 년 뒤를 보면 또 다시 새롭게 추진해야 할 전략 과제들이 꿈틀거리면서 계속 밀려들어 오고 있다. 따라서 소식에서 일어나고 있는 전략에 대한 관심과 노력을 좀먹는 전략 피로가 조직 내에 지속적으로 증대하고 쌓여가고 있는 것이다. 이와 같은 현상이 조직의 전략을 환경현실과 그 변화에 대하여 기민하게 편성하고 대응하려는 전략의지를 둔화시킨다.

2) 전략 판단착오와 시행착오가 결합되면서 조직의 가치창출 및 수익실현의 조건을 충족하지 못하여 조직의 생존이 위태롭게 되는 것이다.

되고 있는 현실에서 전략을 생각해내고 분석하고 점검하여 준비하고 대응하는 일을 소홀히 하면, 추진하려는 전략이 현실에서 효과적으로 대응할 수 있는 힘이 없고, 부실하게 되어 실천력도 떨어지기 때문에 바람직한 성과를 거둘 수 없게 된다. 즉, 강함을 스스로 상실하게 되는 것이다.

조직과 조직을 구성하고 있는 전략 주체들이 강함(Edge)을 발휘하지 못하고 있다면, 물렁하고 약해 빠진 조직으로 어떻게 난기류와 불확실성의 환경 상황을 타개해나가고 수익을 높이며 부채를 줄이겠다는 것인가? 이제부터라도 조직의 **엔터프라이즈 전략** 상황에 대응하는 전략 수립과 추진활동의 전개를 충실히 해야 한다. 뿐만 아니라 그에 대한 **거버넌스도** 더욱더 조밀하고 충실하게 실천해야 한다. 우리의 현실 상황과 전략대응의 상황이 부단히 그리고 급속히 진화하고 있기 때문이다.

최근의 조직 상황을 살펴보면 엔터프라이즈의 지속적인 전략대응을 체계적으로 설계하고 점검, 통제하며 지휘할 수 있는 정교한 엔터프라이즈 전략 설계와 체계적 전략 대응이 더욱 더 절실히 요구되고 있다. 이제 우리가 처한 시장과 산업, 그리고 사회와 현실은 보다 더 고도화된 엔터프라이즈 전략경영의 전개를 요구하는 시대로 접어들고 있기 때문이다.

그러나 안타깝게도 최근의 복합적인 경쟁 현실과 비연속적 환경에 대하여 아직까지도 과거의 전략계획 수립 기법이나 불확실한 수요예측, 그리고 구태의연한 정책개발의 논리, 그리고 전통적인 방식의 시장 및 산업 경쟁의 전략 논리로만 대응하려고 하는 조직이 많다는 것이 중대한 문제로 부각되고 있다.

특히 조직의 엔터프라이즈 활동의 추진에 있어서 과거의 비즈니스 전략논리를 기반으로 하는 전략 활동에 치중하고 그에 따라 사업 활동을 전개하려는 기업들이 주변에 널려있다. 공공부문이건 민간부문이건 이와 같은 조직들이 많아지면, 결과적으로는 국가적으로 부가가치의 창출이 어렵게 되고, 이와 같은 현상이 확산되고 누적되면 조직과 국가가 함께 위기를 경험하게 된다.

따라서 이와 같은 현실적 문제점에 제대로 대응하기 위하여 일반 기업은 물론이고 지자체 및 정부조직에서 그동안의 전략대응의 현실을 직시하고 이제부터라도 앞으로의 전략전개활동을 근본적으로 쇄신하여야 한다. 또한 **전략 거버넌스 기능**을 본격적으로 전개하여 잘못된 정책이나 전략들을 과감히 정비하여 제대로 대응하여야 한다.

우선 그동안의 실패에 따라 유발된 기회손실과 결손을 보전하고 앞으로 당면하게 될 전략적 시행착오를 최소화하는데 조직 내외의 관련부문이 협동하여 기민하고 일사불란하게 대응하여야 한다. 즉, 각 부문에서 추구하고 있는 엔터프라이즈 활동의 설계와 전개과정에서 전략적 시행착오를 줄이기 위하여 전략 검증의 거버넌스를 강화하고 전략추진 성과를 높일 필요가 있다. 이와 같은 연유에서 조직의 실천적인 전략 아키텍처의 효과적 전개를 위한 기본적인 프레임워크와 논리적 대응체계 및 전개기법의 개발이 절실히 요구되고 있는 것이다.

조직현실과 전략충돌 그리고 방임

현실적으로 조직 내에서 정책부문이나 경영관리, 사업관리부문은 물론이고 각 사업별 단위조직에서 수립하고 실천되는 전략들은 제각기 조직에서 대응하고 추구해야 할 전략 논리를 구성하고 필요한 투입요소들을 동원하여 사업목표를 달성하고 기업목적을 실현하기 위하여 전개된다.

그러나 각 조직운영 부문에서 추구하는 비즈니스들과 추구하고 있는 전략들이 서로 이질적인 경우, 상호간에 시너지를 발휘하여 결합적인 전략 성과를 높이지 못할 뿐만 아니라, 현실적으로 비즈니스 간에 서로 충돌하는 일들이 발생한다.

따라서 각 사업부문별로 서로 독자적인 예산과 자원을 충족하기 위한 내부 쟁탈전이 발생하고 추구하는 목표 간에 발생하는 부정합 현상이 엔터프라이즈의 최종성과를 억제한다. 예를 들면, 시장 및 경쟁압력 하에서 가격과 비용을 통제하려는 제조부문의 전략과 시장에서의 경쟁적 품질을 유지해야 하는 품질전략 간의 충돌을 들 수 있다.

전략충돌은 **엔터프라이즈**의 조직 내부 및 외부적인 사회적 비용을 증대시킬 뿐만 아니라, 전략자원 전개의 효과성을 제약하여 경제적 성과를 크게 제약한다. 또한 엔터프라이즈 전략의 초점을 흐리게 하여, 전략의사 결정을 곤란하게 하고 전략적 실패를 유발한다. 뿐만 아니라 조직의 엔터프라이즈 활동에서 가장 당연히 점검되고 현실적으로 그리고 지속적으로 추진되어야 하는 핵심적이고 실천적인 **엔터프라이즈 전략 설계와 실천적 거버넌스** 문제조차 간과되고 방임되는 문제현상이 초래되기도 한다.

그렇다면 우선 당장 조직에서 추구하는 사업에 대하여 우선 반드시 해야 할 일들과 해서는 안 되는 일들에 대하여 우선 명확히 구분하고 그에 따라 정리할 필요가 있다.

그러나 무엇이 반드시 해야 할 일이고, 무엇이 해서는 안 되는 일인지에 대한 판단이 쉽지 않다. 해야 할 일에 대한 인식과 구분은 조직에서 추구해야 할 당위적 기준에 의하여 판단된다. 조직의 사업추진에 대한 당위적 판단을 결정하는 것이 바로 당위성, 또는 합당성(Should 또는 Must)에 대한 기준이다.

아무리 합당성의 기준에 의하여 사업을 추구한다고 해도, 현실적으로 대응해야 할 필요(Need)가 없다면, 그 타당성을 상실하게 된다. 뿐만 아니라 할 수 있는 일과 할 수 없는 일에 대한 가능성(Can)의 구분과 의지(Will) 즉, 하려고 하는 것과 하려고 하지 않는 것에 대하여도 명확히 통찰하여 골라내야 한다.[1]

우리의 공공부문과 일반 기업부문의 조직에서 요구되는 오늘날의 **엔터프라이즈 전략경영**에서는 필요–당위–가능–의지에 의한 사업실천 행동(Need-Should-Can-Will and Executive Action)의 점검과 대응에서 보다 치밀한 점검과 실천이 요구되고 있기 때문이다.

따라서 조직의 부문별 전략 설계와 전개활동에서 유발되는 전략충돌현상을 인식하고 그에 내응하기 위하여 경영관리조직 및 사업추진조직에서 참조하고 활용할 수 있는 구체적이고 실천적인 전략 아키텍처가 절실히 필요한 실정이다.

엔터프라이즈 아키텍처에서의 전략 아키텍처의 필요성

최근 정부 및 공공기관, 대기업을 중심으로 정보기술 분야의 대규모

---

1) 이제부터는 해서는 안 되는 일, 대응할 필요가 없는 일, 할 수 없는 일을 억지로 무리하게 진행할 것이 아니다. 대응할 필요가 있는 일, 반드시 해야 할 일, 할 수 있는 일, 하고자 하는 일을 중심으로 성과를 창조하는 전략경영을 성공적으로 실천해야 한다.

프로젝트로 추진되고 있는 **엔터프라이즈 아키텍처(EA)**의 설계와 추진활동에서 한 가지 중요한 대응요소가 간과되고 방임되고 있다는 점을 들 수 있다.

즉, **EA**설계와 추진의 전문가와 실무자, 그리고 가장 중요한 **EA**를 사용해야 할 바로 그 당사자이며 실무자들이 해당 엔터프라이즈에 대한 전략 아키텍처에 대하여 충실히 고려하지 못하고 있는 것이다.

특히 정부부문을 조명해보면 최근 국내외 당면 환경의 복잡성, 현실에서 요구하는 니즈의 변화내용이 비연속적으로 확대되고 있다.

즉, 사회 및 지역 구성원들의 욕구와 니즈의 다양성이 폭발적으로 진행되고 있으며, 여기에 이해관계자 집단을 비롯하여 정치적 압력단체나 정당의 당리당략적 대응과 사회적 정치적 요구가 증대하고 서로 결합적으로 가세하면서 정부의 주요 정책 사업의 기조와 방향, 내용도 수시로 변화하고 있다.

뿐만 아니라 대응해야 할 전략 환경, 정책 여건의 난기류와 비연속성이 증대하고 있다. 새로운 현실에서 요구하는 정부정책의 새로운 변화로 중대한 전략과제나 전략방향이 수정되면, 순차적으로 해당 비즈니스의 수정은 물론이고 관련된 비즈니스들을 포함하여 조직과 기능의 통폐합과 조정활동이 빈번하게 이루어진다.

이와 같이 상황이 전개되면, 그동안 **EA**구축을 위하여 전문가와 실무자들이 협력하여 기존의 정책과 정부 비즈니스를 중심으로 설계해오던 정부 활동에 대한 비즈니스 아키텍처 구축작업을 실시하는 도중에 빈번하게 전략과 비즈니스의 주요골격을 변경하게 되고 그에 대응하는 **EA**구축 활동의 표류현상이 빈번하게 등장한다.

결과적으로 본연의 **엔터프라이즈 아키텍처**의 설계와 추진 목적은 변질되고 **EA** 및 비즈니스 아키텍처의 구축작업은 파행적으로 전개될 수밖에 없으며, 결과적으로는 귀중한 예산이 낭비되고 조직에서는 추진과정에서의 좌절과 성과부진에 대한 실망감만 남게 된다. 그것은 **EA** 추진분야에서 비즈니스 아키텍처를 이끌어낼 수 있는 핵심적인 **전략 아키텍처**에 대한 구체적인 설계 및 실천적 적용방법을 아직 찾아내지 못하고 있기 때문이기도 하지만 EA를 추구하고자 하는 엔터프라이즈 조직의 당사자들에게도 직접적인 책임이 있다는 점을 밝힐 필요가 있다.

즉, EA 사용자들이 자신의 비즈니스와 엔터프라이즈 활동을 전략적으로 전개하기 위하여 자신이 만들어 활용해야 할 전략과 비즈니스의 아키텍처에 대하여 이해조차 제대로 하지 못하고 있고 어떻게 해야 하는지 잘 모르기 때문에 자신의 전략과 비즈니스 아키텍처를 만들어 내는 일을 조직 내에서 방임하고 있는 것이다.

이와 같은 현상은 할 수 있는데 하지 않는 것이 아니라, 명백히 어떻게 해야 할 것인지를 잘 모르게 때문에, 하지 못하는 것이다.[1] 더욱이 자신들이 활용하고 추진해야 할 비즈니스 또는 엔터프라이즈의 전략 아키텍처 설계책임을 방기(放棄)함으로써 조직의 전략책임이 표류하게 된다.

심지어는 조직 외부의 EA추진 팀에게 '우리의 비즈니스 전략 아키텍처를 만들어 주세요, 당신이 전문가니까요'라고 하면서 그 설계의 책임을 미루는 현상까지 등장하게 된다.

이와 같은 현상은 조직부문에서 전략 설계의 원칙에 입각하여 전략 아키텍처의 세부내용을 스스로 구체화하고 확립하지 못하기 때문에 비롯된다. 특히, EA를 정보기술 분야에서 추진하는 정보 시스템의 통합적 구성과 같이 제한적으로 이해하고 있는 기업조직이나 정부조직에서는 더욱 이러한 현상이 두드러진다.

뿐만 아니라 추진방법론의 한계와 시간과 예산의 부족, 구축작업 프로세스의 복잡성이 문제를 해결하지 못하고 (전략 아키텍처는 여전히 비워놓은 채로) 본연의 EA추진목적도 제대로 달성되지 못하고 종료된다. 따라서 모처럼 힘들게 구축한 EA는 파행적으로 전개되고 그 실천의 품질성과가 떨어지게 되며, 조직현실에서는 제대로 활용조차 하지 못하는 악순환의 현상을 경험하게 된다.

이러한 현상에 대응하기 위하여 엔터프라이즈 아키텍처를 강화할 수 있는 **엔터프라이즈 전략 아키텍처**의 실천적 프레임워크와 전개방법이 시급

---

1) 이와 같은 비즈니스 활동설계, 또는 엔터프라이즈 설계에 대한 능력부족의 문제는 문제 제기만 할 것이 아니라 반드시 필요한 대응능력의 충족방안을 마련하여 신속히 해결되어야 한다.

히 요청되고 있다.

전략 아키텍처는 기존의 기업전략과 비즈니스 전략설계에 비하여 현실 대응의 요건에 맞추어 전략요소들의 결합적 성과를 제고하는 확장된 대응방법을 전개한다. 즉, 전략 아키텍처는 당면하는 전략적 과제의 해결을 포함하여 어떠한 전략적 목표와 실천적 전개방안들을 설계할 것이며, 어떻게 선택하고 성공적으로 운영하며 실천할 것인가에 대하여 전체적 전략성과를 제고하기 위하여 조직(정부 또는 기업)의 전체적 관점에서 '한 번 더 생각하고 분석하여' 필요한 전략요소들과 그 관계를 구조적, 방법적으로 구체화한다.

따라서 전략 아키텍처의 프레임워크를 활용할 경우, 관련부문과 책임부문 간의 전략 의사결정의 품질을 높이고 전략 책임을 요소별로 세분화하여 할당하며, 전략의 통합적 추진 및 전개성과를 점검하는데 유용하게 활용할 수 있다.

이 책의 핵심주제와 특징

이 책의 핵심 주제는 엔터프라이즈 전략경영을 성공적으로 전개할 수 있도록 하기 위하여 실천적 「엔터프라이즈 전략 아키텍처」를 도출하고 전개하는 논리와 실천방법을 제시하는 것이다. 따라서 성공적 전략전개를 위하여 필수적인 거버넌스와 전략 설계 및 집행, 비즈니스의 운영전개, 조직과 능력자원의 개발 및 편성전개에 관하여 구체적으로 서술한다.

「엔터프라이즈 전략 아키텍처」를 가장 간략히 이해하기 쉽게 표현하자면 「기업 또는 엔터프라이즈 전략 설계」라고 할 수도 있다.

간략하게 전략 설계라고 하였지만, 그렇다고 아무렇게나 만들어내서는 제대로 된 설계가 될 수 없다. 설계에는 그 용도에 따라 명확히 설계원칙과 전개방법이 필요하기 때문이다. 이와 마찬가지로 전략설계와 거버넌스의 주요원칙들을 중심으로 점검하고 치밀하게 구성하여야 한다. 그것이 현실적으로 엔터프라이즈의 전략품질과 전략성과를 높일 수 있기 때문이다.

따라서 조직의 경영자나 관리자, 실무자, 거버넌스 부문의 관점에서 습득해야할 엔터프라이즈와 전략, 그리고 전략 거버넌스와 전략 설계의 아키텍처에 대한 실천적 개념과 내용의 이해를 높일 수 있도록 하기 위하여 필요한 기초적인 전략 이론과 전개논리, 그리고 현실적 유의사항에 관하여 가급적 알기 쉽게 그리고 상세히 서술하고 있다.

즉, 일반 기업이나 정부부문에서 새로운 엔터프라이즈를 창조하거나 기존의 엔터프라이즈 활동을 새롭게 전개하고자 할 때, 반드시 필수적으로 활용하고 참조해야 하는 최신의 엔터프라이즈 전략경영의 아키텍처 접근방법과 EA 실천기법으로 활용할 수 있는 전략 아키텍처를 제시한다.

전략 아키텍처를 전개함에 있어서 반드시 고려해야 할 두 가지의 핵심적 관점이 요구되는데, 첫째는 설계의 관점이고 둘째는 거버넌스의 관점이다.

> 이를 위하여 그동안 발전한 전략경영의 이론적 체계와 기법들을 근거로 개념과 방법론을 융합시켜 전략 아키텍처의 실천적 방법론을 구성한다. 즉, 전략 설계의 관점에서 전략 구성요소들을 전개하여 전략 설계 아키텍처를 만들고, 거버넌스의 관점에서 기업 거버넌스와 감사의 이론 및 실무적 방법론을 융합하고 조직의 전략 성과를 제고하기 위하여 엔터프라이즈에서 활용할 수 있는 실천적인 전략 거버넌스 아키텍처의 전개방법을 구성한다.

요약하자면 전략경영과 엔터프라이즈 아키텍처를 중심으로 엔터프라이즈 전략 수립과 설계, 엔터프라이즈 거버넌스, 정보기술 아키텍처, 전략 창조와 엔터프라이즈의 창조 및 혁신과 관련된 주제와 분야에 대하여 통섭적 논리전개로 서술하고 엔터프라이즈 전략경영의 핵심적이고 실천적 전개방법을 제시한다.

이 책의 주요내용

제1부에서는 전략과 전략경영, 그리고 아키텍처에 관한 기초적 내용을 살펴보고 전략 아키텍처를 구성하고 전개하기 위하여 필요한 기본적인 이론적 지식과 관련 교양을 설명한다.[1]

---

[1] 엔터프라이즈 전략의 기초개념과 엔터프라이즈 아키텍처, 기업 거버넌스에 관한 기초적 이해가 되어 있는 독자들은 1부를 생략하고 바로 2부의 내용부터 살펴보아도 좋을 것이다.

제1장에서는 **전략이란 무엇인가**에 대하여 세계적으로 저명한 이론 주창자의 개념과 논리를 개괄적으로 살펴본다. 특히 기업전략과 전략경영의 관점에서 제시되고 있는 전략논리를 살펴보고, 패러다임과 프레임워크, 전략 콘텍스트, 전략 지능, 전략접근방법과 엔터프라이즈의 개념을 중심으로 전략에 대한 이해를 높인다.

제2장에서는 **전략경영의 기본논리**와 발전을 살펴보고, 전략과 프로세스의 결합과 통합적 전개를 도모하는 관점들을 살펴본다. 또한 전략계획과 전략 아키텍처의 차이점을 분석하고 새로운 차원에서의 엔터프라이즈 전략경영의 전개 필요성을 제시한다.

제3장에서는 엔터프라이즈의 당면현상에 대응하는 **엔터프라이즈 아키텍처**의 개념과 주요 내용을 살펴보고 엔터프라이즈 아키텍처의 진화와 엔터프라이즈 전략 충돌의 문제현상을 살펴본다.[1]

제4장에서는 **기업 거버넌스**의 개념과 그 구성논리를 이해하고 기업 거버넌스의 전개방법을 서술한다. 또한 **IT 거버넌스 프레임워크**와 **엔터프라이즈 거버넌스**를 중심으로 거버넌스 관점에서 전략 아키텍처를 어떻게 구성할 것인지에 대하여 이해를 높인다.

제2부에서는 **엔터프라이즈 전략 아키텍처 프레임워크**의 구체적인 구성내용 및 그 전개논리와 실천방법, 그리고 현실적으로 조직 내에서 경험하고 있는 전략충돌의 문제를 어떻게 진단하고 해결하는가에 대하여 전략 아키텍처의 적용에 의한 현상대응의 논리와 방법을 설명한다. 또한 설계

---

1) 각 주제별 서술과 논의에서 IT분야에서 논의되고 있는 엔터프라이즈 아키텍처에 관하여 간단한 서술을 추가하고 있다. 이러한 IT용어나 관점이 생소한 일반 독자들은 IT분야에 관한 내용이 제시된 부분에 대하여는 개괄적으로만 참고해도 무방하다. 그러나 IT분야에서 EA를 학습하는 독자들은 기존의 EA의 논리적 체계를 중심으로 엔터프라이즈 전략경영에 관련된 관점에 착안하여 기존의 EA논리를 보완하고 엔터프라이즈 전략경영의 관점을 강화할 필요가 있다.

와 거버넌스 차원에서 **엔터프라이즈 전략 아키텍처 프레임워크**를 현실적으로 어떻게 전개할 것인지에 대하여 서술한다.

제5장에서는 **엔터프라이즈 전략 아키텍처의 기본구도와 프레임워크**를 현실적으로 구성하고 전개하는 방법을 설명한다. 이어서 전략 실행관점에서의 전략충돌현상을 조명하고 전략 아키텍처 프레임워크를 통하여 대응하는 실천적 논리를 파악한다.

구체적으로는 설계관점에서의 전략 아키텍처의 대응영역별 구성요소로 현실의 팩트(Facts)와 전략 니즈, 전략 콘텍스트, 범위와 규모, 전략 벡터, 시너지를 중심으로 전략 구성요소들을 살펴보고, 비즈니스와 능력–자원영역, 전략 수립 및 실행에 관하여 살펴본다. 또한 전략 아키텍처 프레임워크의 균형적 정렬대응을 점검하고, 전략 아키텍처를 중심으로 엔터프라이즈에서 당면하고 있는 전략과제들에 대하여 요소별 대응, 관계적 대응, 결합적 대응에 관하여 살펴본다.

또한, 엔터프라이즈 전략경영의 거버넌스 대응에서는 거버넌스 관점에서의 전략 아키텍처의 기본적인 프레임워크를 구체적으로 제시하고, 전략 아키텍처의 기본요소별로 그 목적과 내용, 주요 활동을 살펴본다. 이어서 전략 거버넌스의 통제원칙과 실천, 거버넌스 주체, 거버넌스 메커니즘 및 수단의 각 구성요소별 대응논리와 원칙, 그 관계적 대응에 관하여 설명한다.

이어서 엔터프라이즈 전략 거버넌스의 실천에서는 조직의 능력수준 및 전략능력에 따라 전개하는 거버넌스 실천에 관하여 살펴보고, 전략 충돌에 대응하는 엔터프라이즈 전략 거버넌스의 대응논리와 방법을 실천적 전략 아키텍처의 관점에서 설명한다.

5장의 후반에서는 **엔터프라이즈 아키텍처 프레임워크**의 실천방법으로 결합적 아키텍처 대응방법과 전개절차, 전략 아키텍처 능력개발에 관하여 설명한다.

6장에서는 최근 관심을 끌고 있는 공기업 변혁과 관련하여 공기업 사례를 중심으로 실제로 **엔터프라이즈 전략 아키텍처**에 의한 진단과 대응에 관한 **사례연구**를 소개하고 있다.

사례에서는 엔터프라이즈 전략 아키텍처 프레임워크에 입각하여 전략 거버넌스의 진단을 중심으로 통제원칙, 통제계획과 실천을 살펴보고, 거버넌스 조직과 메커니즘, 전략 거버넌스의 수단에 대한 점검과 그 대응방안을 요소별 대응과 관계적 대응으로 구분하여 제시하고 있다. 또한 전략설계 차원에서의 진단과 대응에 대하여 전략범위와 비즈니스 영역, 능력자원 및 전략 집행의 요소별로 진단하고 전략충돌현상에 대응하는 방안을 결합적으로 제시하고 있다.

또한 서비스 분야로 전문화하고 있는 소기업 사례를 중심으로 엔터프라이즈 전략 아키텍처를 활용한 진단과 대응의 실제를 간략하게 살펴본다. 마지막으로 사례연구를 통하여 살펴본 전략 아키텍처 프레임워크의 유용성을 검토한다.

엔터프라이즈 전략 아키텍처의 탄생과정

전략 아키텍처라는 용어는 간혹 경영학이나 전략경영분야에서 언급되기 시작했고 정보기술 분야에서는 좀 더 빈번히 언급되어 왔지만, 구체적인 전략 아키텍처에 대한 프레임워크나 전개방법에 대한 구체적이고 본격적인 연구는 아직 초보적인 단계에 머무르고 있다.

따라서 2007년도부터 국민대학교 **BIT**대학원의 **EA Lab**(책임교수 전성현)에서 여러 주제연구중의 하나로 현재 정부부문 및 일반 산업부문에서 우선 시급히 대응해야 하고 그 추진이 긴요하게 요구되고 있는 전략 아키텍처의 프레임워크의 개발을 우선과제로 채택하여 2009년에 개념적 프레임워크의 개발을 완료하게 되었다.[1]

그동안 구성했던 전략 아키텍처 프레임워크의 기초 작업에서는 앤소프 전략경영의 절차적 실천논리의 체계를 토대로 하여 기업전략과 경쟁전략, 성장전략, 능력전개 및 자원전략, 변혁, 창조의 전략, 관리체계, 비즈니스 전개 및 운영, 시너지 전략, **IT** 전략, **EA** 추진전략, 기업 거버넌스 및 **IT** 거버넌스, 엔터프라이즈 전략 등에 관하여 이론적 접근과 현실적 적용, 그리고 그 구성요소들의 결집과

---

[1] 그동안의 개발과정에서 무엇보다 힘들었던 일은 전략경영분야와 **EA** 분야, 그리고 거버넌스 분야의 서로 다른 실천적 영역에서 접근해오고 있는 전략 아키텍처에 관한 관점과 이론적 논리체계와 인식방법, 그리고 현실적 적용의 차원에서 상이한 접근방법과 관점의 차이를 극복하고 통합적 논리와 프레임워크를 구성하는 일이었다.

전개와 관련하여 400여장의 실험적 프레임워크 작성 작업이 수행되었고, 불필요한 요소들을 제거하는 작업과 현실적 적용 타당성을 높이기 위하여 아키텍처의 통합 및 적용의 실험과정이 반복되었다.

이와 같은 연구와 개발 과정을 거치면서 분석과 통합적 노력을 기울이는 과정에서 탄생하게 된 최신의 엔터프라이즈 전략경영 기법이 **엔터프라이즈 전략 아키텍처**(Enterprise Strategy Architecture: ESA)이다.[1]

이 책에서 제시하고 있는 방법론은 그와 같은 관리기법을 전개하기 위하여 현재까지 정리된 논리와 프레임워크를 중심으로 실천적 운영에 필요한 지식과 주요내용을 서술하고 있다.

이 책을 출간함에 있어서 좀 더 집약되고 정교하게 완성된 형태로 책을 내고 싶었지만, 글로벌 환경 현실 하에서 고민하고 있는 정부조직 및 일반 기업조직의 **EA** 추진 실상과 엔터프라이즈 전략 현실의 문제에 시급히 대응해야 한다는 요청을 받아들여 엔터프라이즈 전략 아키텍처 프레임워크의 논리체계와 실천적 활용방법을 중심으로 우선 출간하게 되었다.

참고로 전략 아키텍처의 논리체계와 실천기법의 개발과 활용에 관하여는 소프트전략경영연구원에서 기업과 공공부문의 요청에 따라 엔터프라이즈 전략경영과 전략 아키텍처, 전략 거버넌스의 실천에 필요한 교육지도를 하고 있으며 한국 **ITA**학회에서 주관하여 주기적으로 **ITA/EA**분야의 전문가 세미나와 교육을 실시하고 있으므로 엔터프라이즈 전략 아키텍처의 기법개발과 활용방법의 개선에 참여하고자 하는 분들의 적극적인 관심과 지지, 협력이 있기를 기대한다.

이 책의 독자

이 책은 기업 및 정부조직에서 전략과 전략경영에 관심이 있는 독자들과 **전략 아키텍처와 거버넌스 아키텍처**가 필요한 조직의 책임자와 관리자

---

1) 이러한 **ESA** 표현에 대하여 처음에는 **EA**를 구성하는 Strategic Architecture의 **SA**라는 표현을 사용하고자 하였지만, 현재 **EA** 프레임워크에서 하위 아키텍처로 Service Architecture를 **SA**로 사용하고 있기 때문에, 그 혼용을 피하기 위하여 **ESA**라고 사용하게 되었다. 한편, 미국의 전략경영 교수진들은 Enterprise Strategic Architecture라는 표현을 제시하기도 하였지만, Strategic이라는 표현이 조직의 실제에서 애매하게 적용될 수 있고, 전략에 초점을 맞춘 접근과 이해를 높이기 위하여 Strategy Architecture라는 표현을 채택하였다.

들을 염두에 두고 저술되었다.

일반 조직부문의 경영자는 물론이고 부문별 관리자를 비롯하여 경영혁신이나 전략기획, 경영관리, 정보기술 아키텍처 분야의 책임자와 실무자들에게 전략 아키텍처에 관한 이론 및 전개논리에 관한 이해를 돕고 실천적 접근과 실질적인 전략 성과제고에 유용한 도움이 될 것이다.

기업 거버넌스 또는 **엔터프라이즈 거버넌스와 전략감사에** 대한 문제로 고민하고 있는 조직의 사외감사나 내부감사, 그리고 외부감사조직에서 업무를 수행하고 있는 감사자의 입장에서는 조직의 전략에 대한 감사를 어떻게 전개할 것인지에 대한 유용하고 실천적인 착안점을 얻을 수 있다.[1]

EA분야에서 전략 아키텍처를 이해하고 학습하고자 하는 전문가와 실무자 및 연구자들에게는 **전략 아키텍처 프레임워크의** 구성과 전개기법이 엔터프라이즈의 전략 설계와 거버넌스, 그리고 아키텍처의 적용 및 실천적 활용에 유용한 절차와 논리, 착안점을 얻을 수 있다.

전략 및 **EA** 분야의 컨설턴트들은 **전략 아키텍처와 전략 실천관리 보드**를 활용하여 **전략 컨설팅의** 방법과 **EA** 분야의 실천적 전개논리를 개선할 수 있으며 기존의 전략계획이나 기존 전략경영의 관점과 기법으로는 해결하기 어려운 **엔터프라이즈 전략** 과제들에 대하여 유용한 관점과 해결의 착안점을 구하여 전략 컨설팅의 성과를 높일 수 있다.

기업조직의 전략 기획 및 평가, 교육 및 워크숍, 코칭 분야에서는 **엔터프라이즈 전략 아키텍처** 기법과 **전략 실천관리 보드를** 활용하여 엔터프라이즈와 그 사업 활동영역에 대한 균형적 성과를 제고하고, 조직전반의

---

1) 또한 기업에 대한 전략적 투자평가에 관한 이슈나 최근 국가적으로 문제를 일으켜 온 PF대출, SPC(특수목적법인)와 관련하여 새로운 엔터프라이즈 활동에 대한 전략감사와 평가에 대한 주요한 착안점을 제시한다. 기업과 엔터프라이즈 거버넌스 활동에 대한 실천적 전략 아키텍처 프레임워크와 그 실천적 전개 방법과 요점을 얻고자 하는 독자들은 제4장과 5장만 초점을 맞추어 학습해도 무방하다.

차원에서 전략 아키텍팅의 능력을 제고하고 조직의 엔터프라이즈 전략경영 성과를 창조하고 강화하는 데 도움을 줄 수 있다.

특히 엔터프라이즈 전략 설계와 엔터프라이즈 거버넌스에 대한 이해가 부족한 경영학과 MIS, 정보기술(IT) 분야의 학생들에게 엔터프라이즈 전략 아키텍처의 학습참고 교재로 활용될 수 있다.

현실은 냉정하고 가혹하다. 역사를 반추해보면 영원한 강국이나 영원한 약소국은 없다. 아무리 선진 강국이라고 해도 비생산적으로 현실에 대응하는 국가나 조직은 패망하며 지혜를 강구하여 노력하는 자가 많은 국가나 조직, 사회는 성장하고 번영한다. 그것이 역사적 성공의 공식이다.

서두에서 인용한 유럽 금융위기의 기사나 우리 지자체의 현실에서 보는 바와 같이 우리가 처해있는 G20의 시대현실은 확실히 과거의 현실과는 크게 다르다. 우리가 처하고 있는 시대 현실은 복잡하고 혼란스럽게 전개되고 있는 글로벌 경제상황, 디지털 혁명의 현실상황에 대하여 글로벌 선두그룹으로 진입해야 하는 역사적 사명을 부여하고 있다.

따라서 개인과 조직, 국가와 사회의 전략적 성과를 지속적으로 높여야 하는 우리나라 정부 및 일반 기업조직의 구성원들과 전략 주체들의 선략 설계 및 거버넌스의 실천적 지식과 능력을 체계적으로 그리고 신속히 강화하여야 한다. 즉, 각자가 대응하고 있는 시대 현실에 대한 전략대응 능력을 더욱 강화하여 전략 성과를 더욱 높이고 앞으로 대응해야 할 엔터프라이즈 전략 성과를 지속적으로 강화해야 한다.

이 책에서 제시하고 있는 엔터프라이즈 전략 아키텍처의 논리와 실천적 기법이 널리 활용되어 주요한 전략적 과제들을 슬기롭게 극복하고 우리나라 조직의 엔터프라이즈 전략경영 성과를 높이는 데, 도움이 될 수 있기를 기대한다.

2011년 7월

목 차

제2장　전략경영의 기본논리와 통합적 전개　111

제3장 엔터프라이즈 아키텍처   150

제4장 엔터프라이즈 거버넌스   177

제2부
엔터프라이즈 전략 아키텍처 프레임워크의 실천기법과 적용사례
213

제5장　엔터프라이즈 전략 아키텍처 프레임워크　214

<table>
<tr><td>제6장</td><td>엔터프라이즈 전략 아키텍처 적용사례 연구　411</td></tr>
</table>

표 목차

도표 목차

제1부
전략과 엔터프라이즈
- 엔터프라이즈 전략경영의 새로운 지평의 확대

조직에서 경영전략과 기업전략을 중심으로 전개해오던 전략경영에 대한 논리적 체계와 실천적 접근방법이 부단히 진화하고 있다.

최근에는 우리나라 산업의 세계적 지위가 향상되고 글로벌 환경의 전개에 따라 엔터프라이즈 전략경영의 차원에서 당면하고 있는 현상에 전략적으로 대응하고 보다 확대된 조직의 전략 활동을 성공적으로 전개하기 위하여 기존의 전략경영의 프레임워크를 새롭게 정비해야 할 시점에 이르고 있다.

그동안 전략경영은 조직이 당면하고 있는 환경에 전략적으로 대응하기 위하여 전개하는 경영의 용구로 활용되어왔다. 따라서 새롭게 변화하고 있는 당면환경에서 요구되는 과제와 그에 대한 대응 필요성에 의하여 새로운 기법과 대응논리들이 고안되고, 새로운 전략기법들이 추가적으로 보완되면서 전략경영의 접근논리와 방법들이 새롭게 갱신되거나 추가적인 보완을 거듭해오게 되었다. 조직의 현실에서 복잡하게 전개되고 있는 전략경영을 이해하려면, 먼저 전략경영에 대한 접근방법이 어떠한 관점에서 전개되고 있는지를 살펴볼 필요가 있다.

제1부에서는 전략과 전략경영, 그리고 아키텍처에 관한 기초적 내용을 살펴보고 전략경영의 새로운 지평을 확대하고 있는 엔터프라이즈 아키텍처와 전략 아키텍처를 둘러싸고 있는 기본적인 개념과 관련 지식 그리고 핵심석인 논리를 중심으로 엔터프라이즈에서 대응해야 할 전략에 관하여 기본적인 착안점과 실천적 논리를 점검한다.

제1장
전략의 이해

제1장에서는 '전략이란 무엇인가'에 대한 개념과 논리를 개괄적으로 요약하여 살펴본다. 특히 기업전략과 전략경영의 관점에서 제시되고 있는 전략논리를 살펴보고, 패러다임과 프레임워크, 전략 콘텍스트, 전략 지능, 전략접근방법과 주요 개념들을 점검한다. 특히 엔터프라이즈 차원에서 대응해야 할 전략과 아키텍처에 대한 기본적인 개념과 이해를 높인다.

「전략이란 무엇인가」에 관하여 정의를 내리는 것은 전략을 적용하거나 또는 전략을 수립하는 일보다 복잡한 것처럼 보인다.

더욱이 어떠한 관점에서 전략을 조망할 것인가에 따라, 전략의 정의가 다르게 표현된다. 예를 들면, 전략을 조직의 방향과 목적, 목표와 관련지어 정의하는 관점뿐만 아니라 경제적 수익창출의 관점이나 조직이 처한 환경과 조건에 대하여 생존과 번영, 또는 조직이 추구하는 정치, 사회적 지위에 따라 정의하려는 관점도 있다.

전략에 대한 기본적인 개념과 논리를 이해하기 위하여 전략 논리의 주창자와 저명한 연구자들의 정의를 개략적으로 살펴보면 다음과 같다.

1.1 저명한 연구자들의 전략정의

1. 앤소프의 전략 개념정의와 전략경영의 핵심적 관점

기업 전략과 전략경영에 대하여 최초로 논리적 체계화를 완성한 앤소프(H. I. Ansoff)는 전략에 대하여 다음과 같이 정의하고 있다. 전략은 「조직행동을 이끄는 일련의 의사결정원칙」이다. 따라서 다음과 같은 4가지의 유형이 있다.[1]

① 조직의 현재와 미래의 성과를 측정하는 기준: 이러한 기준에 대하여 질적 속성의 기준을 목표(Objectives)라고 하며, 양적 속성의 기준을 목적(Goals)이라고 한다.

② 조직의 외부적 환경과의 관계를 개발하는 규칙들: 예를 들면, 어떤 제품기술을 개발할 것인가? 그 제품을 어디에서 누구에게 판매할 것인가? 경쟁기업의 우위

---

1) H. I. Ansoff and Edward McDonnell, *Implanting Strategic Management*, 2nd ed. 1992. 박동준 역, 전략경영실천원리, 소프트전략경영연구원, 1997, pp. 100 ~ 102.

성을 어떻게 획득할 것인가를 들 수 있다. 이러한 일련의 규칙들 중에 제품-마케팅 전략을 사업 전략(Business strategy)이라고 한다.

③ 조직의 내부적 관계들과 업무처리과정을 확립하는 규칙들: 예를 들면 조직적 개념과 원칙을 들 수 있다.

④ 운영방침(Operating policies)과 같은 실행업무의 수행규칙

이와 같은 개념을 중심으로 전략을 이해할 때, 전략은 「조직이 당면하는 환경현실에 대하여 무엇을 어떻게 해야 할 것인가를 규정하는 행동원칙」이라고 할 수 있다. 이와 같은 정의는 전략추진의 필요성(Needs), 당위성 또는 합당성(Should), 추진의지(Will)와 가능성(Can), 그리고 실행(Execution and Action)에 대한 합리성을 추구한다.

따라서 앤소프는 조직과 환경대응의 관점에서 어떤 전략을 누가 어떻게 구상하고 설계하여 어떻게 실천할 것인지에 관하여 전략설계, 전략계획, 프로세스 및 관리의 통합적 관점에서의 전략경영을 주창하였다.[1]

이와 같은 전략경영 이론의 핵심을 요약하자면, '어떤 전략을 모색할 것인가'에 대하여는 당면하는 환경, 현실의 내용과 속성을 제대로 이해하고 전략의 범위와 벡터를 중심으로 방향과 전략구성요소들을 구체화한다. 따라서 **전략 포트폴리오**를 효과적으로 편성하여 전략 의사결정을 수행한다.

'누가 설계하고 실천할 것인가'에 대하여는 경영자를 중심으로 필요한 책임부문과 스태프 부문에서 전략을 설계하여 추진하고, 전략적 변혁을 전개할 때 당면하게 되는 전략적 시행착오와 조직저항을 최소화하며 조직의 전략적 멘탈리티를 강화하여 전략의 설계와 그 실천성과를 높인다.

---

1) H. I. Ansoff, *New Corporate Strategy*, John Wiley, 1988, H. I. Ansoff and Edward McDonnell, *Implanting Strategic Management*, Prentice-Hall, 1992

<도 1-1> 제품시장 전략 수립에서의 의사결정의 흐름

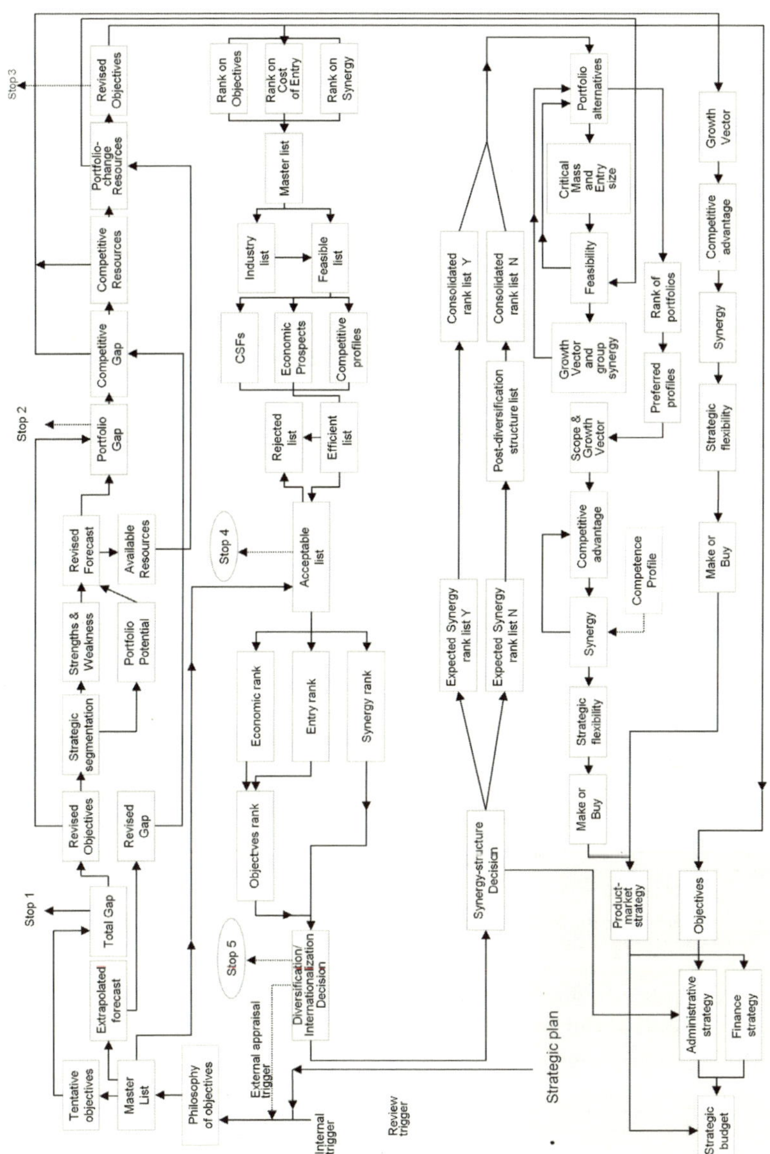

출처: H. I. Ansoff, Corporate Strategy, McGraw–Hill, 1965. pp.172-173

‘어떻게 전개할 것인가’에 대하여는 전략계획과 관리부문에 의하여 체계적으로 신속히 전개하고 불확실성과 리스크에 대응하기 위하여 필요한 조직 및 전략 시스템을 정비한다.

마지막으로 ‘어떻게 실천할 것인가’에 대하여는 조직의 전략경영체제를 확립하고 그 전략의 실천관리를 철저히 하며 부단한 전략 및 능력 변혁을 통하여 조직의 지속적인 성장과 발전을 실시하는 것이 전략경영의 기본적 논리와 체계라고 할 수 있다.

따라서 조직에서 당면하고 있는 환경과 현실에 대응하기 위하여 전략경영에서 고려하는 기본적인 전략의 구성요소로는 전략의 범위와 방향, 비즈니스의 구성, 조직능력 자원의 편성과 전개, 그리고 전략의 수립과 그 이행의 통제와 실천이라고 할 수 있다.

전략을 전개하기 위한 전략의사결정의 흐름을 요약하면 **<도 1-1>**에서 보는 바와 같다. 이와 같은 전략은 실천적 관점에서 다음과 같은 일곱 가지의 명확한 특징이 있다.[1]

① 전략 수립과정이 즉시 행동으로 실현되는 것은 아니다. 전략은 조직이 성장하고 발전하고자 하는 방향들을 설정하는 것이다.

② 전략은 탐색적 프로세스를 통하여 전략적 프로젝트들을 창출해내기 위하여 활용된다. 탐색에 있어서 전략의 역할은 첫째로 전략에 의하여 결정된 영역에 초점을 맞추고, 둘째로 전략과 모순되는 프로젝트 대안들의 가능성을 타진하면서 제거시키는 것이다.

③ 조직이 추구하는 목표나 목적이 합당하며, 그동안의 조직의 활동전개의 다이내믹스에 의하여 이미 달성되고 있을 경우, 전략은 불필요하다.

④ 전략을 수립할 때, 프로젝트의 모든 가능성을 점검할 수 없기 때문에, 전략대안들에 대하여 고도로 집약화 되고 불완전하며, 불확실한 정보에 입각하여 전략을 수립할 수밖에 없다.

---

1) H. I. Ansoff and Edward McDonnell, *ibid*, pp. 100 ~ 102.

⑤ 탐색적 활동을 통하여 특정한 대안들을 발견하게 되면, 보다 정확하고 구체적인 정보를 이용할 수 있을 뿐만 아니라, 당초의 전략선택에 대하여 회의적인 판단을 내릴 수도 있다. 따라서 전략을 성공적으로 전개하기 위하여 전략적 피드백이 필요하다.

⑥ 전략과 목표는 모두 프로젝트를 점검하는 데 활용되기 때문에 유사한 것처럼 인식된다. 그러나 목표는 조직이 달성하고자 하는 최종의 결과이며, 전략은 그 최종의 결과에 도달하는 수단을 의미한다.

⑦ 전략과 목표는 시간의 전개와 조직상황에 따라서 서로 호환적으로 사용이 가능하다. 따라서 시장점유율과 같이 특정한 성과에 대한 속성은 어떤 경우에는 기업의 사업목표가 될 수도 있으며, 또 다른 부문에서는 전략이 되기도 한다. 이러한 목표들과 전략은 조직 전체적으로 정교화 되어감에 따라 전형적인 계층적 관계가 발생하게 된다.

전략 구성요소

따라서 전략은 「조직이 당면하는 환경현실에 대하여 무엇을 어떻게 해야 할 것인가를 규정하는 행동원칙」이라고 할 수 있다. 따라서 ①환경 또는 현실의 내용과 ②조직, 그리고 ③대응행동의 구성요소들이 「전략의 구조」를 결정한다.

'어디에서 무엇을 어떻게 해야 할 것인가'의 관점에서 앤소프는 「전략의 구성요소(components)」로 범위(scope), 벡터(vector), 경쟁우위(competitive advantage), 그리고 시너지(synergy)의 네 가지 기본요소로 정리하였다.[1]

이와 같은 전략의 구성요소를 어떻게 편성하고 전개하는가에 따라 조직에서 추구하는 전략내용과 특징을 규정한다. 이와 같은 관점은 서구사회 및 세계적으로 파급된 경영전략 분야에서 기업 전략 및 사업 전략의 핵심적 기초로 활용되어 왔다.

앤소프는 이와 같은 전략논리의 일반화를 시도하면서 조직과 환경대응의 관점에서 '어떤 전략을 누가 어떻게 구상하고 설계하여 어떻게 실천할 것인가'에 관하여 성공적으로 실천하기 위하여 체계적인 전략경영을 주창하였다.[2]

---

1) H. I. Ansoff, *Corporate Strategy*, McGraw-Hill, 1965, 94-107.

2) H. I. Ansoff, *Strategic Management*, Macmillan, 1979.

2. 앤드류스의 정의

<도 1-2> 앤드류스의 경제적 전략의 도식적 전개

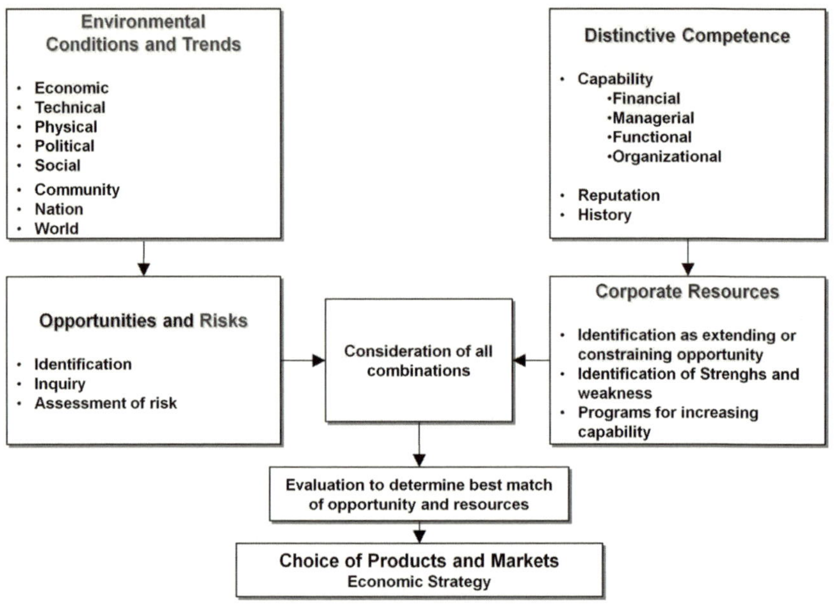

출처: Kenneth R. Andrews, *The Concept of Corporate Strategy*, 3rd ed. Dow Jones Irwin, 1978. p. 50

앤소프의 규범적 전략이론 체계에 대하여 간결하고 실용적 관점에서 접근하고 있는 앤드류스(K. R. Andrews)는 전략을 「기업의 외부적 환경에 대응하는 활동과 관련하여 기능적 분야들을 묶어 결합하는 아이디어」라고 정의하였다.

구체적으로는 환경의 조건과 추세에서 기회와 리스크 요인들을 도출하고 조직이 확보하고 있는 명확한 역량과 자원들을 중심으로 강점과 약점을 파악하고 내부 능력을 강화하기 위한 프로그램을 마련하여 외부적 상황과 기회, 리스크에 대응하기 위한 SWOT 대응방안들을 모색하여 최상의 결합방식을 선택하고 실천을 전개하는 전략을 설명하고 있다.

이와 같은 전략전개의 논리는 <도 1-1>의 전략전개의 방식에 대한 실용적 간이 프로세스 형태로써 가장 널리 소개되고 활용되고 있는 전략의 관점과 절차라고 할 수 있다.

<도 1-2>에서는 앤드류스의 전략전개의 내용과 절차를 제시하고 있다. 도식적으로 볼 때에는 간결하게 보이지만, 실제로 이에 대한 구체적인 전략 수립절차를 전개할 경우, 그 단계별 작업의 내용의 심도나 범위, 정확성, 적합성의 수준에 따라 전략내용과 품질이 좌우된다.

3. 퀸의 전략 정의

퀸(J. B. Quinn)은 전략이란 「조직의 주요 목적, 정책 그리고 행동의 순서를 일관된 전체성으로 통합하는 형식 또는 계획」으로 정의하고 있다.

> 따라서 잘 수립된 전략은 예상되는 환경 변화와 지능적 경쟁자들의 상황적 대응에 대하여 독특하고 실행 가능한 구도를 전개할 수 있도록 조직의 내부적 역량과 약점을 감안하여 조직의 자원들을 정비하고 배치할 수 있도록 한다.[1]

퀸은 군사적•외교적 차원에서의 전략과 그 밖의 분야에서 파악된 유사성에 대한 분석을 통하여 전략의 기본적 차원과 속성 및 전략설계에 대한 중요한 착안점을 제시하고 있는데, 특히 다음과 같은 4가지의 전략의 차원들을 주목할 필요가 있다.

① 효과적이고 공식적인 전략은 다음과 같은 세 가지의 필수적 요소들을 포함한다.
  - 달성해야 힐 가장 중요힌 목표 또는 목적
  - 조직행동을 이끌고 제한하는데 필요한 가장 중요한 정책들
  - 수립된 목적을 달성하기 위하여 (제한된 편성방식 내에서) 실천해야 하는 주요한 행동전개순서나 절차 또는 프로그램.

② 효과적인 전략은 「조직에 대하여 일관성, 균형성, 그리고 집중성을 이끌 수 있

---

1) James Brian Quinn, *Strategies for Change: Logical Incrementalism*, Irwin, 1980.

는 소수의 핵심개념과 추진력」을 개발한다.

③ 전략은 「예측할 수 없는 것에 대응」하는 것뿐만 아니라 「알 수 없는 것」에 대하여 대응한다. 따라서 전략의 핵심은 선택된 조건 하에서 아주 강력한 (그리고 유연하게 대응할 수 있는) 방식으로 포스춰(posture, 즉, 대응구도, 입지, 또는 자세를 포함한 의미)를 구축하여 조직이 예측할 수 없는 상황이나 외부적 영향이 실제로 작용하게 될 경우에도 조직의 목적을 달성할 수 있도록 하여야 한다.

④ 군사조직에서 연합, 전쟁 영역, 범위, 전투, 군대 및 포대의 전략과 같은 제형을 편성하는 것과 같이 복합적 조직에서는 「다양한 전략의 연관 전략 및 상호지원 전략을 계층적으로 구성」해야 한다.

<도 1-3> 기업전략전개도

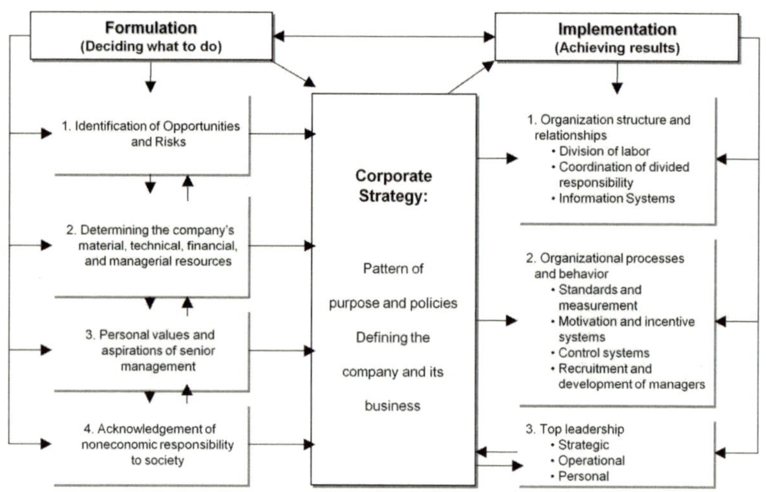

자료: H. Mintzberg and James B. Quinn, *The Strategy Process: Concepts, Contexts, Cases,* 3rd ed., p. 50.

이와 같은 전략의 효과성을 도모하기 위하여 전략은 다음과 같은 7가지의 기준을 충족하여야 한다.

① 명확하고 단호한 목표
② 이니시어티브의 유지 : 활동의 주도

③ 집중 : 특정한 장소와 시간에 대하여 강력한 파워를 집중적으로 투입하는가?

④ 유연성 : 자원 활용, 실천적 조치들에 대한 유연성

⑤ 조정적인 그리고 책임완수의 리더십

⑥ 충격 또는 예기치 못한 상황에 대응하기 위하여 기민한 대응(속도), 기밀, 첩보(intelligence)를 활용하는가?

⑦ 안전 : 전략은 엔터프라이즈의 자원기반과 실현가능한 업무추진의 요점들을 확보하고 있는가?

4. 포터의 정의

포터(M. Porter)는 전략을 「경쟁적 조직과 차별화되는 독특한 능력과 산업의 경쟁적 요건들 간의 적합성」으로 설명하고 있다.[1]

포터는 다각화의 사례와 성과 분석을 중심으로 기업 전략에 대하여 포트폴리오 매니지먼트, 리스트럭처링, 능력(skills) 전환, 그리고 공유 활동을 중심으로 설명하였다.[2]

포터는 앤소프의 전략구성요소의 4요소 중에 「경쟁우위와 전략의 대상영역」의 확장에 주목하여 시장과 산업, 그리고 시장에서의 「가격(원가)과 차별화」를 중심으로 경쟁전략의 프레임워크를 제시하였다. 즉, 차별화와 원가우위를 중심으로 하는 본원적 전략과 산업조직이론의 모형과 결합하여 경쟁관계에 영향을 미치는 요인들과 그에 대응하기 위한 전략들을 구체화하여 성생선략의 전개논리를 구체화하였다.[3]

산업관점에서의 경쟁적 전략은 기존의 시장대응의 마케팅 전략관점과 제조, 공급 및 시장적용의 전략관점을 결합하여 경쟁성과를 높이는데 주

---

1) Cynthia A. Montgomery and Michael E. Porter, *Strategy: Seeking and Securing Competitive Advantage*, HBS Press, 1991

2) Michael E. Porter, "From Competitive Advantage to Corporate Strategy," *HBR* May-June, 1987

3) Michael E. Porter, *Competitive Strategy: Techniques for Analyzing Industries and Competitors*, The Free Press, 1980.

안점을 두었다. 따라서 기업관점에서의 전략을 시장과 산업을 망라하여 그 시각을 확대하고 산업구조와 산업조직 관점에서 전략인식과 대응의 성과를 높이고 경쟁을 전개하는데 유용한 착안점을 제시함으로써, 현대적 경쟁 환경 하에서의 전략 기본으로 널리 활용되고 있다.[1]

5. 민츠버그의 전략 정의

민츠버그는 다음과 같이 「5P의 관점」에서 전략을 정의하고 있다.[2]

① **계획으로써의 전략**(Strategy as Plan)

전략은 계획으로써 조직의 방향을 수립하고, 조직을 계획된 경로에 따라 이끌어 간다.

② **패턴으로써의 전략**(Strategy as Pattern)

전략은 의도하건 또는 의도하지 않건 간에 「일관된 행동흐름의 패턴」이다. 정확한 목표를 구성하여 신중하게 편성해야 하는 전략의 전개는 현실적으로 용이하지 못한 경우가 많다. 그보다는 특별히 의도하지는 않았지만, 지속적이고 일관적인 행동의 전개를 통하여 성공적인 접근방법을 강화하고 그것이 일종의 패턴을 만들면서 하나의 전략이 된다.[3]

③ **포지션으로써의 전략**(Strategy as Position)

전략은 '환경'에 대하여 조직이 대응하고 위치하는 방법을 정하는 포지션(position), 즉 위치설정을 결정한다. 이 정의에 의하자면, 전략은 중간에 위치하는 힘, 또는 「환경과 조직의 합치를 이루는 역할」로 규정된다.

---

1) 가치사슬 분석과 가치사슬분석을 통한 포터의 전략 이론은 국내에서도 여러 문헌들을 통하여 널리 소개되고 있으므로 이 책에서는 설명을 생략한다.

2) H. Mintzberg, "H. Five P's for Strategy," *California Management Review*, Fall 1987, pp. 11-24

3) 이와 같은 패턴을 관찰하면, 「창발적 전략(emergent strategy)」이라는 유형이 존재하는 것을 알 수 있다. 완벽한 형태의 신중한 전략의 전개도 사실상 보기 드물지만, 완전한 형태의 창발적 전략이라는 것도 쉽게 보기 힘들다. 그러나 대부분의 전략들은 이 두 가지 형태의 전략유형의 중간쯤에 머물게 된다. H. Mintzberg, *Ibid*, pp. 11-24

④ **관점으로써의 전략**(Strategy as Perspective)

관점으로써의 전략은 조직이 당면하고 있는 외부적 환경에 대하여 조직이 어디에 위치하고 어떻게 대응할 것인가를 파악함에 있어서 선택적 포지션에 의한 관점에서 전략을 모색하는 것이 아니라 「감시되고 있는 세계에 대한 사고방식과 인식의 패러다임에 의하여 구성」된다.[1]

⑤ **대응방안으로써의 전략**(Strategy as Ploy)

전략은 「책략으로써 직접적인 경쟁의 세계에서 대응할 수 있는 방안」을 제시한다. 역설적이지만, 전략은 변화 보다는 안정을 추구하려는 개념이며, 따라서 계획을 수립하고 패턴을 확립하고자 한다.

이상의 5가지의 P는 서로 연관적으로 활용될 수도 있다. 예를 들면 포지션과 관점으로써의 전략은 계획과 패턴의 전략에 대하여 양립할 수 있다. 만약, 관점을 변화시킬 수 없는 상황이라면, 현재의 관점 하에서 계획과 포지션의 변화를 도모하여 성과를 얻을 수 있는 것과, 관점을 변화시켜 성과를 얻을 수 있는 것을 비교함으로써 판단을 내려 볼 수도 있다.[2]

민츠버그는 전략을 창조하고 고안해냄에 대하여 창조적 아이디어나 이미지가 전략 프로세스의 전개과정에서 위축될 수 있다는 점에 착안하여 전략 창조에 대한 서술에서 5가지의 유의점을 제시하였다.[3]

첫째, 전략은 그동안의 패턴을 중심으로 전개할 뿐만 아니라 미래를 위한 대비로써의 계획을 주도한다.

둘째, 전략은 반드시 주도면밀하게 구성하여 완벽한 형태로 전기해야만 하는 것은 아니다. 전략은 때때로 실험적 행동의 과정이나 경험적 학습과정에서 우연히 창발 되기도 한다.

셋째, 효과적인 전략은 예상치 못한 방법과 수단을 통하여 낯선 대상영역에서의 특이한 대안들을 구성할 수 있게 한다. 따라서 약점이나 한계에 봉착하였을 경

---

1) 이와 같은 관점에서 전략은 전략주체에 의하여 개념화되고 또한 조직 내에서 공유되며, 조직구성원들의 의도와 목표, 그리고 행동을 통하여 공유된 관점을 구성한다. H. Mintzberg, *Ibid*, pp. 11-24

2) H. Mintzberg, *Ibid*, pp. 11-24

3) H. Mintzberg, "Crafting Strategy," *Harvard Business Review*, Jul-Aug 1987

우, 새로운 기회를 만들어내기도 하며, 제약점이 오히려 그 한계를 극복하는 창조적 돌파구를 안내하기도 한다.

넷째, 신념에 따라 전략적 오리엔테이션의 재설정과 같은 비약적 발전을 가능하게 한다.

다섯째, 전략을 관리한다는 것은 「바로 생각과 행동을 창조해내는 것이며, 통제와 학습을 전개한다는 것이며, 안정과 변혁을 주도한다는 것」이다.

민츠버그와 퀸은 앤드류스의 전략 기본개념을 토대로 조직구조, 시스템, 리더십과 사회적 책무 및 조직구성원의 동기와 가치추구에 관한 관점을 추가하여 <도 1-3>과 같이 구성하였다.

민츠버그와 퀸은 기업 전략을 조직적 프로세스의 관점에서 정의하고 있다. 즉, 「기업 전략은 구조와 행동 및 문화와 불가분의 관계로 다양한 형태로 전개되는 조직 프로세스」로써 전략 수립과정과 실천과정의 두 가지 국면으로 구분하여 대응한다.[1]

6. 하멜과 프라할라드의 전략 정의

하멜과 프라할라드(Hamel and Prahalad)는 그동안 새로운 경영기법들로 제시되었던 다양한 전략적 솔루션들에 계속 의존하고, 경쟁성과를 도모하려는 시도에 대하여 그 한계점을 경고하고 새로운 경쟁의 시대에 대응하기 위하여 새로운 전략의 관점을 <표 1-1>과 같이 제시하였다.[2]

하멜과 프라할라드의 「새로운 전략 패러다임」은 기존의 전략적 발상과 논리의 타당성을 뒤엎고 비약적으로 초월하는 식견을 담고 있을 뿐만 아니라, 현재의 경쟁우위가 아닌 「미래경쟁우위」를 도모하는 전략의 관점에서 유용한 발상과 논리를 제시하고 있다.

---

1) H. Mintzberg and James B. Quinn, *The Strategy Process: Concepts, Contexts, Cases,* 3rd ed., pp. 48~55.

2) Gary Hamel and C. K. Prahalad, *Competing for the Future,* HBS Press, 1994.

즉, 비연속적으로 변화하고 있는 환경 현실 하에서는 현재 또는 3년 내지 5년 정도의 「근접기간의 미래를 대상으로」 환경대응의 전략 계획을 수립하거나 학습, 또는 포지셔닝과 같은 점진적 발전의 현상 연장적(incremental) 관점에서 전략을 설계하는 경우, 전략적 성과를 보장할 수 없다.

<표 1-1> The New Strategic Paradigm

Not Only	But Also
The Competitive Challenge	
● Reengineering Processes ● Organizational transformation ● Competing for the market share	● Regenerating strategies ● Industry transformation ● Competing for the opportunity share
Finding the Future	
● Strategy as learning ● Strategy as positioning ● Strategic plans	● Strategy as forgetting ● Strategy as foresight ● Strategy architecture*
Mobilizing for the Future	
● Strategy as fit ● Strategy as resource allocation	● Strategy as stretch ● Strategy as resource accumulation and leverage
Getting to the Future First	
● Competing within an existing industry structure ● Competing for product leadership ● Competing as a single entity ● Maximizing the ratio of new product hits ● Minimizing time—to—market	● Competing to shape future industry structure ● Competing for core competence ● Competing as a coalition ● Maximizing the rate of new market learning ● Minimizing time—to—global preemption

출처: Gary Hamel and C. K. Prahalad, *Competing for the Future*, 1994. p. 26

하멜과 프라할라드는 <표 1-1>에서 보는 바와 같이, 당면하게 될 미래를 창조하고 미래의 경쟁에서 탁월성을 확보하기 위하여 새로운 전략 발상과 관점, 「새로운 전략 패러다임」으로 대응하지 않으면 곤란하다는 점을 설명하고 있다. 따라서 소위 기존의 성공경험을 거부하고 새로운 창조적 전략의 모색과 통찰력을 통한 예견의 전략, 그리고 「아키텍처」로써의 전략이 요구된다고 설명하고 있다.

또한 경쟁적 활동에 있어서는 기존의 프로세스를 변혁하는 관점에서 전략을 재창조하여 대응해야 하며, 시장점유율 쟁탈을 위한 활동에서 새로운 전략기회의 쟁취를 위한 전략으로 변혁하여야 한다. 따라서 조직의 변혁뿐만 아니라 대상으로 하고 당면하고 있는 산업을 변혁하는 창조적인 전략의 관점을 제시하고 있다.

미래창조의 관점에서도 「환경상황에 적합한 전략의 관점(strategy as fit)」에서 혁신하여 「가능성의 최대 발휘의 전략(strategy as stretch)」으로 그리고 확보자원 배치의 원칙으로써의 전략에서 자원 확보와 축적 및 레버리지를 통한 자원성과 극대화의 실현수단으로써의 전략을 제시하고 있다.

미래선점을 위한 대응에 있어서는 기존의 산업구조 내에서의 경쟁이나 제품 리더십을 위한 경쟁에서 한 걸음 더 나아가 미래 산업구조의 창조와 핵심역량을 강화하고 선취하기 위한 경쟁논리를 강조하고 있다.

또한 사업단위별 경쟁에서 기업 결합적 경쟁, 신제품의 성공비율을 높이려는 시도에서도 새로운 시장에서의 신사업전개를 위한 학습정도를 높이는 실험적 대응을 강조한다.

즉, 시장제품 출시의 타이밍을 단축하려는 시도, 즉 실행의 효율성 추구에 국한하지 않고 글로벌 선점을 조속히 전개하는 데에 주안점을 두는 「엔터프라이즈 대응」을 강조함으로써 기존의 전략 콘텍스트와 패러다임의 변혁을 제시하였다.

이와 같은 전략 개념과 논리는 「난기류가 극심한 미래 환경에 대응하는 창조 패러다임의 전략개념」이라고 할 수 있다.

7. 전성현의 전략 정의

전성현은 동양적 경영학을 위한 창의적 모색작업으로 「오행경영론」을 통하여 전략을 수단적 관점에서 조직오행의 필수적 구성요소로 설정하고 있다. 따라서 현실적 조직전개의 기능과 조직오행의 속성을 적용하여 전략을 「목화토금수(木火土金水)」 오행원리의 목기(木氣)로 설정하고 전략에

대하여 「조직의 생명력을 가동하는 요소」로 정의하고 있다.[1]

이와 같은 정의는 그동안 전략에 대한 개념의 정의가 지나치게 좁고 구체적이었으며, 조직의 연관 요소들과 유리된 채로, 조직행동의 성과를 높이기 위한 대응방법이라는 미명하에 수단적 요소로만 간주되어, 실제로 조직 내에서 연관 요소들과 상생적으로 전략을 배태하고 창조하여 조직의 생명을 이끌어내는 요소로 이해하지 못하고 있기 때문에 비롯되는 현실적 문제현상들을 지적하고 있다.

따라서 조직의 생명력을 이끄는 전략은 연관된 조직오행의 요소, 즉 열정, 문화, 제도, 정보와 함께 상생적 관계와 상극적 관계를 조화롭게 이끌어갈 수 있는 차원에서의 전략이 전개되어야 하며, 동태적 관점에서 조직체질의 변화를 주도해 나갈 수 있어야 한다는 점을 제시하고 있다.

이와 같은 관점에서의 전략은 조직에 생명력을 불어넣으며, 전략에 대하여 다시 필요한 생명력을 충족시킴으로써 필요한 조직오행의 요소들을 보(補)하고 지나친 요소들에 대하여는 사(瀉)함으로써 조직의 생명력을 높인다.

오행경영론의 전략관점에 대하여 특기할만한 점은 여타의 전략에 대한 관점이나 개념들이 조직의 수익이나 목표의 달성을 위한 수단적 차원에서의 전략이 아니라 조직과 현실의 환경, 즉 마이크로와 매크로의 관점에서 상생적이고 조화로운 관점에서 전략을 이해하고 확장하여 대응해야 한다는 관점이다.

따라서 아무리 합리적인 전략이라고 해도 그것이 무리하게 또는 억지로 설계 또는 전개되어서는 안 되며, 오행의 관점에서 생명의 요소들과 조화로운 원리를 충족하는 전략을 추구할 것을 제시한다.

이와 같은 전략의 관점은 향후 새로운 지구사회의 창조라는 철학적 관점에서 새롭게 조명되고 실천되어야 할 중요한 관점이며 개념의 전개라고 할 수 있다.

---

1) 전성현, 오행경영론: 우리에게 경영학은 있는가 – 동양적 경영학을 향한 창의적 모색, 소프트전략경영연구원간, 2011.

1.2 여러 가지의 전략 정의와 전략접근방법 유형분류

앞에서 논의한 여러 전문가들을 포함하여 전략에 대하여 참조할 수 있는 설명이나 정의를 요약 발췌해 보면 <표 1-2>와 같다.

<표 1-2> 전문가들의 전략에 대한 설명과 정의

- Strategy has 4 components: (product—market) Scope, Vector, Competitive advantage, and Synergy. H. I. Ansoff, *Corporate Strategy*, 1965

- Corporate Strategy is the pattern of decisions in a company that determines and reveals its objectives, purposes, or goals, produces the principal polices and plans for achieving those goals. Corporate Strategy is an organization process, in many ways inseparable from the structure, behavior, and culture of the company in which it takes place. Kenneth R. Andrews, *The Concept of Corporate Strategy*, 1980

- Strategy is a deliberate search for a plan of action that will develop a business's competitive advantage and compound it. Bruce D. Henderson, "The Origin of Strategy," *HBR*, Nov-Dec 1989

- Strategy is a set of decision—making rules for guidance of organizational behavior. H. I. Ansoff, *Implanting Strategic Management*, 1990

- Strategy is a plan, a pattern, ploy, position, perspective. H. Mintzberg, *The rise and fall of Strategic Planning*, Macmillan, 1994.

- A Strategy is an Integrated and coordinated set of commitments and actions designed to exploit core competencies and gain a competitive advantage. Michael A. Hit et. al. *Strategic Management: Competitiveness and Globalization*, 1997.

- Strategies are the means by which long—term objectives will be achieved. Fred R. David, *Strategic Management*, 6th ed. Prentice—hall, 1997.

- Strategy is a pattern in a stream of decisions. Strategy emerge over time as decisions accumulate to form coherent recognizable patterns of action. L. J. Bourgeois III, et. al., *Strategic Management: A Managerial Perspective*, 2nd ed., The Dryden Press, 1999.

- Strategy describes how an organization intends to create sustained value for its shareholders. The Strategies of public—sector and nonprofit organizations are designed to create sustainable value for their stakeholders and constituents. Robert S. Kaplan, David P. Norton, *Strategy Maps: Converting intangible assets into tangible outcomes*, HBS Press, 2004.

- Strategy is explicitly identified as the focal point of the management system (as opposed to 'quality'). Robert S. Kaplan, David P. Norton, *Alignment: Using the Balanced Scorecard to create Corporate Synergies*, HBS Press, 2006.

이상과 같은 전략에 대한 정의와 기술을 중심으로 살펴보면, <표 1-3>과 같이 전략에 대한 기본적인 관점을 유형화할 수 있다.

<표 1-3> 11가지의 전략접근방법의 유형

접근방법의 구분	관점 Perspectives	추구가치/ 목표	주요 키워드 예시
1. 환경 중심적 전략접근방법	환경 중심적 관점 Environmental perspective	환경성과	ESO[1], Alignment, Strategic Fit
2. 능력 중심의 전략접근방법	능력 중심적 관점 Capability perspective	능력성과	Competence-based competition
3. 프로세스/시스템적 전략접근방법	프로세스/시스템 중심적 관점 Process/System perspective	프로세스/ 시스템 성과	Strategic Planning, BSC
4. 기능적 전략접근방법	기능적 관점 Functional perspective	기능적 성과	Strategic Portfolio, Functional Strategies
5. 상황적 전략접근방법	상황적 관점 Contingent/Situational perspective	상황대응 성과	Contingent Strategy
6. 구조적 전략접근방법	산업 구조적 관점 Industrial/Structural perspective	구조적 성과 경쟁성과	5 Forces Model, Diamond Model
7. 사회정치적 전략접근방법	사회정치적 관점 Socio-Political perspective	사회적 성과	Societal-political Strategy
8. 경제적 전략접근방법	경제성/수익성 관점 Economic/Profitability perspective	수익성과	VBM, ABM, BSC/ESC
9. 기회주의적 전략접근방법	기회 중심적 관점 Opportunity perspective	기회성과	Opportunistic Strategy
10. 미래 창조적 전략접근방법	미래 창조적 관점 Future value perspective	미래성과	Competing for the Future
11. 동양적 오행론에 입각한 조직요소대응방법	오행의 원리를 중심으로 조직오행의 상생원리, 상극원리를 중심으로 전개하는 전략경영의 관점[2]	조직성과	조직요소 상생원리와 상극원리의 석용을 통한 성과창조

ESO: Environment-Serving Organization[1] 조직오행론에 의한 성과창조[2]
* 각 접근방법에서 경쟁적 관점과 경쟁성과의 추구는 경쟁상황의 선택에 따라 반영됨

---

1) H. I. Ansoff, *Strategic Management,* Macmillan, 1979
2) 전성현, 오행경영론: 우리에게 경영학은 있는가 – 동양적 경영학에 대한 창의적 모색, 소프트전략경영연구원, 2011

표에서 보는 바와 같이, 가장 대표적인 유형은 조직이 처하고 있는 환경과 조직과의 관계에 초점을 맞추어 그 대응성과 관계성을 중심으로 전략을 이해하고 대응하려는 시도이다. 이러한 관점을 「환경 중심적 전략접근방법」이라고 할 수 있다.

또 다른 유형으로는 (조직의) 「능력 중심의 전략접근방법」이라고 할 수 있다. 여기에는 전반적 능력을 감안하여 전략을 모색하고자 하는 유형과 핵심역량을 중심으로 전략을 모색하는 유형을 들 수 있다.[1]

세 번째의 유형으로는 전략을 계획과 실행의 관리 프로세스의 관점에서 이해하고 대응하려는 유형이다. 이러한 유형은 전략을 관리기능의 요소로 이해하고 전략을 통한 관리적 성과를 개선하고자 하기 때문에, 전략의 모색과 고안, 설계, 구체적인 수립의 과정 및 실천과정을 관리하고자 한다. 이러한 유형을 「프로세스적 전략접근방법」 또는 「시스템적 전략접근방법」이라고 할 수 있다.

네 번째의 유형은 기능적 관점에서 전략을 이해하고 대응하고자 하는 「기능적 전략접근방법」이다. 이러한 관점은 마치 영업이나 생산과 같은 조직의 업무기능의 전개가 필요한 기능별 성과를 달성하는 것과 마찬가지로 전략도 조직의 기능의 한 부분이며, 따라서 전략에 관한 활동을 어떤 부문이나 계층에서 수행하건 간에 전략도 기능적 성과를 달성해야 한다는 관점을 유지한다.[2]

---

1) 전자를 「전반능력중심의 전략접근방법」이라고 한다면, 후자를 「핵심역량중심의 전략접근방법」이라고 할 수 있다. 핵심역량중심의 전략접근방법은 조직의 핵심역량을 파악하고 이를 강화함으로써 경쟁우위를 확보하려고 하는 반면, 전반능력중심의 전략접근방법은 뚜렷한 핵심역량에 대한 관점은 부족하지만, 조직의 능력요소들을 전반적으로 활용하여 전략적 성과를 모색하고자 하는 형태로 주로 강점과 약점, 보완해야 할 능력요소들에 주목하여 능력을 활용하고 전개하여 전략을 추구한다.

2) 이러한 유형은 전략기능과 업무기능간의 결합을 통하여 업무기능의 개선을 도모할 수 있다는 관점을 유지하려고 하기 때문에, 업무기능에 전략기능을 결합시켜

다섯 번째의 유형은 조직이 당면하고 있는 환경과 현실 상황의 변화에 대응하여 전략성과를 높이기 위하여 전략적 대응을 전개하는 관점을 유지하는 유형이다. 따라서 「상황적 전략접근방법」이라고 할 수 있다.

여섯 번째의 유형은 조직 및 사업, 환경의 구조와 구성요소들을 중심으로 전략을 파악하고, 그 구조적 특성과 균형정렬, 관계적 속성과 실천적 내용의 전개를 구성함에 있어서 구조적 관점에서 이해하고 대응하려는 시도이다. 이러한 유형을 「구조적 전략접근방법」이라고 할 수 있다.

일곱 번째의 유형은 조직의 당위성, 합리성, 사회적 원칙, 책임을 중심으로 이해하고 그에 따라 전략을 전개하고자 하려는 관점이다. 이러한 유형을 「사회·정치적 전략접근방법」이라고 할 수 있다.

여덟 번째의 유형은 재무적 성과의 동인을 중심으로 전략을 이해하고 전개하려는 관점이다. 이러한 유형은 수익과 성과를 제고하기 위한 관점을 중심으로 전략을 전개하기 때문에 「경제적 전략접근방법」이라고 할 수 있다.

아홉 번째의 유형은 당면하고 있는 상황에서 최적의 기회를 발굴하고 그에 대응하려는 관점에서 전략을 조망하고 대응하는 「기회주의적 전략접근방법」이다.

열 번째의 유형은 전략을 추구함에 있어서 현재 뿐만 아니라 미래성과를 포함하여 지속적 성과창출을 모색하기 위한 관점을 유지하고, 미래의 기회탐구와 도전, 창조적 실험의 전개와 같은 유형의 「미래 창조적 전략접근방법」이다.

이와 같은 유형들은 현실적으로 활용되고 있는 내용과 관점에서의 현저한 특성을 중심으로 분류하였기 때문에 상호 배타적인 것이라고는 할

활용하고자 한다. 이러한 유형을 전략의 「기능적 접근방법」이라고 할 수 있다.

수 없으며, 당면 현실과 대응해야 할 상황에 따라 상호 연관적으로 또는
결합적으로 관계하거나 활용되기도 한다.

예를 들면, 환경 중심적 접근방법과 전반 능력 중심적 접근방법을 상호보완적
으로 활용할 수도 있으며, 구조적 접근방법을 추가하여 전개할 수도 있다. 그러
나 기회주의적 접근방법 또는 경제적 접근방법과 미래 창조적 접근방법은 현실적
으로 서로 상충될 수도 있다. 그것은 미래 창조적 접근방법은 과거로부터 현재까
지의 관점에서 설정된 현재 비즈니스의 변혁을 요구할 뿐만 아니라, 현재 시점에
서의 단기적 수익을 억제하는 전략적 투자나 새로운 조직의 변혁과 조직적 대응
활동을 추진할 것을 요구하기 때문이다.

뿐만 아니라 미래 창조적 전략접근방법은 기존의 제품시장영역을 초월하여 새
로운 미지의 사업영역에 대한 조직적 대응활동과 자원투입을 전개할 것을 요구하
기 때문에, 기존의 영역 내에서 기존 기회에 대응하고 추구하려는 시도는 억제될
수 있다. 따라서 서로 다른 범위의 시간기준에 대하여 적용할 경우, 현재 시점의
기회주의적 대응활동과 미래지향적인 기회주의적 대응은 논리전개는 비슷하게 보
여도 서로 결합적으로 전개하기 어렵다.[1]

전략에 대한 관점과 정의, 그 접근방법들이 제각기 다른 이유는 단순
히 조직의 규모와 특성, 사업특성이나 조직이 속하고 있는 산업의 특성
이 다르기 때문에만 다른 것이 아니다. 이와 같은 외견적 특성뿐만 아니
라 각 조직에서 전략을 구도하고 전략을 통하여 달성하려고 하는 주체와
목표들이 제각기 다르며, 또한 대상의 속성과 범위, 전문화, 다각화, 통합
화 그리고 추구하고자 하는 경쟁우위 및 그 운영내용에 대한 전략적 반
영을 제각기 달리하기 때문이다. 또한 전략에 대한 접근방법의 유형과
전략요소들에 대한 반영의 차이가 작용하기 때문에 발생한다.

이와 같은 유형들 중에 특이하게 그리고 새롭게 주목해야 할 관점은

---

1) 그러나 전략의 시공간을 현재와 미래의 시공간을 포함하여 확대시키고 선택할 수
   있는 전략 옵션을 넓혀 결합적으로 편성하여 대응한다면, 즉 미래기회 탐구의 관
   점을 반영하여 전략 대응을 전개할 경우 이 두 가지 접근방법은 서로 동일한 전
   략을 구성할 수도 있다.

맨 마지막의 오행경영론의 관점이다. 열한 번째의 유형으로 분류한 오행경영론의 관점은 조직의 요소를 동양적 오행 원리에 배속시켜 전략에 대한 개념과 정의를 확대하고 있다. 즉, 전략과 연관된 조직의 핵심요소인 열정, 문화, 제도, 정보의 상생적 전개를 전개하고 상극에 대응하여 조직의 결합적 성과를 높이는 「**조직오행경영의 전략적 접근방법**」이다.

조직오행의 전략적 접근방법에서는 기존의 전략에 대한 관점과 접근방법을 오행의 원리에 입각하여 해석하고, 조직의 체질을 진단하고 각 요소별 상생과 상극의 법칙에 대응하여 전략을 전개할 것을 요구하고 있다. 전략의 개념에 대한 오행경영론의 일부를 인용해보면 다음과 같다.[1]

> 오행의 다섯 요소는 항상 하나의 *통합체계*로 움직입니다. 이 오행의 맥락에서 벗어난 개별 요소를 논하는 것은 의미가 없습니다. 전략-열정-문화-제도-정보란 조직오행도 마찬가지입니다. 예를 들어 전략을 전략 자체로만 다루는 것은 의미가 없으며, 항상 열정-문화-제도-정보와의 관계 안에서 그 전략의 의미와 역할과 기능이 다루어져야 하겠습니다.
>
> 단순히 전략계획 등에 명기된 공식화 문서화된 전략이 아니라 조직의 사명과 비전, 이를 향한 의지, 그리고 행동의 계획과 실천, 등 조직이 생명을 가지고 움직이게 하는 제반 동인들을 포괄적으로 일컫는 개념으로 *전략*을 규정한다는 것입니다.
>
> 생명력 관점에서의 전략 설정이 가지는 또 다른 의미는 전략을 소위 살아있는 활동으로 만든다는 점입니다. 전략은 많은 조직에 있어서 전략을 위한 전략으로 전락하고 있습니다. 조직마다 전략을 말하고 있지만 정작 조직을 살리고 바꾸는 데 있어서 전략은 아무런 영향력이 없는 하나의 의식(ritual) 내지 관행(routine)에 그치고 있다는 것이지요. 그래서 조직의 전략이 강하고 약하다는 것은 조직의 생명력이 강하고 약하다는 것과 같은 의미가 되겠습니다.
>
> 이처럼 *생명*이란 관점에서 본다면 전략의 핵심이 무엇이 되어야 하는가를 짐작해 볼 수 있습니다. 예컨대 최근 강조되고 있는 조직 기민성(agility)을 본다면, 환경 변화에 적절히 신속 유연하게 대응하여 생명을 유지하게 하는 것이라는 점

---

1) 전성현, 오행경영론: 우리에게 경영학은 있는가 – 동양적 경영학을 향한 창의적 모색, 소프트전략경영연구원, 2011.

에서 전략의 핵심 요소가 될 수 있겠습니다. 반면에 기민성을 상실한 조직, 환경 변화에도 불구하고 이를 감지하며 못하며 기존의 전략에 매달려 오직 그 길만을 고집하는, 한 마디로 전략 자체가 하나의 기능으로 *제도화* 되어 버린 조직은 생명이란 관점에서 본다면 죽은 조직입니다.[1]

전략은 이처럼 조직의 *생명력을* 다루는 개념입니다. 조직을 하나의 유기체로 놓고, 그 유기체의 목적과 사명과 비전이 무엇인가 또 그것을 달성하기 위해서 어떻게 움직여야 하는가를 알려주는, 한 마디로 조직을 살아 움직이게 하는 동인을 생성하고 가동시키는 것이 *전략의* 의미입니다.[2]

이와 같은 조직오행의 관점에서는 전략은 당면하고 있는 현실과 환경에 대응하기 위하여 필요할 때에만 설계하여 구성하고 전개하는 수단적 요소로써의 전략이 아니라 경영과 조직행동을 구성하는 필수적 오행의 조직요소로 정의하고, 그에 입각하여 조직을 살려나갈 수 있는 동인으로써의 전략을 조직 생명의 창조와 유지에 핵심적 요소로 대우한다.

1.3 전략 아키텍처의 이해를 위한 주요 고려사항

현실적으로 조직 현실에서 전략은 개인 또는 조직이 성공하기 위한, 또는 군사적으로는 적(敵)이나 경쟁상대를 공략하거나 무찌르기 위한 기발한 구상과 같이 사용된다. 이와 같은 관점은 목적이나 활용의 측면에서 정의되는 전략이라고 할 수 있다.

그러나 현실적으로 유의할 두 가지의 문제점이 있다. 그것은 ①어떠한 경우이건 전략을 세워서 실천할 '필요가 없는' 상황이라면, 일부러 힘들이고 복잡하게 전략을 수립하여 대응하려고 하지 않는다는 사실과 ②어

---

1) Henry Mintzberg는 당초 많은 주목과 기대를 받으면서 출발한 전략경영 분야가 이처럼 하나의 기능분야로 전략해서 더 이상 조직에 생명력을 부여하는 동인이 되지 못하는 현실을 정확히 지적하고 있다. cf. H. Mintzberg, The rise and fall of Strategic Planning, Free Press, 1994.
2) 이상 전성현의 오행경영론에서 인용

떠한 이유에서건, '필요에 대한 검증'이 제대로 되지 않아도, 무엇이건 설정된 목표를 '반드시 해야 한다'고 믿을 경우에는 불필요한 것이라도 '그럴듯한 전략들'을 만들어내어 기필코 추진하려고 한다는 점이다.

이와 같은 전략대응과 전략창조의 부실현상은 전략을 만들어낼 때, 조직에서 준수해야 할 주요하고 필수적인 전략 아키텍처의 원리를 무시하고, 대충 작업을 완료하여 실천에 옮기기 때문에 비롯된다.

제2부에서 자세히 살펴보겠지만, 전략 아키텍처는 당면하는 전략적 과제의 해결을 포함하여 어떠한 전략적 목표와 실천적 전개방안들을 어떻게 설계할 것이며, 어떻게 선택하고 성공적으로 운영하며 실천할 것인가에 대하여 전체적 전략성과를 제고하기 위하여 조직(정부 또는 기업)의 전체적 관점에서 필요한 전략요소들과 그 관계를 구조적, 방법적으로 구체화하는 것이다.

이와 같은 전략 아키텍처를 살펴보기 전에 우선 전략 아키텍처에 대한 이해를 높이기 위하여 주요 고려사항들을 점검해보도록 하자.

1. 전략 니즈의 확인

전략은 필요의 산물 – 전략 니즈를 이해하라

전략은 명백히 필요의 산물이다. 즉, 전략이 필요하기 때문에 전략을 세우는 것이다. 조직이나 개인이 「대응해야 하는 전략 필요성」 이를 편의상 간략히 「전략 니즈」라고 하자.

> 전략 니즈란 「조직이 당면하고 있는 또는 당면하게 될 현상이나 상황이 부여하는 전략 콘텍스트(context)에 따라 전략적 대응이 요구되는 것」을 말한다. 시장에서 요구하는 것을 시장 니즈라고 하고 (이를 공급 차원에서 볼 때 수요라고 함), 고객이 필요로 하는 것을 고객 니즈라고 하는 것과 마찬가지로 전략 니즈는 조직의 입장에서 보면, 조직이 당면하고 있는 환경 현실 속에서 전략적 대응을 수행해야 하는 과업들을 의미한다.

여기에서 중요한 점은 전략적으로 조직에서 무엇을 대응해야 하는지에 대하여 현실을 구성하는 사실(Facts)을 이해하지 못하거나 파악할 수 없을 경우, 전략 니즈가 제대로 식별되지 못한다는 점이다. 뿐만 아니라, 니즈를 잘못 인식하거나 잘못 구성하여 추진하여도 그에 대하여 판단이나 검증이 곤란하다는 것이다.

현실적으로 전략 니즈는 전략을 생각하거나 또는 전략 수립, 실천의 동기가 된다. 전략대응의 동기가 어떤가에 따라 전략의 내용이나 형태, 범위, 규모 및 방법들이 결정된다. 따라서 전략 동기를 이해하면, 전략의 출발점을 이해할 수 있게 된다. 그러나 전략 동기가 불명확하다면, 전략의 내용을 구성하고 설계하는 일이 더욱 복잡하게 될 뿐만 아니라, 신속하고 효과적인 전략 의사결정 활동도 곤란해진다.[1]

전략 니즈, 전략 동기, 전략 의지

종종 기업 현장에서 많이 나오는 질문이 '그렇다면, 우린 어떠한 전략을 수립해야 되는 것입니까?'와 같은 질문이다. 이와 같은 질문은 전략을 실천해야 하는 당사자가 전략 니즈나 팩트(Facts), 전략 동기를 제대로 이해하지 못하고 자신과 현실 환경에 대한 인식이 불명확한 상태에서 어떠한 전략을 세워야 하는가에 대한 의사결정을 요구하는 질문이다.

아무래도 대답은 "역시, 좋은 결과를 가져다주는 대안을 선택해야겠지요?"와 같은 애매한 답변을 하게 된다. 그런데 답변한 사람도 질문한 사람도 머릿속이 도대체 개운하지가 않다. 현실인식이 제대로 안 되어 있는 상황이기 때문에, 좋은 결과를 가져다주는 대안의 기준도 불명확하기 때문이다.

---

1) 전략 니즈와 전략 동기는 전략대응의 출발점이 된다. 이 책에서는 설명의 편의상 전략 동기를 조직에서 전략을 추진하고자 하는 심리적, 조직적, 경제적, 환경적, 상황적 원인이나 추진 근거라고 정의하도록 한다. 전략 니즈와 전략 동기는 대응해야 할 현상과 전략과제의 특성에 따라 외부적인 것과 내부적인 것으로 구분하여 분석하여 대응할 필요가 있다.

전략 니즈는 <도 1-4>에서 예시하고 있는 바와 같이 현실을 구성하는 사실(Facts)에 기초하여 구성된다.

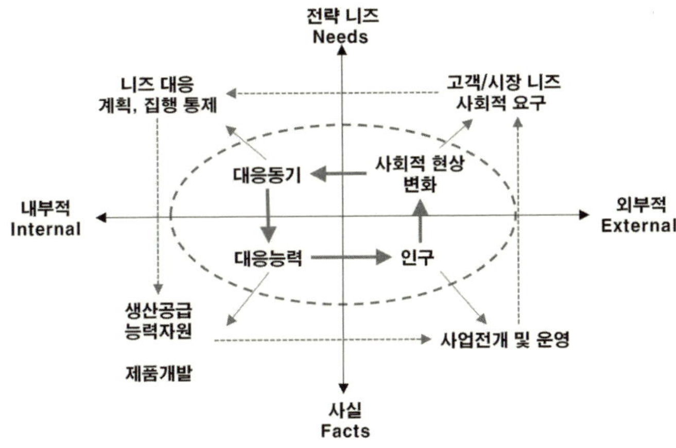

<도 1-4> 전략 니즈를 구성하는 팩트와 전략대응

따라서 사실을 잘못 인지하거나 사실의 변화를 잘못 예측하면, 전략 니즈를 제대로 인지할 수 없으며, 그에 대응하는 전략을 제대로 편성하지 못하게 된다. 서문에서 예시했던 지자체의 정책실패와 예산낭비의 사례는 전략 니즈를 구성하는 팩트 대응에서의 착오가 유발한 전략 의사결정과 시행에서의 착오에 의한 사례라고 할 수 있다.

<도 1-5>에서는 전략 니즈와 사실에 입각하여 조직의 외부적 현실과 현상에 대응하기 위하여 사업목표, 조직 능력 및 자원의 편성과 전개, 문제해결과 바람직한 상황의 창조의 성공적 전개과정을 예시하고 있다.

근본적으로 왜 전략을 세워야 하는지에 대한 전략 니즈나 동기에 대한 분석이 제대로 되지 못하게 되면, 추진해야 할 목적이나 행동의 결정근거가 불명확해진다. 따라서 당면하는 상황인식에 대한 기준이 불명확하여 결과적으로 「잘못된 결과치를 토대로 목표를 설정하는 전략」을 추진하게 된다.

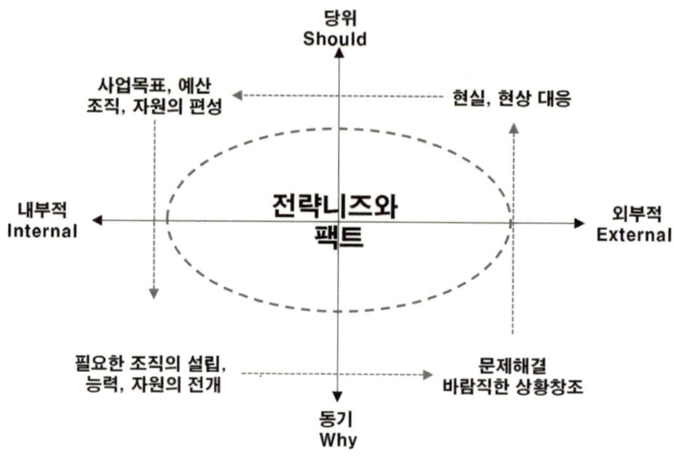

<도 1-5> 전략 니즈와 팩트에 대응하는 당위, 능력의 구성

이와 같은 경우, 유의해야 할 점은 불확실한 목표대응에 대한 불안감을 줄이고, 조직성과를 높이기 위하여 적극적인 전략대응을 전개하려는 시도와 소극적인 전략대응을 전개하려는 시도가 조직적으로 전개되는 경향이 있다는 점이다.

대체로 당면하는 현상에 대하여 적극적으로 대응하는 것이 보다 바람직한 결과를 만들어 낼 것이라고 믿는 경우, 조직의 적극적 대응을 전개하려는 경향이 있다.

그러나 적극적 대응이라고 해도 전략 니즈와 사실에 대한 오판으로 애매모호한 전략 목표를 세워 추진할 경우, 방향과 목표가 잘못 구성되어 있다면, 전략추진 성과는 떨어지게 되고, 다른 사업부문에도 부정적인 영향을 미칠 수 있다. 그럼에도 불구하고, 불확실한 성과를 높이기 위하여 적극적으로 사업범위를 확대하거나 실천적 노력을 증대시키는 일은 없는지에 대하여 주의를 기울이고 그에 대비할 필요가 있다.

한편 전략 니즈와 사실에 대한 오판으로 전략 목표가 잘못 구성되어 있을 경우, 이를 시정하기보다는 오히려 조직과 시스템의 책임과 문제라고 미루고 조직의 전략적 성과창출과 유지에는 주의를 기울이지 않으며, 소극적 대응으로 사업실행을 추진하는 일은 없는지에 점검하고 대비하여야 한다.

이와 같이 현실에서 필요한 실질적인 전략 니즈(또는 구체적인 수요)가 없는 사업을 추진한다면 해당 사업은 제대로 추진되거나 성공적으로 운영되지 못한다.

현실적으로는 외부적 관점에서 대응하지 않으면 안 되는 전략 니즈에 대하여 점검하고 분석하려고 해도, 전략 주체들의 능력이 떨어지거나 내부적으로 대응해야 하는 전략 의지가 발휘되지 않으면 전략 동기가 유발되지 못하고, 결과적으로 전략적 대응활동은 충실히 전개되지 않는다.[1]

이와 같은 경우 강력한 권한과 지위를 동원하여 조직을 이끌고 지휘, 통제, 통솔이 가능한 경영자가 조직 내부적 전략 의지를 강화하여 전략 니즈 인식과 조직의 능력을 강화하고, 전략 동기를 촉발시키고 통솔하여 전략적 성과를 제고하는 것이 필요하게 된다.

<도 1-6> 전략 니즈와 당위, 의지, 능력의 구성과 전략 실천

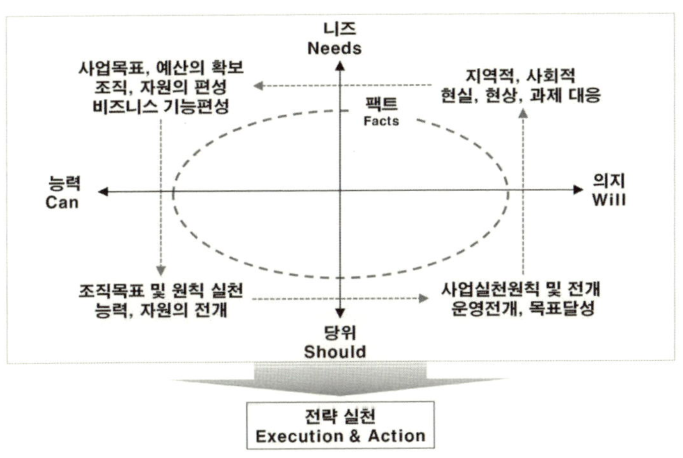

<도 1-6>에서는 전략 의지와 당위, 능력을 발휘함에 있어서 전략 니즈와 현실 팩트를 결합하여 전개함으로써 조직의 전략 의지와 능력을 불

---

1) 예를 들어 공공기업부문에서 주요 이해관계인들이 새로운 전략적 요구사항들을 제시해도, 내부적으로 거부할 경우를 생각해볼 수 있다. 현실적으로 목격되는 현상으로 조직에서 내부적으로 전략 동기를 조성하지 못하거나 또는 전략 동기가 촉발되지 않은 경우, 해당 조직에서 전략대응의 필요에 관한 인식이 둔감해진다.

필요하게 낭비하지 않고, 한 방향으로 집중하여 전략 실천의 성과를 높이는 성공적 결합전개에 관한 도식화를 설명하고 있다.

외부적 전략 니즈가 불명확하여도 내부적으로 그리고 자발적으로 전략 의지가 조직 내에서 강력하게 발휘될 경우, 스스로 전략 동기를 강화하여 새로운 전략 니즈들을 외부적으로 발굴하고 그 전략적 대응을 강화해 나가는 조직들이 있다.[1]

이와 같은 조직들이 창조적 비즈니스 전개로 성공적 기업성과를 실현하면, 조만간 이들 기업들의 전략을 모방하여 전략을 전개하는 기업들이 속출하게 되면서, 시장이 전체적으로 변화되는 산업적 변화가 유발된다.

즉, 선두 기업의 전략과 기업설계의 논리를 후발기업들이 모방하면서 그동안 독특하게 인식되던 전략이 여러 조직들 내에서 보편화된다. 전략이 보편화되면 창조성에 따른 우위성, 독특성을 상실하고 조직의 사업전개 및 운영측면에서의 효율성이 지배적 경쟁요소로 작용한다.

선두기업들의 전략과 기업설계의 논리에 효율성과 혁신이 산업현실에 개입되고 적용되면서 초기 선두기업이 실현했던 전략의 수정과 혁신 및 기업혁신이 지속적으로 전개된다. 이와 같은 엔터프라이즈 현상들이 일반화되면서 산업과 시장의 속성을 부단히 변화시킨다. 즉, 시장 내에서 관련 제품의 라이프사이클의 변화들이 산업을 구성하는 기업들의 성공과 모방, 실패의 과정들을 경험하면서 산업 자체의 속성과 내용을 변화시킨다.

여기에 괄목할 만한 전략혁신, 기업혁신이나 기술혁신, 자원혁신, 경영혁신이 투입되면 그 산업과 시장의 속성과 변화의 진폭이 결합적으로 확대된다. 이와 같은 부단한 변화가 집약적으로 산업 라이프사이클을 변화시킨다. 이와 같은 역동성 속에서 전략 니즈도 부단히 변화하며, 산업 라이프사이클의 변화에 대하여 기민하고 적합하게 조직대응을 전개하는 것이 성공의 관건이 된다.

---

1) 예를 들면, 최근 주목받고 있는 다양한 형태의 신흥 하이테크 기업조직이나 혁신형 유통조직, 소기업 개인 창업자들, 또는 전략혁신을 강조하는 대기업에서도 종종 볼 수 있는 전략행태로 내부적 전략 동기를 중심으로 전략의 필요를 강화하고, 그에 따라 전략적 대응을 성공적으로 전개하는 기업이라고 할 수 있다.

전략 니즈와 전략 수단들을 결합적으로 대응한다

조직 내에서 전략적 대응의 성공을 결정하는 요건으로 「외부적 전략 니즈」와 「내부적으로 조성되는 전략 동기」가 서로 어느 정도의 상호 결합관계가 성립되어야 전략이 전개된다.[1]

동일한 산업 라이프사이클 내에 속하고 동일한 조건에 처한 기업들이라도 전략 니즈를 어떻게 해석하는가에 따라 다르다. 전략 니즈의 해석에는 외부적 상황과 환경 현실에 대한 인식과 이해에 따라 좌우되며, 내부적으로 어떠한 전략 동기가 어떻게 발현되는가에 따라 결정된다.

예를 들면, 시장경쟁이라는 현실에 대하여 시장에서의 가격이나 영업 방식에 의한 대응을 중심으로 이해하는 현실인식과 품질과 기술력을 중심으로 신 시장 확대를 고려하는 현실인식은 서로 현격하게 다른 전략 니즈를 구성한다.[2] 물론 이 두 가지를 동시에 고려하여 전략 니즈를 해석할 수도 있으며, 좀 더 세밀하게 결합하여 제품의 구성요소별 도입, 가공 조립, 생산, 후공정 처리, 로지스틱스, 영업 및 마케팅, 품질 및 서비스의 관점으로 세분화하여 전략 니즈를 구성하기도 한다.

최근에는 전문화와 네트워크, 통합화와 같은 관점에서 협력 조직들이나 이해관계인들과 공동으로 대응하는 조직 연합적 관점에서 전략 니즈를 재해석하고 전개함으로써 보다 큰 규모의 전략적 대응활동이 전개되기도 한다.

전략 동기가 불확실할 때

흔히 조직에서 전략을 추구하고자 할 때, 새로운 전략 니즈나 전략 동기나 불명확할 때 주로 참조하고 활용하는 것이 조직의 기존 목표 또는 조직 목적과 같은 관점이다.[3] 조직 목표는 조직이 자발적으로 또는 의무

---

1) 아무리 외부적 전략 니즈가 강력해도 내부적 전략 동기가 부족하면, 그 전략 니즈는 충족되지 못하며, 내부적 전략 동기가 충족되어도, 외부적 전략 니즈를 발굴해내지 못하면, 전략은 스스로 기동하지 못한다.
2) 동일한 전략 니즈의 경우에도 대상에 대한 초점과 타깃팅(Targeting)이 달라지면, 전략의 내용과 전개의 방식, 성과가 다르다.

적으로 부과되거나 조직에서 수행하고자 하는 목표들로 편성되며 조직의 제반 활동의 기본적인 가이드라인을 제시한다.

조직 목표는 조직 활동과 지휘통제의 원칙과도 같이 작용한다. 따라서 이를 달성하기 위하여 필요한 실천 전략을 동원하기도 하므로, 이 경우 전략은 목표달성의 수단과 같은 역할을 한다.

경우에 따라서는 초기에 조직에서 확립한 목표가 당면 현실과 부적합하게 될 경우, 기존의 목표를 수정하거나 새로운 목표를 수립하게 되는데, 이때 새로운 목표를 발굴하고 수립하기 위하여 전략을 정비하거나 새로운 목표와 목적 설정 및 전략을 수립하기 위한 노력을 기울여야 한다.[1]

전략 니즈와 더불어 전략창조와 전개에 있어서 중요한 영향을 미치는 요소들로 추가적으로 고려해야 할 주제는 패러다임, 프레임워크, 콘텍스트가 있다.[2]

2. 패러다임과 프레임워크, 콘텍스트의 이해

(1) 패러다임의 정의

패러다임은 「현실과 현상에 대한 사고방식의 내용과 특성을 규정하는

---

3) 이러한 관점에서 전략 니즈는 현실의 팩트를 중심으로 전략 동기와 함께 전략 수단들을 결합한 전략 수립 및 실천 전개의 출발점이 된다. 전략 니즈와 동기의 파악이 쉽지 않을 경우, 참조할 수 있는 유용한 수단으로는 전략 콘텍스트나 전략 프로파일, 또는 경쟁적 관점에서 경쟁자 그룹의 전략 행동을 관찰하여 대응하는 방법을 활용할 수 있다.

1) 만약 과거의 전략이나 목표를 수정하게 되어 새로운 전략을 수립하게 되면, 새로운 전략의 추진을 대전제로 하여 단계별 실천 목표들이 설정됨으로써 조직의 목표들이 전략의 실천적 행동경로를 반영한다. 따라서 전략과 목표는 조직의 가이드라인으로 작용한다. 전략과 목표에 대한 수정에 관한 논의는 다음 자료를 참조. 박동준, 피터 앤토니오, 경영관리자의 성공전략을 위한 전략포맷, 소프트전략경영연구원, 2008.

2) 당면하는 환경 현실을 새로이 점검하는 일은 근본적으로 전략 니즈가 무엇인가에 대한 시장과 산업의 현실과 그에 대한 구체적이고 구조적인 상황전개에 대한 관계의 이해, 분석, 점검하는 일과 동일한 작업이다.

구조와 형식」이라고 정의한다. 이와 같은 패러다임은 현상의 인식 및 대응에 대한 논리적 판단의 방법과 구조화의 형식 및 내용을 결정한다. 따라서 전략 패러다임은 「전략을 모색하고 창조하는 방식, 구조」라고 정의할 수 있다. 즉, 전략 패러다임은 「당면하고 있는 상황이나 환경에 생존, 대응하기 위하여 필요한 전략을 이해하고 창조하는 논리적 인지 및 사고방식」이다.

(2) 패러다임의 특성

패러다임은 의존성과 지속성을 발휘한다. 패러다임의 의존성은 전략주체가 전략을 수립하거나 모색할 때 신뢰하고 의존하며 따라야 하는 보편적 원칙이나 준거해야 할 기준, 또는 준수해야 할 신념에 따라 강화된다.

또한 인식과 사고방식의 습관적 고착화를 통하여 한번 형성된 패러다임은 해당 패러다임을 포기해야 할 특정한 조건이나 상황이 등장하지 않는 한, 고착화하는 경향을 통하여 지속성을 발휘한다.

일반적으로 패러다임의 소유자는 자신이 선호, 또는 채택하고 있는 패러다임과 이질적인 패러다임을 거부한다. 즉, 새로운 패러다임의 논리적 체계나 관점, 내용, 전개방식이 기존의 패러다임과 크게 다를 경우, 새로운 패러다임을 배척한다.[1] 심지어는 조직차원에서 바람직한 패러다임일 경우에도 추진해야 할 당사자에게 불이익이나 불편을 유발할 경우, 특별한 조치가 강구되지 않는다면, 자발적으로 채택하려고 하지 않는다.

현실적으로는 바람직한 새로운 패러다임의 채택을 결정하게 되더라도,

---

1) 새로운 패러다임을 채택하게 될 경우, 또는 채택해야만 할 경우에는 다음과 같은 패러다임의 채택에 대한 판단과정을 통하여 결정한다. 즉, 기존의 패러다임을 포기하고 새로운 패러다임을 채택하였을 경우에 예상되는 실익과 위험부담 그리고 새로운 패러다임에 익숙해질 때까지의 투입해야 하는 개인의 노력의 정도와 불편의 감수에 대한 태도에 따라 채택과 기각을 결정한다. 그러나 새로운 패러다임을 활용함으로써 획득되고 경험하게 될 장점과 불이익, 단점을 제대로 이해할 수 없을 경우, 기존의 패러다임을 유지하고 존속시키려는 경향이 있다.

불편하거나 복잡한 논리전개가 필요한 패러다임은 배척하는 경향이 있다. 새로운 패러다임을 부득이하게 수용하거나 또는 기존의 패러다임을 변혁하게 되는 특정한 조건이나 상황에는 다음과 같은 경우들이 있다.

① 기존의 패러다임에 의한 대응에서 심각한 실패나 손실의 경험을 직접 느낄 수 있을 때
② 기존의 패러다임에 의한 대응으로는 생존의 위협이 유발될 때
③ 익숙하지 않지만 의외의 경험을 통하여 새로운 패러다임의 유용성을 깨닫게 될 때
④ 값비싼 비용이나 희생을 치르면서 전략적 시행착오를 반복할 때
⑤ 강력한 파워로 새로운 패러다임을 주입할 때
⑥ 패러다임을 변화시키지 않을 경우, 자신이 불리하다고 느껴질 때
⑦ 대대적인 환경변화를 경험하게 될 때
⑧ 우발적 자극을 경험하게 될 때

(3) 멀티 패러다임과 그 활용

패러다임과 관련하여 유의할 점은 동일한 상황에 대하여 여러 가지의 패러다임을 구사하는 복수의 패러다임, 「멀티 패러다임」도 전개된다는 사실이다. 멀티 패러다임의 예와 주요 특징을 들면 다음과 같다.

① 다양한 경우에, 다양한 형태의 대응논리와 방법이 가능하다는 것을 알고, 다양한 패러다임들 중에서 선택활용이 가능하고 그에 의하여 대응하는 것이 보다 바람직하다고 판단할 경우, 선택적으로 멀티 패러다임을 활용한다.[1]
② 다양한 이질적 직무나 사업들을 병행수행 해야 할 경우, 각 업무수행을 성공적으로 전개하기 위하여 필요한 멀티 패러다임을 준비한다.
③ 동일한 사람이 스스로 활용하고 있는 자신의 다양한 패러다임들 간에도 충돌 또는 대립이 발생할 수 있다.
④ 패러다임의 주체와 능력(패러다임 대응능력)에 따라 패러다임들의 선택원칙이 다르다.
⑤ 멀티 패러다임들 간의 충돌이 유발되어 문제가 생기게 될 경우, 우세한 패러다임의 결정은 각 패러다임의 성과를 비교하여 판단할 수 없을 경우, 자의적 판

---

1) 소위 이중적 태도를 견지하는 행동의 근저에 이와 같은 이질적 패러다임의 적용과 그에 따른 혼란이 작용한다고 볼 수 있다.

단 또는 추진의 편리성을 고려하여 결정된다. 이와 같은 경우, 동일 조직 내 패러다임의 충돌의 문제는 조직 내에서 권력발휘의 능력, 또는 정치적 해결을 통한 결정방식이 선호된다.

(4) 1차적 패러다임과 2차적 패러다임

전략 패러다임의 적용에는 「1차적 패러다임」과 「2차적 패러다임」으로 구분할 수 있다. 1차적 패러다임은 본질적 욕구, 예를 들면 생존, 번식, 일상의 생활유지, 경쟁에서의 승리와 같은 본능적 지능 및 그에 의하여 형성된 습관에 의하여 구성된다.[1] 2차적 패러다임은 1차적 패러다임에 의존했을 때 실패할 경우, 또는 선행적 지능이 활용되는 패러다임으로 분석과 판단, 그리고 행동의 전개에 대한 논리, 사고, 행동을 규정한다. 이 두 가지의 패러다임은 현실적으로 각각의 유용성에 따라 상보적으로 기능한다.

<표 1-4>에서는 1차적 패러다임과 2차적 패러다임이 일상적인 상황 대응과 전략적 상황에 대응에 있어서 어떻게 다른지를 설명하고 있다.

1차적 패러다임에 의존하여 전략대응을 전개하거나 또는 전략 아키텍처를 구성하고자 할 때의 문제는 '기존의 현실과 방법 내에서의 지혜를 강구하려는 시도가 전개된다'는 점이다. 이와 같은 현상은 심각한 위기상황이 도래할 경우에도 지속되는 경향이 있다.

즉, 심각한 상황으로 전개되어 신체적 부상경험을 하게 될 때까지, 패러다임의 특성인 의존성과 지속성이 작용하여 기존의 방법으로 대응하려는 시도가 전개되어 조직의 성과를 저해한다. 이와 같은 상황에 대비하고 엔터프라이즈 활동전개의 전략적 성과를 높이고자 할 경우, 패러다임의 점검과 변혁을 추진할 필요가 있다.

그러나 멀티 패러다임의 특징에서 살펴본 바와 같이, 새로운 패러다임

---

1) 따라서 즉시적으로 판별되며, 특별한 논리적 판단의 과정을 거치지 않고도 조건 반사작용과 같은 사고과정이 전개되어 행동화한다.

이 등장하게 될 경우에도, 서로 다른 패러다임 간의 선택이나 이질적 패러다임에 대한 선택에서 개인과 조직이 추구하는 다양한 합리성과 합법성이 작용함으로써 새로운 패러다임으로의 변혁 또한 용이하지 않다.

<표 1-4> 1차적 패러다임과 2차적 패러다임

	1차적 패러다임	2차적 패러다임
보편적 상황 대응	● 반복적 행동, 일상적 대응, 습관, 조건반사에 해당하는 패러다임 ● 이전의 경험에 의하여 학습되고 본능적으로 체득된 성공원칙	● 특별한 일이나 특별한 상황이 없을 경우에는 1차적 패러다임으로 대응 ● 문제 상황이 발생하면, 문제를 재인식하고, 기존의 패러다임을 점검하여 새로운 방법으로 대응하기 위한 방법을 모색
전략 대응	● 경험과 기존의 현실 대응의 경향을 중심으로 전략적 과제와 상황을 판단 ● 기존의 방법들, 확보 가능하고 실천 가능한 방법, 지혜, 정보를 중심으로 방안을 강구 ● 즉각적 대응으로 성과를 거두고자 하는 전략대안에 치중	● 현실인식과 대응에 대한 접근방법을 점검 ● 새로운 대안의 필요성을 점검 ● 예외적 상황, 돌발적 상황에 대응하는 패러다임 ● 복잡한 상황을 분석하여 체계적으로 대응하는 패러다임 ● 새로운 상황에 대응하기 위한 새로운 성공원칙을 모색

새로운 엔터프라이즈 패러다임으로의 변혁에서 유발되는 문제는 근본적으로 새로운 엔터프라이즈로의 이행을 위한 엔터프라이즈 아키텍처의 설계가 엔터프라이즈의 현실적 문제에 제대로 대응하지 못하고 구체적이고 체계적으로 전개되지 못하기 때문에 발생한다고 볼 수 있다.

즉, 새로운 엔터프라이즈를 창조하기 위한 패러다임의 변혁의 필요성과 개념은 제시되고 있지만, 실천적 방법에 대한 전략적 설계와 전략논리의 합리성, 합법성을 결여할 경우, 새로운 패러다임은 현실적으로 조직 또는 사회에서 수용되거나 실천되기 어렵다. 또한 새로운 엔터프라이즈를 추구하고 이를 전개하기 위하여 개인과 조직이 자발적으로 2차적 패러다임을 전개하는 일에 대하여는 더욱 곤란을 느끼게 된다.

예를 들면, 공공부문의 조직에서 불가피하게 수익사업을 전개해야 할 경우, 동일한 조직운영의 원칙을 중심으로 공공사업의 운영과 수익사업의 운영을 전개함에 있어서 두 사업 간에 비즈니스 패러다임의 충돌을 경험하게 된다. 이와 같은 경우, 실천적 방법에 대한 전략적 설계와 전략논리의 합리성, 합법성을 충족할 경우에도 그 실천적 대응이 서툴거나 방법적으로 미숙하게 되면, 새로운 패러다임의 도입과 활용에 대한 시행착오의 부담을 느끼게 된다. 따라서 조직구성원들이 패러다임 갭을 극복할 수 있도록 능력을 강화하기 위하여 기존의 교육활동의 개편과 조직 운영에 대한 절차적 지원 및 주도면밀한 피드백이 요구된다.

따라서 엔터프라이즈 아키텍처를 구성할 경우, 패러다임에 대한 성립요건을 점검하고 이행 실천의 요소를 충실히 반영하여 대응할 필요가 있다.[1]

<도 1-7> 전략적 현실대응을 주도하는 전략 지능

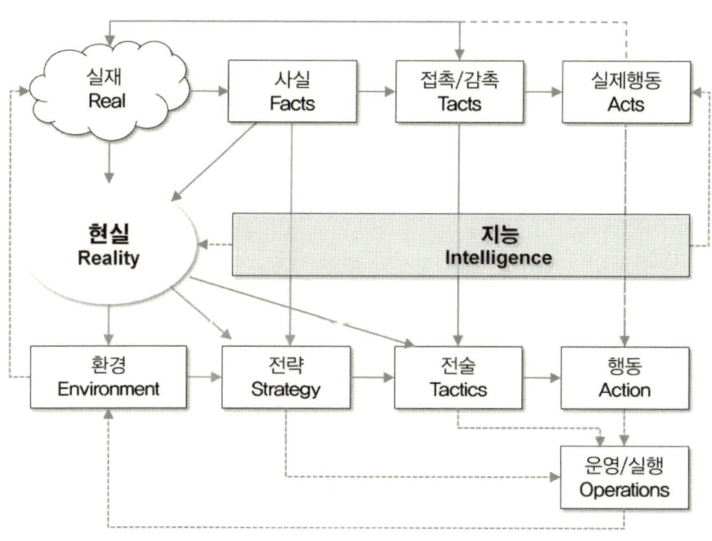

---

1) 새로운 엔터프라이즈 패러다임을 실현할 수 있는 구체적 설계를 엔터프라이즈 아키텍처의 기능을 통하여 전개할 수 있기 때문이다.

(5) 프레임워크와 패러다임

패러다임의 구성요소로 작용하고 있는 프레임워크는 「현상을 바라보는 틀, 즉 도구」이다. 패러다임에서 프레임워크를 활용하는 것은, 인식과 판단의 분석적 과정을 용이하게 하기 위하여 지능적 작용이 발휘되기 때문이다.

현상을 인식하거나 대응방안을 모색할 때, 효과적으로 성과를 높일 수 있는 틀, 즉 프레임워크를 구성하여 대응하는 것은 <도 1-7>에서 보는 바와 같이 환경대응 주체들의 지능발휘에 의한 소산이다.

(6) 지능대체 패러다임

환경 현실의 상황에 대한 인식과 대응에 있어서 기존의 패러다임이 자신의 현실대응에 대한 지능의 전개활동을 대체하여 작용하고 발휘될 경우, 그와 같은 패러다임을 「지능대체 패러다임」이라고 정의한다.

현재 자신의 현실인식과 대응행동에서 작용하고 있는 패러다임은 이전의 현실 상황에 대하여 지능적 판단과 행동을 통하여 타당성을 입증하였기 때문에 획득된 패러다임이다. 이와 같이 획득 또는 조성된 패러다임은 당면하고 있는 현실에 대하여 이전의 상황 조건이나 유사한 현상, 조건이 등장하게 될 경우, 새로운 지능적 전개활동을 생략하고 이미 구성된 패러다임을 통하여 대체적으로 활용하려는 경향을 지닌다. 따라서 자신의 현실 지능에 의하여 구성된 현실대응의 패러다임이 새로운 지능적 판단을 억제할 수 있다는 점에 유의할 필요가 있다.[1]

이와 마찬가지로 환경대응이나 경쟁현실에 대한 조직 대응의 경우에도 새로운 패러다임으로의 이행에는 「패러다임의 역기능」에 대하여 유의할 필요가 있다.

그것은 새로운 아키텍처를 창조하여 구성하고 전개하는 데 원천적인 제약이 될 뿐만 아니라 새로운 엔터프라이즈 아키텍처 모색의 중대한 필요성의 인식과 대응과 같은 아키텍처 지능의 발휘를 억제하기 때문이다.

---

1) 즉, 제 꾀에 제가 속아 넘어간다는 속담과도 같이 자신의 지능발휘의 소산인 자신의 패러다임이 자신의 상황대응을 위한 새로운 지능 활동을 억제한다는 점에서 패러다임의 역기능에 주목해야 한다.

<도 1-8> 전략지능과 패러다임, 프레임워크 및 콘텍스처의 전개관계

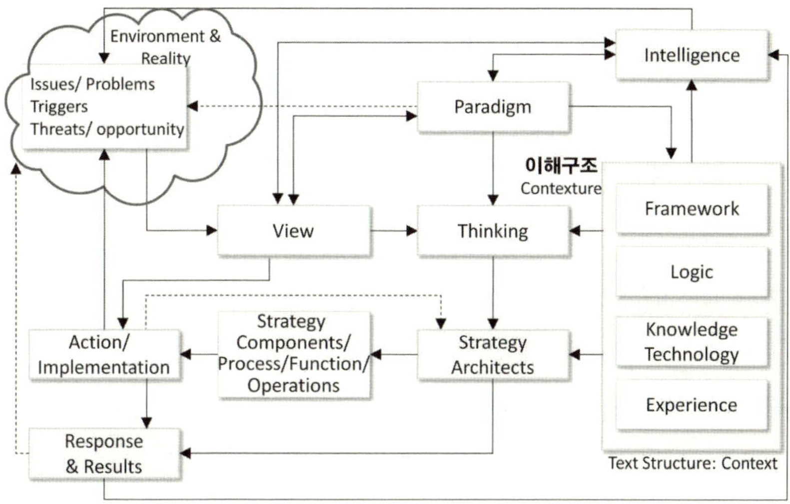

패러다임, 프레임워크 및 지능의 전개를 간략히 정리해보면 <도 1-8>
과 같이 살펴볼 수 있다.

그림에서 보는 바와 같이 패러다임은 「현상을 인식하고 그에 대응하기
위한 방법론, 또는 논리적 사고모델」이고 프레임워크는 「현상인식과 대응
의 방법론과 논리적 사고모델을 용이하게 하기 위한 도구」이다. 그리고
현실대응의 지능은 「현상에 대응하기 위한 논리모델과 도구를 활용하여
학습과 경험을 통하여 현실적응 또는 현실대응의 성과를 제고하는 일을
수행하는 것」이다.

현실대응의 논리모델과 도구는 현실상황의 구조와 전개에 대한 기본적인 법칙
을 도출하고 그에 대한 성과를 높이기 위한 논리적, 경험적, 실험적 대응을 통하
여 창조된다. 따라서 현실상황에서 논리모델과 도구를 적용하고 전개함에 있어서,
그 대응성과가 떨어지거나 또는 대응성과를 높여야 할 필요가 있을 때, 「패러다
임과 프레임워크 및 현실적합성」을 점검한다.

(7) 콘텍스트

콘텍스트는 「패러다임과 프레임워크 및 현실상황에 대한 논리적, 구조적, 현실적 적합성을 구성하는 것」을 의미한다.

만약 콘텍스트가 잘못되어 있다면, 패러다임과 프레임워크가 합리성과 합법성을 유지하고 있을 경우에도 현실성과는 제약된다. 따라서 현재 구성되고 있는 콘텍스트에 대하여 대응해야 하는 논리와 모델의 현실적합성을 점검하고 또한 그 도구인 프레임워크의 현실적합성을 점검해야 한다.

콘텍스트는 현실의 실제와 대응논리와 모델, 대응도구의 세 가지를 구조적으로 이해하고, 추구하고자 하는 성과차원에서 점검하며, 그 적합성을 구성하는 것이라고 정의할 수 있다.[1]

따라서 동일한 현실상황 하에서 제품차원에서의 원가우위를 도모하는 전략과 기업 전체차원에서의 원가우위를 추구하는 전략은 같은 경쟁전략의 논리를 전개할 경우에도 그 내용과 성과가 다르다.[2]

(8) 초점 맞추기와 결합적 구성

이 책의 후반부에서 살펴볼 엔터프라이즈 전략 아키텍처를 구성할 때에는 패러다임, 프레임워크 및 콘텍스트에 대한 관점을 강화하고 그 결합적 관계를 반영한다. 전략은 의사결정과 실천의 관점에서 선택과 집중이라고 설명되기도 하는데, 선택과 집중의 실천적인 핵심 키워드에 해당

---

1) 예를 들어, 원가우위 경쟁전략의 논리와 모델은 경쟁전략 패러다임을 구성한다. 그러한 논리모델을 전개하기 위하여, 여러 가지의 분석틀이 제시되고 있다. 이와 같은 분석틀을 경쟁전략의 프레임워크라고 한다. 여기에서 콘텍스트는 원가우위의 경쟁전략이 현실적으로 환경의 경쟁현실과 조직의 구조, 능력의 실제, 대응 행동의 전개에 대하여 필요성, 합리성의 여부에 대하여 적합한지에 대한 논리적 구조의 이해를 의미한다.

2) 동일한 전략 프레임워크, 예를 들어 마이클 포터의 가치사슬 분석의 툴을 활용할 경우에도, 단기적 제품—시장 현실에 대응하기 위한 전략전개와 동태적 변화현실에 대응하고, 연관 산업까지 그 범위를 확대하여 전략을 전개하는 경우는 대상과 심도가 다른 콘텍스트를 구성하게 된다.

하는 것이 바로 초점이라고 할 수 있다.

산업과 시장이 고도화될수록 표적에 대한 초점과 심도를 정확히 맞추지 못할 경우, 경쟁적 성과를 보장할 수 없게 된다. 따라서 경쟁성과를 높이기 위하여 대응해야 할 요소들에 대하여 비즈니스 별로 초점 맞추기를 달리하게 된다. 즉, 특정한 주제나 대상에 대하여 초점을 강화하고 불필요한 대상과 영역을 배재하며, 특별히 효과적인 성과를 창조하는 요소에 주목하고 이를 관리하게 된다.

따라서 전략적 지능과 의지를 부단히 발휘하면서 필요한 용구를 개발하면서 대응해나가는 노력이 요구된다. 즉, 현실적으로 관리할 수 있는 전략 구성요소들이나 주요한 특성요소들을 결합적으로 편성할 수 있는 전략 아키텍처의 프레임워크와 기법들을 고안하여 충분히 그 전개방법을 연습하고 유용한 점들을 잘 활용하여 이에 대응할 필요가 있다.

3. 전략 접근방법과 전략 패러다임

전략 아키텍처를 설계함에 있어서 어떠한 전략 패러다임을 적용할 것인가에 따라 전략 아키텍처에서 요구되는 목적과 원칙, 범위와 대상, 프로세스와 구성, 세부 전략실천의 계획과 같은 기본적인 요소이 선택과 적용을 비롯하여 전략 아키텍처의 기본적인 속성이 달라진다.

환경중심의 전략전개 패러다임과 능력중심의 전략전개 패러다임은 전략의 출발점이 다를 뿐만 아니라, 전략에서 추구하는 바도 다르며, 전략전개의 방식 또한 다르다.[1]

---

1) 박동준, 피터 앤토니오 공저, 경영관리자의 성공전략을 위한 전략포맷, 소프트전략경영연구원, 2008. pp. 61-71.

앞에서 설명한 11가지의 전략접근방법의 유형 중에 조직에서 가장 기본적으로 활용하고 있는 「전략주도형」과 「능력주도형」의 두 가지의 유형을 중심으로 생각해보자.

조직에서 환경에 대응하기 위하여 전략을 전개할 때, 능력과 환경에 대하여 무엇을 출발점으로 할 것인가에 관하여 기본적으로 세 가지 형태의 접근방식을 생각해볼 수 있다. 첫째, 전략대응에 있어서 우선 당면하는 환경에 대응하기 위하여 전략을 먼저 만들고 그에 필요한 능력을 편성하는 방식과 둘째, 능력을 중심으로 활용할 수 있는 전략을 편성하는 방식, 그리고 이 두 가지 방법을 결합하여 활용하는 세 번째의 방식이다.

(1) 전략우선논리

조직에서 당면하는 환경에 대응하기 위하여 전략을 먼저 세우는 방식의 논리는 '현재 확보하고 있는 능력이 어떠하건 우선 환경에 대응하기 위하여 무엇을 해야 하는가'를 중심으로 판단한다.

따라서 능력에 대한 고려와 판단, 그리고 그 능력의 전개는 도출된 전략이 어떠한가에 따라 재구성되거나 새로운 능력의 형태로 편성된다. 이와 같은 논리를 편의상 「환경 중심적 전략논리」 또는 「전략우선논리」라고 하자.

전략우선논리의 대표적 특징은 전략을 먼저 도출하고 난 다음, 나머지 요소들을 구성한다. 따라서 전략도출 이후에 전략요소들에 대한 구성과 전개에 대하여 추가적인 전략적 판단과 노력을 기울이게 된다. 즉, 1차적으로 기본적인 전략을 도출하고 나면, 그 전략을 실행하기 위한 2차 요건들에 대한 전략을 후속적으로 다시 세우게 된다.[1]

---

1) 따라서 전략우선논리에서는 1차 전략과 2차 전략이 순차적으로 편성되어 결합된다. 만약 2차 전략이 제대로 구성되지 못하게 된다면, 1차 전략의 실천성과는 제약된다. 2차 전략은 1차 전략을 실행하기 위하여 필요한 전략요소들을 편성하고 전개하는 전략이기 때문이다.

예를 들어 그림을 그리는 일에 비유한다면, 그림의 구성을 머릿속으로 미리다 디자인해놓고(1차 전략), 필요한 물감과 그림에 적합한 캔버스 또는 화선지를 구하여 그림으로 그리는 것(2차 실행전략), 즉 목적에 합당한 수단과 도구를 구하여 실천하는 것과 비슷하다고 할 수 있다.

환경에 대응하기 위하여 도출된 전략을 「원천적 전략」이라고 한다면, 후속적으로 전개해야하는 조직이나 자원, 시스템과 같은 전략요소들을 구성하고 전개하는 2차 전략을 편의상 「후속전략」이라고 할 수 있다.

<표 1-5> 전략대응의 우선논리별 특성

구분 특성	전략우선논리	능력우선논리	전략–능력 결합논리
1. 관점	외부적 Outside–in	내부적 Inside–out	외부와 내부의 결합 Outside–in & Inside–out
2. 절차	환경 분석→전략도출 →능력편성→실행	능력분석→환경 분석→전략도출→실행	(환경 분석+능력 분석) →전략도출→능력편성 →실행
3. 전략관	능력은 전략실천을 위한 수단 전략은 조직행동의 가이드라인	전략은 능력전개의 수단 전략은 능력발휘의 대안	전략과 능력의 조화로운 창조와 대응실천의 전개
4. 필요능력에 대한 판단	필요능력은 환경에 의하여 결정	필요능력은 능력확보 가능성에 의하여 결정	환경의 요구와 능력확보 가능성에 따라 필요능력의 조정
5. 의사결정	환경 기회, 위협, 전략 성과 기순	환경대응의 실천성과 기준	전략 성과와 실천성과
6. 전략내용	성장전략, 경쟁전략	능력대응전략	외부대응전략 +내부능력대응전략
	비관련, 관련다각화	관련다각화	통합적 다각화
	전략요소의 혁신을 통한 경쟁대응	능력혁신을 통한 경쟁대응	전략과 능력의 병행적 혁신

자료: 박동준, 피터 앤토니오, 경영관리자의 성공전략을 위한 전략포맷, 2008, p. 65.

전략 수립과 실천에 따른 성과, 즉 전략 성과는 원천적 전략과 후속전략의 성과에 의하여 결정된다. 따라서 후속전략에 대한 판단이 명확하지 못하거나 불분명할 경우에는 원천적 전략에만 집착하게 됨으로써 현실적으로 무의미한 전략 판단이 될 수도 있다. 그러나 원천적 전략조차 제대로 설정하지 않고, 후속전략만을 논의하게 된다면, 그것은 더욱 심각한 위험에 빠질 수도 있다. 그것은 원천적 전략이 조직행동, 기업행동의 중요한 방향과 윤곽을 제시하고 있기 때문이다.

따라서 원천적 전략을 수립하는 과정 또는 원천적 전략을 실천하는 과정에서 필요에 따라 관련된 후속전략을 수립하여 전략의 성과를 높인다. 왜냐하면 능력을 배재한 형태의 전략은 현실적으로 유의성을 상실하기 때문이다.[1]

(2) 능력우선논리

「능력우선의 논리」에서는 전략우선논리와 달리 확보능력을 우선적으로 고려한다. 따라서 경우에 따라서, 전략의 기본적인 윤곽이나 방향을 능력 여부에 따라 선택하고 결정한다. 그러므로 대응전략의 방향이나 내용이 능력에 따라 결정된다고 볼 수 있다. 그러나 능력우선논리가 전략우선논리보다 소극적이라거나 제한적, 또는 열등한 것이라고 할 수는 없다.

앞에서 비유를 든 그림 그리는 일에 비유한다면, 현재 가지고 있는 붓의 종류나 물감, 도화지, 또는 캔버스가 무엇이건 확보하고 있는 재료를 기본으로 하여 무엇을 그릴 수 있는가를 생각하여 그리는 것과 같다고 할 수 있다.

---

1) 전략우선논리에 의한 전략 수립에서는 제로베이스의 발상과 마찬가지로 환경의 상황에 가장 합당한 전략을 모색하는 경향이 있다. 그러나 아무리 제로베이스의 발상을 전개한다고 할지라도, 현재 확보하고 있는 능력(가능성)을 무시하는 전략을 논의하는 것은 현실성을 결여할 소지가 있다. 물론 새로운 능력을 확보하여 전략대응을 전개하는 경우도 있지만, 그러한 경우에도 현재 우리의 능력(가능성)을 토대로 하지 않을 경우, 모처럼 전개한 전략의 모색과 전략적 시도가 「그림의 떡 신드롬」에 빠지게 될 소지가 높다.

능력우선논리에서는 대응해야 할 환경조차도 능력여부에 따라 선택하고 결정한다. 새로운 전략대응이 필요하여 새로운 능력을 확보하는 일이 불가능할 경우에는 확보하고 있는 또는 확보할 수 있는 능력범위 내에서 가능한 전략을 동원하기 때문에 무모하게 전략능력을 확보하려는 일에 대한 부담이 적고 추진할 수 있는 전략을 중심으로 전략대응을 시도하므로 전략우선논리보다 시간이나 자원, 능력전개 면에서 훨씬 실용적이다.

그러나 확보(가능) 능력으로 대응할 수 있는 전략 또는 환경의 선택범위가 좁거나 제한될 경우, 능력우선논리는 한계를 보이게 된다. 따라서 능력우선논리는 필요능력격차 또는 능력 레버리지의 문제를 어떻게 극복해나갈 것인가에 대한 방안이 중요한 관심사로 등장한다.

<표 1-5>에서는 이와 같은 전략우선의 논리와 능력우선의 논리를 포함하여 「전략-능력 결합논리」에 대한 특성을 비교하여 요약하고 있다. 표에서 보는 바와 같이 전략대응을 전개하는 방식도 무엇에 초점을 맞추고 있는가에 따라 초점과 내용, 전개방식이 다르다는 점을 알 수 있다.

「전략우선논리」는 환경 또는 상황에 초점을 맞추어 가장 바람직한 결과를 도출하기 위하여 필요한 전략을 모색한 후 필요한 능력을 동원하려고 하기 때문에, 환경상황에 초점을 맞추게 된다. 그러나 「능력우선논리」는 활용할 수 있는 능력에 초점을 맞추어 환경상황과 전략을 조명하기 때문에 양자 간에 가장 큰 차이점은 어디를 중심으로 바라보는가에 따라 다르다.

(3) 전략-능력 결합논리의 실천적 문제점

<표 1-5>의 오른쪽에는 이 두 가지의 전개방식에 대한 논리적 특성과 차이점을 통합한 「전략-능력 결합논리」를 비교하여 설명하고 있다. 표에서 보는 바와 같이 전략-능력 결합논리는 전략우선논리와 능력우선논리의 약점을 보완하기 위하여 결합적으로 전개하는 방식이다.

전략-능력 결합논리가 개념적으로는 가장 바람직하고 쉽게 이해될 것처럼 생각되지만, 실제로는 경영자와 관리자들의 참여와 노력이 상당히 요구되는 방법이라고 할 수 있다. 흔히 관점의 변혁과 같은 것도 관점의 주체가 행동적 노력을

기울이지 않을 경우, 머릿속으로만 이해하는 정도에 지나지 않기 때문이다.

언뜻 보기에는 전략-능력 결합논리에서는 전략우선논리와 능력우선결합논리의 단점들을 보완하는 방식이기 때문에 가장 바람직한 논리인 것처럼 생각될 수도 있다. 그러나 경우에 따라서는 전략-능력 결합논리가 두 가지 논리의 단점만을 채택하게 될 소지도 있다.

우선 두 가지의 관점을 모두 반영해야 하기 때문에 시간과 노력이 많이 들게 될 뿐만 아니라, 무조건 결합적으로 활용한다고 할 경우, 전략논리가 취약하거나 또는 능력 중심적 사고가 약할 경우, 그 판단과정이나 절차, 내용면에 있어서 조악한 결과를 유발시킬 수도 있다.

시간적 여유가 허락되지 않거나 또는 전략주체가 역량이 떨어질 경우, 이 방법은 오히려 비능률적이며 비효과적인 결과를 초래할 수도 있다. 소위 전략경영의 핵심적 논리가 바로 이와 같은 전략-능력 결합논리에 입각하고 있음에도 불구하고, 기업현장에서 전략주체가 이 방법과 논리를 잘 구사하지 못하게 될 경우, 종종 시행착오와 파행적 전개를 보이는 현상의 원인은 바로 여기에 있다고 할 수 있다.

따라서 전략-능력 결합논리를 전개할 경우에는, 전략우선논리와 능력우선논리에 대한 지식과 기량을 높이는 한편, 이 양자의 결합적 운영을 위한 방법과 논리, 기법들의 학습을 강화하고 지속적인 훈련과 조직적 전략지능개발에 각별한 노력을 기울일 필요가 있다.

또한 앞에서 제시한 나머지 11가지의 유형들을 엔터프라이즈의 현실에 합당하게 선택적 또는 결합적으로 활용하게 될 경우, 필요한 전략지능의 개발과 촉진적 활동이 요구된다.

이상에서 살펴본 바와 같이 조직에서 그 출발점을 무엇으로 하고 있으며, 전략을 모색하고 대응하는 과정과 특성에 따라, 추구하는 전략의 내용과 전개방식이 달라질 수 있다.[1]

서로 경쟁하고 있는 조직별로 이질적 전략 패러다임을 적용할 경우뿐만 아니라 동일한 패러다임을 활용할 경우에도, 그 패러다임의 적용방식이 다를 수 있다. 즉, 단순히 환경과 능력을 분석하고 전략을 모색하는 전략 프로세스를 일반화하고 정형화시킬 경우에도 어디에 주안점을 두는가에 따라, 조직별로 동일한 프로세스를 다르게 전개할 수 있다. 이러한 현상은 아키텍처의 활용과 전개에서도 마찬가지이다.

따라서 아키텍처와 패러다임, 프레임워크는 최종적인 활동의 구체성까지 규정할 수는 있지만, 그 사용자의 논리에 따라 정의나 구성, 프로세스의 실천, 최종 산출물에 대하여 완전하게 통제하는 수단은 아니다. 오히려 다양한 상황에 대한 일반적 지침이나 안내, 대응원칙과 같은 규범적 수단으로 활용된다.

이러한 특성 때문에, 아키텍처의 설계에서는 눈에 보이지 않는, 즉 감춰진 사항들과 불확실한 요소들에 대한 아키텍처를 어떻게 구성할 것인가에 대한 판단과 현실적 설계의 요령을 슬기롭게 활용할 필요가 있다.

1.4 전략 콘텍스트의 이해

앞에서 살펴본 바와 같이 조직에서 당면하고 있는 또는 대응해야 하는 전략 니즈를 식별하기 위하여 「전략 콘텍스트」를 분석하고, 전략적 지능을 발휘할 필요가 있다. 앞에서 설명한 전략 콘텍스트의 실천적 활용을 위하여 실천적 프로파일의 구성을 살펴보면 <표 1-6>과 같다.

전략 콘텍스트는 실천적 관점에서 전략을 구성함에 있어서 「전략의 논리와 내용, 방향, 원칙, 속성을 규정하는 틀」이라고 할 수 있다. 따라서 전략 콘텍스트는 「개인이나 조직, 또는 엔터프라이즈 대하여 전략의 니즈와 동기를 구성하고 전략 대응을 요구하는 논리, 환경, 상황의 결정을 구성하고 있는 세팅(setting) 즉, 결합관계」 하에서 파악된다.

<표 1-6>에서는 전략 니즈착안과 점검을 위한 기업의 각 차원별 전략

---

1) 전략에 대한 논리적 전개와 대응에서 '무엇을 중심으로 볼 것인가? 또는 무엇을 우선하여 대응할 것인가'에 따라 달라질 수 있다는 사실은 '전략논리를 규정하는 여러 가지의 현실적 요소들'이 당면하고 있는 환경과 현실상황에 대하여 대응하는 전략 수립과 전개에 작용하고 있다는 점을 함축하고 있다.

적 이슈와 사업전개의 관리초점, 니즈 등을 중심으로 구성된 전략 콘텍스트를 예시하고 있다. 표에서 보는 바와 같이 전략 니즈는 비즈니스 중심의 전략 니즈를 포함하여 엔터프라이즈 활동의 범위와 내용 및 특성에 따라 다양한 형태와 내용으로 발굴되거나 구성된다.

<표 1-6> 전략 니즈 착안을 위한 콘텍스트의 점검표

Level	Strategic Needs Contexts
1. Enterprise level	● Enterprise Opportunity Development ● Responsiveness and Environmental responsibility ● Sustainability and Growth ● Performance ● Enterprise governance & Enterprise strategy governance
2. Organization level	● Organizational competency ● Capability transformation ● Managing change
3. Business level	● Diversification ● Specialization ● Competitive operations ● Profitability ● Customer relations ● Business governance ● Business intelligence, Knowledge, Business Information technology ● Business risk management
4. Product level	● Maintenance and upgrade of Product/Service Quality ● Product/service competency and competitiveness ● Control of risk factors
5. Market level	● Market Competitiveness ● Market trends and dynamics
6. Management level	● Management and control ● Management innovation ● Strategic Management ● Procedures, process and systems management ● Resources and capacity planning
7. Industry level	● Industrial standards ● Technological Breakthrough ● Coalition and integration ● Diversification
8. Geographical level	● Market, product, operational and business development ● Geographical politics−economics−societal issues
9. Social Relations	● Social imperatives and issues ● Compliances
10. Networks level	● Convergence, Divergence, Mobility ● Accessibility, Transferability, Openness, Netware security ● Domain, Speed, Throughput

<표 1-7> 전략 니즈 개발을 위한 프레임워크

What	Whose/whom	How Much	How	Why	When	Who	Where
가치	고객	부분적, 전면적, 획기적	제품개발	고객확대	현재	기업	지역 시장
기능			시장개발				
품질	고객사회		니즈개발	고객만족도 향상		조직 구성원	
가격		수정, 조정, 변화, 혁신	서비스개선/확충		장래		
개념	조직 구성원		기업문화활동	시장 매출의 확대			
이념		완벽한 고객대응	기업체질개혁	수익의 확대		투자자	국내시장
의식			기업이념 재정립				
감성	정부, 단체	이해관계인 연결 관계 확대	고객가치의 창조	기업이미지 향상		협력기업	
활동			환경변화 대응 전략				
시간	협력기업		환경대응시스템의 개선	기업시민사회에서의 역할증대		감사 위원회	권역시장
필요성		이업종 협력	신 시스템 창조				
자원	계열기업	신사업	웹 서비스 및 인터넷 공간 대응	고객기여			
환경			업무변혁	시장창조		그룹기업	
문제			사업변혁	기술창조			
불편	해외기업	신제품	기업변혁/창조	제품창조		산업간 협력체제	세계시장
이익		신시장	탁월성과의 제품	기업창조			
편익	해외고객	신기술	고객/시장대응의 혁신	문제해결		글로벌 협력 체제	
			새로운 제공방법 성장	사회창조			
			수단의 변혁 경쟁우위				
			시너지 확보 협력대응				

자료: 박동준, 소프트파워전략, 도서출판 성림, 1993, p. 241을 일부 수정

 기업 전략은 추진하고자 하는 사업을 중심으로 선택할 수 있는 전략방향과 세부적인 전략대안들을 중심으로 전략 이니시어티브를 구성하고, 그에 입각하여 자원배분을 하고, 하부조직에서 전략을 실천하는 논리로 전개된다.

 이에 비하여 엔터프라이즈 전략은 아키텍처를 중심으로 전사적으로 또는 각 조직에서 추구하고자 하는 비즈니스와 현실에 대응하기 위한 전략 니즈를 발굴하고 전략역량을 강화하며 필요하다면, 전략수단들을 직접 개발하거나 선택한다. 조직이 어떠한 엔터프라이즈의 현실을 선택하고 어떠한 엔터프라이즈를 지향할 것인가에 따라, 추구하고자 하는 엔터프라이즈 전략이 구체화된다.[1]

<표 1-7>에서는 전략 니즈 개발을 위한 프레임워크를 제시하고 있다. 표에서는 어떠한 전략 니즈를 모색할 것인지에 대한 발상에 도움을 줄 수 있도록 하기 위하여 다양한 전략 니즈의 결합가능성을 보여주고 있다.

예를 들어 표에 기술된 내용을 중심으로 일부를 선택하여보면, 다음과 같은 전략 니즈를 도출할 수 있다. 즉, <표 1-7>의 실선 밑줄을 중심으로 현재 당면하고 있는 경쟁상황 하에서 새로운 고객 가치를 추구하기 위한 제품개발을 당장 전개하여 '기업차원에서 우선 당장 부분적 변화를 전개하고 지역시장에서의 전략 성과를 높인다'거나 또는 점선 밑줄과 같이 '미래 당면하게 될 글로벌 환경 하에서 해외기업과 이업종 협력을 전개하여 신시장 진출과 성장을 도모한다'와 같은 예를 들 수 있다.

이와 같이 전략 니즈개발을 위한 프레임워크를 손쉽게 활용할 수 있는 프로파일로 만들어 작문법처럼 활용하면 비즈니스 차원에서의 전략 니즈의 탐구와 대응을 쉽게 전개할 수 있다.

이와 마찬가지로 새로운 엔터프라이즈 차원에서의 전략 니즈의 개발과 충족을 도모하고자 한다면, 엔터프라이즈 차원에서 점검해야하는 전략 콘텍스트를 충실히 반영하고 엔터프라이즈 전체 차원에서의 전략 니즈와 각 비즈니스 차원에서의 전략 니즈를 결합적으로 점검하여 전략 니즈를 발굴, 개발할 필요가 있다.

1.5 엔터프라이즈 전략 콘텍스트

「엔터프라이즈 전략의 콘텍스트」는 엔터프라이즈의 주체가 대상으로 하고 있는 전략요소들과 당면하고 있는 현실상황의 내용과 속성에 따라

---

1) 많은 조직현장에서 그동안 기업 전략을 수립하고자 할 때, 제품과 시장전략을 중심으로 사업 전략의 모색에 치중하면서도 종종 생략해왔던 기업의 본연의 위상과 역할, 그리고 어떠한 기업을 지향하고 추구할 것인가에 대하여 근본적인 반성과 점검이 필요하다는 점을 알 수 있다.

달라진다.[1]

1. 엔터프라이즈 전략 콘텍스트의 정의

앞에서 제시한 전략 콘텍스트를 논의의 전개에 따라 재 정의하면, 전략 콘텍스트는 「전략 관점(perspective)과 전략 프레임워크, 전략의 합리성 구성 요소들을 구조적이고 연관적으로, 그리고 결합적 관계를 통하여 이해하고 파악하는 하나의 전략논리분석 결합틀」이라고 정의할 수 있다.

> Strategy context is a logical setting of overall understanding by the contextual implication and structural-integrated relation among the strategic perspectives, strategic framework, and strategic rationality.

엔터프라이즈 전략 콘텍스트는 전략 관점과 전략의 합리성을 중심으로 구성된다.[2] 앞의 **<표 1.5>** 전략대응의 우선논리별 특성에서 살펴본 바와 같이 내부적 관점에서의 전략 프레임워크는 조직내부에 대한 전략의 관점을 규정한다.

이를 조직의 「내부적 전략 프레임워크」라고 한다. 이에 비하여 외부적 관점에서의 전략 프레임워크는 조직의 안에서 외부를 바라보면서 대응해야 할 전략 프레임워크라고 할 수 있다. 이를 「외부적 전략 프레임워크」라고 정의한다. 전략의 프레임워크는 이 두 기지의 프레임워그의 결합적 구성을 통하여 구성된다.

능력주도형 전략전개의 관점은 내부적 전략 프레임워크의 외부적 확대라고 할 수 있다. 환경주도형 전략전개의 관점은 외부적 전략 프레임워크를 통하여 전략의 보색하고 상조하여 내부직으로 조직적 활동을 전개한다.

---

1) 동일한 시장과 산업에 속하고 있는 조직이라고 할지라도 안정적 환경 하에서의 엔터프라이즈의 전략 콘텍스트와 급격하게 비연속적으로 변화하고 있는 환경 하에서의 엔터프라이즈의 전략 콘텍스트는 본질적으로 다르다.

2) 전략 관점은 전략 프레임워크에 영향을 준다. 이와 같은 전략 프레임워크는 내부적 전략 관점에서의 프레임워크와 외부적 전략 관점에서의 프레임워크로 구분된다.

2. 전략 콘텍스트와 전략의 합리성

전략 콘텍스트에서 전략의 합리성을 고려할 경우, 전략의 판단논리를 더욱 보강할 수 있다. 전략의 합리성은 조직과 전략의 기능에 따라 변화된다. 조직의 구조와 특성이 변화하게 되면 그에 따라 변화된 새로운 조직의 합리성을 충족해야 한다.[1]

조직의 대표적 합리성은 책임과 업무실적 그리고 성과보상의 원칙으로 구성된다. 계층적 구조를 지닌 조직의 합리성에서는 책임에 대한 부여가 계층적으로 전개된다. 그러나 네트워크형 조직에서는 책임이 네트워크와 네트워크를 구성하는 단위조직 및 개인에게 직접적으로 부여된다. 따라서 전략의 합리성에서도 조직의 책임, 전략의 책임 문제가 부각된다.[2]

즉, 환경의 변화, 경쟁의 현실, 새로이 실천해야 하는 긴급한 과업들의 등장과 같은 상황 하에서는 조직구성원들의 책임이 환경현실에 대하여 「대응과 실행의 가능성(responsibility)」을 높이고 실천에 옮기는 관점에서의 책무 이행이 요구된다. 이와 같은 요구사항들은 뒤에서 살펴볼 엔터프라이즈 거버넌스의 설계 및 실천 원칙을 고려할 때 특히 주목해야 할 점이다.[3]

<표 1-8>에서는 엔터프라이즈의 전략 콘텍스트에 대한 구조적 이해를 위하여 전략 관점과 전략의 합리성 및 주요 전략요소와 기능을 중심으로 그 결합관계를 개략적으로 설명하고 있다.

엔터프라이즈의 전략 콘텍스트는 기존의 기업 전략 콘텍스트에서 한 단계 진보한 것으로, 각 전략요소별 기능들에 대하여 책임, 특히 대응성의 관점이 전략

---

1) 예를 들면, 수직적 계층적 구조의 조직 내에서 추구하는 합리성은 네트워크형 조직과 같이 분산형 조직에서의 조직의 합리성과는 다른 원칙을 요구하고 있다.

2) 조직에서 책임에 대한 관점은 대체로 결과이행의 여부나 사후책임소재의 규명과 같은 소극적 관점에서의 개념으로 받아들이고 있으나, 엔터프라이즈 전략의 관점에서는 'Responsibility'의 개념에 대하여 과정과 결과를 구분하여 과정에 대하여는 「대응가능성의 인식과 이행」을 반영하고 결과에 대하여는 「그 이행의 역할의무」를 결합하여 「대응가능성과 그 이행의 역할의무」로 재해석되어야 한다.

3) 거버넌스의 설계에서는 합리성 원칙과 별도로 합법성 원칙이 강조된다. 이에 대하여는 제4장 엔터프라이즈 거버넌스를 참조

의 합리성 원칙에 추가되고, 이와 같은 대응성 원칙을 통하여 부문별, 전사적 엔터프라이즈 활동의 모험적 전개를 조직 내에서 합법화할 수 있다.

<표 1-8> 엔터프라이즈 전략 콘텍스트의 구조

관점 대상	전략 관점 Strategic perspectives						전략 논리의 합리성 Strategic rationalities			
	Inside-out			Outside-in			효과성 Effective-ness	실용성 Practicality	적합성 Appropriateness 합법성* Legitimacy	대응-책임성 Responsiblity
	대상 및 범위 Scope	규모 Scale	수준 Sophistication	산업 Industry	시장 Market	사회 Society				
환경 Environment	제품/서비스/사업의 범위	지역 사회 국가 세계 시장	고도화				환경 대응 성과	환경 대응추진 실용성	환경 적합성	환경 책임성/대응성
전략 Strategy	제품-서비스 전략 시장전략 성장전략 경쟁전략	규모 전략	품질 전략	전문화, 통합화, 다각화			전략 성과	전략 추진 실용성	전략 적합성	전략 책임성/대응성
업무기능 전개 Operations/functions	운영전략	규모별 운영 전략	품질별 운영 전략	산업의 구조, 조직, 현실	시장의 구조와 속성, 경쟁 현실	사회의 요구 사항 충족 조건 변화 추세	업무 성과	업무 추진의 실용성	업무 적합성	업무 책임성/대응성
능력 Organizational Capability	내부 능력	능력 규모	능력 수준				능력 성과	능력 전개 추진 실용성	능력 전개 적합성	능력 대응성
자원 Resource	내부 지원	자원 규모	자원의 고도화 수준				자원 성과	자원 실용성	자원 적합성	자원 대응성
시스템 및 프로세스 System/process	내부 시스템	시스템 규모	시스템의 고도화 수준				시스템 성과	시스템 실용성	시스템 적합성	시스템 대응성
기술/정보/지식 Technology/Information/Knowledge	내부 기술 정보 지식	기술/정보/지식의 규모	기술 정보 지식의 고도화 수준				기술/정보/지식 성과	기술/정보/지식 실용성	기술/정보/지식 적합성	기술 정보 지식 대응성

* 합법성은 내부적 합법성과 외부적 합법성을 포괄한다. 합법성은 당위적으로 준수해야 할 원칙과 가치를 중심으로 관계자들의 납득과 수용성을 결정한다.

1.6 자원 및 능력전개에 따른 전략구분

엔터프라이즈 전략은 자원과 능력 활용의 측면에서 대하여 **<표 1-9>**
와 같이 구분하여 살펴볼 수 있다.

<표 1-9> 능력-자원 활용의 AUDIT 전략과 엔터프라이즈 전략

Level 능력-자원 활용의 수준	1 안정적	2 서서히 변화	3 본격적 변화	4 비연속적 변화 (익숙함)	5 비연속적 변화 (생소함)
엔터프라이즈의 능력-자원활용 AUDIT 전략	기존능력- 자원활용	기존능력- 자원의 신장, 확대	핵심능력- 핵심자원의 개발과 강화	새로운 능력-자원의 확보 및 개발	특이한 창조적 능력과 독보적 자원의 확보와 개발
Adopt and **A**dapt Capability		일부 능력-자원의 신장, 확대	핵심능력 (역량)의 도입 및 적용	이질적 능력-역량의 도입적용, 응용	창조적, 독보적 능력-역량의 도입적용, 응용
Use Capability	기존 능력-자원의 활용	기존 능력-자원 확대 활용	기존 능력-자원 확대 활용	확보가능 능력-자원의 최대 활용	확보가능 능력-자원의 최대 활용
Develop Capability	기존능력- 자원의 확보개발	유사한 동질적 능력/자원의 확보개발	핵심능력(역량) 핵심자원의 개발	신 핵심 능력 (역량)-자원의 개발	창조적 핵심 능력(역량)- 자원의 개발
Innovate Capability		유사한 동질적 능력/자원의 개량과 개선	부족 핵심역량-자원 의 혁신	핵심 능력 (역량)-자원의 혁신	창조적 능력(역량)- 자원의 혁신
Transform Capability			핵심역량-자원 의 변혁	기존 핵심 능력(역량)- 자원의 변혁	창조적 핵심 능력(역량)- 자원의 변혁

주: 왼쪽에서 오른 쪽으로 이행하는 각 수준은 앤소프의 난기류 환경변화의 속성에 따른
5분류에 따름

<표 1-9>에서는 능력 및 자원의 활용수준에 따라 기존능력과 자원활
용 차원의 전략, 기존능력과 활용자원의 신장과 확대를 통한 전략, 핵심
능력과 핵심자원의 개발과 강화를 통한 전략, 새로운 능력과 자원의 확
보 및 개발을 통한 전략, 그리고 아주 특이한 창조적 능력과 독보적 자

원의 확보와 개발을 통한 전략으로 구분 구성하여 엔터프라이즈 능력대
응전략을 제시하고 있다.[1]

능력과 자원의 활용과 전개에 대하여 엔터프라이즈 전략은 기존능력자원의 활
용에 치중하지 않고, 부단히 기존에 확보하고 있는 능력과 자원을 수정, 보완,
강화할 뿐만 아니라 혁신과 변혁을 통하여 능력-자원성과를 제고한다. 또한 새로
운 능력-자원의 도입과 확보, 개발, 혁신과 변혁을 전개하여 전략적 전개를 도모
함에 따라 전략의 내용과 본질을 변화시켜간다.

1.7 기업창조 사이클

새로운 환경 현실을 창조하는 형태의 조직대응을 전개하는 경우를 상
정해보자. 예를 들어 신제품이나 새로운 형태의 사회 서비스를 제공하고
자 하는 기업 또는 엔터프라이즈라면 마땅히 그에 합당한 엔터프라이즈의
구조를 설계하는 일이 필요하게 될 것이다.

새로운 전략 설계는 새로운 기업 활동을 설계하는 일과 같다

기업 설계, 또는 엔터프라이즈의 구조를 설계하는 일은 단순히 블랙박
스 형태로 구성된 사업기능을 필요한 요소별로 배치하는 것이 아니라 명
확한 목적과 필요에 따라 설계하고 그리고 용도에 따라 배치하지 않으면,
기업의 비즈니스와 조직의 효과적인 운용이 곤란하게 된다.

그러나 그동안 관행적으로 편성해오던 조직의 형태를 그대로 모방하고 답습하
여 사업기능 및 조직을 편성하여 사업을 전개하는 구태의연한 방식으로 기업 설
계를 한다면, 그것은 참다운 기업 설계라고 할 수 없다.

<도 1-9>에서는 이와 같은 기업 창조의 개략적인 절차를 도식화하고

---

1) 박동준, 피터 앤토니오 공저, 경영관리자의 성공전략을 위한 전략포맷, 소프트전
략경영연구원, 2008. pp. 91~93.

있다. 그림(1)에서 보는 바와 같이 **전략(S)**과 **기업설계(E)**의 SE 사이클을 순차적 또는 순환적으로 실시하여 후속적인 기업의 기능 및 사업구축 사이클을 통하여 기업원칙과 전략에 입각하여 사업전개활동을 수행한다.

<도 1-9> 기업창조의 설계와 실천 사이클

(1) 기업전략과 기업창조 사이클

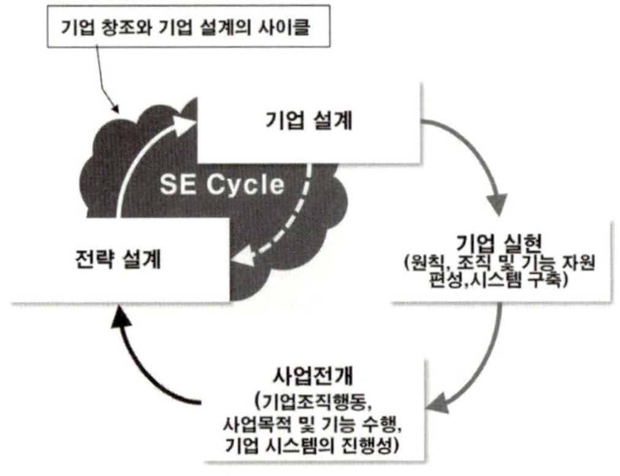

(2) 기업창조의 세부 사이클

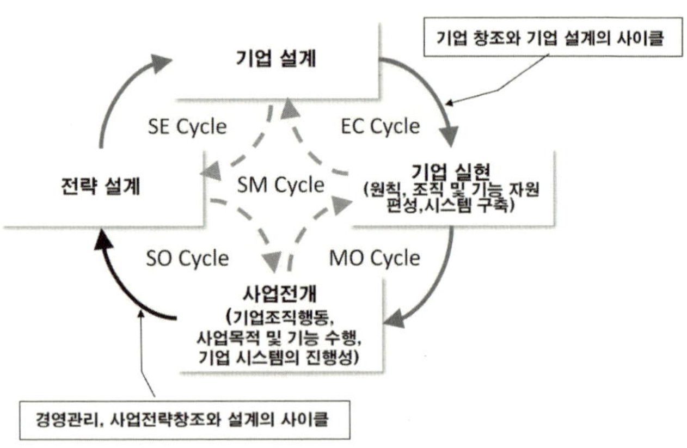

이를 토대로 아래 그림 (2)의 **기업설계(E)**와 **기업구축실현(C)**의 EC 사이클, 구축된 기업을 중심으로 **운영관리(M)**와 **실행(O)**의 MO 사이클, 사

업전개(O)와 **전략 수립(S)** 실천의 SO 사이클, 그리고 이 전체를 수직-수평적으로 통합하는 **전략경영**의 SM 사이클의 전개를 통하여 기업의 창조와 성장, 성과관리 및 그 진화과정을 관리해간다.

그러나 이와 같은 기업창조 사이클의 전반부가 대부분 무시되고, 상당수의 일반 기업 조직에서 회사를 창설하는 일이 종종 목격된다.

심지어는 새로운 정책과업을 수행하기 위하여 공공 조직부문을 새로 편성할 때에도 기업 설계의 기본이 무시된 채로 해당사업의 전략 니즈를 비롯하여 전략설계와 기업설계에 대한 연구와 조사가 소홀히 되고 표준적인 조직설계안을 중심으로 연관부처의 사업기능전개 및 조직형태로 편성되는 일이 종종 목격된다.

경영 관리 사이클에 의한 기업창조는 한계가 있다

조직설립뿐만이 아니다. 천편일률적으로 또는 붕어빵 틀에 찍어내는 형태로 사업구조와 조직전개방식을 편성하여 **기업설계**를 생략하거나 심지어는 특정한 사업기능만을 중심으로 예산편성이 전개되기도 한다.

<도 1-10> 경영 관리 사이클에 의존하고 있는 조직

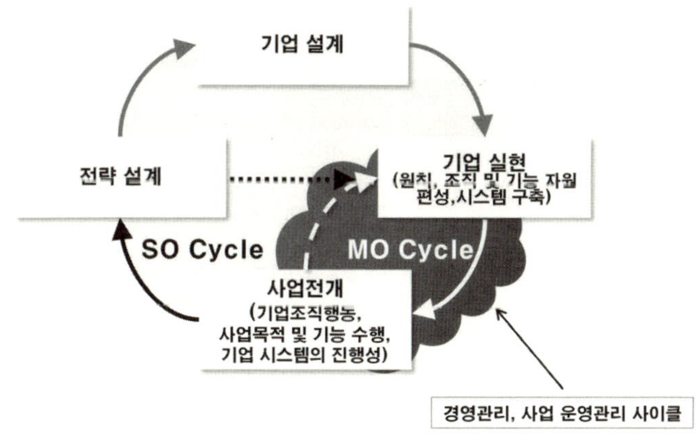

<도 1-10>에서 보는 바와 같이 기존의 경영관리나 사업운영 관리의 방식과 내용을 표준에 맞추거나 답습하여 **기업설계**를 하고 사업을 추진하

고자 하기 때문이다.

따라서 정작 수행해야 할 본연의 핵심적인 업무를 설계하고 실천함에 있어서 창조적이고 본연의 목적달성이나 핵심적 과업의 해결을 위한 기업 설계는 방치된 채로 경영기획, 관리, 인사, 회계, 영업, 생산과 같은 기능적 배치를 모방하거나 표준에 따라 편의적 구성으로 기업 설계를 마무리하는 경우가 많다.

그와 같이 사업과 조직을 편성하고 난 연후에야 전략을 세우거나 목표를 세우려는 노력이 강구된다. 이와 같은 경우, 임의로 편성된 조직구조와 엉성하게 구도된 조직기능을 전개하는데 매진함으로써 마땅히 편성해야 할 전략이나 제대로 된 목표의 구성에 실패하게 된다. 즉, 기업 실패의 소지를 사전에 잉태한 채로 어설프게 전략 수립 활동을 전개하는 현상을 보이기도 한다.

이는 마치 엉성하게 그려진 그림 속의 사람들이 그 그림 속에서 새로이 정교하고도 멋진 그림을 그릴 것을 기대하는 것과 같은 격이라고 할 수 있다.

<도 1-11> 기업 창조설계와 전략설계 사이클

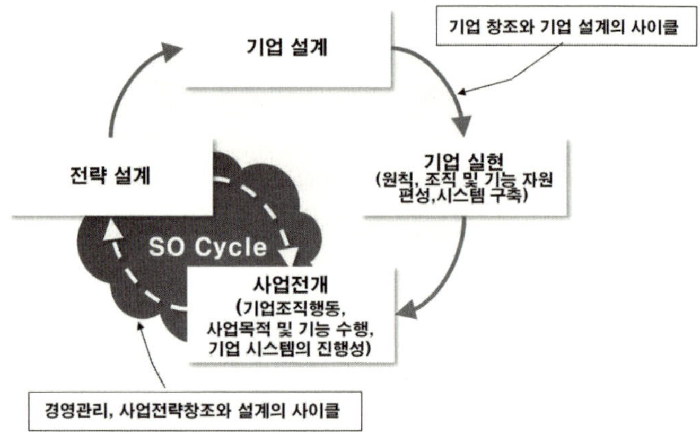

예를 들면 <도 1-10>과 같은 방식이지만 조악하게 구성된 사업편성과 조직기능을 토대로 <도 1-11>의 왼쪽 아래의 전략 설계와 수립활동(SO 사이클)을 대충 수행하면서 전략적 성과를 기대하는 경우와 같다.[1]

---

1) 수요와 공급의 균형차원에서 볼 때, 공급부족시대 즉, '만들면 팔리던 시대'의 조

기업 설계는 추구하고자 하는 사업 영역과 범위에서의 현실을 대상으로 「외부적 대응의 설계」와 「내부적 조직과 활동의 설계」가 적합한 **균형 정렬**을 이루어야 한다. 여기에서 주목해야 하는 세 가지의 초점은 현실인식, 외부적 설계, 내부적 설계이다. 이는 기업 설계에서 새로운 전략이 추구하고자 하는 기본적 전략 요소들로 작용한다.

따라서 각 사업부문 및 조직들 간에 현실인식의 내용과 범위, 외부적 설계, 내부적 설계의 내용 충실도에 따라 전략의 정교한 정도와 성과실현의 수준이 결정된다.

기업의 설립 또는 신규조직의 신설 시점에서는 앞의 **<도 1-9>** 하단에서 보는 바와 같이 SE 사이클에서 EC, MO, SO, 그리고 이 전체의 사이클을 통합하는 SM 사이클의 전개를 통하여 기업 설계와 전개 자체가 전략적으로 진행된다. 그러므로 새로운 **엔터프라이즈**의 설립과 운영의 과정 전체가 SE와 EC의 순환 사이클에서 사전에 구성된 전략에 의하여 편성된다.[1]

따라서 기업 간 기업설계에서의 차이는 각 기업조직들이 얼마나 전략적으로 SE와 EC의 「**기업 창조 사이클**」을 핵심적 성공요소들을 중심으로 정교하게 운영하여 기업을 설계하고 실현해나가는가에 따라 차이가 발생한다.[2]

직에서는 성공적 제품 또는 서비스 공급을 실현하는 기업을 모방하여 조직과 사업기능을 편성하고 시장대응을 전개하는 기업들도 생존할 수 있었다. 그러나 '만들어도 잘 팔리지 않는 시대'의 시장상황은 그와 같은 형태의 모방적 기업 설계와 실천으로는 생존이 불가능하다. 시장에서 요구하는 현실이 무엇인지를 규명하여 전략 니즈를 파악하고, 그에 합당하게 대응할 수 있는 기업 설계가 필요한 이유가 여기에 있다고 할 수 있다.

1) 이와 같은 점에서 볼 때 비록 엔터프라이즈 전략, 또는 기업설립 전략과 같은 명칭을 활용하지 않는다 하더라도 기업 설계는 조직의 편성 실태와 기능전개의 수준에 따라 명시적 또는 암묵적인 전략이 나름대로 편성되어 전개된다.

2) 기업 설계의 출발점에서 기업 설계는 명백히 조직과 사업의 전략 설계와 맥을 같이 한다. 그러나 형식이 내용을 지배하는 것과 같이, 설계된 기업의 형태는 향

편성된 조직의 생명력

기업 설계와 전략 설계의 특성 중의 또 다른 유의점으로는 전략 설계에 의하여 창조된 엔터프라이즈가 스스로 진행성을 유지하려고 하는 속성이 작용하는 경향이 있다는 점이다.

이는 조직적 특성이 작용하기 때문에 유발되는 현상이지만, 초기에 수립된 전략에 입각하여 설립된 기업이 새로이 필요한 전략을 수립을 억제하거나 저항하는 현상들을 보이는 일은 참으로 특이하다고 하지 않을 수 없다.[1]

<도 1-10>의 하단 MO 사이클에서 볼 수 있는 바와 같이, 조직의 진행성은 기존의 사업 전개의 역동성을 유지하여 현재까지 계속적으로 전개해온 사업을 지속적으로 진행하려고 하는 성향이다. 이와 같은 진행성은 그동안 추구해오던 특정한 목적과 목표를 중심으로 그 목표 실현과 달성에 투입했던 조직적 노력에 의하여 고착화된다.[2]

따라서 기존의 기업 활동과 사업, 조직, 자원전개와 관련된 진행성의 방향과 내용을 재설계하지 않으면, 새로운 시도는 조직의 저항을 받게 되거나 그 한계를 경험하게 된다.[3]

후 편성하게 될 전략을 지배한다는 점에서 전략 설계와 기업 설계는 상호간에 영향을 미치며 서로 실행에 불필요한 요소들을 걸러내고 결합적으로 전개해야 할 요소들을 구성해낸다.

1) 이와 같은 현상을 빗대어 앤소프(H. I. Ansoff)는 전략경영에서의 그레샴 법칙이라고 정의한 바 있다. 또한 진행성에 따라 유발되는 현상유지경향의 부작용으로 새로운 현실에 대응하고자 하는 전략적 노력과 그에 따른 새로운 변혁을 거부하는 조직 관성 현상도 주목할 만한 현상이다.

2) 이와 같은 진행성이 지속적으로 작용하는 엔터프라이즈에서 새로운 전략을 수립하거나 그에 입각하여 새로운 경영 방식이나 시스템, 또는 변혁을 전개하고자 할 경우, 진행성은 조직의 활동에 중대한 영향을 미친다.

3) 그러므로 중대한 엔터프라이즈 전략을 수립할 때, 기존의 의복에 장신구를 붙이는 격이나 또는 어디선가 얻어온 새로운 모자를 하나 덧붙이는 식의 '안이한' 생각으로 전략을 고려한다면, 사전적으로 실패유발의 가능성을 배양하면서 엔터프라이즈 활동을 전개하는 것과 같다고 할 수 있다.

기존 조직과 신설 조직 그리고 전략

기존의 조직에서 새로운 전략 니즈를 인식하여 기존의 전략에서 이행하여 기존의 비즈니스와 관련된 새로운 전략을 수립할 때와 처음부터 새로운 비즈니스를 위한 **엔터프라이즈**를 설립하는 경우의 전략 설계와 실천은 그 내용이 크게 다르다.

즉, 신설 조직에서 신설 전략을 수립하여 새로운 비즈니스를 전개하는 일은 그동안 수행해오던 전략을 중지, 또는 수정하거나 또는 새롭게 기업 조직과 기능들을 변모시켜야 하는 부담이 없기 때문이다. 그러나 기존 조직의 경우에서 새로운 전략을 수립하게 될 경우에는 그 전략의 내용, 규모, 범위에 따라 기존에 전개해온 사업을 변모, 변혁시켜야 하고, 경우에 따라서는 추가적으로 새로운 사업을 추진해야 하는 부담과 번거로움을 경험하게 된다.

따라서 기존의 조직에서 새로운 전략을 시도할 때에는 새로운 전략적 대응행동을 선택하는 일과 동시에 기존의 사업과 조직, 운영 및 확보 자원 전개의 내용과 규모, 범위에 대하여 무엇을 버려야 할 것인지에 대하여 결합적으로 전략 의사결정을 내려야 한다.

무엇을 버려야 할 것인가에 관한 의사결정

잘 하는 사업을 더욱 잘되게 하는 것도 기업 성공의 중요한 관건이지만, 잘못되고 있는 일들이나 부문에 대하여 버려야 하는 것들을 과감히 버리는 일도 전략과 자원의 효과성, 그리고 변혁의 측면에서 아주 중요하다.

새로운 전략을 잘 설계하고 실천하는 것은 중요하다. 그러나 잘못된 조직기능이나 관성, 또는 잘못 편성된 전략에 의한 사업전개에 매진하기 위하여 새로운 전략을 도모하는 일조차 힘들어하고 있다면, 우선 잘못된 일들이나 노력들을 제거하는 것을 우선적으로 실시하는 것이 필요하다.

기존의 사업에 대하여 무엇을 버려야 할 것인가에 대한 결정을 내리려면, 기존의 사업에서 무엇이 잘못되고 있는가에 대한 판단을 먼저 내려야 한다. 만약 버리지 말아야 할 것을 버리게 되고 버려야 할 것들을 방치하고 있다면, 이중의 시행착오로 더욱 위태로운 상황에 처하게 될 수도 있다.

이는 **전략 아키텍처**의 발상에서도 마찬가지로, 기존의 방식과 전략의 내용을 유지하면서 새로운 전략을 기존 전략의 위에 추가하려고 하는 발상을 전개할 때, 특히 유의할 점이라고 할 수 있다.

1.8 아키텍처의 주요 특징

아키텍처는 「요소와 요소와의 관계를 명시적이고 정형적으로 기술」한 것으로 정의된다. 아키텍처는 가장 간단하게 옮기자면, 청사진이나 설계도라고 할 수 있다.

청사진이나 설계도라고 하면, 주로 건물이나 도시와 같은 구조물의 설계도를 생각하게 되어, 아키텍처의 개념을 대표하는 데에는 역시 한계가 있다. 엔터프라이즈 전략 아키텍처의 개념에는 전략의 범위와 영역, 사업, 운영, 관리, 통제, 프로세스, 조직, 자원, 거버넌스의 각 전략 요소의 설계를 포함하여 기능전개와 성과의 관리, 변혁과 같은 동태적이고 실천 행동적 관점이 반영되고 있기 때문이다.[1]

엔터프라이즈 전략 아키텍처는 전략계획의 프로세스와 전략기법을 활용한 전략 수립의 차원에서 한 단계 더 나아가 「전략을 설계함에 있어서 전략 아키텍처 구성요소들을 점검하고 각 전략 요소 및 요소들 간의 관계를 규명하여, 엔터프라이즈의 전략 성과를 극대화」한다. 전략 아키텍처의 구성과 전개논리를 도출하기 위하여 참고해야 할 아키텍처의 주요 특징에 대하여 살펴보도록 하자.

---

1) 전략 아키텍처에 대하여 편의상 전략 설계나 전략계획서라고 번역할 수도 있다. 그러나 전략계획과 전략 아키텍처는 그 구성요소와 기능전개의 내용이 다르다. 이에 대하여는 별도로 살펴보도록 하자. 따라서 아키텍처라는 용어를 그대로 사용하고, 약어로 표기할 때에는 엔터프라이즈 전략 아키텍처(Enterprise Strategy Architecture)의 영문 머리글자 **ESA**로 표기하기로 한다.

아키텍처는 그 창조 과정과 결과의 적용, 그리고 사용자와 설계자의 특성에 따라 다음과 같은 특징이 있다.

1. 유연성과 확정성

아키텍처는 정형적 특성과 그에 따라 구체적인 확정성을 지니기 때문에, 상황에 유연하게 대응하기 어려운 특징이 있다.[1]

확정적인 기능을 수행하는 업무나 특정한 시스템적 조건하에서 일관적인 프로세스를 수행하는 과업 부문들의 아키텍처를 구성할 경우 목표와 활동주체, 대상을 포함하는 주요 구성요소, 프로세스, 산출물을 중심으로 아키텍처를 구성한다. 이와 같은 경우, 업무 및 프로세스의 정형화 수준과 정도에 따라 아키텍처의 기능적 요소들을 확정하고 가변적 요소와 불변의 고정적 요소를 판별하여 아키텍처의 대상 범위와 구조 및 내용을 확정한다.

따라서 정형화되어 있는 기능적 업무 아키텍처는 기능적 업무수행과 관련하여 추구해야 할 주요 목표와 성과 및 수행되어야 하는 아키텍처의 필요성이 아키텍처의 구성 원칙으로 작용한다.

또한, 예외적 사항들에 대한 가변적 대응을 반영할 것인지에 따라, 아키텍처의 유연한 정도를 결정한다. 아키텍처의 유연성은 구체적인 기본설계에 대한 행동전개와 성과에 대한 아키텍처의 적합성을 제고하지만, 현실 상황에 따른 가변적 대응성을 확보하기 위하여 구체적 행동설계의 확정성을 상실시키기 때문에, 유연성과 확정성은 현실적 적합성을 전제로 서로 상충관계(trade off)가 성립된다.

2. 예외적 상황에 대한 취약성

현실적으로 당면하게 되는 다양한 예외적 상황을 고려하여 유연하게 아키텍처를 설계, 편성하지 않을 경우, 일반적으로 아키텍처를 통하여 예외적 상황에 대한 대응을 전개하기 어렵다.

---

1) 따라서 아키텍처의 정형화와 적합성과 관련하여 유연성과 확정성의 추구가 아키텍처의 구성과 내용에 영향을 미친다.

정형화되어 있는 업무 아키텍처를 전개하고 있는 조직에서 아키텍처에 의하여 예외적 상황에 대한 대응을 전개할 경우, 예외적 상황을 고려하지 못하고 있는 아키텍처를 따르고 있는 부문에서는 예외적 상황에 대한 대응을 전개하는데 실천적으로 어려움을 경험하게 된다.

그것은 아키텍처에서 제시하고 있는 실천행동의 구체적인 설계내용에서 예외적 사항에 대한 대응에 관한 구체적인 청사진을 제시하지 못하고 있기 때문일 뿐만 아니라, 아키텍처와 무관하게 대응을 전개할 경우, 기존의 아키텍처 하에서 실행되어야 할 일들과의 조정이나 우선순위의 혼란과 같은 일들이 유발되기 때문이다.[1]

이와 같은 경우, 아키텍처의 한계를 극복할 수 있는 대안적 조치는 경영자나 관리자의 의사결정과 관리 및 실천행동, 즉 조직행동의 주체에 의한 현실대응 방법의 고안, 또는 외부적 대응방법의 도입활용과 그에 따른 해결대응이다.

조직에서 당면하고 있는 환경현실에서 예외적 상황이 전개되어 조직의 성과목표의 달성에 중대한 영향을 주게 될 경우에는 기존 아키텍처의 기능이나 성과에 회의감을 보이게 되고, 극단적인 경우, 아키텍처의 거부현상이 등장하게 되거나 예외적 상황에 대응하기 위한 별도의 아키텍처를 새로이 구성하고자 한다. 따라서 상황에 따라 대응할 수 있는 대안으로 상황대응 아키텍처를 예비적으로 구성하고 그에 따라 대응하는 방법이 제시된다.[2]

3. 아키텍처의 합리성과 합법성

아키텍처는 현실 대응을 위한 발상과 고안을 통하여 창조된다. 이와

---

[1] 따라서 아키텍처의 구성에서 이와 같은 예외적 상황에 대한 고려가 결여되어 있을 경우, 기존의 아키텍처와는 다른 가상의 변형된 임시활용의 아키텍처를 구성함으로써 잠정적으로 병행적으로 활용하게 되거나 기존의 아키텍처를 고수하면서 예외적 상황에 대한 대응은 아키텍처에 의한 해결보다는 별도의 상황대응 및 실천행동의 차원에서 해결방안을 전개하게 된다.

[2] 소위 예외에 의한 관리(management by exception)와 같은 논리나 위기대응전략과 같은 논리나 시나리오 경영의 전략대응 아키텍처가 이에 속한다고 할 수 있다.

같이 창조된 아키텍처의 생명력은 조직의 「합법성(legitimacy)」과 「합리성(rationality)」에 근거한다.

아키텍처의 창조과정은 아키텍처의 사용자가 당면하고 있는 문제현상들의 해결 또는 창조해야 할 과업에 대하여 아이디어와 논리를 중심으로 발상과 창안의 과정이 전개되며, 고안의 형태로 구체화된다.

아키텍처의 설계자는 당면하고 있는 시대적, 현실적 과제에 대응하기 위하여 해결하거나 대응해야 할 방법을 구조화하는 과정에서 다양한 패러다임과 프레임워크를 동원하여 지능적 구조화를 모색한다. 주요한 역할을 수행하고 있는 조직구성원들이 설계과정에 참여하거나 개입할 경우 조직적 지능을 구조화하고 조직화하는 과정에서 합법성과 합리성을 추구한다.

합법성은 조직적 지능의 전개를 통하여 「조직이 당위적으로 준수해야 할 원칙과 가치」를 중심으로 아키텍처 설계에 대한 조직구성원들과 주요 이해관계인들에 대한 「납득과 수용성」을 결정한다. 합리성은 해결해야 할 상황이나 설계해야 할 대상에 대하여 전략 니즈와 팩트(Facts), 즉 사실에 입각하여 조직적으로 추구해야 할 목표와 구체적 이니시어티브들을 확립하는 과정에서 과업들에 대하여 「논리적 타당성과 구체성」을 확정한다.

조직의 합법성과 합리성을 토대로 아키텍처는 조직 내에서 현실적 실천행동으로 전환되어 실현되는 생명력을 확보한다. 그러나 아키텍처가 합법성과 합리성을 확보하지 못하거나 준수하지 못할 경우, 아키텍처는 외부적, 내부적으로 도전을 받게 되고, 거부되거나 방치, 폐기되어 생명력을 상실하게 된다.

합법성과 합리성을 유지하는 아키텍처는 당면하는 상황이나 환경의 변화에 따라 아키텍처의 적용 성과가 저해되지 않는 한, 지속적인 **생명력**을 유지한다.[1]

---

1) 이는 마치 정부가 바뀌어도 헌법의 대강이 잘 바뀌지 않는 것과 마찬가지이다. 조직의 경우에도, 조직의 주요 구성원이나 비즈니스의 구조가 바뀔 경우에도 기업 아키텍처를 쉽게 변화시키지 않는 것도 마찬가지라고 할 수 있다. 그러한 점에서 볼 때, 조직능력중심의 전략전개는 환경의 변화에 따라 요구되는 기존의 기업 아키텍처의 변화를 고려하지 않을 경우, 성과의 제약이나 제한적 성과달성을 경험하게 될 수 있다.

당면하고 있는 환경상황에 대응하기 위하여 새로운 아키텍처를 고안해내야 할 필요성이 있을 때, 기존의 아키텍처를 기각하고 새로운 아키텍처를 모색하기 위한 의사결정은 원천적으로 전략 니즈와 팩트, 전략 콘텍스트의 합리성과 합법성의 선택에 의하여 결정된다. 그러나 새로운 아키텍처의 창조능력이 제약될 경우, 기존의 합리성과 합법성에 의한 아키텍처의 선택과 전개의 의사결정은 제한적 범위 내에서의 선택으로 전개된다.

새로운 아키텍처의 발상과 고안, 설계에 요구되는 창조성은 '기존의 아키텍처를 지원하는 합리성과 합법성과는 다른' 차원의 의사결정 원칙을 규정한다. 조직의 지능적 대응의 과정에서 추구되는 창조성은 조직에서 그동안 추구해온 아키텍처의 기존내용과 원칙에서 이행하여 새로운 내용의 아키텍처로 재구성하게 하며, 그동안의 합리성과 합법성에 대한 도전을 하게 된다.

따라서 기존의 의사결정원칙으로 작용해온 조직의 합법성, 합리성에 대한 새로운 아키텍처의 창조성의 도전에 따라, 생존과 적용여부가 결정된다. 즉, 기존 아키텍처를 유지하게 한 바로 그 합법성과 합리성에 대하여 새로운 아키텍처가 도전하여 새로운 합리성과 합법성을 취득하지 못할 경우, 새로운 아키텍처는 조직에서 생존하지 못하게 된다.[1]

4. 조직행동을 주도하는 아키텍처

아키텍처는 조직행동의 문화를 선도한다. 아키텍처의 내용과 구조, 세부적 실천지침이나 전개행동이 기능적으로 전개되면서 조직행동과 조직문화의 조성이나 변화를 이끌게 된다. 즉, 조직에서 설계하고 채택한 아키텍처를 중심으로 조직이 추구해야 하는 목표, 원칙, 구조, 프로세스, 행동

---

1) 기존의 합리성과 합법성이 새로운 합리성과 합법성으로의 이행을 거부하거나 새로운 합리성과 합법성을 수용하지 않을 경우, 새로운 창조적 아키텍처의 모색은 거부된다. 따라서 새로운 아키텍처를 구성할 때에는 기존의 합리성과 합법성에 대한 새로운 의사결정원칙의 설정이 불가피하게 요구되며, 사전에 이에 대한 조직구성원들의 관심과 필요성, 그리고 기존의 합리성과 합법성에 대하여 진지하게 판단할 수 있는 분위기를 조성하지 않을 경우, 그 진행과정에서 다양한 마찰과 저항, 곤란을 경험하게 된다.

전개 및 그 산출물을 설계하고 그 설계내용에 따라 조직 구성원들이 행동실천을 하게 되므로 조직구성원들의 사업전개 활동과 주요한 행동특성에 영향을 주게 된다.[1]

따라서 조직은 자신에게 불리하거나 불편한 결과를 유발하거나 조직행동에 과도한 영향을 미치는 아키텍처의 구성에 대하여 거부하거나 그러한 영향요인을 제거하려는 경향을 보이기도 하고, 심지어는 자신에게 유리한 방향으로 아키텍처를 이끌어 편성하려는 시도를 전개하기도 한다.[2]

5. 아키텍처와 이해관계

아키텍처는 이해관계에 영향을 받는다. 아키텍처의 구성에 있어서 여러 이해관계인들이 함께 동참하여 공동으로 참여적 설계를 전개할 경우, 아키텍처의 구성과 전개가 복잡해지고, 심지어는 당초의 취지와 목적과는 다른 아키텍처를 구성하게 되기도 한다.[3]

따라서 아키텍처를 구성하고자 할 때, 조직문화와 이해관계 및 영향관계에 대하여 무엇을 기준으로 대응할 것인지에 대한 원칙과 효과적인 전개절차를 사전에 확립하고 합법성, 합리성의 원칙을 점검하여 그 적용을 엄격하게 실천할 필요가 있다.

---

1) 예를 들어 업무 아키텍처에서 높은 성과를 실현하는 조직구성원들에 대하여 승진과 보너스에 대한 보장을 강화하는 한편, 성과가 낮은 조직구성원들에 대하여는 가혹한 조치를 취하는 내용을 아키텍처의 설계내용에 반영하고 있다면, 조직행동은 성과 중심적 문화로 이행한다.

2) 이러한 현상을 전략경영에서는 「전략 또는 변혁에 대한 조직저항」이라는 관점으로 설명하기도 한다.

3) 가장 대표적인 경우가 국가의 기본적 아키텍처를 규정하는 헌법에 대한 입안과 결정의 과정을 들 수 있다. 이와 마찬가지로 신도시계획과 같은 경우에도 주민과 다양한 이해관계인들의 복잡한 이해관계에 얽혀 신도시계획이 아예 무산되는 경우를 들 수 있다. 새로운 인사원칙이나 전략적 사업구조조정과 같은 일들도 참여적 방식에 의한 아키텍처의 구성을 시도할 경우, 유사한 경험을 하게 된다.

6. 비전의 구체적 실현수단으로써의 아키텍처

아키텍처는 비전의 구체적 실현수단으로 활용된다. 아키텍처는 생각속의 꿈으로 끝나는 것이 아니라 현실의 실제에 작용하여 꿈을 창조하는 실천적 설계방안을 제시한다. 따라서 아키텍처는 기존의 현실상황에서 전개되고 있는 현실의 실제와 바람직한 상황에 대한 모색과 창조를 통하여 보다 나은 미래의 청사진을 만들어낸다. 그러한 점에서 볼 때, 아키텍처는 「미래의 바람직한 비전을 구성하고 실천하기 위한 핵심적이고 구체적인 수단」이라고 할 수 있다.

따라서 아키텍처는 네 가지의 설계도를 구체적으로 제시하여야 한다. 첫째는 「개선이 요구되고 있는 현재의 실제와는 다른 형태와 내용의 바람직한 미래의 청사진」을 제시하는 일이다. 둘째는 그러한 「미래를 완성하기 위하여 필요한 조치와 행동경로에 대한 청사진」이다. 세 번째는 그러한 「미래의 청사진을 실현하기 위한 구체적인 이행에 관한 세부 설계」이다. 네 번째는 「아키텍처의 한계에 대응하기 위한 대안적 조치들의 설계」이다. 아키텍처의 성공적 실현을 위하여 이와 같은 네 가지의 실천을 위한 설계(도)를 사전에 검토하고 준비하여야 한다.

7. 아키텍처의 구성과 설계에 영향을 주는 패러다임과 지능

아키텍처의 구성과 선택에 설계자와 사용자의 **패러다임과 지능**이 영향을 미친다. 아키텍처를 구성할 때, 창조적이고 문제해결 능력이 떨어지거나, 설계능력이 제약될 경우에는 바람직한 아키텍처의 독자적인 창조는 불가능하다. 이와 같은 경우, 차선책으로 해당 분야의 전문가에게 아키텍처의 창조를 의뢰하거나 참조, 또는 구입할 수 있는 아키텍처를 동원한다.

이와 같이 누군가에 의하여 만들어진 아키텍처를 도입하여 활용하는 경우, 편의상 그 아키텍처를 「외부제작, 또는 외부용역 아키텍처(product architecture)」라고 정의한다. 외부제작 아키텍처는 아키텍처의 일반적 구성요소인 설계의 목적과 원칙 그리고 기능을 포함하여 구체적인 설계도를 포함한다.

이와 같은 외부제작/용역 아키텍처를 도입하여 조직에서 활용할 경우, 외부제작/용역 아키텍처에 내재된 설계논리를 학습하고 적응하는 과정을 거치게 된다. 이러한 경우, 아키텍처는 조직학습에 기여한다.

만약 외부제작 아키텍처의 도입과 활용이 실용적이라고 판단되지 않을 경우, 아키텍처는 다른 아키텍처로 교환되거나 또는 문제의 소지가 있는 요소들의 변경설계가 가능한 조직에서는 해당 아키텍처를 수정하여 적용한다.

> 이와 같이 수정된 아키텍처를 「수정적용 아키텍처(adapted architecture)」라고 정의한다. 이와 같은 외부제작 아키텍처나 수정적용 아키텍처를 아무나 전개할 수 있는 것은 아니다. 아키텍처를 활용하는 주체가 최소한 아키텍처가 무엇인지, 어떻게 활용하는지에 대하여 알아야 외부제작 아키텍처를 도입할 수 있다.

> 또한 수정적용 아키텍처를 전개하고자 한다면, 최소한 기존의 아키텍처의 문제점이 무엇인지를 알고, 그 문제점을 수정해서 적용할 수 있는 방안을 알고 있어야 할 뿐만 아니라, 아키텍처를 수정 설계할 수 있는 능력이 있어야 한다. 이와 같은 능력들을 아키텍처에 대한 지능적 능력, 즉 「아키텍처 지능(architectural intelligence)」이라고 정의한다.

특이한 점은 경험과 지식, 그리고 대응하고자 하는 의지에 따라 아키텍처 지능이 제각기 다르다는 점이다.

> 모든 사람들이 주택에서 삶을 영위하고 있지만, 대부분의 사람들이 자신이 거주하는 주택의 아키텍처를 만들고 그에 따라 주택을 건설하고 주거생활을 하고 있는 것은 아니다. 이미 만들어진 주택의 설계가 자신의 니즈에 합당하면, 자신의 니즈에 따라 구입하여 주거활동을 전개한다. 살아가는 동안 문제가 발생하거나, 또는 특정한 주택의 유사나 기능이 필요가 없어지거나 또는 새로운 필요가 등장하게 되면, 부분적으로 수리를 하거나 기존의 구조를 새롭게 변경하여 사용한다. 일단 새로 구성된 주택의 구조는 자신의 주거생활의 새로운 패턴과 내용을 규정한다.[1]

---

1) 아키텍처 지능이 낮은 사람들은 이와 같은 구조변경에 대한 판단이나 설계에 대한 계획을 만드는 일에 곤란을 느끼게 된다. 따라서 아키텍처 전문가, 예를 들면 건축사나 인테리어 전문가의 능력을 활용하여 자신의 필요에 따라 구조변경을 한

기업경영에 있어서 아키텍처 지능에 대한 학습은 조직현장에서는 경영 관리자를 중심으로 지휘되고 전개된다. 대학의 강의실과 전문 교육기관에서는 기업과 경영에 대한 모범적 아키텍처와 성공적 아키텍처를 교육하고 있으며, 새로운 실험적 아키텍처의 성공가능성을 중심으로 모델링과 타당성을 분석하여 교육 지도활동을 전개하고 있다.

아키텍처 지능은 「현상, 현실의 이해와 대응에 있어서 경험과 학습을 통하여 아키텍처를 구성하고 활용할 수 있는 지능」이다. 아키텍처를 구성하고 활용하기 위하여 아키텍처 지능은 일련의 원칙과 구조를 중심으로 패러다임과 프레임워크를 구성하고, 대응해야 하는 니즈와 팩트, 콘텍스트를 도출하여 아키텍처 사용자의 문제해결과 현실과제의 대응방안을 설계한다. 따라서 아키텍처의 구성과 활용에는 앞에서 살펴본 바와 같이 패러다임과 프레임워크가 개입된다.

패러다임과 프레임워크가 어떻게 조성되어 있는가에 따라, 아키텍처의 구성요소와 구체적인 내용의 전개가 달라진다. 따라서 전략 아키텍처를 구성하고자 할 때에는 전략 패러다임과 프레임워크가 어떻게 구성되어 있으며 그러한 패러다임과 프레임워크의 합리성, 합법성, 창조성이 어떻게 발휘되고 있는지를 점검해야 한다.

1.9 엔터프라이즈 개념의 재정립

최근 다양한 문헌과 현실에서 「엔터프라이즈(enterprise)」의 개념이 널리 활용되고 있으며 그 의미 또한 강조되고 있다. 이 책에서도 빈번히 언급되고 있는 엔터프라이즈라는 용어의 개념에 대하여 먼저 확인해 둘 필요

다. 그런데 흥미로운 점은 건축공학을 전공하거나 특별한 설계능력이 없는 것처럼 보이는 평범한 주부나 부동산 중개사가 이주를 희망하고 있는 고객에게 전시된 부동산 매물에 대하여 다양한 형태의 구조 변경의 가능성과 추정 소요예산까지도 설명한다. 다양한 형태의 구조의 패턴과 실제 주거생활에 대한 경험을 토대로 자신의 아키텍처의 지능을 발휘하고 있기 때문이다.

가 있다.

엔터프라이즈의 개념

「엔터프라이즈 전략」과 「코퍼레이트(corporate) 전략」에 대하여 어떤 차이가 있는가에 대하여 구분된 정의를 내리지 않을 경우, 엔터프라이즈 아키텍처를 구성하고자 할 때, 전략 아키텍처에 어떤 기업 전략 아키텍처를 구성할 것인가에 대한 혼란이 등장한다.[1]

그동안 대부분의 전략에 대한 연구에서는 **엔터프라이즈**의 관점 보다는 코퍼레이트나 비즈니스의 관점을 중심으로 설명되었기 때문에, **엔터프라이즈 전략**의 관점을 중심으로 하는 연구는 이제부터 본격적인 연구가 시작되고 있다고 할 수 있다.[2]

엔터프라이즈의 사전적 정의

엔터프라이즈의 사전적 정의를 보면 다음과 같다.

① An undertaking, especially one of some scope, complication, and risk. ② A business organization. ③ Industrious, systematic activity, especially when directed toward profit ④ Willingness to undertake new ventures; initiative (출처: The American Heritage Dictionary of the English Language, 3rd Edition, 1996, by Houghton Mifflin Company.)

이와 같은 엔터프라이즈의 개념을 명확히 하기 위하여 우선 현실적으로 전개되고 있는 엔터프라이즈 활동의 범위와 내용을 구분해보면 좀 더 선명한 이해를 할 수 있다.

---

1) 코퍼레이트와 엔터프라이즈는 서로 아주 유사한 그리고 거의 동일한 개념이라고 할 수 있다. 서로 거의 유사한 의미라고 해도, 코퍼레이트는 「설립과 운영에 따른 법률적 관점, 특히 법인으로써의 기업」의 의미가 강조되는 반면, 엔터프라이즈는 사업의 모험적 기획과 실천, 그리고 경영, 산업, 시스템, 조직 운영전개의 관점이 강조된다.

2) 코퍼레이트 전략은 기업 전략으로 번역되며, 기업의 생존유지와 성장을 중심으로 전개해야 할 논리와 대응방식을 서술한다. 따라서 「당면하고 있는 환경과 기업의 능력을 중심으로 필요한 전략내용을 확정하고, 능력을 전개하여 전략을 실천하는 방안의 모색」이 기업 전략의 핵심으로 제시되어 왔다.

<표 1-10> 엔터프라이즈 활동의 범위와 초점

활동의 범위 활동의 초점	1 기업 내/ 정부부문내	2 기업/ 정부	3 기업외 연관기업 (산업)	4 산업 경계초월 (산업간)	5 국가경계의 초월 (글로벌)
사업 중심 (Business- oriented)	**B1** 신사업추진	**B2** 신 기업 창조운영	**B3** 신 기업결합 신 산업창조	**B4** 신 산업군 창조 신 사회창조	**B5** 글로벌 사업 창조 글로벌 산업창조
미션중심 (Mission- oriented)	**M1** 기존사업 사명달성	**M2** 신 기업 사명창조달성 신정부 사명창조달성	**M3** 신산업 사명 창조 및 달성 신 범정부 사명창조달성	**M4** 신 산업군 사명창조달성 신 사회사명 창조달성	**M5** 글로벌 사명 창조 달성
현상 환경중심 (Environment- oriented)	**E1** 기존사업 중심 현상/환경과제 해결	**E2** 조직이 당면하는 환경과제해결 조직 창조와 과제대응	**E3** 산업당면 대응과제 해결	**E4** 산업간, 산업군 대응과제 해결	**E5** 글로벌 대응과제 해결

엔터프라이즈 활동의 범위와 내용 구분

<표 1-10>에서 보는 바와 같이 엔터프라이즈 활동은 작게 보면 개인에서 기업, 산업, 정부나 국제기구에 이르기까지 활동주체별로 추구해야 하는 활동의 초점과 범위에 따라 엔터프라이즈 활동의 내용이 달라진다.

표에서 보는 바와 같이 엔터프라이즈 활동은 작게 보면 개인에서 기업, 산업, 정부나 국제기구에 이르기까지 활동주체별로 추구해야 하는 활동의 초점과 범위에 따라 엔터프라이즈 활동의 전개내용이 달라진다.

예를 들어, 표의 B2에 관계하는 기업조직은 조직이 당면하고 있는 환경과제를 해결하기 위하여 새로운 기업조직의 창조를 통하여 환경과제에 대응하는 엔터프라이즈 활동을 전개하고 있다.

이에 비하여 B5에 관계하는 기업들은 세계적 시장과 세계적 표준을 창조하여 사업을 전개하고 있으며, 그에 대응하는 초일류기업으로서의 환경대응과 사명의 실천을 전개하고 있음을 알 수 있다.[1]

표에서 알 수 있는 바와 같이 엔터프라이즈라는 용어를 사용해도 그것이 기업 내 특정한 비즈니스 전개를 모색하는 엔터프라이즈와 범 정부차원에서 또는 신정부창조의 엔터프라이즈가 다르며 구체적으로는 그 내용과 범위, 특성도 크게 다르다. 또한 기존의 사명을 달성하기 위한 엔터프라이즈와 새로운 환경도전 과제를 달성하기 위한 엔터프라이즈도 역시 다르다.[2]

예를 들어, 재정자립도가 취약한 지자체에서 고위 공무원과 일선 담당자, 주민이 함께 참여하여 지역 내에서 고유한 특산품을 중심으로 전국적으로 마케팅을 전개하고 심지어는 해외의 교포사회의 시장까지 확대하여 주민의 소득과 재원을 확충하려는 엔터프라이즈 활동은 명백히 기존의 지자체의 전통적인 행정 비즈니스와 차이를 보인다. 따라서 엔터프라이즈와 코포레이션 간에 개념을 명확히 하지 않을 경우, 애매한 관점에서 막연하게 기업 중심의 논리로 대응하게 되는 오류를 범하게 될 수 있다.

엔터프라이즈의 대응과 대상의 범위를 새롭게 조명하면서 기업을 중심으로 전개해온 기존의 전략경영의 관점에서 대응해오던 영역보다 확대된 차원에서 **엔터프라이즈 전략경영**의 범위가 확대되고 있다. 다음 <도 **1-12**>에서는 이와 같이 확대된 엔터프라이즈의 활동 및 전략대응, 그리고 엔터프라이즈 전략경영에서 전개해야 할 범위를 도시하고 있다.

엔터프라이즈의 정의

엔터프라이즈는 「목적지향적 조직에서 대상으로 하는 환경의 시공간에 대하여 그 목적을 달성하기 위하여 활동을 전개하는 수체」를 의미한다.

---

1) B1의 엔터프라이즈 활동을 수행하는 정부부문을 예를 들면, 소관부처에서 추진해야 하는 과제에 대하여 기존 사업을 중심으로 기존의 사명을 달성하기 위한 활동을 전개하는 반면, B5에 대응하는 엔터프라이즈 활동으로 2009년 초에 세계적으로 동요하던 금융위기에 대응하기 위하여 지역별 국가들의 경제 블록, 즉 경제 공동체들 간에 외환지불여력을 관리하기 위한 외환기구를 만들기 위한 공동대응을 추진하는 엔터프라이즈 활동을 들 수 있다.

2) 엔터프라이즈를 기업이라고 해석하는 사람들의 경우에는 왜 정부부문이나 국방부문에서 엔터프라이즈라는 용어를 사용하는가에 대하여 오해하기 쉽다. 이와 같은 오해는 엔터프라이즈라는 용어에 대한 개념을 명확하게 정의하지 않고 기업이라고 무분별하게 적용해왔기 때문이다.

따라서 정부, 비영리기관, 일반기업은 물론이고 지역 사회나 조합, 동문회 조직, 또는 유엔과 같은 국제조직도 엔터프라이즈를 편성하거나 또는 엔터프라이즈로 기능할 수 있다. 이와 같은 정의는 「현실에 대하여 해결하고자 하는 당면 과제에 대한 조직적 대응」을 중심으로 하는 엔터프라이즈에 대한 관점을 반영한다.

<도 1-12> 차원이 보다 확대된 엔터프라이즈 전략경영의 영역

이와 같은 관점에서 대상 영역을 확대해보면 엔터프라이즈란 「당면하는 시공간의 현실에서 추구하고자 하는 대상영역을 정의·발굴하고 추구해야 할 목표와 목적을 개발하여 성과를 창조하기 위하여 당면하는 과제들을 해결하고 사업을 전개하는 조직」이라고, 정의할 수 있다.[1]

이와 같은 정의는 대상과 목적, 그리고 추진하고자 하는 사업과 추진 조직을 중심으로 구성된 정의이다.[2]

---

1) 박동준, EA 성과제고를 위한 엔터프라이즈 전략 아키텍처의 설계에 관한 연구, 국민대학교 BIT 대학원, 박사학위논문, 2009.
2) 이와 같이 확대된 관점 하에서 제시하고 있는 정의에 의할 경우, 극단적으로는 단 한 사람의 개인도 엔터프라이즈를 구성할 수 있다.

따라서 엔터프라이즈를 기업이라고 번역하면 그 의미가 일반 기업의 관점으로만 받아들여지는 경향이 있기 때문에, 엔터프라이즈의 고유한 의미를 전달하고자 할 때에는 엔터프라이즈라는 용어를 그대로 사용하기로 한다.

엔터프라이즈 전략을 모색하고자 할 때, 엔터프라이즈 전략은 기존의 기업 전략의 콘텍스트에서 좀 더 확대하여 환경에 대응하는 전략의 차원에서 한 걸음 더 나아가 새로운 환경을 창조하는 전략으로 이행을 요구하는 최근의 전략 콘텍스트 하에서 이해할 필요가 있다.

엔터프라이즈 전략과 기업 전략의 비교

엔터프라이즈는 두 관점에서 인식되어 왔다고 할 수 있다. 하나는 누군가에 의하여 의도적으로 계획되고 설계된, 그리고 주어진 목표의 달성을 위해 기능하는 하나의 체계화된 시스템으로서의 엔터프라이즈이다.

이는 소위 기계론적, 결정론적 엔터프라이즈 이해이며, 대부분의 **EA** 추진에 있어서 취하는 관점이라고 할 수 있다. 반면, 이러한 엔터프라이즈의 반대 극점에 서있는 엔터프라이즈의 또 다른 모습을 그려볼 수 있는데, 바로 각 활동주체들의 창의적 발상, 자발적이고 능동적인 상호작용을 통해 그 모습을 드러내는, 비계획적이면서도 체계와 질서를 유지하는 하나의 창발적 현상으로서의 엔터프라이즈이다.[1]

이와 같은 관점은 기계론적 엔터프라이즈의 속성과 새로운 형식의 창발적 엔터프라이즈와의 대비를 통하여 엔터프라이즈에 관한 이해를 심화시켜준다.

<표 1-11>에서 요약정리하고 있는 바와 같이 **엔터프라이즈 전략**은 조직이 새로운 환경에 적응하고 새로운 전략 니즈에 성공적으로 대응하기 위하여 전개하는 **조직 전반적 차원의 전략**이다.

---

1) 전성현, 엔터프라이즈 아키텍처와 아키텍처 기반경영, Journal of Information Technology and Architecture, 한국 ITA학회, 2006, 제3권 2호, pp. 29-30

<표 1-11> 엔터프라이즈 전략과 기업 전략의 비교

	Corporate Strategy	Enterprise Strategy
1. Authority of Strategy and process owner	C1. Strategic Headquarter/ Corporate Office	E1. Enterprise—wide Organization with Entrepreneurial Directing Office
2. Logic of Strategic Development	C2. Strategic Fit	E2. Strategic Need
3. Resource Allocation	C3. Resource Availability & Utilization	E3. Resource leverage
4. Scope of activities	C4. Strategic Business Areas	E4. Strategic Enterprise Needs Areas
5. Focus	C5. Consistency between corporate and business levels in terms of financial objectives	E5. Consistency between corporate and business levels in terms of strategic opportunities realization
6. Strategic Planning	C6. Competing strategies of Market—product—business, Portfolio Management, and resource allocation planning	E6. Competing strategies of Opportunities and Core Competence, Competency planning, Resource leverage
7. Deployment of strategy	C7. Top—down deployment and feedback from the organization by financial performance	E7. Enterprise—wide architectural approach as well as Top management and frontline entrepreneurs by exploring the strategic opportunities and evaluating its results

이러한 점에서 엔터프라이즈 전략은 절차적으로 볼 때, 기업 전략과 맥락을 같이 한다. 그러나 기업 전략은 기업의 전략 사령탑(corporate office)에서 기업 전략을 편성하고, 각 사업부문(예를 들면, SBU)에서 사업별 전략을 실행하는 톱다운 방식의 전략전개의 조직논리를 구사하는 것을 전형적 핵심으로 작용한다.

이에 비하여 엔터프라이즈 전략에서는 전략 사령탑만이 전략의 주체로 활동하는 것이 아니라 엔터프라이즈 활동의 추진책임부문을 중심으로 조직전반에서 현실의 팩트와 전략 니즈에 직접 대응하여, 엔터프라이즈 활동과 추진의 전략대응을 모색한다.

제2장
전략경영의 기본이론과 통합적 전개

제2장에서는 앞에서 살펴본 전략의 기본적인 내용을 중심으로 전략경영의 기본논리와 발전을 살펴보고, 전략과 프로세스의 결합과 통합적 전개를 도모하여 경영현장에 적용해오고 있는 관점들을 점검한다. 아울러 전략계획과 전략 아키텍처의 근본적인 차이점을 이해한다.

조직이 「당면하고 있는 환경에 대응하기 위한 전략을 모색하고 대응함에 있어서 그 전체적인 요소의 투입과정과 대응방식을 체계적으로 관리함으로써 조직의 전략적 환경대응의 성과를 지속적으로 극대화시키기 위한 경영방법」을 전략경영이라고 한다.

전략경영의 논리와 절차, 방법들은 조직이 당면하고 있는 상황과 환경변화의 내용과 속성에 따라 성과를 실현하고 보장하기 위하여 지속적으로 진화해오고 있으며, 전략경영에서 다루고자 하는 대상과 범위, 논리적 체계 또한 부단히 발전해오고 있다.

조직에서 전략경영에 대하여 어떻게 이해하고 어떻게 활용할 것인가는 조직에서 자신이 처하고 있는 환경에 대하여 어떻게 인식하고 대응할 것인가에 대한 태도와 자세, 그리고 대응논리와 방법에 따라 다르다. 만약, 조직에서 우리는 전략경영과 같은 논리나 방법, 체계가 필요 없다고 한다면, 해당 조직에서 전략경영은 실천되지 않는다.

그러나 조직에서 기업 활동 및 사업전개, 경영의 성과를 높이고 조직 활동의 성과를 전략적으로 전개하고자 하는 절실한 필요를 느끼고 열의가 발휘된다면, 전략경영에 관한 논리나 방법, 절차나 체계는 아주 중요하게 간주되고 조직의 지속적인 성공과 전략적 성장을 위하여 소중한 대응의 방법으로 활용된다.

앤소프는 세계 각지에서의 경험적 실증연구를 중심으로 영리조직이나 비영리조직에서 당면하고 있는 환경현실에 대하여 전략적으로 대응하는 경우 보다 높은 수익성과를 실현하고 있음을 규명하고 있다.[1]

---

1) 다음 각 연구발표 자료를 참조. H. I. Ansoff and Edward McDonnell, *Implanting Strategic Management* (2nd ed), Prentice Hall, 1992. 박동준 역, 전략경영실천원리, 소프트전략경영연구원, 1997. H. I. Ansoff, et al, *Empirical support for a paradigmic theory of strategic success behaviors of environment serving organizations, International Review of Strategic Management*, Wiley, 1993, Vol. 4. Antoniou, Peter H., Patrick A. Sullivan (ed.), *The Igor Ansoff Anthology*, BookSurge, 2006.

2.1 기업 전략으로 출발한 전략경영의 논리

초기의 전략경영 이론은 ①기업 활동 및 비즈니스에 대한 전략의 설계와 전개를 중심으로 전개되는 전략 수립 및 실행 관점에서의 이론전개와 ②조직이 당면하고 있는 성과에 관련된 문제에 대응하고 방법을 개선하며, 당면하고 있는 상황에 성공적으로 적응하면서 당면과제들에 대하여 최상의 성과를 거두기 위한 목표설정과 관리적 대응방안을 모색하는 관점에서의 이론전개로 나누어 볼 수 있다.

따라서 기업의 성과를 유지하고 높이기 위하여 「기본방침」과 비즈니스의 업무실행 「절차」를 어떻게 결정해야 하는가에 대한 고민을 시작으로 출발한 경영 관리적 대응은 <도 2-1>에서 보는 바와 같이 부단히 발전을 거듭하면서 전략경영의 체계를 발전시켜오고 있다.

1. 전략 수립과 실행의 관점에서 발전되어온 전략경영

전략 수립과 실행 그리고 그 절차와 성과 관리의 관점에서 발전되어온 전략경영 이론은 조직이 추구하고자 하는 목표의 구성과 전개, 그리고 설정된 목표의 조직적 전개를 통하여 경영의 성과를 극대화하기 위한 논리적 체계를 확립하고, 현실대응의 당면과제에 대한 실천방안을 고안하여 전개해왔다. <도 2-1>에서 보는 바와 같이 전략경영의 발전에는 크게 두 가지의 흐름을 중심으로 전개되어 왔다.

기업 전략의 출발점으로 앤소프는 조직이 어느 분야에서 어떠한 사업을 전개할 것인가를 중심으로 어떠한 전략을 어떻게 모색할 것인가에 대하여 전략구성요소로 정의한 「전략 벡터(strategy vector)」를 중심으로 전략 수립과 대응의 전략경영의 논리를 체계화하였다.[1] 이와 같은 논리는 전략의 설계와 관리를 체계화하기 위한 경영과 관리 차원에서의 노력이 필수적으로 요구된다.

---

1) H. I. Ansoff, *Corporate Strategy*, Penguin Books, 1965

<도 2-1> 환경대응에 따른 정책과 절차, 문제해결시스템, 조직구조의 진화

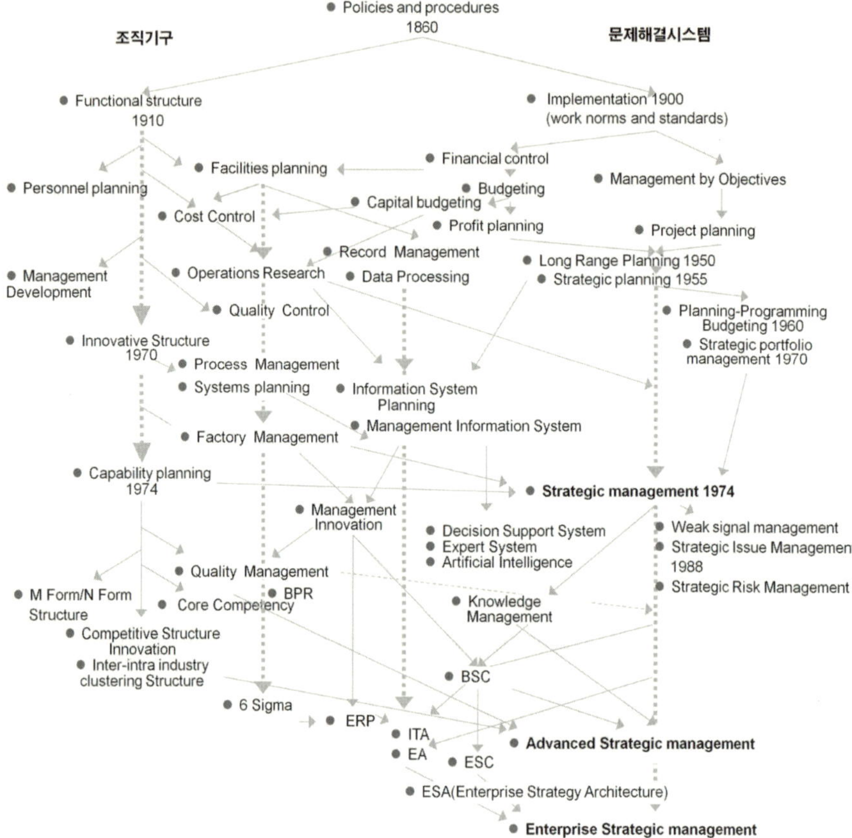

자료: 앤소프(H. I. Ansoff, *Implanting Strategic Management*, Prentice Hall, 1984) 자료를 토대로 필자가 일부 보완하고 최근의 기법개발 및 전개내용을 반영함.

전략경영의 전개와 발전의 첫 번째 흐름은 기업과 전략의 설계를 중심으로 전개되는 흐름이다. 제1장 <도 1-9> 기업창조 사이클을 통하여 살펴보면, 전략경영은 **SE-EC-MO-SO**의 사이클을 순환적으로 전개하고, 수직, 수평적 통합을 시도하는 **SM** 사이클의 전개에서 필요한 계획과 실천, 능력자원과 사업전개, 경쟁우위와 시너지, 조직전개와 같은 요소들의 성과를 달성하기 위한 논리적 체계를 발전시켜왔다.

두 번째의 흐름은 전략경영이 등장하기 이전부터 정부 및 기업조직에 도입, 활용되어온 계획–실천–통제의 「관리의 사이클」을 중심으로 전개해 온 경영관리의 기본적 방법론을 적용하는 논리이다. 즉, 참고도표의 **MO** 사이클을 중심으로 사업과 조직을 운영하면서, 필요할 경우에만, **SO**와 **EC**, 또는 **SE**사이클을 보완하는 논리라고 할 수 있다.

<참고도표> 기업창조의 세부 사이클

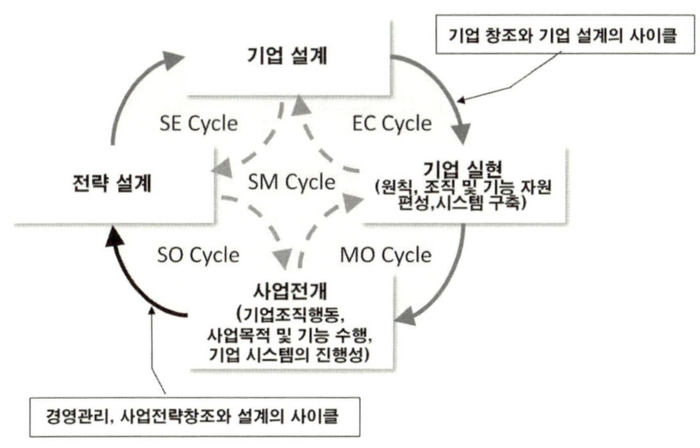

자료: 제1장의 <도 1-9> 재인용

이와 같이 계획, 실행, 평가와 피드백의 관점, 목표의 설정과 전개, 의사결정, 조직기능의 전개는 현대경영관리의 실천적 측면에서의 기본적 프로세스와 절차적 원칙으로 작용하게 되었다. 이와 같은 접근방법은 당면하고 있는 환경에 대응하기 위하여 필요한 경영관리의 내용과 방법을 개선시키고 진화시켜 대응하여 성과를 충족하는 것을 기본적인 관리의 철학으로 설정하고 있다.

경영계획과 방침을 비롯하여 기본적인 사업계획과 같은 계획수립 활동은 조직과 자원의 전환 프로세스와 행동의 원칙을 결정하는 출발점이 될 뿐만 아니라, 사업실천의 결과를 평가할 수 있는 원점으로 작용한다. 따라서 계획 활동에서의 목표수립이 잘못될 경우, 조직의 최종적인 성과를 그르칠 소지가 있다.

따라서 어떠한 목표를 어떻게 수립하고 그 실천을 관리할 것인가에 대한 원칙과 논리에 대한 관점을 확립해야 할 필요가 있다. 피터 드러커는 조직이 당면하는 환경의 변화가 전개됨에 따라서 상황에 대하여 효과적이고 적절한 목표설정에 관한 관점을 강조하고 이에 대한 체계적 경영관리의 전개를 위한 MBO 시스템의 필요성을 강조하였다.

이와 같은 접근방법에 대한 또 다른 관점에서의 접근은 계획 수립과 실행, 목표의 수립논리를 당면하고 있는 상황에 합당하게 전개하게 될 경우에도, 당면하고 있는 환경의 변화의 속도와 비연속성의 내용과 수준을 잘 인식하지 못하거나 제대로 이해하지 못할 경우, 환경대응의 성과를 보장할 수 없다는 관점에서, 조직의 환경대응논리의 탐구와 개발 및 그 적용에 대한 체계화가 전개되었다.

따라서 앤소프는 이와 같이 「환경변화의 속성을 이해하고 대응하기 위한 절차적 방법을 체계화 하고 전개하는 논리적 경영기술」을 전략경영이라고 정의하였다.[1]

2. 문제해결과 성과를 제고하기 위한 현상대응적 전략전개

조직의 성과를 제고하고 당면과제들에 대응하기 위하여 고안된 전략논리들은 당면하고 있는 현재 시점에서 파악되고 있는 현상 또는 조만간 당면하게 될 주요 경영과제, 전략과제들에 대한 최선의 대안을 찾기 위하여 각 사업별로 그리고 조직의 기능별로 대응해야 할 방안들을 모색하는데 주안점을 두어왔다.

따라서 단위조직과 그 실천기능별로 당면하고 있는 환경 또는 상황에서 유발되고 있는 외부적, 내부적 과제들에 대하여, 부문별로 또는 조직 전반적으로 필요한 조치를 전개하기 위한 방안들과 절차들을 개발하였으며, 각 대응조치들은 다양한 형태의 과제별 프로젝트 또는 프로그램의 형태로 전개되거나 조직기능을 재구성하는 조치를 강구하였다.[2]

---

1) H. I. Ansoff, *Implanting Strategic Management*, Prentice Hall, 1992
2) 예를 들면, 영업활동에서의 성과를 제고하기 위한 전략적 대응이나 제조성과를

이와 같은 전개는 주로 기존의 사업 운영과 경영관리, 조업의 효율성 개선에 초점을 맞추어 전개되었으며, 기존사업에서 구조적 문제가 유발되거나 사업이나 제품의 라이프사이클에서 유발되는 과제와 같은 산업상황이나 시장상황에서의 효과성이 요구될 경우에는 근본적인 전략적 사업재구성(restructuring)과 같은 활동이 수반되었다.

이러한 시도는 조직에서 각 사업별 성과를 제고하게 될 뿐만 아니라, 기존의 목표의 전개방식에도 영향을 미치게 되어, 전략의 모색과 전개 프로세스에서 기업중심, 또는 전사적 전략전개와 같은 논리에 추가적으로 부문별, 기능별 전략을 추가하게 되었다. 또한 전략 수립 프로세스와 전략실행 및 통제에 영향을 미치게 되었다.

3. 산업경제차원에서의 경쟁전략의 이론

이와 같은 이론적 전개와 더불어 산업조직 차원에서의 전략논리에 착안하여, 포터는 비교우위의 이론적 개념과 앤소프의 경쟁우위의 관점, 그리고 산업조직이론의 시장성과 모형을 결합하여 체계화한 경쟁전략 모델을 제시하였다.

경쟁우위의 관점은 현대 경쟁전략 모델의 근간으로 작용하고 있으며 정부 및 기업조직에서 다양한 형태로 참고 활용되고 있다.

포터의 경쟁전략모델은 기존의 제품과 시장중심의 관리·경제적 경쟁관점에서 보다 확대된 거시적 산업경쟁모형을 내포하고 있을 뿐만 아니라, 내부적 기능의 전개 프로세스를 결합적으로 판별하여 가치사슬을 분석하고, 최종적인 가치창출을 실현하기 위하여 본원적 전략의 전개와의 연계를 점검하도록 함으로써 조직의 경쟁 환경에 대응하기 위한 전략관점을 강화할 수 있도록 하였다.

극대화하기 위한 조직과 기능의 재구성, 혁신적 기술의 전개, 자료와 정보의 기술적 관리를 통한 사무 경영관리 및 사업기법의 혁신, 조직의 리더십의 강화와 행동성과의 개선과 같이 조직의 성과를 개선하기 위한 활동들이 조직의 각 분야에서 모색되고 전개되었다.

이러한 경쟁전략의 논리적 전개에서는 조직 내부의 시스템 전개나 구조화에 대한 관점이 미흡하여, 경영 관리적 측면에서의 실천적 전략경영 체계로는 제시되지 못하였지만, 기존의 생산•마케팅 전략과 조직의 전략실천에 대하여 기존의 조직과 시장대응의 경쟁이론 차원에서 산업차원에서의 경쟁우위로 시각과 범위를 거시적으로 확대함으로써 경쟁전략의 거시적 유효성을 높였다. 즉, 경쟁우위의 전략창조를 위하여 미시적 경제전략과 산업적 경쟁우위의 결합적 전개논리를 결합하여 경쟁성과를 높이고, 기업의 제품-시장-산업 전략을 분석하고 대응하기 위한 전략 프로세스로 널리 활용되고 있다.

4. 전략적 능력의 개념과 환경대응의 성공공식

전략적 능력대응에 있어서 앤소프(Ansoff)는 경영 관리적 대응과 기능적 대응으로 구분하여 분석하고 있다.

이와 같은 분석은 이미 30여 년 전에 개발된 논리이지만, 여전히 그 원리적 적용에서 현실 적합성을 보이고 있고, 전략 아키텍처를 구성하고 전개하는데 참고가 되므로 네 가지의 분석도표를 참고로 살펴보도록 하자.

<표 2-1>에서는 전략적 능력에서 조직을 지휘 총괄하는 경영자 능력을 환경의 난기류 수준에 따라 성공적인 능력과 역량이 무엇인가에 대한 프로파일을 구성하여 대응시키고 그에 대하여 균형적으로 대응할 것을 분석하고 있다.[1]

---

1) 이러한 분석구도의 체계와 논리는 1990년대 이후에도 지속적으로 활용되어 경영자와 관리자의 성공적 전략 행동의 특성을 인식하고, 당면하고 있는 환경 현실의 속성에 합당하게 전략 멘탈리티와 능력 및 역량을 진단하고 변혁시키는데, 유용한 도구가 되었다.

<표 2-1> Profiles of General Management Competence

Level of behavior Attributes	Stable	Reactive	Anticipating	Exploring	Creative
Problem Solving	Problem—triggered trial and error satisficing	Problem—triggered diagnostic satisficing	Anticipatory well—structured optimizing	Anticipatory ill—structured	Creative ill—structured
Process	Follows structure			Follows problem logic	
Leadership Attributes	Custodial Persuasive	Disciplinary persuasive	Growth—directing inspiring	Charismatic entrepreneurial	Creative Charismatic
Management Information	Past—precedents	Past performance	Future based on past trends	Future departures and discontinuities	Possible new futures New juxtapositions
Organizational Structure	Functional	Functional	Divisional	Multinational, matrix	New ventures, Project management
Environmental Surveillance	None	None	Extrapolative forecasting	Trend analysis, Techno—socio—demographic	Major discontinuities, scenarios, future invention
Management System	Policy and procedure manuals	Control, capital budgeting, management by objectives	Long—range planning, budgeting	Strategic planning, PPBS	Venture management, Strategic issue, analysis, brainstorming
Management Science	Work study, Equipment replacement , Matching loading	Financial ratio analysis, Capital investment analysis	Operations research, Computerized transaction analysis	'what if modelling' acquisition analysis, impact analysis, Delphi, scenarios, technological sociological—political forecasting	Synectics, creative behavior, innovative behavior

자료: H. I. Ansoff, *Strategic Management,* Palgrave Macmillan, 1979, p. 79.

이와 더불어 전략경영의 성공적 전개를 위하여 기능적 능력의 전개를 위한 구체적인 로지스틱 역량과 경영 역량을 구체적으로 <표 2-2> 및 <표 2-3>과 같이 세분화하였다.1)

<표 2-2> Attributes of Logistic Competence

Type of work / Contributor	Operations	Marketing	Entrepreneurship
Management	Work management Union–management relations Production management Production control Financial planning and control Production planning Work study Investment analysis Budgeting and control system design Budgeting Performance diagnosis Plant layout and design	Long–term planning Promotion and advertising Planning Sales deployment Sales analysis Salesmen management Competitive analysis Forecasting Growth financing	Strategic planning Project management Management of creative work R&D planning Venture management Planning system design Impact analysis Trend analysis Investment risk analysis

Technocracy	* Plant
	* Inventories
	* Distribution facilities
	  Machinery and equipment
	  Production know–how
	  Process know–how
	  Distribution skills
		Sales
		Selling
		Advertising
		Promotion
		Customer financing
			* Laboratories
			* Research and Development
			* Equipment
			  Research skills
			  Development skills

H. I. Ansoff, *Strategic Management*, Palgrave Macmillan, 1979, p. 85.

앤소프는 전략경영의 성공적 전개를 위하여 '전략의 수립뿐만 아니라 조직이 확보하고 있는 전략능력을 환경의 변화속성과 변화내용에 합당하게 편성하여야 하며, 그와 같은 능력의 전개가 제대로 전개되지 못할 경우, 전략역량의 효과성의 제약으로 전략추진의 효과성은 제약된다'는 사실을 규명하였다.

즉, '변화하고 있는 환경의 속성과 내용에 합당한 전략의 추진과 그 전략추진에 합당한 능력의 구축과 전개가 전략경영의 핵심적 요체'라는

---

1) H. I. Ansoff, Strategic Management, Palgrave Macmillan, 1979, pp. 72~96.

점을 제시하였다.[1]

<표 2-3> Profiles of Logistic Competence

Level of Strategic Thrust / Function	Stable	Reactive	Anticipating	Exploring	Creative
Key Management Function	Operations		Marketing	Entrepreneurship	
Entrepreneur-ship	Process improvement	Product improvement	New products/process	Technology adaptation	New technology development
Operations	Repetitive operations	Complex Operations control	Expansion of operations	Integration of new technology	Technology changeover
Marketing	Product distribution	Selling	Promotion/advertising	New marketing concepts	New ventures
Finance	Accounting	Financial control	Financial planning Capital investment	Financing of growth	Major new risk management

출처: H. I. Ansoff, *Strategic Management*, Palgrave Macmillan, 1979, p. 87.

<표 2-4> 경영자 능력

General Management Capability	Managers	Organization
Climate[2] (Will to respond)	Mentality Power position	Culture Power structure
Competence (ability to respond)	Talents Skills Knowledge	Structures Systems Shared knowledge
Capacity (volume to respond)	Personal	Organizational

출처: H. I. Ansoff, E. McDonnell, *Implanting Strategic Management*, 1990.

---

1) 구체적으로는 전략추진에 대한 역량효과성 계수(Competence effectiveness coefficients)를 도출하여 역량효과성 계수가 1보다 낮을 경우, 전략적 환경대응의 성과는 낮아지며, 수익성의 제약을 초래한다. H. I. Ansoff, *Strategic Management*, Palgrave Macmillan, 1979, p. 93

2) 앤소프는 환경대응 의지에 대하여 조직 문화적 측면에서의 열정과 경영자의 멘탈리티를, 권력구조와 전개실태를 강조하여 Culture와 구분하여 Climate라는 개념을 선보이고 있다.

앤소프는 이와 같은 명제를 실증적으로 규명하여 「환경대응의 전략성공 공식」이라고 정의하였다.

5. 핵심역량에 주목하여 전략요소를 재인식

이와 같은 전략경영 논리에 대하여 하멜(G. Hamel)은 기존의 능력관점에서 경쟁성과에 초점을 맞추어 **핵심역량** 관점(competence perspective)에 주목하고, **경쟁역량**의 관점을 보완하였다.[1]

예를 들면, <표 2-5>에서 보는 바와 같이 고객인식의 관점에서 무엇인가 「독특한 가치를 제공」하는 능력(skills)이나 프로세스, 제조활동과 연관된 역량, 그리고 차별적 경쟁성과를 도출하는 독특성을 창조하는 능력, 새로운 시장에 진출할 수 있는 역량을 제시하고 「시장접근 역량」과 「통합성과 역량」 그리고 「기능관련 역량」으로 구분하였다.

즉, 기존의 전략경영의 실천에 대하여 역량과 능력 및 자원의 관점을 어떻게 새롭게 구성하여 경쟁적 성과를 높일 수 있는가에 주안점을 두어 대안을 모색하는 것이 유용하다는 점을 제시하였다.[2]

따라서 특정한 경쟁우위 요소에 주목하여 관리하고 대응하는 것보다는 「지속적으로 경쟁성과를 보장할 수 있는 핵심역량」에 주목하여 이를 개발하고 관리하는 방안을 제시하였다.[3]

---

1) 즉, 전략대응에서 핵심적으로 작용하고 있는 능력에 대하여 과연 어떠한 것이 전략적으로 성과를 창출할 수 있는 능력인가에 대한 판별이 중요하며, 그러한 관점에서 무엇인가 핵심적인 능력을 식별하고 경쟁적 성과를 제고할 필요가 있다는 점에 착안하여, 이를 구체화하였다. Gary Hamel, "The Concept of Core Competence," (Gary Hamel and Aime Heene Ed.) *Competence based competition*, John Wiley and Sons, England, 1994. pp. 11-33

2) 이는 기존의 제품중심의 경쟁전략이나 시장중심의 경쟁전략이 단위제품이나 사업을 중심으로 전개되는 것이 아니라 다양한 기능들의 복합적 기업 활동의 전개에 따라 경쟁이 전개되는 것이라는 점을 서술하고 있다.

<표 2-5> 핵심역량의 구분과 예시

Type	Market-access competencies	Integrity-related competencies	Functional-related competencies
Examples	Management of brand development Sales and marketing Distribution and logistics Technical support Etc	Quality Cycle time management Just-in-time inventory management Etc	Skills enable the company to invest its services of products with unique functionality
Characteristics	All skills which help to put a firm in close proximity to its customers	Allowing a company to do things more quickly, flexibly or with a higher degree of reliability than competitors	Providing distinctive customer benefits
Issues	• Meta competencies • Present core and future core		

Complementary perspectives	• Versus Competitive Advantages
	   - All core competencies are sources of competitive advantages, not all competitive advantages are core competencies.
	   - Competence as an aptitude, a capability, and a skill
	• Versus Products
	   - Product and service leadership is the outgrowth of core competence leadership.
	   - Core competencies are more lasting, typically than any individual product.
	• Inter-Firm competition versus product-to-product competition		

자료: G. Hamel, "The Concept of Core Competence," (Gary Hamel and Aime Heene Ed.) *Competence based competition*, John Wiley and Sons, England, 1994. pp. 11-33에서 요약편집

이와 같은 핵심역량이론의 관점은 조직의 지속가능성 차원에서 볼 때, 기존의 경쟁우위를 기반으로 선개하는 선략석 대응이 장기적이고 지속적 성장을 모색하는데 한계가 있을 뿐만 아니라 경쟁적 관점에서 경쟁우위의 지속이 용이하지 않기 때문에, 지속적인 경쟁우위를 유지할 수 있는 **핵심역량** 개발과 관리에 초점을 두어야 한다는 점을 강조하고 있다.[1]

---

3) Francesco Fe Leo, "Understanding the roots of your competitive Advantage: From Product Market competition to competition as a Multi-layer Game," (Gary Hamel and Aime Heene Ed.) *Competence based competition*, John Wiley and Sons, England, 1994. pp. 35-55.

1) 즉, 제품 및 시장경쟁에서의 경쟁우위에 국한하여 전략경영을 전개하게 된다면,

<표 2-6> 자원기반관점에서 활용되는 주요개념의 요약

Author	Main concept(s)	Description or additional concepts
Wernerfelt (1984) Itami (1987) Dierickz and Cool (1988)	Resources Invisible assets Strategic assets	Resource position barriers Information—based resources/dynamic resource fit Stocks accumulated through investments (flows)
Aaker (1989)	Assets and skills	● Asset: something a firm possesses superior to competition ● Skill: something a firm does better than competitors
Akerberg (1989)	Competence	Organizational competence depends on individual competences
Prahalad and Hamel (1990)	Core competence	● Strategic architecture ● Collective learning: production skills and technologies
Klein *et al* .(1991)	Metaskills	● Metaskills: generate core skills
Barney (1991)	Firm resources	All assets, capabilities, processes, attributes, information, knowledge controlled by a firm
Grant (1991)	Resources	● Resources: inputs to the production process ● Capability: capacity of resources to perform some task
Hall (1991, 1992)	Intangible resources	● Skills or competences: e.g. the knowhow of people ● Assets: things which are owned ● Intangible resources may be link with a functional, cultural, positional or regulatory capability
Stalk *et al* .(1992)	Capabilities	● Capability: more broadly based than core competence ● Key business process
Amit and Schoemaker (1993)	Resources Capability Strategic assets	● Stocks of available factors owned/controlled by the firm ● Capacity of firm to deploy resources using organizational processes, to effect desired and ● Set of difficult to trade, imitate, scarce and specialized resources and capabilities

출처: Ilse Bogaret, et al., "Strategy as a Situational Puzzle: the Fit of Components," (Gary Hamel and Aime Heene Ed.) *Ibid*, 1994 p. 58.

이와 같은 관점에서 하멜은 기존 전략경영의 관점도 단순히 환경대응의 절차와 논리, 필요한 능력의 전개와 같은 체계에서 진보하여 기업재창조(corporate renewal) 이론으로 변혁해야 한다는 점을 역설하고 있다.[1]

후발 경쟁기업군들의 추격에 의하여 경쟁우위요소들의 경쟁성과는 조만간 잠식당하게 되고, 장래에 대하여 대비하기 위한 원칙이나 방향의 제시도 쉽지 않기 때문에, 장기적이고 지속적 관점에서 경쟁적 지위를 확보하고자 한다면, 경쟁우위를 유지할 수 있는 핵심역량의 개발과 관리에 주목해야 한다는 점을 강조하고 있다.

1) Gary Hamel and Aime Heene Ed., *Competence based competition*, John Wiley and Sons, England, 1994. pp. 316.

능력과 자원기반의 관점에서 제시되고 있는 주요개념들은 <표 2-6>에서 보는 바와 같다.

2.2 통합적 전개를 위한 전략경영

1960년대 중반에 앤소프에 의해 기업 전략이 제시된 이래, 기업조직이나 정부조직에서 체계적인 전략 대응이 광범위하게 전개되고 보편화되어왔다. 그러나 당면하고 있는 현상적 과제 대응이나 해결활동을 전개함에 있어서 그 성과를 기획하고 보다 효과적으로 관리하고자 할 때, 사업이나 업무기능 중심의 전략대응만으로는 그 한계를 경험하게 되는 경우가 많다.

뿐만 아니라, 점차 변화하고 있는 환경의 비연속성과 불확실성에 대응하기 위한 전략대응활동을 전개하고자 할 때, 조직 내에서 기존의 비즈니스 계획중심의 전략대응으로는 체계적인 대응이 어렵기 때문에, 비즈니스나 업무기능중심의 전략 대응을 포함하여 <도 2-1>에서 보는 바와 같이 좀 더 통합적이고 체계적으로 전략경영 전개를 시도하기 시작하였다.

이러한 시도는 기존의 전략 수립과 전개, 그리고 관리와 통제 프로세스를 중심으로 구성되는 전략경영 시스템의 기본적 구성논리의 변화를 유발하게 되었으며, 전략경영에서 다루어야 할 논리적 대상과 범위 및 구성요소, 실천적 내용과 절차, 기능의 전개와 조직편성, 추진원칙과 특성을 새롭게 편성하고 새로운 전략논리 구조의 변화를 도모하게 되었다.

1. 외부환경변화와 산업관점의 확대

1980년대부터는 조직이 당면하고 있는 환경과 시장에서의 부단한 변화, 비연속성과 난기류 증대, 불확실성의 확대와 같이 환경 속성의 혁명적 변화가 기업경영에서 중대하고 민감한 화두로 등장하였다.

따라서 그에 대응하는 전략경영의 논리적 보완은 당면하고 있는 시장 내에서의 문제가 단순히 시장과 고객, 그리고 조직의 제품이나 서비스 생산의 문제에 국한되는 것이 아니라는 점을 인식하게 하였다.

이와 같은 인식의 전환은 조직에서 단순히 시장과 고객, 조직의 문제에 대응하는 논리에서 벗어나 새로이 산업과 시장 전체의 문제로 확대하여 판단하여 거시적으로 대응하도록 하였다. 즉, 환경과 현실에 대응하는 시각과 범위를 확대하여 연관 산업을 포함하여 산업을 구성하는 거시적-미시적 구성요소들에 대하여 조직의 관점을 심화-확대하고 잠재적 경쟁자나 대체재를 포함하여 리스크에 대응하는 전략적 의사결정을 강화하는 논리들이 제시되었다.

따라서 전략의 관점을 시장에서 산업으로 확대하는 한편, 산업내 또는 산업 간에 작용하는 요소들에 대한 관점을 포함하고, 시장성과 뿐만 아니라 산업차원에서의 성과를 관리하기 위한 전략논리와 리스크에 대응하기 위한 과제가 전략경영의 주요 관점으로 반영되었다.

2. 내부능력관점의 재구성

전략 성과를 제고하기 위한 능력요소의 강화에 대한 관점은 기존의 전략경영의 논리에서도 중요하게 고려되어 왔지만, 시장에서의 경쟁성과와 산업 성과제고의 관점에서 능력과 역량의 편성과 전개가 전략경영의 핵심적 요소로 중요하다는 관점이 주목받게 되었다.

예를 들면, 기업 활동을 전개하기 위하여 운영에 필요한 설비와 자원, 프로세스와 구조 및 경영 관리자 및 조직구성원의 능력에 대하여, 탁월한 경쟁성과를 확보하기 위한 능력의 구성과 전개에서 전략구성요소인 시너지와 핵심역량에 대한 관점이 강조되었다.

핵심역량은 경쟁력을 결정하는 원천적인 전략요소로 부각되었으며, 핵심역량 간의 차별화가 곤란할 경우, 각 능력과 역량을 결집하여 전개함으로써 발휘할 수 있는 시너지 성과의 창조가 경쟁적 전략 성과를 제고하는 주요한 경쟁 무기로 등장하게 되었다.

<표 2-7> 능력과 시너지 성과

능력과 시너지 성과	능력성과		
	마이너스 능력성과	플러스 능력성과	
		부차적 능력성과	원천적 능력성과
시너지 성과 / 플러스 성과	(3) Potential/Actual Synergistic Performance	(2) Potential/Actual Synergistic Performance + Secondary Capability Performance	(1) Potential/Actual Synergistic Performance + Generic Capability Performance
시너지 성과 / 마이너스 성과	(6) Negative Performance	(5) Negative Synergistic Performance + Secondary Capability Performance	(4) Negative Synergistic Performance + Generic Capability Performance

<표 2-7>에서 보는 바와 같이 능력 성과나 시너지 성과는 제대로 관리되지 못할 경우, (1)과 (2)의 영역을 제외하면 마이너스 성과를 보일 수 있다.

이 경우, 능력 성과나 시너지 성과의 어느 한편이 희생될 수 있으므로, 조직 기능별 시너지의 발휘와 능력성과 발휘를 위한 경영관리능력이 주목되었을 뿐만 아니라, 전략 시너지의 창조적 발휘를 위한 착안과 대응활동이 증대되었다.

시너지에는 경영관리 시너지, 운영 시너지, 기능적 시너지, 영업 시너지, 창업 시너지, 투자 시너지, 전략 시너지가 있다.[1]

시너지는 기존의 능력요소의 본연의 성과뿐만 아니라 능력요소들 간의 결합성과를 창출함으로써 보다 높은 능력성과를 창출한다는 점에서 전략

---

1) 시너지와 관련 추가적인 설명은 이 책 제2부 5장 전략 아키텍처의 전략요소에서 살펴보도록 하자. 앤소프, *New Corporate Strategy*, 박동준 역, 최신전략경영, 소프트전략경영연구원, 1993. 참조.

경영에서 주목되는 관점이다.[1]

따라서 시너지를 제고하기 위한 경영, 관리, 사업, 재무, 영업, 제조, 자원, 연구개발, 인적자원 등의 각 조직기능분야에서의 기능강화와 결합적 전개를 통한 성과창출을 위한 전략경영의 전개에 대한 발상과 논리가 강화되었다.

3. 전략 콘텍스트

앤소프의 논리적 전략체계의 고안과 그 실천적 전개를 위하여 단계별로 절차와 접근논리, 세밀한 구조적 분석논리를 추구하는 전개방법에 대하여 민츠버그와 퀸은 경영관리의 실천적 관점을 강화하여, 전반적 사업전략을 사업의 구도설정, 핵심사업의 범위와 차별화, 핵심사업의 개발과 전개, 사업의 확장 및 재구성을 중심으로 구분하여 정리하고 전략의 전개에 있어서 콘텍스트(Context)의 이해와 대응을 강화할 것을 제시하였다.[2]

민츠버그와 퀸은 콘텍스트를 세분화하여 엔터프러너의 콘텍스트, 성숙 콘텍스트, 전문가적 콘텍스트, 혁신 콘텍스트, 다각화 콘텍스트, 국제화 콘텍스트의 6가지의 콘텍스트를 제시하였는데, 전략의 모색과 전개에 있어서 각 콘텍스트에 따라 고려하고 대응해야 할 요소들과 방법, 절차가 달라진다는 점을 서술하고 있다. 이와 같은 전략과 콘텍스트의 관점은 조직의 환경대응에 대한 관점을 대응해야 할 상황을 콘텍스트를 통해 접근함으로써 논리적 이해와 접근을 통하여 보다 구체화하였다고 할 수 있다.

---

1) 즉, 경쟁적 관점에서 핵심능력요소들 간의 경쟁성과발휘가 제약될 경우, 핵심능력요소들 간의 결합적 운영과 전개를 통하여 전략 성과를 창출하는 것은 전략경영의 실천에 있어서 중요한 의미를 차지한다고 할 수 있다. 뿐만 아니라 시너지를 감안한다면, 핵심능력요소들의 성과창출에 있어서 마이너스 시너지가 작용할 경우에는 오히려 핵심능력요소들의 성과를 저해한다는 점에서 주목해야 할 요소이다.

2) H. Mintzberg and J. Brian Quinn, *The Strategic Process*, 3rd Ed., Prentice Hall, N. J. 1996, p. 84

(1) 전략 콘텍스트의 개념과 민츠버그의 정의

제1장에서도 살펴본 바와 같이 **콘텍스트**(context)는 「전략을 구성함에 있어서 전략의 논리와 내용, 방향, 원칙, 속성을 규정하는 틀」이다. 콘텍스트를 좀 더 큰 개념으로 확장할 경우, 환경과 조직 상황과 구조, 특성을 포함하여 살펴볼 수 있다.

전략의 콘텍스트를 정의함에 있어서 민츠버그와 퀸은 조직과 사업의 특성을 중심으로 전략 콘텍스트를 구분하고자 하였으며, 콘텍스트에 따라서 발휘되는 전략의 요소들과 내용이 달라지고 있음을 보여주고 있다. 즉, 조직이 추진하고 있는 사업을 중심으로 당면하고 있는 환경과 조직 및 사업특성에 따라 결정되는 콘텍스트가 어떠한가에 따라 추구하는 구체적인 전략의 내용과 형식, 전개방법이 달라지고, 그에 대한 적절한 이해와 대응을 전개해야 전략적 성과를 보장할 수 있다고 설명하고 있다.

민츠버그와 퀸은 조직의 구성(configuration)에 대하여 7가지의 유형으로 구분하였는데, 그중 정치적 조직과 이념적 사명수행 조직(missionary)을 제외하고 5가지의 현실적 유형을 중심으로 조직을 특성별로 분류하여, 각 특성별로 조정과 통제, 핵심기능구조, 집중과 분산의 정도를 설명하였다.

전략 콘텍스트는 이와 같은 조직의 구성특성과 기본적인 기능전개의 구조에 따라, 전략 수립의 특성과 그 전개방식, 유의점들을 구분하고 있다. 구체적으로는 각 콘텍스트 별로 그에 대응하는 성공적인 조직과 기능의 전략전개유형을 대응시킴으로써 조직특성별 전략의 핵심적 차이를 설명하고 있다.

이러한 콘텍스트의 관점은 조직의 환경대응성과를 높이기 위한 조직의 특성별 유형과 전략전개의 특성을 살펴볼 수 있을 뿐만 아니라, 각 조직구성의 콘텍스트에 따라 주의해야 할 점들을 시사하고 있으므로 환경대응행동의 내용구성과 전개에 대한 유의점들을 파악할 수 있도록 한다.

그러나 여기에서 유의할 점은 당면하고 있는 환경의 특성과 대응해야 할 전략적 과제에 따라 여러 유형의 복합적인 콘텍스트의 적용에 대한 가능성을 탐구해야 한다는 점이다. 만약, 조직이 콘텍스트 구성을 잘못 전개하고 있다면, 마땅히 그 구성은 수정되어야 한다.

따라서 콘텍스트를 조직의 구성에 따라 편성하게 된다면, (예를 들어 앞에서 살펴본 능력우선 전략논리에 입각하여 전략 콘텍스트를 파악하고 추진하게 된다면) 실천적 관점에서 유용성은 높지만 불완전한 콘텍스트의 구성으로 전략을 모색하게 될 소지가 있으므로 전략의 설계와 선택의 과정에서 조직구성의 제약으로부터 자유로워질 필요가 있다.

이와 같은 민츠버그의 관점에 대하여, 두 가지의 관점을 정비할 필요가 있다.

우선 조직구성에 대한 관점의 정비원칙과 방법이다. 조직구성에 대하여 민츠버그는 통제범위, 조직구축 형식의 유형, 집중과 분산의 정도, 계획 시스템 및 매트릭스 등의 조직구조를 개별적으로 접근할 경우, 한계가 있기 때문에 이를 논리적이고, 내적 일관성을 갖춘 유형을 규정하고 통합적으로 전개하기 위한 방법으로「통합적 전개방법」또는「조직구성 전개방법(configuration approach)」이라고 정의하고 있다.[1]

그러나 이와 같은「조직구성(configuration)」은 변화하는 새로운 환경에 대하여는 적합하지 않을 수 있으며, 그러한 연유에서 그동안 조직행동에 대한 구조적 패턴을 통하여 성과를 유지해왔던 조직구성이 새로운 환경 하에서는 더 이상 효과적으로 적용되지 못할 수 있다. 뿐만 아니라, 새로운 조직구성으로 이행하려고 하는 변혁의 전개에 악영향을 미칠 수도 있다. 따라서 조직구성의 변혁을 도모할 필요가 있다.[2]

두 번째의 유의해야 할 관점은 각 조직구성별 유형들에 대하여 적합한 전략형식이나 프로세스를 결합적으로 활용하거나 또는 교차적으로 활용하는 점에 대한 분석이다.

예를 들면, 민츠버그가 제시한 제조업의 콘텍스트는 효율 중심적이고 강력한 중앙 집중의 통제적이며 유연하지 않은 조직구성과 콘텍스트를 지니고 있지만, 새로운 기술경쟁 하에서 혁신 콘텍스트의 전략전개를 수

---

1) H. Mintzberg and J. B. Quinn, *ibid*, p. 331
2) H. Mintzberg and J. B. Quinn, *ibid*. p. 755.

행해야 할 경우, 제조업이라고 할지라도 그에 대응하기 위한 전략논리의 콘텍스트를 새로이 정비할 필요가 있다.[1]

(2) 민츠버그의 조직구성과 콘텍스트 제약의 원인

민츠버그의 조직구성은 환경에 대응하기 위한 조직구조의 특성을 정의함에 있어서 그 대응의 초점을 구성하기 보다는, 조직의 유형과 특성을 중심으로 조직구성을 분류하고 그에 따라 **전략 콘텍스트**를 규정하려고 하기 때문에 등장한다.

개념적으로는 조직의 특성과 구조에 따라 추구하는 전략유형이나 성공적 모델을 구성하는 것이 가능하지만, 환경이 비연속적으로 변화할 경우, 조직의 구조와 특성을 중심으로 조직구성의 유형을 정의하고 그에 따라 콘텍스트를 파악하고 대응하는 것은 논리전개의 순서가 전도되고 잘못된 전략적 결론이 도출될 소지가 있다.

그것은 콘텍스트를 「환경에 대응하는 조직유형」에 따라 규정한 구성(configuration)에서 출발하고 그에 입각하여 전략의 콘텍스트의 유형을 파악하려고 하기 때문에 유발된다. 따라서 조직에서 구성하고자 하는 콘텍스트가 조직에서 실행해야 할 전략의 내용 구성에 대하여 제대로 반영할 수 없게 된다면, 조직의 구성을 변경하거나 또는 콘텍스트의 내용과 특성을 변경해야 한다.

(3) 민츠버그의 논리적 전개에서의 착안점

그러나 민츠버그의 구성과 콘텍스트의 관점은 중요한 시사점을 제시하

---

1) 이러한 관점에서 민츠버그는 스스로 '자신이 제시한 구성을 초월하는 전략대응의 전개'가 요구되며 또한 '기존의 구성의 프레임을 타파하고 새로운 형식의 대응이 요구된다'는 점을 설명하고 있다.

고 있는데, 그것은 「조직 구성과 콘텍스트 간의 관계」에 대한 인식이다.

따라서 민츠버그의 구성접근법의 기본구도를 채택하지만, 콘텍스트와 구성을 상호 연관적으로 구성하거나 또는 콘텍스트의 정의를 보다 확대하고, 구성에 대한 적용의 유연성을 보완함으로써 콘텍스트와 구성(configuration) 이론의 한계점을 보완할 수 있다.

(4) 사업 전략의 일반적 유형

<표 2-8>은 기업의 전략의 모색과 전개의 일반적 유형에 대하여 민츠버그가 정리한 자료를 종합하여 알기 쉽게 요약한 도표이다.

표에서는 기존의 기업 전략의 내용과 유형을 기업전개 또는 사업전개의 초기단계에서부터 핵심사업의 유지와 생존, 핵심사업의 개발과 시장확대, 연관사업의 확장과 철퇴, 그리고 핵심사업의 재구성의 각 단계에 따라 전개하는 전략의 내용을 배열하였다.

여기에서는 전략과 전략요소, 전략수단과 같은 분석과 분류는 하지 않고 있기 때문에, 어떠한 것이 핵심적인 전략이며 어떠한 전략이 계층적으로 구성될 것인가에 대한 판별과 다양한 전략들의 설계와 실천의 관리가 쉽지 않다.

따라서 이와 같이 다양한 전략들을 설계하고 효과적으로 지휘하기 위하여 보다 상위의 기업 전략과 전략 아키텍처를 준비하여 대응할 필요가 있다.[1]

---

1) 민츠버그는 이러한 시도에 대하여, 명시적이고 치밀한 전략을 준비할 수 없을 경우, 무리하게 전략을 편성하려고 할 필요는 없다고 하고 있지만, 현실적으로 다양한 전략들과 전략수단들을 지휘할 수 있는 개념이나 원칙, 전개논리의 세트를 체계적으로 갖추지 않을 경우, 그 성과를 통합적으로 관리하기 어렵게 된다.

<표 2-8> 일반적 사업 전략 유형

Group	Generic Business Strategies	
Locating the core business	Upstream business strategy/Midstream business strategy/Downstream business strategy : Strategy of industry	
Distinguishing the Core business	Designing strategies	Product research Product development
	Processing strategies	Process development Operations(including productivity) Fabrication/Assembly
	Sourcing strategies	Procurement/People/Finance
	Delivering strategies	Marketing(Market/Channel, Pricing, Promotion), Sales, Distribution, Service
	Supporting strategies	Legal, Control, Training, Etc
	Generic Strategy (Porter)	Cost leadership/Differentiation Cost focus / Differentiation focus
	Strategies of differentiation	Price Differentiation Strategy Image Differentiation Strategy Support Differentiation Strategy Quality Differentiation Strategy Design Differentiation Strategy Undifferentiation Strategy
	Scope strategies	Unsegmentation strategy Segmentation strategy Niche Strategy Customizing strategy
Elaborating the core business	Penetration strategy Market development strategy Geographic expansion strategy Product development strategy	Growth Strategy Vector (Ansoff)
Extending the core business	Chain integration strategies	Product research Product development
	Diversification strategies	Process development Operations(including productivity) Fabrication/Assembly Combined integration–diversification strategies
	Strategies of entry and control	Full ownership and control(Internal development/Acquisition) Partial ownership and control (Majority, minority/ Partnership) Partial control and ownership (Licensing, Franchising, Long–term contracting)
	Withdrawal strategies	
Reconceiving the core business	Business redefinition strategy Business recombination strategy Core relocation strategies	

자료: H. Mintzberg and J. Brian Quinn, *The Strategic Process*, 1996, pp. 84-92, 717-736에서 요약

4. 전략과 경영 프로세스의 결합

한편, 복잡해지는 환경에 대응하기 위한 조직의 기능과 사업이 점차 고도화되고 확대됨에 따라서, 보다 실천적 차원에서 기존의 MBO 시스템에 대한 적용의 한계점에 대응하고 그 해결방안을 도모하기 위하여 전략목표의 재구성과 성과의 관리를 결합적으로 전개하여 캐플런과 노튼은 균형성과표(BSC)를 중심으로 전략적 프로세스 관리의 체계화에 대한 시도를 전개하였다.[1]

(1) 간결한 실행논리를 전략경영의 실천수단으로 발전시킨 BSC

일반적으로 조직에서 적용하고 있는 정기적인 계획 수립시스템, 즉 연도별 경영계획이나 전략계획, 또는 중장기 전략계획과 같은 계획 시스템은 급변하고 치열한 경쟁 환경 하에서의 조직에서 이를 실현할 수 있는 조직역량이 부족할 경우, 현실적으로 적용하기 어렵고 그 추진성과 또한 체계적으로 관리하기 어렵다는 단점이 있다.

따라서 캐플런과 노튼은 계획과 실행이 유리되는 조직현실의 과제에 대응하기 위하여 목표설정과 실천의 관리를 재무적 관점과 조직운영의 관점에서 재구성하여 전개할 것을 제안하였다.

즉, 막연하고 복잡한 전략계획을 만들고 그에 따라 애매한 목표를 설정하여 그 목표를 경영 시스템으로 구성하고 전개하여 실천하는 방식보다는 '간편하고 실용적으로 추진해야 할 결과를 중심으로' 주요한 핵심적 목표체계를 구성하고 '핵심적 목표를 중심으로' 조직운영과 실행 프로세스를 정렬시켜 재편성하는 논리를 체계화하였다.[2]

---

1) 캐플런과 노튼(Kaplan and Norton)에 의하여 목표설정과 성과실천을 재무적 관점과 조직운영 관점에서 통합하여 관리 실천하는 기법으로 Balanced Scorecard 의 약어

2) R. S. Kaplan and David P. Norton, *The Balanced Scorecard*, HBS Press,

전통적인 전략계획 수립활동을 추진하는 조직에서는 당면하고 있는 환경에 대응하기 위하여 필요한 전략과 목표의 설정과 필요자원의 확보와 전개에 대하여 개략적인 설계를 중심으로 계획안을 만들어 당면하는 현실에 대응해왔다. 한편, 전략계획의 실천 활동을 해당부서에 위임하고, 전략적 통제는 본부에서 수행하는 프로세스를 채택하는 조직에서 경험하는 현실적 문제점들을 해결하는데 BSC는 유용한 도움을 제공하였다.[1]

이와 같은 시도는 조직화된 설계 프로세스를 통하여 비즈니스 모델의 구성을 새롭게 할 수 있도록 하는 한편 전략 이니시어티브와 전략적 측정지표에 대한 실천적 관점을 강화함으로써 전략목표의 수립과 달성을 촉진할 수 있는 체계적 전개를 가능하게 하였다.[2]

<도 2-2>에서는 조직이 추구해야 할 기본적인 사명을 중심으로 추구해야 할 가치와 비전을 구성하고 전략을 편성하여 「전략맵(strategy map)」과 BSC를 통하여 조직구성원 개인의 활동성과의 관리에 이르기까지 전개하는 프로세스의 개관을 보여주고 있다.

전략적 성과를 개선하려는 취지에서 접근했던 BSC는 실제로 조직현장에서 활용될 때, 오히려 운영적 성과의 개선에 초점을 맞추어 전개되는 경향이 있었다. 그 이유는 BSC의 시스템적 논리전개에서 구조적으로 내포하고 있는 미비점으로 전략을 확립한 이후의 실행 프로세스의 개선으로 연결하는 전개논리는 구축하였지만, 전략을 확립하는 프로세스는 BSC 프레임워크에 충실히 반영되지 못하고 있기 때문이다.

1996

1) 예를 들면, 추진해야 할 과업에 대한 목표와 성과에 대한 관계를 명확히 인식할 수 있도록 할 뿐만 아니라, 전략과 내부적인 비즈니스 프로세스 및 행동주체들의 행동에 대한 연계에 대한 관찰, 분석, 판단을 가능하게 함으로써 전략 성과를 관리할 수 있도록 하고, 최종적으로는 주요 이해관계자들과 재무적 성과에 대한 성과를 연계적으로 관리할 수 있는 기초적인 틀을 구성하였다.

2) 여기에서 이니시어티브란 주요달성목표들에 대하여 중대한 영향을 미치는 활동 프로그램이라고 정의할 수 있다.

<도 2-2> 전략맵과 BSC

자료: Robert S. Kaplan and David P. Norton, *Strategy Map*, HBS Press, 2004.

따라서 이를 보완한 전략맵에서는 이전의 BSC에서 충실히 다루지 못하였던 전략적 관점을 강화하고 운영적 성과와 전략적 성과를 동시에 충족하고자 하는 시도를 통하여 환경변화에 대응할 수 있는 동태적 관점에서의 전략 성과를 관리할 수 있는 실천적 논리를 제시하고 있다.

<도 2-3>에서는 이에 대한 전략맵의 기본적인 틀을 요약 제시하고 있다.

도표에서 보는 바와 같이 전략맵에서는 조직의 전략실행 차원에서의 성과관리에 초점을 두고 있으며, 전략에 대한 핵심적인 관점은 고객의 가치와 가치창출의 기회를 확대하고 주주의 주식가치와 자산의 효율성을 증대시킴으로써 조직의 생산성 향상 전략을 통한 기업가치 창출을 위한 실천적 전략논리를 제시하고 있다.

조직에서 추구해야 할 전략이 구성되고 그러한 전략실천을 현실적으로 전개하고자 할 경우, 조직의 전략대응태세가 어떠한가에 따라, 그 전개과정이 달라질 뿐만 아니라 대응할 수 있는 전략의 선택과 성과가 달라진다. 따라서 조직의 전략대응태세에 관한 점검이 필요하게 된다.

<도 2-3> 전략맵의 프레임워크

자료: Robert S. Kaplan and David P. Norton, "Measuring the Strategic Readiness of Intangible Assets," *HBR*, Feb. 2004

이에 대하여 캐플런과 노튼은 전략대응조직의 전략 대응성에 대한 연구를 통하여 전략대응태세를 일목요연하게 분별할 수 있는 표를 <도 2-4>와 같이 제시하였다.

전략의 모색과 대응에 있어서 각 개인의 과업에 이르기까지 실천적으로 진개하려는 캐플런과 노튼의 시도는 실제로 많은 기업들에 반영되었으며, 특히 재무적 성과와 고객성과, 운영성과, 혁신성과를 전사적으로 그리고 단위조직의 기능별로 개선하려는 시도는 널리 환영받았다. 또한, 각 단위조직의 개인별 과업의 성과개선 및 평가에 대한 관리적 수단으로 활용되었다.

이와 같은 BSC와 전략맵을 통한 전략적 사업관리에 대한 시도는 기존의 사업성과의 개선과 설정된 전략의 전개에 대하여 실천적 관리의 안목을 강화하였을 뿐만 아니라, 전략을 실천하기 위한 **전략 이니시어티브**와 구체적인 개인별 활동목표들을 통합적으로 설정함으로써 실천해야 할 과

업과 목표, 가치와 핵심적 관점에 대한 인식과 관리행동의 변화를 도모
하였다.[1]

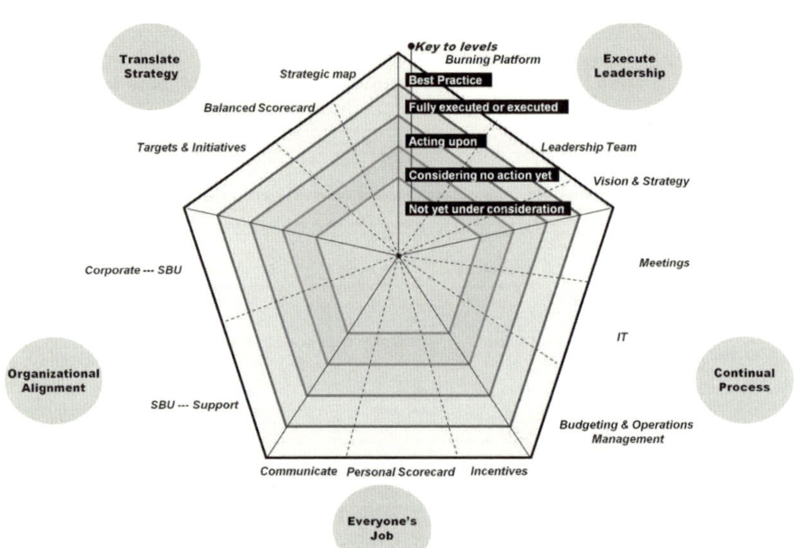

<도 2-4> 전략중심조직의 전략대응준비수준 프로파일

자료: David P. Norton, "Managing Strategy is Managing Change," *Balanced Scorecard Report*, Vol. 4. No. 1., HBS Publishing, 2002

(2) 엔터프라이즈 차원의 실천도구로 확대

캐플런과 노튼은 전략전개를 위한 전략맵과 전략을 경영 시스템에 결합시키는 BSC 시스템의 전개논리에 기업능력의 시너지를 제고하는 방안을 보완하고 기업 전략의 관점을 추가하여 ESC(Enterprise Scorecard)라는

---

1) BSC 이전의 전략적 전개과정은 주로 사업단위조직까지 세분화되었으며 단위조직의 개인별 과업활동으로까지 세분화시키지는 않았다. 따라서 사업단위별 조직의 관리자의 기능과 역할이 전략의 실천을 좌우하게 되었지만, BSC를 통하여 개인별 과업에 기존의 과업실천목표 뿐만 아니라 전략적 과업수행에 대한 행동목표를 관리할 수 있게 되었다는 점에서 전략경영의 고도화를 전개하였다고 할 수 있다.

개념을 소개하였다.[1]

ESC의 전략개념에서는 기존의 전략경영의 논리를 반영하여, 앤소프의 「전략적 사업조직단위(SBU)」 대응에 대한 전략전개의 개념과 이를 통합한 개념으로써의 기업 전략의 관점을 추가하였다.[2]

따라서 주요한 전략적 과업, 예를 들면 최근에 주요 이슈가 되고 있는 거버넌스와 IT 및 정보조직과 관련한 요소들을 반영하여 <도 2-5>에서 보는 바와 같이 지원조직에 관한 「전략적 지원 서비스 포트폴리오(Strategic Support Service Portfolio)」의 개념을 추가하였다.

<도 2-5> 엔터프라이즈 전략에 대응하는 전략 지원조직 포트폴리오

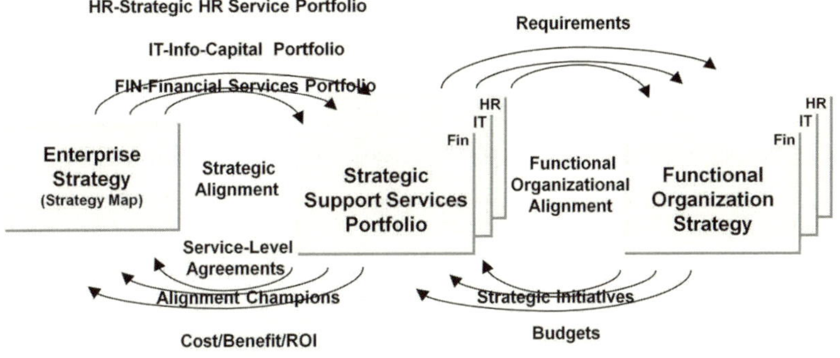

자료: R. S. Kaplan and David P. Norton, *Alignment: Using the Balanced Scorecard to Create Corporate Synergies*, HBS Press, 2006. P. 121.

(3) 전략경영의 관점에서 보완되어야 할 논리

캐플런과 노튼의 관점은 근본적으로 전략의 실천과 실행을 위한 논리에서 출발하고 있으며 실천적 시스템을 구성하는데 주안점을 두고 있다.

---

1) R. S. Kaplan and David P. Norton, *Alignment: Using the Balanced Scorecard to Create Corporate Synergies*, HBS Press, 2006. P. 8.

2) SBU: Strategic Business Unit

이러한 논리적 전개는 기존의 전략계획 프로세스에서 등장하는 실천적 문제를 해결하고 개인별 과업을 중심으로 조직의 성과를 개선하는데 유용한 도움을 주었으며, 전략경영의 실천적 전개논리를 강화하는데 중요한 역할을 하였다고 할 수 있다.

그러나 기존의 전략구조를 변경하거나 전략에 대한 프레임워크를 변화시켜야 할 경우에 대한 고려가 간과되어 있기 때문에, 전략대응의 방식과 절차를 기존의 BSC, 또는 ESC 프레임워크 내에서 대응해야 하는 한계점이 있다. 따라서 기법이나 프레임워크의 사용자가 이에 대한 반영을 고려하여 BSC와 ESC 시스템의 구성과 활용의 차원에서 전략을 정비하거나 실행방법을 보완해야 할 필요가 있다.

또한 당면하고 있는 환경에 대한 대응을 모색하기 위한 전략의 창조와 모색에 관한 절차나 방법이 제한되어 있으며, 전략에 대한 검토요소 또한 환경의 비연속성과 불확실성이 증가하게 될 경우에는 고려하기 힘든 재무적 성과, 고객성과를 중심으로 하는 전략전개가 현실적으로 충분히 반영되지 못할 소지가 있다.

이와 더불어 기업 리스크에 대응하기 위한 전략논리의 관점이나 동태적 관점에서 능력전개의 방향설정이나 원칙의 수립에 관한 관점의 반영이 부족하다는 점이 현재시점에서의 ESC의 개선과제라고 할 수 있다.

2.3 전략계획과 전략 아키텍처의 차이점

제2부에서 본격적으로 다루게 될 전략 아키텍처에 대하여 독자의 이해를 돕기 위하여 참고로 전략계획과 전략 아키텍처의 차이점을 먼저 살펴보도록 하자.

1. 전략계획의 논리와 특성

조직에서 환경(변화) 요소에 대응하고 전략 니즈에 대응하기 위하여 조직의 능력과 자원의 전개를 통한 전략적 대응을 계획하는 것을 전략계획이라고 한다. 전략계획은 현실 상황과 환경대응의 복잡성이 증가할수록 대응해야 하는 전략 요소가 증가하고 다양한 연관 요소들을 고려하여 전략 내용을 구성해야 한다. 따라서 복합적인 전략요소들을 종합적으로 설계하고 편성하는 프로세스를 통하여 실천계획을 구성하며, 조건과 상황의 변화에 따라 신속한 수정대응 프로세스를 통하여 계획안을 정비한다.

그러나 전략과 전략요소들이 다양하게 구성되어 복합화가 전개되고 과거에서부터 추진해오던 전략 사업들과 새로운 전략 사업들이 병행하여 전개될 경우, <도 1-9>의 기업창조의 설계와 각 실천 사이클에서 살펴본 바와 같이 실무적으로 이에 대한 체계적인 설계와 관리가 어렵게 된다.

뿐만 아니라 다양한 전략들이 조직 내에서 다양하게 혼재되어 전개되면, 현실적으로 다양하고 복합적인 전략들을 구성하여 활용함에 있어서 조직의 전략 사령탑은 물론이고 각 비즈니스 부문에서조차 전략자원의 배치와 전개, 비즈니스의 추진에서 현실적으로 곤란을 느끼게 되어, 다양하고 복합적인 전략들을 관리할 수 있는 방법을 필요로 하게 된다. 뒤에서 살펴보게 될 전략충돌의 현상이 그 대표적인 예라고 할 수 있다.[1]

따라서 전략을 만드는 일도 중요하지만, 다양하고 복잡한 전략들을 관리하기 위한 논리와 방법이 필요하게 된다. 즉, 전략을 관리하기 위한 전략이 필요하게 된다.[2]

엔터프라이즈 전략 아키텍처(ESA)는 이와 같이 「전략을 제대로 관리하기 위한 전략」의 일환으로 설계되며 관리된다.[3]

---

1) 대응해야 할 환경과 대상이 복잡하게 전개되면, 그에 따라 전략의 다양성과 복잡성이 증가하게 되지만, 복잡한 전략들을 관리하기 위한 방법이 제약될 경우, 전략은 관리의 범위에서 벗어나게 될 소지가 있다.

2) 그러나 복잡하고 다양한 전략 관리의 논리와 방법이 너무 복잡하거나 어렵게 되면, 오히려 실패를 유발할 수 있다. 따라서 「전략을 관리하기 위한 전략」은 간명하고 이해하기 쉽고, 활용하기 쉽게 명확하고 정형적인 프레임워크로 구성할 필요가 있다.

3) 엔터프라이즈 전략 아키텍처(Enterprise Strategy Architecture)를 영문 대문자 머리글자를 따서 ESA라고 한다.

전략계획은 당면하고 있는 전략과제나 전략 니즈에 대응하는 전략에 초점을 맞추어 수립되며, 능력과 자원을 중심으로 기존 또는 새로운 전략설계와 실천의 방식과 사업운영의 내용을 어떻게 편성하고 전개할 것인지를 구체화한다.[1]

이와 같은 전략계획을 기업설계 또는 정부조직이나 엔터프라이즈 사업설계에 활용하고자 할 경우, 종종 가장 본질적인 문제를 간과하게 될 수 있다. 즉, 다양한 전략계획들의 내용과 그 전개활동에 대한 통제가 제대로 수행되지 못할 경우, 무분별한 전략계획들이 난립할 소지가 있을 뿐만 아니라 기업의 사령탑이나 또는 정부의 중심에서 어떻게 무엇을 중심으로 전략의 관점을 확립하고 전개할 것인가에 대하여, 그리고 그 전략들에 대한 통제와 관리의 원점을 무엇으로 삼을 것인가에 대한 기준을 별도로 수립하거나 관리하기 어렵게 된다.

뿐만 아니라 전략계획에서 고려하고 있는 전략의 핵심이 무엇인가에 따라, 그 세부적 구성내용이 달라지지만, 현실적으로 조직 내에서 서로 핵심이 다를 경우, 각각의 다양한 전략계획에 대한 평가와 관리가 용이하지 못하다.[2]

따라서 전략의 품질과 계획 설계에 대한 평가와 관리의 문제에 효과적으로 대응하기 위하여 **전략 거버넌스** 활동을 통하여 전략설계와 대응의 성과를 강화할 필요가 있다.

이와 같은 이유에서 **전략설계**와 **전략 거버넌스**의 결합적 **전략 아키텍처**의 운영이 요구된다.

---

1) 이와 같은 구조는 기존의 환경, 또는 당면하게 되는 환경에 대하여 대응의 논리가 확립되어 있다는 가정 하에서 편성된다. 만약, 환경에 대응하는 논리를 새로이 구성해야 한다면, 이와 같은 환경대응의 구조와 요소들을 새롭게 설계하여야 한다.

2) 만약 기업설계의 근본적인 목적과 목표가 전략계획에서 추구하는 실천적 목적과 목표와 부합되지 못할 경우, 전략계획과 기업설계의 근본적인 사상과 원칙은 서로 합치되지 못할 수도 있으며, 이와 같은 상황에서 기업이 수립한 전략계획에 매진하게 될 경우, 전략계획이 추구하는 목적이나 목표를 달성하게 될 경우에도 기업본연의 목적이나 목표는 달성되지 못하게 될 수도 있다. 심각한 경우에는 전략계획의 충실한 이행이 기업조직의 존립을 위협하게 되거나 중대한 실패를 초래하게 될 수도 있다.

2. 전략 수립과 전략 아키텍처의 차이

<표 2-9>에서는 전략 수립과 전략 아키텍처 간의 차이점을 요약하여 정리하고 있다.

전략 수립은 기본적으로 전략적 목표와 성과를 달성하기 위하여 기능적, 활동적 계획을 수립하는 활동이므로 당면하고 있는 전략적 과제의 해결에 초점을 맞추어 계획되는 반면, 전략 아키텍처는 전략요소들의 선택과 전략요소들 간의 관계를 명시하고 그 성과를 제고함으로써 전체적인 전략 성과를 제고한다.

따라서 전략계획 수립을 통하여 만들어지고 실현되는 전략들이 상충되거나 중복될 경우, 전략 아키텍처를 통하여 원인과 대책을 모색할 수 있다. 즉, 전략 아키텍처는 당면하게 되는 전략적 과제의 해결을 포함하여 어떠한 전략적 과제들을 선택할 것인가에 대하여 정부 또는 기업의 전체적 관점에서 필요한 전략요소들과 그 관계를 검토한다.

<표 2-9> 전략 수립과 전략 아키텍처

구분		전략 수립	전략 아키텍처
주요 내용		● 환경요소 ● 조직능력편성, 발휘 ● 대응논리와 방법 ● 자원편성 및 전개 ● 상황대응, 실천방안	● 전략 아키텍처의 선택과 설계 ● 전략영역 및 아키텍처 구성요소들의 대상 점검 및 정비 ● 전략 설계 ● 전략 거버넌스 전개
기능		● 전략과제, 상황대응 ● 원칙, 방향의 설정 ● 실천방안	● 전략과 조직, 사업, 투입 요소, 통제 관리 요소, 운영의 구성 요소, 구조 설계 ● 전략 영여 및 관련 유사들의 관계구조를 점검, 보완, 혁신
특징	대응 행동	● 조직의 환경대응행동 ● 전략적 솔루션 (해결내안)	● 전략설계 및 통제에 필요한 아키텍처 대응 ● 전략영역 및 관련 요소들의 설계 및 집행 ● 전략 아키텍처의 재설계
	초점	● 전략과제	● 전략설계와 전략의 관리 ● 다양한 전략들의 통합적 설계와 통제 ● 전략 영역 및 관련요소들에 대한 점검과 설계 및 집행

자료: 전성현, 박동준, 엔터프라이즈 전략 아키텍처에 관한 연구, *Journal of Information Technology and Architecture*, 한국ITA학회, 6권1호, 2009

전략 아키텍처는 전략적 과제선택과 필요한 전략요소들에 대하여 단순히 당면하고 있는 문제의 해결에만 초점을 맞추는 것이 아니라, 그 실천적 관점을 확대하여 전략 능력과 자원의 전개, 전략 실천에 이르는 전략 설계와 조직과 전략의 거버넌스 과정과 구성요소들 간의 관계를 전체적으로 조명하여 구성하고 대응한다는 특징과 장점이 발휘된다.

따라서 기존의 전략경영의 체계를 포괄하여 보다 향상된 결과를 창조하는 실천적 프레임워크를 제시한다.

또한 주요한 전략 설계요소들과 거버넌스 요소들을 점검하여 필요한 대응을 모색하기 때문에, 계획과 실천 및 평가와 피드백으로 이어지는 전략계획의 순차적, 계통적 흐름에 따르는 프로세스의 전개에만 의존하지 않고, 전략 설계요소들의 결합적 관계와 구조적 관점에서의 전략설계와 집행 관리, 거버넌스의 전개를 수행한다는 점에서 전략계획과 근본적인 차이점을 보이게 된다.

종종 전략계획의 수립을 통하여 사업을 전개하고자 할 때, 계획과 실천의 괴리, 조직과 경영관리, 전략과 실행 및 기능부문들 간의 실행과 구조적 관점에서 충돌과 마찰의 현상이 등장하는 것도 전략 아키텍처의 결여에서 비롯된다고 할 수 있다.[1]

또 다른 관점에서 유의할 점으로, 다양한 비즈니스를 전개하는 조직에서 각각의 비즈니스들을 중심으로 연속적으로 수립되는 전략계획들 간의 관리상의 문제가 대두된다. 매년 또는 특정 기간마다 수립하는 전략이나 또는 중대한 상황적 과제가 등장하게 되어 전략을 수립하게 될 경우에 기존의 전략과 새로운 전략

---

[1] 가장 대표적인 충돌과 갈등의 현상은 생산과 영업판매기능 간의 전략적 목표에서의 갈등을 들 수 있다. 예를 들면, 생산에서는 효율 중심적 전략을 추구하는 반면, 영업부문에서는 매출성과 위주의 전략을 추구함으로써, 생산과 영업 간의 전략적 갈등과 마찰을 들 수 있다. 또한 고품질 추구의 전략은 영업의 유리함을 추구할 수 있지만, 효율중심의 비용우위전략을 제약한다. 이와 같은 기능적 전략의 통합적 전개에서는 전략의 초점을 명확히 하지 않을 경우, 각 부문별 최적화를 추구하는 전략이 조직 전체의 최적화를 자동적으로 달성해주는 것은 아니라는 점에 주목할 필요가 있다. 따라서 전체적인 관점에서의 최적화와 부문별 최적화를 가장 좋은 조건에서 달성하기 위한 전략 설계의 가이드라인이 필요하게 된다.

간의 관계를 어떻게 가져가야 할 것인지의 판단이 불분명하게 된다.

또한 다양한 비즈니스를 수행하고 있는 조직의 경우 여러 사업 전략들 간의 관계를 어떻게 조율해야 할 것인지에 대한 방법에 대하여 전략계획 수립에서는 그 검토를 생략하게 되거나 또는 그에 대하여 현실적으로 중대한 전략적 판단이 생략되는 경우가 많다.[1]

전략계획은 사업수행과 연관된 활동이나 자원전개에 관련된 계획을 비롯하여 경영관리와 운영상 필요한 원칙과 기능적 전개 및 활동내용들을 별도로 만들어서 부속계획 또는 종합계획의 형태로 작성되기도 한다.

이 경우, 전략계획의 핵심은 최종적으로 추구하고자 하는 전략적 목표 또는 조직의 사업 목표를 중심으로 편성되며, 나머지 부가적인 기능적 계획들은 이를 달성하고 지원하기 위한 전략적 활동으로 편성된다. 현실적으로 이와 같은 전략계획과 전략 활동의 전개에서 종종 등장하는 문제는 각 조직부문의 기능과 활동들이 추구하고 있는 본원적인 목표와 전략계획에서 추구하고자 하는 전략적 목표들과의 정합성과 관련된 문제이다.

조직의 현실에서 전략계획은 사업 수행의 조직단위들을 중심으로 실천적 관점에서 사업 전략을 수립하고 전사적 관점에서 이를 종합하는 방식의 프로세스를 활용한다. 이와 같은 경우, 전략 수립은 각 부문의 전략들을 결합하여 최상의 전략적 성과를 거두기 위한 방법을 모색한다.[2]

그러나 각 비스니스별 전략 수립과 이에 대한 진사직 통합적 전략조정과 전략 지휘의 기능이 제대로 전개되지 못할 경우, 전략계획의 유효성은 저하하게 된다.

---

1) 그 이유는 전략계획에서는 추구하고자 하는 전략적 목표의 달성에 일차적인 주안점을 두게 되고, 다양한 기존의 전략들과 새로이 등장하는 전략들 간의 충돌이나 마찰, 조정과 같은 일에는 관심이 상대적으로 제한되거나 소홀히 되기 때문이다.

2) 전략계획은 각 비즈니스 부문의 최적화를 모색함으로써 전체의 최적화를 구하는 방식을 채택한다. 전략계획의 통제는 전사적 자원의 배분과 최적화를 추구하는 활동으로 제한된다. 이 경우, 사업별로 부분 최적화는 실현할 수 있지만, 전체의 최적화를 실행하기 어려운 단점이 있다. 각 조직의 실천부문들의 최적화를 실현하였지만, 전사적 성과를 달성할 수 없다면, 전략은 기업실패 또는 성장의 지연을 초래하거나 기업 본연의 목표조차 달성할 수 없게 될 수도 있다.

이에 비하여 전략 아키텍처는 전략대응에 초점을 맞추어 실시되는 전략 수립이나 부분적인 전략설계와 편성의 차원에서 더욱 진보하여, 엔터프라이즈가 추구해야 할 전략 활동과 성과제고를 위하여 다양한 전략요소들의 점검과 설계 및 그 관계의 관리를 수행함으로써 총괄적으로 전략 설계와 전략 거버넌스를 수행할 수 있도록 한다.[1]

전략 아키텍처의 설계와 관리를 통하여, 연관적 **엔터프라이즈 아키텍처**의 세부 아키텍처들을 효과적으로 구성할 수 있는 실천적, 체계적 가이드라인을 제시할 수 있을 뿐만 아니라, 통합적 엔터프라이즈 아키텍처의 성과를 제고하는데 유용한 도움을 제공한다.

다양한 사업부문에서 다양한 전략들을 동시에 추진하는 경우를 상정할 때, 각 조직부문에서는 각각의 부문별 대응행동 내용을 중심으로 하는 전략논리를 취하게 되지만, 조직 전체적으로 보면 조직 내에서 추진하는 전략의 복잡성이 증가하게 된다. 따라서 전략 수립을 통한 전략의 관리가 제대로 전개되지 못할 경우, 전체적 관점에서의 전략성과를 관리하고 통제하는데 어려움이 있다.

또한 전략계획을 구성하는 비즈니스별 전략들 간의 연계성과 일관성 또한 보장하기 어렵다. 이와 같은 경우, 여러 비즈니스들을 추구하게 될 경우 전략 충돌의 문제가 부각될 수 있으며, 이에 대응하기 위한 전략 수립과 관리에서의 대응논리가 미흡한 실정이다.

따라서 이에 대하여 대응할 수 있는 방법과 체계적 대응논리를 적용하지 못할 경우, 조직운영과 사업전개의 전략 수립의 내용과 프로세스는 점점 더 복잡성이 증가하게 되고, 전략 실천에 필요한 자원–능력의 전개와 관리 또한 복잡성이 증가하게 되며, 실천적 차원에서 여러 가지의 전략들에 대응하기 위한 전략자원과 능력의 중복과 충돌현상도 증가한다.

이와 같이 조직 내에서 전략의 실천과 관련한 다양한 문제에 대응하기 위하여 **엔터프라이즈의 전략 아키텍처**를 구성하여 활용할 필요가 있다. 즉, 전략 아키텍처는 전략추진 조직들이 추구하는 각각의 전략들의 충돌 문

---

1) 또한 여러 가지의 다양한 전략들을 종합적으로 관리할 수 있는 원칙과 방향을 제시하고, 추구하고자 하는 전략의 과제와 영역, 범위, 규모, 전개의 윤곽을 설계함으로써 전략계획의 수립과 전개, 피드백 및 관리활동의 성과를 제고한다.

제를 해결하기 위하여 유용한 수단과 방법을 제시한다.

전략 아키텍처를 활용할 경우, 전략계획보다 전략의 복잡성이 증가하는 것처럼 보인다. 그것은 전략설계와 거버넌스의 과정에서 필요한 요소들을 미리 도출하고 대응하기 위하여 요건과 대응방안을 분석하고 검토하기 위하여 추가적으로 필요한 노력을 기울여야 하기 때문이다. 그러나 전략계획의 수립과 실천에서 고려하지 못하여 지속적으로 등장하는 문제점과 복잡성을 사전에 정비한다는 점에서 전략계획보다 유용하게 활용된다.[1]

따라서 전략 아키텍처는 전략구성요소들의 설계와 전개에 관한 프레임워크를 활용하여 창조해야 할 전략들의 설계 방향과 범위, 내용에 대한 지침과 윤곽을 제시하고 그 실천에 대한 거버넌스 요소들과 관계 대응방안을 전개함으로써 전략 성과와 엔터프라이즈의 성과를 향상시킨다.

2.4 전략경영의 접근논리와 엔터프라이즈 전략경영의 전개 필요성

이상에서 살펴본 바와 같이, 전략경영은 조직이 당면하고 있는 환경현실에 성공적으로 대응하기 위하여 전개되는 실천적이며 체계적인 경영기법이다.

복잡한 환경현실의 전개에 따라 대응하는 조직의 대응전략과 행동실천에 대하여, 학문적 연구 영역별로 또는 접근논리와 대응 방법 및 체계의

---

[1] 물론 전략 아키텍처는 전략의 충돌현상에 대한 문제를 해결하기 위하여만 사용되는 것은 아니다. 전략 아키텍처는 전략충돌에 따라 유발되는 현상을 극복하기 위하여 유용한 도움을 제시할 뿐만 아니라, 전략을 설계하고 통제하기 위하여 필요한 요소들을 관리하고 대응할 수 있도록 함으로써 기존의 전략계획의 한계점을 보완한다. 따라서 전략실천의 요소인 능력과 자원의 확보와 전개에 대한 내부적 전략의 구성과 전개의 원칙을 수립하고 전략구성요소들의 설계와 전개에 관한 아키텍처를 토대로 전략 수립과 실천에 관한 집행을 관리할 수 있도록 함으로써 전략 성과를 높이도록 하는 것이 필요하다.

차이에 따라 전략경영을 바라보는 서로 다른 시각과 대응논리의 차이가 존재하는 것은 당연하다. 이는 마치 의학에서 인간의 신체와 생명의 건강성을 유지하기 위하여 내과적 접근에 의하여 대응하는 것과 외과적 접근, 또는 정신과적 접근에 의하여 대응하는 논리와 방법에서 차이가 존재하는 것과 마찬가지라고 할 수 있다.

전략경영을 일상적이고 일반적 경영행동과 분리하여 전략대응을 별도로 떼어놓고 대응하려는 조직에서는 조직이 위기에 처하거나 특별히 전략적 실패가 예견될 경우에만 전략경영을 활용하고 가동시키려는 현상을 보이기도 한다. 그러나 전략경영을 기업의 총사령부에서 다양한 사업부문을 진두지휘하는 수단으로 간주하려는 조직에서는 일상적 경영 및 관리활동을 전략경영의 일환으로 이해하고 그에 따라 대응하려고 한다.

기업조직의 합목적성을 수익성에 초점을 맞추고 그에 따라 대응하려는 조직에서는 전략경영은 수익목표 실현을 위한 방편과 수단으로 활용하기도 하며, 일부 조직에서는 기업조직의 운영체계를 좀 더 전략적으로 확립하기 위하여 전략경영의 논리와 실천체계를 전개하기도 한다.

때로는 특정한 사업 및 조직의 변혁을 전개하기 위하여 수단적으로 전략경영의 논리를 원용하여 활용되기도 하고 IT분야에서는 조직 및 사업운영의 시스템 및 프로세스를 개선하고 경쟁력 있는 **엔터프라이즈 시스템**을 구축하기 위하여 전략경영의 논리와 실천적 체계를 활용하기도 한다.

이와 같은 전략경영의 활용에서 어떠한 관점과 접근논리 및 실천적 방법에 따라 접근할 것인가도 중요하지만, 조직이 전략경영을 어떻게 전개하고 어떻게 그 활용의 성과를 높일 것인가도 중요하다. 그것은 조직이 당면하고 있는 환경현실에 대하여 전략적으로 대응하여 실천적 성과를 어떻게 높일 것인가를 해결하고자 하는 것이 바로 전략경영의 활용목적이기 때문이다.

그러나 현실적으로 조직에 종사하고 사업과 경영활동을 전개하면서 전략경영을 전개해야 할 경영자나 관리자를 비롯하여 전략경영을 실천해야 하는 실무자들은 전략경영의 복잡한 논리와 개념, 체계, 실천적인 방법의 전개에 대하여 혼란과 부담이 느낄 뿐만 아니라, 실천적으로 그 활용을 제대로 전개하는 데 현실적 어려움을 호소하고 있다.

그것은 조직과 사업의 전개에 있어서 전략경영의 대응을 어떻게 슬기롭게 그리고 효과적으로 대응할 것인가에 대하여 대응주체인 조직구성원들 각자가 구체적이고 명확하게 이해하지 못하고 있을 뿐만 아니라 조직적으로 어떻게 해야 전략경영을 효과적으로 전개할 수 있는지에 대하여 능력과 수단, 그리고 그 실천대응의 방법이 제한되어 있기 때문이다.

전략경영은 물론이고 심지어는 전략에 대한 기본적인 개념이해와 실제의 업무에서의 적용도 미흡하고, 그 실천관리나 진행 및 전략전개 통제의 수준도 제한적이다. 따라서 과거의 목표관리와 통제의 수준에 머무르고 있는 경우가 많다.

더욱이 최근 기업조직의 엔터프라이즈 활동은 새로운 규모의 경계를 초월하여 전개되고 있는 글로벌 환경, 정보기술 네트워크 전개, 불확실성–복잡성–비연속성이 결합적으로 전개되고 있는 현실 환경에 대응하기 위하여 전략과 경영, 그리고 전략경영 대응의 새로운 도전에 직면하고 있다.

이러한 현상에 대응하기 위하여 **엔터프라이즈 전략경영**의 관점에서 전략을 어떻게 설계하고 대응하며 관리하고 통제할 것인지에 그 기본을 확립할 필요가 있다.

이를 위하여 제4장부터는 **전략 아키텍처**를 구성할 수 있는 접근논리를 구체화하고 **전략 거버넌스**와 설계에 대한 실천적 관점과 접근논리의 기본을 확립하기 위한 구체적인 방법들을 살펴보도록 하자.

전략 아키텍처를 다루기 전에 우선, **엔터프라이즈 아키텍처**와 관련하여 기본적인 개념과 주요 특징 및 주요 고려사항을 살펴보도록 하자.

제3장
엔터프라이즈 아키텍처
Enterprise Architecture (EA)

제3장에서는 엔터프라이즈의 당면현상에 대응하는 엔터프라이즈 아키텍처의 개념과 개략적인 내용을 살펴보고 엔터프라이즈 아키텍처의 진화와 엔터프라이즈 전략의 충돌의 문제현상을 살펴본다.[1]

---

[1] 정보기술 분야에 대한 이론이나 개념에 대하여 생소하고, 관련이 없는 독자들은 제3장을 생략하고 제4장으로 직행해도 무관하다.

「엔터프라이즈 아키텍처(Enterprise Architecture: EA)」를 직역하자면 기업 설계라고 할 수 있다. 그러나 기업이라고 하면, 주로 영리적 목적을 위하여 설립된 법인을 대표적으로 생각하게 되기 때문에, 제1장 9절에서 살펴본 바와 같이 엔터프라이즈 현상에 대한 개념을 대표하는데 어려움이 있다.

3.1 엔터프라이즈 아키텍처의 개념

제1장에서도 살펴본 바와 같이 엔터프라이즈는 「목적 지향적 조직에서 대상으로 하는 환경의 시공간에 대하여 그 목적을 달성하기 위하여 활동을 전개하는 주체」를 의미한다. 또한 엔터프라이즈란 「추구하고자 하는 당면하는 현실에서 대상영역과 니즈를 정의·발굴하고 추구해야 할 목표와 목적을 개발하여 성과를 창조하기 위하여 당면하는 과제들을 해결하고 사업을 전개하는 조직, 즉 현실 환경 대응의 주체」이다.[1]

또한 아키텍처는 「요소와 요소와의 관계를 명시적이고 정형적으로 기술」한 것으로 정의된다. 따라서 엔터프라이즈 아키텍처의 개념에는 단순히 엔터프라이즈의 구조적 설계의 관점뿐만 아니라, 엔터프라이즈의 원칙이나 구성요소, 기능전개, 자원 활용, 시장전개, 성과의 관리와 변혁과 같은 동태적이고 행동적 관점이 반영되고 있으므로 설계나 계획서와 같은 표현보다는 아키텍처라는 용어를 그대로 사용하기로 한다.

3.2 엔터프라이즈 아키텍처의 정의와 주요특징

IT 분야에서 전개하고 있는 엔터프라이즈 아키텍처(EA)는 정보시스템의 구축방법의 하나로 전개된다.

---

1) 이하 본문에서는 간략히 엔터프라이즈 아키텍처를 영문약어인 EA로 표기하기로 한다.

정보기술 분야에서 최초로 **EA** 개념과 방법론의 주창자라고 일컬어지는 자크만(Zachman)은 조직 내에서 정보 시스템의 활용이 증대되고, 그 복잡성이 증대되면서 시스템의 모든 구성요소들의 결합관계, 연결관계의 통제에 관하여 정의할 수 있는 논리적 구조(logical construct or architecture)를 활용할 필요가 있다고 기술하고, 정보 시스템 아키텍처의 프레임워크를 매트릭스 형태로 제시하였다.

1987년에 정보 시스템의 효과적 구성과 활용을 위하여 구조화한 자크만의 정보 시스템 아키텍처의 프레임워크는 엔터프라이즈의 비즈니스와 활동전개에 대한 구조적 분석과 이해를 높이게 되었을 뿐만 아니라, 기존의 엔터프라이즈의 구성과 활동전개에 대하여 전체적 개관과 관계적 구분, 전략적 인식과 변혁의 착안점을 제시하는데 유용한 프레임워크로 활용되면서 **EA**의 구상에 대한 출발점이 되었다.[1]

미연방정부에서는 **EA**를 「정부 조직의 성과목표를 달성하기 위하여 자원과 **IT**투자 및 시스템 개발활동의 성과를 최대화시키기 위한 경영실천」이라고 정의하고 있다.[2]

EA는 **IT**와 정보시스템 차원에서 조직이 당면하고 있는 문제현상들을 극복하고 성과를 제고하기 위하여 제안된 개념이지만, 조직의 비즈니스 성과를 제고하는 관점이 반영되면서, 단순히 **IT** 관리수단으로 국한하지 않고, 조직의 전략적 성과를 제고하기 위한 기능을 포함시켜 적용하려는 시도가 전개되면서, 그 활용개념이 확대되고 있다.[3]

---

1) J. F. Sowa and J. A. Zachman, "Extending and formalizing the framework for the information systems architecture," *IBM Systems Journal*, V. 31, No. 3. 1992. pp. 600-601.

2) Enterprise Architecture is a management practice to maximize the contribution of an agency's resources, IT investments, and system development activities to achieve its performance goals.
FEAPMO(Federal Enterprise Architecture Program Management Office), OMB, *Value to the Mission – FEA Practice Guidance*, Nov. 2007, p. 1-2.

3) 예를 들면, 미 연방정부에서는 **EA**를 통하여 각 정부조직의 전략적 목적, 투자, 비즈니스 솔루션 및 측정가능한 성과의 증진을 위하여 필요한 상호관계들을 명확히 조직화하고, 통합함으로써 전략계획, 자본계획 및 통제, 사업 및 프로젝트 경영을 포함하여 업무영역의 통합적 실천을 전개하고자 하고 있다.

미국의 정부기관에서는 조직 사명의 실천성과를 제고해야 하며, EA는 「각 기관들의 성과목표를 달성하기 위하여 필요한 자원, IT 투자, 시스템 개발활동의 전개성과를 극대화하기 위한 경영실천방법(management practice)」이라고 정의하고 있다.[1]

따라서 EA에서는 전체 엔터프라이즈 또는 엔터프라이즈의 구성요소에 대하여 전략적 목적과 목표들을 명시하고 그에 따라 투자를 전개하며, 측정 가능한 성과개선에 이르기까지 명확한 관계를 기술한다.

이와 같이 EA는 다른 여러 사업부문별 실천영역들과 마찬가지로 정부기관들의 사명달성의 성과를 효과적으로 제고하기 위하여 실천되어야 한다고 서술하고 있다.

EA는 각 기관의 전략적 목표와 투자, 비즈니스 솔루션 및 측정 가능한 성과개선을 결합적 실천영역들에 대하여 하나의 연결고리로 묶어 조직화하고 명료하게 구체화하는데 유용하다. 또한 EA 실천은 각 목표성과의 개선을 달성하기 위하여 전략계획, 자본계획과 투자통제, 그리고 프로그램 및 프로젝트 매니지먼트를 포함하여 다른 실천영역들과 강력하고 완전하게 통합되어야 한다.

이를 위하여 EA 개발 및 활용에 대한 연방정부의 가이드라인에서는 EA는 <표 3-1>에서 제시하고 있는 가치를 제공해야 한다고 밝히고 있다.

연방정부는 성과 지향적 활동의 추구를 위하여 전략의 관점에서 아키텍트를 조명하여 전략으로 만들고 EA와 전환전략이 비전(vision)으로 제시되어 개별 사업과 정보관리 솔루션의 실현을 위한 투자를 실시한다.[2] 즉 EA의 성과를 제고하기 위하여 전략적 관점에서의 전개를 도모한다.[3] 따라서 EA는 기존의 전략

---

1) E-GOV, *FEA Practical Guidance,* Federal Enterprise Architecture Program Management Office, OMB, Nov. 2007. P. 1-2

2) 즉, 설계(architect), 투자 및 실천의 3단계로 구분한 성과개선 라이프사이클의 전개과정을 통하여 성과 지향적 아키텍처(results-oriented architecture)를 개발한다. 투자활동에서는 요소 아키텍처에서 제시되고 있는 EA 전환전략에서 명시하고 있는 개별적 솔루션들에 대하여 투자전략과 실천방안을 정의하고 구체적인 프로그램 관리계획(program management plan)을 만들어 실천하고 바람직한 성과를 달성하고 있는지 그 결과를 측정하여 피드백 한다.

경영의 핵심적 관점과 논리전개의 기법들을 철저히 반영하여 추진되고 있음을 알 수 있다.

이러한 특성은 기존의 정보 아키텍처가 정보의 구조화에 초점을 맞추어 아키텍처를 구성하려는 시도에서 크게 진보한 것이다.[1] 즉, 정부가 추구하는 사업과 미션 그리고 전략을 중심으로 EA를 구성한다는 발상은 EA를 구성하고 있는 하위 요소들의 결합으로 EA를 구성하는 발상과는 구성의 철학이 다르다고 할 수 있다.

<표 3-1> EA 개발 및 활용에 대한 가이드라인

1. 정부기관(agency) 및 그 사업 세그먼트의 현재 상태와 미래 상태를 기술한다.
2. 기관에 대한 바람직한 성과에 대한 기술과 우선순위 구분한다.
3. 기관의 핵심적 사명 영역과 공동으로 또는 공유하여 전개되는 서비스들에 대한 측정 가능한 성과개선을 실천하기 위하여 필요한 자원의 결정한다.
4. 각 기관들 간의 사업 및 정보 관리 자원들의 성과를 촉진(leveraging)한다.
5. 전략적 목적과 목표 및 성과개선목표들을 달성할 수 있는 전환전략(transition strategy)을 개발한다.
6. 다른 실천영역들에 있어서 의사결정에 필요한 정보를 제공하고 사업성과를 지원하기 위하여 EA 산출물과 서비스의 가치를 측정한다.

자료: E‒GOV, *FEA Practical Guidance*, Federal Enterprise Architecture Program Management Office, OMB, Nov. 2007. P. 1-2

하위 요소들의 결합으로 EA를 구성하는 발상은 EA의 각 비즈니스 솔루션을 중심으로 EA를 구성하는 논리이다. 이와 같은 논리에서는 EA를 각 구성요소로 분해하고, 그 구성요소별 기능들을 충족하여 결합하면,

---

3) E‒GOV, *FEA Practical Guidance*, Federal Enterprise Architecture Program Management Office, OMB, Nov. 2007. P. 1-4

1) 데이븐 포트는 정보 아키텍처에서 사용자, 즉 인간중심의 관점이 결여되어 있을 경우, 효과성을 상실할 수 있다는 점을 밝힌바 있다. T. H. Davenport, "Saving IT's Soul: Human‒Centered Information Management," *Harvard Business Review*, March-April 1994. pp. 119~131

EA를 실현할 수 있다는 관점에서 EA에 대한 구성논리를 제시한다. 이와 같은 논리는 정보시스템 기반을 중심으로 EA를 구성하기 위하여 실천적으로 택할 수 있는 실용적 접근방법이라고도 할 수 있다.[1)]

하이트(Randolph C. Hite)는 미국 연방정부가 추진하고 있는 EA를 설명함에 있어서 다음과 같이 설명하고 있다.

> "가장 간략하게 말하자면, 엔터프라이즈란 어떠한 목적 지향적 활동이라고 할 수 있으며, 아키텍처는 활동의 구조적 기술(structural description)이다. 이러한 맥락에 따라, EA는 특정한 단일조직이거나 조직의 경계를 초월하여 여러 기능을 수행하는 조직이거나 또는 보다 광범위한 사명영역에 대하여 활동을 추진하는 엔터프라이즈에 대하여 유용한 모델과 도식, 그리고 설명을 통하여 시스템적으로 도출되고 구조적으로 기술하는 것이라고 할 수 있다."[2)]

---

1) 예를 들면, EA의 각 사업기능이나 업무 기능을 소프트웨어와 데이터베이스로 구축하고, 그와 같이 구축된 정보시스템을 EA의 구성요소로 간주하여 이들을 결합하는 논리이다. 따라서 이와 같은 전개논리에 입각하여 EA에 대한 개념과 관점을 정의하면, 비즈니스나 기업중심의 EA개념과는 차이를 보이게 되며, IT차원에서의 비즈니스 솔루션 중심의 EA로 제한된다.

2) 아키텍처는 엔터프라이즈의 전략계획과 실천 프로그램 및 전략계획에서 도출된 사명, 목적, 목표들을 달성하기 위하여 실천하고자 하는 지원 시스템을 연결하는 청사진으로 볼 수도 있다. 따라서 아키텍처는 비즈니스 프로세스와 비즈니스 원칙, 정보 니즈와 흐름, 작업 로케이션과 사용자와 같은 논리적 항목들과 하드웨어, 소프트웨어, 데이터, 커뮤니케이션, 시큐리티 및 성과기준과 같은 기술적 항목들에 있어서 엔터프라이즈의 활동을 기술한다. 또한 아키텍처는 엔터프라이즈의 현재 환경과 미래의 상태에 대한 개관을 포함하여 현재에서 미래로 전환하는 데 필요한 전환계획(transition plan)을 제시한다.
하이트는 앞서 인용한 보고서에서 그동안의 연방정부 부문의 EA 추진에 대하여 부분적인 성공과 실패를 보고하고 그 이유로 추진주체의 문제, 추진방법과 추진과정의 문제, EA 성숙도 모델(EA Maturity Model)의 수준과 추진조직의 문제 등을 언급하고, 문제의 소지별로 필요한 대응을 전개하고 EA 추진방법과 절차적 해결을 통하여 개선할 수 있음을 피력하였다. R. C. Hite, *Information Technology: The Federal Enterprise Architecture and Agencies' Enterprise Architectures Are Still Maturing*, United States General Accounting Office(GAO), May. 2004, p. 4.

3.3 엔터프라이즈 대응기법으로 발전하는 EA

이와 같이 발전하는 엔터프라이즈 솔루션으로서의 **EA**에 대하여 좀 더 새로운 관점에서 살펴볼 필요가 있다. 즉, 엔터프라이즈가 당면하고 있는 현실의 문제에 대응하기 위하여 **<도 3-1>**에서 보는 바와 같이 「단순히 정보기술의 구성요소와 통합의 관점뿐만 아니라, 엔터프라이즈에서 당면하고 있는 여러 가지의 문제를 해결할 수 있는 차원으로 확장된 **EA**의 개념」과 논리로 발전시키고 그 실천기법을 개발할 필요가 있다.

이러한 맥락에서 그동안 **IT** 활용 중심적 관점으로 바라보던 **EA**를 엔터프라이즈의 차원에서 확대하여 「엔터프라이즈의 현재와 미래에 대한 종합적 청사진으로서 아키텍처를 구축하고 이를 기반으로 엔터프라이즈를 점진적으로 개선 발전시켜가는 복합적 경영활동」으로 재 정의되어야 한다.

따라서 **EA**는 「엔터프라이즈 아키텍처 구축을 통해 엔터프라이즈 통합과 실행의 문제를 다루고자 하는 노력으로서, 구체적으로는 정보자원 통합관리와 비즈니스의 실행지원이라는 두 가지의 문제에 대한 엔터프라이즈 솔루션」이라고 할 수 있다.[1]

이와 같은 **EA**개념은 다음과 같은 문제점들에 대응하기 위하여 확장 발전되었다고 할 수 있다.

즉, 기존의 **EA**개념에 입각한 정보기술 차원에서의 하위 아키텍처들의 통합과 구축만으로는 엔터프라이즈의 성과를 제고하는데 한계가 있을 뿐만 아니라 엔터프라이즈의 성과를 관리하기 위하여 필요한 연관적 관리적 요소들을 포함하여 대응하지 않을 경우, 참다운 **EA**의 구성과 설계가 곤란하고 정보기술의 하위 아키텍처들에 대한 통합과 조정 또한 제한적으로 전개되기 때문이다.

<도 3-1>에서 보는 바와 같이 엔터프라이즈의 각 비즈니스들과 전략, 비즈니스 시스템과 정보시스템의 통합적 관리는 기존의 경영방식과 체계

---

1) 전성현, EA에 대한 상황적 이해 – 엔터프라이즈 복잡성 문제 관점에서, *Journal of Information Technology and Architecture*, 2008. 4., pp. 35 ~ 51

가 EA의 기반과 통합적 전개를 통하여 수행하도록 함으로써 혁신적이고 새로운 경영의 패러다임을 제시한다.

따라서 EA에 대하여 규범적으로 「엔터프라이즈 현실의 아키텍처를 구축하고 그 아키텍처를 기반으로 엔터프라이즈를 관리 운영하는 것」이라고 정의할 수 있다.[1]

<도 3-1> 엔터프라이즈 문제와 EA의 Centrality

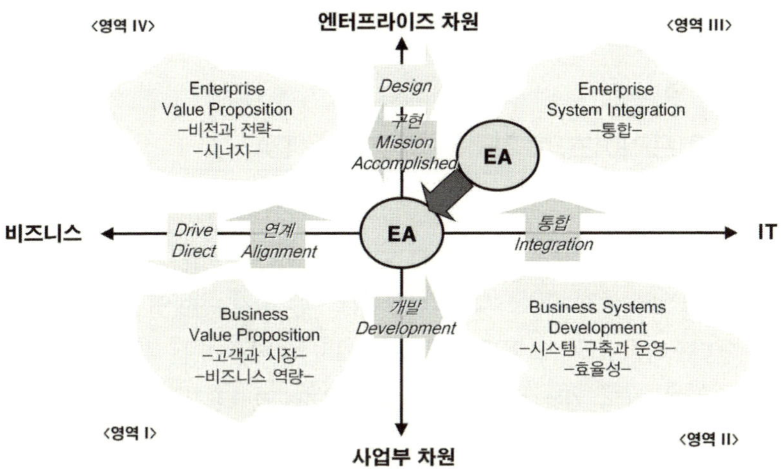

자료: 전성현, EA에 대한 상황적 이해, *Journal of Information Technology and Architecture*, 2008.

이상에서 보는 바와 같이 EA는 「정부나 일반 기업, 또는 그 밖의 목표 지향적 주체의 엔터프라이즈 활동 전개를 위한 설계와 구축을 통한 경영의 실천수단」을 의미한다.

---

1) 전성현, EA와 아키텍처 기반경영, *Journal of Information Technology and Architecture*, 한국 ITA학회, 2006년 제3권 2호, pp. 27~34.

따라서 EA의 추진에는 엔터프라이즈 활동의 구성요소와 주체, 활동의 전개내용과 절차 및 과정, 엔터프라이즈 활동의 목적과 대상 및 원칙에 대한 구체적인 형식과 구조에 대한 설계가 포함된다.

3.4 엔터프라이즈 아키텍처에 대한 주요 고려사항

EA는 엔터프라이즈를 창조하고 운영하며, 그 성과를 개선하기 위하여 설계되고 실천되며 보완과 재창조과정을 통하여 진화된다. 이와 같은 EA는 창조성 및 실천성, 보완성을 통한 성과 지향적 특성을 지니고 있다고 할 수 있다.

1. 엔터프라이즈의 가치를 창조하는 EA

EA는 엔터프라이즈 가치창조의 원천적 역할을 수행한다. 즉, EA는 엔터프라이즈의 존재, 활동 및 실천성과를 제고하기 위하여 고안되기 때문에 엔터프라이즈와 그 활동에 독특한 가치를 제공 또는 부여하는 역할을 한다. 이와 같은 기능 때문에, EA는 독자적으로 나름대로의 고유 가치를 확보하고 축적해간다.

2. EA 고유 가치

EA는 엔터프라이즈의 독특성이나 고유성, 그리고 적합성, 즉 엔터프라이즈가 추구하는 목표와 현실상황에 합당하게 설계된다. 이와 같이 「EA를 통하여 실현되는 역할과 기능」이 EA의 고유 가치를 창조한다.

EA의 가치는 엔터프라이즈의 최종적 가치창조와 가치실현에 의하여 결정된다. 엔터프라이즈에서 「EA 활동을 통하여 실현하는 가치」를 EA 실현 가치라고 하면, EA의 가치는 고유 가치와 실현 가치로 구성된다고 할 수 있다. 엔터프라이즈와 EA간에는 설계와 실현의 과정에서 서로 고유 가치와 실현 가치에 영향을 미친다. 따라서 EA는 엔터프라이즈의 현실에 대하여 현실적합성, 실현성, 유용성, 그리고 보완성의 요건을 충족하여야 한다.

EA는 엔터프라이즈의 소멸과 함께 그 수명을 다하지만, 유용성이 입증된 EA의 구성요소들은 다른 엔터프라이즈들에 의하여 복제 또는 이전되어 활용되거나 재창조된다.[1]

EA의 본원적 설계에 있어서 그 핵심은 제각기 다르다. 비즈니스 중심의 엔터프라이즈는 「비즈니스 아키텍처」가 EA의 출발점이 된다. 그러나 엔터프라이즈를 구성하고 있는 구성주체들이 비즈니스 보다는 다른 존립목적을 중심으로 엔터프라이즈를 구성하게 될 경우, 그 존립목적과 실현 활동이 EA의 출발점이 된다.

3. 세 가지 차원에서의 아키텍처와 통합적 접근

EA의 구축과 실천을 고려할 때, 관점에 따라 크게 세 가지 차원에서의 아키텍처가 구분된다.

첫 번째 차원의 아키텍처는 「설계의 관점에서의 아키텍처」이다. 이를 편의상 「설계관점에서의 EA」라고 하고 EAD라고 표기하기로 한다.[2] EAD는 '엔터프라이즈를 어떻게 설계할 것인가'에 대하여 필요한 요소들을 정의하고 그 관계를 구체화한다.

두 번째 차원에서의 아키텍처는 「실행의 관점에서의 아키텍처」이다. 이를 「실행관점에서의 EA」라고 하고 EAE라고 표기하기로 한다. 비즈니

---

1) 예를 들어, 역량과 프로세스를 잘 갖춘 조직이 운영상의 실패로 도산하게 될 경우, 다른 조직에 의하여 인수되어 해당 비즈니스가 유지되는 경우를 들 수 있다. 이와 마찬가지로 EA는 공용적 활용, 또는 보완이나 복제, 또는 재창조의 소재가 되며, 이전된 EA의 내용이나 구성이 지속적으로 개량되며 축적된다.

2) EAD: Enterprise Architecture in Design Perspective 이와 마찬가지로 EAG: Enterprise Architecture in Governance Perspective, EAE: Enterprise Architecture in Execution Perspective로 표기한다.

스 관점에서 EAE는 주로 「비즈니스 실행 아키텍처」의 형태로 등장하며, 운영과 실행에 필요한 하부 아키텍처를 구성한다.

<표 3-2> 관점구분에 의한 EA 전개의 특징

	주요 특징			내용	EA
	핵심요소	요건	목표		
EA_D	창조성	전문성	새로운 현실대응 당면문제의 해결	EA의 설계	관점별 아키텍처들의 통합적 성과를 제고하는 EA
EA_E	자율성 효과성	현실성 실용성	성과실현과 실천목표의 달성	EA 실행 아키텍처의 설계와 운영	
EA_G	합목적성	당위성	원칙의 준수, 성과 제고, 이해관계인 만족	EA의 거버넌스 (통제 관리)	

EAE는 EAD에 기초하여 추진되지만, 설계관점에서 고려되지 못한 현실적 요소를 포함하여 변화하고 있는 환경과 현실 상황에 대응하여 추구하고자 하는 엔터프라이즈의 사명과 목표를 달성하기 위한 실천행동의 전개에 필요한 요소들과 그 관계를 구체화한다.

세 번째 차원에서의 아키텍처는 「거버넌스의 관점에서의 아키텍처」이다. 이를 편의상 「거버넌스 관점에서의 EA」라고 하고 EAG라고 표기하기로 한다.

EAG는 엔터프라이즈에서 추구하고자 하는 목표와 사명의 실현을 위하여 필요한 통제와 관리활동을 수행하기 위하여 고려해야 하는 요소들과 그 관계를 구체화한다. 따라서 EAG는 필요한 통제요소나 관리요소들에 대하여 EAD와 EAE에 대하여 관계한다.

<표 3-2>에서 보는 바와 같이 EA에 대응하는 관점과 설계자나 실행자, 통제 관리자, 즉 EA를 추진하는 부문이나 사람들의 이해관계에 따라 그 EA추진의 목적과 구축전개의 내용이 다를 수 있다. 따라서 EA와 관련하여 부여된 책임과 의무에 따라, 그 관계를 정립할 필요가 있다.

이와 같은 이유에서 EAG를 중심으로 EA 추진에 대한 주요한 원칙과 가이드라인을 제시하고 그에 입각하여 EAD와 EAE를 구축하고 전개하는 방식이 채택된다.

<도 3-2>에서는 각 관점별 아키텍처의 통합적 성과를 제고하기 위하여 관점별 아키텍처의 설계와 실천에 있어서 통합적 관리의 초점을 제시하고 있다.

<도 3-2> 관점별 아키텍처의 3분 균형과 통합적 성과를 제고하는 EA

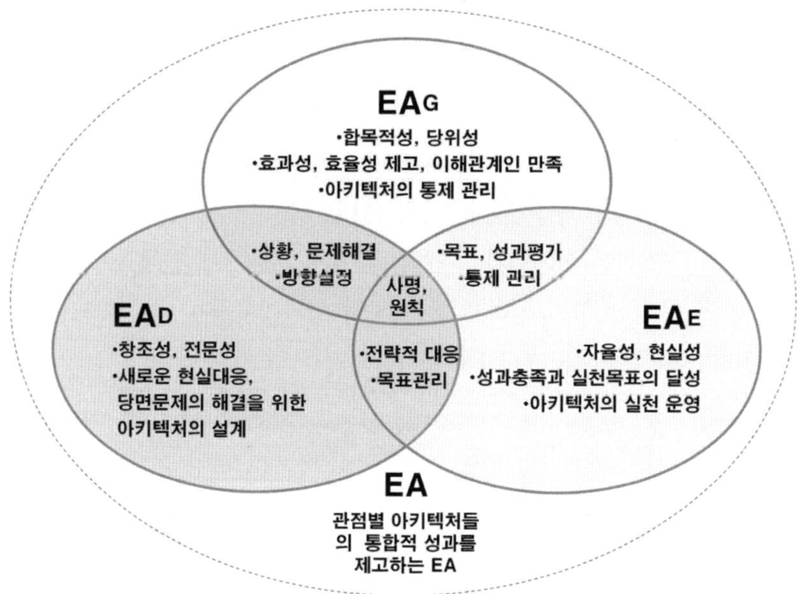

즉, 각 관점별 아키텍처의 중심이 엔터프라이즈의 사명과 원칙, 추진목적과 같은 근본적인 철학을 원점으로 하여 세 가지의 관점별 아키텍처를 구성한다. EAG와 EAD간에는 엔터프라이즈의 원칙과 철학을 원점으로 하여 그것을 중심으로 추구하고자 하는 방향이나 문제 상황의 해결원칙, 주요 가이드라인을 제시함으로써 설계적 관점에서 EA설계의 개괄적 윤곽과 기본적 틀을 제시한다. 물론 필요하다면, EAG와 EAD간에 검토와 협의의 프로세스를 통하여 그 내용을 조정한다.

EAD와 EAE간에서는 당면하는 환경현실에 대응하고 주요 비즈니스 성과를 높이기 위하여 필요한 전략과 목표들을 제시하고 실천적 활동에 필요한 요소들의 편성과 활동계획을 제시한다. EAG와 EAE간에서는 환경현실에 대응하기 위한 실천적 행동의 원칙과 목표 및 성과를 중심으로 실행을 관리하고 통제하며 필요한 조치를 강구한다.

3.5 EA의 결합적 전개와 전략충돌현상의 문제

EA는 엔터프라이즈의 주요 활동전개의 요소들을 중심으로 세부적인 하위 아키텍처들과 결합적으로 구성된다.

EA의 구체적인 아키텍처를 엔터프라이즈 차원에서 전체적으로 구성하지 않을 경우, 이를 구성하고 있는 하위 아키텍처들이 제각기 고유의 설계원칙과 구축활동을 전개하게 된다.

예를 들면, 다양한 비즈니스를 전개하고 있는 엔터프라이즈의 경우, 각 조직부문별로 고유한 비즈니스와 전략, 조직별로 고유한 사업계획의 수립과 실천, 조직 및 자원전개를 비롯한 사업행동을 전개하게 된다.[1]

---

[1] 따라서 기능적으로 분화된 단위별 경영조직에서는 단위조직별로 고유한 기능적 성과를 실현하기 위하여 필요한 경영관리요소들을 독자적으로 설계하여 조직화하고, 이를 전개하는 아키텍처를 전개한다.

조직은 각 조직부문별로 고유한 조직설계의 아키텍처에 입각하여 각각의 조직 목표를 중심으로 관리활동과 자원과 능력의 전개 및 실행의 계층적 관계를 구성한다.

조직부문별로 고유한 기능적 아키텍처들을 수행하고 있는 조직에서는 새로운 환경과제들이 등장하여 엔터프라이즈의 전체적 차원에서 새로운 비즈니스를 수행하거나 또는 기존의 비즈니스를 조정하여 통합적으로 대응하고자 할 때, 각 사업별 아키텍처들이 서로 중복되거나 또는 전사적 관점에서 정렬되지 못한 채로 새로운 엔터프라이즈 활동을 전개할 소지가 많다.

이와 같은 현상은 조직부문별 기능적 아키텍처들이 통합되지 못한 채로 독자적으로 수행하는 기능적 조직 활동을 중심으로 제각기 전략과 능력 및 자원편성을 통하여 경영관리와 운영, 실천 활동을 전개하며, 조직부문별 목표와 그 실현을 추구하는 현실에서 비롯된다.

여러 조직부문에서 공통적으로 대응해야 하는 비즈니스 수행의 경우, 기능의 수평적 통합대응이 요구되기 때문에, 수직적 관계와 수평적 관계에서 「충돌과 중복현상」이 등장한다.

<도 3-3>에서는 엔터프라이즈 전략 활동의 전개와 충돌의 문제를 예시하고 있다. 그림에서 보는 바와 같이 전략은 엔터프라이즈가 당면하고 있는 환경요소들에 대하여 사명과 목표를 중심으로 대응하고자 하는 전략을 구성하고 그에 입각하여 비즈니스 아키텍처, IT의 세부 아키텍처를 구성하여 대응하고 있다.

이와 같은 엔터프라이즈 활동과 기능의 전개에 있어서 전략 및 전략 이니시어티브들 간의 충돌현상에 대비하지 않을 경우, 현실적으로 서로 이질적이고 다양한 사업 부문들의 전략이나 기능적 전략을 포함하여 운영 및 자원전개의 전략이나 「전략 이니시어티브」들 간의 충돌이 등장하게 되는 현상에 처하게 된다.

구체적으로는 사업추진의 내용이나 조직과 능력자원의 편성과 전개, 비즈니스 프로세스 등에서의 충돌현상이나 추진사업의 성과실현의 과정과 결과에서의 충돌현상이 등장한다.

<도 3-3> 엔터프라이즈 전략 활동의 전개와 충돌의 문제

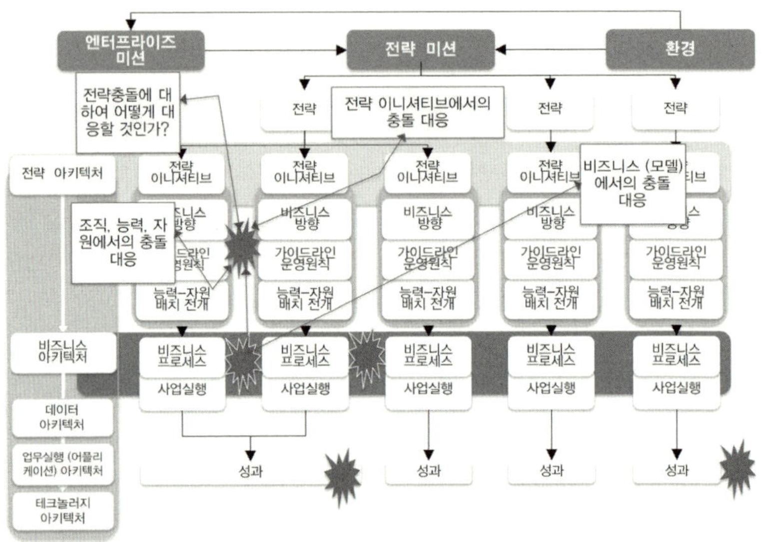

자료: 전성현, 박동준, 엔터프라이즈 전략 아키텍처에 관한 연구, *Journal of Information Technology and Architecture*, 한국 ITA학회, 2009년

예를 들면 정부부문에서 주요 정책과제에 대응하는 부처별 행정활동을 들 수 있다. 정부부문은 행정조직에 관한 법률과 기능적 특성에 따라 부처를 독립적으로 구분하고 있으며, 각 부처는 고유한 정책목표와 주요 행정과제에 대응하여 행정활동을 전개하고 있다. 이러한 현실에서 각 부처 간에 공동으로 실시해야 할 과업 목표들의 수행활동이 필요할 경우에도 이를 위한 통합적이고 조정적 활동이 결여되면 각 부처 간의 협력과 조정이 용이하지 못하다.

이와 같은 현상은 두 가지 이상의 사업을 동시에 전개하고 있는 기업조직의 경우에서도 목격된다. 예를 들면 자동차 제조회사와 부품회사를 동시에 운영하는 조직의 경우, 부품가격을 올리면 완제품인 차량가격의 경쟁력이 떨어지게 되고, 부품가격을 내리면, 차량의 부품경쟁력을 확보하기 어렵게 된다. 이와 마찬가지로, 신제품전략과 기존제품전략 간에 서로 조직 내에서 주요 경영진의 관심을 끌어내려고 하거나 지원에 대한 요구, 필요 경영자원쟁탈의 내부적 경쟁과 조직마찰을 빚어내는 현상도 전략충돌의 대표적인 예라고 할 수 있다.

　정보화 사회에 효과적으로 대응하기 위한 각 부처의 접근에서도 다음과 같은 지적이 제시되었다.

국가정보화 기본설계(EA, Enterprise Architecture)의 부재

o 국가정보화 기본설계 없이 기관별·분야별 정보화 추진으로 시스템간 중복·단절·사각지대 발생, 정보 공동이용 곤란(Silo 현상)

o 중앙부처 전산장비(11,544대)를 정부통합전산센터에 이관, 관리·운영을 일원화하였으나, HW, SW 통합 단계에는 이르지 못하여 운영유지비 등 예산절감효과는 미미

o 정보화의 기본설계도 역할을 하는 EA를 일부 기관에서 개별적으로 도입하고 있으나 범정부 차원의 EA가 확립되지 못하여 부처 간 시스템 및 데이터의 중복, 상호 운용성 미흡

o 전체 정보화예산(3.4조원, '07)의 93%가 각 부처단위로 편성·집행되어 정보화사업간 중복·상충 문제 발생 : 정보화예산의 44%가 시스템 운영유지비 등 경직성 경비로서, 신규 서비스 투자에 한계

자료: 정보화추진 위원회, 국가정보화 기본계획, 2008. 12

　이와 같은 지적에서 보는 바와 같이 근본적으로 전체적인 엔터프라이즈 아키텍처의 기본설계를 구성하지 않을 경우, 기관별, 분야별 정보화 추진활동에서 시스템간의 중복, 단절, 사각지대의 발생이 등장하고 있으며, 또한 부분적으로는 중복되어 보유함으로써 중복투자와 비효율성, 상호운영성 미흡 등이 문제시되고 있음을 알 수 있다.

3.6 엔터프라이즈 전략 설계와 IT전략

1. 새로운 엔터프라이즈 현실

　최근 엔터프라이즈 현실을 조명해보면, 환경의 변화와 엔터프라이즈 내부 및 외부의 구조와 범위, 차원의 면에서 급속한 변혁을 경험하고 있다. 즉, 엔터프라이즈가 당면하고 있는 「새롭게 변화하고 있는 현실」은 엔터

프라이즈의 본원적 전략의 전개에서 전문화, 다각화, 통합화의 전략에 대한 새로운 범위와 차원에서의 대응을 요구하고 있다.[1]

다양한 기업들의 창조와 기술 발전에 따라 진행되고 있는 산업화, 고도화의 진전은 산업내, 또는 산업 간의 관계구조를 글로벌 차원에서 변화시킬 뿐만 아니라 기업 내 구조와 기업 간 구조적 관계를 변화시킨다.

여기에 시장 요소를 추가하여 보면, 시장과 시장구조, 산업과 산업구조, 그리고 기업과 기업구조의 내적, 외적 관계들이 복합적으로 변화하고 있음을 알 수 있다. 시장구조의 변화는 근본적으로 기업과 산업의 경쟁관계, 협력관계, 대립관계, 보완관계를 변화시킨다. 최근의 엔터프라이즈의 외부적 관계는 이와 같이 시장, 기업, 산업의 복잡한 관계 속에서 조명된다.[2]

이제부터는 엔터프라이즈 전략을 모색할 때, 엔터프라이즈 현실에 대한 구조적 관계의 이해와 내용을 명확히 하여 전략설계의 범위와 내용을 구성할 필요가 있다.

2. 결합적 전략영역의 재구성

엔터프라이즈 전략 도메인(Domain), 즉 전략영역은 시장분석, 기업분석, 산업분석을 결합적으로 전개하고 당면하고 있는 전략 콘텍스트를 정밀하게 분석하여 대응하지 않을 경우, 제한적 적용범위에 머무르는 전략이나 근시안적 전략이 될 소지가 많다.

---

1) 드러커는 기업이 추진하는 비즈니스의 범위와 구조에 대하여 전문화, 다각화, 통합화에 관한 의사결정을 내려야 한다고 제시하였다. P. F. Drucker, *Managing for Results*, 1964, *The Executive in action*, HarperCollins, 1996, pp. 215~229

2) 따라서 엔터프라이즈 전략을 모색할 때에는 예를 들어 경쟁전략을 이야기 할 때에도, 단순한 시장경쟁의 논리나 기업경쟁의 논리, 또는 산업경쟁의 단순논리만으로는 제대로 규명되지 않는 현실에 처하고 있다. 이와 같은 연유에서 다양한 시장경쟁, 기업경쟁, 산업경쟁의 이론이나 기법들이 제시되고 있음에도 불구하고, 제각기 개념과 적용범위에 따라 서로 다른 처방들이 제시된다.

그러므로 기존의 제품–시장을 중심으로 전략을 모색하였던 차원에서 제품–시장 및 시장구조–경쟁기업 및 연관기업군–산업 및 연관 산업군으로 확대하여 그 수평적 관계를 조명해야 할 뿐만 아니라, 구조적 관계를 분석해야 한다.

또한 제품과 시장에서는 경쟁재와 대체재뿐만 아니라 보완재까지 포함하여 살펴보아야 하며, 동태적 관점에서는 향후 잠재적 경쟁재, 잠재적 대체재, 잠재적 보완재를 병행적으로 살펴야 한다.

<도 3-4> 엔터프라이즈 현실과 복합 구조적 경쟁의 전개
(5C의 복합경쟁의 전개관계)

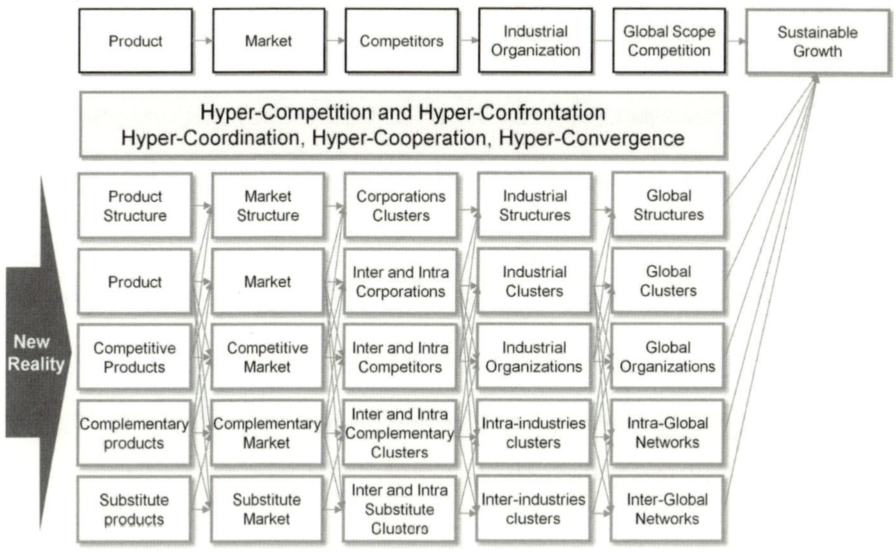

기업을 중심으로 볼 때에는 <도 3-4>에서 보는 바와 같이 경쟁기업, 협력기업, 보완적 기업뿐만 아니라 기업 간의 결합관계, 연관관계, 대립관계를 병행적으로 조명해야 하는 현실로 접어들고 있다.

뿐만 아니라 기업 내부적으로도 기능적 전개와 내부적 조직 및 사업관계, 사업편성과 사업군의 분석, 그리고 세부업무기능과 그에 관련하여 외부적 결합실태와 새로운 결합전개의 가능성 및 그 관계를 식별하고 어떠한 핵심역량을 개발하고 전개할 것인지에 대한 전략적 판단과 의사결정을 내려야 한다.

또한 동태적 관점에서 본다면 향후 새로운 기업의 진입이나 기업간의 관계, 기업내 관계들에 대한 변화를 반영하여 살펴보아야 한다.

산업 및 산업군을 고려할 때에는, 우리 조직은 물론이고, 경쟁기업군들을 포함하여 직접 연관이 되는 산업내 관계나 연관 산업과의 결합적 관계, 구조적 관계에 병행적으로 대응해야 한다.

<도 3-4>에서는 이와 같은 현상에 대하여 제품–시장–산업–연관 산업–사회전반–글로벌 환경으로 확장되는 새로운 엔터프라이즈 현실에서 기업조직들 간의 경쟁과 대치, 조정과 협력, 그리고 컨버전스 복합경쟁 즉, 통합수렴의 복합경쟁의 구조적 전개를 도식화하고 있다.

엔터프라이즈의 현실은 이상의 구조적 관계들이 서로 결합적으로 전개되고 있으므로 엔터프라이즈의 전략설계에서 대응해야 하는 경쟁영역과 그 전개관계에 대하여 세밀히 검토할 필요가 있다.

3. 전략의 차원과 범위의 변화

조지 폴(G. Pohle)과 동료들은 최근의 현실의 전개현상을 분석하여 이제부터 엔터프라이즈는 본격적으로 새로운 형태의 사업 초점에 집중하여 새로운 전문화를 추구하게 된다고 전망하고 있다.[1]

즉, 최근 기업들의 비즈니스 및 기술 아키텍처들이 성숙되어가고 수렴되어가는 현상 분석을 통하여, 기업 내 및 기업 간 협력사와의 조정적 협력을 통한 원가절감으로 새로운 형태의 광역협력의 「글로벌 결합 플랫폼(*Global Connectivity Platform*)」을 형성하고 있음을 밝히고 있다.

최근의 기업들이 전개하고 있는 글로벌 결합 플랫폼은 다음과 같은 세 가지의 주요한 특성을 보이고 있다.

---

1) G. Pohle, P. Korten, S. Ramamurthy, S. Foercking, *The Specialized Enterprise*, IBM Institute for Business Value, 2005, pp. 1~20.

첫째, 광대역 및 무선 통신기술의 발전에 힘입어 커뮤니케이션 네트워크가 확충됨에 따라서 더욱 신속하고 강력한 디지털 결합이 전개되고 있다. 이와 같은 디지털 결합은 각 사업들의 결합적 운용성을 가속화시킬 뿐만 아니라 필요한 정보를 리얼타임으로 접근할 수 있도록 한다.

둘째, 정보기술의 진화로 엔터프라이즈 소프트웨어의 개발과 보급이 확대되고 있으며, 비즈니스 업무통합 소프트웨어들의 발전으로 기업들 간에 결합적으로 적용할 수 있는 공통 플랫폼을 활용할 수 있게 되었고 나아가 기업들의 비즈니스 상호간의 기능적 개선도 추구할 수 있게 되었다.[1]

셋째, 기술 및 비즈니스에 대한 개방형 표준을 창조함으로써 상호운용성을 최적화하고, 모듈화 시킨 인프라스트럭처들의 활용을 가능하게 한다.

따라서 글로벌 결합 플랫폼은 커뮤니케이션 네트워크와 정보기술, 개방형 표준의 전개를 통하여 거래비용을 절감할 뿐만 아니라 조직의 업무전개기능의 성과개선을 도모할 수 있다. 이와 같은 성과는 엔터프라이즈의 전문화의 범위와 차원을 재정비함으로써 획득된다.

조지 폴과 동료들은 「글로벌 결합 플랫폼」의 전개와 활용을 통하여 엔터프라이즈의 전문화 전략의 최적화를 달성할 수 있는 중요한 착안점을 제시하고 있다. 즉, 엔터프라이즈가 추구하는 새로운 전문화 전략에는 과거의 비즈니스 중심의 업무기능배치의 차원에서 변혁하여 「내부적 전문화」와 「외부적 전문화」로 심화시켜 전개된다.

내부적 전문화는 규모의 경제, 표준화 및 업무기능 블록의 개선을 중심으로 집중적 기능전개의 우위성을 확보하고 유연성 및 책임성의 분산화에 따른 이점을 추구한다. 외부적 전문화는 외부적 전문영역에 대하여 외부적 진문조직의 능력으로 초점을 맞추어 업무기능을 수행히도록 함으로써 효율성을 제고하고 전문성을 활용함으로써 수익을 창출한다.

---

[1] 이와 같은 비즈니스의 공용 솔루션의 활용으로 기업들은 비즈니스 및 업무전개, 자원 활용 및 기능공유와 결합의 제휴를 추구하고 전개함에 있어서 각 업무 프로세스들을 좀 더 효율적 방법으로 결합적 전개를 가능하게 할 뿐만 아니라 새로운 인프라스트럭처를 공유할 수 있게 된다.

4. 내부적 전문화의 최적화와 외부적 통합화

조지 폴과 동료들은 <도 3-5>에서 보는 바와 같이 전문화의 추구에 있어서 내부적 전문화의 최적화와 외부적 전문화의 네트워크 전개가 결합적으로 발휘되면서 「엔터프라이즈의 전문화」 추진이 고도화되어가고 있음을 보이고 있다.

<도 3-5> Internal and external specialization

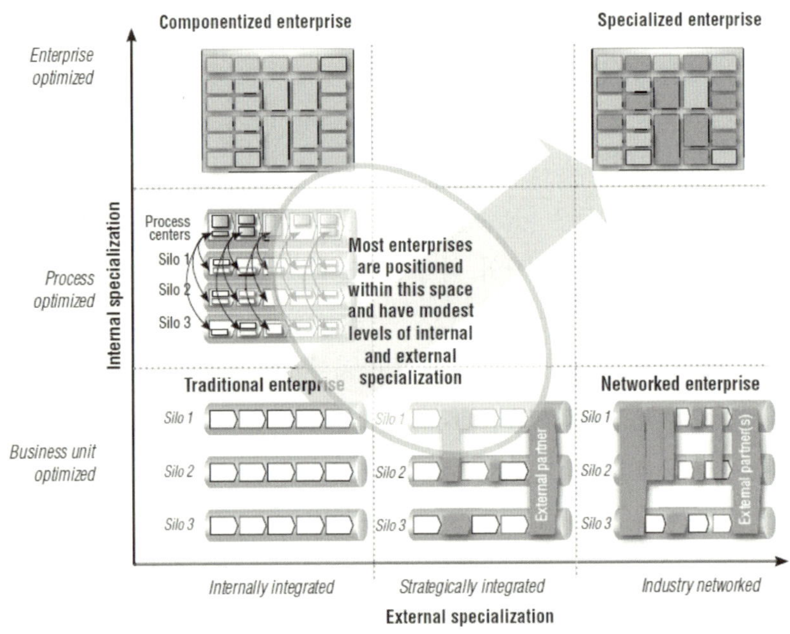

Source: IBM Institute for Business Value, 2005

내부적 전문화는 주요 업무기능의 전개를 중심으로 초기의 사업단위별 최적화 단계에서 다양한 사업군들 간에 프로세스 센터를 설립하여 프로세스를 공유하는 단계, 그리고 전사적으로 각 프로세스들이 최적화되는 단계로 구분된다.

따라서 초기의 사업단위별 최적화 단계에서는 각 사업단위별 업무기능들이 제각기 편성되어 전개되지만, 사업단위 간에는 중복되는 프로세스들이 존재하고 중복성에 의한 비효율성이 등장한다. 즉, 프로세스 센터를 중심으로 다양한 사업들 간에 중복되는 프로세스를 통합적으로 활용하고 각 사업단위의 주 기능을 지원할 수 있도록 함으로써 사업 및 프로세스의 성과를 개선하여 최적화한다.

외부적 전문화의 과정은 내부적 통합과정에서 전략적 제휴를 통한 단위사업기능이나 조직, 자원기능들을 부분적으로 외부적 조직과 통합시키는 단계 그리고 산업적으로 복합적 결합관계를 구성하며 통합시키는 단계로 구성된다. 이와 같은 내부적 전문화와 외부적 전문화의 결합을 통하여 엔터프라이즈의 새로운 차원에서의 전문화가 전개된다.

조지 폴과 동료들의 전문화에 대한 전략의 관점은 전문화와 및 다각화 된 통합화에 대한 관점을 결합적으로 기술하면서 전문화에 중점을 두어 새로운 엔터프라이즈의 현상을 설명하고 있다.

조지 폴과 동료들이 주장하고자 하는 핵심적 논지는 기존의 기업 아키텍처에 사로잡혀서 전략적으로 추구해야 할 유연성, 기동성, 상호운영성 및 결합성의 우위성을 상실하지 않고 글로벌 결합 플랫폼을 활용하여 새로운 엔터프라이즈의 전문화의 추구를 통하여 비즈니스 및 프로세스의 전문성을 높이고 전략적 성과를 높이자는 것에 있다.

5. 엔터프라이즈 IT 전략

(1) 엔터프라이즈 비즈니스와 통합되어가는 IT 관리

엔터프라이즈와 정보기술의 괄목할 수준의 발전, 그리고 엔터프라이즈 에서의 전략적 활용은 기존의 정보기술(Information Technology: IT) 관리 에 대한 초점을 변화시켜가고 있다.

마크 러첸(Mark Lutchen)은 <표 3-3>에서 보는 바와 같이 기술 가치 를 최적화시키는 6가지의 중점 요소를 ①균형정렬(alignment), ②복원성 (resiliency), ③운영, ④지원, ⑤레버리지 및 ⑥미래대응으로 구분하고 이 를 중심으로 IT 관리의 관점도 변화되고 있음을 제시하고 있다.[1]

즉, IT 관리를 위한 6가지의 중점요소들(drivers)에 대한 기존의 IT의 활용과 관리에 대한 관점이 비즈니스 차원으로 전환되고 통합적 전개로 확장되고 있음을 보여주고 있다. 6가지의 중점요소들에 관하여 요약하여 보면 다음과 같다.

6가지의 중점요소들 중 첫 번째, 그동안 전략경영에서 강조되어 왔던 각 「전략요소들 간의 균형정렬(alignment)」에서는 IT 조직의 품질에 영향을 미치는 핵심영역들을 식별하고 초점을 맞추며, 계획하고 측정하며 개선하는 능력에 관한 세 가지의 드라이버로 ①거버넌스와 리더십, ②IT와 비즈니스 경영과의 연계, 그리고 ③성과측정과 분석, 보고를 제시하고 있다.

거버넌스와 리더십에서는 우선 ①지리적으로 분산된 IT 조직 및 집중적 IT 조직 간에 비용 효과성을 제고하고 높은 성과를 실현하는 세계적 수준의 IT 서비스를 제공할 수 있도록 하기 위하여 IT 자원의 확보와 개발, IT 활동전개와 투입노력을 점검하고 지휘하며, 통제할 수 있어야 한다.

또한 ②내부 및 외부의 베스트 프랙티스에 입각하여 IT 관리 프로세스와 통제 및 지원의 지속적인 개선의 문화를 구축할 수 있는 능력을 발휘하고 그리고 비전과 전략을 주요 비즈니스 목표들에 대하여 직접 연결하여 통합적 전략 성과를 창조할 수 있어야 한다.

IT와 경영관리와의 연계에서 요구되는 능력은 다양한 이해관계인들에 대하여 효과적으로 과업을 수행할 수 있는 능력과 고객관계 관리의 실제에 대하여 적용시킬 수 있는 능력, 그리고 경영관리와 IT 간에 서로 연계하여 전개하는 조직 내 IT 서비스 수준에 대한 협정에서 정의하고 있는 서로 동의하는 적절한 목표들이나 서비스의 수준, 비용에 대한 합의들을 도출하고 실천할 수 있어야 한다.

성과측정과 분석 보고에서 요구되는 능력에는 IT 조직의 다양한 성과측정의 항목들에 대하여 효과적으로 측정하고 분석할 수 있는 능력과 경영진 및 주주와 사업부문의 외부의 이해관계인들을 포함하여, 내부의 IT 조직의 이해관계인들에게 IT 서비스를 제공할 수 있는 능력과 및 명료하고 이해하기 쉽게 투명한 성과보고를 할 수 있어야 한다.

---

1) Mark D. Lutchen, *Managing IT as a Business: A Survival Guide for CEOs*, John Wiley & Sons, 2003. pp. 5~13.

<표 3-3> Broadening the Executive Lens on IT

6 Critical Drivers	Competency Area	Managing IT as a Back-office Support Function/Cost	Managing IT as a Business
Alignment	• Governance and leadership • Business management liaisons/Service level agreements(SLAs). • Performance measurement/analysis/reporting	• IT centric • IT—only ownership • Primarily operational metrics	• IT—business teaming • Joint IT—business accountability • Business value metrics
Support	• Organization/ people/ skills • Finance/budgeting • Sourcing management and legal/contract issues • Marketing/ communications	• Bureaucratic/ hierarchical • Cost containment • Vendors as suppliers • Task related	• Adaptive, flexible, agile • Activity—based, investment, portfolio • Partnering with vendors • Open, candid, relationship oriented
Operations	• Service delivery (operations and initiatives/intrastructure) • Enterprise core systems (applications)	• Infrastructure as reactive afterthought • Individual applications—project driven	• Strategic Architecture as a competitive advantage • Integrated application systems strategy
Resiliency	• Security/confidentiality/ privacy • Business continuity/ disaster recovery • Data management and quality	• Defensive • Reactive • Problem/ reconciliation focused, reactive	• Strategic and offensive • Planned and continuously updated • Engineered, structured, proactive
Leverage	• User technology competencies and skills	• User determined	• Standardized and certified
Futures	• Emerging technologies	• Follower	• Innovative

Source: Mark D. Lutchen, *Managing IT as a Business: A Survival Guide for CEOs*, John Wiley & Sons, 2003. p. 12

　6가지의 중점요소들 중 두 번째의 지원영역을 보면 사업운영 주체를 완벽하게 지원하는데 필수적이고 핵심적인 기능들을 전개하고 특히 재무적 이슈와 인적자원을 관리하는 이슈, 그리고 주요한 역할 관계들에 중점적으로 초점을 맞추어 전개하는데 필요한 네 가지의 핵심적 수단(levers)을 제시하고 있다.

첫째, 조직 및 능력 수단으로 IT 경영관리능력을 중심으로 한편으로는 집중화되어 있고 또한 지역적으로 흩어져 있는 다양한 IT 능력들을 묶어서 글로벌 비즈니스와 지역적 비즈니스가 혼재되어 있는 복합적인 비즈니스 니즈에 초점을 맞추어 가장 효과적인 방법으로 지원할 수 있어야 한다.

둘째, 어떠한 사업부문이건 가장 핵심적인 니즈로 요구되는 재무 및 예산 수단이다. IT 조직은 IT 사업과 관련된 재무관리와 예산 프로세스를 개발하고 IT 조직 및 구성요소들의 운영과 관련하여 경제적 관점에서 효과적으로 관리하고 통제할 수 있는 능력을 갖추어야 한다.

셋째, 하청관리 및 법적 계약관련 이슈에 대응하기 위한 수단으로 필요한 능력으로는 모든 IT 관련 제3자들에 대하여 법적, 계약적 사안들이 적절한 방식으로 전개되도록 보증할 수 있어야 한다.

넷째, 마케팅 커뮤니케이션 능력은 모든 사업부문 및 IT 조직은 물론이고 지역적으로 분산되어 전 조직부문들에 대하여 커뮤니케이션과 대화, 협의와 논의를 개방적으로 전개할 수 있는 효과적이고 효율적인 채널을 다양하게 설립하고 유지할 수 있어야 한다.

6가지의 중점요소들 중 세 번째의 운영에서는 1년 365일 24시간 운영되고 있는 서비스 체제의 인프라스트럭처와 핵심적인 적용업무 시스템의 개발과 유지와 관련하여 IT 조직의 근본적인 내부 과업들을 처리하는 2가지의 수단들이 있다.

첫째, 서비스 제공(운영업무와 주요 선도적 활동들의 인프라스트럭처) 능력으로 비즈니스 지향적 성과 매트릭스에 의하여 전개되는 사용자 지향적인 지속적인 서비스를 비용대비 관점에서 효과적으로 제공할 수 있어야 한다.

둘째, 엔터프라이즈 핵심 시스템(적용업무 시스템) 수단으로 비즈니스 사안들의 우선순위에 입각하여 사업단위에서 요구되는 특정한 적용업무들과 보편적으로 활용되는 적용업무들을 비용대비 효과적인 방법으로 구현하고 유지하며 합리적으로 구성 전개할 수 있어야 한다.

6가지의 중점요소들 중 네 번째의 복원성에는 하드웨어, 소프트웨어, 네트워크, 서비스 및 인적자원들과 같이 엔터프라이즈 전반에 걸쳐 활용되고 있는 IT 자산들의 전반적인 보호와 IT 인프라스트럭처 및 전체적인 조직과 관련하여 주요한 손실이나 붕괴를 유발할 수 있는 상황을 예방하기 위하여 다음과 같은 수단들이 강구된다.

첫째, 안전 및 보호에서는 기업 리스크 대응 경영 및 조직안전 능력이 요구되며 구체적으로는 기업의 기술자산과 네트워크들이 가장 안전하고 기밀이 유지되는 방식으로 활용되고 운영되고 있는지 그리고 바람직한 비밀보장의 방식으로 전개되고 있는지에 대하여 효과적으로 단속하고 운영을 유지할 수 있어야 한다.

둘째, 데이터관리와 품질 능력에서는 핵심적인 데이터의 완전성, 정확성, 그리고 무결성(integrity)과 지속적으로 데이터 품질을 유지할 수 있는 내부적 통제환경의 적절성을 보증할 수 있어야 한다.

셋째, 비즈니스의 지속성과 재난복구 능력으로 다양한 형태의 비즈니스 활동의 전개에서 등장하는 IT 조직과 기능적 운영에 대한 지나친 외부적 개입에 대하여 보호할 수 있어야 한다.

6가지의 중점요소들 중 다섯 번째의 레버리지에서는 사용자 기술역량과 전문지식이 중요하게 제시된다. 사용자 기술역량과 전문지식은 전 조직에 걸쳐 IT 지능(IT intelligence)을 지속적으로 강화하고 그 활용을 장려하고 지원하며 촉진한다. 따라서 사용자들로 하여금 IT 자산 활용의 극대화를 통한 이점을 누릴 수 있게 한다.

6가지의 중점요소들 중 여섯 번째의 미래요소는 창발적 기술(emerging technology)의 활용능력이다. 창발적 기술 활용능력을 통하여 기업 활동에서 요구되고 있는 새로운 기술의 적절한 적용과 관련하여 기술을 서도할 수 있는 능력과 비전을 전개할 수 있어야 한다.

이상과 같이 IT 중심의 관점에서 IT–비즈니스의 통합적 대응으로 확대되는 구체적인 6가지의 중점요소들에 대한 설명이 <표 3-3>에 요약되어 있다.

(2) IT 전략 프로세스

이와 같은 IT와 비즈니스의 통합은 IT 전략과 비즈니스 전략 간의 통합적 전개가 요구된다. 따라서 IT 전략은 비즈니스 전략과 결합적으로 전개되어 설계되어야 한다.

IT 전략 프로세스의 절차를 개략적으로 보면 다음과 같다. 우선, 비즈니스 목표들과 IT 목표들을 통합하여 비즈니스 전략계획을 수립한다.

비즈니스 전략계획에서는 향후 비즈니스와 기업의 비전을 도출하고 그에 따라 IT 조직과 IT가 전개해야 할 주요한 전략적 활동들과 목표를 구체화한다.

IT 활동들과 추진해야 할 주요목표들을 확정할 때에는 재무적 성과, 리스크 대응, 자원 활용계획, 내부적 노력과 외부적 활용 및 각 프로젝트별 추진 우선순위를 구체화한다.[1]

이상의 과업들을 통하여 IT 전략계획과 자본계획, 운영실행계획에 관한 구체적인 로드맵을 완성한다. 이와 같은 IT 전략 프로세스는 기존의 비즈니스에 대한 비즈니스 설계 아키텍처를 그대로 채택하여 활용할 경우의 전개 프로세스이다.

그러나 만약 기존의 비즈니스를 새롭게 재구성하거나 새로운 비즈니스 아키텍처를 설계하고자 할 때에는 IT를 지원적 기능으로 전개할 것인지, 또는 IT 기능 자체를 하나의 핵심적 비즈니스의 기능으로 할 것인지에 대한 전략적 판단을 내려야 한다.[2]

---

1) Mark D. Lutchen, *ibid*, p. 41
2) 따라서 IT 차원에서 EA에 대응하고자 할 때에는 「엔터프라이즈 전략 설계 아키텍처」를 구성할 경우, 세분화된 비즈니스 설계 아키텍처와 IT 아키텍처를 결합적으로 전개할 필요가 있다.

제4장

엔터프라이즈 거버넌스

Enterprise Governance

제4장에서는 기업 거버넌스의 개념과 그 구성논리를 이해하고 기업 거버넌스의 전개방법을 서술한다. 또한 IT 거버넌스 프레임워크와 엔터프라이즈 거버넌스를 중심으로 거버넌스 관점에서 전략 아키텍처를 어떻게 구성할 것인지에 대한 이해를 높인다.

제4장에서는 「엔터프라이즈 거버넌스」에 관한 이해를 높이고 그 성과를 제고하기 위한 엔터프라이즈 전략 거버넌스(Enterprise Strategy Governance)의 실천적 전개 논리를 검토하기 위하여 기업 거버넌스와 엔터프라이즈 거버넌스에 관련된 주요 개념과 내용들을 학습한다.

4.1 주목받고 있는 엔터프라이즈 거버넌스

「엔터프라이즈 전략 거버넌스(Enterprise Strategy Governance)」는 그동안 특별히 주목되지 못하고 있었지만 조직의 전략추진 및 성과를 통제하고 관리하기 위하여 필요한 핵심적인 최신의 주제이다. 제5장에서 살펴보게 될 엔터프라이즈 전략 거버넌스 아키텍처에 대한 이해를 높이기 위하여 우선 **엔터프라이즈 거버넌스**와 관련된 주요 내용을 살펴볼 필요가 있다.

엔터프라이즈 전략 거버넌스는 거버넌스와 전략, 그리고 엔터프라이즈에 관한 주제와 관점이 혼재되어 아직 그 연관적 개념과 이론적, 실천적 체계가 아직 확립되어 있지 못하고 있는 실정이다.

따라서 엔터프라이즈에서 대응해야 할 주요 거버넌스 이슈들과 관련하여 기업 거버넌스의 이론과 기존의 감사이론 그리고 정보기술 아키텍처(ITA) 거버넌스와 같은 관점에서 발전하고 있는 **EA**의 거버넌스의 관점에서의 독자적인 접근방법들이 부분적으로 서로 주요한 관점들과 거버넌스 관련 기법들을 참조해가면서 상황에 따라 파행적으로 전개되고 있는 실정이다.

기업 거버넌스에 대한 실천적 차원에서의 이론적 접근은 주로 투자자의 권익보호와 통제를 중심으로 하는 재무적 관점에서의 **재무적 거버넌스**와 정보기술 분야의 투자 및 전략적 활용측면에서의 **IT 거버넌스**의 관점에서의 접근이 중심이 되고 있다고 할 수 있다.

재무적 측면에서의 거버넌스는 주로 기업경영 활동의 책임성과 회계적 투명성을 중심으로 전개되며, 최근에는 기업의 전략적 투자와 의사결정에 대한 효과성을 관리하기 위한 거버넌스의 활동이 추가되고 있다.

정보기술 분야에서의 엔터프라이즈 아키텍처 거버넌스에 관한 본격적인 연구는 IT 의사결정을 효과적으로 전개하기 위하여 IT 거버넌스를 어떻게 이해하고 실천할 것인가에 관한 문제를 엔터프라이즈 차원에서 접근하고자 하는 시도에서 연구되고 전개되었다고 할 수 있다. IT 분야에서 추진하고 있는 그동안의 엔터프라이즈 거버넌스에 관한 접근방향은 대부분 IT 거버넌스의 필요성, 당위성, 그리고 적용성에 초점을 맞추는 경향을 보인다.

이와 같은 상황에서 최근 정부 및 일반기업의 **전략적 엔터프라이즈** 활동의 중요성과 그 속성을 이해해 볼 때, 거버넌스 차원에서 어떻게 대응해야 할 것인지에 대한 방법 및 체계적 대응의 니즈가 증대하고 있다.

정부부문을 중심으로 예를 들면, 정치적 차원에서 전개되는 정부 및 지자체의 정책 입안과 집행 및 평가나 사회경제적 관점에서 전개되는 금융대응의 제도적 프로그램, 신도시나 광역 지역사회개발이나 농촌지역사회의 개발과 같은 정책 프로그램에 대하여 엔터프라이즈 거버넌스 대응의 필요성이 증대하고 있다.

즉, 엔터프라이즈 거버넌스를 어떻게 전개해야 본연의 정책목적을 효과적으로 실시하며, 비리나 부조리를 미연에 방지하고, 보다 바람직한 정책 및 전략성과를 창조하고 관리할 수 있는가에 대한 정책적 니즈이다.

일반 기업부문의 경우, 여러 기업들이 결합적으로 전개하는 컨소시엄(consortium) 프로젝트는 물론이고 새로운 엔터프라이즈 활동을 추구하고자 할 때, 주요 이해관계인들을 중심으로 어떻게 거버넌스를 전개해야 추구하고자 하는지, 그리고 엔터프라이즈 조직의 목적을 달성하고 바람직한 성과를 창조하고 유지할 것인지에 대하여 선행적으로 거버넌스 활동을 강화하려는 니즈가 일고 있다. 이는 비영리부문에서도 예외가 아니다.

이와 같은 거버넌스 니즈가 증대되는 배경에는 기업 및 정부조직에 대한 사회적 감시 및 통제, 지지와 억제 및 대항 행동과 같은 사회적 행동이 강화되고 그 동향과 추세가 변화되었기 때문이다. 따라서 조직 내에서도 스스로 자체적인 거버넌스 활동을 통하여 기업 활동의 유지와 생존, 성장과 번영을 효과적으로 전개하고, 사회적 성과를 제고하기 위하여 효과적인 엔터프라이즈 거버넌스에 대한 대응에 관심을 증대시키고 있다.

이와 같은 **엔터프라이즈 거버넌스** 니즈에 대응하기 위하여 우선 현실적으로 전개되고 있는 기업 거버넌스의 추진배경과 기업 거버넌스에서 추구하는 내용과 원칙을 통하여 우선 거버넌스에 대한 기본적인 이해를 명확히 할 필요가 있다.

4.2 기업 거버넌스

1. 거버넌스의 일반적 개념

거버넌스(governance)에 대한 통상적 개념은 「통치, 지배, 정무(政務), 관리」의 의미로 활용된다. 사전에는 거버넌스에 대하여 다음과 같이 정의하고 있다.[1]

governance
① The act, process, or power of governing; government,
② The state of being governed.
통치, 지배, 관리, 통제 통치법, 관리 방식

govern
① To make and administer the public policy and affairs of; exercise sovereign authority in. ② To control the speed or magnitude of; regulate: a valve governing fuel intake. ③ To control the actions or behavior of, ④ To keep under control; restrain ⑤ To exercise a deciding or determining influence on ⑥ Grammar. To require (a specific morphological form) of accompanying words.

① <나라, 국민 등을> 통치[지배]하다(rule), 다스리다. ②…을 지배[좌우]하다; …을 결정하다. ③…을 억제하다, 억누르다; …을 관리[운영]하다(control, manage).④지배하다. ⑤조절하다.

① To exercise political authority, ② To have or exercise a determining influence.

① (나라, 도시 등의) 통치[정치]를 하다, 정무(政務)를 보다. The sovereign reigns but does not ~. 왕은 군림하되 통치는 않는다. ②권세를 휘두르다[떨치다], 지배적 세력을 가지다, 지배[관리]하다.

---

1) Excerpted from The American Heritage Dictionary of the English Language, Third Edition (c) 1996 by Houghton Mifflin Company. NEWACE(금성판 뉴에이스) English-Korean Dictionary, 1990 뉴에이스 英韓辭典 第2版, 金星出版社 1990.

이와 같은 사전적 정의에서도 알 수 있는 바와 같이 통념적으로 거버넌스는 「조직에 대한 통치, 지배, 관리, 통제 또는 그와 같은 행동을 전개하기 위한 관리방식이나 수단으로써의 규칙이나 법」을 의미한다.

여기에서 통치의 개념에는 조직의 최상층부에서 하부에 이르기까지 권력의 행사에 대한 개념이 개입되며, 지배의 개념에는 소유나 권리, 또는 세력개념이 개입된다. 관리는 사업의 전개에 대하여 효과나 효율 및 성과의 개념이 강조되고 통제는 조절과 간섭의 개념이 부각된다.

이와 같은 거버넌스의 실천은 ①주체와 ②주체가 추구하는 목적, ③대상 및 ④범위에 의하여 결정된다.

거버넌스의 주체가 어떠한 목적을 추구하는가에 따라 거버넌스에서 추구하는 목적도 달라진다.[1]

영리목적을 추구하는 거버넌스 주체들은 수익의 지속적 실현을 위한 통제와 관리를 추구한다. 사회적 필요, 예를 들면, 전염병의 확산방지와 같은 목적을 달성하기 위하여 편성되는 조직의 경우 거버넌스 주체들은 사회적 희생과 비용을 최소화하기 위한 원칙과 목적을 추구하여 조직과 사업을 설계하고 그 사업 실천 행동을 통제한다.[2]

거버넌스의 대상이 특정한 조직의 내부로 한정할 경우와 조직의 외부적 관계인들까지 확대될 경우, 그 거버넌스 설계의 내용이 달라진다.

예를 들어 기업의 내부 활동과 조직구성원으로 한정될 경우, 거버넌스는 조직의 내부통제에 국한된다. 그러나 광역의 다수의 이해관계인과 결합적으로 전개될 경우, 거버넌스는 조직내부 뿐만 아니라 외부적 범위로 확대된다. 이와 같은 경

---

1) 주체가 개인일 경우, 거버넌스의 내용은 개인적 목적이나 원칙에 입각하여 개인적으로 전개된다. 그러나 거버넌스의 주체가 정부일 경우, 거버넌스의 내용과 목적은 정부가 추구하는 목적이나 목표, 원칙에 입각하여 설계되고 전개된다. 다수의 사람들이 그룹을 결성하여 거버넌스의 주체로 작용할 경우, 해당 그룹이 추구하는 목적이나 목표, 원칙에 따라 거버넌스가 설계되고 실천된다.

2) 만약 이와 같은 조직에서 수익성 추구의 사업 활동을 전개할 경우, 거버넌스 주체들은 그러한 활동의 타당성을 점검하여, 사업 활동의 통제와 행동교정을 실시한다.

우, 이해관계인들과의 규약이나 법률과 같은 수단이 동원된다.[1]

또한 대상의 범위에 따라, 예를 들어 국가 간의 영역을 초월하는 경우, 해당 조직의 거버넌스는 당해 국가 영역의 국가의 법적, 문화적, 사회적 시스템에 영향을 받는다.[2]

이와 같은 거버넌스의 개념을 한 마디로 정의하기란 쉽지 않다. 앞에서도 서술한 바와 같이 거버넌스에 대한 의미로 「조직에 대한 통치, 지배, 관리, 통제 또는 그와 같은 행동을 전개하기 위한 관리방식이나 수단으로써의 규칙이나 법」으로 정의할 경우, 관리방식이나 규칙, 또는 법적 의미로 귀착되기 때문이다.

일부에서는 거버넌스를 지배관계나 지배구조와 같이 설명하려는 경향도 있다. 그러나 외부적 거버넌스의 경우, 외부적 거버넌스 주체가 대상이 되는 기업이나 조직에 대하여 지배적 관계를 발휘하려고 하는 것에 대하여 피지배적 대상이 되는 조직에서는 그와 같은 '지배'라는 표현과 실제에 대하여 거부감을 갖게 된다.

그것은 지배의 논리가 자칫하면, 오용될 수 있으며 균형적 전개관계와 피드백 관계를 합리적이고 합목적적으로 설계하지 않을 경우, 그 합법성을 유지하기 어려울 뿐만 아니라 지배 및 피지배적 관계의 책임과 권한의 문제가 제대로 해결되지 못하는 상황이 전개되기 때문이다.

따라서 이 책에서는 **거버넌스**에 대하여 실천적 의미에 초점을 맞추어 「조직의 목적과 구성요소의 설계, 구조의 전개와 활동실천에 대한 내부적, 외부적 통제와 관리」라고 정의한다.[3]

---

1) 농민이나 상인들로 구성된 단체나 조합의 거버넌스가 해당 조직 내 활동의 관리나 통제만으로는 제대로 거버넌스가 실천되지 못하는 이유가 여기에 있다고 할 수 있다.

2) 다국적 기업이나 최근 소말리아 해역에 파견되는 우리 해군, 또는 해외사업을 전개하는 조직에서의 거버넌스는 해당 지역과 환경에서 요구되는 새로운 원칙과 목적, 목표를 반영하여 새로운 거버넌스 설계를 요구한다. 예를 들어, 미국 파견 군인들이 현지 사회에서 유발시키는 각종 사회적 범죄와 같은 사고들은 전쟁활동에서의 사고와 명백히 다르다. 이와 같은 일들은 일상적인 국방 비즈니스 또는 사업의 운영원칙이나 경영관리원칙으로 대응되는 것이 아니라 거버넌스의 설계와 대응으로 완수된다.

3) 이에 대한 구체적인 설명은 제4.2장, 4.4장과 제5.5장의 논의에서 살펴본다.

2. 기업 현실의 문제점 – 내부감사의 지적

기업 거버넌스와 관련하여 유의해야 할 문제점 또는 실패현상들을 참조해보면 거버넌스를 통하여 무엇을 해야 할 것인가에 대한 유용한 착안점을 찾아낼 수 있다.

기업의 경영 및 사업행동을 스스로 점검하고 분별하여 기업행동의 교정을 통하여 기업성과를 개선하고 기업의 지속적인 발전을 모색하는 기능은 내부감사(internal audit)에서 담당한다. 카키시마 카즈미 교수는 일본 기업 내에서 목격되는 부정사례를 중심으로 내부감사자의 입장에서 다음과 같이 지적하고 있다.[1]

■ **탈세, 부정경리에 의한 기업의 영향**

탈세를 비롯하여 부정경리에 의해 기업은 주로 다음과 같은 영향을 받는다. 즉, ①기업에 예측할 수 없는 손실을 준다. ②예산 및 경영계획의 수행을 저해한다. ③기업 내의 윤리를 문란 시킨다. ④종업원의 사기(morale)를 저하시킨다. ⑤사회적 신용을 크게 실추시킨다.

탈세나 부정경리가 적발, 공표되고 「기업의 책임의 소재」를 명확히 하지 않고 어정쩡하게 있으면 기업 내의 윤리나 정의감이 파괴된다는 점이다.

■ **분식결산(粉飾決算)의 문제점**

기업에 있어서 「분식결산」은 "부정경리"의 가장 전형적인 것으로, 그 중대성은 횡령·착복 등에 비할 바가 아니다.

분식(粉飾 : window dressing)은 누가, 어디서, 어떻게 하는 것인가? 또 그 분식의 발견이나 방지는 어떻게 해야 하는가? 이는 참으로 내부감사·관청감사·공인회계사감사·감사역감사에 있어서 "영원한 과제"이다. 대장성(大藏省)의 자료를 분석하면 분식의 80% 이상은 ①외상매출채권, ②재고자산, ③고정자산의 세 가지로 집약된다.

분식결산의 전형적인 사례는 산요(三洋)특수철강(주)에서 볼 수 있는 바, 그 방법은 (a)가공매출의 계상, (b)제조원가의 압축, (c)외상매입금의 과소표시, (d)일반관리비, 영업외비용의 압축, (e)미지급금·가수금의 감액상쇄 등에 의해 약 130억 엔의 분식결산을 하고 그 결과 도산했다. 그 밖에 중요한 사례로 코진(興人), 토요(東洋) 밸브, 썬웨이브(サンウェーブ)공업, 아쯔기(厚木) 나일론공업,

---

1) 카키시마 카즈미(柿島一三), 現代實踐內部監査, 白桃書房, 1992, 장종원, 박동준 역, 내부감사실천매뉴얼, 소프트전략경영연구원, 1996. pp. 308-313.

세키스이(積水)화학공업, 토요(東洋)베어링, 쿠리타(栗田)공업, 카와이(河合)악기, 닛쯔우(日通), 야시카(ヤシカ), 후지코시(不二越), 니뽄써보(日本サーボ), 후지(富士)차량, 후지(不二)샤시, 日本熱學工業, 리카(リッカー), 니토우(日東)아라레(あられ) 등의 예가 있다.

■ 은행·증권 부정사건과 감사

후지·토까이(東海)·사이타마(協和崎玉)은행 등의 부정금융사건과 노무라·日興등 증권회사에 의한 큰 손 고객에 대한 「손실보전」(총액1,283억 1,600만엔), 전국적인 폭력단과의 유착, 나아가 중소증권회사의 증권부정사건(8억 9,400만 엔)이 발생(1991년 8월), 1990년대의 "재(財)테크·버블경제의 붕괴"라는 커다란 충격을 국내외에 던져주었다.

이들 은행·증권은 기업 「윤리(ethics)」를 무시하고 무조건 「이익추구」에 빠졌다가 추락했다. 게다가 거액의 손실보전을 받은 기업으로 도요타자동차·마츠시타전기산업·TBS(東洋放送) 등이 부각되었으며, 게다가 자신들은 「잘 몰랐다, 인식을 하지 못했다」라고 똑같이 그 책임을 회피하고 있지 않은가?

감사인은 지금 「기업책임」·「최고경영자(top)의 책임」을 엄중히 묻지 않으면 안 된다. 그러나 조용히 눈을 감고 필자는 생각한다. 그 때 "감사는 무엇을 하고 있었나?" 내부감사인을 포함 특히 공인회계사·감사역들, 즉 「법정감사를 담당하고 있는 사람들은 도대체 직무상의 기능을 다했는가?」, 「그 감사책임은 도대체 누가 지는가?」

장문의 인용을 통하여 알 수 있는 바와 같이, 기업조직에서 **내부감사나** 외부 공인회계사의 법정 감사가 공식적으로 그리고 명백하게 실시되고 있음에도 불구하고 기업의 탈세, 부정, 분식결산, 경영자의 범죄 등의 잘못된 현상들이 제대로 교정되지 못하고, 기업붕괴의 과정이 진행되는 사례들이 빈번하게 등장한다.

이와 같은 기업 실패는 주주들과 광의의 이해관계인들에게 심각하고 부정적인 피해를 줄 뿐만 아니라, 경제사회 전반에 널리 그 악영향이 파급되기 때문에, 이에 대한 교정적 장치나 선행적 관리 수단을 동원할 필요가 있다. 앞에서의 카키시마 교수의 지적에서도 알 수 있는 바와 같이 무력한 내부 및 외부 감사기능을 충분히 보완하고, 기업행동을 제대로 교정할 수 있어야 하며, 또한 그 책임의 충실한 이행이 보장되어야 한다.

이와 같이 조직과 엔터프라이즈의 붕괴를 유발시키는 치명적인 문제현상들은 세월이 흘러도 세계 각지의 여기저기에서 반복적으로 등장한다. 따라서 자신이 속하고 있는 조직과 사회에서 어떻게 대응하여 건전하고 지속적인 성장을 추구할 수 있는 강력한 조직으로 생존시켜갈 것인가에 관하여 착안하고 대응하는 일이다.

그러나 다음과 같은 지적은 잘못되고 있는 기업행동의 자율적 교정이 얼마나 어려운 것인지를 알 수 있게 한다.[1]

내부감사가 가장 걱정해야할 것은 '우리 회사는 이래도 될까?'와 같은 「어떤 불감증」을 종업원 전체가 느끼게 되는 현상, 즉 「부정불감증(不正不感症)」이 무서운 것이다.

이와 같은 불감증이 만연되어 있는 기업에서는 (a)부정을 하는 것이 「당연한」것처럼 된다. (b)기업 내에서 「단물을 빨아먹는 것」에의 기대와 면역이 크게 퍼진다. (c)「나쁜 짓을 해도 태연자약」, 「다른 사람도 하는데」, 「안 하면 손해다」와 같은 「악(惡)으로의 연쇄반응」 풍조를 조성하는 것 등의 위험성이 높아진다.

또한, 기업의 부정·오류는 내부견제(internal check)제도나 고도의 감사기술로 이를 발견하고 배제할 수 있다. 그러나 이를 「예방」하는 것은 지극히 어렵다. 왜냐하면 감사 시스템이나 기술에는 '한계'가 있다. 내부감사는 인간의 마음 속까지 알아낼 수 없기 때문이다. 그러면 부정경리의 예방은 불가능한 것일까? 아니다. 불가능하지 않다. 「뛰어난 예방」이란 최고경영자(top)가 스스로 옷깃을 바로 하고 사원에게 모범을 보이는 것이다. 왜냐하면 그것은 모든 곤란한 문제를 해결하는 원천이기 때문이다.

도대체 감사는 "누구를 위해 있는 것인가?" 감사보고서는 "누구에게 무엇을 호소하려 하는 것인가?" 보고서는 "기업이나 사회에 대하여 감사인의 용기 있는 진실의 호소가 아닌가? 그것은 달콤한 「강남의 사랑이야기」와 같이 감사인들이 사장에게 올리는 절실한 '러브콜(love call)'로 그만인가?"

後藤弘교수도 《가장 시정을 요하는 감사상의 문제》로서, "어느 원 맨 회사의 사장은 '나를 누가 감사한다는 것인가?' 라고 거들먹거렸다"고 한탄하고 기업에서의 감사를 중시해야 할 것을 깊이 호소하고 있다.

따라서 카키시마 교수는 최고경영자의 솔선수범과 감사기능의 강화 및 감사제도의 발본적 개혁의 필요성을 제시하고 있다.

---

1) 카키시마 카즈미(柿島一三), 現代實踐內部監査, 白桃書房, 1992, 장종원, 박동준 역, 내부감사실천매뉴얼, 소프트전략경영연구원, 1996. pp. 308-313.

　　지적하고 있는 내용에서도 알 수 있는 바와 같이 내부견제(internal check)제도의 한계점을 극복할 수 있는 것은 바로 최고경영자의 자리이다. 그러나 아무리 제도와 기능을 강화한다고 해도, 최고경영자가 솔선하여 움직이지 않는다면, "누가 감히 사장을 감사하는가?"와 같은 태도와 행동에 대하여 내부감사를 통하여 근본적인 대책을 마련하기는 어렵다.[1]

　　이와 같은 기업행동의 자율적 교정기능인 감사기능의 한계를 극복하여 조직의 건전성을 높이고 선행적 교정을 위한 **거버넌스의 합리적 설계가** 필요하다. 또한 실천적 관점에서 거버넌스 조직과 메커니즘, 원칙의 전개를 관리하여 사후적 견제와 통제의 기능을 효과적으로 수행할 필요가 있다.

　　최근 부산저축은행 사태와 그에 대한 대응을 주목하면서 전 국민은 정부, 기업조직, 그리고 관련된 사람들을 포함한 "국가와 사회 전체가 썩었다"는 푸념과 강한 불만을 여기저기에서 표출하고 있다. 이와 같은 현상은 거버넌스에 대하여 그동안 사회적 관심이 미흡하였으며 제대로 통제와 관리가 전개되지 못함에 따라 불거진 일개의 사건에 지나지 않는다.

　　어디 그것뿐이겠는가? 대부분의 조직에서 무엇인가 잘못되어가고 있지만, 어디에서부터 손을 대서 어떻게 대응해야 할지, 속수무책으로 방관과 방임을 하고 있다가 불만만 높이고 있을 상황이 아니다. 감사원 등의 감독기관에서도 관련자의 문책이나 처벌의 수위를 높여 대응하려고 하고 있지만, 그것은 단순히 처벌이나 사후적 처리로 해결할 것이 아니다.

　　이제부터라도 더 이상 상황의 악화를 막고 또한 미연에 방지하기 위해서라도 정부 및 기업의 거버넌스를 스스로 정비하고 효과적이고 실천적인 대응이 절실히 필요하다는 점을 확실히 인식하여 근본적인 대응원칙과 실천방법을 강구하고 착실히 그에 대응해야 할 것이다.

---

1) 카키시마 카즈미(柿島一三), 전게서, pp. 313.

3. 기업의 내부적 거버넌스와 외부적 거버넌스

기업의 기본적인 목적과 활동성과를 제고하기 위하여 전개되는 기업 거버넌스에는 거버넌스의 대상영역에 따라 **내부적 거버넌스**와 **외부적 거버넌스**로 나누어 볼 수 있다.

(1) 내부적 거버넌스

내부적 거버넌스는 기업의 조직 및 내부 활동을 중심으로 통제와 관리를 수행하는 거버넌스를 의미하며 외부적 거버넌스는 기업의 외부 환경 대응 활동이나 외부적 사업전개활동에 대한 통제와 관리를 수행하는 거버넌스를 의미한다.

거버넌스의 주체를 중심으로 보면, 기업경영조직의 외부 거버넌스 주체나 조직이 실시하는 경영조직 외부주체와 경영조직 내부주체로 구분하여 볼 수 있다.

<표 4-1> 거버넌스의 구분

거버넌스의 구분		대상영역	
		내부적 거버넌스	외부적 거버넌스
주체	조직 외부	감사 위원회 전략 위원회	법률에 의한 거버넌스 조직 (정부 등) 감사 위원회, 전략 위원회
	경영조직	내부감사	외부 회계감사

기업 활동을 전개할 때에는 기업의 기본적인 구성요소를 결성하고 그 목표나 미션을 수행하기 위한 활동의 실천과 전개 및 결과에 대한 평가가 이어진다. 따라서 거버넌스는 이와 같은 기업 구성과 목표 및 미션, 활동의 내용 및 결과를 주시하고 그 성과를 제고하기 위한 통제 및 지도활동을 수행한다.

<표 4-1>하단 왼쪽 아래에서 보는 바와 같이 「**내부감사**」는 거버넌스의 대상영역이 기업경영의 내부이고 거버넌스의 주체는 경영자를 보좌하는 내부감사 경영실천조직에서 실시되며 그 성격은 기업내부의 자율적 거버넌스에 속한다.

기업내부의 자율적 거버넌스를 통하여 실시되는 내부감사에서 기업의 존립목적을 실현하는데 바람직하고 공정하게 실시되어 그 목적을 충분히 달성할 수 있다면, 외부적 거버넌스에 의존할 필요성이 줄어든다.

(2) 외부적 거버넌스

그러나 내부감사와 같이 자율적인 내부 거버넌스의 기능을 통하여 기업 거버넌스가 제대로 실천되지 못할 경우, 기업의 거버넌스는 **외부 거버넌스**에 의존하게 된다. 따라서 기존의 거버넌스에서 가장 중시되어 왔던 것이 <표 4-1>의 오른 쪽 아래의 재무적 성과와 관련된 통제와 회계적 감사, 즉 공인회계사에 의한 법정 감사이다.

그러나 미국의 에너지 기업 엔론사태의 경우나 우리의 경우에도 일부 회계 법인에서의 기업유착행위를 통한 부정감사, 부실감사 등에서 알 수 있듯이 외부 회계감사를 통한 기업 거버넌스 대응이 불충분하다는 인식이 확산되고 있다. 따라서 외부 회계감사를 통한 거버넌스를 한층 보강하는 형태가 전개되기 시작하였는데 예를 들면, 기업경영활동을 내부적으로 관찰하고 관리할 수 있는 「거버넌스 위원회」를 설립하여 거버넌스를 실천하는 형태가 그것이다. 가장 대표적인 위원회가 「감사 위원회」로 기존의 경영조직의 상층부에 위치하여 위원회의 조직과 기능을 통하여 주기적으로 기업 활동과 성과를 관찰하고 필요시 통제와 관리활동을 수행한다.[1]

거버넌스에 대한 원칙과 내용들이 새로이 검토되고 보강되면서 거버넌스는 기업 운영주체에 대한 감시, 통제, 간섭의 차원에서 거버넌스 주체와 기업 운영주

---

1) 이와 같은 위원회 조직의 활용으로 기업 거버넌스는 한층 진화되었을 뿐만 아니라, 위원회 조직의 운영원칙, 거버넌스 활동의 구체적인 내용과 메커니즘과 같은 거버넌스의 주요 수단을 조명하고 거버넌스의 성과를 제고하기 위한 논리와 방법들을 검토하는 계기가 되었다.

체에 대한 공동의 관심사를 개발하기 시작하였으며, 거버넌스 활동을 통한 기업 조직의 지속적인 성장과 발전을 위한 용구로 활용하는 방향으로 이끌어가기 시작 하였다.

<표 4-1> 왼쪽 위의 「전략 위원회」와 같은 거버넌스 주체는 기업의 외부적 활동전개의 타당성이나 필요성을 점검하고, 기업행동의 방향을 안내하며 기업행동의 조정과 지휘를 기업의 전략적 성과에 초점을 맞추어 거버넌스 활동을 수행한다. 이와 같은 거버넌스 활동의 진화는 기업의 구성과 조직이 전개하는 사업의 특성에 따라 다르게 적용된다.

거버넌스는 「실행주체와 권리의 위임 관계에서 동원되는 관리수단」이다. 즉, 거버넌스는 간략하게 말하자면 「위임자가 피위임자의 활동에 대하여 살피고 대응하는 것」을 의미한다. 만약 위임자가 기업내부에서 피위임자와 함께 기업 활동을 전개할 경우, 거버넌스는 내부적 거버넌스로 전개된다. 그러나 위임자가 외부에서 기업 활동에는 개입하지 않고 피위임자에게 그 활동을 위임할 경우, 피위임자의 활동에 대한 거버넌스는 외부적 거버넌스로 전개된다.

기업 활동의 범위나 규모가 확대되면서, 다양한 이해관계인들이 등장하게 되면, 「이해관계에 따른 거버넌스」가 등장한다.[1] 이 경우, 거버넌스는 이해관계에 관한 거버넌스를 의미한다. 간혹, 다종의 이해관계인들이 기업 경영에의 참여와 같은 주장을 할 경우가 있는데, 그것은 거버넌스와 관련된 이해관계의 적용을 부당하게 확대 적용하는 경우라고 할 수 있다.

거버넌스에는 소유, 이해관계, 영향관계를 중심으로 「소유에 따른 거버넌스」, 「이해관계에 따른 거버넌스」, 그리고 「영향관계에 따른 거버넌스」로 구분할 수 있다.

1인 기업의 경우, 거버넌스는 1인 거버넌스로 전환된다. 이 경우, 목표와 실천행동의 통제는 내부적 거버넌스와 자율적 통제로 전개된다.

1인 기업의 경우, 기업의 성공과 실패에 대한 책임은 투자와 자원조달을 모두

---

1) 현실적으로 거버넌스에 대한 논의에서, 소유 경영자의 경영활동에 대한 외부적 거버넌스의 권리나 기업경영의 통제를 강조하는 경우가 있는데, 그것은 외부적 위임관계와 거버넌스에 관한 논리를 잘못 적용할 때 발생한다.

스스로 책임을 지는 1인 거버넌스에 의하여 결정된다. 그러나 다수의 조직구성원들이 출자하여 만드는 조직의 경우, 예를 들면 조합과 같은 기업형태의 경우에는 그 거버넌스의 내용이 다르다. 즉, 조직구성원들이 출자하여 자산과 자본을 조성하고 필요한 자원의 동원과 조직을 구성하여 사업기능의 편성을 통하여 비즈니스를 전개할 경우, 거버넌스는 출자한 조직구성원들의 자율적 통제와 내부적 거버넌스로 전개된다.[1]

주식회사의 경우, 다수의 주식 소유자에 의한 「소유 거버넌스」의 통제 행동이 실시된다. 이와 같은 경우, 가장 강력한 내부적 거버넌스의 수단은 정관과 사규 또는 거버넌스의 이슈들에 대한 회의와 의사결정을 통하여 전개되며, 외부적 거버넌스의 일환으로 주주총회에 의한 소유 거버넌스의 행사가 전개된다.

또한, 별도의 위원회를 구성하여 기업운영에 대한 감시나 통제를 전개하는 방법을 활용한다. 위원회의 활동은 외부적 거버넌스의 형태이지만, 실질적으로 내부적 거버넌스의 기능을 수행하는 경우도 있으며, 외부적 거버넌스 조직으로 편성하여 전개할 경우에도 그 기능적 전개를 보면 내부적 거버넌스 기능에 실질적인 영향을 줌으로써 기업성과를 관리한다.

위원회 기능을 활용함으로써 기업 감시활동의 성과를 제고할 수 있다는 점에서 조합법인 형태와 같은 조직에서도 종종 위원회를 설립하여 내부적 거버넌스를 보강한다.

정부부분에서 출연하여 조직한 정부조직의 산하 단체나 기관, 또는 공기업의 경우, 거버넌스는 출자관련법이나 설립에 관한 법률에 의하여 실시된다. 이러한 조직에서는 공식적인 정관이나 사업계획과 같은 내부적 사업원칙이 수립되어 실천되지만, 대부분의 경우 비즈니스 실천과 관련된 거버넌스는 외부적 거버넌스가 중심이 되고, 내부적 거버넌스는 주로 사업 예산관련 통제가 중심이 된다.[2]

---

1) 이와 같은 경우, 소유에 따른 거버넌스는 직원들의 내부적, 자율적 거버넌스로 전개되며, 외부적 이해관계나 영향관계의 거버넌스가 조직에서 대응해야 할 주요한 거버넌스의 이슈로 등장한다. 직원들의 내부적 거버넌스에서는 기업의 성공과 실패를 관리하고, 지속적인 조직전개를 위한 논리로 거버넌스의 원칙을 기업원칙으로 수립한다.

2) 따라서 정부 관련기관에서는 새로운 엔터프라이즈 활동이나 새로운 비즈니스를 도모하고자 할 경우, 출자관련법이나 특별법에서 허용하는 일이 아닐 경우, 해당

이상에서 보는 바와 같이 조직의 특성이나 사업에 따라 거버넌스도 제
각기 다르다는 것을 알 수 있다.

4. 거버넌스의 네 가지 관계 유형

거버넌스의 유형에는 소유, 실행, 이해, 영향의 네 가지의 관계 유형이
있다. 소유에 따른 거버넌스는 기업의 자산이나 자원을 조성하고 제공한
기업소유권을 행사하는 주체들이 행사하는 거버넌스이다. <도 4-1>의 오
른 쪽 위의 A영역이 이에 해당한다.

<도 4-1> 거버넌스의 유형

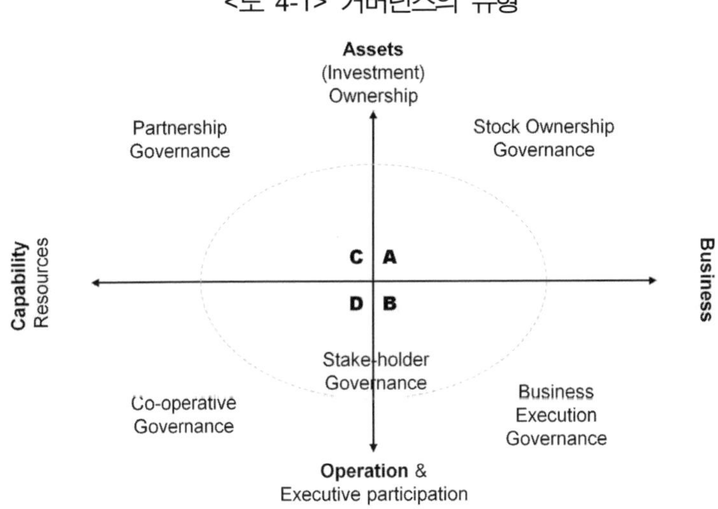

실행 거버넌스는 기업의 목표실천행동이나 성과에 개입하는 주체가 거
버넌스로 사업에 참여하는 거버넌스이다. <도 4-1>의 B, C, D의 각 영
역이 이에 해당한다. 소유 경영자가 직접 경영에 참여하여 A, B, C, D

사업은 쉽게 추진되지 못한다.

의 각 영역에 거버넌스를 행사할 수도 있으며, 설비나 기술, 또는 자원의 제공을 통한 파트너십의 결성이나 조인트벤처를 통하여 거버넌스를 행사하기도 한다. 또한 기술을 제공한 기업에서 기술특허의 사용에 관한 기업행동에 대하여 참여하여 거버넌스를 행사하는 경우를 들 수 있다.

이해관계에 따른 거버넌스는 기업과 이해관계에 있는 주체들이 기업의 구성이나 활동, 성과에 대하여 관련된 이해관계를 통하여 행사하는 거버넌스이다. <도 4-1>의 전 영역이 이에 해당한다.

영향관계에 따른 거버넌스는 기업의 구성과 기업이 전개하는 활동에 영향을 받거나 미치는 영향관계에 관련된 주체들이 영향관계에 대응하여 행사하는 거버넌스이다. 이해관계와 마찬가지로 <도 4-1>의 전 영역이 이에 해당한다.

이와 같은 거버넌스는 기업의 존립목적이나 미션, 전략적 목표, 사업 활동의 전개, 성과의 관리에 대하여 관계유형에 따라 제각기 다른 형태의 거버넌스를 행사한다. 통제의 관점에서 보면, 소유 거버넌스는 사유재산권, 소유권의 합법적 행사를 통하여 기업성과에 따라 기업 활동의 종사자들을 통제한다.

실행 거버넌스는 기업의 목표설정의 합목적성이나 전략 사업의 추진, 주요 활동에 대한 감사와 같이 기업 활동의 실행에 대한 통제와 감시, 조언 등을 수행한다. 이해관계 거버넌스는 이해관계의 행사를 통하여 기업 활동을 통제한다.

예를 들면, 주요한 계약관계에 있는 이해관계인들이 기업 활동에 대하여 부적절하다고 판단되거나 또는 바람직하다고 판단될 경우 계약조건의 행사, 계약관계의 갱신이나 수정, 또는 파기와 같은 대응을 통하여 기업 활동을 통제한다.

영향관계 거버넌스는 영향관계에 대응하는 행동을 통하여 기업 활동을 통제한다. 예를 들면, 영향관계에 있는 그룹들이 기업행동을 억제하거나 또는 촉진하기 위한 관련법을 제정하거나 또는 불매운동을 펼치는 등의 활동으로 기업 활동에 통제적 수단을 가한다.

따라서 거버넌스에서는 이와 같은 다양한 거버넌스에 대하여 어떻게 대응할 것인지에 대한 기획과 방안을 모색하여 지속적 성장과 발전을 모색하기 위한 체계적 조치를 강구한다. 특히 최근에는 거버넌스에서 조직의 전략적 전개에 대하여 주목하기 시작하였으며, 따라서 기업 전략에 대한 거버넌스에 대한 관심이 강화되고 있다.

5. 내부적 통제의 한계를 극복하기 위한 기업 거버넌스의 전개

파운드(J. Pound)는 기업 거버넌스는 당초에 무법적 경영자와 무분별한 경영활동의 전개 현상에 대한 통제를 높이기 위하여 실시하게 되었음을 밝히고 있다.[1]

따라서 이를 위한 현실적인 개혁 조치로 경영자 실행성과에 대한 공식적 감사기능을 강화할 뿐만 아니라, 이사회의 의사결정 기능과 경영자의 실천기능을 분리하고 외부감사의 선임과 더불어 기업 거버넌스의 확립을 위하여 핵심적인 기능을 수행하는 「감사 위원회(audit committees) 제도」를 확립해왔다.

감사 위원회에서는 기업 거버넌스의 성공적 실천을 위한 기본원칙의 준수와 사명을 수행한다. 감사 위원회의 사명에서는 회계보고의 절차나 내부통제 시스템, 감사절차, 준법절차 및 리스크 관리의 주요 대응행동에 대한 책무가 제시된다.

여기에서 주목할 점은 리스크 관리의 주요 대응행동들을 감사의 대응책무로 부여되고 있다는 사실이다. 즉, 감사 위원회는 기존의 내부감사나 외부감사에서 대응하고 있는 일반적 업무감사나 경영감사의 범위를 초월하여 「기업 위기에 어떻게 대응하는가에 대한 모니터링」의 역할과 책무를 충실히 수행해야 하며 기업 거버넌스를 통하여 「기업의 외부적 대응성과를 주목하고 그 관리행동을 교정」해야 하는 것이다.[2]

---

1) John Pound, "The Promise of the Governed Corporation," *Harvard Business Review*, Mar-Apr. 1995, HBS Press, *Harvard Business Review on Corporate Governance*, 2000, pp. 79-103.

2) J. L. Colley, et. al., *Corporate Governance*, McGraw-Hill, 2003. pp. 48-49.

6. 기업 거버넌스와 이사회의 역할

파운드(J. Pound)는 근본적으로 기업 거버넌스의 핵심이 「기업 의사결정을 보다 효과적으로 수행하고 잘못된 정책들을 되돌리기 위한 방법을 추진」하는 것이라고 밝히고 있다.

즉, 기업실패는 이사회와 경영자들이 기업 전개에 관한 의사결정과 모니터링을 제대로 하지 못하기 때문에 유발되어 왔다. 따라서 기업 거버넌스는 효과적인 의사결정의 프로세스를 창조하고 유지할 수 있는 방법을 구축하기 위하여 기업 거버넌스가 발휘될 수 있어야 한다.

파운드는 기업성패를 관리하기 위한 유형을 이사회를 중심으로 「관리 패러다임」과 「거버넌스 패러다임」으로 나누어 살펴보고 있다. 관리형 패러다임은 이사회에서 주로 경영진에 대한 영향력을 행사함으로써 경영진이 기업의 성과에 영향을 미치는 기능적 요소에 초점을 맞추고 있다. 반면에 거버넌스 패러다임에서는 이사회에서 기업의 효과적인 의사결정을 촉진하고 잘못된 정책의 실시를 교정하는데 초점을 맞추고 있음을 알 수 있다.[1]

그레고리(H. J. Gregory)는 기업 거버넌스를 전개하기 위한 이사회의 핵심적인 역할과 직무는 조직마다 제각기 차이가 있지만, 기업 거버넌스의 베스트 프랙티스를 중심으로 <표 4-2>에서 보는 바와 같이 정리하고 있다.[2]

즉, 이사회의 책무와 기능은 기업의 전략계획에 관한 의사결정, 리스크의 파악과 관리, 경영진이나 간부의 선임과 감독 및 평가보상, 지속적 기업 활동의 전개에 관한 계획, 주주와의 커뮤니케이션, 철저한 재무적 통제, 법률 준수의 이행여부의 확인과 조치를 실시하는 것이다.

---

1) John Pound, *ibid*, p. 83.

2) H. J. Gregory, "Overview of Corporate Governance Guidelines and Code of Best Practice in Developing and Emerging Markets," Robert A. G. Monks and Nell Minow, *Corporate Governance*, Blackwell Publishing, p. 2004. p. 533.

<표 4-2> 기업 거버넌스 위원회의 책무와 주요역할
Board Responsibilities and main function

	Corporate Governance
Board functions[1]	• Strategic planning • Risk identification and management • Selection, oversight and compensation of senior management • Succession planning • Communication with shareholders • Integrity of financial controls • General legal compliance
Board Responsibility and main function	• To direct the company both as to strategy and structure • To establish from time to time a strategy for the company, including a determination • To ensure that the executive management implements the company's strategy as established from time to time • To ensure that the company has adequate systems of internal controls both operational and financial • To monitor the activities of the executive management • To select the chief executive, ensure succession and give guidance on the appointment of senior executives • To provide information on the activities of the company to those entitled to it • To ensure that the company operates ethically • To provide for succession of senior management • To address the adequacy of retirement and health care benefit and funding

1) Canada's Dey report, France Viénot Report, Malaysia's Report on Corporate Governance, Mexico's Code of Corporate Governance, South Africa's King Report, Korean Stock Exchange Code

Source: Holly J. Gregory, "Overview of Corporate Governance Guidelines and Code of Best Practice in Developing and Emerging Markets," R. A. G. Monks and Nell Minow, *Corporate Governance*, Blackwell Publishing, p. 2004.

여기에서 주목되는 것은 기업 거버넌스가 지향하고 있는 내용이 단순히 경영의 통제와 감독을 위한 것이 아니라, 기업의 전략적 성과와 건전성, 준법성을 높이고, 재무적 통제를 강화하여 기업과 주주의 이익을 극대화시켜 간다는 점이다.

따라서 이를 위한 개혁적 조치들로 경영자 실행성과에 대한 공식적 감사기능을 강화할 뿐만 아니라, 이사회의 의사결정 기능과 경영자의 실천

기능을 분리하고 외부감사의 선임과 더불어 주주들 중에 외부 인사들을 이사회에 구성하여 수익책임을 더욱 강화할 수 있도록 하고 있다.

<표 4-3> 감사 위원회의 책무와 주요역할

Audit Committee

Guiding Principles

- Encourage a strong operating culture that conveys basic values of integrity and the expectation of legal compliance, forthright financial reporting, and strong financial controls
- Have a written charter, approved by the board, that describes its mission, organization, roles and responsibilities, and policies and practices
- Have members who are intellectually independent, qualified, and diligent
- Be properly informed by and have open and candid communications with management
- Have direct, independent communications with both the external and internal auditors
- Make it unequivocally clear that the ultimate accountability of both internal and external auditors is to the audit committee and the full board
- Guarantee compliance with generally accepted accounting principles (GAAP) and insist on full, accurate, and timely disclosure of all relevant information to the public

The Mission

- Assist the board of directors in fulfilling its oversight responsibilities by reviewing
  - The financial reporting process
  - The system of internal controls
  - The audit process
  - The company's process for monitoring compliance with laws and regulations and its code of conduct
  - The company's risk-management initiatives
- Ensure internal and external auditor independence
- Maintain effective working relationships with
  - The board of directors
  - Management
  - The internal and external auditors

Source: Holly J. Gregory, *ibid*, p. 537.

따라서 기업 거버넌스의 확립을 위하여 <표 4-3>와 같이 핵심적인 기능을 수행하는 「감사 위원회(audit committees) 제도」를 확립한다. 기업 「거버넌스 위원회」에서는 기업 거버넌스의 성공적 실천을 위한 기본적인 원

칙과 사명을 수행한다.[1]

멕커보이와 밀스테인은 기업 거버넌스에 관한 연구에서 이사회가 전략계획 수립에 직접적으로 관여하고, 경영성과를 독려하고 모니터링하고 있는지에 대하여는 파악할 수 없었지만, 간접적으로나마 전문적 이사회 기능이 실시되고 있다고 확신한다고 밝히고 있다.[2] 여기에서 전문적 기능이란 기업의 새로운 기회를 조성하고 기업 거버넌스의 수준을 높이며, 기업의 효과적인 전략계획을 개발하고 지휘할 수 있는 역량을 발휘하는 것을 의미한다.

크로포드(Curtis J. Crawford)는 이사회가 기업의 전략개발에 참여하는 것은 바람직하지만 실제로 그렇게 하기는 쉽지 않다는 점을 지적하고 있다.[3] 이사회에서 기업 전략의 아키텍처를 설계하는 일에 적극적으로 참여해야 한다는 관점은 연속계획(succession planning), CEO 감독, 집행경영진 성과보상, 임원 독립성 및 이사회 구성이 너무도 중요하고 또한 논란의 소지가 많기 때문에 등장하였다고 밝히고 있다.[4]

크로포드(C. J. Crawford)는 경영자와 위원회 간의 역할구도를 설정하기 위한 가이드라인으로 전문성을 중심으로 구분하는 역할모델을 <도 4-2>와 같이 제시하고 있다.

도표의 왼쪽은 아래에서 위쪽으로 올라갈수록 최고경영자의 전문성의 수준이 높아짐을 보이고 있다. 도표의 하단에는 오른쪽으로 갈수록 이사회의 전문성의 수준이 높아짐을 보이고 있다.

---

1) John L. Colley Jr. et. al., *Corporate Governance*, McGraw-Hill, 2003. pp. 48-49.

2) Paul W. MacAvoy, Ira M. Millstein, *The Recurrent Crisis in Corporate Governance*, Stanford University Press, 2003. p. 51

3) 즉, 전략적 의사결정에 대한 이사회의 원칙을 세우는 것도 만만치 않은 일일 뿐만 아니라 임원들과 최고경영자 및 휘하 조직 간의 권력분배의 일도 쉽지 않은 문제이다. 따라서 그동안 이사회에서는 경영진에서 편성해온 기업전략들을 점검하고 최종 승인을 내리는 방식으로 전개되어 왔다.

4) C. J. Crawford, *Compliance & Conviction: The Evolution of Enlightened Corporate Governance*, XCEO, Inc, 2007. pp. 85~91.

<도 4-2> 이사회와 경영자 간의 역할구분 모델

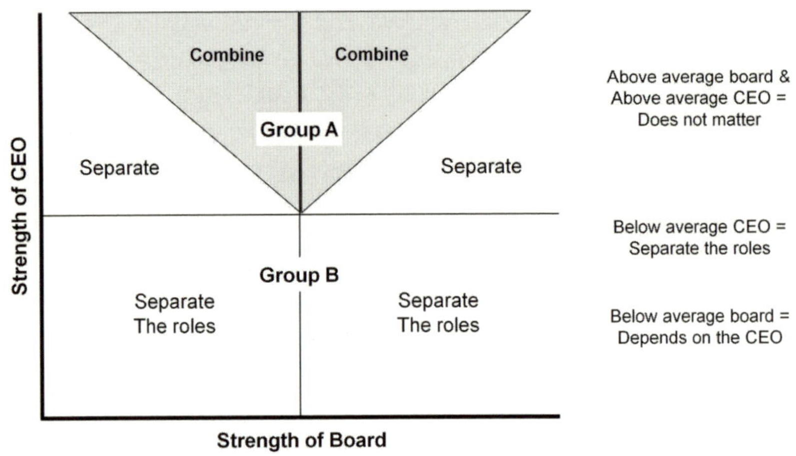

Source: Curtis J. Crawford, *Compliance & Conviction: The Evolution of Enlightened Corporate Governance*, XCEO, 2007, pp. 126~127.

크로포드는 이와 같은 구분을 통하여 흥미로운 역할구분모델을 제시하고 있는데, 그 핵심을 보면 다음과 같다.

즉, 경영진 또는 이사회의 전문성의 수준이 평균 이상일 경우, 결합적으로 전개할 경우에도, 별로 문제가 없다. 그러나 최고경영자의 전문성의 수준이 평균 이하일 경우, 역할 분담을 전개할 것을 제안하고 있다. 또한 이사회의 전문성의 수준이 평균 이하일 경우, 최고경영자에게 의존하게 된다는 점을 보이고 있다.[1]

이와 같은 역할모델은 기업 경영을 효과적으로 관찰하고 감독하기 위하여 거버넌스 기구를 조직하고 대응하는 과정에서 경영자와 이사회 간의 전문성과 리더십, 권력행사와 역할의 조정이 쉽지 않고 자율성과 책임성의 유지가 어렵기 때문에 등장한다.

---

1) 도표 중앙의 역삼각형의 부분 영역 A는 IBM, Ford, Alcoa와 같은 조직으로 CEO에 대한 감독에 대하여 별로 문제가 되지 않는 조직유형으로 분류하고 있으며, 그 밖의 도표영역 B는 Intel, AMR, Oracle과 같은 조직으로 각각 역할을 구분하여 대응하고 있는 조직유형으로 분류하고 있다.

거버넌스와 경영의 책무와 역할의 구분에서 알 수 있는 점은 거버넌스의 기능이 경영자와 전략그룹의 역량과 역할, 책무이행수준에 따라 탄력적으로 적용될 수 있고, 상호보완이나 직접 개입하는 역할의 당위성이 기능과 책무의 이행구도에 따라 달라질 수 있다는 점이다.[1]

크로포드의 연구에서의 착안점은 경영자와 거버넌스 주체간의 역할과 활동의 전개에 있어서 상호 결합적 또는 서로 구분하여 역할구도를 설정하여 대응할 수 있다는 점이다. 이와 마찬가지로 전략 거버넌스 조직의 전문성의 수준에 따라 경영자 및 전략부문과의 결합적 의사결정이나 감독, 지휘의 내용의 전개가 다르게 된다.

이를 전략 거버넌스 조직과 경영조직의 전문성과 책임이행의 관점에서 전략역할의 행사를 개념적으로 구분하여 보면 <표 4-4>와 같이 살펴볼 수 있다.

<표 4-4>의 오른 쪽 항들은 보면, 경영조직의 전략능력과 책무이행수준이 낮을 경우, 거버넌스 조직의 전문성 발휘수준에 따라 전략기능이 어떻게 전개되고 있는지에 대한 차이를 보이고 있다. 표의 왼쪽에는 경영조직의 전략능력과 책무이행의 수준이 높을 경우, 거버넌스 조직의 전략 전문성의 수준에 따라 상호 전략역할의 분담과 공유에 대하여 전개하는 방식을 예시하고 있다.

이와 같은 거버넌스와 경영의 책무와 역할의 구분에서 알 수 있는 점은 거버넌스의 기능이 경영자와 전략그룹의 역량과 역할, 책무이행수준에 따라 탄력적으로 적용될 수 있고, 상호보완이나 직접 개입하는 역할의 당위성이 기능과 책무의 이행구도에 따라 달라진다는 점이다.

---

1) 특히, 전략의 전문성 수준이 떨어질 경우, 거버넌스 성과나 경영관리의 성과가 동시에 상실될 수 있기 때문에, 양측 모두 전략적 전문성의 수준을 높여야 한다는 점을 알 수 있다.

　특히, 전략의 전문성 수준이 떨어질 경우, 거버넌스 성과나 경영관리의 성과가 동시에 상실될 수 있기 때문에, 양측 모두 전략적 전문성의 수준을 높여야 한다는 점을 알 수 있다.

<표 4-4> 전략 거버넌스의 전문성과 책임이행

		경영조직의 전략능력 및 책무 이행수준		
		고	중	저
전략 거버넌스 조직의 전문성 수준	고	(1) G: 전략 승인과 감사 관리, 통제, 지원 M: 전략 수립과 지휘	(2) G: 전략 승인과 감사, 관리, 통제, 지원 M: 전략 수립과 지휘	(3) G: 거버넌스 조직의 직접 전략 수립과 직접 전략지휘, 전략 관리, 통제, 지원
	중	(4) G: 전략 승인과 감사, 통제, 지원 M: 전략 수립과 지휘	(5) G: 전략 승인과 감사, 통제, 지원 M: 전략 수립과 지휘	(6) G: 거버넌스 조직의 전략지휘
	저	(7) G: 전략 승인과 감사 M: 전략 수립과 지휘	(8) G: 전략 승인과 감사 M: 전략 수립과 지휘	(9) GM: 전략책무의 공동방임

G: 거버넌스 조직 M: 경영조직(경영자, 전략조직)

　멕커보이와 밀스테인은 거버넌스가 전개되기 이전의 1960년대의 시스템은 이사회가 경영행동을 지휘하는 구조로 전개되었지만, 동일한 거버넌스의 구조를 적용시키면서 이사회의 기능은 다양한 사업기능의 전개에 따라 확대되고 있는 경영의 자문지원기능으로 전환(devolution)되고 있음을 설명하고 있다.

　이와 같은 방식의 기업전개에서 기업 거버넌스의 필요성이 부각되면서, 이사회의 기능과 구성은 기업 거버넌스에서 수행해야 할 요건이나 상황에 따라 진화하고 있음을 밝히고 있다.[1]

---

1) 기업전략의 수립과 실천전개에 대하여 이사회가 개입하는 것이 사실 바람직한 것

도널슨(Gordon Donalson)도 이사회의 기업전략의 수립과 전개에 대한 참여는 민감한 주제라고 밝히고 있다.

그러나 이사회에서 기업전략에 대하여 대응하지 않을 경우, 점진적인 수익성의 저하를 막을 수 없게 되며, 따라서 공식적인 전략 검토 프로세스를 도입하여 「전략감사 위원회(strategic audit committee)」와 「전략감사(strategic audit)」를 전개할 것을 제언하고 있다.[1]

> 전략감사의 대상 업무는 목표와 목적의 합리성을 비롯하여 전략수립 프로세스, 전략 방법론, 의사결정 프로세스, 조직의 대응성, 전략 시스템, 전략적 투자, 책임과 실행의 내용, 평가와 유지, 그리고 기밀유지에 관한 항목들을 들 수 있다.[2]

이와 같은 과제에 효과적으로 대응하기 위하여 CGO(Chief Governance Officer)제도를 신설하기도 한다. CGO는 조직의 거버넌스의 과제와 조직의 지속성장을 추구하기 위하여 최고경영자의 기능을 보좌하고 조직기능의 전개상황과 추이를 점검하며, 외부의 거버넌스 조직에 대응하여 조직의 거버넌스 성과를 높여 기업성과를 제고한다.

이와 같이 엔터프라이즈 전략에 대한 거버넌스는 최근 주요한 관심을 불러일으키고 있는 거버넌스의 주제이며, 엔터프라이즈의 존립과 발전, 그리고 전략적 성과를 제고하기 위하여 체계적이고 실천적인 접근이 요망되고 있다고 할 수 있다.[3]

인가에 대하여는 논란의 소지가 있다. 그것은 제품과 시장 활동을 전개하고 있는 경영진과 실무자들이 전략의 수립과 실천과 관련하여 보다 많은 시장정보, 경쟁정보, 산업, 기술정보와 사실사료에 친숙할 뿐만 아니라, 그에 대응하는 논리도 밝기 때문이다. P. W. MacAvoy, Ira M. Millstein, *ibid*, p. 9.

1) G. Donalson, "A New Tool for Boards," *HBR*, Jul-Aug. 1995, HBS Press, *HBR on Corporate Governance*, 2000, pp. 53-78.

2) 카키시마 카즈미, 현대실천내부감사, 박동준 역, 내부감사실천매뉴얼, 소프트전략경영연구원, 1996.
박동준, 뉴스와트전략, 제8장 경영오류의 인식과 극복, 2005. pp. 786.

3) 이에 대한 실천적 프레임워크와 접근방법에 대하여는 제5장과 6장에서 살펴보도록 한다.

4.3 IT관점에서의 엔터프라이즈 거버넌스

1. IT 거버넌스 프레임워크

웨일과 로스(P. Weill and J. W. Ross)는 OECD의 권고안을 중심으로 코퍼레이트 거버넌스와 IT 거버넌스에 대하여 주요 자산의 관리적 측면에서 설명하고 있다.

웨일과 로즈는 기업(Corporate) 거버넌스 프레임워크를 중심으로 IT 거버넌스 활동을 설계하여 전개할 것을 제시하고 있다. 즉, 일반적 기업 거버넌스의 주체와 이사회, 그리고 이사회의 에이전트로써의 경영진의 각 입장과 상호 관계를 고려하여 기업의 방향을 이끌어가는 전략과 바람직한 사업전개를 위한 실천행동에 대하여 엔터프라이즈가 달성해야 하는 전략과 사업 가치를 창조하는데 핵심적으로 관리해야 할 6가지의 주요한 기업 자산을 구분하였다.

즉 ①인적자산, ②재무적 자산, ③시설이나 설비 등의 유형 자산, ④지적자산, ⑤정보 및 IT자산 및 외부적 관계의 설정이나 브랜드 가치, 시장과 고객으로부터 확보되는 명성, 거래처나 규제기관 등의 이해관계인들과 형성되는 ⑥관계적 자산으로 구분하여 거버넌스의 활동들을 설명하고 있다.

이상과 같은 6가지의 활동을 효과적으로 수행하기 위하여 엔터프라이즈에서 필요한 메커니즘으로 집행 위원회나 감사 위원회 등의 거버넌스 위원회 활동과 예산 등의 실천적 수단의 전개와 관리가 실천된다.[1]

따라서 웨일과 로스는 IT 거버넌스 설계의 프레임워크는 이와 같은 코퍼레이트 거버넌스의 기본적인 프레임워크와 연계하여 <도 4-3>에서 보는 바와 같이 6가지의 세부적인 거버넌스들로 구분하고, 세부적 거버넌스들의 통합적 전개가 필요함을 제시하고 있다.

---

1) P. Weill and J. W. Ross, *IT Governance: How Top Performers Manage IT Decision Rights for Superior Results*, Harvard Business School Publishing, 2004. p. 5

<도 4-3> IT Governance Design Framework

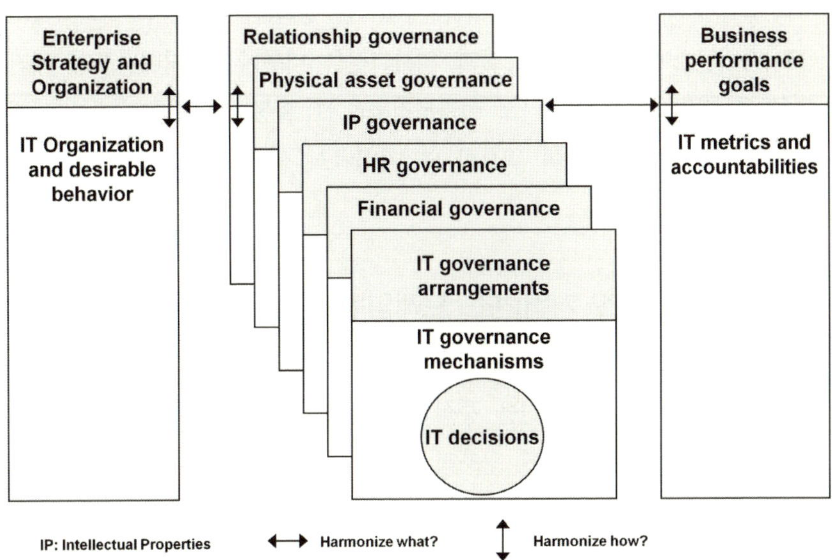

Source: ⓒMIT Sloan School, Center for Information Systems Research(CISR)
P. Weill and Jeanne W. Ross, *IT Governance*, HBS Press, 2004, P. 13에서 재인용

이와 같은 거버넌스의 세분화와 통합의 관점은 그동안 코퍼레이트 거버넌스가 기존의 재무적 성과의 관점에서 기업 전체를 조망하고 통찰하는 관점에서 자산영역별로 세분화하여 대응하는 관점을 제시함으로써 코퍼레이트 거버넌스의 대상과 범위를 세분화하여 구분 대응할 수 있도록 할 뿐만 아니라, 각 거버넌스 영역별로 거버넌스의 성과를 제고할 수 있는 착안과 관리적 대응을 가능하게 하였다고 볼 수 있다.

웨일과 로스는 <도 4-3>에서 보는 바와 같이 6가지의 하부 거버넌스들의 설계를 통하여 엔터프라이즈 거버넌스를 구성하는 방안을 제시하고 있다.[1]

---

1) 이와 같은 6가지의 하부 거버넌스들은 기업의 전략과 그 실천에 필요한 자산을 중심으로 전개되고 있으므로, 기존의 전략경영의 관점에서 본다면, 전략의 기획과 실천을 위한 능력 또는 역량의 설계와 그 성과의 관리에 대한 거버넌스의 전개를 의미한다고 볼 수 있다.

<도 4-3>의 왼쪽에는 엔터프라이즈 전략과 조직의 정렬을 중심으로 IT 조직과 바람직한 활동에 대한 기본적인 정렬을 통하여 그 오른 쪽의 IT 거버넌스에 필요한 요소들과 의사결정을 비롯한 IT 거버넌스의 메커니즘을 정렬시키고 비즈니스 성과목적들과 IT 활동 및 책임에 대한 이행관계를 관리하기 위하여 필요한 IT 거버넌스 설계의 프레임워크를 설명하고 있다.

2. 엔터프라이즈 거버넌스 프레임워크

웨일과 로스의 기업자산을 중심으로 전개한 엔터프라이즈 IT 거버넌스의 프레임워크보다 향상된 구조적 프레임워크로 <도 4-4>와 같은 엔터프라이즈 거버넌스 프레임워크를 활용할 수 있다.

이와 같은 엔터프라이즈 거버넌스 프레임워크는 거버넌스 환경과 메커니즘, 거버넌스 원칙 및 적용조직의 범위의 4가지의 관점에서 EA 거버넌스를 조명하고 있다.

> EA 거버넌스 프레임워크는 엔터프라이즈 거버넌스 환경에서 요구되는 기본적인 거버넌스의 요건과 내용을 토대로 엔터프라이즈 조직과 비즈니스의 주요 목표 및 조직 문화적 과제들을 구성하고 그에 입각하여 엔터프라이즈 거버넌스의 출발점을 구성한다.

이와 같은 관점을 토대로 엔터프라이즈 전략과 엔터프라이즈 조직 및 조직 문화적 요소를 중심으로 엔터프라이즈 거버넌스의 전체적인 설계를 전개한다는 점에서 엔터프라이즈 전략경영과 거버넌스를 통합하여 전개할 수 있는 가능성을 제시하고 있다고 볼 수 있다.

<도 4-4>의 EA 거버넌스 프레임워크의 오른 쪽에 제시된 거버넌스 원칙에서는 공식적, 외부적, 명시적 특성을 준수함으로써 거버넌스의 책임성, 결과책임, 효과성을 충족한다.

<도 4-4> EA Governance Framework

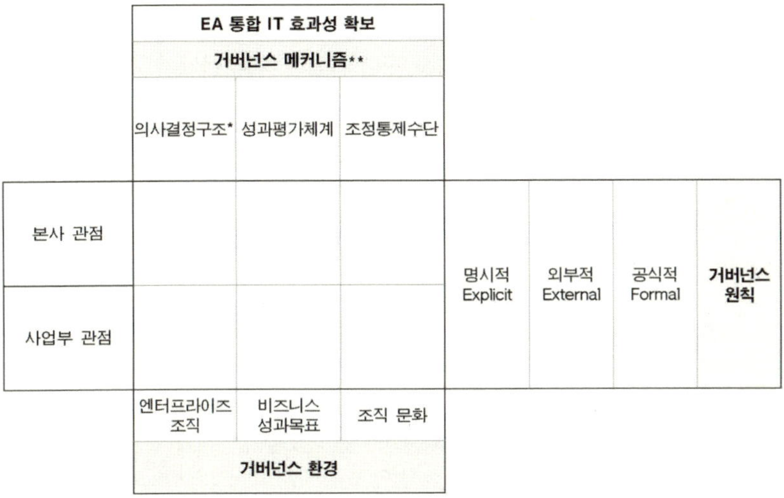

EA 통합 IT 효과성 확보						
거버넌스 메커니즘**						
의사결정구조*	성과평가체계	조정통제수단				
본사 관점						
사업부 관점			명시적 Explicit	외부적 External	공식적 Formal	**거버넌스 원칙**
엔터프라이즈 조직	비즈니스 성과목표	조직 문화				
거버넌스 환경						

* 의사결정구조설계를 통하여 기존 엔터프라이즈 조직의 제약과 한계를 극복할 수 있음
** 의사결정 유형별로 조정

출처: 전성현, 한국정보사회진흥원 2005년 공공부문 정보기술아키텍처 전문교육 교육자료

위쪽의 거버넌스 메커니즘에서는 의사결정구조, 성과평가체계, 조정통제수단을 조명함으로써 **엔터프라이즈 거버넌스**의 실천적 관점에서 요구되는 구조와 수단을 조명한다.

왼쪽의 조직계층과 부문의 관점은 거버넌스의 적용범위와 대상을 명확히 함으로써 거버넌스의 대상부문별 초점을 명확히 한다.

이와 같은 통합적 관점은 **엔터프라이즈 거버넌스**를 엔터프라이즈의 기본적 목적과 활동성과를 엔터프라이즈 관점과 비즈니스 관점을 통합적으로 이해하고 실천적으로 대응하는데 있어서 국부적이고 제한적 관점에서 거버넌스를 조망하고 대응할 때의 오류를 극복할 뿐만 아니라 전략경영의 전개 차원에서도 유용한 관점을 제시하고 있다.

3. 현실적 적용실태

2008년 세계 각지의 기업대상으로 컨설팅 전문업체가 실시한 **기업 거버넌스** 추진의 감사 위원회에 대한 조사에서 4대 중요과제로 리스크 매니지먼트와 회계 판정, 내부 통제, 그리고 정보기술과 데이터 보안이 제시되었으며 IT 거버넌스가 중요한 경영과제로 주목되고 있음을 밝히고 있다.[1]

즉, 각 기업의 감사위원들은 리스크관리와 IT 거버넌스와 관련하여, 만족(32%), 약간 만족(50%), 불만족(18%)으로 조사되었으며 IT 리스크에 대응하는 IT 거버넌스 프로세스에 대하여는 만족(15%), 약간 만족(60%), 불만족(25%)의 수준으로 전반적으로 효과적이지 못한 것으로 조사됐다.

정승렬과 공동연구자는 IT 거버넌스에 대한 이론적 개관과 체계적인 실증적 연구를 하였는데, 그 연구내용을 통하여 IT 거버넌스의 개략을 살펴보면 다음과 같다.[2]

IT 거버넌스는 IT 자산의 전략적 활용가치를 높이기 위하여 실시된다. 최근 정부나 기업에서 IT의 비중이 커지고 있으며, 정부부문에서는 IT가 국가의 정책이행 및 업무수행 수단으로, 기업에서는 사업운영에 있어서 전략적 중요도가 높아지면서 좀 더 깊이 있고, 체계적인 통제와 관리가 필요해지고 있다. 따라서 IT 거버넌스를 통해 이에 대한 통제와 관리를 효과적으로 달성해야 한다.

정승렬과 공동연구자들은 결론에서 미국 등 선진국 정부나 기업은 'IT 거버넌스에 대해 어떻게 IT에 투자하고 어떻게 효과적인 의사결정을 할 것인가'하는 경영적 측면에서 접근하고 있는 반면, '국내에서는 IT 거버넌스에 대한 도입경험이 부족하고, 그에 대한 응답자의 경험적 이해수준의

---

1) Audit Committee Institute, *The Audit Committee Journal: International Audit committee member survey 2008*, KPMG International, pp. 5~7.
2) 정승렬, 강재화, 이봉규, IT 거버넌스의 개념적 정의 및 측정도구 개발, 정보처리학회 논문, 제14-D권, 제2호, 2007. pp. 225~234

제약으로 IT 관리 및 통제의 측면에서 접근되고 있다'는 소견을 밝히고 있다.

　이와 같이 수치를 중심으로 정량적으로 표준화되어 있는 회계분야를 제외하고 거버넌스는 IT 분야의 거버넌스뿐만 아니라 정성적 요소들이 반영되고 있는 경영, 전략, 기술 등의 전반적인 분야에 대하여 대부분 초보적인 수준에서 발전도상에 처하고 있으며, 이제부터 본격적으로 실용적 연구가 꽃을 피우고 있다고 할 수 있다.

4.4 구체적 실천대응 프레임워크의 필요성

　이상에서 살펴본 바와 같이 「엔터프라이즈 거버넌스」는 「기업 거버넌스」의 내용과 원칙에서 출발하여 그리고 「IT 거버넌스」에서 도출된 개념과 프레임워크들을 반영하여 이론과 실제적인 측면에서 공히 계속 발전하고 있다. 따라서 엔터프라이즈 거버넌스의 정의와 방법론들도 점차 정교하게 연구되고 발전되는 중에 있다고 할 수 있다.

　앞에서 살펴본 여러 연구자들의 설명과 관련된 논의를 통하여 알 수 있는 바와 같이 엔터프라이즈에 대한 특성과 내용, 범위 및 정의를 어떻게 하는가, 그리고 거버넌스에 대하여 어떠한 관점을 가지고 있는가에 엔터프라이즈 거버넌스의 적용과 방법이 달라질 수 있다.

1. 엔터프라이즈 거버넌스와 기업 거버넌스

　현재 엔터프라이즈 거버넌스에 대하여 제대로 이해하지 못하고 있는 조직에서는 기업 거버넌스의 실제를 엔터프라이즈 차원의 활동에도 그대로 전개하고 있다. 엔터프라이즈 거버넌스 활동의 핵심은 기업 거버넌스와 출발점과 맥락을 같이하지만, 엔터프라이즈 특유의 목적이나 활동의 특성에 따라 거버넌스의 내용도 가감되거나 변화된다.[1]

엔터프라이즈 거버넌스의 범위와 개념은 엔터프라이즈의 정의와 엔터프라이즈의 활동을 어떻게 규정하는가에 따라 결정된다. 만약 엔터프라이즈를 현재 통상적으로 부르고 있는 기업으로 정의하고 그 기업 활동에 국한하고자 한다면, 엔터프라이즈 거버넌스는 기존의 기업 거버넌스와 동일하게 된다.[2]

엔터프라이즈 거버넌스에 대한 선행연구가 주로 기업 거버넌스에서 출발하는 이유는 바로 이와 같은 배경에 의한 것이라고 할 수 있다. 그와 같은 접근방법을 따를 때에는 다음과 같은 두 가지의 가정이 타당성을 지녀야 한다.

즉, ①기존의 기업 거버넌스의 방법론이나 원칙, 또는 추진성과가 합당하며, 또한 ②새로이 조명하고자 하는 엔터프라이즈에 대하여 기존의 기업 거버넌스의 실제가 적합하게 적용되어야 한다는 가정이다.

만약, 기존의 기업 거버넌스의 방법론이나 원칙, 또는 성과가 타당하지 못하거나 또는 새로이 대응하고자 하는 엔터프라이즈 활동에 대하여 적합하지 못할 경우, 엔터프라이즈 거버넌스는 새로운 원칙이나 추진방법론을 수립하여 적용하여야 한다.

현재까지 엔터프라이즈 거버넌스는 두 가지의 흐름에서 전개되어 오고 있다. 첫째는 **기업 거버넌스에서 진화된 형태로써의 엔터프라이즈 거버넌**

---

1) 예를 들면, 엔터프라이즈의 고유한 미션이나 특정한 목적의 실천점검이 중요하게 간주될 경우, 엔터프라이즈의 고유한 미션이나 특정한 목적의 실천이 기존의 기업 거버넌스의 중심적 원칙보다 우선시되어 엔터프라이즈의 거버넌스 원칙으로 작용한다.

2) 만약, 엔터프라이즈를 기업에서 추구하는 비즈니스의 일환으로 간주한다면, 엔터프라이즈 거버넌스는 비즈니스 거버넌스의 일환으로 대응할 수 있다. 그러나 엔터프라이즈를 기업의 형식에서 한 단계 확장되고 있는 개념으로 정의하고 그에 입각하여 엔터프라이즈 활동을 조명하고자 한다면, 엔터프라이즈 거버넌스의 개념과 활동내용 또한 그에 합당하게 확장되어야 한다.

스이다. 둘째는 IT 거버넌스로부터 출발하여 설계되고 있는 엔터프라이즈 거버넌스이다.

<표 4-5> 기업 거버넌스와 엔터프라이즈 거버넌스의 비교

	Corporate Governance	Enterprise Governance
Perspectives	• Corporation and shareholders, stakeholders	• Enterprise and interest groups including shareholders, stakeholders
Quadruple principle	• Legitimacy, Ownership, Accountability, Management of performance	• Opportunity, Capability, Responsibility and Sustainability
Rules of Decision	• Efficiency and efficacy	• Entrepreneurship
Expectation	• Maximizing the value of the owners' investment • To protect and enhance the shareholders' investment in the corporation	• Creating the Enterprise value • Fulfillment of internal and external satisfaction • Accomplishment of the Enterprise mission and objectives including corporate governance expectations

자료: Robert A. G. Monks and N. Minow, *Corporate Governance*, 2004를 참조하여 편집.

<표 4-5>는 기업 거버넌스와 엔터프라이즈 거버넌스의 주요 특징을 요약 비교하고 있다. 표에서 보는 비외 같이 기업 기비넌스에서는 법인으로서의 기업행동의 건전성과 수익성과에 초점을 맞추고 있는데 비하여, 엔터프라이즈 거버넌스에서는 당면하는 환경과 사회에 대하여 조직대응행동에 대한 내부적 성과와 외부적 성과 및 변혁성과에 초점을 맞추고 있다고 할 수 있다.

뿐만 아니라 엔터프라이즈의 활동에 대한 시간적 지평의 범위를 어디까지 설정하는가에 따라 장기적이고 지속적인 엔터프라이즈 성과를 고려한다.

기업 거버넌스는 합목적성, 합법성, 책임성, 효과성을 추구함에 있어서 기업의 기존 사업 활동과 전략적 대응활동에 초점을 맞추지만, 엔터프라이즈 거버넌스에서는 당면하고 있는 기존의 기업 거버넌스의 관점에서 확장하여 환경에 대하여 새로운 기회의 탐구, 기업능력의 확보와 전개, 환경대응성, 지속가능성을 추구한다.

따라서 의사결정의 원칙 또한 효과성과 효율성을 추구하는 기업 거버넌스와는 달리 엔터프라이즈 거버넌스에서는 새로운 모험적 전개, 엔터프러너의 도전과 대응의 원칙이 발휘된다.

효과성의 원칙이나 효율성의 원칙이 모험적 의사결정에서 지배적으로 작용하게 될 경우, 모험적 의사결정은 불확실성과 리스크 및 성과예측의 곤란 등의 이유로 기각된다.

따라서 모험적 의사결정에서는 효과성의 원칙(efficacy)이나 효율성의 원칙(efficiency) 보다 모험성의 원칙(entrepreneurship)을 중요시한다.

모험적 의사결정과 행동전개의 원칙은 「불확실한 환경상황 하에서 엔터프라이즈 활동을 계획하고 전개함에 있어서 제한적인 정보와 자료를 토대로 리스크를 감안하여 실행대응을 전개」하는 의사결정원칙을 말한다.

따라서 계획과 추진의 과정에서 불확실성을 고려하여, 「실험적 의사결정」과 실험적 사업행동의 추진이 전개되고, 그 「추진과정과 결과를 주시하면서 계획과 행동전개의 내용을 확정」해나간다.

과업에 대한 책임의 관점도 기업 거버넌스와 엔터프라이즈 거버넌스는 시각을 달리한다.

기업 거버넌스에서는 주어진 과업이행의 수익책임(accountability)에 초점을 맞추고 있는 반면, 엔터프라이즈 거버넌스는 당면한 상황에 대한 대응책임(responsibility)에 초점을 맞추고 있다.

따라서 기업 거버넌스에서는 기존의 사업을 중심으로 효과적인 사업전개에 관심을 두는 반면, 엔터프라이즈 거버넌스에서는 기민하고 적절한 환경대응을 요구하기 때문에, 환경과 상황에 적합한 사업의 변혁과 새로운 사업의 창조에 관심을 둔다.

기업 거버넌스는 거버넌스를 통하여 투자자 및 주주의 이익을 극대화하고 보호하는데 초점을 두지만, 엔터프라이즈 거버넌스는 기업 거버넌스에서 추구하는 목적을 포함하여 엔터프라이즈 가치를 제고하고 내부적, 외부적 이해관계인들의 기대를 충족시킬 뿐만 아니라, 엔터프라이즈의 변혁을 지속적으로 관리한다.

따라서 엔터프라이즈 거버넌스는 기존의 기업 거버넌스의 개념과 범위를 현재에서 미래로, 현재 운영 중인 비즈니스에서 향후 전개해야 할 비즈니스와 그 변혁을 포함하여 전개하고 있으므로 기업 거버넌스에서 한 단계 진화한 형태라고 할 수 있다.

2. 엔터프라이즈 전략 거버넌스의 실천적 프레임워크 필요성

이상의 논의를 통하여 엔터프라이즈 거버넌스의 윤곽과 성격, 필요성, 개략적 관점에서의 주요내용을 살펴보았다. 이와 같은 논의를 토대로 이제 최근에 태동하기 시작한 엔터프라이즈 거버넌스의 개념을 정의하자면 다음과 같이 서술할 수 있다.

즉, 엔터프라이즈 거버넌스는 협의의 의미로는 엔터프라이즈의 목적과 구성요소의 실세, 활동 및 성과에 내한 통제와 관리라고 정의하고, 광의의 의미로는 <도 4-4>의 엔터프라이즈 거버넌스 프레임워크를 중심으로 엔터프라이즈 환경요건과 원칙, 거버넌스 메커니즘 및 거버넌스 대상범위에 대응하는 엔터프라이즈의 통제와 관리라고 정의할 수 있다.

최근 다양하고 복잡하게 변화하고 있는 비즈니스의 내용과 전략, 실행 방식의 결합적 대응에 대한 거버넌스의 역할이 강조되고 있으며, 특히 엔터프라이즈의 방향과 전략, 그리고 조직의 행동을 이끄는 전략 거버넌스에 대한 **아키텍처**의 관점에서의 실천적 접근이 가능한 프레임워크의 개발이 요구되고 있다.

특히 여러 비즈니스를 실천하는 조직에서 다양한 전략들의 수립과 실천 전개에 있어서 기업창조와 실천의 사이클의 관리와 다양한 전략들과 비즈니스의 현실 실천에서 당면하게 되는 중복과 충돌에 대하여 거버넌스 관점에서의 역할과 기능이 요구되고 있기 때문에, 이에 대한 거버넌스 관점에서의 전략대응에 관한 실천적 프레임워크의 개발이 필요하다고 할 수 있다.

이에 대하여는 제2부에서 **엔터프라이즈 전략 아키텍처 프레임워크**의 논리와 실천방법에 관하여 살펴보도록 하자.

제2부

엔터프라이즈 전략 아키텍처 프레임워크의
실천기법과 적용사례

2부에서는 엔터프라이즈 전략 아키텍처 프레임워크의 구체적 구성내용과 전개 논리와 실천방법을 살펴보고 그 적용실제의 사례로 전략충돌의 문제를 어떻게 진단하고 해결하는가에 대한 방법을 살펴본다. 또한 엔터프라이즈 전략 아키텍처 프레임워크를 현실적으로 어떻게 전개할 것인지에 대하여 설명한다.

제5장

엔터프라이즈 전략 아키텍처 프레임워크
Enterprise Strategy Architecture (ESA) Framework

5장에서는 엔터프라이즈 전략 아키텍처(ESA)의 기본구도와 프레임워크를 구성하는 논리적 전개 방법을 설명한다. 즉, ESA를 구성하는 전략논리의 기본구도를 세부적으로 살펴보고 설계관점에서의 전략 아키텍처인 ESAᴅ와 거버넌스 관점에서의 ESAɢ의 프레임워크를 도출한다. 이어서 전략 실행관점에서의 전략충돌 현상을 조명하고 그에 대응하는 전략 아키텍처 프레임워크를 제시한다.

구체적으로는 설계관점에서의 전략 아키텍처로 전략 구성요소들을 팩트에 대응하는 전략 니즈와 전략 콘텍스트, 범위와 규모, 전략 벡터, 시너지를 중심으로 살펴보고, 비즈니스와 능력자원 영역, 전략 수립 및 실행에 관하여 각각 구성요소별로 살펴본다. ESAᴅ의 성과를 높이기 위하여 전략 아키텍처 프레임워크의 균형적 정렬대응을 살펴보고, 그에 입각하여 엔터프라이즈에서 당면하고 있는 전략과제들에 대하여 요소별 대응, 관계적 대응, 결합적 대응의 방법에 관하여 살펴본다.

이어서 거버넌스 관점에의 전략 아키텍처에 관하여 기본적인 프레임워크를 구체적으로 제시하고, 전략 아키텍처의 기본요소별로 그 목적과 내용, 주요 활동을 살펴본다. 또한 전략 거버넌스의 통제원칙과 실천, 거버넌스 주체, 거버넌스 메커니즘 및 수단의 각 구성요소별 대응논리와 그 관계적 대응에 관하여 설명한다.

엔터프라이즈 전략 거버넌스의 실천에서는 조직의 능력수준 및 전략능력에 따라 전개하는 거버넌스 실천에 관하여 살펴보고, 전략 충돌에 대응하는 엔터프라이즈 전략 거버넌스의 대응논리와 방법을 실천적 전략 아키텍처의 관점에서 설명한다.

5장의 후반에서는 ESA 프레임워크의 실천방법으로 결합적 아키텍처 대응방법과 전개절차, 전략 아키텍처 능력개발에 관하여 설명한다.

5.1 전략 아키텍처에 대한 접근방법

「엔터프라이즈 전략 아키텍처(Enterprise Strategy Architecture: ESA)」를 체계화하기 위한 접근을 어떻게 할 것인가? 이 질문은 전략 아키텍처에 관심 있는 모든 실무자들이나 연구자들이 공통적으로 고민하고 있는 주제이다.

1. 아키텍처에 대한 기대와 아키텍처 기능 선택

아키텍처에 대한 기대

전략 아키텍처라고 하면 일반적인 아키텍처와 달리 '전략'이라는 수식어 때문에, 아키텍처에 대하여 여러 가지의 복잡한 생각들이 덧붙여지게 되어 고려하게 되는 경향이 있다. 특히 전략과 **전략 아키텍처**를 동일시하는 현상이 나타난다. 제2.3절에서도 살펴본 바와 같이 **전략** 또는 **전략계획**과 **전략 아키텍처** 간에 개념을 혼동하는 일이 종종 등장한다.

그것은 전략이나 전략 아키텍처가 공히 조직에서 당면하고 있는 문제를 해결하기 위하여 고안되는 것이기 때문이다. 더욱이 구체화시키기 전의 고안과 설계 차원에서 개략적으로 볼 때, 전략 아키텍처나 전략의 설계와 별다른 차이점을 구별하기 힘들다. 전략을 설계할 때에도 전략구성요소들을 결합하여 성공적인 실천 대안들을 부문별로 그리고 전체적으로 구성하고 조직화하여 전략을 만들어 낸다.

미세하지만 차이점이 있다면, 전략 아키텍처에서는 전략을 구성하는 성공적 요소들을 중심으로 핵심적인 전략요소들을 구성하고 아키텍처의 관점에서 각 구성요소들의 관계를 조명하여, 필요한 설계를 추가함으로써, 조직의 전체적인 전략 성과를 높인다는 데에 있다.

이해하기 쉽게 도표를 중심으로 전략 아키텍처 구성을 예시하여 보면 <도 5-1>과 같이 살펴볼 수 있다. 이 도표는 제1장에서 살펴본 <도 1-4에서 1-6>의 전략 니즈와 팩트, 당위, 능력의 구성과 전개 및 전략 실천에 관한 도표와 흡사하다.

<도 5-1> 핵심구성요소와 아키텍처 영역별 전략전개

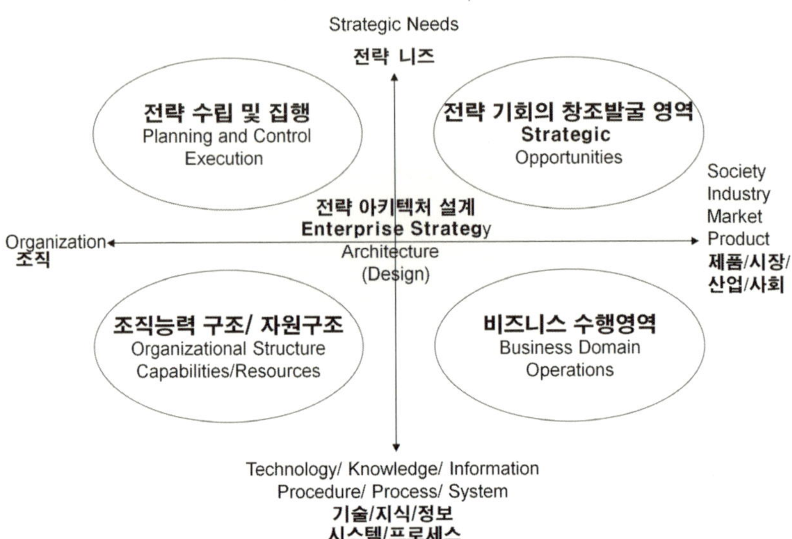

이 도표의 기축과 내용에 대한 설명은 엔터프라이즈 전략 설계 아키텍처의 구성에서 살펴보도록 하자. 도표에서 보는 바와 수평축과 수직축은 전략의 핵심을 구성하는 요소이다.

오른쪽으로 전개되는 제품/시장/산업/사회에 대응하는 전략과 왼쪽으로 전개되는 조직전개에 대응하는 전략, 위로 전개되는 전략 니즈에 대응하는 전략과 사업운영 및 전개에 소요되는 업무절차, 기능적 프로세스 및 시스템 전략이 아래로 전개된다. 조직에서 전략을 수립한다고 하면, 대체로 이와 같은 4가지 기축을 중심으로 전개된다.

그러나 이와 같은 핵심 구성요소들 간의 관계를 조명해보면, 좀 더 다른 차원의 전략들이 요구됨을 알 수 있다.

<도 5-2>에서 보는 바와 같이 수직 수평적으로 전개되는 통상적으로 기본전략이라고 판단되는 전략들 이외에 결합적 관계에서 요구되고 있는 전략들이 제시되고 있음을 알 수 있다.

<도 5-2> 전략 아키텍처를 통해 조명한 기본 전략의 구분

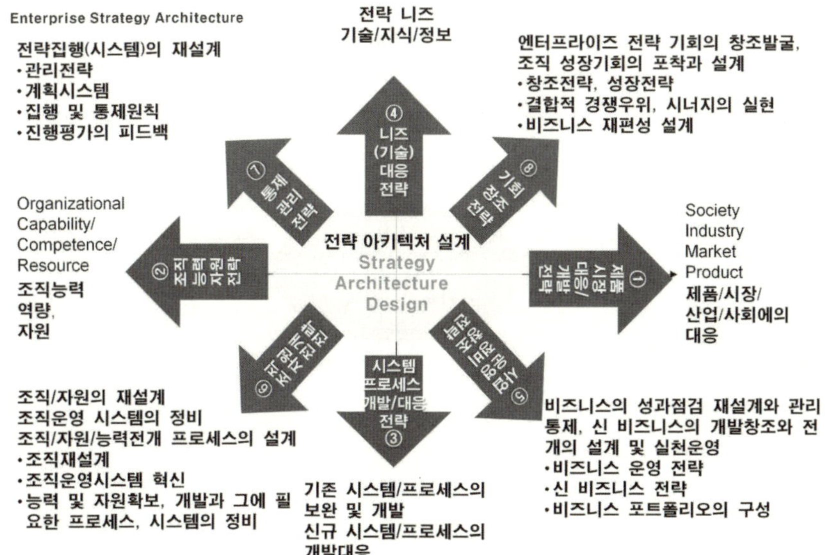

즉, 수평적으로 전개되고 있는 ①제품–시장–산업–사회대응의 전략과 ②조직–능력–자원전략, 수직적으로 전개되는 ③니즈(기술)대응의 전략과 ④시스템, 프로세스, 운영대응의 전략을 비롯하여 추가적으로 ⑤사업 창조, 정비의 전략, ⑥조직과 자원의 운영전개에 관한 전략, ⑦통제 관리의 전략 (또는 전략적 관리) 그리고 ⑧기회창조의 전략이 등장한다.

이와 같은 추가적인 전략들(⑤~⑧)은 통상적으로 기본적인 전략들(①~④)이라고 인식되는 전략의 고안과 설계만으로는 성과를 보장할 수 없기 때문에 추진된다.

예를 들어, 차별화를 통하여 경쟁우위를 확보하자는 경쟁전략을 추진할 경우를 들자면, 일반적인 제품시장전략의 구상과 전개와는 달리 시장이나 제품 서비스의 차별화에 대응하기 위하여 각 전략 아키텍처의 구성요소들에 대하여, 그리고 그 관계적 기능전개에 대하여 그 목적과 성공적 실행에 관한 구체적이고 체계적인 설계를 추진한다는 점에서 명확히 구분된다.

<도 5-3>에서 보는 바와 같이 외부적 요소와 내부적 요소, 그리고 그

관계적 요소들을 중심으로 **전략설계**의 흐름에서 보는 바와 같이 이들 간의 결합과 전개범위를 어떻게 구성하고 어디까지 대응할 것인가, 그리고 얼마나 정교하게 전개할 것인가에 따라 추구하는 전략 아키텍처의 내용이 달라진다.

<도 5-3> 전략 아키텍처의 전개관점

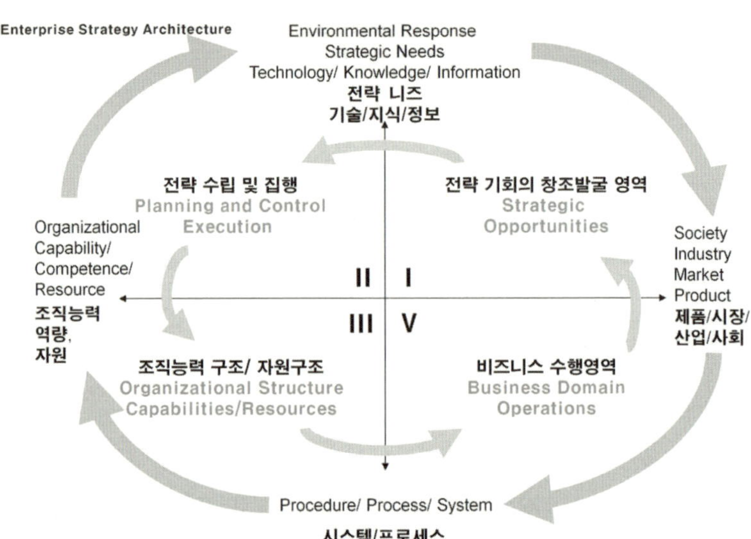

전략 아키텍처에 거는 기대가 크면, 전략 아키텍처를 통하여 해결하고자 하는 욕구도 증대하여, 세부적인 전략 설계의 작업 전체를 전략 아키텍처에 의하여 대응하려고 하고, 전략 아키텍처의 구성요소들도 그에 따라 증대하게 된다.

전략 아키텍처의 기능선택

따라서 **전략 아키텍처**를 통하여 무엇을 어떻게 할 것인가에 대하여 설계의 목적과 실천적 방법을 고려하지 않을 경우, 아키텍처에서 대응해야 할 기능적 복잡성이 증대하고, 아키텍처의 기능과 활용적 관점에서의 혼란이 조장된다. 또한 조직에서 원하는 복잡한 전략 요구사항들을 모두 충족할 수 있는 **전략 아키텍처**를 설계하고자 할 경우, 아키텍처의 복잡성이 증대하여 그 실행이 곤란하게 되고 신속하고 기민한 **전략의사결정을** 그르치게 하거나 전략적 성과지연을 초래할 수 있다.

따라서 전략 아키텍처를 고려할 때, 조직의 관련 전문가들이나 또는 외부 전문가들과 협의하여 조직에서 활용하고자 하는 전략 아키텍처의 기능과 용도, 대상의 범위를 결정하도록 하여야 한다. 이에 대한 결정이 곤란할 경우, 가장 단순하고 기본적인 기능을 수행하는 전략 아키텍처를 편성하여 대응할 수 있다.

따라서 **기본 기능수행의 전략 아키텍처**에서는 복잡한 상황대응의 요소를 최소화하고, 추구하고자 하는 조직의 전략의 설계와 운용, 사업의 구성과 전개, 관리와 통제에 관련하여, 필수적으로 점검하고 대응해야 하는 요소들을 중심으로 아키텍처를 설계하여 대응한다.

2. 아키텍처의 구성에 대한 접근방법

아키텍처의 구성에 대한 접근방법에 대한 관점은 크게 세 가지로 구분할 수 있다.

첫 번째 방법은 전체의 관점에서 출발하여 각 부분을 구성해가는 방법이다. 이를 편의상 「**전체적 접근방법**」이라고 하자. 전체적 접근방법은 **엔터프라이즈 전략 아키텍처**를 구성하고자 할 때, **엔터프라이즈 전략 영역**에 대하여 전체적으로 조망하고, **전략 구성요소**를 중심으로 아키텍처 프레임워크 구성과 활용의 논리를 개발하는 방법이다.

이외는 대조적인 방법으로 부분의 관점을 중심으로 전체를 구성해가는 방법이다. 이를 「**부분적 접근방법**」이라고 하자. 부분적 접근방법은 전략 아키텍처를 구성하고자 할 때, 경영전략이나 비즈니스 전략, 부문별 전략들을 결합하여 전체적인 전략 아키텍처를 구성해가는 방법이다.

세 번째의 관점은 현실의 이해와 대응의 관점에서 '특정한' 또는 적용하고자 하는 상황에 대한 이해와 그에 대응하기 위한 실천적 측면에서의 관점을 구성하는 방법이다. 이를 「상황적 접근방법」이라고 하자.

상황적 접근방법은 특정한 현상에 대응할 수 있는 아키텍처 프레임워크를 구성하고 그 활용의 논리를 개발하는 방법이다. 전략 아키텍처를 구성하고자 할 때, 당면하고 있는 현실과 상황에서 대응해야 하는 전략적 과제들의 해결을 위하여 어떻게 관점과 프레임워크를 구성하고 대응할 것인가에 초점을 맞추어 전개하는 방법이다.[1]

존재론(ontology)의 관점에서 볼 때, 대상에 대한 규명을 어떻게 하고, 어떻게 구성할 것인가에 대하여, 그 관점과 접근방법에 따라 각 방법별로 고유하게 내재하고 있는 오류의 가능성이 존재하고, 각각의 장단점이 있으므로 그 선택에 대한 고려와 판단에 주의를 기울일 필요가 있다.

접근방법별 오류와 실용성

전체적 접근방법과 부분적 접근 방법에서 종종 등장하는 대표적 오류는 숲은 보되 나무는 보지 못하거나 그 반대의 경우에 경험하게 되는 부분과 전체의 관한 오류를 들 수 있다.

예를 들면, 전체적으로는 대응하고자 하는 범위에 대한 개략적인 그림이 완성되었으나, 그 구도와 설계의 내용에서 실제로 적용하고, 대응해야 하는 세부적 내용을 반영하는데 실패하여, 세부적 대응의 지침이나 실천 및 성과를 관리하기 어려운 점이 있다.

따라서 이에 대응하기 위하여 전체적 관점을 점차 세분화하는 작업이 요구되는데, 이 과정에서 분해의 오류, 결합의 오류가 등장한다. 만약 전체를 정확히 나누어 몇 개의 부분으로 만들 수 있고 그 부분을 다시 결합하여 전체를 온전히 구성할 수 있다면, 분해와 결합의 구성적 오류는 제거될 수 있다. 그러나 분해나

---

1) 전략 영역 전체를 대상으로 한 온톨로지 구축이 아닌 전략충돌이란 특정 현상에 국한된 온톨로지 구축에서 전략 아키텍처를 전개한 논문은 다음을 참조. 전성현, 박동준, 엔터프라이즈 전략 아키텍처에 관한 연구—전략 충돌과 전략 사일로에 대응하기 위한 전략 아키텍처 프레임워크와 대응방안을 중심으로, *Journal of Information Technology and Architecture*, 한국 ITA학회, 2009년 제6권 1호, pp. 15~28.

결합의 과정에서 전체의 온전성을 상실하게 된다면 구성적 오류가 등장한다.

예를 들어 사람을 머리, 팔, 몸통, 다리의 부분으로 구성요소를 분해할 수 있고, 또 그와 같은 구성요소들을 결합하여 사람을 만들 수 있다는 논리와도 같다. 실제로 이와 같이 부분을 결합하여 전체를 구성하는 논리적 결합의 개념으로 구성된 작품속의 인물이 프랑켄슈타인이다. 그러나 프랑켄슈타인을 정상적이고 보편적인 사람으로 볼 수 있는가에 대하여는 상식적으로 거부된다.

따라서 분해의 오류와 결합의 오류에서는 질과 양, 그리고 방법의 오류가 작용하며 그 대표적인 오류가 프랑켄슈타인 오류라고 할 수 있다. 이와 같은 오류는 부분으로 전체를 구성하고자 할 때, 특히 유의해야 할 오류이다.

질적 오류는 분해, 또는 결합의 과정에서 내용의 중요한 질적 요소를 충족하지 못하거나 상실, 또는 변질하게 되는 오류이다. 양적 오류는 양적 최소기준, 또는 최대기준에 대한 분별이 제대로 되지 못하여, 양적 내용의 변질을 유발하게 되는 오류와 양적 교환 또는 변환 치에서의 균형적 교환 또는 교체를 잘못할 경우에 등장하는 오류가 있다. 방법의 오류는 분해, 또는 결합의 방법을 잘못 선택하거나 또는 적합하지 못한 방법으로 원래의 근본적인 취지나 목적과는 다른 결과를 유발하게 되는 오류를 말한다.

상황적 접근방법에서 등장하는 대표적인 오류는 상황의 인식과 판단에서 오는 인식-판단-대응의 오류에서 비롯된다.

예를 들어, 현실에 대한 이해의 부족이나 오해가 상황에 대한 잘못된 접근을 유도하게 되는 것을 들 수 있다. 조직의 몰이해뿐만 아니라, 경험의 부족, 근시안, 선입견이나 잘못된 패러다임, 왜곡-편향된 시각, 잘못된 콘텍스트의 적용이나 콘텍스트의 잘못된 구성, 습관적 대응, 불순하고 부적절한 이해관계의 적용과 개입, 의사결정에서의 왜곡, 저항, 시행착오와 같은 현상들이 오류를 조장한다.

이와 같은 유형의 오류들은 조직 구성원들의 실천행동의 성과를 저해하므로 이와 같은 특정한 현상이나 조직 상황에 대응하는 전략 아키텍처를 구성하고자 할 때, 전략 아키텍처의 설계를 왜곡하거나 그 성과를 억제한다. 또한 조직에서 반드시 전략 아키텍처를 새롭게 확립하여 엔터프라이즈 현실에 대응해야 할 중대한 계기의 상황일 경우에도 실천주체 및 관계자들의 이해관계에 따라 핵심과 본류에서 벗어나 지엽말절의 전략 행동교정에 치중하도록 조직의 관심을 전환시키거나 제한적 관점에서의 전략 아키텍처를 구성하게 할 수도 있다는 점에 유의할 필요가 있다.

접근방법별 장단점과 고려사항

한편, 실용성의 관점에서 볼 때, 접근방법들의 특성에 따라 다음과 같은 장단점이 있다.

전체적 관점에 의한 아키텍처의 구성은 다양한 현실과 상황에 대응하기 위한 전체를 구성하므로 전체가 지향하고 대응해야 하는 전체적 관점에서의 내용에 대한 판단과 실천을 정비할 수 있다. 이 점은 전체적 접근방법이 추구하는 바이고 또한 가장 중요한 장점이다.

그러나 전체적 관점은 필연적으로 전체의 범위설정에 따라 복잡성이 높을 뿐만 아니라, 그 설계 및 실행과정에서의 시간과 난이도가 증대한다. 전체적 관점에서 복잡성과 난이도의 문제를 해결하지 못하게 될 경우, 전체적 관점에서 추구하고자 하는 목적이나 내용들이 제대로 설계되지 못하게 될 수 있으며, 그 실천성과도 제약될 수 있다.

예를 들면, 국가 아키텍처의 대명사라고 할 수 있는 헌법을 중심으로 하는 법률체계와 그 집행전개를 들 수 있다.[1] 또한 그 아키텍처의 설계와 집행, 그리고 부분적 변경에 소요되는 시간과 노력이 얼마나 지대할 것인지를 짐작해볼 수 있을 것이다.

또한 전체적 접근방법에 의하여 구성되는 아키텍처가 정밀하게 전개될수록 아키텍처의 합법적 기능이 강화되고 실천행동에서의 상황대응에 대한 자유도는 줄어든다.

---

1) 헌법과 법률체계는 국가를 설계하고 통치하는 가장 대표적인 거버넌스 아키텍처이다. 국가의 헌법을 제대로 설계하고 구성하는데 얼마나 많은 국민적 노력과 시간, 그리고 절차가 필요한가를 생각해보면 쉽게 이해가 될 것이다.

뿐만 아니라, 전략의 통제와 지휘의 차원에서 각 부문별 전략 통제와 각 부문을 통합한 차원에서의 전략 통제가 일사불란하게 전개되지 못할 경우, 전체가 부문들의 성과를 오히려 제약하는 상황이 초래되어, 전체적 아키텍처의 최적화를 달성하지 못하고, 그 유용성이 상실될 수 있다. 따라서 전체적 아키텍처의 설계와 전개에서는 실천적 차원에서의 통제를 원활히 전개할 수 있도록 설계하는 것이 핵심적 요체가 된다.[1]

또한 아키텍처의 설계시점에서 전체를 구성하는 과정에서 불확실성에 대한 대응이 요구되거나, 상황의 부단한 변화가 예상하여 그에 대응할 수 있는 아키텍처를 설계하게 될 경우에는 아키텍처의 구성자체가 불가능하게 된다. 실용적 차원에서의 이와 같은 단점은 전체적 접근방법을 채택할 때 특히 주목할 필요가 있다.

따라서 많은 조직들이 이와 같은 전체적 접근방법을 희망하고 다양한 시도를 해오고 있지만, 빈번한 좌절을 경험하게 됨으로써 실용적 차원에서 부분적 접근방법이나 상황적 접근방법을 채택하게 된다.

부분적 접근방법은 각 부분별 최적화를 통하여 전체의 최적화를 구성하고자 하는 특성에 따라 유발되는 장단점이 존재한다.

우선 각 사업 부문별로 독자적인 전략들을 구성할 수 있으므로 각 사업 기능 전개의 특성별로 대상 범위에 대한 전략들을 신속하게 그리고 정확하게 전개해나갈 수 있다.

그러나 부분의 결합전개에서 통합적 설계운영의 원칙이나 조정원칙이 설정되지 못할 경우, 부분간의 마찰이나 충돌, 또는 부조화의 문제가 발생한다.

예를 들어 부문별 전략들 간에 충돌상황이 발생하게 될 경우, 그에 대한 대응이 용이하지 못하다. 최근 미국의 자동차 시장에서 토요타의 리콜사태에서 보는 바와 같이, 영업부문에서는 최적의 전략을 실천하여, 영업은 열심히 잘하고 시장

---

1) 최근 국방차원에서 전시대응을 위한 육해공군의 통합지휘에 대한 운영 아키텍처를 혁신해야 할 필요성이 제기되고 있다. 이와 같은 운영 아키텍처를 구성하려면, 먼저 국방차원에서 대응해야 할 전략 아키텍처의 설계와 점검을 먼저 수행하여야 한다. 전략 아키텍처의 설계를 배재하고 운영 아키텍처만을 변화시킬 경우, 추구하고자 하는 국방전략의 핵심적 요소들의 전략적 전개에 허점이 노출될 수 있을 뿐만 아니라 전략상황의 전개에 따라 전략요소들 간의 마찰이나 충돌이 유발될 수 있기 때문이다.

에서의 제품의 경쟁력도 갖추고 있는데, 오히려 리콜이 증대하여 기업 이미지의 추락과 수익이 급감하여 심각한 경영 위기를 초래하는 경우를 들 수 있다.

이와 같은 현상은 비즈니스 전략과 품질전략 간의 중대한 전략충돌 현상이지만, 각 부문별 전략들을 전체적으로 조정해주는 전체적인 차원에서의 전략 아키텍처가 기능을 제대로 하지 못하기 때문에 등장한다. 따라서 이와 같은 문제에 대응하기 위하여 부분적 접근방법을 보완하는 전략 아키텍처의 논리가 필요하다.

상황적 접근방법은 당면하는 현실에서 특정한 상황에 대응하기 때문에, 대응하고자 하는 초점을 잘 구성하면, 신속하고 간편한 설계와 실천이 용이하다.

이러한 점은 상황적 접근방법의 최대의 강점이다. 그러나 앞에서도 언급한 바와 같이 상황적 접근방법의 실천적 오류와 제한적 접근으로 시행착오를 경험하게 될 경우에도, 실제로 이를 점검하기 어렵다는 점에 유의할 필요가 있다.

다른 접근방법에서도 마찬가지이지만, 상황적 접근방법에서 특히 주목할 점은 현실인식과 팩트의 구성, 전략 니즈의 인식과 상황대응에 대한 적극성과 소극성, 상황에 대한 도전적 의식, 창조적 대응을 어떻게 하는가에 따라, 그 목적이나 내용의 구성, 전략의 설계 포인트 그리고 실천적 과정 및 결과창조에 큰 차이를 보인다는 점이다.

따라서 전략 아키텍처에 대한 접근방법은 이상의 세 가지 접근방법들의 장점과 단점, 오류 등장의 문제점 등을 고려하여 당면하고 있는 조직현실에 대하여 가급적 충실히 대응할 수 있도록 고려할 필요가 있다. 즉, 이와 같은 현상에 대하여 바람직한 성과를 창출하기 위하여 전략 설계 아키텍처의 프레임워크를 적합하게 편성하고 이를 효과적으로 실천할 수 있는 전략 거버넌스 아키텍처를 보완할 필요가 있다.

전략의 현실적 고유 특성에 따른 세 가지의 전략접근방법

전략 아키텍처의 구성을 고려할 때, 조직에서 추구하는 전략의 현실적 고유특성에 따라 세 가지의 전략접근방법이 있다.

첫 번째 방법은 엔터프라이즈와 전략을 중심으로 연관된 요소들을 결합하여, 당면하는 전략과제에 대응하는 전략 아키텍처를 구성하는 방법과 엔터프라이즈와 능력요소를 중심으로 전략 아키텍처를 구성하는 방법을 고려할 수 있다.

이와 같은 관점은 기존의 전략경영의 논리에서 규범적으로 전개되어온 방식으로 전략과 능력 그리고 조직이 대응해야 할 환경현실을 중심으로 전략 아키텍처를 구성한다. 즉, 전략과 능력, 조직의 환경을 점검하여 대응해야 할 전략 콘텍스트를 구성하고 그에 따라 전개해야 할 행동과업의 절차와 엔터프라이즈의 추진원칙과 같은 전략 아키텍처의 최종결과물의 구성을 전체적으로 조망하고 편성할 수 있도록 한다. 이와 같은 아키텍처 구성의 전개방법을 「**전략경영의 ESA 접근방법**」이라고 할 수 있다.

또 한 가지의 접근방법은 정보기술 분야에서 전개하는 방법으로 엔터프라이즈의 전체 아키텍처와 필요한 부분 아키텍처들을 구성하고, 각 아키텍처들을 총괄하는 엔터프라이즈 아키텍처의 한 부분 아키텍처로서의 엔터프라이즈 전략 아키텍처를 구성하는 방법이다. 이와 같은 아키텍처 구성의 전개방법을 「**IT ESA 접근방법**」이라고 할 수 있다.

세 번째의 접근방법은 엔터프라이즈의 현실과 미래에 대한 아키텍처를 구축하고 이를 기반으로 엔터프라이즈를 점진적으로 개선 발전시켜가는 복합적 경영활동을 가능하게 하는 전략이 무엇인가를 규명하고 그에 입각하여 **ESA**를 수립함으로써 **EA**를 보완하고 지원하는 전략 아키텍처를 구성하는 방법이다.[1] 이를 「**엔터프라이즈 중심의 ESA 접근방법**」, 또는 「**EA ESA 접근방법**」이라고 하자.

---

1) 전성현, EA에 대한 상황적 이해 – 엔터프라이즈 복잡성 문제 관점에서, *Journal of Information Technology and Architecture*, 2008. 4., pp. 35 ~ 51 참조.

<도 5-4> 전략 아키텍처를 통한 EA의 환경대응 성과제고 프로세스

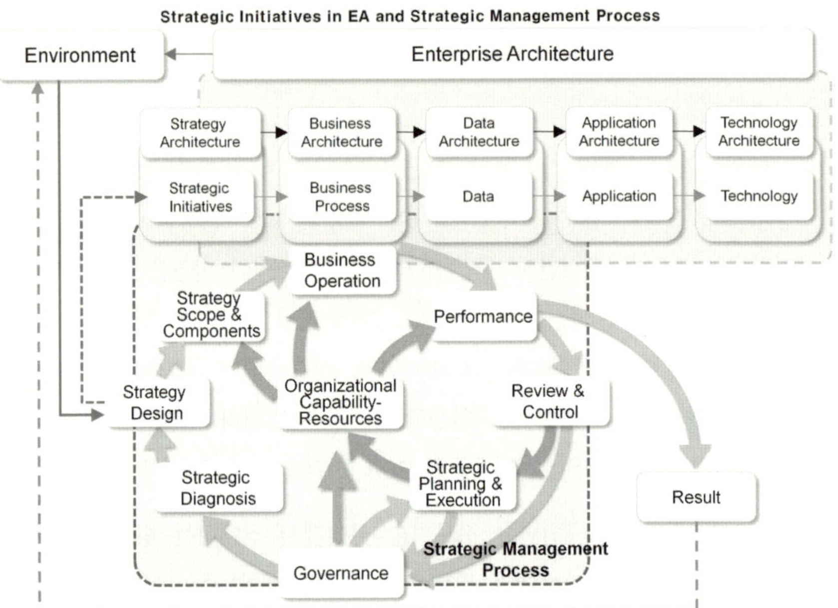

전략경영의 **ESA** 접근방법은 엔터프라이즈 전략이 엔터프라이즈 활동과 구조, 조직을 포함하여 엔터프라이즈 전체의 설계의 가이드라인과 실천적 방향을 제시한다. 따라서 엔터프라이즈 전략이 **EA** 설계와 전개의 출발점이 된다.

엔터프라이즈 중심의 접근방법은 이상의 두 가지 접근방법을 포함하는 방법으로 엔터프라이즈 아키텍처의 정의에 입각하여 **EA**와 **ESA**간에 계층적 관계와 상호 연관성을 주고받는 관계를 형성함으로써 <도 **5-4**>에서 보는 바와 같이 **EA**의 발전과 엔터프라이즈의 발전을 도모한다.

따라서 엔터프라이즈 중심의 접근방법의 철학에 입각하여 기존의 전략경영의 차원을 엔터프라이즈 **차원의 전략경영**으로 확장하고 통합된 접근방법을 중심으로 **ESA** 프레임워크를 살펴보도록 한다.

5.2 엔터프라이즈 전략 아키텍처의 기본구도와 프레임워크

1. 실천적 관점에서 고려되는 3가지의 전략 아키텍처

앞의 <표 3-2>에서 살펴본 바와 같이 아키텍처는 설계와 거버넌스 및 실천의 관점에서 구성할 수 있다.

엔터프라이즈 전략 아키텍처도 이와 마찬가지로 <도 5-5>에서 보는 바와 같이 설계의 관점에서 ESAD, 거버넌스의 관점에서의 ESAG 그리고 실천의 관점에서 ESAE의 세 가지 아키텍처를 구성할 수 있다.[1]

<도 5-5> ESA의 관점별 전개와 그 특성

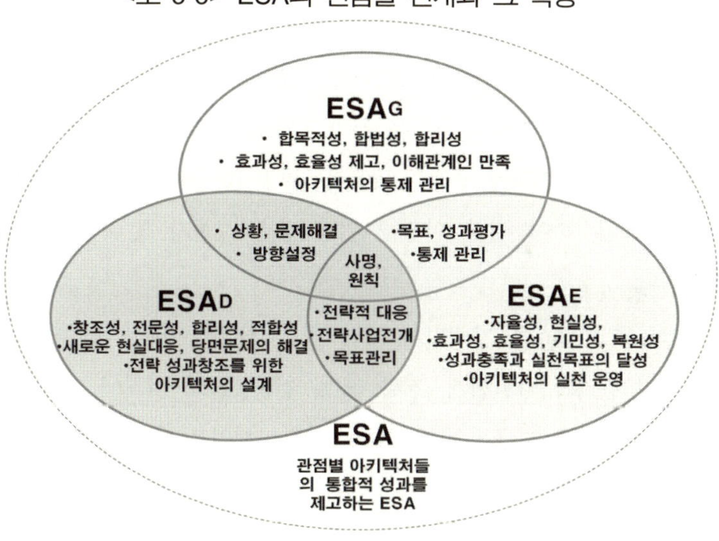

---

1) 이와 같은 구성은 마치 건축물에 관한 설계에서 기본설계와 시공설계 및 감리와 같은 구분과 유사하다고 할 수 있다. 엔터프라이즈 전략 아키텍처를 바라보는 관점과 활용의 관점에 따라 설계의 관점과 거버넌스의 관점, 그리고 실천의 관점에 따라 ESAD, ESAG, ESAE로 간략하게 표기한다. 이에 대한 영문표기는 다음과 같다. ESAD: Enterprise Strategy Architecture in Design Perspective, ESAG: Enterprise Strategy Architecture in Governance Perspective, ESAE: Enterprise Strategy Architecture in Execution Perspective.

ESAD는 새로운 환경현실에 대응하고 조직의 성과를 창조하기 위하여 창조성과 전문성, 합리성, 적합성에 입각하여 전략창조와 전개에 주요 관심을 두지만, ESAE는 실행부문을 중심으로 실행조직의 전략실천의 기능적 성과나 실행성과에 관심을 두고, ESAG는 엔터프라이즈의 설립목적이나 사명에 초점을 맞추어 합목적성, 합법성, 합리성에 초점을 두어 ESAD와 ESAE를 지휘하여 성과를 제고하는 것에 관심을 둔다.

따라서 ESAG는 ESAD와 ESAE의 전반적인 활동과 과정을 지휘하고 그 성과를 관리하기 위한 전략 거버넌스 활동의 통합적 아키텍처라고 할 수 있다.

그림의 오른쪽 아래에 제시된 현실적 전략 실천에 관한 아키텍처인 ESAE는 각 조직의 환경과 현실대응에서 전략의 실천적 관점에서 대응전략의 설계와 거버넌스의 아키텍처에 대응하여 조직을 운영하고 목표의 실천과 달성의 측면에 주안점을 두어 전략의 실행성과 창출의 방법과 조건, 실행절차의 전개에 초점을 맞추게 된다. 따라서 ESAD와 ESAG의 내용편성에 입각하여 전략 실행을 위한 방법과 절차 및 관리적 요소들이 전개된다.

ESAD와 ESAG가 전개되지 못할 경우 전략의 범위, 방향을 비롯하여 구체적인 능력과 자원전개, 전략 집행, 전략통제와 실천에 관한 구체적인 내용이 체계적으로 구성되지 못하여 전략실행의 내용과 절차, 방법에서의 대안들을 중심으로 ESAE를 구성하여 전략실천을 전개한다.

이와 같은 경우, 다양한 비즈니스를 실천하는 조직에서는 전략 실행측면에서 다양한 시행착오를 경험하게 될 뿐만 아니라 여러 가지의 전략들 간의 마찰이나 충돌, 중복과 같은 문제가 등장한다.[1]

---

1) 구체적인 문제현상으로는 각각의 실행부문에서는 고유한 사업실행을 위한 전략들을 모색하지만, 기본적으로 전략의 범위나 비즈니스 영역, 투입해야 할 능력이나 자원, 그리고 전략요소들의 설계와 계획 수립 및 실천에 이르는 전략 집행과 같

뿐만 아니라, 중대한 전략충돌의 문제가 등장하게 될 경우에도, 각각의 사업실천과 성과창출에 주안점을 두고 있는 비즈니스 실행조직에서는 전략충돌현상이 일어나고 있는지에 대한 관심을 보이지 않는다.

또한 조직 내에서 전략충돌현상이 일어나도 그에 대한 인식의 수준이 낮고 그에 대응하기 위한 방법도 찾아내려고 하지 않으며, 전략적으로 어떻게 대응해야 할 것인지에 대한 판단도, 실행차원에 국한한다.

더욱이 전략설계보다도 실천적 관점에서의 대응방안의 도출과 대응행동의 실천에 집중함으로써, 근본적인 전략설계가 제대로 이루어지지 못한 채로 조직의 전략대응이 전개되지 못하는 현상이 종종 등장한다.

따라서 전략의 설계와 거버넌스의 관점에서 필수적인 ESAD와 ESAG의 개념적 프레임워크에 초점을 맞추어 살펴보도록 한다.

2. 전략실행관점에서의 전략충돌현상 대응의 실제

(1) 전략충돌 현상의 등장배경과 이유

다양한 비즈니스를 전개하는 조직에서 ESAD와 ESAG가 없이, 그리고 ESAE의 설계와 집행을 어떻게 할 것인지에 대하여 제대로 편성하지 못한 조직에서 전략대응을 전개할 때, 필연적으로 목격되는 3가지의 대표적인 현상이 부실전략의 전개, 전략실현의 미흡 그리고 전략충돌현상이다.

첫 번째의 부실전략현상은 전략의 설계와 그 실천대안의 입안과정에서 반드시 분석하고 검토해야 할 주요한 전략요소들에 대하여 충실히 분석하고 검토하지 않기 때문에 비롯된다. 따라시 전략의 설계와 거버넌스의 요소를 등한시함으로써 전략품질이 조악해질 뿐만 아니라, 실천적으로 무용한 전략들이 생성된다.

두 번째의 전략실현의 미흡은 전략이 부실하기 때문에 비롯될 경우도 있지만, 전략이 제대로 설계되어 있을 경우에도 그 이행과 실천의 통제나 관리가 제대로

은 전략설계의 아키텍처가 결여되고, 실행전략들 간의 전략 이니시어티브들이 서로 충돌하거나 관련 전략요소들 간의 중복, 마찰과 같은 현상을 경험하게 된다.

되지 못하거나 또는 전략실천의 요소들이 제대로 충족되지 못할 경우에 문제현상으로 등장한다.

세 번째의 전략충돌현상은 전략 아키텍처의 각 영역 및 구성요소들 간의 충돌현상이지만, 이에 대한 관점이 결여되어 있는 조직에서는 전략충돌의 문제를 실행의 문제로 간주하고 조직행동차원에서의 실천 대응방안으로 전략의 문제를 해결하려고 함으로써 조직의 전략적 시행착오를 반복한다. 즉, 전략 설계나 거버넌스에 의한 해결보다는 비즈니스의 조직운영에서의 대응방안의 모색과 추진에 치중함으로써 스스로 전략적 대응성과를 억제하는 현상이 유발된다.

뿐만 아니라, 새로운 전략 기회나 전략 니즈의 발굴과 그에 대한 대응을 모색하기 위한 새로운 비즈니스의 영역과 구조설계, 혁신적 능력과 자원, 기술 확보와 개발, 연관조직간 통합적 대응을 통한 전략설계와 거버넌스의 실현과 같은 중대한 전략적 활동이 간과된다.

상황이 이와 같이 전개되고 있음에도 ESAD와 ESAG를 갖추지 못하고 실행차원에서 문제를 해결하려고 하는 조직에서는 공식적으로는 사명과 전략적 비전, 전략 목표를 중심으로 각각의 기존 비즈니스 목표의 실행을 위한 수단과 방법, 절차를 따르고 있기 때문에, 아무런 문제가 없는 것처럼 생각하고 기존의 절차와 방식대로 행동한다.

이와 같은 경우 주목해야 될 점은 ESAD와 ESAG를 갖추지 않고 전형적인 경영관리의 실행 프로세스에 입각하여 실행차원에서 대응을 전개하는 조직은 ESAD와 ESAG에서 기능적으로 수행되어야 할 일들을 사업부문의 책임자나 경영자가 직접 주도적으로 대응해야 한다는 점이다.

조직에서 다행스럽게도 경영자나 사업부문의 책임자가 인적 능력과 열정, 의지, 전략 지능을 발휘하여 이에 지속적으로 대응할 수 있을 경우에는 문제가 되지 않지만, 대응해야 할 전략 현실의 복잡성이 증가하고, 특별한 사정에 의하여 전략적 리더십을 발휘하지 못하게 되거나, 지속적으로 대응하는데 실패하게 되면, 조직의 전체적인 전략의 성과가 급속히 추락하게 된다.

이와 같은 현상에 대응하기 위하여 경영자와 사업부문, 조직부문의 책임자들을 중심으로 전략적 리더십을 강조하고, 그 역량을 강화하기 위한 노력들이 전개되어 왔다. 그러나 개인의 역량을 중심으로 하는 전략적 리더십의 발휘를 통한 대응에는 그 한계가 노출되고 있으며, 전략적 리더십의 지속적 발휘에 대한 체계적인 성과의 관리 또한 용이하지 않다는 점이 현실적인 문제현상으로 부각되고 있다.[1]

또한 조직에서 **ESAD**와 **ESAG**에 의한 대응을 하지 않을 경우, 새로운 **엔터프라이즈 전략**의 추진이 절실히 요구되거나, 또는 기존의 실천적 관점에서 추구해온 전략적 행동들이 성과가 부진하게 될 경우에 그에 대한 전략적 대응이 쉽지 않다는 점이다.

특히 기존의 실천전략에 대하여 근본적인 전략적 변혁을 요구 당하게 될 경우, 전략 아키텍처를 통하여 설계할 수 있는 주요한 새로운 전략이 제대로 구성되지 못하는 현상에 처하게 될 수 있다. 또한 주목해야 할 점은 기존의 비즈니스의 실천과 관련하여, 다양한 실천전략들에서 추구하는 전략적 이니시어티브들이 서로 충돌하게 될 경우에도, 이를 전략의 관점에서 주목하기 보다는 현실적인 실천방안을 중심으로 재구성하여 문제를 해결하려고 하는 임기응변식 대응이 만연한다는 점이다.

그러나 대부분의 조직에서 그동안 전략충돌의 현상이 대두될 경우 별다른 문제의식을 느끼지 않고, 서로 다른 사업이나 전략을 전개하면서 전략충돌이나 중복의 문제는 충분히, 그리고 당연히 발생할 수 있는 사안이라고 간주하고 조직적 대응이나 실천행동의 차원에서 대응해왔다. 이제부터는 전략의 관리와 효과적 통제와 실천이라는 관점에서 전략의 충돌의 문제와 그 폐단을 정비하고 전략 아키텍처와 거버넌스의 관점에서 주목하여 지속적으로 조직의 전략 성과를 높일 필요가 있다.

(2) 전략충돌 현상의 유형

<표 5-1>에는 전략충돌의 현상들의 유형을 발생 원천과 특징을 중심으로 구분하여 각 현상과 원인을 요약하고 있다.

즉, 새로운 전략과 기존의 전략 간에 양립하지 못하고 충돌하는 현상을 비롯하여, 비즈니스 전략들 간의 충돌, 능력-자원의 중복편성이나 과부족에 의한 능

---

1) 전략적 리더십의 발휘를 통한 업적의 전개와 성과의 창조에는 현실적인 한계를 보이고 있다. 이와 같은 현상을 입증하는 실례가 한 때 유능했던 경영진의 임기 단축과 조기퇴직현상이라고 할 수 있다.

력자원에 대한 충돌, 전략 수립 및 목표전개과정에서의 충돌, 전략 우선순위 원칙적용에서의 충돌, 거버넌스 및 결합적 전략요소들에 대한 균형정렬의 전개에서의 충돌과 같은 유형들이 있다.

<표 5-1> 전략충돌의 유형구분과 현상 및 원인

구분	현상	원인
1. 신구 전략의 충돌	● 환경대응에 필요한 새로운 전략의 수립대응과 기존 전략 유지 간의 충돌 ● 전략 범위에서의 충돌	● 기존의 사업을 추진하면서 새로운 환경대응성과를 위한 이질적인 신사업과 신전략의 추진 ● 동일한 전략범위에 대하여 서로 다른 전략을 추진
2. 비즈니스 전략의 충돌	● 비즈니스들을 추진하기 위한 각 비즈니스 전략들 간의 충돌 ● 비용, 투자의 중복집행	● 전략요소에서의 충돌이나 전략요소들 간의 충돌의 문제로 전략의 균형정렬을 억제
3. 능력자원의 충돌	● 전략추진에 필요한 능력과 자원의 쟁탈전 대두와 권력과 타협에 의한 조정	● 추진해야 할 전략에서 요구하고 있는 필수적인 능력과 자원의 제약, 선택과 집중의 실패
4. 전략 수립, 목표전개 과정에서의 충돌	● 동일 목표 하에서 부문 별로 서로 다른 실천적 목표를 추구하는 전략들 간의 충돌	● 각 전략들의 사명 또는 목표의 구성과 실천적 대응방안들의 전개의 과정에서 유발
5. 우선순위 충돌	● 복수의 이질적, 동질적 전략들 간의 우선순위 쟁탈 ● 각 전략들 간의 조직(행동) 주도권 장악 경쟁	● 전략의 난립현상, ESA 설계의 전략조정실패, 전략평가제도의 부재, 전략감사의 미흡, 전략적 의사결정 능력의 한계
6. 거버넌스 원칙적용에서의 충돌	● 서로 다른 종류의 통제원칙이 필요한 전략들 간에 원칙적용에서의 충돌	● 비즈니스별 통제의 원칙이 다른 경우에도, 이를 동일한 통제원칙으로 적용함
7. 거버넌스 조직에서의 충돌	● 서로 다른 종류의 이해관계가 관계되는 비즈니스들에 대하여 동일한 이해관계로 거버넌스를 실천함으로써 거버넌스 조직 내에서 의견대립, 통제의 곤란, 거버넌스 활용수단의 마찰 등이 유발	● 서로 다른 종류의 이해관계인들이 관계하는 비즈니스들에 대하여 영향관계가 다른, 또는 상충되는 이해관계인들을 중심으로 거버넌스 조직을 편성
8. 거버넌스 메커니즘에서의 충돌	● 각각의 비즈니스별 이질성의 정도에 따라 필요한 권한과 책임의 부여, 성과보상과 같은 주요한 거버넌스 메커니즘에 대한 마찰, 충돌이 등장	● 비즈니스 특성에 합당한 거버넌스 메커니즘의 적용실패
9. 거버넌스 수단에서의 충돌	● 비즈니스별로 별도로 요구되는 의사결정, 감독, 통제 및 평가수단, 거버넌스 절차 등에 있어서의 충돌	● 획일적 거버넌스 수단의 적용
10. 균형정렬 에서의 충돌	● 외부적 환경현실과 전략 니즈에 대한 대응에 대하여 범위재조정, 목표, 수준, 규모, 방향, 비즈니스 구조, 능력자원편성의 조정압력등장 ● 전략 거버넌스와 전략 설계의 적절한 균형대응을 억제	● 외부적 환경현실과 전략 니즈에 대응하고자 하는 전략과 그렇지 못한 기존의 전략들이 혼재 ● 전략평가, 통제원칙이 모호하고 획일적 전략 거버넌스의 적용과 전개

이와 같은 현상들은 현실적으로는 전략 실천의 과정에서 등장하기 때문에, 그 원인과 현상을 세밀하게 살펴보지 않을 경우, 그것이 전략충돌에 관한 것인지에 대한 판단이 불명확해질 수도 있다.

공공부문의 조직의 예를 들면 새로운 미래전략의 수립의 경우에 있어서도, 추진하고 있는 각 비즈니스별 전략을 점검하고 새로운 전략설계를 모색하기 보다는 기존의 전략목표를 중심으로 그 연장선상에서 사업을 확정하고 확대함으로써 부문 간 전략들과 실행차원의 마찰과 갈등을 경험하고 있다. 이와 같은 현상은 주요한 정책적 목표를 효과적으로 실천하는데 지장을 줄 뿐만 아니라 조직사업의 전반적 전략 성과를 저해한다.

예를 들면, 공공사업부문과 수익사업부문의 비즈니스를 병행적으로 전개하는 공사 조직의 경우를 보면 현재 수익사업부문의 부진으로 심각한 경영의 부담을 경험하고 있으며, 확보하고 있는 인력과 자원, 경영능력 등이 수익사업부문에 직간접적으로 투입되고 있어 공공부문의 사업추진활동의 성과에도 영향을 미치고 있는 실정이다. 그런데 이와 관련된 현상을 전략의 문제라고 보기보다는 조직구조와 공공 기업문화의 한계, 수익사업 실천능력과 관련된 문제라고 인식하는 경향이 강하다.[1]

이와 같은 경우, 현재 추진 중인 사업계획을 중심으로 조직구조와 기업문화, 사업추진능력의 강화방안에 집중하여 대응하고자 하지만, 현재 당면하고 있는 전략충돌 현상의 근원적인 문제의 소지는 계속 잔존하여, 수익부문의 사업과 공공부문사업 간의 충돌문제가 지속된다.

이러한 조직에서 전략충돌에 대한 대응을 점검하고 조정하지 않을 경우, 외부적 요건이나 내부적 성과의 실패가 가시적으로 목격되고, 그 성과의 조정이 요구될 경우까지 방임되거나 간과된다.[2]

---

1) 제6장 사례연구참조

2) 외부적 요건의 예를 들면, 조직이 당면하고 있는 환경현실에서의 중대한 전략 니즈의 변화 또는 영향력 있는 환경명령의 발동, 주요이해관계인과의 영향관계구조 하에서의 중대한 요구사항의 변화, 외부감사에 의한 지적 등과 같이 조직의 사업과 존립에 영향을 주는 외부적 영향과 같은 것들이 있다. 내부적 성과의 실패로는 전략영역별 구성요소들의 설계오류와 실천전개 및 내부적 균형정렬의 실패를 들 수 있다.

이와 같은 현상들은 근본적으로 전략충돌현상의 이해부족과 방임에 의하여 지속된다. 뿐만 아니라, 이와 같은 전략충돌의 문제 현상을 인식하고 전략적으로 대응하기 위한 기본적인 전략 아키텍처의 실천적인 프레임워크와 같이 체계적인 엔터프라이즈 전략의 분석 및 실천적 거버넌스 수단이 확립되어 있지 못하여 그에 적절히 대응하지 못하고 있기 때문에 유발된다는 점에 유의할 필요가 있다.

따라서 이와 같은 문제에 대응하기 위하여 엔터프라이즈 전략 아키텍처 프레임워크를 확립할 필요가 있다.

5.3 엔터프라이즈 전략 아키텍처의 프레임워크

앞에서 살펴본 바와 같은 전략충돌현상에 대응하고 엔터프라이즈 조직에서 당면하는 환경현실에서 등장하는 다양한 전략과제들에 대하여 전략대응을 효과적으로 수행하기 위하여 엔터프라이즈 전략 아키텍처(ESA) 프레임워크를 구성하여 대응할 필요가 있다.

ESA 프레임워크에 의하여 대응하는 방법은 기존의 전략계획과 전략실천의 관점에서 대응하는 방법에서 한 단계 더 진보하여 전략성공에 필요한 전략요소들을 정비하고 전략구성요소들 간의 관계를 정비하여, 전략성과를 제고하기 위한 방법이라고 할 수 있다.

ESA 프레임워크의 대응에는 전략설계의 관점에서 대응하는 방법과 전략 거버넌스 관점에서 대응하는 방법이 있다. 이 두 가지의 방법은 엔터프라이즈의 전략대응의 내용과 필요에 따라 개별적으로 활용되거나 또는 결합적으로 활용된다.

표준적 ESA 프레임워크

따라서 실천적 활용도를 높이기 위하여 전략 설계 아키텍처와 전략 거버넌스 아키텍처의 프레임워크를 결합하여 「표준적 ESA 프레임워크」를 <도 5-6>과 같이 구성한다.

<도 5-6> 엔터프라이즈 현실에 대응하는 ESA 프레임워크[1)]

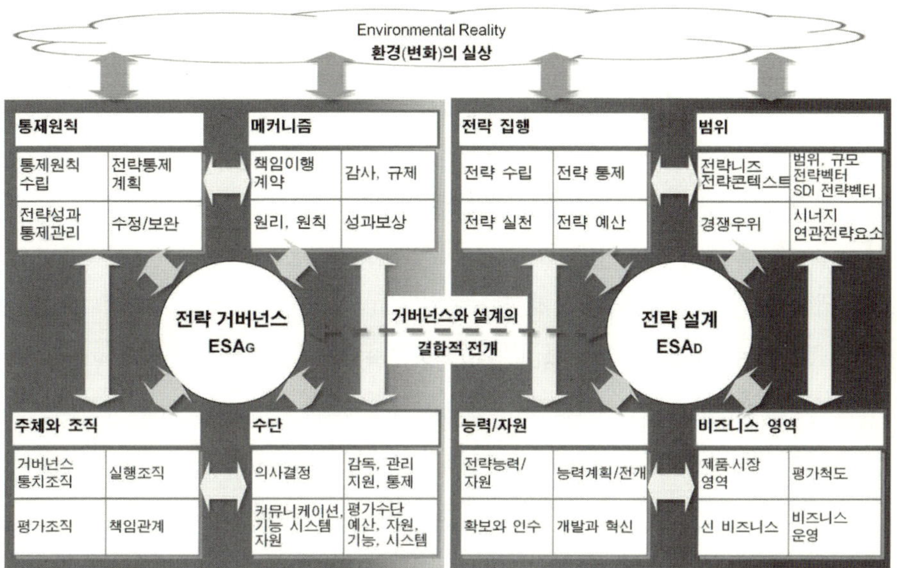

이와 같은 **표준적 ESA 프레임워크**에서는 **전략 설계**와 **전략 거버넌스**의 두 가지 차원의 엔터프라이즈 대응을 포괄적으로 구성함으로써 조직현실에 따라 어떠한 출발점에서도 아키텍처에 대한 접근방법을 선택하여 활용할 수 있도록 하였다. 구체적으로는 **거버넌스**를 중심으로 하여 **전략 설계** 아키텍처를 전개할 수도 있으며, 그 반대의 경우도 가능하다.

또한 ESA 프레임워크의 구성요소들 중에 특정한 구성요소를 중심으로 예를 들면, 비즈니스나 또는 거버넌스의 원칙을 출발점으로 하여 전체 ESA 프레임워크를 전개해나갈 수도 있다.

---

1) 박동준, EA성과제고를 위한 엔터프라이즈 전략 아키텍처의 개발에 관한 연구, 국민대학교 BIT대학원, 박사학위논문(2009)에 수록된 프레임워크의 구성내용을 일부 수정한 도표임.

표준적 ESA 프레임워크의 설명

ESA 프레임워크는 **전략 거버넌스**와 **전략 설계**의 두 가지 차원에서 전략 아키텍처의 전체 프레임워크를 결합하여 집약하고 있기 때문에, 복잡하게 보이는 그림이지만, 내용과 그 구분과 배치를 이해하고 보면 쉽게 파악할 수 있다.

우선 그림의 맨 위쪽에는 엔터프라이즈가 당면하고 있는 환경과 현실을 추상화하여 표현하고 있고, 오른 쪽에는 **전략 설계 아키텍처**, 왼쪽에는 **전략 거버넌스 아키텍처**가 제시되어 있다.

<도 5-6>에서는 엔터프라이즈의 환경현실에 대응하기 위하여 필요한 전략 거버넌스 활동에 대하여 왼쪽 아래에 거버넌스 관점에서의 엔터프라이즈 전략 아키텍처(ESAG) 프레임워크를 제시하고 있으며, 오른 쪽 아래에는 설계적 관점에서의 엔터프라이즈 전략 아키텍처(ESAD) 프레임워크를 제시하고 있다.

각 아키텍처 프레임워크의 구성은 엔터프라이즈 전략대응의 설계와 거버넌스 실천에 필수적으로 요구되는 요소들을 중심으로 구성된다.

도표의 오른 쪽 ESAD 프레임워크를 먼저 살펴보자. ESAD 프레임워크의 기본구도는 전략의 창조요소와 실행요소, 그리고 내부적 능력요소와 외부적 전개요소를 중심으로 설정된다. 도표에서는 생략되었지만, 수직축을 구성하는 전략 니즈와 실천 프로세스와 시스템, 지식-정보-기술과 수평축을 구성하는 외부사업전개와 조직전개를 중심으로 영역의 기준을 구성하고, 각 영역별 결합관계를 중심으로 네 가지의 **핵심적 전략 아키텍처의 구성요소**가 도출된다.

즉, 전략 설계(ESAD)의 오른 쪽 위에서부터 시계방향으로 ①전략의 범위 영역(S)과 ②비즈니스의 전개영역(B), ③능력-자원의 전개영역(C) 및 ④전략 수립 및 집행관리 영역(E)의 영역으로 구분하여 각각 필요한 요소들로 구성된다. 이와 같은 ESAD 프레임워크의 각 기본적인 구성요소들에 대한 주요 검토항목을 보면 다음과 같다.

① 전략 현실 팩트, 전략 니즈에 대응하는 전략 범위와 대상의 Set 설계
② 전략 및 전략실천의 적절성 점검과 보완
③ 기본적인 전략요소대응과 전략 벡터, 그리고 전문화/다각화/통합화의 SDI전략 벡터의 결합적 설계와 전개 및 운영
④ 외부 대응전략과 내부 대응전략의 균형적 정렬 전개
⑤ 비즈니스의 외부대응 전략에 합당한 능력–자원의 편성운영
⑥ 능력, 자원의 전략적 전개를 통한 경쟁력의 확보
⑦ 전략 프로세스, 시스템의 확보와 전개
⑧ 리스크 대응 및 선행적 전략 니즈 대응의 전략 수립 및 실천
⑨ 전략요소의 결합성과와 충돌의 관리

ESAG 프레임워크는 도표의 왼쪽 위의 ①전략 거버넌스의 원칙과 통제계획, 집행(P)을 위시하여 ②거버넌스 조직(O), ③거버넌스 메커니즘(M) 및 ④거버넌스 수단(T)의 영역으로 구분하여 각각 필요한 요소들로 구성된다. 아키텍처의 각 기본적인 구성요소들에 대한 주요 검토항목을 보면 다음과 같다.

① 엔터프라이즈 존립과 활동에 대한 합목적성, 합법성, 책임성, 적합성의 원칙의 점검
② 전략 니즈에 합낭한 거버넌스 원칙의 수립 및 이행의 확인, 새로운 전략 니즈에의 정합성, 대응성의 점검
③ 조직 내부의 전략 거버넌스 조직의 역량, 활동내용의 편성기획 및 실천
④ 외부 전략 거버넌스 조직의 역량 및 성과의 점검과 실계
⑤ 엔터프라이즈 전략 차원에서의 책임권한 및 직무계약 관계의 점검과 보완
⑥ 경영의 자율성, 창의성의 보장 및 선행적 전략 거버넌스의 전개
⑦ 전략 니즈 대응에 합당한 전략 커뮤니케이션과 의사결정 전개의 점검
⑧ 전략 집행과 성과의 감독, 지휘, 관리, 지원, 통제의 전개
⑨ 조직의 존속과 발전을 위한 모험적 전략실천의 평가

<표 5-2>는 이상의 전략 아키텍처의 구성요소와 그 내용을 요약하고 압축하고 있다. 이와 같은 ESA의 각 영역 및 요소의 구성과 논리에 대한 이론적 배경과 근거는 <표 5-3>에서 보는 바와 같다.

<표 5-2> 엔터프라이즈 전략 아키텍처의 구성요소
전략 설계 아키텍처 (ESAᴅ) 프레임워크*

ESA 구성요소	세부내용	주요검토 항목
Ⓢ 범위 ● 전략 니즈 ● 전략 콘텍스트 ● 범위규모 ● 전략 벡터 ● 경쟁우위 ● 시너지 ● 연관전략요소	① 현실 팩트, 전략 니즈, 범위, 규모, 전략 벡터의 설계와 기획 ② 연관전략요소의 편성과 전개	① 현실의 팩트, 전략 니즈에 대응하는 전략 범위와 대상의 Set 설계 ② 전략 및 전략실천의 적절성 점검과 보완
Ⓑ 비즈니스 도메인 ● 제품/시장영역 ● 신 비즈니스의 기획과 전개 ● 평가척도 ● 운영 및 실행	③ 기존 및 새로운 고객니즈/제품/서비스/품질/시장의 설계와 전략전개 ④ 비즈니스 실천성과의 평가척도의 설계와 운영	③ 전문화/다각화/통합화의 SDI전략 벡터의 결합적 설계와 전개 및 운영 ④ 외부 대응전략과 내부 대응전략의 균형정렬 전개
Ⓒ 능력-자원 ● 전략능력/자원 ● 능력계획 ● 능력전개 ● 능력 확보, 인수 ● 개발과 혁신	⑤ 전략의 기획 및 실천에 필요한 능력, 자원의 편성, 조달, 확보, 개발 ⑥ 새로운 전략 니즈의 개발과 대응에 합당한 능력, 자원의 기획 및 개발, 조달	⑤ 비즈니스의 외부대응전략에 합당한 능력-자원의 편성운영 ⑥ 능력, 자원의 전략적 전개를 통한 경쟁력의 확보
Ⓔ 전략 수립/ 실천 ● 전략 수립 ● 전략통제 ● 전략실천 ● 전략 예산	⑦ 전략 니즈에 대응한 전략 수립 및 실천의 설계와 전개 ⑧ 환경변화와 리스크에의 대응 ⑨ 전략요소와 범위, 내용의 결합적 설계와 전개를 통한 지속적 전략 성과의 확보	⑦ 전략 프로세스, 시스템의 확보와 전개 ⑧ 리스크 대응 및 선행적 전략 니즈 대응의 전략 수립 및 실천 ⑨ 전략요소의 결합성과와 충돌의 관리

*수직, 수평축의 기본 전략요소에 대한 서술은 생략함

<표 5-2> 엔터프라이즈 전략 아키텍처의 구성요소 (계속)

전략 거버넌스 아키텍처 (ESAɢ) 프레임워크

ESA 구성요소	세부내용	주요검토 항목
Ⓟ 거버넌스 원칙/집행 ● 원칙수립 ● 전략통제계획 ● 전략 성과통제, ● 피드백	① 엔터프라이즈 전략 성과를 달성하기 위하여 필요한 전략 거버넌스의 통제원칙수립과 집행 ② 거버넌스 원칙과 방향, 내용의 확정하고 자원 및 실행에 관한 계획 및 실천	① 엔터프라이즈 존립과 활동에 대한 합목적성, 합법성, 책임성, 적합성의 원칙의 점검 ② 현실 팩트, 전략 니즈에 합당한 거버넌스 원칙의 수립 및 이행의 확인, 새로운 전략 니즈에의 정합성, 대응성의 점검
Ⓞ 거버넌스 조직 ● 거버넌스통치 조직 ● 실행조직 ● 평가조직 ● 책임관계	③ 거버넌스 추진조직의 설계와 편성운영 ④ 거버넌스 이해관계자 그룹과의 관계설정 및 유지	③ 조직 내부의 전략 거버넌스 조직의 역량, 활동내용의 편성기획 및 실천 ④ 외부 전략 거버넌스 조직의 역량 및 성과의 점검과 설계
Ⓜ 거버넌스 메커니즘 ● 책임이행계약 ● 감사규제 ● 권력/권리부여 ● 성과평가보상	⑤ 거버넌스 활동의 책무이행 및 평가의 방법 및 실천설계 ⑥ 책임과 권한, 성과의 관리 및 균형정렬의 유지	⑤ 엔터프라이즈 전략 차원에서의 책임권한 및 직무계약관계의 점검과 보완 ⑥ 경영의 자율성, 창의성의 보장 및 선행적 전략 거버넌스의 전개
Ⓣ 거버넌스 수단 ● 전략 커뮤니케이션 ● 의사결정 ● 감독/관리/지원/통제 ● 평가수단	⑦ 거버넌스 방법 및 수단의 선택, 개발, 활용 ⑧ 전략 거버넌스의 수단, 주체, 평가대상의 효과적 편성을 통하여 거버넌스 성과 제고 ⑨ 감사 및 진단기능의 실천	⑦ 현실 팩트, 전략 니즈대응에 합당한 전략커뮤니케이션과 의사결정전개의 점검 ⑧ 전략 집행과 성과의 감독, 지휘, 관리, 지원, 통제의 전개 ⑨ 조직의 존속과 발전을 위한 모험적 전략실천의 평가

자료: 전성현, 박동준, 엔터프라이즈 전략 아키텍처에 관한 연구, *Journal of Information Technology and Architecture*, (한국 ITA학회, 2009년 제6권 1호)의 내용을 수정 개량함

<표 5-3> ESA 영역별 구성에 대한 이론적 근거

전략 아키텍처의 영역 및 핵심요소		이론적 근거와 출처
전략설계 관점에서의 전략 아키텍처 (ESAD)	1. 기본 영역도출: 4가지 기본영역과 관련요소의 도출 (전략설계와 실천, 전략경영 패러다임)	● H. I. Ansoff: Strategic Management(1979), Implanting Strategic Management(1992), Corporate Strategy(1965) ● P. F. Drucker: Innovation and Entrepreneurship(1985) ● Mintzberg and Quinn: The Strategic Process(1996)
	2. 범위영역	● 전략범위 및 벡터 H. I. Ansoff: Corporate Strategy(1965) ● SDI 전략 벡터: P. F. Drucker: Managing for Result(1986), The Effective Executive(1985) ● 전략 니즈, 전략 콘텍스트 Hamel and Prahalad: Competing for the Future(1994)
	3. 능력자원	● 전략능력 자원, 능력계획 전개, 확보와 인수, 개발과 혁신: H. I. Ansoff: Implanting Strategic Management(1992), Hamel and Heene: Competence based competition(1994), J. R. Galbraith: Organizing for the Future(1993), A. D. Chandler: Strategy and Structure(1962)
	4. 비즈니스 도메인	● 제품시장영역, 신 비즈니스, 평가척도: H. I. Ansoff: Corporate Strategy(1965), P. F. Drucker: Managing for Result(1986), M. E. Porter: Competitive Strategy(1980) ● 실행: M. A. Hitt: Strategic Management(1997)
	5. Alignment	● H. I. Ansoff: Implanting Strategic Management(1992), ● Kaplan and Norton: Alignment(2006), Strategy Maps(2004), Balanced Scorecard(1996)
	6. Strategy Architecture and EA	● Hamel and Prahalad: Competing for the Future(1994) ● DOD: DoD Architecture Framework(2007) ● Open Group: TOGAF V.9 (2009) ● Ross, Weill and Robertson: Enterprise Architecture as Strategy(2006)
전략 거버넌스 관점에서의 전략 아키텍처 (ESAG)	1. 원칙과 통제	● 통제원칙: Monks and Minow: Corporate Governance(2004), C. J. Crawford: Compliance & Conviction(2007) ● 성과통제관리: 카키시마 카즈미: 현대실천내부감사(1992), J. Pound: The Promise of the Governed Corporation(1993), John L. Colley, Jr. et al.: Corporate Governance(2003)
	2. 거버넌스 주체와 조직	● 거버넌스 조직, 평가조직, 책임관계: G. Donalson: A New Tool for Boards: The Strategic Audit(1995) ● J. W. Lorsch: Empowering the Board(1995)
	3. 거버넌스 메커니즘	● 책임 이행계약, 성과보상: Monks and Minow: Corporate Governance(2004), C. J. Crawford: Compliance & Conviction(2007) ● 감사, 규제: 카키시마 카즈미: 현대실천내부감사(1992)
	4. 거버넌스 수단	● 의사결정, 감독·관리·지원·통제: Monks and Minow: Corporate Governance(2004) ● 거버넌스 절차: 카키시마 카즈미: 현대실천내부감사(1992), John L. Colley, Jr. et al.: Corporate Governance(2003)
	5. IT 거버넌스와 전략	● W. V. Grembergen: Strategies for Information Technology Governance(2004)

자료: <표 5-3>과 동일

5.4 ESAᴅ 프레임워크의 세부내용과 활용전개

ESAᴅ 프레임워크는 거버넌스 관점에서 구성되는 ESAɢ와 함께 ESA의 핵심을 구성하여 엔터프라이즈의 전략적 대응을 효과적으로 전개하기 위하여 전략설계 차원에서 요구되는 전략요소들을 구성하여 전략의 진단 및 대응에 활용된다.

ESAᴅ 프레임워크를 구성하기 위하여 전략경영의 프레임워크를 중심으로 설계의 기본구도와 내용을 구성하고 세부적 전략설계의 영역별 구성요소와 그 관계를 살펴보도록 하자.

1. ESAᴅ 프레임워크의 구성논리

(1) 엔터프라이즈 전략 아키텍처 프레임워크 기본구도의 구성

앞에서 <도 5-1>에서 간략하게 언급한 바와 같이, ESAᴅ 프레임워크의 기본구도는 전략의 창조요소와 실행요소, 그리고 내부적 능력요소와 외부적 전개요소를 중심으로 설정된다.

전략창조요소를 중심으로 살펴보면, 엔터프라이즈의 비즈니스 창조활동의 핵심은 전략 니즈와 현실 팩트의 발굴과 그와 관련된 지식/기술/정보이다. 전략 니즈의 발굴과 팩트의 인식, 그에 대한 대응 및 그와 관련된 지식과 정보, 기술이 고도화되고 풍부해질수록 엔터프라이즈의 창조활동은 증대된다. 따라서 엔터프라이즈 창조활동의 대상에 지식과 정보, 기술이 포함되기도 한다.

<도 5-7>의 왼쪽에서는 전략 니즈에 대응하는 지식과 정보, 기술의 확대로 창조수준이 증대하는 것을 보이고 있다.

엔터프라이즈 실천 활동의 핵심은 사업전개의 절차 및 프로세스, 시스템이다. 성공적 사업을 전개하려면 그 사업을 효과적이고 효율적으로 전개할 수 있는 절차와 프로세스, 그리고 이를 체계적으로 수행할 수 있는 시스템이 요구된다.

<도 5-7>의 오른 쪽에서는 절차와 프로세스 및 시스템이 정비되고 확충됨에 따라서 비즈니스와 엔터프라이즈 활동의 실행영역이 확대되는 것을 예시하고 있다.

<도 5-7> 전략창조영역과 전략실천영역의 전개와 중심축

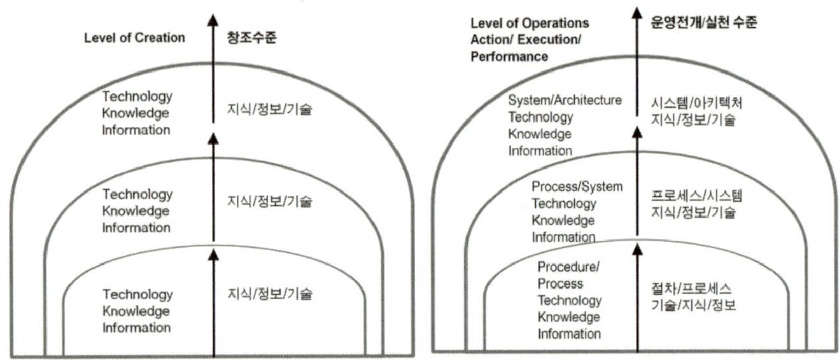

<도 5-8> 내부적 전략요소와 외부적 전략요소 영역의 전개와 중심축

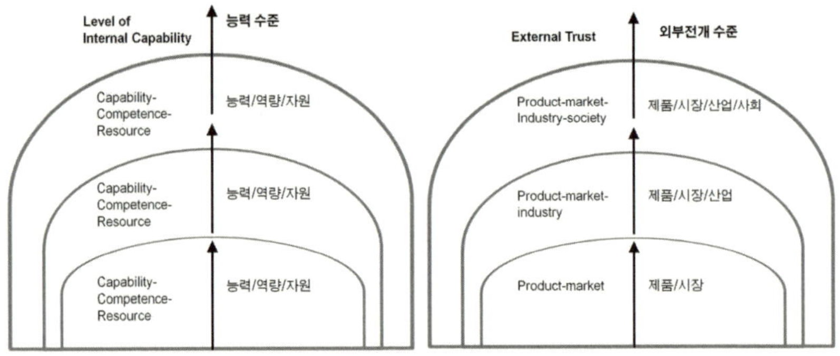

또한 전략 아키텍처의 구성적 설계를 모색하기 위하여 현실 팩트와 전략 니즈를 대표적 전략창조의 중심축으로 설정하고 내부적 요소와 외부적 요소를 중심으로 구분하여 편성한다.

　　<도 5-8>의 왼쪽에서는 엔터프라이즈의 내부적 전략요소의 영역전개
에 따라 조직의 능력과 역량, 자원이 확대되는 것을 설명하고 있으며 오
른쪽에서는 외부적 전략요소의 전개로 엔터프라이즈의 외부적 영역의 확
대를 설명하고 있다.

<도 5-9> 엔터프라이즈 전략 아키텍처의 기본구도의 설계

　　전략 아키텍처의 구성은 <도 5-9>에서 보는 바와 같이 전략 니즈를
근간으로 하여 창조와 실행, 그리고 내부적 요소와 외부적 요소를 중심
으로 그 기본적 체계를 확립할 수 있다.

　　그림에서 보는 바와 같이 전략니즈를 중심으로 전략창조와 수립 및 전
략 실천을 위한 기본구도는 위에서 아래로 능력과 시스템 및 비즈니스와
결합되고 좌우로는 내부적 전략요소 즉, 전략실행을 위한 조직능력과 역
량, 자원과 외부적 전략요소 즉, 제품, 시장, 산업, 사회의 외부적 결합으
로 구성된다.

(2) ESAD 프레임워크

<도 5-9>의 전략 아키텍처 설계의 기본 축과 영역을 중심으로 <도 5-10>에서는 설계관점에서의 엔터프라이즈 전략 아키텍처의 개념적 프레임워크를 제시하고 있다.

<도 5-10> ESAD 프레임워크

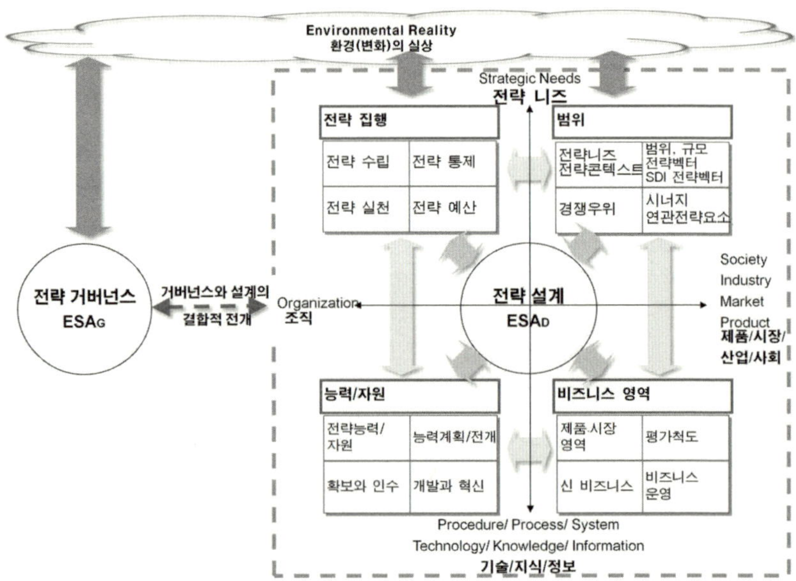

ESAD의 프레임워크는 기본축의 구분과 기본 축을 구성하는 구성요소들 간의 관계에서 결성되는 핵심영역으로 나누어 볼 수 있다. 앞에서도 언급된 바와 같이 기본 축은 현실 팩트와 전략 니즈를 기본으로 하여 창조와 실행, 그리고 내부적 요소와 외부적 요소를 중심으로 전개된다.

그동안의 조직현실에서 분야별 전략을 설계하여 전개하고자 할 경우, 대부분, 이와 같은 기본 축을 따라 전개하는 전략을 중심으로 전략을 설계하고 실천해왔다. 이와 같은 경우, 아키텍처를 구성하는 서로 다른 기본축의 전개에 대한 전략의 결합이 요구될 경우, 필요에 따라 임의적인 구성으로 전략을 설계하고 전개해왔다. 예를 들면, 외부적 시장전략의 전개와 조직의 대응, 그리고 기술과 시스템의 전략전개를 결합적으로 전개하고자 할 경우, 특정한 목표를 중심으로 각각 고유의 영역별로 부문별 실천전략을 만들어 전체적으로 결합하는 방식으로 전체 전략을 구성하였다.

그러나 엔터프라이즈 전략 아키텍처에 의한 전략 설계에서는 부문별 실천전략을 세워 결합적으로 대응할 경우에도, 핵심적인 연관 전략요소들과 결합적으로 전략을 설계함으로써 부문별 전략이나 전체적 전략이 지향하는 방향이나 내용의 통일성을 구할 수 있다. 또한 전체적 전략설계의 논리를 중심으로 각 부문별 실천 전략들을 전개할 경우에도 합리성, 합법성, 합목적성, 적합성, 책임대응성을 유지함으로써 전체와 부문의 통일성을 추구할 수 있다.

ESAᴅ의 프레임워크의 핵심영역은 <도 5-10>에서 보는 바와 같이 ① 범위(S)의 영역, ②전개와 집행(E)의 영역, ③능력과 역량(C)의 영역 그리고 ④비즈니스의 전개(B) 영역의 4가지 핵심 영역으로 구성된다.

따라서 아키텍처의 각 구성요소들에 대하여 요소별 대응을 전개하고 각 요소들 간에 결합적, 또는 관계적으로 수행해야 할 과업이나 요건들을 파악하여, 필요한 대응을 설계하고 전개한다.

전략의 내용은 기본축을 중심으로 전개되는 단위전략의 묶음으로 전개되는 것이 아니라, 이상의 각 아키텍처의 영역별 요소들을 어떻게 결합하여 전개하는가에 의하여 결정된다. 즉, 기본적인 전략은 전략요소의 선별적 구성과 조합을 통한 대응경로, 목표, 방향, 대응경로, 방법을 결정하지만, 전략 아키텍처에 의하여 설계되는 전략은 전략 아키텍처 구성요소와 그 관계에서 필요한 대응을 결합적으로 설계하고 전략 거버넌스의 기능을 통하여 전략의 실천을 통제한다.

예를 들어, 전략의 집행(E) 영역에 대하여는 기존의 계획수립 및 통제, 관리의 방법이나 절차, 원칙, 추진내용을 점검하고, 새로이 필요한 요건이나 대응을 설계한다. 따라서 계획수립의 절차가 잘못되어 있으면, 기존의 방법과 내용, 절차, 기법들을 검토하고 개선된 계획절차와 기법을 반영하여 새로운 전략계획 및 관리, 통제의 시스템을 구성하여 설계한다. 이와 같이 E영역에 대한 전략 아키텍처의 대응은 전략 관리와 통제의 방법과 모델, 전략 계획의 체계와 절차에 대한 새로운 설계를 전개한다.

이와 마찬가지로, 전략 범위(S)영역에 대한 아키텍처의 역할은 새로운 엔터프라이즈 전략기회를 발굴 또는 창조하고, 그에 입각하여 엔터프라이즈 전략을 설계하여 대응하도록 한다. 이 영역에서 전개되는 전략 아키텍처의 소산은 사업기회와 전략의 범위영역 발굴, 성장전략, 전문화, 다각화, 통합화, 경쟁우위의 전략과 창조의 전략이다.

비즈니스(B) 영역에서 전개되는 전략 아키텍처의 기능은 연관된 전략요소의 전개와 그 관계적 기능설계와 전개를 통하여 기존의 비즈니스의 실상을 점검하고 새로운 비즈니스의 개발창조와 전개의 내용을 설계한다. (S)영역에서 점검된 전략 영역과 벡터, 경쟁우위, 시너지의 전략요소들의 설계를 통하여 기존의 비즈니스와 새로운 비즈니스의 경쟁적 성과를 제고하고, 비즈니스간의 중복, 충돌현상을 점검하며 비즈니스 수행에 필요한 조직과 자원의 성과를 통제한다.

엔터프라이즈 전략은 각 비즈니스의 전략들을 총괄하여 설계된다. 하나의 비즈니스만을 수행하는 엔터프라이즈의 경우, 해당 비즈니스 전략을 중심으로 엔터프라이즈 전략을 구성한다.

요약하자면, ESAᴅ 프레임워크에서는 기본적인 전략과 아키텍처의 요소들 간의 관계로 전개되는 관계적 전략이 전개된다.

수직 수평축의 구성요소인 기본적인 전략에는 ①전략 니즈 대응과 ②기술, 지식, 정보 및 시스템 및 프로세스 대응의 전략, ③외부대응전략, ④내부대응전략이 있으며 아키텍처의 관계적 전략에는 ⑤전략의 구성요소와 범위(S), ⑥비즈니스 영역(B), ⑦능력자원(C), ⑧전략 수립과 실천의 집행(E) 영역에 대한 전략이 구성된다.[1)

---

1) 수직 수평축의 기본전략에 대한 설명은 아키텍처의 관계적 전략을 다룰 때 결합적으로 언급되므로 설명을 생략하기로 하고, 아키텍처에서 파악되는 전략요소들을 중심으로 필요할 때에만 기본전략들을 언급하도록 한다. 아키텍처 프레임워크의 설계와 거버넌스에 관한 구체적인 논리는 다음 절에서 살펴보도록 한다.

이와 같은 내용을 기초로 하여 이제부터는 **전략 아키텍처 프레임워크**를 구성하는 기본적인 영역들과 핵심적 요소들에 대한 세부적인 내용을 살펴보자.

2. 전략 범위 영역의 구성요소

ESA_D 프레임워크의 오른쪽 위, 전략 범위(S) 영역의 기본적 구성요소에는 ①전략 니즈와 팩트, 전략 콘텍스트 ②범위와 규모 및 제품, 시장, 니즈를 중심으로 편성한 전략 벡터와 전문화, 다각화, 통합화의 SDI 전략 벡터 ③경쟁우위 ④시너지 대응의 연관전략요소가 있다.[1]

ESA_D 프레임워크의 범위(S) 영역을 구성하는 전략 요소들은 전략의 외부적 전개의 범위와 내용을 결정한다.

전략이 외부적 전개의 범위를 고려할 때, 실천적 측면에서 추가적으로 검토하여야 하는 것은 이를 수행할 수 있는 엔터프라이즈의 능력과 역량이다. 따라서 이와 더불어 엔터프라이즈가 추구하고자 하는 전략 의지와 전략 지능이 어떠한가에 진단과 점검을 할 필요가 있다.[2]

(1) 전략 니즈

전략 니즈(Strategic Needs)란 조직이 당면하고 있는 또는 당면하게 될 환경 현실이나 상황에 대하여 전략적 대응이 요구되는 것을 말한다.[3] 이

---

1) 이와 같은 범위영역의 구성요소는 앞에서 제시한 기축구분에서 오른쪽 위의 전략 범위를 중심으로 원점에서 위로 올라가는 전략 니즈와 원점에서 오른 쪽으로 진행하는 제품, 시장, 산업, 사회, 글로벌 사회로 전개되는 요소들이 결합적으로 반영된 것이다. 이와 관련하여 리스크 대응의 전략요소를 추가적으로 고려할 필요가 있다. 이 책에서는 리스크 대응에 대한 논의는 생략한다. 리스크 대응에 관한 논의는 김승렬, 박동준 공저, 전략적 위기경영 실천기법, 소프트전략경영연구원, 2008 참조.

2) 만약 추구하고자 하는 전략대상의 범위에서 실천적으로 요구되는 실천의 난이도가 높거나 또는 지능적 대응이 요구되지만, 엔터프라이즈의 대응역량이 제한되고 있다면, 균형대응의 법칙에 따라 대상의 범위를 줄이거나 또는 범위 대응에 합당한 실천역량을 높여야 한다.

와 같은 전략 니즈는 현실의 팩트의 내용과 그 변화에 의하여 파악된다. 여기에서 유의할 점은 전략 니즈와 현실의 팩트 내용과 그 변화와의 관계이다.

전략 니즈를 고려할 때 현실 팩트의 원천인 고객, 시장, 사회의 현실을 니즈의 대상 현실영역이라고 한다. 이와 같은 니즈의 대상 영역에 대하여 니즈의 내용을 팩트를 중심으로 판단한다. 따라서 당면하고 있는 현실에서 팩트의 내용에 따라 파악되는 전략 니즈는 다음과 같이 네 가지로 나누어 볼 수 있다.

첫째, 현재 진행되고 있는 현실 팩트를 중심으로 현실의 니즈가 누군가 또는 무엇인가에 의하여 충족되고 있지만, 그 충족의 실제가 충분하지 않을 경우, 불충분한 니즈의 충족부분에 대하여 대응한다. 이를 **부족부분에 대한 충족 니즈**라고 한다. 이와 같은 니즈는 니즈의 대상 현실영역인 고객, 시장, 지역과 사회의 니즈에 의하여 형성된다.

둘째, 현재의 니즈가 충분히 충족되고 있지만, 조만간 팩트의 변화에 따라 외부적 현실에서의 니즈의 내용이 변화될 경우, 새로이 등장하는 니즈에 대응한다. 이를 팩트 변화에 따라 유발되는 **새로운 니즈**라고 한다.

셋째, 현실에서 명백히 대응해야 할 고객, 시장, 지역과 사회의 대상 현실영역에서 니즈가 존재하고 있지만, 아무도 대응하지 않고 있는 현실 팩트에 대하여 대응한다. 이를 **미대응 니즈**라고 한다.

넷째, 고객, 시장, 지역과 사회의 현상과 현실에서 아무도 경험해본 적이 없거나 아직 필요를 느끼지 못하고 있지만, 누군가가 발굴하여 대응하게 될 경우, 니즈로 작용하게 될 현실적 팩트에 대하여 대응한다. 이를

---

3) 엔터프라이즈 조직에서 전략적 대응을 전개하고자 할 때, 근본적으로 전략 니즈가 존재하지 않을 경우, 전략대응의 필요성은 저하된다. 그러나 전략 니즈가 존재하는데 그에 대응하지 않을 경우, 엔터프라이즈의 환경현실에서의 전략적 대응 성과를 유지하거나 제고할 수 없게 된다.

새로운 발굴 또는 **개척 니즈**라고 한다.

앞의 세 가지의 니즈는 수요 측의 현실 대상영역의 팩트가 중심이 되기 때문에, 수요중심의 니즈라고 할 수 있으며, 네 번째의 니즈는 공급 측의 착안과 발굴에 의하여 전개되므로 개발 또는 공급중심의 니즈라고 할 수 있다.

엔터프라이즈가 환경현실에 대하여 대응함에 있어서 차원별로 다른 전략 니즈가 존재한다. 전략 니즈는 비즈니스 중심의 전략 니즈를 포함하여 엔터프라이즈 현실의 팩트, 활동의 범위와 내용 및 특성에 따라 다양한 형태와 내용으로 발굴되거나 구성된다.

전략 니즈에는 현재 시급하게 요구되고 있는 니즈와 아직 현재화되지 않았지만, 조만간 등장하게 될 잠재니즈, 그리고 특정한 선행대응을 통하여 창출되는 형태의 니즈도 있다. 이와 같이 니즈대응의 대상 현실영역에 대한 팩트의 내용과 변화에 따른 전략 니즈에 대하여 필요한 니즈대응이나 배양, 발굴의 기본 전략이 전개된다.

전략 니즈는 **ESAᴅ**의 연관 영역의 구성요소들과 관련하여 다음과 같은 관계를 갖는다.

우선, 전략 니즈는 비즈니스 영역과 관련하여 비즈니스의 설계와 전개, 운영 및 개선, 시작과 종료와 연관된 비즈니스 니즈의 동기와 추진의 필요성 및 현실적 타당성의 관계를 설정한다.

능력 및 자원 영역과 관련하여 전략 니즈는 능력과 자원의 확보와 편성, 전개 그리고 개발, 혁신, 변혁과 관련하여 효과성, 실용성의 확립의 관계를 설정한다.

전략의 수립과 실천의 집행영역과 관련하여 전략 니즈는 합리성과 합목적성, 합법성, 적합성의 확립의 관계를 설정한다. 이와 같은 전략 니즈를 배경적, 구성적, 논리적으로 구성하고 파악하기 위하여 **전략 콘텍스트**의 관점과 내용을 판별한다.

(2) 전략 콘텍스트

엔터프라이즈 전략의 콘텍스트(context)는 엔터프라이즈의 주체가 대상으로 하고 있는 전략요소들과 당면하고 있는 현실상황의 내용과 속성에 따라 달라진다. 제1부에서도 살펴본 바와 같이 **전략 콘텍스트**는 전략 관점(perspective), 전략논리의 합리성, 사회-정치적 합리성의 요소들을 구조적이고 연관적으로, 그리고 결합적 관계를 통하여 이해하고 파악하는 전략논리분석 결합틀이다.

동일한 현실의 시장과 산업에 속하고 있는 조직이라고 할지라도, 안정적 환경 하에서의 엔터프라이즈의 전략 콘텍스트와 급격하게 비연속적으로 변화하고 있는 환경 하에서의 엔터프라이즈의 전략 콘텍스트는 본질적으로 다르다. 따라서 전략 콘텍스트를 어떻게 구성하는가에 따라 전략의 내용과 범위가 달라진다.

전략 니즈와 **ESAD**의 연관 영역의 구성요소들과의 관계에서 언급한 바와 같이 전략 콘텍스트에서 전략의 합리성을 고려할 경우, 전략의 판단논리를 더욱 보강할 수 있다.

예를 들어 전략의 합리성은 현실의 팩트와 니즈, 조직과 전략의 기능에 의하여 영향을 받는다. 현실의 내용과 그에 대응하는 조직의 구조와 특성이 변화하게 되면 그에 따라 새로운 조직의 합리성이 요구된다. 이와 같은 경우 전략의 합리성에서도 조직의 책임, 전략의 책임의 문제가 부각된다.

따라서 앞에서 소개한 <표 1-8> 엔터프라이즈 전략 콘텍스트의 분석의 도표를 활용하여 조직에서 당면하고 있는 전략 콘텍스트를 전반적이고 구조적으로 이해하고 전략 관점과 전략의 합리성 및 주요 전략요소의 기능을 중심으로 그 결합관계를 분석한다.[1]

---

1) 엔터프라이즈의 전략 콘텍스트는 기존의 기업전략 콘텍스트에서 한 단계 진보하여, 각 전략요소별 기능들에 대하여 「책임」, 특히 전략의 합리성의 원칙에 「대응성」의 관점이 추가된다. 이와 같은 대응성의 원칙을 통하여 부문별, 전사적 엔터프라이즈 활동의 모험적 전개를 조직 내에서 합법화할 수 있다.

최근 변화의 트렌드, 경쟁자, 기회에 대한 분석을 통하여 전략 콘텍스트 대응에 있어서 보다 <표 5-4>에서 보는 바와 같이 보다 세분화된 동태적 대응을 전개하려는 시도도 늘고 있다.

<표 5-4> 사용자 중심 서비스 지도의 활용

이름	목적	사용상황	정보원	접근방법	시사점
트렌드 지도	사용자의 잠재니즈와 사용 콘텍스트의 변화 조사	시장분석, 사용자 연구	• 니즈사전 • 서비스 평가 데이터 • 서비스 개발 시점 • 서비스 사용 시점	• 잠재 니즈 차원의 최하위 계층에서 시간에 따라 누적된 서비스를 매핑 • 거시적 분석: 시간에 따른 변화를 탐지하고 잠재 니즈 차원의 상위 계층에서 해석 •미시적 분석: 특정기간의 변화 양상을 확대 및 필터기능을 이용하여 분석	• 장기간의 주요 니즈와 시간에 따른 강화 니즈 발견 • 목표 사용자 집단의 변화하는 사용양상과 콘텍스트 이해
경쟁 지도	현재 경쟁자와 잠재적 경쟁자 집단 파악	경쟁자 분석	• 니즈사전 • 서비스 평가 데이터 • 기업(개발자) 정보	• 기업의 서비스를 경쟁자 서비스와 함께 포지셔닝 • 특정 경쟁자의 특징을 확대기능을 통해 분석 • 기업과 현재 경쟁자 및 잠재 경쟁자의 서비스 특성과 경쟁력을 비교	• 사용자 관점에서 현재 경쟁자와 잠재 경쟁자를 발견 • 경쟁 전략 또는 협력 전략 (기술 획득 또는 통합) 수립
기회 지도	신서비스 개발 기회 발견	신서비스 개발	• 니즈사전 • 서비스 평가 데이터 • 사용자 평가 데이터	• 잠재 니즈 차원의 상위 계층에서 중요 서비스 영역 확인 • 확대 기능을 이용하여 하위 계층에서 기존 서비스로 충족 되지 못하고 있는 서비스 공백 도출 • 서비스 공백의 시장 영향력을 평가하여 표현	• 서비스공백으로부터 개발을 위한 새로운 목표 결정 • 참조 서비스를 제공하여 서비스 공백을 충족시키기 위한 아이디어 창출보조 • 벤치마킹 또는 컨버전스 전략 수립

자료: 김지은, 박용태, 사용자 중심 서비스 지도의 실무적 활용: 서비스 시장, 경쟁, 개발 전략 수립, 2011 한국경영과학회/대한산업공학회 춘계공동학술대회 논문집, p. 897.

(3) 범위와 규모

범위와 규모의 설계에서는 엔터프라이즈가 당면하는 환경과 현실에서 등장하는 전략 니즈와 전략 콘텍스트를 중심으로 엔터프라이즈가 대응하는 시공간에 대한 전략의 대상범위와 규모를 설계한다.

범위와 규모의 설계는 <표 5-5>에서 보는 바와 같이 ESAD의 비즈니스(B) 영역과 결합하여 시공간의 전개에 따라 지역규모의 비즈니스인지, 전국규모 또는 글로벌 규모의 비즈니스인지를 결정한다.

또한 엔터프라이즈 전략 아키텍처의 능력-자원(C) 영역과 결합하여 엔터프라이즈의 단위조직을 중심으로 전개할 것인지, 또는 일부 특정 부문들의 결합적 전개를 중심으로 전개할 것인지, 또는 관련된 외부 조직을 통합적으로 전개할 것인지에 따라 범위의 확대, 유지 또는 축소를 결정한다. 또한 설계와 실천의 전략 집행(E) 영역과 결합하여 전체적인 전략설계와 실천의 범위를 결정한다.

<표 5-5> 범위와 규모

범위와 규모
Scope and Scale

Strategy Components / Scope	Scale			Industrial Coalition	
	Regional	National	Global	Intra-industry	Inter-industry
Enterprise Scope					
Business scope					
Product-market scope					

<표 5-6> 엔터프라이즈 전략 벡터와 범위

엔터프라이즈 전략벡터
Enterprise Strategy Vector

Strategy Components / SBA and scope	Vector				SDI Strategy Design		
	Product/ service	Market	Customer needs	Quality	Special-ization	Diversi-fication	Integra-tion
Strategic Business Areas							
Business scope							
Enterprise Scope							

* 전략 벡터에서 품질요소는 사업대상 영역별로 품질전략을 구분하여 실시할 필요가 있을 때 반영하여 활용한다.

따라서 엔터프라이즈 전체를 대상으로 할 것인지, 또는 특정한 비즈니스만을 대상으로 설계할 것인지를 결정하며, 세부적으로는 제품–서비스, 시장, 산업, 사회를 대상으로 무엇을 어디까지 설계할 것인지를 결정한다.

이와 관련하여 <표 5-6>은 범위와 규모에 따라 결정되는 전략의 내용을 제시하고 있다.

(4) 전략 벡터

이와 같은 범위의 설계는 제2영역인 비즈니스의 영역설계와 결합적으로 설계되며, 이 두 가지 영역을 중심으로 <도 5-11>에서 보는 바와 같은 **전략 벡터**가 구성된다.

<도 5-11> 전략 벡터

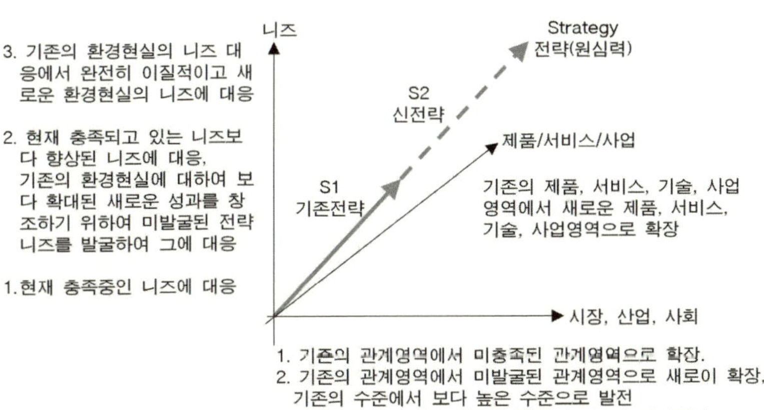

출처: H. I. Ansoff, *New Corporate Strategy*, John Wiley, 1988에서 재구성

전략 벡터는 앤소프가 고안하여 제시한 전략분석의 기본적인 툴로 기업의 전략 방향을 결정하는 기업전략과 마케팅 전략의 기초적 용구로 활용되는 전략 프레임워크이다.

전략 벡터의 구성을 통하여, 니즈와 비즈니스, 그리고 시장영역의 결합적 선택이 가능하므로 전략 포트폴리오와 전략 세분화의 기초 안을 확립한다.

<표 5-6>의 왼쪽에는 기존의 앤소프의 전략 벡터(제품/서비스, 시장, 니즈)에 품질요소를 추가한 전략 벡터와 오른 쪽에는 전문화, 다각화, 통합화를 결합한 「SDI 전략 벡터」를 통하여 **엔터프라이즈 전략 벡터**를 구성하고 이를 비즈니스 영역과 엔터프라이즈의 대응 범위에 따라 구분하여 전개하는 전략구성을 제시하고 있다.

SDI 전략 벡터는 **전문화**(Specialization), **다각화**(Diversification), **통합화**(Integration)를 중심으로 구성한 벡터이다.[1] 이와 같은 범위의 설계에서 그 방향성을 중심으로 세 가지의 전략이 도출된다.

첫째, 환경현실과 그 팩트 변화에 대하여 엔터프라이즈가 환경, 사회를 향하여 전개하는 외부적 대응으로 제품–서비스, 시장, 산업, 사회에 대응한 외부적 전략이다. 외부적 전략은 ESAᴅ의 비즈니스(B) 영역과 결합하여 비즈니스 전략의 방향과 내용을 결정한다.

둘째, 엔터프라이즈의 내부적 범위를 중심으로, 경영개발이나 능력–자원개발, 또는 시스템과 절차의 개발과 같은 엔터프라이즈의 내부적 전략이 설계된다. 내부적 전략은 ESAᴅ의 능력자원 영역과 결합하여 능력자원의 확보, 개발, 편성전개, 혁신의 방향과 내용을 결정한다.

셋째, 외부적 전략과 내부적 전략의 균형정렬을 유지하고 대응성과를 높이기 위한 전체적 관점에서의 양방향 전략의 설계이다. ESAᴅ의 전략 집행 영역과 결합하여 전략설계와 추진의 범위, 방향, 비즈니스와 능력자원의 균형적 전개와 성과의 관리를 결정한다.

---

1) SDI 전략 벡터에서 SDI는 전문화(Specialization), 다각화(Diversification), 통합화(Integration)의 머리글자를 조합하여 붙인 이름으로, 엔터프라이즈나 비즈니스의 전문성의 수준, 다각화의 진전, 통합화의 정도의 결합수준을 결정하는 벡터를 말한다. 드러커는 기업이 추진하는 비즈니스의 범위와 구조에 대하여 전문화, 다각화, 통합화에 관한 의사결정을 내려야 한다고 제시하였다. SDI 전략 벡터는 이와 같은 드러커의 정의를 토대로 구성한 전략 벡터이다.
Peter F. Drucker, *Managing for Results*, 1964, *The Executive in action*, HarperCollins, 1996, pp. 215~229.

<도 5-12> SDI 전략 벡터

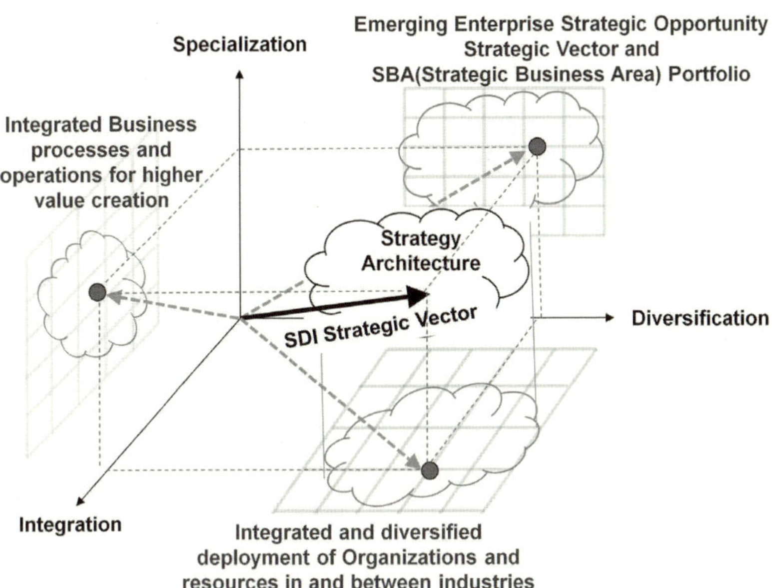

　SDI 전략 벡터는 ESAᴅ의 비즈니스(B) 영역과 관련하여 비즈니스의 전문성, 다각화, 통합화를 결정한다.

　<도 5-12>에서는 SDI 전략 벡터를 통하여 제품, 서비스, 사업전개에 있어서 전문화, 다각화, 통합화를 어떻게 전개할 것인지를 결정하는 논리 구성을 그림으로 설명하고 있다. 그림에서는 중앙의 원점을 중심으로 앞을 향하여 솟구치는 화살표로 표기된 벡터가 SDI 전략 벡터이다. 이와 같은 전략 벡터는 조직이 얼마나 전문화를 전개하며, 다각화와 통합화를 얼마나 추구할 것인지에 대한 개념적 인식을 가능하게 한다.

　예를 들어 백화점이라고 해도, 얼마나 전문화된 백화점인지, 또는 상품 계열별로 또는 공급과 유통계열별로 얼마나 계열화되고 다각화된 백화점 인지 또는 유통과 물류, 또는 상품제공 업체나 유통채널과 얼마나 통합 되어 전개되는 백화점인지에 대한 인식적 판단이 가능해진다.

<표 5-7> 범위와 방향에 따른 전략의 유형

방향성 특성, 대상, 범위, 규모	핵심	내부	외부	확대영역	내부와 외부의 결합적 전개
전략 특성	핵심대응 전략	내부대응 전략	외부대응 전략	확대영역대응 전략	외부–내부 결합대응전략
대상	핵심대상 대응전략	내부대상 대응전략	외부대상 대응전략	확대영역대상 대응전략	외부–내부영역 대상 대응전략
범위	핵심범위 대응전략	내부범위 대응전략	외부범위 대응전략	확대영역범위 대응전략	외부–내부영역 범위 대응전략
규모	소, 중, 대, 초대형 규모	소, 중, 대, 초대형 규모	소, 중, 대, 초대형 규모	소, 중, 대, 초대형 규모	소, 중, 대, 초대형 규모
예시	핵심기술 개발전략 핵심역량개발전 략	경영개발 조직개발 시스템 개발 내부능력자원 개발 등의 내부전략	시장개발 제품개발 사업개발 네트워크 개발과 관련한 제 전략	글로벌 전략	제품–시장개발 전략 및 대응경영전략, 조직능력–자원 전략, 시스템 전략의 결합적 전략

이와 마찬가지로 정부의 외교부문의 경우 엔터프라이즈 활동의 차원에서 얼마나 전문화된 영역에 대하여 외교활동을 하고 있는지, 또는 외교와 연관된 통상, 농업, 공업, 인력수출과 수입, 의료, 교육, 문화, 국방 등의 분야와 어떻게 결합적으로 전개하고 있는지, 그리고 얼마나 외교채널과 관련된 에이전시들을 다각화시킬 것인지에 대한 외교 전략의 위상과 내용, 방향, 정도, 전략전개의 실태를 이해할 수 있게 한다.[1]

---

1) 구체적으로는 전문성의 수준을 얼마나 높여야 할 것인지, 또는 사업 다각화를 어느 정도 전개할 것인지, 그리고 비즈니스의 통합화를 얼마나 전개할 것인지에 따라, 비즈니스와 엔터프라이즈의 특성을 결정하게 된다. 또한 능력자원(C) 영역과 결합하여 비즈니스 전문성, 다각화, 통합화를 추진하기 위한 능력과 자원의 전문성, 다양성, 통합적 전개를 결정한다. 뿐만 아니라 전략 집행(E) 영역과 관련하여 전문성, 다각화, 통합화의 전략설계 및 전략실천과 관리의 내용과 범위를 결정한다.

따라서 전략 벡터와 SDI 전략 벡터를 결합하여 「엔터프라이즈 전략 벡터」라고 정의한다. 이와 같은 엔터프라이즈 전략 벡터는 능력–자원의 편성과 설계,

전략의 범위와 규모에 대한 의사결정에서는 이와 같은 영향요인들에 대응할 수 있는 조직 능력과 실천능력 및 전략전개 방안을 참작하여 범위와 규모의 적절성을 결정하여야 한다.

<표 5-7>에서는 전략의 범위와 방향에 따른 전략의 유형을 제시하고 있다. 표에서 보는 바와 같이 엔터프라이즈에서 대응전략을 수립하여 대응할 때에도, 범위와 방향에 따라 다양한 유형의 전략들이 전개된다.[1]

(5) 경쟁우위 전략요소

「경쟁우위 전략요소」는 엔터프라이즈 전략의 설계와 전개에 있어서 경쟁전략의 핵심을 결정한다. 경쟁적 환경 속에서 영리를 추구하는 일반 기업조직과는 달리 정부 부문에서는 경쟁 우위적 관점은 정책우위나 탁월한 정책의 실천과 같이 정책 목적의 실천으로 전환될 수 있다.[2]

<표 5-8>은 비즈니스와 운영의 관점에서 경쟁우위 전략요소를 점검할 수 있는 참고표이다. 표의 왼 쪽에는 산업이나 제품–서비스, 고객과 시장, 범위선택, 품질과 비용의 수준에 대한 포지션의 경쟁우위에 대한 선택적 설계에 대한 항목이 제시되어 있다.

비즈니스의 운영, 실행과 균형적으로 정렬하여 전체적인 전략을 수립하고 실천하게 된다.

1) 예를 들면, 똑같이 엔터프라이즈의 환경대응성과를 제고하기 위한 전략이라고 해도, 엔터프라이즈 차원에서 전개하는 외부적 시장대응 전략과 내부경영혁신을 도모하는 전략은 그 방향과 내용, 규모, 범위에 있어서 차이를 보인다. 그와 마찬가지로 능력의 개발이라고 해도, 조직내부의 능력의 개발인지, 또는 이질적 산업내 외부조직의 능력을 활용하여 전개하는 공격적 엔터프라이즈 차원에서 능력의 통합적 개발인지에 따라 다르다. 따라서 전략 니즈와 전략 콘텍스트에서 요구하는 범위와 대상을 판별하고 그에 따라 전략설계를 전개할 필요가 있다.

2) 물론 정부부문에서도 인접하고 있는 국가나 경쟁국들과 경쟁적 상황에서 경쟁적 우위를 추구할 수도 있다. 예를 들면, 국가적 정책의 개발과 실천을 정부가 추구하는 핵심 서비스라고 할 때, 그와 같은 핵심 서비스의 경쟁우위를 중심으로 전략요소를 구성할 수 있다.

<표 5-8> 경쟁우위 전략요소 분석항목의 예시

경쟁우위
Competitive Advantage

Strategy Components / Business, operations	Competitive advantage					
	Position advantage				Focus advantage	
	Scope position	Market and customer	Product Position	Cost-Quality Position	Cost advantage	Differentiation
	• Different activities • Similar activities in different ways	• Narrow and broad • Few and many • Global	• Manufacturing efficiency • Sophisticated product leadership • Levels of differentiation	• Low and high • Simple and sophistication	• Cost leadership • Operational excellence	• Product/ service leadership

이와 같은 포지션 우위에 대응할 경우 포커스, 즉 초점을 어디에 맞추는가에 따라 경쟁우위 전략요소의 전개가 달라진다.[1]

표의 오른 쪽에는 비용우위, 운영의 탁월성, 제품 서비스의 리더십에 대한 차별화를 추구할 것인지에 대한 검토항목이 기술되어 있다.

<표 5-8>에서 예시한 경쟁우위 요소에 대한 판단과 전략설계는 현존하고 있는 경쟁그룹 뿐만 아니라 추구하고자 하는 전략의 범위와 규모와 관련된, 또는 향후 관련하게 될, 직접 또는 간접적 경쟁그룹을 반영하여 설계한다.

또한 앞에서 살펴본 SDI 전략 벡터와 관련하여 연관 산업이나 이종 산업부문, 또는 비관련 부문과 결합적으로 전문화, 다각화, 통합화의 규모와 범위, 내용을 전개하고 이와 관련하여 자원과 능력의 편성과 개발, 그리고 레버리지의 활용성을 고려하여 경쟁우위 요소의 실현을 정교하게 편성한다.

---

1) 예를 들면, 동일한 제품의 구성이라고 할지라도 대상 고객에 대한 타깃팅(Targeting), 즉 표적의 설정(Segmentation)과 접근방법에 따라 마케팅 전략 전개의 경쟁우위 실현방법이 달라진다. 최근에는 고객과 시장 대응에 대한 트렌드와 경쟁 및 그에 따른 기회의 변화를 과학적으로 연구하고 규명하여 전략대응의 정교성을 높이고 있다. 김지은, 박용태, 사용자 중심 서비스 지도의 실무적 활용: 서비스 시장, 경쟁, 개발 전략 수립, 2011 한국경영과학회/대한산업공학회 춘계 공동학술대회 논문집, pp.893~902.

(6) 시너지 전략요소

「시너지」는 상대적으로 적은 투입구성요소들을 결합하여 높은 성과를 올리는 것을 말한다. 즉, 요소를 구성하는 구성요소들의 실제적 가치보다 구성요소들의 결합적 가치를 올리는 것을 의미한다. 수리적 개념으로는 구성 부분들이 달성한 성과의 총합 보다 전체적 성과가 크게 달성된 정도를 의미한다.[1]

<표 5-9> 시너지 전략요소의 전개

시너지
Synergy

Strategy Components	Strategic Synergy	Management Synergy	Operating Synergy
Business, operations	• Synergy between SBAs • Opportunity synergy • Positioning synergy • Strategic coalition • Strategic Focus movement/development • Strategic management synergy	• Capability-resource allocation • Management Procedure and process • System • Organization/Personnel • Finance, Technology, R&D, Information	•Functional synergy •Manufacturing •Logistics •Purchasing, Distribution •Marketing, Sales, Service
View and action	•To increase the combined effects and the overall performance; •Control the transformation process and input components, •Sharing resources, process, knowledge, information •Integrating components by effective and efficient ways		
Remarks: Anti-synergy	• Antagonism, resistance, opposition of strategy and strategic transformation in implementation	• Conflicts between the departmental goals and tactics • Resource competition	• Conflicts between the organizational/functional processes design and operations • Resource competition

이와는 반대의 경우도 존재한다. 즉, 많은 투입요소들을 결합하여 투입하였지만, 전체적으로 보면 구성 부분들이 달성한 성과의 총합보다 낮은 성과를 달성할 경우 「마이너스 시너지」 현상이 등장한다.

<표 5-9>에서는 「전략 시너지」와 「경영관리 시너지」, 「운영 시너지」에 대하여 앤소프의 정의를 중심으로 부분적으로 내용을 보완하여 세부

---

1) 조직에서 전략의 설계와 실천에서 필수불가결한 것이 전략실행에 필요한 자원과 능력을 비롯한 전략 투입요소들이다.
　　전략 투입요소들을 효과적으로 결합하여 높은 실천성과를 낼 수 있도록 전략을 설계하고 운영하는 일은 경쟁적 환경에서 뿐만 아니라 불확실성과 리스크가 높은 환경상황조건을 감안할 때, 중요한 전략설계요소가 아닐 수 없다.

적인 시너지 요소들을 제시하고 있다.

표를 중심으로 살펴보면 우선 「전략 시너지」에서는 공통적 사업부문들 간에 획득할 수 있는 시너지, 사업기회를 공유하거나 활용할 수 있는 시너지, 포지션 즉, 지위에 따른 시너지, 전략 통합에 따른 시너지, 일관된 전략 초점에 집중하여 획득할 수 있는 시너지나 공동개발이 가능한 개발 시너지와 같은 전략 설계 점검 항목들을 예시하고 있다.

「경영관리 시너지」에서는 능력과 자원의 할당에 따른 시너지, 경영관리의 절차나 방침, 프로세스의 확립을 통한 시너지, 시스템의 기능을 활용하거나 통합함으로써 획득되는 시너지, 조직이나 인사에서 확보할 수 있는 조직적 시너지, 재무적 자산관리, 기술, 연구개발, 정보의 활용과 관리에서 획득할 수 있는 시너지가 설계 검토요소로 예시하였다.

사업 또는 조업의 「운영 시너지」에서는 업무기능 간에 통합 또는 조정에 의하여 획득할 수 있는 시너지, 제조생산에서 획득할 수 있는 시너지, 물류, 구매, 조달, 유통, 마케팅, 영업, 서비스 부문에서 획득할 수 있는 시너지를 검토한다.

이와 같은 시너지를 설계하고자 할 때에는 결합적 효과나 전반적 성과를 제고할 수 있는 방향으로 전략을 설계하며, 투입자원이나 프로세스, 지식, 정보, 인력 들을 효과적으로 공유할 수 있는 방안을 설계에 반영한다. 또한 마이너스 시너지(Negative Synergy)가 등장하지 않도록 전략 설계시점부터 세밀한 고려를 할 필요가 있다.

이와 같은 시너지의 실현에는 현실적으로 경험효과가 작용한다. 즉, 실행의 과정에서 계획된 시너지와의 차이를 보일 수 있으며, 관련된 결합 구성요소들의 계층과 부문, 종류가 많아질수록, 시너지 계획과 실행에서의 예상편차가 증대할 수 있다. 따라서 시너지 요소에 대한 계획과 실천에 대하여 의도적이고 지속적인 피드백 과정을 통하여, 조정하고 재설계함으로써 그 성과를 제고할 수 있도록 하는 것이 필요하다.

3. 비즈니스 영역

다음으로 「비즈니스 영역」을 구체화한다. 비즈니스 영역의 설계에는 비즈니스 전개의 시간적 설계, 공간적 설계 및 대상영역과 전개방법의 설계로 구성된다.

시간적 설계는 현재 추진하고 있는, 또는 추진하고자 하는 비즈니스를 중심으로 현재영역, 가까운 근접기간의 미래영역, 장기의 미래영역으로 구분된다.

공간적 설계는 현재 대응하고 있는 공간영역, 즉 시장과 엔터프라이즈가 대응해야 하는 사회공간, 환경공간을 중심으로 현재 관계하고 있는 시장과 조만간 관계하게 될 시장영역, 장기적으로 관계해야 할 시장영역으로 구분된다.

비즈니스의 대상 설계는 엔터프라이즈가 대응하고 있는 대상 현실에 관하여 제품 −서비스, 고객, 투입요소와 같은 대상들의 설계로, 현재 관계하고 있는 제품−서비스, 고객, 투입요소와 조만간 관계하고 있는 대상, 향후 관계해야 할 또는 관계하고자 하는 대상을 설계한다.

비즈니스 전개방법의 설계는 비즈니스 활동과 실천적 기능전개의 구체적인 내용과 방식, 운영전개의 참여방식을 구체화한다. 운영전개의 참여에서는 직접 운영과 간접적인 참여운영을 결정한다.

이와 같은 요소들의 설계를 통하여 비즈니스의 도메인, 즉 비즈니스 영역을 구성한다. 비즈니스 영역설계는 전략 아키텍처에서의 범위(S) 영역의 설계와 병행하여 현실의 전략 니즈와 팩트, 그에 대응하는 제품, 시장을 중심으로 비즈니스 영역을 설계한다.

범위(S) 영역과 결합적으로 비즈니스(B) 영역의 설계에서 엔터프라이즈 전략 벡터의 실천이 구체화된다. 즉, (S)와 (B)영역의 결합을 통하여 수립되는 엔터프라이즈의 외부적 전략설계는 현실대응의 비즈니스를 중심으로 범위와 규모 및 전략 벡터와 SDI 선략 벡터를 동하여 구체화된다.

범위와 규모는 대응하고자 하는 사업과 사업영역의 지리적, 공간적, 시간적, 물리적 접근성의 구체적인 범위와 규모를 말한다. 범위와 규모를 제한하거나 확대할 경우, 그 결정에 따라 전략의 내용과 규모 또한 그에 따라 변화한다.[1]

---

1) 엔터프라이즈가 추진하고자 하는 비즈니스의 범위와 규모를 어떻게 설정하는가에 따라, 전략의 범위와 규모가 달라진다. 범위와 규모를 넓힐수록 비즈니스 영역은 확대되며, 그에 필요한 자원과 전략 행동이 확대된다. 외부적으로 범위와 규모를 결정하는 요인은 엔터프라이즈의 사명과 대응해야 하는 환경현실에 따라 결정된다. 범위와 규모의 결정에 대하여 영향을 미치는 내부적 요인으로는 대응에 필요한 능력과 역량, 자원의 확보가능성과 동원규모가 있다. 또한 공통적 요인으로

(B)영역과 결합하여 조직능력과 자원(C)의 영역과의 관계에서 비즈니스 실천을 위한 능력자원의 설계와 편성의 내용을 결정한다. 또한 전략설계와 실천(E)의 영역과 결합하여 비즈니스 전략의 수립 및 실천과 관리의 내용을 결정한다.

비즈니스 영역의 최종적인 평가기준은 **비즈니스 성과**로 판단한다. 기대성과를 충족하지 못할 경우, 따라서 비즈니스 영역에 대한 시공간 및 대상의 편성설계를 재조정한다.

4. 능력-자원 영역

ESAD 프레임워크의 왼쪽 아래에 자리하고 있는 「능력-자원(C) 영역」에서는 전략 전개에 필요한 능력-자원의 편성 전개의 전략을 설계한다.

<도 5-13> 능력-자원영역의 구성요소

Scope	Capability/Resource	Enterprise Capability/Resource Requirements and Allocation						
		Entrepreneurial Capability	Management Capability	Organizational Capability	Functional Capabilities-Resources	Operational Capability	Systems	Other Capability-resources
Business (1~n) Climate Competence Capacity	Enterprise Scope							
	Business scope							
	Product-market scope							
Strategic Deployment & Governance	Enterprise							
	Business scope							
	Product-market scope							

리스크, 즉 불확실성의 수준을 들 수 있다.

능력-자원(C) 영역에는 인적, 물적, 재무적 자원을 비롯하여 기술, 지식, 정보를 포함하는 소프트 능력, 시스템 편성 및 대응능력, 조직적 능력을 발휘하여 전략 설계와 실천적 역할을 수행한다.

조직능력은 전략의 전개에 필요한 다양한 자원의 동원, 활용, 개발, 레버리지의 자원능력과 더불어 엔터프라이즈의 내부적 각 기능들과 활동의 전개에 가장 직접적으로 행사되며, 폭넓게 활용될 뿐만 아니라, 환경현실의 동태적 변화를 감지하고 대응하며, 직접적인 전략 행동전개의 전 과정에 기여함으로써, 엔터프라이즈의 생성과 발전, 성장, 소멸의 핵심적인 역할을 수행한다.

능력-자원(C) 영역의 전개에서 전략적으로 고려되는 능력-자원요소들을 개괄적으로 <도 5-13>에 제시하고 있다.

능력-자원(C) 영역의 설계에서는 기존의 전략과 비즈니스를 중심으로 편성된 현재의 능력-자원의 편성과 배치, 전개뿐만 아니라, 새로운 엔터프라이즈의 환경현실에 대응하기 위한 신 능력-자원의 설계를 전개한다.

능력-자원(C) 영역의 설계는 전략의 범위(S)와 비즈니스(B)의 영역을 중심으로 새로이 요구되는 능력-자원요소를 중심으로 설계하는 방식이 채택되지만, 그와는 반대로 능력-자원의 편성과 향후 확보가 가능한 능력과 자원을 중심으로 전개할 수 있는 비즈니스와 전략을 개발해내는 것도 가능하다. 이를 능력-자원 선도형 전략전개라고 할 수 있다. 능력자원 선도형 전략전개의 경우 능력-자원의 확보와 활용은 전략의 중추적 역할을 수행한다.[1]

<도 5-14>에서는 비즈니스 영역의 전개와 능력-자원전개 및 SDI의 통합적 전개의 결합설계의 예시를 보이고 있다.

능력-자원(C) 영역은 범위(S) 영역과 관련하여 범위와 규모의 내용과 방향의 확정에 영향을 미치며, 해당 범위영역에 대응하기 위한 능력-자원의 양적, 질적 규모가 부적합할 경우, 외부적 능력-자원의 도입, 개발, 확보나 내부적 능력자원의 개발, 혁신과 같은 균형적 전개를 도모한다.

---

1) 능력-자원 영역에서는 능력-자원의 확보와 활용과 전개를 위한 전략이 설계된다. 여기에서 추구되는 본원적인 확보전략에는 인수, 활용, 개발, 혁신, 전환의 전략이 있으며, 외부적 능력-자원의 보완적 활용수단으로 전략적 제휴, 인수합병, 사업통합, 철퇴, 분사와 같은 유형의 수단들이 활용된다.

<도 5-14> 비즈니스와 능력-자원전개, SDI의 통합적 전개

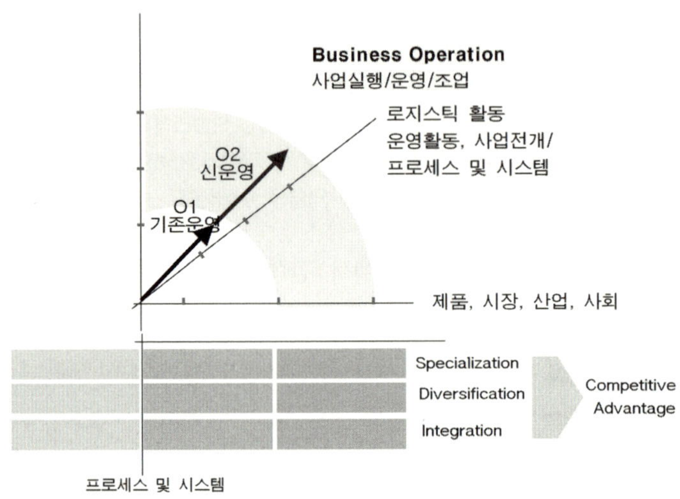

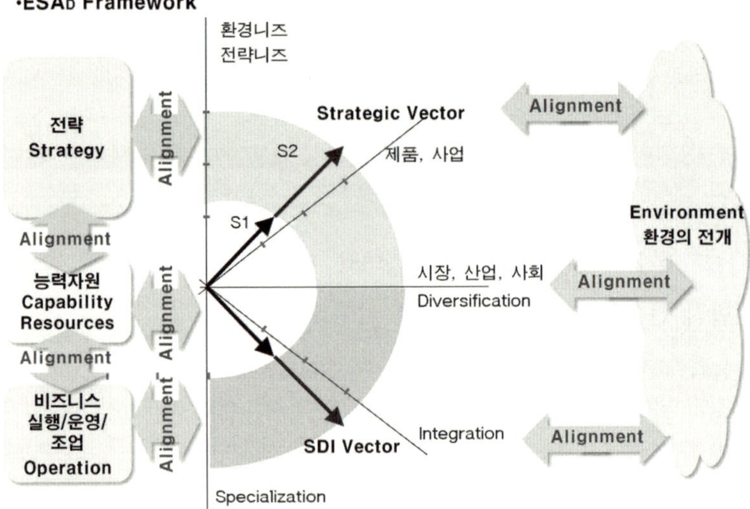

(B) 영역과 관련하여 비즈니스 영역에 대한 실천을 위한 능력–자원의 편성과 배치전개, 운영을 통하여 비즈니스 성과를 실현한다.

(E) 영역과 관련하여 비즈니스 실천성과와 연계하여 능력–자원과 관련된 계획

수립과 실천의 관계를 지닌다.

능력–자원 선도형의 경우 (S) 영역, (B) 영역과 전략 집행(E)의 각 영역에 대하여 능력–자원의 발휘를 중심으로 기존의 전략을 수정, 보완하고 새로운 전략을 전개하는 주도력과 추진력을 발휘한다.

따라서 비즈니스의 실천능력뿐만 아니라 전략설계와 실천전개, 범위의 설정과 같은 영역의 전략능력을 강화하고 필요한 능력–자원요소들을 전개한다.

예를 들면, 전략 거버넌스에 관한 능력자원의 확보나 지원을 포함하여 최고경영자와 관리자 능력지원, 외부 전략 모니터링 조직, 협력조직의 자원의 결합적 활용과 같은 것을 들 수 있다.

능력–자원의 평가는 능력–자원의 성과(performance) 기준에 의하여 평가한다. 능력자원성과가 떨어질 경우, 능력–자원의 확보, 활용, 개발, 혁신, 변혁의 전략을 재점검하고 필요시 능력–자원의 편성과 구조를 재편성한다.

5. 전략 수립 및 실행 영역

전략 설계 아키텍처의 왼쪽위의 영역인 **전략 수립 및 집행(E)**의 영역은 엔터프라이즈와 비즈니스 전략의 수립 및 실천의 활동의 영역으로 범위와 비즈니스 및 능력–자원의 영역들에 대하여 계획과 관리 및 실천에 대한 통제활동을 전개한다.

전략 수립 및 실행의 프로세스는 전략 니즈, 현실의 팩트 변화, 전략 동기에 입각한 전략추진의 계기에 따라 전개된다.

전략추진의 계기는 환경현실의 변화에 따라 새로운 전략을 수립하거나 기손의 전략을 변화해야 할 경우와 같이 전략을 새로 수립하거나 변경해야 할 필요에 따라 전개된다. 이와 같은 계기는 대부분 조직의 경영진에서 결정하지만, 외부 전략 거버넌스에 의한 요구사항에 따라 전개되기도 한다.

전략추진의 니즈나 동기, 현실 팩트의 변화 및 대응의 필요성에 따라 여러 가지의 서로 다른 비즈니스를 동일한 조직 내에서 전개하고자 할 때, 후반의 사례연구에서 보는 바와 같이 전략충돌이 발생할 수 있다.

<표 5-10> 전략 수립 및 실행의 실천요소

전략 수립
Planning

Strategy Formulation / Scope	Strategy Formulation							
	Mode	Terms and Logic	Organization	Decision-Making Communication	Objectives hierarchy	Process	Rules	Communication & control
Enterprise Scope								
Business scope								
Product-market scope								

전략 실행
Implementation

Strategy Implementation / Scope	Strategy Implementation							
	Procedure & Process control	Strategic Action control	Logistics and procure-ment	Org. capability	Performance Management	Response to the Contingencies	Communication & Feedback	Modification and Transformation
Enterprise Scope								
Business scope								
Product-market scope								

전략 평가척도
Performance Criteria

Strategy Performance / Scope	Strategic Performance Criteria							
	Planning	Decision making	Process	Org. Capability Resource	Business Operations	Communication & Feedback	Modification and Transformation	Outcome
Enterprise Scope								
Business scope								
Product-market scope								

또한 범위영역에서의 외부적 대응에서 잘못되고 있음에도, 그에 합당하게 대응하지 않고, 사업운영의 부분적 개선방식에 의존하거나 내부적 대응방식 변경으로 전략대응을 하고자 할 경우, 엔터프라이즈의 전략적 성과를 억제할 수 있다.

<표 5-10>에서는 전략 수립 및 실행, 즉 전략 집행의 논리요소를 개

괄적으로 제시하고 있다.

현실적으로 전략 범위의 선택의 문제, 즉 전략 포트폴리오의 문제를 전략실행의 문제로 간주하여 대응할 경우, 전략 성과는 제약될 수 있다.[1] 즉, 당면하고 있는 현실과 상황에 대한 전략적 과제에 대응하기 위하여 필요한 기본적인 전략 설계요소를 재정비하지 않고, 전략실행요소의 전개만으로 전략적 대응을 전개할 경우, 전략 성과를 보장할 수 없다.[2]

즉, 전략계획과 실천의 (E)영역과 (S), (B), (C)영역의 대상과 연관 전략요소들의 구성과 전개를 어떻게 할 것인지를 명확하게 하지 않을 경우, 전략계획은 현실적으로 타당성을 상실할 우려가 있다.[3]

전략 집행의 영역에서 이에 대하여 바람직한 내부 통제를 하지 못하게 될 경우, 의존할 수 있는 해결책은 경영진에서의 주도면밀한 지휘와 통제이다.

그러나 경영진에서도 이와 같은 전략설계와 실천의 타당성 점검을 제대로 해낼 수 없다면, 조직구성원들이 발휘하는 대응 책임성의 자발적 발휘에 의존하거나 다음 절에서 살펴볼 전략 거버넌스의 기능과 권능의 힘을 빌리는 수밖에 없다. 즉, 이러한 점을 감안하여 전략 거버넌스를 어떻게 설계하고 운영할 것인가에 대하여 주의를 기울일 필요가 있다.

---

1) 만약, 당면하고 있는 현실과 상황에 대하여 특징한 전략요소들의 결합과 전개를 통한 대응을 통하여 해결할 수 있다면, 관련된 해당 전략요소들을 선별하여 결합적으로 대응할 수 있다. 그러나 당면하고 있는 환경현실에 적절히 대응하기 위하여 좀 더 다양한 형태의 전략요소들을 결합하여 대응할 것이 요구될 경우에 일부 요소들의 전략대응을 간과하게 되면 그에 따라 전략 성과가 제약될 수 있다.

2) 구체적인 예를 들면 제품이나 시장의 구성이나 기술의 변화 등의 전략설계요소를 재정비하지 않고, 기업 문화적 요소나 조직 행동적 요소의 성과를 제고하기 위한 전략에 치중할 경우, 전략 성과는 보장될 수 없다.

3) 대체로 전략계획의 수립에서는 이와 같은 전략 요소들에 대한 구체적인 계획안을 작성하는 것이 통상적인 절차로 인식되고 있지만, 현실적으로 전략 계획서를 보면, 대부분의 경우, 관련 전략요소들에 대한 세부적인 점검과 대응이 생략되어 있으며, 그 실질적인 설계와 대응에 관한 과업과 책임은 사업 추진부문에서 맡아서 전개하는 방식으로 전개된다.

6. ESAD 프레임워크의 균형적 정렬대응

(1) ESAD 프레임워크의 전개

앞에서 살펴본 전략요소와 그 관계를 통하여 ESAD의 영역별 설계의 초점을 예시하면 <도 5-15>와 같이 살펴볼 수 있다.

<도 5-15> ESAD의 영역별 설계의 초점과 전략의 설계

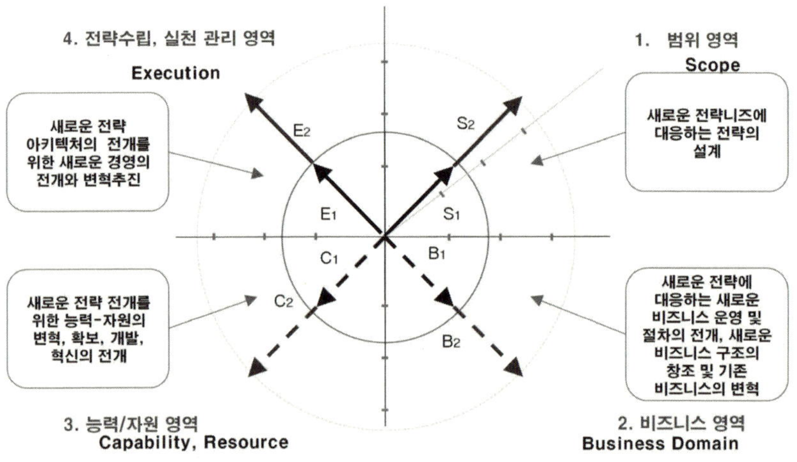

그림에서 보는 바와 같이 각각의 영역별로 성공에 필요한 전략요소들에 대하여 균형적 전략 대응을 설계하여 전개한다. 즉, 환경현실의 변화에 대응하기 위하여 또는 새로운 전략전개를 추진해야 하는 전략 니즈와 전략 콘텍스트를 중심으로 기존에 관계하고 대응하고 있는 (S)영역의 범위에서 S_1의 범위를 오른 쪽 위로 확장하게 되면, 새로운 범위인 S_2에 합당한 내부적 균형정렬을 가능하게 하는 비즈니스(B) 영역, 능력-자원 (C) 영역, 그리고 전략 수립과 집행(E) 영역의 전략 수립 및 실천에 필요한 요소들을 결합적으로 설계하여 대응하여야 함을 보이고 있다.

여러 다양한 비즈니스들을 수행하는 엔터프라이즈의 경우에는 각 비즈니스 전략들을 총합하여 엔터프라이즈 전략을 설계한다. 이와 같은 경우 다양한 비즈니스 전략들을 총합하여 전체적인 엔터프라이즈 전략을 설계하는 방식과 엔터프라이즈의 전략을 중심으로 각 비즈니스 전략들을 설계하는 방식들이 선택적 또는 결합적으로 전개된다.

<도 5-16>에서는 두 가지의 비즈니스(A, B)를 수행하고 있는 엔터프라이즈 조직에서 세 번째의 새로운 비즈니스(C)를 전개하려고 하는 엔터프라이즈를 상정하여 엔터프라이즈 전략과 각 비즈니스 전략들의 설계에 대하여 개념적 도식화를 예시하고 있다.

이와 같은 경우, 전략의 중복이나 충돌과 같은 현상이 등장하게 되며, 그에 대한 설계를 어떻게 하는가에 따라, 엔터프라이즈 전략과 비즈니스 전략의 성과가 좌우된다.

<도 5-16> 엔터프라이즈 전략과 비즈니스 전략

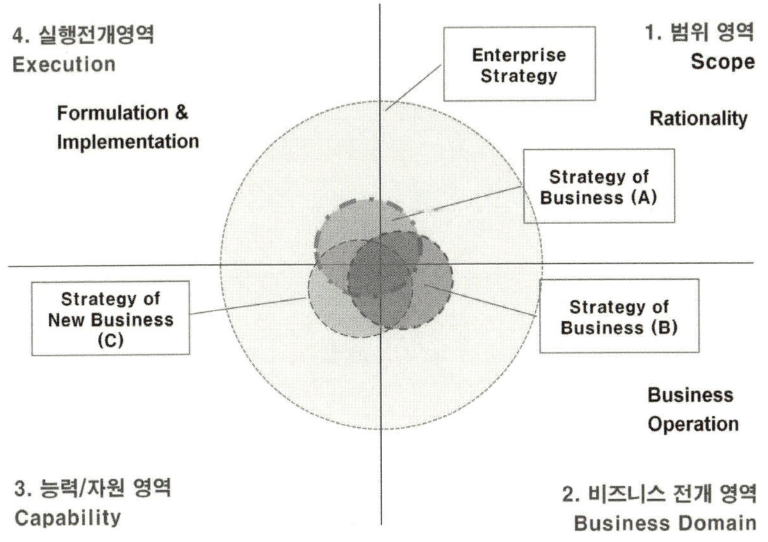

<도 5-16>를 연장하여 <도 5-17>에서는, 엔터프라이즈 전략은 기존의 A, B의 비즈니스를 전개함에 있어서 범위 영역에서는 S(A, B)에 대한 설계와 능력자원영역에서는 C(A, B)에 대한 설계와 능력–자원전개, 비즈니스 영역에서는 B(A, B)의 비즈니스의 영역설계를 하고 있고, 전략의 실행전개영역에서는 해당 전략들의 계획 수립 및 지휘, 통제, 즉 E(A, B)를 실천하고 있다.

이와 같은 현실에서 새로운 비즈니스(C)를 추구하기 위하여 전략을 설계하게 되면, 그림에서 보는 바와 같이 엔터프라이즈 전략은 S(A,B,C), B(A,B,C), C(A,B,C), E(A,B,C)를 결합적으로 설계하고 전개한다.

따라서 엔터프라이즈 전략은 ESA 프레임워크의 각 영역별 구성요소들을 어떻게 설계하는가에 따라 그리고 각 비즈니스를 중심으로 전략을 어떻게 구성하여 설계할 것인가에 따라 달라진다.

<도 5-17> ESA 프레임워크에 의한 전략의 설계

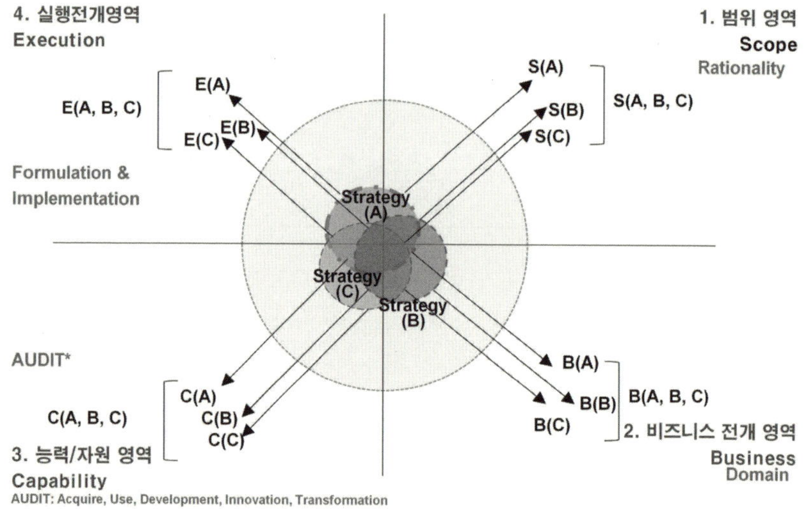

(2) 외부와 내부적 균형과 정렬

ESAD 프레임워크의 각 영역별 전략요소들 간의 관계의 전개원칙은 외부와 내부적 **균형과 정렬**에 있다.

이와 같은 원칙은 앤소프의 전략성공가설(Strategic Success Hypothesis)의 현실 검증에 입각하여 도출된 원칙이다.[1]

외부적 정렬은 엔터프라이즈가 당면하고 있는 환경현실의 내용과 속성, 전략 니즈, 전략 콘텍스트에 의하여 전략 설계와 비즈니스 대응의 적합성을 파악할 수 있으며, 전략설계와 비즈니스 대응은 조직능력과 정렬되어야 한다.[2]

내부적 정렬은 ESAᴅ의 전략과 비즈니스의 설계와 전개에 있어서 전략구성요소, 즉 전략과 능력, 전략 집행 경영관리 및 비즈니스 실행영역의 요소들 간에 정렬을 이루는 것을 의미한다.

<도 5-18>에는 환경현실과 전략 및 능력간의 수평적 정렬을 이루는 상황에서 새로운 전략으로의 이행과 그에 따라 내부적으로 비즈니스 실행과 전략 관리의 균형을 이루면서 목표성과를 실현하고 있는 경우의 예를 보이고 있다.

그림의 가운데 위아래로 음영으로 표시된 긴 직사각형은 현재 S_1의 전략범위를 중심으로 그와 내부적으로 정렬된 C_1과 B_1, E_1의 균형정렬의 수준을 보이고 있다.

앞에서 살펴본 바와 같이 수직축의 위쪽에는 전략 벡터의 구성요소이며 환경현실을 반영하고 있는 전략 니즈이고 아래쪽에는 그에 지속적으로 대응하는 프로세스와 시스템, 그리고 전략 니즈의 복잡성에 대응하는 기술, 지식, 정보를 통합한 축이다. 수평축에는 오른 쪽으로는 제품, 시장, 산업, 사회 등으로 확대되는 외부적 전개와 왼쪽에는 이를 실현가능하게 하는 조직과 자원의 축으로 구성하여 내부적 전개를 결합하고 있다.

---

1) H. I. Ansoff, et al, *Empirical support for a paradigmic theory of strategic success behaviors of environment serving organizations*, *International Review of Strategic Management*, Wiley, 1993, Vol. 4, pp. 173-203.

2) 이를 환경현실–전략–능력간의 수평적 정렬(horizontal alignment)이라고 할 수 있다.

<도 5-18> 균형과 정렬의 전개과정(예시)

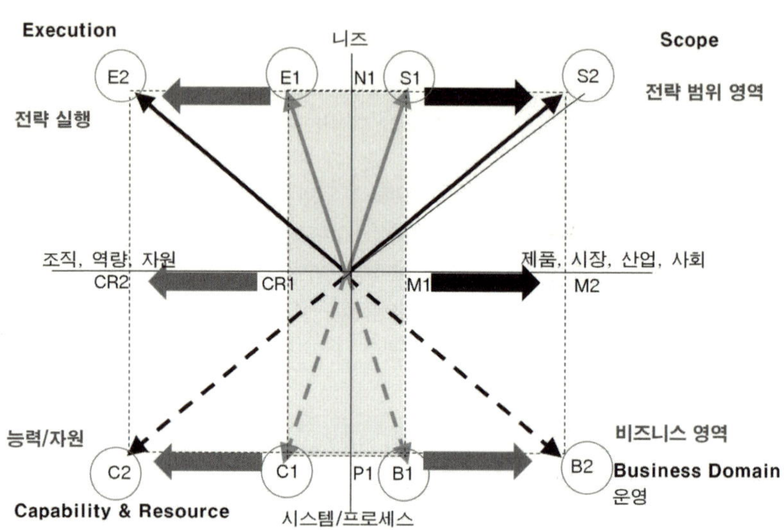

구체적으로 보면 대응해야 할 전략 니즈(N_1)에 대한 대응을 중심으로 M_1의 제품–시장에 대하여 비즈니스를 전개하는 전략을 전개하고 있으며 그에 필요한 CR_1 수준의 조직과 능력, 역량 및 자원, P_1수준의 기술, 지식, 정보, 업무처리 프로세스 및 시스템을 동원하여 B_1의 비즈니스 영역에 대한 사업을 수행하고 있다. 이와 같은 전략 및 조직적 능력과 자원, 사업운영을 효과적으로 관리하기 위하여 필요한 E_1의 전략 수립 및 집행 활동을 전개하고 있다.

따라서 예시로 하고 있는 조직은 당면하고 있는 환경현실에서 파악되고 있는 전략 니즈와 전략 간에 외부적 정렬을 유지하며, 전략과 전략요소들 간에 내부적 정렬을 유지하고 있다. 이와 같이 외부적 정렬과 내부적 정렬이 유지되는 것을 균형정렬관계에 있다고 한다.

즉, $N_1=S_1$,
　　$N_1=C_1$,

$N_1=E_1,$
$N_1=B_1,\ N_1{:}CR_1{:}P_1{:}M_1$
$S_1=C_1=E_1=B_1$

<도 5-19>에서는 환경현실이 변화함에 따라 전략 니즈가 N_1에서 N_2로 변화하는 것에 대응하여 엔터프라이즈에서 전략 범위를 S_1에서 S_2, S_3로 전개하면서 그에 따라 내부적 균형정렬을 실현하는 과정을 설명하고 있다.

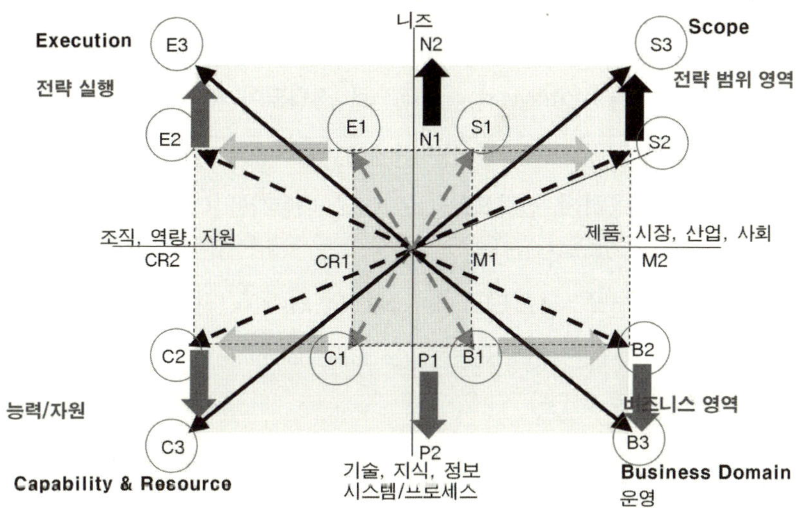

<도 5-19> 동태적 균형정렬의 예시

우선 S_1에서 동일한 전략 니즈 N_1에 대응하면서 엔터프라이즈 활동의 영역과 범위, 규모 확대를 위한 새로운 전략 S_2를 수립할 경우, 즉, $S_1{\to}S_2$로 변화함에 따라 그에 대응하기 위하여 제품, 서비스, 시장, 기술, 비즈니스가 $M_1{\to}M_2$로 변화된다.

또한 그에 대응하는 비즈니스 영역이 $B_1{\to}B_2$로 변혁되고 필요한 전략 집행 요소들도 $E_1{\to}E_2$로 변혁하게 되어, E_2가 전개된다. 따라서 전략요소들은 현재의 환경현실의 동일한 전략 니즈 N_1에 대응하는 전략의 $CR_2:P_2:M_2$로 균형적으로 정렬되어 재구성된다.

그러나 환경현실이 변화함에 따라, 또는 새로운 전략 니즈의 발굴을 통하여 당면하고 있는 환경성과를 창조하기 위하여 N_1에서 N_2로 전략 니즈가 변화하게 되면, 그에 대응하기 위한 전략을 $S_2 \rightarrow S_3$로 변혁하고 그에 대응하기 위하여 제품, 서비스, 시장, 기술, 비즈니스를 $M_2 \rightarrow M_3$로 변혁하며, 그에 따라 필요한 비즈니스 영역요소도 $B_2 \rightarrow B_3$로 변혁하고 필요한 전략 수립 및 집행 영역의 요소들도 $E_2 \rightarrow E_3$로 변혁한다.

따라서 새로운 환경현실의 전략 니즈 N_2에 대응하기 위하여 기술, 지식, 정보를 반영하여 보다 고도화된 프로세스와 시스템을 동원하여 $P_1 \rightarrow P_2$로 변혁하여 $CR_2:P_2:M_2$로 균형적으로 정렬되어 재구성된다.

따라서 전략구성요소의 영역들 간에 $S_3=C_3=E_3=B_3$의 균형관계가 전개되며, 그에 대응하여 전략요소들은 N_2에 대응하는 $CR_3:P_3:M_3$로 균형적으로 정렬되어 재구성된다.

이와 같이 전략구성요소들 간에 $N:CR:P:M$, $S=C=B=E$이 서로 조화롭게 정합성을 이루는 것을 **균형정렬**(balanced alignment)라고 한다.[1]

즉, $N_1 \rightarrow N_2$,
  $N_1:S_1 \ \rightarrow \ N_2:S_3$,
  $N_1:C_1 \ \rightarrow \ N_2:C_3$,
  $N_1:E_1 \ \rightarrow \ N_2:E_3$,
  $N_1:B_1 \ \rightarrow \ N_2:B_3$,

---

1) 또한 내부적 전략요소들 간에 시간적 전개에 따라, 현재의 전략요소들에서 새로운 전략요소들로 변혁하여 정렬을 이루는 것을 동태적 정렬(dynamic alignment)이라고 한다. 과거의 전략 니즈에 합당한 전략의 내용과 능력과 경영관리, 실행요소의 편성과 비즈니스의 균형적 운영을 새로운 전략 환경 현실에 대응하기 위하여 기존의 전략과는 다른 새로운 전략으로 구성, 설계되어야 한다. 이와 같은 경우 기존의 전략균형에서 새로운 전략 니즈와 현실의 환경에 합당한 전략, 능력과 경영관리 및 실행요소, 비즈니스를 균형적으로 정렬시켜야 하는 것을 동태적 균형정렬(dynamic balanced alignment)이라고 한다.

$$N_1 : CR_1 = P_1 = M_1 \rightarrow N_2 : CR_2 = P_2 = M_2$$
$$S_1{:}C_1{:}B_1{:}E_1 \rightarrow S_3{:}C_3{:}B_3{:}E_3 가 된다.$$

또한 여러 가지의 다양한 비즈니스를 전개하는 조직의 경우, 각 비즈니스들을 중심으로 각각의 전략 범위와 능력-자원, 비즈니스 영역, 전략 집행의 전개에 있어서 각각 내부적 정렬을 이루는 것을 수직적 정렬이라고 한다. 엔터프라이즈 전략 아키텍처는 내부적•수직적 정렬과 외부적•수평적 정렬의 균형을 통하여 엔터프라이즈의 전략적 성과를 실현한다.

(3) 전략의 균형정렬과 전략충돌현상

조직 내에서 각 비즈니스들이 수직적 정렬을 이루고 있을 경우에도 여러 가지의 비즈니스들이 동시다발적으로 전개되면 각각의 비즈니스 별로 동질적 전략요소들 간의 **통합적 관계**가 유발된다.

<도 5-20> 전략의 균형정렬과 전략충돌현상의 예시

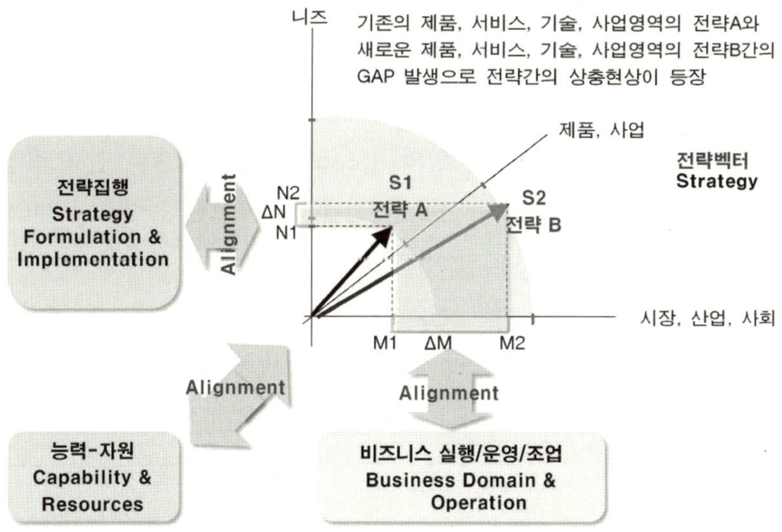

<도 5-20>에서는 전략의 범위를 확대하여 새로운 전략 벡터의 설계

와 함께 비즈니스 도메인의 설계 및 그에 대응하는 능력-자원의 설계와 이를 전략으로 만들어 실천하는 영역의 균형정렬 관계와 두 가지의 비즈니스를 전개하는 조직에서 **전략충돌현상**의 예를 설명하고 있다.

전략의 균형정렬은 앞에서도 살펴본 바와 같이 비즈니스 A와 관련하여 필요한 전략 A의 범위 S_1과 그에 합당한 비즈니스의 영역, 능력과 자원의 내용과 수준, 그리고 이를 총괄하여 설계하고 실천하는 전략 집행영역의 구성요소들의 균형적으로 정렬되어야 하는 것을 의미한다.

따라서 비즈니스 B와 관련하여도 필요한 전략 B의 범위 S_2와 그에 합당한 비즈니스의 영역, 능력과 자원의 내용과 수준, 그리고 이를 총괄하여 설계하고 실천하는 전략 집행영역의 구성요소들의 균형적으로 정렬되어야 한다.

언뜻 보기에는 전략 A와 전략 B는 제각기 전략영역과 요소들 간의 균형정렬을 이루어 별다른 문제가 없는 것처럼 보인다. 그러나 자세히 음미해보면, 전략 A와 전략 B의 실천에서 현실적으로 다양한 전략충돌현상이 유발되고 있다. 우선 전략 A는 전략 니즈 N_1과 M_1의 전략범위에 대하여 대응하고 있다. 따라서 앞의 <도 5-18>에서 살펴본 전략 집행의 방법론과 절차(E_1)를 통하여 전략을 전개하며, 필요한 능력과 자원(CR_1)을 결합하여 B_1의 비즈니스를 전개하고 있다.

반면 전략 B는 전략 니즈 N_2과 M_2의 전략범위에 대하여 대응하고 있다. 따라서 내부적으로는 전략 집행의 E_2의 방법론과 절차를 통하여 전략을 전개하며, 필요한 능력과 자원 CR_2를 결합하여 B_2의 비즈니스를 전개하여야 한다.

이와 같은 경우, 전략충돌의 문제는 동일한 조직 내에서 동일한 경영관리의 시스템과 프로세스를 통하여 능력과 자원을 편성하고 동일한 전략 집행활동의 전개를 통하여 전략 A와 전략 B를 병행적으로 수행하게 되면서 유발된다.

구체적으로 N1의 전략 니즈에 대응하는 조직에서 N2의 전략 니즈에 대한 니즈 대응성이 확립되지 못할 경우 즉, $\varDelta N(N_2-N_1)$을 극복하지 못할 경우에는 N2 대응 전략의 창조와 전개가 용이하지 못하다.

따라서 전략 A와 다른 전략 B는 조직 내에서 서로 추구하고 실현해야 하는 전략 성과 목표들을 충족하기 위하여 기존의 조직능력과 자원 활용에 있어서 필요한 전략요소들을 염출하기 위하여 서로 경합하게 될 뿐만 아니라 서로 간섭하거나 저항하는 현상도 등장한다.

이와 같은 전략충돌에 대하여 영역별, 영역간 충돌현상의 사례를 구체적으로 보면 <표 5-11>과 같다.

전략 아키텍처의 관점에서 주목할 만한 또 다른 충돌현상으로는 동일한 전략을 추구하고 있는 비즈니스들 간에도 등장하는 충돌이 있다. 즉 전략은 동일하지만, 추진하는 비즈니스들 간의 충돌이 발생할 수 있다. 이와 같은 경우의 충돌은 전략에 대한 충돌은 아니지만, 전략의 구성과 전개에 필요한 동일한 능력과 자원, 집행과 통제, 그리고 사업전개의 실천에서 경험하게 되는 비즈니스들 간의 전략 투입요소들에 대한 확보와 운영의 경쟁이 등장한다.

이와 같은 경우에는 이질적 전략 간의 충돌이 아니라 비즈니스들 간의 경쟁에서 비롯되는 충돌이지만, 필요한 전략적 투입요소들에 대한 물량의 확보 및 실천 대응의 경쟁에 의하여 보다 높은 성과를 창조하는 비즈니스를 중심으로 능력과 자원이 재배치된다. 따라서 우선순위에 따라 필요한 전략투입요소들이 선별적으로 배치되고 열등한 우선순위 또는 성과가 저조한 비즈니스에 대한 투입이 상대적으로 감소된다.

따라서 전략 아키텍처에 의한 전략설계를 통하여 범위(S)와 비즈니스 실천(B)에서 필요한 투입규모에 균형적 정렬을 맞추고 비즈니스의 경쟁상황 대응활동을 조정한다. 또한 운영전개를 효과적으로 전개할 수 있도록 전략요소들의 투입과 결합관계를 조절한다. 전체 비즈니스를 원활히 수행할 수 있도록 능력과 자원의 전략투입요소(C)에 대한 필요규모를 조성, 충족하여 대응하고 시차전개, 요소들의 결합적 전개 방법을 통제(E)하여 성과를 제고한다. 이와 같이 ESA_D의 결합적 전개를 통하여 시너지 창조를 통하여 투입요소를 최소화하고 그 성과를 높일 수 있는 시너지 전략(S)을 보강하여 전략적 의사결정을 전개한다.

<표 5-11> 영역별, 영역간 전략충돌현상의 구체적인 예시

구분	충돌, 마찰의 문제 현상	이유
범위(S) 영역	● 서로 유리한 범위를 장악하려는 현상	● 통합이나 협조, 공동추진에 대한 저항하는 경향 ● 불리한 전략범위의 추진 거부
비즈니스(B) 영역	● 비즈니스 협조체제 미흡 ● 상호 성과경쟁방식 ● 고객 및 시장관계의 혼란	● 사업 중심의 조직구조 ● 서로 다른 비즈니스 방식전개의 혼재를 허용하기 어려움
능력-자원(C) 영역	● 능력, 자원의 요구와 교차 활용 ● 시스템의 역기능	● 능력, 자원의 미흡, 부족 ● 능력, 자원의 편성 및 전개 내용, 전개 방식의 차이발생 ● 필요능력-자원의 내용과 수준의 차이 ● 일관적 시스템의 활용
전략 집행(E) 영역	● 비즈니스별 전략요구사항의 증대 ● 전략 성과평가의 곤란	● 동일한 전략 수립과 실천방식의 전개 ● 전략 집행방법 및 능력의 한계
범위-비즈니스(SB)	● 비즈니스의 내용, 범위에서의 왜곡, 추진에 유리한 비즈니스로 변경하기 위하여 서로 경쟁 ● 주요한 전략 니즈의 실현 보다 성과실현이 가능한 비즈니스에 주력	● 각 비즈니스에 대한 전략 거버넌스 활동의 형식적 감사와 기능전개 미흡 ● 성과 중심형 평가시스템
능력-비즈니스(CB)	● 서로 자신의 비즈니스에 유리하게 능력-자원편성을 위한 경쟁과 비협조	● 예산, 자원, 인력, 설비의 한계 ● 내부 정치 및 알력이 작용
전략 집행-비즈니스 (EB)	● 비즈니스별 전략 수립, 실천에서의 전략요소확보 및 전개, 일정 전개에서의 충돌 ● 유력한 비즈니스의 전략 집행과정에서의 우대	● 전략 집행과정 통제결여 ● 비즈니스 전략의 수립과 전략 집행기능의 위임 ● 유력한 비즈니스의 조직내부 정치적 세력화
범위-능력자원(SC)	● 새로운 전략범위에 대한 시도를 억제 ● 신규 비즈니스 추진에 필요한 능력자원 확보지연	● 기존능력중심의 전략범위결정 ● 새로운 능력자원의 확보의 부담
전략 집행-능력자원 (EC)	● 전략 수립과 실천에 대한 능력-자원선점 경쟁 ● 이미 확보된 능력-자원의 공유적 활용에 대한 거부	● 성과에 대한 능력-자원 의존성 ● 성과경쟁에 따른 평가제도
전략 집행-범위(ES)	● 전략범위의 왜곡 ● 전략요소들의 구성설계에서의 충돌	● 전략 범위의 축소로 전략 집행의 용이성을 확보하려는 경향(책임회피) ● 추진에 유리한 전략에 집중

7. ESAD 프레임워크에 의한 전략대응

이상에서 살펴본 바와 같이 엔터프라이즈가 당면하고 있는 환경현실의 전략 니즈와 전략과제에 대응하기 위하여 전략설계차원에서의 ESAD 프레임워크를 감안하여 전략대응을 전개할 경우, 기존의 전략계획의 입안과 설계, 대응과 통제, 전개의 내용이 범위와 규모, 질적 대응의 차원에서 크게 변화된다.

전략 아키텍처의 프레임워크를 활용하여 전개할 경우, 그 전략 대응은 그동안의 전략계획수립에서 대응해오던 작업보다 검토하고 분석해야 할 요소가 증대할 뿐만 아니라, 전략의 집행과 관리, 전략의 지원과 촉진의 관점에서 전략행동 차원에서도 해야 할 일들이 증대한다.

특히 전략 아키텍처 프레임워크를 처음 활용하여 전략을 설계하고 전개할 경우, 그 논리적 체계의 이해와 전개방법이 미숙하여 실천의 차원에서 어려움과 처음 전개해보는 전략전개논리의 복잡성에 대하여 힘들게 느낄 수도 있다.

그것은 전략 아키텍처의 프레임워크의 활용이 현실적으로 기존 전략계획수립의 작업에서 대부분 방임되거나 방기되었던 전략책임의 문제를 들춰내고, 필요한 전략과업과 실천행동을 전개할 것을 요구하기 때문이다.

이는 작은 마을의 아키텍처에서 생활하던 사람들이 큰 도시의 아키텍처에 속하여 생활할 때, 느끼는 불편함, 복잡성, 어려움과 같다. 그러나 어느 정도 도시의 아키텍처 속에서 생활이 익숙해지면 작은 마을의 아키텍처에서의 생활에 대하여 불편함을 느끼게 된다.

이와 마찬가지로 전략 아키텍처도 어느 정도 반복적으로 활용하고 기법에 익숙해지기 시작하면, 조직구성원들의 전략 아키텍팅에 관한 실천 지능이 향상되어, 쉽게 활용할 수 있게 되고 그 수준이 향상되어 간다. 따라서 초기에는 특정한 전략요소나 핵심적 전략대응을 중심으로 전략 아키텍처의 구조와 기능을 전개하고 활용해나가면서 점차 그 활용수준을 높여가는 것도 유용한 방법이 된다.

엔터프라이즈가 당면하고 있는 환경현실의 전략 니즈와 전략과제에 대응하기 위하여 전략설계차원에서의 ESAD 프레임워크의 전략대응을 살펴보면 다음과 같다.

<표 5-12> ESAᴅ 프레임워크에 의한 전략대응(예시)

(4) 전략 집행(실행전개) 영역(E)	E-S 관계	(1) 범위 영역(S)
E1. 외부적-내부적 전략의 균형적 결합설계와 실천 E2. 공동 활용 전략요소의 분리 대응 E3. 전략우선순위 원칙 설정적용 E4. 통제기법, 관리요소의 개선	ES1. 현실의 팩트, 전략기회, 전략 니즈 발굴 및 전략전개 ES2. 전략선별과 충돌요소 제거 ES3. 전략 리스크, 불확실성에 대응하는 전략 수립과 집행의 관리의 책임부여 ES4. 전략요소 정비, 재설계	S1. 현실의 팩트 조사, 전략 니즈 조사 S2. 전략 콘텍스트 분석 S3. 엔터프라이즈 전략 벡터 구성 및 정비 S4. 연관 전략요소 설계 S5. 범위, 방향 설정 및 재조정

E-B 관계

EB1. 외부적-내부적 전략의 조정
EB2. 비즈니스별 전략들의 조정
EB3. 전략선별과 충돌요소 제거
EB4. 새로운 전략 수립, 전략창조의 의무화
EB5. 비즈니스 영역 및 전략의 취사선택

E-C 관계		S-B 관계
EC1. 능력-자원 전략 수립 EC2. 전략지휘능력, 시스템의 변혁 EC3. 능력자원개발 마스터플랜 수립		SB1. 비즈니스 범위, 방향 구조 재조정 SB2. 미래 성공전략에 입각한 비즈니스 충돌 최소화 SB3. 새로운 비즈니스 영역 개척

C-S 관계

CS1. 능력-자원 혁신전략과 신규전략범위의 결합설계
CS2. 모험적 전략 창조 의무화, 전략기회, 가능성 확대
CS3. 공동 활용 전략요소의 결합/분리 대응

C-B 관계

(3) 능력/자원 영역(C)		(2) 비즈니스 전개 영역(B)
C1. 능력-자원전략 편성배치의 재설계 C2. 능력-자원 설계능력 강화 C3. 능력-자원 확보전략 정비	CB1. 신규 비즈니스 사업에 필요한 능력자원의 편성배치 CB2. 신규 비즈니스와 기존 사업부문의 능력자원의 확보 및 적정배치 CB3. 미래 성공전략에서 요구되는 능력-자원의 개발 및 확보	B1. 미래 성공전략에 입각한 비즈니스 충돌 최소화 B2. 비즈니스 범위, 방향 재조정

<표 5-12>에는 ESAD 프레임워크의 각 영역별 대응 및 영역들 간의 관계에 대한 전략적 대응을 개괄적으로 예시하고 있다.

(1) 범위영역에 대한 대응

전략범위(S) 영역에 대한 대응에서는 현실 팩트의 내용과 변화를 중심으로 기존의 전략 니즈와 전략 콘텍스트를 분석하고 엔터프라이즈 전략 벡터를 구성하여, 조직의 전략범위와 방향을 구체화시킨다.[1]

<표 5-12> ESAD 프레임워크에 의한 전략대응에서 오른쪽 위에 범위 영역에 대한 대응의 내용을 예시하고 있다.

표에서 보는 바와 같이 현실의 팩트와 전략 니즈를 조사하고 발굴하며, 전략 콘텍스트를 분석하는 것을 출발점으로 하여 전략 벡터와 SDI 전략 벡터를 중심으로 엔터프라이즈의 전략 벡터의 내용과 방향, 범위를 점검한다.

또한 핵심적인 전략구성요소들을 중심으로 경쟁우위, 시너지 및 그 밖에 필요한 연관전략요소들을 설계하고 엔터프라이즈가 나아가야 할 방향과 범위를 설정하고 수정해야 할 내용을 조정한다.

구체적으로는 엔터프라이즈의 활동 특성과 추구하고자 하는 방향 및 사업 목적에 부응하여 대응해야 할 현실 환경에서 점검해야할 경쟁관계와 경쟁우위, 시너지 요소들을 파악히여 전략범위를 획정힌다. 다긱화와 동합화, 전문화의 전개와 관련하여 연관 기업들과의 결합대응이 요구되는 전략범위를 설정할 때에는 관련된 연관 기업과 산업의 현재와 장래의 현실-환경 분석을 강화하고 관련된 전략 니즈와 전략 콘텍스트의 확인을 통하여 범위를 설계하고 정비한다.

전략충돌현상이 유발되고 있는 비즈니스들 간의 범위조정이 요구될 경우, 범위결정의 핵심적 요소들과 그 실천적 관계를 점검, 정비하여 ESA 프레임워크의 세부 연관 요소들 간의 관계에서 요구되는 조치들을 강구한다.

---

1) 엔터프라이즈 전략 벡터는 기존의 전략 벡터와 SDI 전략 벡터를 결합한 벡터를 말한다.

(2) 비즈니스 도메인에 대한 대응

앞에서 논의한 바와 같이 우선 비즈니스 대상의 시간, 공간, 능력자원의 전개와 비즈니스의 전개 방식 및 실천과 관리에 대한 전략적 대응을 설계한다. 엔터프라이즈에서 대응해야 할 비즈니스가 장기적으로 수행해야 할 사업이라면, 전략 영역에서 파악한 전략 니즈와 전략 콘텍스트, 전략 벡터를 중심으로 현재의 성공전략 뿐만 아니라 미래 성공전략을 감안하여 핵심적 비즈니스와 주변에서 전개해야 할 비즈니스를 구분하고, 장기적, 단기적으로 전개해야 할 비즈니스 전략을 확립한다.

또한 비즈니스 간의 전략 중복, 전략 충돌 현상이 감지되거나 또는 예상될 경우, 그에 대응하기 위하여 전략과 비즈니스의 통합적 편성으로 비즈니스의 성과목표를 충족시킨다. 만약 한시적으로 전략의 중복이나 충돌의 문제가 부득이하게 전개될 경우, 그 충돌이나 중복의 최소 및 최대의 허용기간을 관리하고 개별적 비즈니스의 단위 성과와 전체적인 비즈니스 성과를 통합적 차원에서 판단하여 대응한다.

비즈니스(B) 영역에서 등장하는 다양한 전략들의 중복이나 충돌은 비용과 투자의 중복을 유발하고, 효과성을 억제하기 때문에, 결합적 관점에서의 전략대응을 고려하여 대응방안들을 도출하고 후속적으로 전개해야 할 조치들을 실천하고 성과를 높이기 위하여 전략과 비즈니스의 통제와 관리행동을 강화한다.

만약, 전략의 범위 영역에서 추진하고자 하는 전략과 비즈니스의 전개 방향과 범위에서 불일치 또는 차이가 발생하게 되면, 전략과 비즈니스의 점검을 통하여 전략 범위와 방향, 비즈니스의 전개방향을 모두 재점검하고 가장 바람직한 범위와 방향으로 전략과 비즈니스를 재조정한다.

여기에서 특히 유의해야 할 점으로는 당면할 수 있는 세 가지의 「현실적 전략 선택과 추진의 오류」에 관련된 문제를 해결해야 한다는 것이다.

즉, 첫째는 현재 추진 중인 비즈니스가 현실적으로 명백히 바람직한 비즈니스임에도 전략의 분석과 점검에서 바람직하지 못하다는 잘못된 전략판단이 도출될 경우로 유망한 비즈니스를 포기하게 되는 오류이다.

둘째는 비즈니스의 방향설정이나 추진에 대한 설계나 타당하지 않지만, 전략에서는 타당하다고 판단하여 잘못된 비즈니스를 계속 추진하게 되는 오류이다.

셋째는 전략도 비즈니스도 모두 타당하지 않다고 판단을 내리고, 무엇이 잘못되고 있는지에 대하여 인식하지 못하고 비즈니스를 계속 수행하거나 또는 그와 정반대로 전략도 비즈니스도 모두 타당하다고 판단을 내렸지만, 실제로는 비즈니스를 본격적으로 추진하지 않게 되는 오류이다.

이와 같은 비즈니스의 실천에 대한 전략적 의사결정상의 오류의 문제는 근본적으로 전략설계와 비즈니스 실천과 운영 전개에 대하여 불완전한 내적(內的 internal) 판단에 기인한다. 이를 「불완전한 내적 판단의 오류」라고 한다. 조직구성원들이 치밀하게 전략 니즈와 콘텍스트를 점검하고, 전략 벡터와 경쟁우위, 시너지, 비즈니스 실천의 영역에 이르는 전략요소들을 점검하였음에도 불완전한 내적판단의 오류가 생기는 근본적인 이유는 핵심적으로 점검해야 할 것들을 제대로 검토하지 않고 전략과 비즈니스를 진행시키기 때문이다.

현실적으로 엔터프라이즈의 전략 아키텍처에서 제시하고 있는 범위 영역과 팩트, 비즈니스 실천의 영역을 충실히 검토하고 점검한다면, 대부분의 전략 판단의 오류들은 제거된다. 그 이유는 범위영역과 비즈니스의 실천영역이 대부분 조직이 처하고 있는 외부적 현실(external reality)에 근거하여 구성되고 사실(fact)에 입각한 전략대응을 전개할 수 있기 때문에 내적 판단의 오류에 쉽게 빠지지 않게 된다.

그러나 전략과 비즈니스의 실천 설계와 전개 과정에서 외부적 현실과 사실에 입각하여 전략을 구성하고자 할 때에도, 잘못된 전략적 의도나 왜곡된 인식, 편향적 전략 패러다임이 작용하게 되거나 또는 설계자나 실행자의 오류가 개입될 경우, 내적 오류가 개입되어 전략과 비즈니스의 실천에서 중대한 오류를 유발할 수 있다.

전략설계와 비즈니스 실천에 대하여 현실적으로 당면하게 되는 전략 선택과 추진의 오류 현상에 대처하기 위하여 엔터프라이즈 전략 아키텍처의 프레임워크를 활용한 전략 거버넌스의 활동을 적극적으로 전개할 필요가 있다. 특히 내부적 전략 거버넌스의 원칙과 수단, 실천조직과 거버넌스 메커니즘을 활용하여, 조직구성원들을 중심으로 하여 전략과 비즈니스에 대한 내부적 오류를 최소화할 수 있도록 대응하여야 한다.[1]

---

1) 간단한 예를 들면, 전략과 비즈니스의 실천에 대하여 전략 아키텍처를 중심으로

(3) 능력 및 자원 영역

능력-자원(C) 영역에서는 능력-자원에 관한 적용, 확보, 활용과 전개, 개발, 혁신의 전략을 수립할 뿐만 아니라 능력-자원의 설계와 기획능력, 전개능력에 관한 실천적 능력을 강화한다. 또한 능력자원의 전개와 배치에 대한 원칙 및 우선순위에 관한 기준을 확립하고, 주요 능력자원에 대하여는 별도의 설계와 확보를 위한 조치를 강구한다.[1]

<표 5-12> ESAD 프레임워크에 의한 대응에서 왼쪽 아래에는 이와 같은 전략대응과 조치를 압축하여 간략히 요약하고 있다. 그러나 좀 더 자세히 점검하여 대응하고자 한다면, 전략의 범위와 비즈니스 실천과 전개영역을 중심으로 도출된 전략을 중심으로 어떠한 핵심적인 능력과 자원을 중심으로 어떻게 전개하는 것이 경쟁우위를 실현하며, 시너지를 확보할 수 있는가에 대하여 분석하고 대응할 필요가 있다.

또한 기존에 확보된 능력과 자원의 전개를 중심으로 어떻게 하면, 추구하고자 하는 전략과 비즈니스의 실천 전개를 성공적으로 전개하고, 조직의 전략적 성과와 운영적 성과를 극대화할 수 있는가에 초점을 맞추어 대응방안을 설계하여야 한다. 특히 SDI 전략 벡터에서 도출한 전문화, 다각화, 통합화의 관점에서 능력과 자원을 어떻게 확보하고 전개할 것인가에 따라 전략의 실천과 비즈니스의 실천전개의 성과가 좌우된다는 점에 착안하여 능력과 자원의 편성과 도입 확보, 활용, 개발, 혁신, 변혁의 전략을 구체화하여야 한다.

합리성, 합법성, 합목적성, 적합성, 대응책임성의 준수와 같은 기본적인 원칙의 이행여부를 점검하고, 그에 따라 전략과 비즈니스가 제대로 설계되고 편성되었는지, 그리고 제대로 실천되고 있는지를 점검함으로써 오류를 최소화하고 미연에 방지할 수 있도록 하는 것이 중요하다.

1) 특히 능력-자원의 설계 시에 비즈니스 추진에 필요한 품질기준을 충족하지 못하는 불량 원부자재의 구매나 부실한 능력대응과 같은 능력-자원의 전개를 사전에 예방하기 위하여 엄격한 능력-자원의 전개에 대한 대응원칙의 수립을 고려하고 그 원칙 적용을 강화할 필요가 있다.

(4) 전략 집행

전략 집행(E) 영역에서는 전략 수립 및 실천과 관련하여 전략 집행에 대한 기본적인 절차와 방법, 원칙을 점검하여 전략 집행과 관리의 목적을 달성하고 그 효과성을 높인다. 또한 그 실천전개의 과정과 방법이 잘못 실천되고 있다면, 모니터링을 통하여 원인을 파악하고 신속히 대처하여 통제하고 필요시 전략 재설계를 수행한다.

만약, 다양한 비즈니스별 전략의 수립이나 대응에 있어서 독특한 전략을 전개해야 할 경우, 전략 집행의 방식과 논리, 구조를 변화시켜 대응할 필요가 있다. 또한 공동 활용이 가능한 전략요소들에 대하여는 공동 활용의 관리 범위로 포함시켜 그 효과성을 높이도록 한다.

전략 집행을 효과적으로 전개하기 위하여 전략들에 대한 판단과 실천의 우선순위원칙을 수립하여, 전략충돌이나 중복에 대하여 대응할 수 있도록 한다.

이와 더불어 전략통제의 기법을 강화하고 전략을 관리하기 위한 논리, 절차, 방법을 개선하여 전략 집행의 성과를 높인다. 따라서 전략 거버넌스와 연계하여 경영진과 관리자를 중심으로 전략설계와 집행 과정에 대한 직무책임을 명시화하고 그 평가를 수행할 필요가 있다.

(5) 관계적 대응

각 전략 아키텍처 프레임워크에 대한 기본 영역별 관계적 대응에서는 영역별 요소들을 중심으로 결합적으로 대응해야 할 조치와 내안들을 구성한다. <표 5-12> ESAᴅ 프레임워크에 의한 대응의 예시를 중심으로 살펴보면 다음과 같다.

① 전략 집행과 범위(E-S)의 관계 대응

전략 집행과 범위의 관계에서는 공식적 전략 수립활동과 일상적 전략 활동으로 대응해야 할 현실의 팩트와 전략 니즈, 전략 기회들을 발굴하고, 적극적 전략 수립과 집행활동의 전개를 지속적으로 수행한다. 또한 추진해야 할 전략 범위를 중심으로 기존의 전략을 포함하여 전략재설계 작업을 통하여 추진해야 할 전략들을 선별한다.

특히 전략들 간의 중복이나 충돌요소를 점검하여 전략 성과를 높이기 위한 대책을 강구하여 대응한다. 이와 같은 전략전개와 통제 관리의 관점에서 주요 관리자들을 중심으로 특히 전략 리스크, 불확실성에 대응하는 전략 수립과 집행의 관리책임을 부여하고, 기존의 전략요소를 정비하고 재설계할 필요가 있다

② 전략 집행과 능력-자원(E-C)의 관계 대응

전략 집행과 능력-자원의 관계에서 능력-자원 전략의 재설계와 장기적이고 종합적인 능력자원 전략계획을 수립하여 능력-자원 성과를 제고한다. 또한 경영자와 관리자의 전략지휘 능력, 그리고 비즈니스 부문의 담당자들을 중심으로 비즈니스의 전략적 실천 능력에 대하여 각별히 주목하고 필요한 전략능력을 강화한다. 또한 전략 집행 시스템의 변혁이 요구될 경우, 전략 수립과 실천의 전략경영 시스템을 개선한다.

전략 집행과 능력 및 자원전개에 대한 결합적 대응에 있어서 엔터프라이즈 전략 벡터와 비즈니스 전개의 범위 및 규모, 실천대응에 대하여 능력과 자원의 실천적 전개에 대한 실천전략을 정비한다. 특히 필요한 핵심적 능력과 자원의 확보와 활용 및 그 전개에 관하여, 조직의 내부 또는 외부적 조직의 협력과 활용에 대한 실천전략을 비즈니스의 실천단계와 시간 및 공간전개, 기능전개를 중심으로 구체화한다.

이와 같이 능력과 자원을 결합한 전략전개의 집행과 통제, 관리, 지원활동은 비즈니스 실천부문에서는 사업조직의 여력의 한계와 기능적 특성상 독자적으로 전개할 수 없는 경우가 많기 때문에, 전략 집행과 관리부문에서 사전에 검토하고 확립하여 대응할 수 있도록 하여야 한다. 그것이 바로 전략 집행과 관리부문에서 대응해야 할 책무이기 때문이다.

③ 전략 집행과 비즈니스 영역(E-B)의 관계 대응

전략 집행(E)과 비즈니스(B) 영역과의 관계에서 외부적 대응전략과 내

부적 대응전략의 균형적 정렬을 유지하고, 각 비즈니스 전략들의 조정을 통하여 비즈니스의 전략적 성과를 관리한다. 또한 경쟁우위와 시너지와 같은 전략요소를 충족하며 전략충돌현상에 대응하기 위한 관리와 통제, 지원활동을 전개한다. 특히, 새로운 비즈니스 기회와 니즈 대응을 위하여 기존의 비즈니스 전략의 주기적 점검 및 새로운 비즈니스 전략 수립을 의무화한다.

전략 집행과 비즈니스 실천전개 영역에 대한 대응과 관련하여 유의할 점은 전략 집행부문이나 비즈니스 실천부문에서 서로 주도권과 책임의 문제로 유발되는 대립현상을 방지하는 것이다. 종종 전략의 집행과 비즈니스의 실천을 결합적으로 전개할 경우, 시너지를 발휘하기보다는 전략적 현실대응의 책임을 서로 미루거나 주도권 싸움에 휘말려, 전략의 집행과 통제, 관리가 소극적인 형태로 전개되어 부문과 전체의 전략실패를 초래하게 된다는 점에 유의할 필요가 있다.

비즈니스와 전략의 집행부문은 서로 대립하거나 반복할 관계가 결코 아니지만, 현실적으로 그 관계가 바람직하지 못한 방향으로 전개되기도 한다. 예를 들면, 전략 집행부문에서의 통제와 관리의 내용과 행태가 간섭적이며 지시적으로 전개되고, 심지어는 현실적으로 타당하지도 못하고 명쾌하지도 못한 평가기준을 내세워 비즈니스 실천 조직을 압박하고 임의로 성과평가를 왜곡하는 극단적인 경우도 생긴다. 이와 같은 경우, 사업조직 부문에서 비즈니스 추진의 열정이 소실되고 사기 저하를 비롯하여 사업추진의 성과가 크게 저해된다.

전략구성요소에서도 살펴본 바와 같이 전략 시너지나 경영관리 시너지 운영 시너지를 비롯하여 조직의 기능적 시너지 등을 통하여 조직의 효율성을 높이고 경쟁우위를 실현하고자 한다면, 비즈니스 실천부문에서 전략 집행부문에 대하여 비즈니스의 전략 컨설팅 지원과 효과적 전략 통제를 수행하는 조직의 중요한 지적 자산 및 전략 기능을 수행하는 조직의 능력 부문으로 인식하고 전략집행부문의 주요 전문기능을 적극적으로 활용하려는 자세와 실천이 요구된다.

이와 마찬가지로 전략 통제부문에서도 통제의 관계와 태도적 측면에 유의하고, 비즈니스 실천부문의 현실적 사업전개의 어려움을 인지하고 어떻게 하면 그 어려운 비즈니스 현실 대응에서의 문제점들을 타파하고 전략적 성과를 높일 수 있는가에 대하여 솔직하고 진실한 성찰과 협조를 통하여 비즈니스 실천부문을 전략적으로 지원하려는 자세와 실천을 전개할 필요가 있다.

④ 전략의 범위와 비즈니스(S-B) 관계 대응

전략의 범위(S)와 비즈니스 영역(B)의 관계에서는 기존 및 신규 사업의 범위, 방향을 재조정하고 설계하며, 엔터프라이즈 전략 벡터를 정비한다. 즉, 사업의 전문화, 다각화, 통합화의 결합적 전개를 재구성함으로써 전략충돌을 최소화하면서 전략기회, 비즈니스 기회를 확대하고 새로운 성장 비즈니스 영역을 개척한다.

현실적으로 대부분의 일반 기업조직에서 엔터프라이즈 전략 아키텍처의 기본 전략이나 관계적 전략에 대하여 가장 중요하게 인식되는 것은 제품, 시장, 매출 그리고 수익의 실현이다. 물론 정부부문의 경우에는 바람직한 정책목표의 효과적 달성이 중요하게 인식된다.

공공부문이나 일반 기업조직에서 추구하는 목적을 달성하기 위하여 전략 범위와 비즈니스 영역간의 관계대응에서 주목할 것은 비즈니스의 최종성과를 어떻게 하면 전략적이고 효과적으로 창출하고 유지하며 성장, 발전시킬 것인가로 귀결된다. 따라서 전략 범위 영역과 비즈니스 전개의 영역간의 관계대응은 시간과 공간, 대상영역별로 목표를 달성하기 위한 전략을 비롯하여 생존전략과 성장전략, 그리고 확장과 변혁, 창조 전략들이 선택적, 결합적으로 추구된다.

예를 들어, 한시적으로 종료하게 되는 엔터프라이즈 비즈니스의 경우라면, 생존이나 성장전략보다는 주어진 기간 동안 최대한의 성과를 실현하는 전략을 전개한다. 그러나 장기적인 해외 개발의 엔터프라이즈 비즈니스의 경우에는 추구하는 목적달성을 중심으로 해외 지역에서의 엔터프라이즈 활동에 대한 생존전략과 성장전략이 결합적으로 전개된다.

⑤ 능력-자원 및 범위(C-S) 관계 대응

능력-자원(C) 및 범위(S) 관계에서는 능력-자원의 확보와 개발, 혁신 전략과 병행하여 새로운 전략 니즈, 전략기회의 발굴과 대응으로 신규 전략을 수립하여 실천한다. 또한 현실의 팩트와 전략 니즈, 전략기회를 중심으로 활용 가능한 능력-자원을 중심으로 모험적 전략을 추진할 수 있는 전략범위를 발굴하고, 관련 전략대응을 의무적으로 실시할 수 있도록 제도화함으로써 전략대응의 범위와 능력발휘의 성과수준을 제고한다.

이와 더불어 확보 가능한 능력-자원을 중심으로 공동 추진이 가능한 전략범위와 개별적으로 접근해야 할 전략범위를 구분하여 적절한 능력-자원의 배치 및 전개를 실시한다. 필요하다면, 범위의 적정성 판별과 더불어 과부족의 능력-자원의 요소들에 대하여 외부동원 및 활용, 전환 등을 통한 레버리지 활용방법을 점검하고, 그 성과를 높이도록 한다.

⑥ 능력-자원과 비즈니스 영역의(C-B) 관계 대응

능력-자원과 비즈니스 영역의 관계에서는 미래 성공전략에서 요구되는 능력-자원의 확보, 개발, 혁신의 전략을 수립하고 신규 비즈니스 사업에 필요한 능력자원을 별도로 확보하여 편성배치하고 필요한 능력자원을 개발한다. 또한 능력-자원의 부족으로 전략충돌이 유발되지 않도록 능력-자원의 배치 및 운영계획을 치밀하게 조직한다.

능력-자원과 비즈니스 실천전개영역과의 관계에서 주목해야 할 전략내용은 현실상황에서 비즈니스 실천에 대한 경쟁우위를 확보할 수 있으며 지속적으로 경쟁우위를 실현할 수 있는가에 대한 전략적 대응이다. 앞에서도 언급한 바와 같이 정부부문의 경우, 경쟁우위 관점은 정책우위 또는 탁월한 정책의 실천과 같은 목적의 실현으로 전환된다.

따라서 기존 능력-자원의 구성과 배치, 전개 및 활용에 있어서 경쟁우위를 확보하고 실현할 수 있는 전략이 무엇인가에 대하여 고민할 필요가 있다. 만약, 추진하고자 하는 전략과 비즈니스의 실천에 필요한 능력-자원의 확보와 전개가 불가능할 경우, 엔터프라이즈 전략 벡터에서 범위와 방향을 조정하고 전문화, 다각화, 통합화의 내부 전략을 어떻게 구성할 것인지에 대하여 비즈니스의 실천 단계에 따라 실천전략을 정비하여야 한다.

(6) 결합적 대응

일반적으로 현실적 상황의 대응을 위하여 주요 전략 이니시어티브, 즉 주도적인 핵심 전략대안을 중심으로 전략실천 계획을 잘 수립하면, 전략적 과제들이 원만하게 해결될 것처럼 판단되기도 한다.

그러나 현실적으로 획기적인 전략 이니시어티브나 특별한 전략실천 계획의 수립만으로 당면하는 전략적 과제의 해결이 완수되는 경우는 드물다. 그 이유는 전략과 관련하여 필수적인 연관된 전략요소들이 적절히 동원되고 기능되어야 하고, 전략 집행의 절차와 과정의 충실한 이행의 수준에 따라 전략의 실천적 성과가 좌우되기 때문이다.

따라서 전략 아키텍처의 각 영역 및 요소들 간의 결합적 대응 및 균형정렬이 요구된다. 우선적으로 전략의 외부적 균형정렬의 관점에서 환경현실에 대응하는 외부적 비즈니스 전략이 환경현실의 팩트와 전략 니즈에 부합하여 균형정렬을 이룰 필요가 있다. 예를 들어, 외부의 환경현실에서 요구하는 팩트 대응과 전략 니즈에 합당하게 전략과 전략요소들이 설계되고 집행되는가의 관점에서의 균형정렬을 추구하지 않을 경우, 이해관계인 및 사회적 전략의 합법성 준수의 문제가 제기될 소지가 있다.

뿐만 아니라 외부적 전략을 수행하기 위하여 필수적인 내부적 조직 및 능력자원의 편성과 배치 및 비즈니스의 운영과 관련하여 필수적인 내부적 전략의 설계와 실천이 외부적 전략과 균형정렬을 이룰 필요가 있다.

외부적 전략이 내부적 전략에 비하여 너무 앞서나가게 될 경우, 외부적 전략 실천을 위하여 필요한 능력자원의 균형정렬의 충족 실패로 외부전략 성과는 저해되고, 내부 능력자원의 성과 또한 제약된다.

이와 마찬가지로 내부적 능력자원은 충분히 확보하였지만, 외부전략의 전개를 통한 엔터프라이즈의 사회적 진화와 성장을 도모하지 못할 경우, 조직이 어렵게 확보한 능력자원이 도태되거나 진부화 되는 상황을 초래하게 된다.

따라서 외부적 전략의 전개와 내부적 전략의 **동태적 균형정렬**을 추구할 필요가 있다.

또한 외부적 전략과 내부적 전략의 균형정렬의 연장으로 ESAD의 전략영역별 균형정렬관계를 통하여 결합적으로 전략을 설계하고 전개함으로써 전략 성과를 제고할 필요가 있다.[1]

---

1) 예를 들면, 새로운 전략 범위의 추구와 새로운 비즈니스의 영역전개활동을 수행하면서 그에 필요한 전략능력과 자원의 확보나 전략 집행의 절차나 방식이 확립되지 못한다면, 그 전략적 성과는 제약될 수밖에 없다.

8. 엔터프라이즈 전략 실천관리 보드

이상의 전략 아키텍처의 분석과 설계논리에서 살펴본 구성요소들과 그 전개과정을 실천적 관점에서 표현하면 다음 <도 5-21>과 같다.

<도 5-21> ESA_D 프레임워크의 실천적 전개구도

<도 5-21>은 전략니즈와 현실 팩트를 중심으로 실천적으로 전개하기 위하여 보기 쉽게 앞에서 살펴본 전략 아키텍처 프레임워크를 왼쪽으로 45도 기울인 도표이다. 도표에서 보는 바와 같이 도표 내의 상자 1~3 까지 전개되는 요소들의 결합전개 프로세스는 마케팅 전략의 핵심적 프로세스를 제시하고 있다.

이와 마찬가지로 3~5의 결합 프로세스는 제품의 제조와 운영에 관한 핵심적 프로세스를 제시한다. 5~7의 결합 프로세스는 조직의 편성과 능력-자원과 사업전개의 프로세스를 제시하며, 7에서 다시 1까지의 결합프로세스는 엔터프라이즈의 새로운 니즈와 현실팩트에 대응하는 전략개발과 기업조직편성의 프로세스를 제시하고 있다. 도표의 가운데 전략 통제와 집행을 경유하는 결합 프로세스로 1-9-5의 신제품개발의 제조전략과 2-9-7의 신사업개발과 조직전개의 전략 프로세스를 전개한다.

어떠한 전략 프로세스를 어떻게 전개할 것인지에 대한 판단은 현실의 팩트와 전략 니즈 그리고 조직의 편성과 능력전개의 실태에 따라 결정된다. 예를 들어 마케팅 부문에서의 효과성이 떨어져서 엔터프라이즈의 성과가 부진하다면, 마케팅 부문을 중심으로 전략의 설계와 전개내용을 점검하고 전략 변혁을 전개할 필요가 있다.

조직 현장에서 실무적으로 대응하기 위하여 필요한 실천 관리표를 구성해보면 다음 **<표 5-13> 엔터프라이즈 전략 실천관리 보드**에서 보는 바와 같다. 표의 중앙에는 9개의 전략 아키텍처 기본요소와 결합요소에 대응하여 실천적으로 전개하는 절차를 중심으로 필요한 **전략 이니시어티브**들의 전개를 중심으로 예시하고 있으며, 맨 위와 아래에는 엔터프라이즈 조직의 사명과 전략 니즈, 팩트를 중심으로 추구하고자 하는 전략 목표와 추구하는 구체적 성과를 제시하고 있다.

표에서는 마케팅 전략을 중심으로 제품 및 시장 수요조사를 전개하며, 전략 범위와 제품 시장 전략으로 전략 벡터, SWOT, 3C, STP, 4P, Marketing Mix를 전략적으로 전개하여 실천하는 엔터프라이즈 전략 실천관리 보드를 구성하고 있다.[1]

---

1) SWOT, 3C, STP, 4P, Marketing Mix에 관한 전략 전개논리와 기법전개는 마케팅 문헌을 참조

<표 5-13> 엔터프라이즈 전략 실천관리 보드

0. Mission –Facts-Needs

엔터프라이즈 목적과 니즈 대응을 위한 신규사업전개

1. Facts-Needs	**2. Strategy Scope, Vector, Competitive advantage, Synergy**	**3. Product/service, Market/Society**
1.1 수요 조사 및 주요 대상고객의 세그멘테이션 1.2 재무성과목표와 현실성과의 점검	2.1 범위, 규모 점검 2.2 엔터프라이즈 전략벡터 설계 2.3 경쟁우위 요소 파악(3C, SWOT) 2.4 시너지 전략 점검	3.1 SWOT/STP 마케팅 전략설계 3.2. 4P, Marketing Mix 전개 3.3 시장개척 및 개발 전략의 전개 3.4 사회전략 전개
8. Strategic Planning & Decision Making	**9. Strategy Execution & Control**	**4. Business Execution & Operations**
8.1 디지털 시대에 대응하는 마케팅 전략의 전개 8.2 신규투자계획의 수립 8.3 중장기 전략 포트폴리오와 전략 시나리오 작성	9.1 제품−서비스 마케팅 전략과 제조운영 전략, 조직전개의 균형점검 9.2 전략계획과 마케팅 전략, 제조, 조직전개성과의 모니터링 및 상호 보완 9.3 전략변혁의 타이밍, 방법, 절차의 통제	4.1 비즈니스 부문의 운영방침 확정 4.2. 중장기 비즈니스 영역의 전개전략수립 4.3. 조직, 설비의 확보 및 운영 전개 4.4. 비즈니스 네트워크의 관리 4.5. 비즈니스 수익의 관리
7. Organization	**6. Capability-Resource Deployment**	**5. Operating systems, process, Information, Knowledge, Technology Infrastructure**
7.1 엔터프라이즈의 효과적 비즈니스 실천을 위한 조직구조편성 7.2 외부 조직과의 제휴전략에 대응하는 조직관리원칙 확립과 실천	6.1 비즈니스 전개에 필요한 능력, 역량, 자원의 도입, 개발, 활용전개 6.2.외부 능력, 자원의 활용 6.3 능력−자원의 경쟁력 제고 6.4 엔터프라이즈 정보 시스템 역량 제고 6.5 엔터프라이즈 조직역량, 설비능력의 설계 및 구축	5.1 비즈니스 수행을 지원하기 위한 조직 및 사업기능의 운영 시스템, 프로세스, 로지스틱스의 최적 편성 전개 5.2 제품 제조, 조달 운영 5.3.정보, 지식, 기술의 확보 및 제공 5.4 정보 시스템 아키텍처의 개선 및 구축 5.5 협력사와 공동 운영 시스템의 관리

10. Outcomes

10.1 수익구조의 개선(부채감축 및 수익성 제고)
10.2 신규성장사업의 성공적 실현으로 새로운 고객−시장대응 성장 비즈니스의 가동
10.3 조직활력 증대로 엔터프라이즈 전반적 성과의 개선

다만, 기존의 마케팅 전략에서 생략되어 있는 요소 즉, 5~9에 이르는 전략 프로세스들이 추가됨으로써 엔터프라이즈 전체 차원에서의 전략 전개가 가능하다.

이와 같은 전개논리는 **마케팅 매니지먼트 프로세스**의 실천적 전개에서 R–STP–MM–I–C의 전략전개 논리를 포함하여 엔터프라이즈의 사명과 목적을 토대로 비즈니스 실행과 제조운영, 조직의 능력역량의 전개와 전사적, 부문적 전략 통제를 결합적으로 실천하여 엔터프라이즈의 성과를 제고하도록 한다.[1]

특히 엔터프라이즈 전략 실천관리 보드의 중앙에서 보는 바와 같이 전략성과의 지속적인 모니터링과 외부적 전략과 내부적 전략의 균형점검을 통하여 전략 성과를 제고하고 엔터프라이즈의 전략 니즈에 합당하게 전사적 또는 사업부문의 전략적 변혁을 설계하여 단계적으로 전개한다.

엔터프라이즈 전략 실천관리 보드의 아래 10번 항목에서는 이와 같은 전략의 설계와 집행, 전개를 통하여 실천하고자 하는 목표와 성과를 제시하고 있다. 정부 및 정책실천 조직에서는 추구하고 달성하고자 하는 엔터프라이즈 활동과 전략목표, 최종성과를 관리하며 주요 측정지표를 점검한다.

일반 기업조직의 경우, 전략 실천관리 보드를 중심으로 각 사업기능별 부문에서 엔터프라이즈 전략 실천관리 보드를 중심으로 부문별 전략 실천관리 보드를 세분화하여 작성하고 전개할 수 있다.

---

1) 필립 코틀러가 제시한 R(research)–STP(segmentation, targeting, positioning)–MM(marketing mix)–I(implementation)–C(control)의 마케팅 전략과 경영관리를 결합한 마케팅 매니지먼트의 핵심 프로세스. Philip Kotler, *Kotler on Marketing*, The Free Press, 1999. 참조.

5.5 ESA_G 프레임워크

이제부터는 거버넌스의 성과를 강화하기 위하여 필요한 **엔터프라이즈 전략 아키텍처**의 프레임워크에 대하여 「**전략 거버넌스 차원**」에서 살펴보도록 하자.[1] 전략 설계 관점에서의 대응은 전략 설계 아키텍처의 고유한 속성에 따른 한계점이 있기 때문에, 실행차원에서의 대응과 거버넌스의 기능적 전개에 의하여 대응할 필요가 있다.

전략 설계 아키텍처의 고유속성에 따른 한계점으로는 설계시점에서의 완전한 정보의 확보가 곤란하기 때문에 비롯되는 문제점과 설계 아키텍처의 기능적 한계에서 비롯된다.[2] 따라서 **ESA**D의 활용과 전개의 실천 프로세스에서 그 극복방안을 마련하거나 또는 전략 거버넌스 기능의 전개로 **ESA**의 전체적 성과를 제고할 수 방안을 강구할 필요가 있다.

이와 같은 현상에 대응하기 위하여 「**엔터프라이즈 전략 거버넌스 아키텍처**」의 프레임워크를 통하여 조직의 전략적 성과를 제고하는 전개논리와 실천적 체계를 살펴볼 필요가 있다.

1. ESA_G의 프레임워크의 설계를 위한 기본 요소의 이해

거버넌스는 제4장에서 살펴본 바와 같이 「조직에 대한 통치, 지배, 관리, 통제 또는 그와 같은 행동을 전개하기 위한 관리방식이나 수단으로써의 규칙이나 법」을 의미한다.[3]

---

1) 「거버넌스 관점에서의 엔터프라이즈 전략 아키텍처」를 서술의 편의상 「엔터프라이즈 전략 거버넌스 아키텍처」라고 부르도록 하자.

2) 예를 들면, 불확실성에 대응하기 위한 「전략 아키텍처의 가변적 대응성의 한계」를 들 수 있다. 전략적 대응의 특성으로 환경변화의 속성에 기민하게 대응할 수 있는 「신속하고 기민한 대응성의 충족」의 문제와 아키텍처의 「정형화에 따른 가변성(flexibility)에 대한 제약」 또한 설계 아키텍처의 특성에 따른 기능적 한계점이라고 할 수 있다.

이와 같은 거버넌스는 ①주체와 ②주체가 추구하는 목적, ③대상 및 ④범위에 따라 다르고 거버넌스의 주체와 주체가 어떠한 목적을 추구하는가에 따라 거버넌스에서 추구하는 목적도 달라진다.[1] 또한 대상의 범위에 따라, 예를 들어 국내지역을 범위로 하는 사업과 해외지역으로 확대한 사업범위에 대한 거버넌스의 내용은 다르다.[2]

이러한 현상에 대응하기 위하여 **엔터프라이즈 전략 거버넌스** 활동의 주요 구성요소를 파악하여 **ESAG** 프레임워크의 핵심적 구성요소를 설계할 필요가 있다.

(1) 거버넌스의 대상영역과 주체 및 조직

제4장에서도 살펴본 바와 같이 기업의 기본적인 목적과 활동성과를 제고하기 위하여 전개되는 **기업 거버넌스**에는 거버넌스의 대상영역에 따라 「**내부적 거버넌스**」와 「**외부적 거버넌스**」로 나누어 볼 수 있다.

거버넌스의 주체를 중심으로 보면, 기업경영조직의 외부 거버넌스 주체, 경영조직 외부주체, 경영조직 내부주체로 구분된다. 거버넌스는 기업의 구성과 목표 및 미션, 활동의 내용 및 결과를 주시하고 그 성과를 제고하기 위한 통제 및 지도활동을 수행한다.

거버넌스는 「실행주체와 권리의 위임의 관계에서 동원되는 관리수단」이다. 즉, 거버넌스는 간략하게 말하자면 위임자가 피위임자의 활동에 대하여 위임의 내용을 살피고 효과적으로 통제하는 것을 의미한다. 따라서 거버넌스의 원칙과 주체,

---

3) 여기에서 통치의 개념에는 조직의 최상층부에서 하부에 이르기까지 권력의 행사에 대한 개념이 개입되며, 지배의 개념에는 소유나 권리, 또는 세력개념이 개입된다. 관리는 사업의 전개에 대하여 효과나 효율 및 성과의 개념이 강조되고 통제는 조절과 간섭의 개념이 부각된다.

1) 주체가 개인일 경우, 거버넌스의 내용은 개인적 목적이나 원칙에 입각하여 전개된다. 그러나 거버넌스의 주체가 정부일 경우, 거버넌스의 내용과 목적은 정부가 추구하는 목적이나 목표, 원칙에 입각하여 설계되고 전개된다. 다수의 사람들이 그룹을 결성하여 거버넌스의 주체로 작용할 경우, 해당 그룹이 추구하는 목적이나 목표, 원칙에 따라 거버넌스가 설계되고 실천된다.

2) 예를 들면, 해당지역에서 적용하는 독특한 세법이나 국제표준기준의 적용, 또는 특정국가에서 신봉하는 종교적 신념이나 이질적 문화와 가치관 등이 새로운 거버넌스의 준수원칙을 요구한다.

메커니즘과 거버넌스의 수단에 따라 거버넌스의 성과가 결정된다.

또한 엔터프라이즈 활동의 범위, 규모, 내용에 따라 관련된 이해관계인들의 기대치와 요구수준에 따라 이해관계에 따른 거버넌스가 행사된다.

따라서 거버넌스의 전개내용은 거버넌스를 누가, 어떠한 원칙으로 어떠한 메커니즘과 수단을 통하여 계획하고 실천하는가에 따라 달라진다.

(2) 거버넌스에서 추구하는 내용과 주요 원칙

기업 차원에서 전개되는 거버넌스(corporate governance)는 사회적 영향력이 큰 기업들 중에 부당한 경영행동이 자율적으로 통제되지 못하고 제멋대로 자행됨에 따라 사회적으로 큰 파장을 야기하고, 주주들과 중요한 이해관계인들에게 상당한 피해를 주는 사건들이 빈번하게 등장하기 때문에 원칙적으로 대응해야 한다는 사회적 필요성의 인지에서 전개되었다.[1]

OECD에서 발표한 기업 거버넌스의 설명과 원칙을 보면, 거버넌스에 대한 개념과 거버넌스에서 추구하고자 하는 일들이 무엇인지를 알 수 있다.[2] OECD에서는 기업 거버넌스의 추진을 위하여 다음과 같은 여섯 가지의 중요한 원칙을

---

1) 따라서 기업 거버넌스는 기업의 소유와 권한행사 및 책임 관계를 중심으로 하는 이해관계인들의 구성과 그 행동, 그 밖의 소유 이해관계인들과의 관계의 관리, 및 기업의 책임과 이행과 같은 관점에서 주목되어 왔다. 기업조직의 내재적 특성에 의하여 기업의 소유구조가 기업경영에 관한 중대한 의사결정을 비롯하여 조직행동의 통제에 영향을 미치기 때문에, 그 영향관계를 바로잡기 위한 외부적 개입의 필요성과 내부적 통제의 원칙 및 기업의 건전성의 확보를 중심으로 대응해야 한다는 맥락에서 우리나라에서는 기업 거버넌스에 대하여 기업 지배구조라고 번역하여 사용하기도 한다. 그러나 지배구조라는 표현에서는 소유관계가 기업조직의 사업행동전개에 영향을 미치는 관계적 구조를 의미하는 것에 지나지 않으므로, 거버넌스에 대한 사회적 필요성 인지와 실천적 대응의 관점과는 다소 거리가 있다고 할 수 있다.

2) OECD에서는 기업 거버넌스가 기업이 추구하는 목표를 중심으로 사업과 기업의 구조를 어떻게 가져갈 것인지를 제시하며, 그러한 목표를 달성하고, 성과를 모니터링 할 수 있는 수단을 제공한다고 명시하고 있다. 따라서 충실한 기업 거버넌스를 전개하고자 한다면, 경영진과 이사회에서 기업과 주주들에게 유용한 목표를 추구하여 수립하고, 그 목표이행이 제대로 전개되고 있는지를 보장할 수 있는 자극을 유인할 수 있어야 한다고 권고하고 있다. OECD, *OECD Principles of Corporate Governance*, 2004.

제시하고 있다. 즉, ①효과적인 기업 거버넌스 프레임워크의 근본을 확립할 것, ②주주와 주요 소유관계 및 조직기능에 대한 권리를 명시할 것, ③주주들에 대한 공정한 대우의 원칙, ④기업 거버넌스에서의 주주 역할에 대한 원칙, ⑤공개와 투명성의 원칙, ⑥이사회의 책임에 관한 원칙이다.

(3) 기업 거버넌스의 추진목적

앞에서 살펴본 **기업 거버넌스 프레임워크**의 원칙과 추구하고자 하는 내용을 토대로 거버넌스 추진목적과 주체별 거버넌스 추진목적을 **<표 5-14>**와 **<표 5-15>**와 같이 요약 정리할 수 있다.

<표 5-14> 거버넌스 추진목적

기업 거버넌스는 기업이 추구하는 목표를 중심으로 사업과 조직의 구조를 어떻게 가져갈 것인지를 제시하며, 목표를 달성하고 추진 성과를 모니터링 할 수 있는 수단을 제공한다.

1. 지속적 생존과 발전을 위한 전략적 목표와 방향의 수립 및 그 진행과정에 대하여 경영진과 이사회의 경영관리상의 책무와 역할을 확립한다.

2. 기업이 추구하는 목표를 중심으로 사업 및 기업구조를 확립하고 사업수행의 실행 원칙과 프로세스를 확립하며 자산 및 자원의 효과적 전개를 도모하고 실천한다.

3. 기업의 시장전개 및 사업 활동의 수행에서 재무적 건전성을 확보하고 기업과 주주, 이해관계인의 이익을 극대화한다.

4. 주요 이해관계인과 관련된 법적의무를 준수하고 이행하며 주주 및 투자자의 법적 권익을 보호하고 기대를 충족한다.

5. 주주 및 투자자가 기업성과를 높이기 위하여 조직경영에 대한 참여를 공식화하고, 그 역할과 신분을 보장한다.

엔터프라이즈 전략 거버넌스 아키텍처를 개발하고 전개함에 있어서 거버넌스의 관리원칙, 즉 투명성과 효과성의 확립, 책임완수 및 통제수단의 개발과 적용을 거버넌스의 설계원칙으로 설정할 경우, 다음과 같은 문제현상이 등장한다.

첫째, 관리원칙에 치중하여 설계된 기업 거버넌스는 불확실한 상황에 대응하는 과업이나 전략적 추진활동들에 대하여 의사결정과 행동전개에서의 가이드라인을 제시하기 어렵다.

둘째, 관리원칙에서는 수익을 중심으로 투명성이나 책임성(Accountability)을 강조하지만, 그러한 원칙이 기업설계와 행동의 합목적성을 규정하는 것은 아니다.

셋째, 관리원칙에서는 기업이 당면하는 새로운 과제들에 대한 대응성(Responsibility) 및 기존의 거버넌스의 구조를 상황에 적합하게 변경하거나 새롭게 구성하는 적합성(Fitness)에 대한 고려가 제한되어 있다.

<표 5-15> 주체별 기업 거버넌스의 추진목적

구분	추진목적	주체		
		이사회 및 경영자	위원회	주주
1. 전략적 책무	● 지속적 생존과 발전을 위한 전략적 목표와 방향의 수립 및 그 진행과정에 대한 경영진과 이사회의 경영관리상의 책무와 역할의 확립	●	●	◎
2. 목표전개와 추진구조의 확립	● 기업이 추구하는 목표를 중심으로 사업 및 기업구조를 확립	●	●	◎
3. 기업 건전성 확보	● 기업의 시장전개 및 사업 활동 수행에서의 재무적 건전성 확보로 기업과 이해관계인의 상호이익증진	●	●	◎
4. 이해관계인의 법적 기대 충족	● 주요 이해관계인과 관련된 법적 의무 이행, 주주의 법적 권익보호와 그에 대한 의무이행을 통한 이해관계인 기대충족		●	●
5. 주주참여활동의 보호	● 경영진 선임 등 조직 의사결정과 행동성과에 관한 이해관계인의 참여역할과 기회 및 신분의 보장		●	●

◎: 간접적 개입과 감시, 간접적 권힌행사를 통한 기업행동의 교정
●: 직접 개입과 감시, 직접적 권한행사를 통한 기업행동의 교정

따라서 일반적으로 고려되고 있는 거버넌스 관리원칙과는 다른 설계원칙을 설정하고, 그에 입각하여 거버넌스 설계를 추진할 필요가 있다.

거버넌스 설계원칙은 전략 설계관점에서의 ESA_D의 전략 니즈와 전략 콘텍스트에서의 설계원칙과 맥락을 같이 하여 기업존립과 활동에 대한

합목적성, 합법성, 책임성, 적합성, 효과성 충족의 원칙으로 집약된다.[1]

합목적성의 원칙은 「기업이 추구해나가야 할 본연의 역할과 기능에 대한 목적과 목표가 주주 및 이해관계인들이 추구하고 있는 사회적 기대에 합당해야한다」는 원칙이다.

합법성의 원칙은 제1장의 <표 1-8>에서 언급한 바와 같이 외부적 합법성과 내부적 합법성의 원칙이 있다.

외부적 합법성의 원칙은 사회적 원칙으로 「기업이 계획하고 실천하는 기업행동의 전개가 법률적 요구사항을 충족하고, 위반행위를 금지」시키는 기업행동의 준법성 원칙이다.

조직구성원과 이해관계인에 대한 내부적 합법성의 원칙은 「조직이 당위적으로 준수해야 할 원칙과 가치를 중심으로 조직구성원들과 주요 이해관계인들에 대한 납득과 수용성을 획득」하는 원칙이다.

책임성의 원칙은 「기업행동의 성과를 창조하고 본연의 임무를 완성하기 위하여 대응해야 할 과제나 현상에 대한 대응책임성(Responsibility)을 높이고 성과대응행동의 결과책임(accountability)을 명확히 이행」하는 원칙이다. 구체적으로는 사업성과(공공부문의 경우에는 정책성과), 조직성과, 시장성과, 고객성과, 사회적 성과 및 재무적 성과에 관한 관리와 책임이행의 원칙을 명시한다.

적합성의 원칙은 「기업이 당면하고 있는 환경상황에 대하여 기업이 구조와 방식, 행동을 현실의 팩트와 환경상황에 적합한 형태와 내용으로 설계하여 대응」하는 원칙이다.

효과성의 원칙은 「기업행동의 성과를 제고하기 위하여, 사업운영 및 투입 및 산출의 자원전환 프로세스, 자원 활용, 조직 및 부문별 기능의 전개, 커뮤니케이션, 의사결정 등에 있어서 효과성을 극대화」하기 위한 원칙이다.

(4) 엔터프라이즈 거버넌스의 주요 활동

엔터프라이즈의 목적과 구성요소의 설계, 활동 및 성과에 대한 통제와 관리를 위해 수행되는 엔터프라이즈 거버넌스의 주요활동들에는 다음과 같은 활동들이 전개된다.

---

1) 바로 이와 같은 원칙충족의 필요가 거버넌스 설계 니즈로 작용한다.

① 기본적 거버넌스 활동

엔터프라이즈 거버넌스의 출발점이자 핵심이라고 할 수 있는 미션, 목적의 설계와 그 이행에 관한 점검과 통제는 엔터프라이즈의 설립근거와 사업원칙, 운영 및 사업전개에 대한 기본적인 방향의 설정과 그 진행과정을 통제한다.

이와 같은 거버넌스 활동을 엔터프라이즈의 기본적 거버넌스 활동이라고 할 수 있다. 기본적 거버넌스 활동은 엔터프라이즈 조직의 성립에서부터 해체에 이르기까지 지속되며, 거버넌스의 목적에 따라 거버넌스의 내용과 전개활동을 지속적으로 수행한다.

② 전략적 거버넌스 활동

기본적 엔터프라이즈 거버넌스 활동에 대하여 전략적으로 실천되는 거버넌스 활동으로 엔터프라이즈 조직 또는 엔터프라이즈 활동전개에 있어서 새로운 현실 상황의 변화나 조건의 변화로 새로운 목적, 목표의 추가, 전략의 신설 또는 변경이 요구될 경우, 기존의 기본적 거버넌스 활동의 전략적 보완, 신설, 수정 또는 조정에 대한 거버넌스 활동이 전개된다.

전략적 거버넌스 활동은 엔터프라이즈의 신규 사업 개발이나 새로운 전략 전개와 같은 활동을 포함하여, 기존 거버넌스의 보완, 교정 및 새로운 거버넌스 아키텍처의 설계와 같은 활동을 전개한다. 전략적 거버넌스 활동은 기존 조직에서 수행해오던 기본적 거버넌스 활동을 변혁하게 되므로, 전략적 거버넌스 활동에서 추구하는 새로운 거버넌스와 기존의 거버넌스 실천에서 원칙, 내용, 방법, 이해관계 등의 측면에서 충돌을 일으킬 수 있다.

따라서 전략적 거버넌스 활동의 전개에서는 기존 거버넌스와 새로운 거버넌스 간의 이행과 관련하여 발생하게 되는 문제점들을 해소하기 위한 변혁적 과제들에 대응해야 한다. 현실적으로 완전히 새로운 거버넌스의 수립보다 기존 거버넌스에서 새로운 거버넌스로의 이행적 과제들의 해결에 발목이 잡혀 전략적 거버넌스 활동의 추진이 용두사미 격으로 소멸되는 경우가 빈번하게 등장한다.

③ 직접적 거버넌스 활동

엔터프라이즈 활동에 대한 거버넌스의 전개에 있어서 직접 참여하거나 개입하여 전개하는 직접적 거버넌스 활동과 간접적 거버넌스 활동이 있다.

비즈니스 영역에서 등장하는 다양한 전략들의 중복이나 충돌은 비용과 투자의 중복을 유발하고 효과성을 억제하기 때문에, 거버넌스 차원에서 점검하여 결합적 관점에서의 전략대응을 고려하여 대응방안들을 도출하고 후속적으로 전개해야 할 조치들을 강구한다.

직접적 거버넌스 활동의 예로는 조직 내부의 의사결정기구나 감사기능, 또는 거버넌스 위원회 등의 통제 관리기능을 수행하는 조직과 기능적 역할에 참여함으로써 직접 거버넌스를 전개하는 활동을 들 수 있다.

④ 간접적 거버넌스 활동

간접적 거버넌스 활동에는 직접 개입하지는 않지만 동원할 수 있는 거버넌스 수단이나 기능을 통하여 거버넌스를 수행한다. 간접적 거버넌스는 거버넌스를 간접적으로 수행할 수 있는 기능적 수단이 요구되며, 그 수단의 활용에 따라 거버넌스의 성과가 좌우된다.

간접적 거버넌스의 수단으로는 제도, 법, 규약과 같이 거버넌스의 원칙과 기반을 형성하여 대응하는 제도적 수단이 있으며 대인적 수단으로는 대상 조직 내에 거버넌스 담당임원(CGO: Chief Governance Officer)과 같이 공식적인 거버넌스 기능 부문을 설치하여 제도화하여 대응하는 방식을 비롯하여 대리인 조직을 편성하여 조직을 통한 거버넌스를 실천하는 방법, 또는 다양한 거버넌스 감시 그룹을 편성하여 대응하는 방법이 있다.

⑤ 통제적 거버넌스 활동

엔터프라이즈의 목적과 특성에 따라 거버넌스 활동을 통제적 거버넌스와 촉진적 거버넌스로 구분할 수 있다. 통제적 거버넌스는 엔터프라이즈 활동의 통제적 필요성이 강조될 경우, 통제적 거버넌스 활동이 전개된다.[1]

---

1) 예를 들어, 사회빈민구제를 위한 생활비 보조와 같은 활동에서는 자금의 집행과

⑥ 촉진적 거버넌스 활동

그러나 새로운 모험적 책임이 따르는 엔터프라이즈 활동의 전개에서는 촉진적 거버넌스를 발휘한다.

예를 들어, 새로운 국가적 경제성장 동력의 발굴을 위한 기술개발 활동을 전개하고자 할 때, 다양한 실험과 시도, 실패와 모험이 수반되는 사업에서는 통제적 거버넌스로는 성공적 추진이 곤란하다. 따라서 촉진적 거버넌스에서는 보다 많은 실험과 시도를 장려하고 그에 따라 창출되는 다양한 성과물을 확보하기 위한 거버넌스를 전개한다.[1]

반면, 촉진적 거버넌스의 전개에는 촉진적 거버넌스에 필요한 원칙과 그 원칙을 수행하는데 필요한 자원과 제도가 마련되어야 한다.[2]

따라서 촉진적 거버넌스는 앞에서 설명한 전략적 거버넌스 활동을 강화하고, 그 성과관리를 강화하기 위하여 전문적 모니터링을 강화하고 제도적 장치를 강구하여 촉진적 성과를 관리한다.[3]

관련하여 무분별한 지원자금의 집행에 따른 정책성과의 저해를 막기 위하여 통제적 거버넌스를 실시한다.

1) 통제적 거버넌스를 지배적으로 전개하고 있는 조직의 경우, 새로운 전략적 시도나 개발 활동이 활발하게 되지 못하는 이유는 통제적 거버넌스에 입각하여 전개되는 조직행동의 지배적 원칙이 새로운 시도를 억제하기 때문에 비롯된다. 이와 같은 경우, 종종 경영관리자의 리더십이나 기술창조형 문화를 전략적 성공방안으로 강조하지만, 통제적 거버넌스가 경직적으로 작용하고 있는 조직에서 그와 같은 유연한 대응을 전개하기란 용이하지 않다.

2) 예를 들면, 다양한 개발과 시도에 필요한 예산과 인력, 설비 그리고 단위조직들의 다양한 사업전개의 시도에 대하여 촉진적 활동을 장려하고 그 성과를 관리할 수 있는 제도적 기반을 갖추지 못한 채로 전개되는 촉진적 거버넌스는 제한적 성과에 그치게 될 뿐만 아니라, 거버넌스의 목적과 원칙의 실천에 대한 성과관리가 제대로 전개되지 못함으로 인하여 실패를 초래하게 되고 결과적으로 거버넌스 대상은 물론이고 추진 주체들의 경제적, 사회적 희생이 뒤따르게 된다.

3) 통제와 촉진은 서로 대립적인 속성을 지니는 것처럼 보이지만, 실질적으로 통제행동의 거버넌스의 관점에서는 별 차이가 없다. 통제적 거버넌스와 촉진적 거버넌스는 모두 성과를 실현하기 위한 거버넌스라는 점에서 동일하며, 양자의 근본적인 차이점은 통제행동이 아니라 통제의 방향과 성격을 달리한다는 점이다. 촉진적 거버넌스라고 해도 방임형 거버넌스와 관리형 거버넌스 간에는 명확히 차이가 있다.

이와 같은 거버넌스의 활동전개와 실천에 있어서 방임형 거버넌스와 관리형 거버넌스의 특성을 고려할 필요가 있다. 방임형 거버넌스는 엔터프라이즈 활동을 전적으로 엔터프라이즈 활동의 주체에게 위임하고 수동적으로 거버넌스를 전개하는 반면, 관리형 거버넌스는 주요한 목적과 목표의 이행과정을 주목하고 관찰하며, 다양한 시도와 개발활동의 문제점들에 대한 성과창조형 해결을 촉구함으로써 엔터프라이즈 주체와 거버넌스의 주체 간에 공통의 목적을 달성하기 위하여 적극적 관리 활동을 전개하는 점에서 차이를 보인다.[1]

(5) 엔터프라이즈 거버넌스 아키텍처와 ESAG의 필요성

엔터프라이즈 거버넌스는 엔터프라이즈의 목적과 구성 및 엔터프라이즈 활동의 성과를 통찰하고 필요한 통제와 관리를 수행함으로써 엔터프라이즈의 주체와 거버넌스의 주체의 이해관계를 충족시킨다.

다양한 거버넌스의 주체들이 외부적으로 개입되면서 엔터프라이즈 거버넌스에 대한 원칙과 실천에 대한 구체적인 방안과 절차를 설계해야 할 필요성이 높아지고 있으며, 엔터프라이즈의 활동전개에 대한 거버넌스의 방법이나 절차에 대한 가이드라인도 구체화시킬 필요성이 높아지고 있다.[2]

조직운영과 경영관리의 내부적 관점에서 볼 때에도 거버넌스의 전개에 대한 절차나 범위, 방법 등을 제대로 설계하지 않을 경우, 조직에서 거버넌스 주체에 대하여 효과적으로 대응하기 어려울 뿐만 아니라, 거버넌스 주체 또한 사업 활동의 성과와 책임에 대한 보상과 조정이 용이하지 못할 수 있다.

따라서 엔터프라이즈 활동주체와 거버넌스 주체 간에 엔터프라이즈 거버넌스에 대하여 상생적 관점에서 성과를 제고하기 위한 구체적인 원칙과 대응에 관하여 기획과 설계를 할 필요가 있으며, 또한 지속적으로 보

---

1) 예를 들면, 필요한 전문가 그룹을 동원하여 전략적 방향제시와 같은 활동을 지원하며 때로는 외부 지원적 행동을 통하여 엔터프라이즈 활동성과를 지원한다.

2) 따라서 엔터프라이즈 거버넌스를 어떻게 계획하고 실천할 것인가에 대한 구체적 실행계획과 절차, 방법, 조직을 준비할 필요가 있다. 이와 같은 준비가 결여되면 거버넌스 활동 성과뿐만 아니라 엔터프라이즈 전체 활동의 성과를 제대로 관리할 수 없게 되고 엔터프라이즈 주체와 거버넌스 주체 간에 서로 누릴 수 있는 상승적 효과, 보완적 효과를 달성하지 못하게 되고 부정적 결과를 초래할 수도 있다.

완하여 그 성과를 제고할 필요가 있다.

엔터프라이즈 거버넌스 아키텍처의 설계에서는 엔터프라이즈 거버넌스의 내용과 원칙, 대상범위 및 구체적인 통제 조정 수단의 아키텍처를 설계한다. 따라서 거버넌스 아키텍처는 제4장에서 살펴본 바와 같이 엔터프라이즈 거버넌스 환경과 주요원칙, 거버넌스 메커니즘과 수단, 대상범위에 대하여 구체적인 실천 설계를 전개한다. 이와 같은 실천 설계는 근본적으로 엔터프라이즈의 전략이 당면하고 있는 현실의 팩트와 전략 니즈에 대하여 합당하게 설계되고 실천되는 것을 전제로 실시된다.

그러나 엔터프라이즈 전략 아키텍처가 거버넌스에서 점검하고 대응을 요구하고 있는 바와 같이 합당하게 설계되지 못하고 있거나 제대로 실천되지 못하고 있다면 거버넌스 아키텍처의 내용과 실천성과는 제약된다. 이와 같은 연유에서 최근의 기업 거버넌스에서도 기업전략에 대하여 거버넌스 위원회의 점검과 평가 또는 개입에 관한 역할과 책무에 대한 논의가 전개되고 있다.

더욱이 전략 아키텍처를 구성하지 않고 전략계획에 대하여 거버넌스 활동을 전개할 경우, 그 현실적 통제의 실천이 용이하지 않을 뿐만 아니라, 전략에 대한 거버넌스 활동의 설계나 과정과 성과의 관리 또한 어렵게 된다.

그것은 전략계획이 조직에서 내부적 자율적인 필요 기능전개에 따라 전개되는 고유한 직무기능으로 외부의 간섭이나 통제 또는 감시로부터 보호받고 있기 때문일 뿐만 아니라, 현실적으로 전략설계와 계획에 대하여 어디에서 무엇에 대하여 거버넌스를 전개할 것인지를 적시하기가 어렵기 때문이다. 따라서 ESA 프레임워크를 활용한 전략 거버넌스 활동의 설계와 효과적인 활동전개가 요망된다.

2. 거버넌스 관점에서의 ESAG 프레임워크의 설계

ESAG 프레임워크의 전체적인 개요는 <도 5-22>에서 보는 바와 같다. ESAG 프레임워크는 엔터프라이즈 전략 거버넌스의 성과를 제고하고 궁극적으로는 엔터프라이즈 성과를 제고하기 위하여 실천적으로 필요한 요소들을 개념적으로 구조화한 「거버넌스 전략 프레임워크」이다.

<도 5-22> ESAɢ 프레임워크

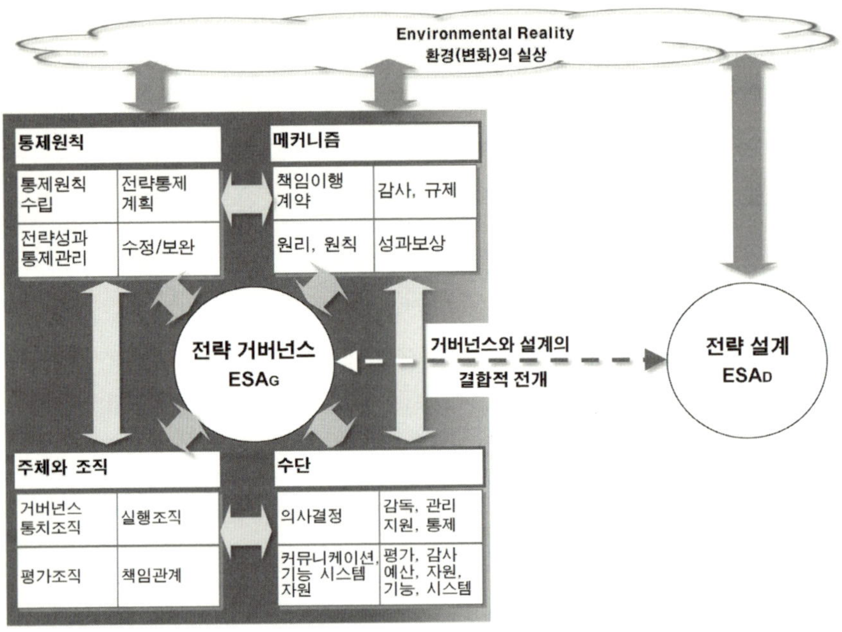

엔터프라이즈 전략 거버넌스의 설계와 실천에 필요한 요소들은 ①거버넌스 원칙과 계획 및 실천, ②거버넌스 주체와 조직, ③거버넌스 메커니즘, ④거버넌스 수단이다. 따라서 ESAɢ 프레임워크는 이와 같은 엔터프라이즈 전략 거버넌스를 위하여 필수적인 요소들을 중심으로 구성된다.

(1) 전략 거버넌스 통제원칙과 계획 및 실천

전략 거버넌스 통제원칙은 엔터프라이즈의 전략 성과를 중심으로 최종 성과실현에 초점을 맞추어 수립된다. 따라서 기존의 통제원칙과는 다른 전략 거버넌스의 통제원칙을 수립할 필요가 있다.[1]

---

1) 엔터프라이즈 전략 거버넌스를 수행하는 기본적인 목적은 엔터프라이즈의 전략적

전략 거버넌스의 통제원칙은 전략 성과원칙에 입각하여 편성한다. 전략 성과원칙은 전략 거버넌스 아키텍처의 원칙에서 살펴본 바와 같이 전략의 합법성, 합리성, 책임성, 적합성, 효과성에 입각하여 수립된다.

전략 거버넌스 계획에서는 거버넌스 주체와 경영조직, 특히 경영자와의 협의를 통하여, 필요한 전략 거버넌스의 내용과 방향 및 원칙을 확정하고, 일정과 예산, 필요한 자원동원 및 실행에 대한 계획을 수립한다.[1]

전략 거버넌스 계획은 엔터프라이즈에서 추구하고자 하는 전략 수립과 관리, 통제의 일정과 보조를 맞추어 전개된다. 예를 들면 선행적 관리나 통제가 요구되는 과업들은 경영조직의 전략 일정보다 선행하여 편성하고, 사후적 평가나 성과보상 등이 요구되는 과업들은 경영조직의 전략 일정과 병행하여 편성한다.

전략 거버넌스 계획은 거버넌스 조직, 예를 들면, 전략 위원회 또는 산하 소위원회에서 수립하며, 계획승인은 거버넌스 의결조직에서 결정된다. 전략 거버넌스의 책무는 전략 거버넌스 조직이 담당하며 그 평가의 권한과 책무는 상위의 엔터프라이즈 거버넌스 주체, 예를 들면 이사회 또는 주주총회에서의 의결사항에 따라 결정되어 실천된다.

(2) 전략 거버넌스 주체

엔터프라이즈 전략 거버넌스의 주체는 **전략 위원회**를 중심으로 <표 5-16>과 같이 구분할 수 있다. 기업조직의 특성에 따라, 거버넌스 조직의 편성내용이 달라진다. 기업의 경우 대표적인 거버넌스 주체인 이사회

성과를 제고함으로써 최종적인 성과를 창출하고 높이기 위한 것이므로, 일반적 엔터프라이즈 통제원칙과 상이하거나 심지어는 상충될 수 있다. 예를 들면, 기업 행동진로나 본업의 변경과 같은 전략적 엔터프라이즈 활동은 기존 엔터프라이즈의 안정적 사업 유지와 관리의 통제원칙으로는 대응할 수 없다.

1) 이에 대한 계획의 수립에서는 통제와 관리, 지원의 수준과 필요한 보고와 회의, 일정, 거버넌스 주체가 판단해야 할 의사결정의 내용, 감독과 통제를 위한 수단을 조직화한다. 필요하다면, 외부 전문가와 평가자, 상황감시 요원 등으로 편성된 전략 그룹을 조직하고 그에 대한 활동 계획과 예산을 편성하고 그 실천과 이행의 책무를 명시한다.

는 기업이 당면하게 되는 경영위기나 경영전환을 통하여 기업의 진로를 확립하는데 도움을 주기 위하여 독립적으로 구성된다.[1]

<표 5-16> 엔터프라이즈 전략 거버넌스 주체

	조직내부		조직외부
거버넌스 감독주체	이사회	전략 위원회 전문 위원회, 감사 위원회	지주회사 전략 임원 전략평가위원 외부 전략감시그룹
조직운영주체	경영진 및 조직구성원		협력기업, 조직운영 이해관계인

전략 거버넌스 주체는 조직운영주체와 근본적으로 대립적 위상을 지닌다. 즉, 전략 위원회는 조직의 전략 활동전개의 내용과 실태에 따라 기능적으로 조직운영 주체의 활동에 개입한다. 따라서 그 개입의 빈도나 정도에 따라 경영의 자율성을 침해할 수 있을 뿐만 아니라 기능적 역할 구분 및 전략 통제와 실천이행의 책임 소재가 모호해질 소지가 있다. 현실적으로는 거버넌스 조직의 리더십과 경영진의 리더십이 전략을 매개로 하여 서로 충돌할 소지가 높고, 의사결정의 혼란을 조장할 가능성도 높다. 전략 전개에 있어서 전문성을 요구하는 수준이 높을 경우, 그 책임대응의 내용과 실제가 더욱 혼란스럽게 된다.

전략 거버넌스 주체와 조직에서 유의해야 할 것은 「과잉 거버넌스」와 「방임 거버넌스」의 폐단이다.

<표 5-17>에서 보는 바와 같이, 과잉 거버넌스의 경우 거버넌스의 역

---

1) 그룹기업의 경우 외부적 전략 거버넌스 기능을 수행하는 대표적 조직은 지주회사 이다. 지주회사에서는 전략 임원이나 전략 사업담당이 전략과 투자에 대한 의사 결정에 개입한다. 이와 같은 지주회사의 기능은 전략적 관리통제 조직의 기능을 수행한다고 할 수 있다. 정부부문의 경우, 전략 거버넌스를 실천하는 조직들로는 대통령 비서실, 감사원, 의회 및 정당과 같은 조직을 들 수 있다. 이와 같은 기 구들은 정부 부문에서 새로운 전략적 사업의 편성과 집행에 대하여 사업계획의 통합적 지휘와 예산 및 사업행동에 대한 의결과 집행 통제, 감사를 외부적으로 수행함으로써 정부의 각 부문별 활동에 대한 거버넌스를 전개한다.

할과 책무를 이행하는 과정에서 경영조직의 전략전개 활동의 탄력적 복원성을 상실하고 추진력을 억제하거나 창의적 전략의지와 책임완수에 대한 자발성을 제한할 수 있다는 점에 유의할 필요가 있다.

<표 5-17> 전략 거버넌스의 실천수준과 전문성

| | | 거버넌스의 수준 | | |
		과잉 거버넌스	적정 거버넌스	방임 거버넌스
전략 거버넌스 조직의 전문성 수준	고	경영진 및 전략추진 조직의 전략추진과 전개의 자율성, 전문성 침해	경영관리조직의 자율적 전략지휘와 관리통제 전략 사업의 추진과정과 성과에 대한 거버넌스 활동의 병행	전략 위원회의 형식적 거버넌스
	저	경영진 및 전략추진 조직에 대한 지배적 전략 통제로 조직의 책임대응 결여와 소극적 전략전개	전략 사업의 예산통제 및 사후 평가	전략평가 및 통제의 공동 방임

과잉 거버넌스는 거버넌스 조직의 전문성 수준이 높을 경우, 경영조직의 전략추진활동에 과잉 개입함으로써 경영자와 추진조직의 자율성과 전문성을 침해하는 현상을 말한다.

한편 방임 거버넌스는 전략 거버넌스의 책무와 기능을 방임하고 경영조직이 스스로 알아서 수행할 것이라고 미루고 최종 결과책임만을 요구한다. 전략 거버넌스에서 이러한 전략 책무들이 얼마나 방임되는가에 따라, 전략 성과의 통제는 생략되고 경영자의 책무와 부담이 가중되지만, 그에 대한 적절한 거버넌스가 전개되지 못하기 때문에, 책무의 이행 여부와 실천성과에 대한 공정하고 적절한 평가와 통제의 실천이 어렵게 된다.

따라서 전략 거버넌스의 성공을 위하여 거버넌스 주체와 경영조직은 서로 역량과 전문성의 수준을 참작하여 보완적 기능과 역할 수행을 통하여 성과를 제고하기 위한 노력을 기울여야 한다.

예를 들어, 조직내부의 전략 관리의 역량이 부족하고, 새로운 전략 니즈에 대응하기 위한 전략 의사결정이나 조직의 전략적 통제가 용이하지 않을 경우, 최고

경영자가 이를 기민하게 간파하여 전략 거버넌스의 통제 또는 관리기능을 적극적으로 전개하는 방법을 들 수 있다. 이와 같은 경우, 전략 거버넌스 주체와 최고경영자는 필요한 전략 지원 조직과 자원을 외부 및 조직 내부에서 조달하고 전략 위원회의 세부적인 분과 위원회나 프로젝트팀을 편성하여 경영자의 전략 활동을 지원한다.

특히 경영자가 거버넌스 주체와 조직의 활용 및 그 대응을 어떻게 하는가에 따라, 경영자와 거버넌스 조직 간의 마찰 정도가 해소될 수도 있고, 그 반대로 가중될 수도 있다.[1]

따라서 앞에서 언급한 거버넌스 주체와의 역할구도의 문제는 경영자가 거버넌스 주체와 어떠한 관계와 내용으로 거버넌스 내용을 설계할 것인가에 따라 달라지며, 또한 거버넌스의 설계에 따라 경영진의 역할과 책무도 달라지므로 상호 영향관계에 있다고 할 수 있다.

이와 같은 문제점에 효과적으로 대응하기 위하여 조직 내에서 공식화하고 체계적으로 대응하는 CGO(Chief Governance Officer)제도를 신설하기도 한다. CGO는 조직의 거버넌스의 과제와 지속성장을 추구하기 위하여 최고경영자의 기능을 보좌하고 조직기능의 전개상황과 추이를 점검하며, 외부의 거버넌스 조직에 대응하여 조직의 거버넌스 성과를 높여 기업성과를 제고한다.

그러나 거버넌스 경영자(CGO)의 거버넌스 활동에서 조직의 전략 거버넌스 추진의 실천수준과 전문성이 떨어질 경우, 전략 거버넌스 활동은 기존의 내부감사의 기능실천의 범주에서 벗어나지 못하게 된다. 따라서 CGO는 조직의 관련부문과 협력하여 전략 거버넌스를 어떻게 이끌고 성공적으로 대응할 것인가에 대하여 각별히 유의하여 그 방법을 찾아낼 필요가 있다.

---

1) 경영자는 거버넌스 조직인 이사회에서 임명하기 때문에 대체로 거버넌스 조직과의 관계가 원활한 편이지만, 새로운 엔터프라이즈 활동에 대한 전략적 투자부담을 요구하는 과업들의 의사결정과 투자 및 전략 사업의 전개에 대하여는 대립적 상황에 처하게 될 경우도 많으며 현실적으로는 직무의 이행과 관련된 계약관계, 책임관계 및 권한위임 관계를 지닌다.

CGO가 없는 조직에서는 현재 편성되어 있는 경영자의 기능과 실천에 의존할 수밖에 없게 된다. 근본적으로 엔터프라이즈의 전략 사업의 입안과 실행에 대한 경영의 전권을 부여받은 것은 경영자이므로 경영자가 이에 전략 거버넌스에 대하여 어떠한 절차와 방법으로 조정해나갈 것인가가 중요하게 된다.

따라서 전략 거버넌스 주체는 외부 환경변화에 따라 대응해야 할 현실 팩트와 전략 니즈, 콘텍스트가 변화할 경우, 당면 상황에 대하여 경영자의 판단과 의사결정의 전반적인 윤곽과 방향, 원칙을 새로 정비하여 확립하고, 거버넌스 조직과 경영진은 전략 거버넌스 활동을 효과적으로 전개할 수 있도록 전략 거버넌스의 실천적 방안들을 재편성할 필요가 있다.

(3) 거버넌스 메커니즘

거버넌스 메커니즘은 위탁자와 수탁자간의 책무의 이행과 평가를 중심으로 전개된다. 사업수행의 원칙과 책무 이행과 관련하여 책임의 정의와 의무실천에 관한 계약관계가 발생한다. 또한 사업원칙 수행과 계약 이행과 관련하여 감사와 규제 및 평가의 업무이행 책임관계가 발생한다.

이와 같은 거버넌스의 관계적 구도의 실천을 위하여 조직의 경영진과 주요 관리자 그룹으로 구성되는 집행 권력과 통제권력, 즉 거버넌스 통제조직의 균형을 유지한다. 엔터프라이즈의 조직과 자원 확보, 활용의 측면에 대하여 거버넌스의 전개에서는 투입된 자본과 자본 활용에 따른 경제적 이해관계가 발생한다. 거버넌스에서 고려해야 하는 경제적 이해관계는 투자자의 자산가치의 부후와 증식의 이해관계와 경영조직의 수익발생에 대한 책임과 성과보상의 실천으로 이어진다.[1]

거버넌스 주체와 대상이 되는 경영조직 간에는 대상 활동에 대하여 일정한 조건이나 기간 동안의 계약관계를 통하여 각각의 권한의 위임과 계

---

1) 엔터프라이즈의 설립과 그 활동전개의 측면에서는 본연의 설립목적과 활동목적의 실현에 대한 거버넌스가 발생한다. 엔터프라이즈의 설립 주체들은 설립 목적의 충실한 이행내용과 수준에 관심을 가지며, 실행주체는 편성된 조직의 유지와 활동에 관심을 가지기 때문에 이에 대한 거버넌스가 전개된다. 따라서 거버넌스의 메커니즘에 대한 관점도 엔터프라이즈의 특성에 따라 달라진다.

약이행의 권리와 의무를 부여한다. 주목할 점은 경영관리 조직은 거버넌스 조직 활동에 대하여 침해할 수 없으며, 거버넌스 조직은 경영조직의 행동을 감시, 관찰, 통제할 수 있다는 점이다.

따라서 거버넌스 조직의 활동이 잘못 전개되거나 거버넌스 활동과 원칙설계를 잘못하게 될 경우, 경영관리 조직의 자율성이 크게 침해될 수 있으며, 반면 책임과 권한의 불균형 상태가 발생할 수 있다. 거버넌스 관계에서 책임과 권한의 불균형이 작용할 경우, 경영의 자율성이나 환경 대응의 창의성의 발휘는 크게 제약되고 엔터프라이즈의 전략 성과에 부정적 영향을 미치게 된다.

그러므로 엔터프라이즈 전략 성과를 제고하기 위한 전략 거버넌스 메커니즘은 상호 보완적, 상호 촉진적으로 설계되어야 하며 각기 높은 수준의 전략적 전문성을 확보하고 발휘되어야 한다.

(4) 거버넌스 수단

거버넌스의 수단은 커뮤니케이션, 의사결정, 감독, 관리, 지원 및 통제, 감사, 평가의 수단과 같은 행동적 관리 수단과 예산, 자원의 할당이나 시스템의 통제와 같이 제도적 또는 물리적 요소들이 동원되는 수단이 있다.

커뮤니케이션은 거버넌스의 가장 기본적이며 포괄적 수단으로 업무추진 및 사업성과의 보고, 협의, 관찰에 대한 가장 경제적이고 신속한 대응 수단이다. 거버넌스의 전개를 위한 커뮤니케이션의 설계에 따라 거버넌스의 효율성과 효과성이 결정된다. 예를 들면, 최고경영층에게 전달되는 전략정보와 전략적 피드백의 성과가 전략적 효과성을 제고하는 바와 같이 거버넌스의 전개에서도 필요한 정보전달과 대응을 위한 상하수평 및 외부와 내부의 입체적 커뮤니케이션을 어떻게 설계하고 운영할 것인가에 따라 그 성과가 달라진다.

전략 거버넌스의 효과적 실천을 위한 전략적 커뮤니케이션 설계 작업에서는 그 내용과 방법에 대하여 비즈니스 조직의 전략 실천성과에 초점을 맞추어 거버넌스 기능 설계와 결합적, 입체적으로 구성한다.

따라서 전략 보고활동을 수행할 경우에도, 내부 및 외부의 전략 니즈와 전략 전개상황, 전략 프로세스의 진척과정 및 성과, 전략 감시 및 정보 등에 대하여 보고서 작성부서에서 일방적으로 구성된 하나의 보고서에 의존하는 것이 아니라, 다양한 방식과 채널을 통하여 정보 전달자와 정보 수령자간에 신속한 커뮤니케이션이 전개되도록 구성한다.[1]

의사결정은 전략 거버넌스의 핵심적이고 중요한 기능을 수행하는 실천 수단으로 활용된다. 효과적인 전략 거버넌스의 실천을 위한 다양한 회의의 전개, 전략 실행조직의 편성과 전개, 경질과 사후관리, 실행에 필요한 자원의 투입과 책임의 요구, 성과평가의 원칙과 실천에 관하여 거버넌스 조직 또는 위원회의 의사결정을 통하여 거버넌스를 공식화하고 거버넌스의 실천적 기능을 전개한다.[2]

전략추진에 대한 감독과 관리는 거버넌스에서 직접 경영관리에 참여하고 개입하는 직접적 방법과 간접적 감독, 관리의 방법이 있다.

간접적 방법은 관리자를 중심으로 전략 전개의 방향과 원칙, 주요 고려사항 등을 지휘하고 감독, 관리하는 방법으로 전략 추진과 전개에 관한 일반적 사항의 보고와 그에 대한 간접적 통제 수단의 지휘를 통하여 전개한다.

직접 경영관리에 개입하는 거버넌스는 비즈니스 추진 경영조직의 전문성이 떨어질 경우 행사된다. 예를 들면, 본사직영의 프랜차이즈 사업전개의 경우 흔히 볼 수 있는 형태로, 각 사업현장에서는 단순히 편성된 매뉴얼에 의한 사업 운영에만 관심을 기울이고 기업본사 차원에서의 대부분의 전략은 본사의 전략 사령탑에서 새로운 기획과 대응을 전개한다. 일반 기업조직의 경우에서는 전략적 신규 사업에 관한 프로젝트를 실시할 때, 주로 목격되는 형태로 이사회에서 선출한 전문가들을 중심으로 직접 전략 사업을 지휘하고 관리하는 경우를 들 수 있다.

---

1) 엔터프라이즈 거버넌스 주체는 전략 거버넌스 의사결정에 대하여 전략적 기밀유지를 위하여 외부공시를 할 것인가에 대한 기밀유지와 공개원칙을 수립할 필요가 있다. 이와 더불어 지속적으로 관찰을 요하는 정보와 자료들은 정보 시스템 기능을 통하여 전략 위원회에서 활용할 수 있는 필요한 소프트웨어와 정보를 신속히 제공받을 수 있도록 조치함이 필요하다.

2) 거버넌스 조직에서 내린 공식적 의사결정은 조정, 권고 또는 명령의 형태로 경영 조직의 실체적 활동에 개입한다. 물론 의사결정의 내용은 경우에 따라 번복될 수도 있지만, 거버넌스 의사결정은 그 자체로 효력을 지닌다. 따라서 전략 거버넌스 활동에 대한 기록은 주총의 의사록과 마찬가지로 관리되고 공식화된다.

공공부문의 경우를 예로 들면, 지역별로 현장에 정책이나 시책을 실시하기 위한 지사를 둔 공사와 같은 조직은 현장 지사 조직의 전략능력이 떨어질 경우가 많다. 그와 같은 현장조직을 중심으로 중대한 국가적 과제를 해결하기 위한 대대적인 신규전략을 전개할 경우, 필요에 따라 정부부문 또는 민간부문의 전문가들이 참여하여 지역별 지방 현장을 상대로 직접 전략 전개활동을 지휘하여 전략성과를 통제하고 그 성과를 높인다.

지주회사의 경우, 신설 통합 자회사의 전략 사업부문의 성공적 사업전개를 위하여 지주회사의 전문가 그룹이나 새로 편성된 경영전략 그룹이 직접 개입하여 전략을 지휘 통제하고 전략 관리활동을 전개하기도 한다.

이와 같은 전략 활동의 감독과 관리는 전략 사업이 안정궤도에 진입할 경우, 해당 사업의 지휘통제를 운영조직에게 위양하고 주요 성과요소들에 대한 측정과 평가에 전념하며, 새로운 비즈니스와 엔터프라이즈 전략개발을 통하여 새로 추진할 전략 활동의 관리감독 활동을 추진하기도 한다.

지원은 주로 내부적 거버넌스를 중심으로 전개되지만, 외부적 거버넌스 조직의 지원, 승인이 필요할 경우, 지원과 승인이 거버넌스의 주요한 수단이 된다. 지원은 경영조직의 요청에 대하여 전략 전개 시에 필요한 자원, 능력, 기능전개에 필요한 요소들을 승인의 과정을 통하여 조절함으로써 전략추진활동의 범위, 규모와 속도, 방법, 지원시점 및 사업의 진행을 통제할 수 있는 주요한 거버넌스 수단이다.[1]

전략 지원활동의 승인은 경영 조직의 지원 승인요청과 수정 전략계획에 입각하여 예산승인, 신규 인력채용 및 설비투자, 자원투입이나 주요 자산의 전용에 대한 승인의 형태로 전개된다.

전략 사업전개에서 종종 등장하는 문제로 예를 들면 시장조사와 팩트, 전략 니즈의 발굴, 경영 시스템이나 정보 시스템의 확충, 연관 기술개발, 협력기업과의 결합운영 시스템, 공동 원료구매나 공동 마케팅의 전개와 같이 새로운 전략 활동

---

1) 조직이 처한 상황이 불리하게 전개되거나 전략 사업전개의 긴축대응이 요구될 경우, 조직에서 실천하고 있는 전략을 통제하는 것이 아니라, 거버넌스 조직에서 전략에 필요한 지원의 내용, 시점, 규모, 방법을 조절함으로써 조직의 전략 전개 범위나 규모, 실천의 수준을 조절하는 수단이 된다.

들의 추진을 위하여 불가피하게 요구되는 지원 요청에 대한 승인과 지원에 있어서 전략 지원적 활동은 전략 거버넌스의 중요한 통제적 수단으로 작용한다.

만약 지원 승인의 사안에 대하여 경미한 투자 또는 소규모 지원에 대한 추가적 지원과는 달리 상당한 규모의 신규투자 지원의 사안이라면, 전략 의사결정을 통하여 해당 사업에 대한 기존의 전략 거버넌스를 검토할 필요가 있다.[1] 또한 전략 의사결정과 거버넌스의 원칙을 중심으로 지원에 대한 실천원칙을 확립하고 이를 조직 내에서 합법화시킴으로써 지원과 통제에 대한 투명성을 높이고 쓸데없는 조직적 노력의 낭비를 사전에 제거한다.[2]

통제는 전략 사업전개를 중심으로 보면 전략투자와 재무적 성과를 중심으로 하는 재무적 통제, 전략 수립과 전개에 대한 기본적인 목적의 설계와 실천에 대한 목적·목표 통제, 예산집행과 자금흐름에 관한 회계 통제, 사업 (또는 프로젝트) 업무전개의 흐름과 내용에 대하여 실시하는 사업 (프로젝트) 통제, 자원 확보 및 전개의 상황에 따라 실시하는 자원통제, 일정의 전개 및 진행상황에 따라 실시하는 일정통제, 내부적·외부적 조직간 결합, 분리 및 제휴에 관한 사업관계의 전개 통제가 있다.

또한 경영관리요소를 중심으로 보면, 경영자와 관리자 그룹에 대한 권력통제, 의사결정 및 커뮤니케이션 통제, 정보의 수집, 전달과 흐름, 활용에 대한 정보통제, 기술개발과 활용에 대한 기술통제, 자료 및 정보의 확보와 가공, 전달, 활용

---

1) 소규모 투자에 대한 승인요청의 경우에도 당초에 전략적 투자의 규모를 낮추어 전략 사업을 착수한 뒤, 추가적인 투자승인요청을 통하여 전략판단의 교란과 혼란을 초래할 수 있기 때문에, 특히 조심스럽게 접근할 필요가 있다. 이러한 현상에 대응하기 위하여 전략적 의사결정의 전모를 새롭게 검토해야 하는 상황과 미미한 지원승인의 상황과 구분하여 대응할 필요가 있다. 또한 지원요청에 대한 승인의 타이밍이 전략적 성패에 긴요하게 작용할 경우, 지원과 승인의 지연대응은 사업부문의 전략성과를 크게 억제할 소지가 있다. 따라서 중요한 전략 사업의 추진과 전개에 대하여 사전에 점검을 받을 수 있도록 제도화하고, 조직의 전략 대응과 책임, 전개 시스템을 정비할 필요가 있다.

2) 이와 같은 지원과 승인은 의사결정의 주체나 거버넌스 주체의 관심사항의 내용과 관심의 정도에 따라 좌우될 수 있기 때문에, 관심을 이끌어내고 확보하려는 조직적 노력들이 전개되기도 한다. 특히 기존 사업 추진에 대한 추가적 재무적 지원, 인력, 자원 등에 대한 지원에 대한 관심유도는 사업부문의 이해관계가 부적절하게 개입될 경우, 의사결정과 전략 거버넌스 활동을 잘못 유도하게 될 수 있다.

에 대한 정보자료 통제, 조직전개과정에 대한 조직 및 인력통제가 있다.[1]

평가와 감사는 거버넌스의 기본적 기능으로 감사기능과 진단기능을 통하여 엔터프라이즈의 교정과 지속적 발전을 도모하는 기능이다. 평가에는 기본적인 목적, 전략의 설계와 실천, 계획의 타당성, 실천성과에 관한 평가를 비롯하여, 결과평가와 과정평가를 중심으로 목표관리와 집행에 관한 평가, 경영 및 비즈니스 활동에 투입되는 투입요소와 수단 및 그 실천성과에 대한 평가가 있다.

또한 조직 및 비즈니스 기능의 효과성, 효율성의 실천평가, 조직운영과 전개에 대한 평가, 예외적 사항이나 돌발적 상황 대응조치 평가, 인력이나 예산, 사업전개에 관한 기본계획의 변경사항에 대한 평가가 있으며, 실천적 측면에서 평가내용과 방법 및 원칙에 따라 다양한 평가수단 및 평가지표의 관리가 수행된다.

평가의 거버넌스에서는 기본적인 평가대상으로 개인, 조직, 고객 및 주주 대응, 사업의 평가를 위시하여 효율성과 효과성의 평가관점에서 프로세스, 자원 활용, 연관효과에 대한 평가, 그리고 상황대응 평가의 관점에서 돌발 상황이나 위기대응, 새로운 외부적 기회창조와 대응의 타이밍과 그 대응에 대한 평가를 병행한다.

예산은 조직 거버넌스의 활동에 대하여 실천적으로 강력한 관리수단으로 비즈니스 활동에 대한 계획과 실천 및 그 결과에 대하여 재무적 통제를 실시한다.

예산의 통제는 계획통제, 집행통제로 구분되며, 전략과 비즈니스의 실행과 관련하여 예산의 수립, 수정, 변경에 대한 재무적 통제가 병행된다. 주의할 점은 이와 같은 예산통제의 거버넌스 활동의 수행에도 비용과 노력이 소요되어 거버넌스 추진 예산이 필요하다는 점이다. 따라서 합리적 예산통제를 수행하기 위하여 회계재무 분석 및 진단, 그리고 통제활동에 필요한 예산을 확보할 필요가 있다.

---

1) 이와 같은 경영관리의 통제적 기능을 통하여 조직의 전략 전개에 대한 거버넌스 효과를 관리한다. 통제적 기능은 경영관리 조직과의 역할관계에 따라 관리적 기능이나 지원적 기능으로 전환될 수도 있다. 이와 같은 거버넌스의 성격전환은 경영관리 조직의 전문성과 책무이행 성과에 따라 달라질 수 있다.

이와 마찬가지로 자원의 조달과 부문별 할당, 배치와 같은 자원 전개에 대한 통제는 비즈니스의 전개와 사업운영의 성과관리에 중요한 영향력을 미치는 통제수단이 된다.[1]

시스템적 통제는 일반적 비즈니스와 조직 운영 시스템에 대한 개입과 통제를 비롯하여 회계, 감사, 보고, 의사결정에 관한 시스템과 기능적 정보 시스템, 한시적으로 운영되는 사업개발 시스템, 비즈니스 시스템의 성과 점검, 통제와 그에 대한 개입과 관리 행동이 거버넌스의 중요한 실천수단으로 전개된다.

3. ESAɢ 프레임워크에 입각한 전략 거버넌스 활동의 전개

이상으로 살펴본 **전략 거버넌스 아키텍처**의 주요 영역과 추진활동에 대하여 거버넌스의 핵심적 관점과 기능적 전개를 중심으로 엔터프라이즈 전략 거버넌스를 어떻게 전개할 것인지에 대하여 살펴보도록 하자.

우선 **ESAG** 프레임워크에 입각하여 앞 절에서 논의한 전략 아키텍처 **(ESAD)**의 영역별 구성요소에 대하여 **전략 거버넌스를** 실천한다.[2] 따라서 엔터프라이즈 **전략 거버넌스**의 기능과 본연의 역할을 중심으로 전략설계 및 실천의 전 과정과 관련한 주요 전략 거버넌스 활동은 다음과 같이 전개된다.

---

1) 자원의 확보와 전환 프로세스를 중심으로 원료의 확보, 구매조달, 물류, 유통, 재고관리와 같은 주요 사업 기능과 그 실천성과에 대하여 주기적으로 평가하고 그에 따라 통제한다. 특히 조직 외부의 기업이나 협력조직과 결합적으로 전개하는 전략적 제휴에 의한 자원조달과 전개성과에 대하여 세밀하게 점검하여 통제한다. 또한 자원의 투입과 자원 및 기능 전개에 대하여 제휴 성과와 수익 배분이 합당하고 공정하게 배분되고 있는지에 대하여 점검하고 지속적인 성과창조의 관점에서 공생적 대응과 성장의 가능성을 감안하여 그 이행실태를 통제한다.

2) 이에 대한 전체적 개관의 예시는 후술하는 제5.6장 **ESA** 프레임워크의 실천 <도 5-29>와 <표 5-24> 전략 거버넌스 실천관리보드를 참조.

(1) 범위 영역의 거버넌스

범위 영역의 거버넌스에서는 엔터프라이즈가 추구해야할 비즈니스의 범위와 규모설정의 타당성, 합리성, 합목적성을 점검하여 대응한다.

전략의 범위와 규모를 너무 광대하게 편성하면, 그에 대응하기 위한 실천행동과 자원, 능력의 투입과 전개가 전략의 범위와 규모의 크기에 따라 확대된다. 이와 같은 경우, 전략 아키텍처에서 살펴본 바와 같이 그 대응을 위한 실천운영과 성과의 통제와 집행관리 능력도 확대되어야 한다. 그러나 능력과 자원, 실천운영과 집행관리 능력이 따라주지 못할 경우, 전략의 실패는 물론이고 엔터프라이즈 생존에 치명적인 위기를 초래할 수 있다.

예를 들면, 전쟁에서 소규모 병력으로 광대한 전선에 대응하는 경우를 생각해 볼 수 있다. 전쟁의 영역이 확대되면 전투 조직의 운영과 보급, 병참을 비롯하여 그 통제에 대한 대응을 그에 따라 확대하여 신속하고 효과적으로 전개할 수 있어야 한다.[1] 이와 마찬가지로 범위와 규모에 대한 거버넌스의 전개에서는 범위와 규모에 대한 판단과 통제의 원칙을 주도면밀하게 확립하여 신속하게 대응할 필요가 있다.

엔터프라이즈에서 추구하고자 하는 비즈니스의 규모와 범위를 제대로 설정하고 있는가에 대한 타당성과 합리성, 합목적성의 전략 거버넌스 차원에서의 판단은 '현실성'과 '당위성'을 토대로 판단된다.

현실성과 당위성의 판단은 엔터프라이즈가 추구하고자 하는 활동의 규모와 범위 및 엔터프라이즈 활동이 엔터프라이즈 전략 현실의 팩트와 전략 니즈, 전략 콘텍스트를 충족하고 있는가를 중심으로 판단한다.[2] 또한

---

1) 이러한 전략 아키텍처의 구조적 기능전개에 대하여 공략하고 균형을 파괴하는 군사적 전략과 전술로, 해당 범위에 대한 병참이나 보급을 차단하거나 통제지휘부에 대한 통제 불능의 공격과 파괴전술이 전개된다.

2) 예를 들어, 특정지역에서 발발하여 급속히 확산되는 전염병에 대응하는 사회적 엔터프라이즈의 경우, 엔터프라이즈 전략에서 대응해야 할 범위와 규모에 대한 판단에서 합당성, 현실성 판단이 이에 해당한다. 또한 국가의 변방도서지역에 군사시설을 설치해야 할 경우, 도서주민의 반대로 난관에 봉착하여 있을 때, 합당성, 현실성의 판단을 전개한다. 기업의 경우, 소비자 니즈의 대응에 필요한 규모와 범위가 합당한지, 또는 현실적인지에 대한 판단을 들 수 있다. 범위와 규모에

전략 아키텍처의 범위 설계에서 살펴본 바와 같이 **<표 1-8>** 엔터프라이즈 전략 콘텍스트의 분석의 도표를 활용하여 전략 콘텍스트를 분석하고 점검하여 판단한다.

① 전략 콘텍스트 거버넌스

전략 콘텍스트에 대한 거버넌스는 엔터프라이즈에서 추구하고자 하는 영역과 대상, 전략 니즈에 대응함에 있어서 전략적 논리의 합리성, 합법성이 외부적, 내부적으로 충족되고 있는지에 대한 점검과 관리를 수행한다.

> 엔터프라이즈에서 추구하고자 대상영역과 현실에서 전략적 논리와 방향, 목적, 내용이 타당하고 합리적인지에 대한 판단과 점검을 위하여, 현실 환경과 그 변화에서 현실적으로 조직에 대하여 요구하고 있는 내용들을 제대로 이해하고 엔터프라이즈 활동의 방향과 내용을 합리적이고 합법적으로 편성하여 대응하고 있는지에 대하여 판별한다.

엔터프라이즈가 추구하고자 하는 영역과 각 비즈니스들에 대하여 사회, 시장, 지역, 산업, 국가 등에서 법률이나 규약, 또는 행동표준과 같이 강제적, 명령적으로 준수해야할 내용에 기초하여 합당성을 충족하고 있는지를 판별하고 그에 따라 통제적 조치를 수행한다. 만약 그 수정이 필요하다면 거버넌스 활동을 통하여 합당성을 충족하도록 수정시킨다.

또한 추구하고자 하는 전략이 사회정치적으로 부정적 반응을 유발하게 되거나 또는 저항을 받게 될 일들은 없는지에 대하여 합리성, 현실성을 점검하여 검토, 판단하고 그에 대한 필요조치를 강구한다.

뿐만 아니라 엔터프라이즈 활동의 산업적 관점에서 파생되는 문제점이나 시장 및 산업에서 연관 기업군들과의 결합적 비즈니스 활동전개의 관

대한 판단은 대응조직의 단위와 사업의 규모 및 대상영역의 규모를 점검함으로써 해당 엔터프라이즈 활동과 전략의 적합성 및 타당성을 점검한다.

점에서 고려해야 할 요소들이나 대응해야 할 사항들을 판별한다.

일반 기업의 경우, 엔터프라이즈 활동전개에 대하여 경쟁적 상황대응과 비즈니스 전략전개, 조직에 대한 전략 콘텍스트를 점검할 필요가 있다.

경쟁적 콘텍스트에서는 당면하고 있는 또는 향후 당면하게 되는 경쟁관계를 조망하고 예측되는 경쟁적 전략 성과에 대한 타당성, 합리성, 합법성을 점검한다. 예를 들면, 불공정 행위에 해당하는 경쟁담합행동을 전개하거나 또는 경쟁 상대방의 기술이나 특허를 불법적으로 모방하여 시장대응을 전개하는 행동에 대하여 거버넌스 차원에서 단속하고 사전에 대응할 수 있도록 전략 콘텍스트의 전개내용을 점검한다.

비즈니스 콘텍스트에서는 비즈니스, 제품, 시장 전개에 있어서 추구하고자 하는 전략전개의 타당성과 합리성, 합법성을 점검한다. 예를 들면, 국가경제의 상황이 좋지 않아서 전 산업 부문에서 물가를 유지하고 자율적 가격통제를 요구하고 있는 상황에서 가격과 제품판매 경쟁에 대응하기 위하여 프리미엄 제품 출시를 통하여 가격을 높이 올리는 기업행동이나 허위과장광고와 같은 행동은 합리성, 합법성에 대한 거버넌스 전개 차원에서 세밀히 검토하여야 한다.

이상과 같은 외부적 합리성, 합법성에 대한 검토를 토대로 내부적 합리성을 살펴보면 다음과 같다.

내부적 합리성, 합법성은 주로 조직과 주요 이해관계인들을 대상으로 조직의 구성과 행동, 기능의 전개, 목표와 사업 실천성과에 관한 합리성, 합법성을 점검하고 통제한다. 따라서 조직 콘텍스트에서는 외부적으로 요구되는 합리성, 합법성을 충족하고 조직이 추구하고자 하는 전략이 현재 확보된, 또는 향후 확보될 조직구성원, 조직구조, 조직절차, 조직운영 및 능력과 합당한지에 대하여 내부적 합법성과 합리성을 점검한다.

예를 들어 국내 최저가격으로 제공하는 생선회집을 생각해보자. 최저가격을 무기로 고객을 끌어들이는 전략은 보편적으로 전개되고 통용되는 시장전략이다. 이와 같은 영업 및 판매전략은 다른 경쟁업체들과 가공이나 조리에 드는 비용이 같다면, 구매비용을 삭감하는 전략을 통하여 실천되기 마련이다. 따라서 최저가격 전략을 지속적으로 전개하기 위하여 염가로 제공되는 생선을 지속적으로 확보해야 한다. 그러나 양식장에서 불량한 생선들을 골라 파격적 염가로 제공되는 조달과 구매를 통하여 최저가격으로 제공한다면, 내부적 합리성, 합법성은 충족되지만, 고객의 건강과 사회적 관점에서의 외부적 합리성, 합법성은 충족되지 못한다.

이와 마찬가지로 조립생산을 전개하는 대기업의 생산 및 판매 전략에서 고객과 사회를 위하여 우수한 제품을 제공한다는 거창한 광고와 사회적 홍보에도 불구하고 부품제공의 중소 협력사들에 대한 구매가격 후려치기와 같은 행태는 대기업 내부의 합리성, 합법성은 일시적으로는 유지될 수 있을지 몰라도, 산업과 사회의 외부적 합리성, 합법성은 충족되지 못한다. 이와 같은 경우, 아무리 큰 초대형 기업이라도 외부적 합리성, 합법성의 실패로 위기에 직면할 수 있다.

내부적 합리성, 합법성이 가장 첨예하게 강조되는 것은 노동조합의 활동이다. 노동조합의 경우, 조직 활동에 대하여 조직 내부의 합리적 요구사항과 노동관계법에서 보장하는 조직 내 노동조합활동의 합법적 요구사항을 중심으로 경영의사결정에 대한 참여나 필요에 따라 파업과 같은 극단적 조직행동을 전개한다.

그러나 내부적 합리성, 합법성이 충족될 경우에도, 외부적 합리성, 합법성이 충족되지 못할 경우, 노동조합의 합리성, 합법성은 외부적으로 제한되고, 엔터프라이즈에 대한 사회적 지지나 협력이 거부된다.

따라서 내부적 합리성, 합법성은 엔터프라이즈의 외부적 합리성, 합법성의 충족이 결합적으로 성립되어야 비로소 그 합리성, 합법성의 조건을 충족한다고 할 수 있다.

이와 같은 검토요소들에 대한 거버넌스의 전개는 사업 조직에서 전략실천목표의 수립에서 중요한 전략의 점검항목을 간과하고 있을 경우에도 전략 콘텍스트를 통하여 점검해야 할 요소들을 파악함으로써 전략적 시행착오를 예비할 수 있을 뿐만 아니라 후속적인 전략계획과 전략평가의 품질을 높일 수 있다.

즉, 엔터프라이즈에서 대응해야 할 전략 범위가 엔터프라이즈가 추구해야 할 범위와 규모에 합당한지, 그리고 전략 콘텍스트의 구성과 전개가 현실성이 있는지를 판단함으로써 전략의 출발점에서의 오류를 극복한다.

② 전략 벡터 거버넌스

전략 벡터 거버넌스에서는 전략내용의 전개를 위한 구체적인 전략방향에 대한 점검과 통제를 실시한다.

전략 벡터는 엔터프라이즈의 성장전략과 전략적 포트폴리오를 반영하고 있으므로 엔터프라이즈의 전략적 성장 가능성과 그 제약요인, 전략적 성과의 관리를 조명하고 그 평가와 성장지원을 위한 촉진적 거버넌스와 통제적 거버넌스를 실시한다. 현실적으로 조직에서 전략 벡터의 구성 또는 그 전개가 미흡하거나 또는 부진할 경우, 이를 촉진하기 위한 대응조치를 지휘한다.

③ SDI 전략 벡터 거버넌스

SDI 전략 벡터 거버넌스에서는 엔터프라이즈의 사명과 목적, 추구하고자 하는 전략범위를 중심으로 비즈니스와 기술, 자원 및 비즈니스 구조와 시장전개에 대하여 전문화, 다각화, 통합화를 어떻게 전략적으로 구성하고 실천하는가에 대한 점검과 통제를 실시한다.

> 전략 벡터는 전략을 구성하는 제품, 사업, 시장의 방향과 품질의 수준 등의 결합을 통하여 엔터프라이즈가 추구하는 외부적 활동의 구체적인 방향과 내용을 설정한다. 따라서 전략설계 아키텍처에서 구성한 전문화, 다각화, 통합화의 엔터프라이즈 전략 벡터와 결합하여 그 합당성, 현실 타당성을 분석하고 그에 대한 통제와 관리를 위한 판단과 지휘를 수행한다.
> 따라서 전략 벡터 거버넌스에서는 전략 벡터의 합리성과 타당성을 점검하고 전략 벡터에 따라 진행하는 과정에서 등장하는 문제점의 점검과 필요한 요소들의 효과적 전개를 감시하고 통제한다.

예를 들면, 지속적으로 조직의 전략 벡터와 SDI 전략 벡터를 중심으로 엔터프라이즈 전략 벡터를 점검하고 갱신하며 새로운 전략 벡터를 만들어내기 위하여 관련부문과 필요한 설계와 분석, 실천 전략을 전개하도록 하고 지속적으로 보고받아 검토하고 지원 등의 통제활동을 전개한다.

만약, 이에 대한 기능적 실무능력과 전략설계 능력이 취약하여 엔터프라이즈 전략 벡터의 설계와 전개능력이 떨어진다면, 조직 부문과 거버넌스 부문의 주요 책임자와 실무자들을 중심으로 필요한 교육활동 지원과 전문가 활용을 강화하여 조직의 전략설계 및 전개능력을 강화한다.

④ 시너지 거버넌스

시너지 거버넌스에서는 전략 시너지, 경영관리 시너지, 운영 및 기능 시너지에 대한 시너지 효과의 창출과 성과를 주목하고 필요한 시너지 개선에 대한 계획과 실천내용을 보고 받아 지휘와 통제를 실시한다.

전략 시너지 거버넌스에서는 비즈니스 분야별로 결합적으로 추구할 수 있는 시너지와 내부적, 외부적 전략적 결합, 특정한 전략적 활동에 대하여 전략자원을 집중 투입함으로써 획득 가능한 전략 시너지를 조명하고 촉진과 통제를 실시한다.

경영관리 시너지 거버넌스에서는 능력과 자원의 배분과 할당에서 추구되는 능력과 자원의 시너지, 조직 및 인력 투입에서 확보되는 인적, 조직적 시너지, 재무적 투입에서 확보할 수 있는 재무적 시너지, 설비의 집중과 결합을 통하여 확보할 수 있는 설비 시너지, 기술 및 연구개발, 정보의 결합을 통하여 확보할 수 있는 기술시너지, 연구개발 시너지, 정보 시너지를 추구하고 그 성과를 주목하여 필요한 시너지 활동의 통제와 촉진을 수행한다.

운영 및 기능 시너지 거버넌스에서는 제조, 로지스틱, 구매, 유통, 마케팅, 영업, 서비스의 각 기능적 활동의 수행에 있어서 추구할 수 있는 시너지를 확보하고, 필요한 촉진적 활동과 통제적 활동을 수행한다. 이와 같은 시너지 거버넌스는 전략설계 아키텍처와 엔터프라이즈 전략벡터의 제품 서비스, 시장, 니즈에 대응하여 전문화, 다각화, 통합화의 전략전개에서 추진활동성과를 구조적으로 조명하며, 필요시 기존의 기능적 전개와 경영관리의 체계를 재정비할 것을 요구한다.

시너지 거버넌스에서는 시너지 효과를 높이기 위한 통제와 관리를 전개하지만, 시너지 창출을 무리하게 전개할 경우, 부문별 전문적 고유성과를 저해하는 일이 발생하므로 시너지 통제와 관리를 적절히 전개할 수 있도록 하는 것이 필요하다.[1)]

⑤ 경쟁우위 거버넌스

경쟁우위 거버넌스는 고객, 제품, 서비스, 사업, 시장, 산업의 관점에서

---

1) 공유할 수 있는 자원이나 기능, 시스템, 방법론들을 공유함으로써 획득할 수 있는 시너지 성과는 극대화시키지만, 고유의 전문성들을 통합함으로써 오히려 전문성이 약화될 수 있는 형태나 방식의 시너지 창조는 부작용이 더 클 수 있다. 따라서 시너지 거버넌스에서는 이와 같은 점에 유의할 필요가 있다.

경쟁전략 성과를 평가하고 관리한다.

만약, 경쟁전략이 잘못 구도되고 있다면, 경쟁전략의 실시 이전에 그 교정을 지휘한다. 상황과 환경의 불확실성에 따라 경쟁전략의 성과가 불투명할 경우, 그 실천과정의 단계마다 성과에 대한 평가를 피드백하며, 필요한 조치를 지휘한다.

경쟁우위를 결정하는 핵심역량에 문제가 있을 경우, 필요한 핵심역량의 확보와 개발에 대한 조치를 관찰하고, 경쟁조직에서 모방할 수 없는 핵심역량의 개발과 역량발휘의 성과를 제고하기 위하여 필요한 통제활동을 수행한다. 이와 같은 통제활동에는 핵심기술 및 역량의 보호, 시설접근통제활동을 비롯하여 전략기밀 및 전략자원의 통제를 포함한다.

또한 지속적 경쟁우위의 유지 또는 창조를 위하여 필요한 기술 및 능력개발에 대한 활동전개를 관찰하고 감독한다.

경쟁전략의 구체적인 입안과 전개활동은 경영진과 운영실무진들이 전개하지만, 경쟁적 성과를 점검하기 위하여, 어떠한 전략요소들을 전개할 것인지, 그 타당성과 필요한 조치내용은 합당한지를 검토하고 필요할 경우, 거버넌스 조직에서 그에 상응하는 지원적 조치를 강구한다.

이와 같은 경쟁전략의 전개에 전략 거버넌스 주체가 얼마나 개입할 것인지에 대하여는 해당 엔터프라이즈의 특성과 구조에 따라 다르다.

대부분의 경우, 경쟁전략의 전개에 대하여 경영진과 사업 운영주체들에게 그 전략모색과 대응에 관한 일체를 위임하고 그에 대한 책임을 부여함으로써, 경쟁우위요소에 대한 거버넌스를 실천한다. 그러나 경쟁전략의 전개에 필요한 새로운 대규모의 전략적 투자가 요구될 경우, 거버넌스 주체는 그에 대한 승인과 의결을 위하여 전략검토와 추진에 개입하게 된다.

⑥ 전략 요소의 결합적 거버넌스

전략요소의 결합적 거버넌스는 사명과 전략 니즈 범위와 규모, 벡터, 경쟁우위, 시너지의 결합적 전개성과의 기획과 실천을 관찰하고 통제한다. 전략요소에 대한 결합적 거버넌스의 결합적 운영과 기획에 따라 전략경영의 구도의 관리와 전개내용이 달라진다.

　따라서 전략 위원회에서는 전략의 입안과 실천적 전개에 필요한 기획과 자원 전개, 관리요소를 점검하고 지원 또는 보완해야 할 사항들을 점검하며, 구체적인 실천방안을 검토하여 전략 성과를 극대화한다.

　이를 위하여 조직과 경영관리체계의 확립여부와 그 운영에 대한 원칙과 이행에 관한 전략실천의 통제 거버넌스를 실시한다. 이와 같은 전략요소 거버넌스는 엔터프라이즈 활동성과의 극대화를 실현하기 위한 전략의 전략 시나리오의 구성과 그 타당성을 중심으로 전략설계 아키텍처의 실현가능성을 점검한다.

전략요소 거버넌스에 있어서 범위와 규모의 거버넌스가 결여될 경우, 전략요소 거버넌스는 조직에서 전략 벡터와 경쟁우위, 시너지를 충족할 경우에도, 근본적으로 엔터프라이즈 범위와 규모의 충족요건의 실패로 중요한 전략적 범위와 규모의 포지셔닝 성과충족에 실패할 수 있다.

　전략적 범위와 규모의 포지셔닝의 대표적인 실패사례는 핵심기술이나 역량을 보유하고 있음에도 불구하고 시장조성에 실패하는 경우를 들 수 있다.

　시장조성의 실패의 예는 전국규모의 비즈니스를 전개할 사업에 대하여 지역규모의 비즈니스를 전개함으로써, 비즈니스 아이디어를 시장에 제공하고 그 아이디어를 전국규모에서 실시할 수 있는 후발업체에게 전략적 지배력을 탈취당하는 경우를 들 수 있다.

　이와 같이 범위와 규모의 거버넌스가 결여되어 있는 상황에서 전략 벡터 거버넌스가 전개되지 못할 경우, 제품이나 시장, 사업 및 산업의 전략 성과의 관리가 제대로 수행되지 못한다.

전략 벡터 거버넌스는 근본적으로 비즈니스의 구체적 방향과 내용을 거시적이고 장기적으로 제시할 뿐만 아니라 엔터프라이즈의 미래성과를 좌우하기 때문에, 전략 벡터 거버넌스를 전개하지 못할 경우, 엔터프라이즈의 성장 동력에 대한 주요한 가이드라인과 성장의 계획과 관리가 어려워진다.

　이와는 달리 범위와 규모의 거버넌스와 벡터의 거버넌스가 실행되고 있을 경우에도 경쟁우위의 거버넌스가 실천되지 못할 경우, 비즈니스 전개 과정에서 당면하게 되는 경쟁적 성과의 관리와 통제가 어려워진다. 이와 마찬가지의 맥락에서 다른 전략요소 거버넌스가 실천되지만 시너지 거버넌스가 충족되지 못할 경우, 비용과 효율적 측면에서 결합적 전략 성과를 확보하는데 어려움이 있다.

따라서 전략구성요소들의 결합적 운영을 위하여 전략 위원회의 활동을 강화하고 비즈니스 실천조직의 전략경영부문과 전략 위원회, 전략 거버넌스 조직을 활용하여 전략설계의 내용과 그 전개성과를 지속적으로 관리하고 통제하는 것이 필요하다.

(2) 비즈니스 영역 거버넌스

비즈니스 영역 거버넌스에서는 비즈니스 영역의 선정과 목적 및 목표, 활동 추진의 합리성과 합당성, 합법성에 대한 거버넌스를 실시한다. 예를 들어 식품회사의 경우, 식품원료의 도입과 가공, 제조와 판매, 유통, 재고의 영업 및 제조의 전 과정에 대하여 비즈니스 영역에서 전개되는 활동과 그 성과에 대하여 사회적 통념과 표준, 가격 및 품질기준, 상품 및 제품의 판매와 고객의 이용 등에 합당하게 전개되고 있는지를 점검한다.

대부분의 식품관련회사에서는 이와 같은 비즈니스 영역에 대한 내부적 거버넌스 활동에 대하여 소비자상담실에서 전담하고 있으며 불만사항이나 소비자 정보를 수집하여 대응하는 소극적 행동으로 일관하고 있다. 따라서 외부적으로는 소비자보호원이나 소비자 단체에서 이에 대응하고 있지만 사전적 교정에는 한계가 있다. 글로벌 환경 하에서는 보다 적극적인 내부 거버넌스와 외부 거버넌스의 활동을 통하여 기업 스스로 비즈니스에 대한 셀프 거버넌스를 강화할 필요가 있다.

일례로, 급식제공업체에서 식중독이 발생한 사례나 식품제조업체에서 기준미달이나 불량 원재료의 사용으로 사회적 물의를 일으키고 법률적 분쟁이나 손해배상은 물론 기업 이미지에 심각한 타격을 입는 예가 비일비재하다.

공공부문이나 사명중심형 엔터프라이즈의 경우, 사명의 충실한 이행과 실천에 합당한 비즈니스 영역 편성과 설계가 제대로 되어 있는지와 그에 대한 비즈니스 전개와 성과가 합당한지에 대하여 점검하고 평가한다.

이와 더불어 새로운 환경현실에서 추구해야 할 비즈니스 영역의 개척과 개발이 전개되고 있는지에 대한 거버넌스를 실시한다. 여러 가지의 비즈니스를 전개하는 조직의 경우에는 시너지 거버넌스를 점검하고 경쟁적 환경에서 비즈니스를 전개해야 할 경우, 추가적으로 경쟁우위 거버넌스를 점검한다.

(3) 능력-자원 영역의 거버넌스

① 능력-자원의 확보와 배치

거버넌스의 관점에서 능력과 자원의 영역요소에서 유의해야 할 요소는 능력과 자원의 전략적 구분과 편성전개에 관한 점검이다.[1]

따라서 거버넌스와 전략 전개와 추진활동에 필요한 능력-자원의 확보와 전개에 관하여 점검과 대응의 거버넌스를 전개한다.

<표 5-18> 엔터프라이즈 능력자원 영역의 전략 거버넌스 점검 요소

전략능력/자원
Capability/Resource

	Scope / Capability/Resource	Management capability	Organizational Capability	Functional Capabilities	Capacities	Systems	Resources	Knowledge/ Technology/ Culture
Requirements and Deployment	Enterprise Scope							
	Business scope							
	Product-market scope							
	Inter/intra industries Scope							
Capability and Resource AUDIT*	•Planning •Deployment •Measurement of performance							

* AUDIT: Adoption and Acquisition, Use, Development, Innovation, Transformation

만약, 비즈니스 수행에 필요한 능력은 확보되어 있지만, 전략 수립 및 전개활

---

1) 능력과 자원의 구분 편성의 내용과 전개에 따라 전략설계에 영향을 미친다. 예를 들면, 아무리 유능한 사업전개 및 실천능력을 확보하고 있다고 하더라도, 복잡하게 변화하고 있는 환경현실에 전략적으로 대응할 수 있는 전략 설계능력이 결여되어 있다면, 유능한 사업전개능력의 발휘는 제약된다.

동에 필요한 능력과 투입 자원이 부족하고 전략의 설계, 점검, 추진활동이 부진하다면 전략적 위기를 경험하게 될 수 있다. 전략 거버넌스 조직의 전략 거버넌스 실천을 위한 능력과 자원이 제한되어 전략 활동에 대한 거버넌스가 제대로 전개되지 못하고 있다면, 이를 신속히 시정하여 전략과 능력전개에 관한 거버넌스 진단과 대응조치를 강구하여야 한다.

즉, 엔터프라이즈에서 당면하고 있는 환경현실에 대응하고 전략 니즈와 당면하고 있는 전략 과제에 대응하기 위하여 전략실천에 필요한 능력 및 자원의 요건을 점검하고 그 투입과 배치, 전개 및 활용수준을 관리하여 전략적 성과를 높이기 위하여 전략요소들의 지속적으로 확보하고 배치, 운영, 활용에 대하여 거버넌스 활동을 실천한다.

② 전략능력과 자원요건의 점검

전략능력과 자원의 요건에서 점검해야 할 항목들을 점검에서는 개괄적으로 <도 5-13>과 <표 5-18>에서 제시한 바와 같이 전략적으로 반드시 투입이 요구되는 능력-자원 요소들에 대하여 필수적이고 기본적인 능력요소들을 중심으로 어떤 것들이 어떻게 확보되고 활용되고 있는지를 능력전개의 실태와 활용성과 및 효과성의 관점에서 점검한다.

엔터프라이즈의 특성에 따라 특히 필수적으로 요구되는 독특한 엔터프러너 능력(entrepreneurial capability), 경영관리 능력, 조직적 능력과 역량, 기능적 능력, 설비능력, 시스템 역량과 능력, 그 밖의 전략요소의 실천을 위한 능력 및 새로이 필요한 능력설계가 요구될 경우, 그에 대한 능력요구사항들을 반영하여 점검한다.

엔터프러너 능력에는 당면하고 있는 현재 또는 미래의 환경현실에서 요구되는 전략과제나 대응해야 할 현상, 개선 요소들을 발굴하여 그에 대응할 수 있는 환경현실에 대한 문제인식과 대응의식, 곤란한 현실이나 불확실한 상황에 대응하는 모험적 도전의식, 문제해결능력, 필요한 대응실천의 방안 전개를 위하여 필요한 조직구성과 전개능력과 자원의 확보, 실행절차의 운영, 시스템의 확립과 같은 실천적 전개 능력이 점검된다.[1]

---

1) 엔터프러너(entrepreneur)는 엔터프라이즈 활동의 계기가 되고 중심적 활동을 이

전략 능력 및 자원 요건에 관한 점검에서 부족하거나 또는 추가로 필요한 능력–자원에 관하여는 계획전개와 확보, 인수, 활용과 전개, 개발과 혁신에 관한 능력–자원요소의 관리와 거버넌스 활동을 통하여 필요한 조치를 전개한다.

또한 엔터프라이즈 차원에서 확보해야 할 능력–자원, 비즈니스 차원에서 확보해야 할 능력–자원, 그리고 제품, 서비스 및 시장전개에 필요한 능력–자원, 그리고 전략의 수립과 전개에서 요구되는 능력–자원의 성과측정 기준에 관하여 검토한다.

③ 능력-자원의 설계의 점검

각 능력–자원의 설계에서는 단순히 물량적으로만 필요한 소요량을 계산하여 판별하는 것이 아니라 추진의지와 조직문화, 경쟁역량, 제2장의 <표 2-4>에서 제시한 바와 같이 조직 능력의 3C(Climate, Competence, Capacity)의 관점에서 필요한 대응 능력요소들의 확보여부와 그 전개 성과를 중심으로 효과적이고 효율적으로 설계하고 있는지를 점검한다.[1]

추진의지와 조직문화(Climate)에서는 해당 엔터프라이즈 활동의 추진에 필요한 멘탈리티, 또는 의지와 조직문화의 핵심적 요소들을 설계한다. 예를 들어, 추진하고자 하는 전략상황과 대응과제가 일상적 대응으로는 도저히 달성할 수 없을 경우, 이를 달성하기 위하여 필요한 추진의지와 조직행동을 조성하기 위하여 주요한 행동원칙과 기존의 의지와 조직 문화적 특성을 극복하고 선도적 행동을 주도할 수 있는 프로그램을 조직하는 것을 들 수 있다.

경쟁역량(Competence) 설계에 있어서는 경쟁적 관점에서의 역량과 비경쟁적 관점에서의 역량이 구분된다. 일반 기업조직에서는 경쟁적 관점에서의 경생역량을 중심으로 편성한다. 공공부문의 경우에는 상대적으로 경쟁적 상황 보다는 정책적 관점에서의 역량이 강조된다. 역량설계에서는 현실적 또는 경쟁적 가치창조를 중심으로 조직내 또는 조직간, 나아가서는 외부조직과의 통합적 전개를 통한

끄는 행동특성을 주도하는 인물을 말한다. 엔터프러너는 통상적으로는 기업가라고 번역이 되고 있지만, 엔터프러너는 새로운 도전과제의 착안과 발굴, 인식을 통하여 그에 대한 대응을 위하여 필요한 요소들을 조직화하여 전개하고 당면하는 리스크에 대응하여 성과를 거두는 환경현실 대응행동의 유형을 의미한다.

1) H. I. Ansoff and E. McDonnell, *Implanting Strategic Management*, pp. 262-264.

사회적 가치창조의 실현을 위한 역량을 점검하고 필요한 설계를 추진한다.

양적 능력(capacity)은 전략추진에 필요한 양적 능력과 자원을 의미한다. 예를 들면 인적, 물적, 재무적, 기술적, 기능적으로 필요한 물리적 능력과 자원으로 시설과 설비를 포함하여, 투입자원, 추진인력의 규모, 예산, 연구시설 등을 들 수 있다.

이와 같이 구분하여 필요한 요소와 항목의 실태와 과부족, 성과를 중심으로 점검함으로써 ESA 설계에 필요한 능력과 자원에 대한 속성별 내용 및 편성의 타당성을 거버넌스 차원에서 점검하고 대응할 수 있다.

전략설계에 있어서 능력-자원의 편성이 부족할 경우, 전략의 내부적 균형을 유지하기 위하여 전략을 보완하거나 조정하여야 한다. 여기에서 점검해야 할 요점은 능력자원의 편성과 배치가 적정한가에 대한 파악이다.

능력-자원은 충분하지만 환경현실에 대응하는 전략이 그 능력을 충분히 활용하지 못하고 있다면, 전략을 기준으로 볼 때, 과잉능력 상태 또는 미미한 전략전개의 수준에 있다고 볼 수 있다. 전략은 환경현실과 관련하여 내부적 능력과 외부적 대응의 균형정렬을 도모해야 한다. 그러나 보유하고 있는 실질적 엔터프라이즈의 능력-자원은 탁월하지만 전략이 소극적으로 편성되어 전개된다면, 조직이 전략 실천성과는 제약된다. 이와 같은 경우, 전략 아키텍처의 범위영역과 비즈니스 전개의 영역을 재조명하여 전략재설계와 지원, 관리 통제의 거버넌스를 강화한다.

④ 엔터프라이즈 능력-자원 확보

엔터프라이즈 능력-자원의 확보에는 새로운 엔터프라이즈 구성과 확립, 기반 조성, 추진하고자 하는 사업의 전개에 필요한 비용과 투자, 능력 및 자원 확보가 요구된다.

엔터프라이즈가 확보하고 있는 능력-자원의 수준과 규모에 비하여 전략이 미흡할 경우, 엔터프라이즈의 역량발휘수준이나 조직능력 및 자원의 가동수준이 낮게 되고, 결과적으로 능력자원의 기회비용을 충족하지 못하는 상황이 전개된다.

이와 같은 경우, 엔터프라이즈의 능력-자원에 대한 사회적 재편성이 전개된다. 예를 들면, 사회적 기회비용의 증대 및 투자자에 대한 성과보전의 미흡 등의 이유로 해당 엔터프라이즈의 사회적 실패, 예를 들면 외부 인수합병을 통하여 재편성되는 되는 경우를 들 수 있다.

한편 추진하고자 하는 전략에 비하여 능력-자원이 크게 부족할 경우, 전략 및 능력성과는 억제된다. 따라서 환경과 전략의 외부적 균형정렬과 전략과 능력의 내부적 균형정렬을 도모하도록 한다.

새로운 엔터프라이즈를 만들거나 환경과 현실에 새롭게 대응하기 위하여 새로운 엔터프라이즈 활동을 전개할 때 필요한 능력은 기존의 비즈니스나 추진해오고 있는 사업의 전개능력과 다른 능력을 요구한다.

우선 새로운 엔터프라이즈 사업을 구성하고 조직화하는 능력을 비롯하여 외부적 환경에 대하여 비즈니스를 전개하는데 필요한 자원과 능력을 확보하여 효과적인 운영체제를 확립하고 성과를 창조해내는 능력이 요구된다. 기존의 사업 활동과 병행하게 될 경우에는 기존 사업의 추진과 새로운 엔터프라이즈 사업전개의 병행적 관리능력이 요구된다. 조직 내에서 전개될 경우, 엔터프라이즈 능력은 기업 내 신사업의 창업능력이나 조직의 외부에서 전개될 경우, 완전히 새로운 엔터프라이즈의 설립과 운영에 관한 능력을 말한다.

이와 같은 **엔터프라이즈 능력**이 전략적 관점에서 강조되는 이유는 기존에 편성된 조직과 기능으로는 새롭게 변화하고 창조되는 전략적 기회에 효과적으로 대응하기 어렵기 때문이다.

엔터프라이즈 능력 중에 인적자원에게 요구되는 가장 현저한 특징적 능력을 예로 들면, 모험적 실험과 성과창조의 능력이다. 그동안 아무도 아직 해보지 못한 무험적이고 실험적 엔터프라이즈 대응에서 요구되는 능력은 독특하고 새로운 조직적 대응을 전개해야 하지만, 그에 대한 경험적 노하우나 방법이 제한적이며, 상황의 전개 역시 불확실하기 때문에 리스크가 높은 상황에서 대응할 수 있는 능력이다.

이와 같은 능력은 전략적 현실 대응의 차원에서도 명확한 차이가 있다. 즉, 전략의 설계와 대응에 있어서 완벽하고 완전한 전략의 설계와 그 실천의 전개가 아니라, 불완전한 예측과 부분적인 정보만을 토대로 현실에서 등장하는 문제현상들에 대한 조직적 대응을 주도할 수 있는 능력이 요구된다.

따라서 불확실한 상황 하에서도 조직구성원들에게 엔터프라이즈의 현실도전과 도전적 미래의 비전에 대하여 확고한 신념을 고양시키고 전략과 현실대응의 비즈니스를 동시에 개발하고 전개하면서 모험적 성과를 창조해가는 능력이 절실히 필요하게 된다.

이와 같은 엔터프러너의 인적 능력을 확보할 경우에도 그 능력의 발휘는 엔터프라이즈의 제도적 여건에 따라 좌우된다. 예를 들어, 새로운 모험적 시도에 대하여 거버넌스 차원에서 또는 조직의 전략 집행의 통제 관리의 시스템에서 거부되거나 또는 억제된다면, 조직의 엔터프라이즈 능력은 제대로 발휘될 수 없게 된다. 따라서 조직의 엔터프러너 능력의 유연한 활용과 창의적이고 모험적 도전의 시도와 실험이 장려되는 엔터프라이즈 문화 능력을 발휘할 수 있도록 해야 한다.

거버넌스 차원에서 주목할 점으로는 조직에서 엔터프라이즈 능력의 전개와 발휘가 기존의 내부적, 외부적 합법성, 합리성을 충족시키지 못할 수 있으며 새로운 합법성, 합리성을 확립하기도 어려운 상황에 처할 수 있다는 점이다.

그것은 새로이 출현하고 있는 전략 니즈나 기회에 대응하는 엔터프라이즈 활동의 합법적 준거기준이 외부적 뿐만 아니라 내부적으로도 미경험, 또는 초경험의 상황에 대하여 사전에 명확하게 확립하기 어렵기 때문이다.

이와 같은 상황조건이 전략 거버넌스와 전략실천의 책임 부담을 가중시키게 되고 엔터프라이즈 대응을 어렵게 한다.

따라서 엔터프라이즈의 능력전개와 성과에 대한 주요 원칙을 중심으로 새로운 엔터프라이즈 기회를 발굴하고 추진하는 활동을 촉진하는 거버넌스의 차원에서의 지원적 대응을 전개할 필요가 있다.

⑤ 능력-자원의 계획전개

능력−자원의 계획전개에서는 전략능력 및 자원의 계획전개에 관한 항목들을 점검하여 필요한 요소들의 전개를 위한 구체적 계획을 수립한다.

능력−자원 계획에는 시간적 관점에서 두 가지 종류의 계획이 있다. 첫 번째의 계획은 현재 추진하고자 하는 전략의 실천을 위한 능력−자원의 편성 및 전개계획이다. 이를 능력자원 전개계획이라고 한다.

두 번째의 계획은 향후 당면하게 될 환경현실 하에서 필요한 능력-자원의 내용과 편성은 어떻게 되어야 하는지에 대한 관점을 명확히 하고, 그에 입각하여 바람직한 능력-자원의 확보, 조달, 도입, 전개, 개발, 혁신, 변혁에 관한 계획을 수립하는 것이다. 이를 능력자원의 미래계획이라고 한다.

능력자원의 미래계획에는 현재 확보하고 있는 또는 확보 가능한 능력-자원에 국한하지 않고, 향후 환경 현실이 변화할 경우, 그에 적합한 능력-자원의 내용과 편성을 새롭게 구성하고 그에 입각하여 미래계획을 수립하기 때문에, 기존의 능력-자원과는 다른 이질적 능력-자원의 내용편성을 도모한다. 이에 수반하여 능력-자원의 변혁계획을 추가적으로 수립한다.

능력자원 미래계획에서 추구하는 새로운 이질적 능력-자원의 내용편성에는 새로운 능력-자원의 확보를 위한 투자가 요구되므로, 그에 합당한 전략적 비전과 가시적인 성과가 요구된다. 따라서 전략 거버넌스에서는 능력자원의 계획전개에 대하여 주요 성과를 중심으로 그 현실적 타당성을 점검한다.

> 전략능력 및 자원의 계획전개에서 점검해야 할 항목들은 엔터프러너 능력, 경영관리능력, 조직적 능력과 역량, 기능적 능력, 시스템 역량과 능력, 그 밖의 전략요소의 실천을 위한 능력과 자원 및 새루이 필요한 능력/자원의 확부와 전개에 관한 점검이다.

> 능력과 자원의 계획과 전개는 전략실천을 위한 실질적 능력 및 필요자원투자와 연결되기 때문에, 전략 예산과 연계하여 실시된다. 종종 전략에 필요한 능력과 자원의 계획과 전개에 있어서 기존의 능력과 자원을 최대한 활용해야 한다는 관점에 따라, 추가적으로 소요되는 필요 능력과 자원의 소요계획을 소홀히 간주하는 경향이 있으며, 결과적으로는 전략적 투자의 규모를 낮추게 되는 현상이 유발된다.[1]

---

1) 이와 같은 현상은 전략적 투자부담을 낮추게 되어 새로운 전략적 시도를 용이하

더욱이 전략 사업과 기존 사업에 대한 능력과 자원의 결합적 활용에 따라 기존 사업운영의 성과실현에 대한 내부감사활동의 원칙적용과 초점이 불명확해질 뿐만 아니라, 전략적 사업전개에 필요한 능력과 자원의 내용을 명확히 하지 않기 때문에, 전략적 사업성과에 대한 능력–자원 성과를 판별하기 어렵게 되고, 그에 대한 보상도 불명확해진다.

따라서 이와 같은 문제점을 해결하기 위하여 능력–자원전개에 대한 거버넌스에서는 직접적으로 조직의 능력발휘와 자원전개에 개입하지 않더라도, 그 계획 내용과 전개에 대한 타당성과 합리성을 스스로 점검할 수 있도록 독려하고 그 실천의 내용과 수준을 관리할 필요가 있다.

특히 능력–자원의 미래계획이 전개되지 못하고 있다면, 그에 대한 활동전개의 여부와 실제를 점검하고, 미래계획의 투자 및 전략적 성과에 대한 점검을 하여야 한다.

⑥ 전략능력–자원의 확보인수

새로운 전략을 설계하여 능력–자원을 편성할 때, 기존 능력–자원으로 실행이 곤란한 상황이 종종 발생한다.

기존의 능력–자원은 이전의 환경현실에 대응하기 위하여 수립된 전략에 의하여 편성된 것이므로, 새로운 전략이 이전의 전략과 이질적인 내용으로 수립될 경우, 추가적으로 또는 새로이 필요한 능력–자원의 내용편성이 요구된다.[1]

이러한 경우, 전략전개에 필요한 능력과 자원을 외부에서 조달하거나

게 하는 장점은 있지만, 기존의 사업운영에 필요한 능력–자원을 새로운 전략적 활동에 투입하게 됨으로써 기존의 사업운영의 성과를 낮추게 되는 현상과 한편으로는 기존의 사업운영과 병행하여 자원과 능력을 전략적 활동에 병행투입하게 됨으로써 전략적 성과와 기존사업 운영성과에 대한 구분이 불확실해지는 현상을 초래한다.

1) 외부적 능력–자원을 동원하지 않고, 기존의 능력–자원의 내용편성과 규모를 중심으로 전략을 축소 조정하여 대응할 수도 있다. 이와 같이 기존의 능력–자원 대응을 통하여 제한적 전략으로 대응해서는 엔터프라이즈의 사명과 목적, 목표를 달성할 수 없게 되고 전략의 축소조정으로는 소기의 목적을 달성할 수 없게 될 경우 외부적 능력–자원을 동원하여 전략을 전개해야 할 상황이 발생한다.

또는 인수할 경우, 그 전략적 타당성과 합리성, 합법성을 점검한다.[1] 전략 능력-자원의 확보와 인수에 대한 점검에서는 경영관리능력, 조직능력, 기능적 능력, 설비능력, 그 밖의 필요한 능력과 자원의 확보와 전개에 대하여 점검한다.

경영관리능력의 외부적 조달에는 경영관리자의 영입이나 채용뿐만 아니라, 새로운 전략전개에 요구되는 경영관리기법이나 체계, 방법의 도입과 교육훈련을 포함하여 필요에 따라서는 주요 경영관리기능을 아웃소싱하거나 외부 기업조직을 인수하여 활용하는 방법도 있다.[2]

조직적 능력과 역량에서는 전략의 조직적 전개에 필요한 인적 자원, 조직구성, 스킬을 포함하여 조직절차나 신뢰, 지식, 정보기술역량을 포함한다.

핵심역량의 설계에 있어서는 표면적 경쟁역량과 이면적 경쟁역량, 그리고 본원적 역량과 촉진적 역량을 결합하여 전개한다. 따라서 외부의 조직적 능력과 역량을 도입하거나 인수할 경우, 기존의 능력과 역량과의 통합적 전개 성과를 저해하지 않고 전략적 목적을 달성할 수 있는 방안을 강구하여야 한다.

이와 같은 통합을 도모하고자 할 때, 새로이 도입하거나 인수하게 된 능력이나 역량이 이질적일 경우, 새로 도입한 능력과 역량 및 기존의 능력과 역량이 고유한 능력 성과를 발휘하는 것을 억제하거나 또는 그와 같은 현상을 조직 내에서 방임하는 일이 없도록 전략 거버넌스에서 관찰하고 필요한 통제나 관리를 지휘할 필요가 있다.

---

1) 즉, 현실의 팩트와 전략 니즈, 전략 콘텍스트에 대응하기 위한 전략능력 및 자원 전개에 있어서 엔터프라이즈가 확보하고 있는 내부적 능력과 자원의 규모와 수준으로 충족이 곤란할 경우, 외부적 능력과 자원의 확보와 조달, 인수를 전개한다.

2) 이와 같은 방법들은 엔터프라이즈의 역량과 능력-자원을 지배적으로 활용할 수 있는 상황에서 가능한 조치이다. 만약, 이와 반대로 피지배적으로 활용 당하게 될 경우, 예를 들면, 인수되거나 합병되는 경우, 해당 엔터프라이즈의 경영관리능력이 송두리째 교체될 수도 있다. 따라서 경영관리능력의 외부적 조달과 관련하여 유의할 점은 경영관리능력의 조달과 활용 및 인수와 같은 조치들은 언제나 가능한 것이 아니며, 이와 같은 조치들을 실천해도 문제가 없을 경우에, 또는 예상되는 문제현상에 대응할 수 있는 조치를 강구하고 난 연후에 추진해야 한다는 점이다.

기능적 능력에서는 전략기능과 운영기능, 제조영업, 마케팅 서비스기능을 포함하여 로지스틱 기능, 연구개발 기능의 확보와 인수에 대하여, 그 적합성과 타당성, 합리성, 합법성을 점검한다.[1]

설비능력, 시스템 역량, 능력-자원의 인수와 확보에서는 도입과 활용의 관계에서 부적절한 설비나 시스템의 도입 문제뿐만 아니라 활용의 성과를 고려하여 거버넌스를 전개할 필요가 있다.

새로운 전략전개에 필요한 새로운 설비능력과 시스템의 역량과 능력은 그동안 활용해보지 못한 새로운 기능과 성능을 필요로 하는 것이므로, 그에 대한 판단과 운영상의 시행착오가 유발될 수 있다. 따라서 이에 대한 거버넌스에서는 고의적 실수나 의도적으로 오류를 발생시키는 상황에 대비하기 위한 조치의 실천내용과 실행과정에서의 성과개선의 책임에 관한 책무이행을 점검할 필요가 있다.[2]

새로이 필요한 능력-자원의 확보와 전개에서는 새로운 전략실천을 위하여 특정한 생산요소나 기술, 정보 시스템 네트워크와 같은 능력과 자원이 필요할 경우, 외부 도입, 조달 또는 기존의 외부조직의 능력과 자원을 인수하여 전개한다.

이와 같은 확보와 인수에 대한 거버넌스는 기본적으로 투자에 대한 성과예측을 중심으로 전개된다. 만약, 해당 부문의 직접적 투입성과분석이 용이하지 못할 경우에는 연관기능성과에 미치는 간접적 영향을 고려하여 거버넌스를 전개할 수 있도록 전략위원회와 거버넌스 추진조직은 필요한 전문가그룹을 활용할 수 있어야 하고 그에 필요한 예산확보와 실천적 기능을 확립하여야 한다.

---

1) 예를 들면, 조달과 영업 기능의 확보와 인수에는 자금, 투입자원 및 제품의 판매와 재고가 개입되고 있으므로 이권의 개입과 그 밖의 연관된 이해관계가 종종 문제가 된다.

2) 그 밖의 전략요소의 실천을 위한 능력-자원의 확보와 인수의 예를 들면, 새로운 사업 네트워크의 개설이나 사회정치적 문제해결을 위한 능력과 필요자원의 인수, 초기 시장환경의 조성을 위한 대대적인 홍보 프로젝트와 같은 일을 위한 능력-자원의 인수 또는 확보를 들 수 있다. 이와 같은 능력-자원의 활용이 일시적일 경우, 조건부 또는 일시적 외부조달을 전개하지만, 지속적으로 추진해야 할 경우, 조직설계나 해당 기능수행을 위한 외부조직의 인수합병과 같은 조치를 전개한다.

⑦ 능력-자원의 개발과 혁신

능력-자원의 개발과 혁신의 설계에서는 기존의 능력-자원에 관한 성과 분석과 새로이 요구되는 능력-자원에 대한 점검을 토대로 실시된다.[1]

그러나 새로운 전략전개에 필요한 능력-자원의 보충은 기존의 사업이 아니라 새로운 사업에서 요구되는 능력-자원이므로, 새로운 전략전개가 기존의 전략과 이질적인 정도가 클수록, 기존의 능력-자원의 관점에서 평가하거나 분석하는 것이 무의미하게 될 수 있다.[2]

이 경우, 앞에서 살펴본 외부능력-자원의 확보, 인수의 방법과 기존의 능력-자원을 중심으로 새로이 개발하거나 혁신함으로써 대응할 수 있는 방법의 비교가 필요하며, 기존의 능력-자원을 토대로 개발하거나 혁신하여 대응할 수 있는 능력-자원들을 선별하여 내부개발과 혁신을 지휘할 필요가 있다.

이에 대한 거버넌스에서는 새로이 추구하고자 하는 전략의 이질성에 대하여 전략 요소구성의 내용과 이질성의 정도, 그리고 현실적 타당성을 토대로 판별함으로써 내부개발과 외부확보에 대한 의사결정을 내릴 수 있다.

⑧ 능력-자원 전개

이상의 능력-자원 설계와 전개의 거버넌스 관점들을 상호 교차적으로 전개한다. 전략능력과 자원 요건에 대한 파악과 관리는 전략의 수립 및 실천과정에서 새로운 능력-자원의 계획을 통하여 외부확보 및 내부개발을 병행적 또는 순차적으로 실시하며, 성과 실현의 가능성 및 유용성의 관점에서 상호 참조하여 실천된다.

---

1) 기존의 능력-자원에 대한 성과분석을 통하여 기존의 전략과 운영의 성과를 점검할 수 있을 뿐만 아니라, 어떠한 부분에 어떠한 능력-자원을 보충해야 할 것인지를 파악할 수 있다. 이와 같은 능력-자원의 보충에 대한 판단은 기존의 전략전개의 성과실현의 수준이 기준이 된다.

2) 즉, 능력-자원의 미래계획의 설계에서는 새로운 능력-자원에 대한 설계와 검토에 있어서 기존의 능력-자원의 검토기준이 아니라 당면하게 되는 새로운 환경현실과 전략전개에서 요구되는 능력-자원의 관점에서 파악하고 대응하도록 한다.

능력-자원의 거버넌스는 전략 관리 통제요소들과 결합하여 전략실천의 중추적 역할을 수행한다. 현재 확보되어 전개되고 있는 능력-자원은 과거의 전략에 의하여 구조화되고 조성되었지만, 전략의 한계점을 극복하는 실체일 뿐만 아니라 기존의 전략을 새롭게 변경하고 새로운 환경대응의 내용을 구성하고 창조함으로써 조직의 진화를 주도하는 역할을 수행한다.[1]

능력-자원, 역량의 구축과 변혁의 초점은 엔터프라이즈가 추구하고자 하는 전략 니즈와 현실 팩트, 전략 콘텍스트에 합당한 전략에 맞춰져야 한다. 만약 전략 니즈와 전략 콘텍스트의 발굴과 개발이 곤란하여 어떠한 전략을 추구해야 할지 불분명할 경우라면, 현실 팩트를 중심으로 확보 가능한 능력-자원과 역량의 활용가능성에 초점을 맞추어 전략개발, 전략전개를 추진하고 있는지를 점검한다.

능력-자원과 역량중심의 전략전개는 능력-자원과 역량의 확보가능성과 활용가능성이 전략구성의 원칙으로 작용하기 때문에, 외부적 전략기회보다는 내부적 능력과 자원의 실천적 기회에 치중할 소지가 높다. 따라서 능력과 자원전개의 거버넌스에서는 이와 같은 점에 대하여 주의를 기울이는 한편, 새로운 현실 팩트, 전략 니즈와 전략 콘텍스트의 발굴과 개발을 독려할 수 있도록 한다.

또한 능력-자원의 이질적 결합이나 이질적 변혁이 곤란하여 조직의 진화를 억제하고 현상유지 또는 조직의 도태를 조장할 수 있기 때문에 거버넌스에서는 기존의 능력-자원과 역량의 성과와 변혁가능성을 조명하여 주목하고 기업진화를 추구할 수 있는 능력-자원과 역량의 구축과 변혁을 관리해야 한다.

(4) 전략 집행의 거버넌스

엔터프라이즈 전략 관리, 통제와 지원의 거버넌스는 전략의 실천적 측면에서 성과관리에 요구되는 요소들을 관리하고 통제한다. 따라서 전략

---

1) 그러나 능력-자원의 편성은 구조적, 절차적으로 고착성(固着性)을 유발한다. 이와 같은 고착성은 특별한 자극이나 동기가 충족되지 못할 경우, 기존의 능력-자원의 범위를 벗어난 새로운 이질적 전략설계나 전략전개에서 요구되는 새로운 능력-자원으로의 변혁을 거부하는 현상이 등장하기도 한다. 뿐만 아니라 새로운 능력-자원의 외부적 이식에 대하여, 별도의 능력-자원 관리가 전개되지 않을 경우, 기존 능력-자원과 새로운 능력-자원이 상호 갈등 또는 충돌, 중복되는 현상을 유발한다.

전개의 구체적 실천성과를 높이기 위하여 전략경영의 실천과 관리요소들을 주목하고 그 대응의 촉진과 성과 통제를 실시한다. 전략 집행의 거버넌스에서는 다음과 같은 9가지의 거버넌스 활동에 초점을 맞추어 대응한다.

즉, ①전략 관리, ②전략 통제, ③전략 설계, ④전략 예산, ⑤전략 관리와 통제 지원의 결합적 전개, ⑥전략 수립 및 실행, ⑦전략계획 수립, ⑧전략 실행, ⑨전략 평가에 대한 거버넌스 활동을 점검한다.

① 전략 관리 거버넌스

전략 관리 거버넌스에서는 전략개발과 전략통제, 프로젝트의 운영과 전개 및 전략경영 시스템, 전략적 연구개발과 전략 성과 및 전략적 변혁활동을 관찰하고 통제한다.

따라서 전략 관리 거버넌스는 기존의 전략경영의 실천적 측면에서의 전략통제와 촉진활동이라고 할 수 있다. 구체적으로는 전략 설계의 내용, 전략전개의 성과, 전략 관리의 프로세스 성과, 전략적 성공요인과 영향요인, 전략 사업의 운영성과, 운영적 성공요인과 영향요인 그리고 전략적 변혁에 대한 거버넌스 활동을 전개한다.

전략 관리 거버넌스에서는 앞에서 살펴본 전략범위(전략요소) 거버넌스와 전략능력자원 거버넌스 그리고 뒤에서 논의할 전략 수립·실행 거버넌스와 결합적으로 전략 성과를 관장하고 통제한다.

전략 관리 거버넌스에서는 전략요소 설계의 실천적 관점에서 통제와 촉진활동을 수행한다. 즉, 현실 팩트와 전략 니즈, 전략 콘텍스트에 따라 전략요소의 재구성, 재창조와 실천전개의 관리를 통하여 전략의 실행성과와 전략 관리의 성과를 제고한다. 뿐만 아니라, 전략적 변혁을 위한 성과 관리를 통하여, 엔터프라이즈의 전략적 성장을 도모한다.

또한 전략 콘텍스트를 중심으로 전략 거버넌스 조직, 예를 들면 전략 위원회에서 대응해야 할 조직계층 및 대상범위들을 구조화함으로써 전략 점검을 실시할 수 있는 항목들을 점검하고 관리한다.[1]

전략 위원회에서는 전략 관리 거버넌스의 차원에서 대응해야 할 경영자와 관리자 그룹에 대하여 조직이 대응해야 할 현실 팩트와 전략 니즈, 전략 콘텍스트에 대하여 제대로 인식하고 그에 대한 전략 설계와 실천을 충실히 점검하고 있는지를 파악하고 필요한 통제를 실시한다.[2]

전략 성과에 대한 거버넌스에서는 전략실천과 전개의 관점에서 추구되는 4가지의 성과, 즉 Ⓐ환경대응성과와 Ⓑ전략 관리의 프로세스 성과, Ⓒ투입자원성과 및 Ⓓ산출성과로 구분하고, 전략요소 전개와 관리 성과로는 Ⓔ제품–시장성과, Ⓕ 경쟁성과, Ⓖ시너지 성과 및 Ⓗ조직전개와 자원–능력성과로 구분하여 점검한다.

따라서 이상의 8가지 항목을 중심으로 점검해야 할 성과요소를 추출하고 점검한다. 예를 들면, 환경대응성과에 대한 추정은 환경대응의 타이밍, 현실 팩트와 새로운 니즈의 발굴, 전략 니즈 대응을 통한 제품–서비스–시장개발의 성과, 기술상용화와 같이 사업성을 중심으로 평가한다.[3]

전략 관리의 프로세스 성과는 전략 수립과 자원의 조직화, 사업전개의 속도와 시행착오의 빈도, 전략 사업의 성공 타이밍, 적중률과 같은 항목으로 측정한다. 투입자원 성과는 필요한 자원의 조달 및 조직화 및 자원전환 프로세스를 통한 제품화, 시장화의 속도와 효율을 평가한다. 산출성과는 전략 프로젝트의 성공적 사업성과를 중심으로 제품, 서비스의 시장전개성과를 평가한다.

---

1) 즉, 전략 관리 거버넌스에서 대응해야 할 콘텍스트는 대응해야 할 환경의 추세와 현실팩트의 변화 내용, 전략 콘텍스트, 환경에서 요구하고 있는 주요 이슈들과 환경명령, 대응해야 하는 패러다임과 전략 프레임워크, 추구해야 하는 성과 및 필요한 조직과 자원능력을 중심으로 편성하여 점검한다.

2) 즉, 엔터프라이즈 전체 차원에서 대응해야 할 요소와 비즈니스 차원, 그리고 제품, 서비스 및 시장 대응차원에서 전략 관리의 성과를 제고하기 위하여 필요한 통제, 관리, 지원활동을 전개한다.

3) 전략 성과는 최종적으로 실현된 수익성과로 판단한다. 그러나 아직 투자단계에 있는 전략적 사업이나 시장에 이제 막 출시한 제품의 경우, 실현된 수익성에 대한 판단을 계수적으로 파악하기 어렵고, 전략 성과에 대한 평가를 재무적 성과로 판단하기 어려울 경우, 전략기회의 발굴과 전략목표를 중심으로 그 합리성, 합법성, 적합성, 효과성 및 달성(진척)도를 중심으로 성과추정을 통하여 전략 성과를 판단한다.

전략적 성공요인과 전략적 영향요인에 대한 성과의 점검에서는 다음과 같은 사항들을 점검한다. 전략적 성공요인에서는 우선적으로 해당 엔터프라이즈와 비즈니스의 성공요소를 점검한다. 또한 전략적 주요활동의 내용, 필요한 역량 및 능력, 추구하고자 하는 목적과 결과에 대한 점검, 당면하게 되는 주요 리스크를 비롯하여 환경변화를 주도하는 주요 계기에 대응하는 방안들을 점검하고 조직 내부적으로 대비하고 수행해야 할 과업들 및 주요 전략적 영향그룹들에 대한 대응과 그 성과를 관리한다.[1]

전략 사업의 운영전개에서 점검되고 관리되어야 하는 성과요소들에 대하여는 다음의 항목들을 점검한다. 즉, 점검해야 할 성과목표로 외부적 성과목표와 내부적 성과목표, 비용목표와 산출목표의 기본적 운영목표들과 제품/서비스 시장성과, 경쟁성과, 시너지 성과 및 자원성과의 전략적 목표들을 점검한다.

운영성과는 기존의 사업운영의 목표와 새로이 추진되는 전략적 사업의 운영목표를 달성하는데 있어서 필요한 전략적 관리를 통하여 달성된다.[2] 따라서 운영성과에 대한 거버넌스에서는 이와 같은 부정적 영향을 최소화하기 위한 통제와 촉진적 활동을 통하여 전략 성과를 제고할 수 있도록 하여야 한다.

운영성과에 대한 거버넌스에서는 운영적 성공요인과 운영적 영향요인에 대한 성과를 점검한다.

운영적 성공요인은 해당 엔터프라이즈의 비즈니스 운영의 성공요소의 점검을 비롯하여 운영성공을 달성하기 위한 주요활동의 내용, 필요한 역량 및 능력과 추

---

1) 이와 같은 조치와 대응내용들은 직접 추진되는 전략 사업의 내용과는 다소 거리가 있는 것처럼 보이지만, 전략 사업의 성공을 위하여 고려되고 관리되어야 하는 성공요소들이다.

2) 대체로 조직의 기능적 직무할당이 사업 중심으로 전개됨에 따라서 기존의 사업운영중심 조직에서는 전략적 신규 사업에 대한 관리운영기준이 마련되어 있지 못하기 때문에, 새로운 전략적 사업의 운영과 전개에 있어서 종종 기존의 사업운영 방식과 제도, 절차와 마찰을 유발하기도 할 뿐만 아니라 기존의 자원배치관계와 신규 전략 사업에서 요구되는 자원 간의 갈등이나 경쟁이 유발되기도 한다. 이러한 이유에서 전략적 관리에서 이를 조정하고 대응하지 않을 경우, 전략 사업의 성과달성에 부정적 영향을 받을 소지가 있다.

구하고자 하는 결과에 대한 점검, 당면하게 되는 주요 운영 리스크, 환경변화를 주도하는 주요 계기에 대응하는 성공적 운영 방안들, 조직 내부적으로 대비하고 수행해야 할 과업들 및 주요 영향그룹들에 대한 대응과 그 성과를 관리한다. 이와 같은 조치와 대응내용들은 직접 추진되는 사업운영활동의 성공을 위하여 필수적으로 관리되어야 하는 성공요소들이다.

다음으로 고려되어야 하는 성과요소는 전략적 변혁에 대한 거버넌스이다. 전략적 변혁은 기존의 전략이 유효성을 상실하여 새로운 전략으로 이행해야 할 경우, 전략변혁의 전개활동의 추진에 대한 거버넌스를 실시한다.[1]

② 전략통제 거버넌스

엔터프라이즈의 전략 니즈 발굴과 현실 팩트의 대응에 있어서 긴요한 전략통제가 필요할 경우, 전략능력–자원 거버넌스와 전략 수립·실행 거버넌스를 발휘하여 중요한 전략 프로젝트들을 발족시키고 전략대응활동을 강화한다.

전략통제 거버넌스를 통하여 전략요소 거버넌스를 지휘하고 통제하여 새로운 전략대응활동의 필요성이나 합리성, 합목적성을 점검하도록 요구하고, 그에 대한 실천적 전략 행동의 유의성을 파악한다. 전략계획과 자원 및 예산, 전략과업, 전략 프로세스, 수행조직 및 주요 원칙 및 통제기준의 점검은 엔터프라이즈의 사명과 목적, 현실 팩트, 전략 니즈와 전략 콘텍스트를 중심으로 판단한다.

전략요소 거버넌스에서 파악된 전략의 기본적인 윤곽과 대응내용을 중심으로 필요한 전략적 통제활동을 수행한다.[2]

---

1) 전략변혁에는 전략요소의 재구성이나 재창조를 비롯하여, 새로운 전략의 성공적 실천에 필요한 경영관리, 조직 및 능력, 운영 및 시스템을 병행적으로 전개해야 하므로, 관련 전략요소들이 제대로 전개되고 있는지를 현실 팩트의 변화내용과 전략 니즈, 전략 콘텍스트를 참조하여 점검하고 그 변혁을 지휘 통제한다.

2) 여러 가지의 다양한 전략 프로젝트들이 수행중일 경우, 전략 관리·지원 거버넌스에서는 개별적 전략 성과를 높이기 위하여 각 전략 프로젝트의 효과적 수행을 보장하는 한편, 엔터프라이즈 자원성과를 제고하기 위하여 여러 가지의 프로젝트들 간의 자원배분의 우선순위와 투입일정을 확립하고, 조정원칙을 통하여 전체

③ 전략설계 거버넌스

전략설계 거버넌스에서는 전략요소 설계에서 만들어진 전략들이 합당하고 타당한지의 여부를 점검한다.[1]

전략은 엔터프라이즈와 엔터프라이즈 활동의 사활을 좌우할 뿐만 아니라 활동의 내용과 역할 및 성격에 따라 사회적 영향을 미치기 때문에, 전략 거버넌스에서는 단순히 전략 책무의 이행여부를 통제하는 것에 그치는 것이 아니라 합리성, 합법성, 책임성에 입각한 전략설계활동이 전개되고 있는지를 정밀하게 살피고, 거버넌스 원칙을 일관성 있게 적용하며 유지해야 한다.

만약, 전략요소 설계에서 타당한 전략이 제시될 경우에도 전략 콘텍스트와 전략 니즈, 현실 팩트에 합당하지 못하거나 또는 합법성을 유지하지 못하는 전략에 대하여는 전략 설계 거버넌스를 통하여 수정, 보완 또는 철회를 지시하고 전략요소의 부분적 수정 또는 전면적 재설계를 요구한다.

④ 전략 예산

전략 예산은 전략 관리와 통제를 위한 가장 강력한 재무적 수단일 뿐만 아니라, 가장 효과적인 전략자원 집행수단으로, 전략 관리와 거버넌스의 주요 대상요소이다.

전략 예산은 전략적 활동을 전개하기 위하여 필요한 자원과 역량전개의 기획을 재무적으로 표현한 계획이므로, 전략 예산의 통제와 관리는 엔터프라이즈 전략 성과에 직접적인 영향을 미친다.

따라서 전략 사업이 목적과 목표를 중심으로 기획, 투자 및 예산통제, 철퇴와 다각화 및 인수합병, 컨틴전시(Contingency), 전략유보 및 전략 예산 편성 및 집행원칙을 점검한다.[2] 또한 엔터프라이즈 차원에서 전개할 전략과 비즈니스 차원

엔터프라이즈 전략의 효과성을 극대화한다.

1) 예를 들어, 전략요소설계에서 특정부문의 사업을 매각하거나 철퇴하는 전략을 추진해야 할 경우, 해당 부문의 철퇴로 인한 외부적 부작용이나 사회적 반작용이 예상되면, 그에 대한 대응방안을 미리 마련하여 실천하도록 함으로써, 전략의 타당성과 합법성을 강화한다.

2) 전략적 유보는 현재 추진하고자 하는 전략 사업과 관련된 전략적 유보와 아직 확정적인 것은 아니지만, 향후 새로운 전략적 대응이나 전략적 변혁을 위하여 의무적 유보비율, 예를 들면 매출액의 5~20% 수준의 전략적 유보예산을 정하여

에서의 전략, 제품–시장 전략 차원에서의 전략을 구분하여 교차적으로 점검한다.

전략 예산에서 종종 간과하기 쉬운 항목들은 전략 설계와 전략 기획에 필요한 예산이나 돌발적 상황전개에 대응하는 컨틴전시, 전략적 유보에 관한 예산항목들이다.

이와 같은 항목들은 부족한 예산과 자원수준 하에서 전략을 모색할 경우, 종종 생략하기 쉬운 항목들이지만 실제로는 확보되어야 할 필수적인 전략 예산 항목들이므로 전략 거버넌스에서 이에 대한 점검에 유의할 필요가 있다.

전략주체나 거버넌스 주체들은 이와 같은 예산항목들에 대하여 환경변화에 대응하기 위한 전략모색이나 전략 실천의 타당성과 정확성을 높이기 위한 비용항목임에도 별로 중요하게 생각하지도 않고 그 대비도 소홀히 하는 경향을 보이기도 한다.[1]

또한 추가적으로 요구되는 전략수정이나 보완의 타이밍을 놓침으로써 전략적 성과를 저해하고 실패로 이끌게 되는 위험성이 높아진다는 점에 대하여 전략 거버넌스와 전략 예산 거버넌스에서 유의할 필요가 있다.

현실적으로 이와 같은 전략적 유보나 컨틴전시 대응 예산은 물론이고 전략기획 활동에 소요되는 예산의 필요성을 인지하지 못하거나 현실적으로 편성하지 않는 조직들도 상당히 많다.[2]

그러한 현상이 지속되는 이유 중의 한 가지는 경영자와 전략부문에서 본인의

확보하고 향후의 전략적 투자를 위하여 전개하는 예산이다.

1) 만약 전략을 잘 세웠다면, 추가적 전략 활동을 위하여 새로운 예산편성을 세우는 일이 필요 없을 것이며 따라서 추가적으로 유보해야 할 전략 예산의 부담을 지고 있을 필요는 없다는 식의 경솔함, 교만, 오판, 방종이 전략 예산편성이나 관리를 어렵게 한다. 그러나 환경변화의 비연속성과 불확실성이 증가할 경우, 전략기획과 실천에서의 오차나 오류 또는 편차발생이 필연적으로 수반될 뿐만 아니라, 이와 같은 예산의 불비가 전략적 대응의 기민한 전환을 어렵게 한다.

2) 물론 필요성을 인식하면서도 현실적인 여유가 없기 때문에, 전략적 유보를 못하게 되는 경우도 많다. 이와 같은 경우 현실적 여건에 복종하여, 미래의 성과를 창출하는 전략적 대응을 하지 못하게 된다면, 조직의 현실은 더욱 더 힘들어지는 상황에 처하게 된다는 점에 유의하여 전략 거버넌스를 전개할 필요가 있다.

능력으로 당연히 전략직무책임을 수행해야 하므로, 그것은 별도의 비용예산의 지출 편성은 불필요하다는 생각으로 대응하기 때문이다.

이와 같은 생각은 마치 의사는 건강의 전문가이므로 건강진단을 받을 필요가 없다는 식의 발상과도 맥락을 같이한다. 또 한 가지는 전략기획활동에 별도의 예산을 편성한다는 것이 거버넌스 조직이나 소관부문의 무능력과 관련지을 것이라는 우려가 스스로 전략창조와 관리품질을 저해하는 요인으로 작용한다.

⑤ 전략 관리와 통제지원의 결합적 전개

전략 관리와 통제 및 지원의 결합적 전개는 전략경영의 핵심적 내용과 실천적 성과를 결정한다.

전략 관리와 통제, 전략 설계 및 전략 예산의 거버넌스는 상호 교차적으로 실천적 전략 성과를 제고하기 위하여 필요한 관리활동을 전개하고 통제한다.

이와 같은 전략 관리와 통제 및 지원 거버넌스는 전략요소설계의 한계점을 극복하기 위하여 선행적 전략대응이나 모험적 전략추진, 또는 실험적 전략설계와 보완활동에 대하여 관리적 대응을 어떻게 전개하는가에 따라 전략경영전개의 실질적 내용과 실천의 성과수준이 달라진다.

전략 관리와 통제 및 지원 거버넌스를 소극적으로 전개하는 조직에서는 기존의 사업목표 통제에 의존하여 새로운 엔터프라이즈의 모험적 활동을 억제한다. 따라서 새로운 전략적 활동의 전개보다는 기존 사업의 성과증진에 치중하게 되어 해당 엔터프라이즈의 거버넌스 전개는 전략의 관리와 지원적 측면보다는 통제적 성격이 강하게 된다.

이와 같은 경우, 전략적 성과추진과 관리통제는 현재 중심적 전략적 성과유지와 창조에 치중하게 되어 새로운 전략기회의 발굴이나 창조적 대응을 통한 전략적 성장을 크게 저해한다.

뿐만 아니라, 사전에 충실하게 현실 팩트의 변화나 전략적 기회, 전략 니즈에 대한 준비와 대응의 타이밍을 맞추지 못하게 된다. 따라서 기존의 비즈니스 라이프사이클이 정체국면에 처하게 되거나 또는 쇠퇴국면에 처하게 될 즈음에서야 뒤늦게 새로운 전략 관리와 지원활동을 촉진하려는 시도를 하게 된다.

전략 관리와 통제 및 지원에 관한 거버넌스는 선행적 전략대응에서 특히 필요한 활동이며, 전략 성과를 촉진하고 창조하기 위하여 적극적 거버넌스를 요구한다.

여기에서의 등장하는 실질적인 두 가지의 중요한 문제는 다음과 같다. 우선, 전략 거버넌스 주체나 실행주체에서 전략 관리와 통제 및 지원의 실질적 능력을 보유하고 있는가의 문제이다.

또한 실행책임이 결여되고 감독이나 통제책임만 부여된 전략 관리의 거버넌스 주체가 이러한 전략 관리와 통제 및 지원의 기능을 얼마나 촉진적으로, 그리고 실행주체의 현실적 전략 전개과정에 대하여 얼마나 보완적으로 기능할 수 있을 것인가의 문제이다.[1]

이와 같은 문제점에 효과적으로 대응하기 위하여 전략 위원회와 거버넌스 실행주체들이 전략 관리와 통제 및 지원의 거버넌스를 실행할 경우, 전략실천의 성과 제고의 차원에서 다음과 같은 방법으로 전략 관리와 통제 지원의 거버넌스를 전개하는 것을 고려해볼 수 있다.

첫째, 전략 위원회 및 거버넌스 실행주체들의 지원적 역할로부터 착수하는 것이다.[2]

이와 같은 지원적 거버넌스는 다양한 전략상황에 대하여 거버넌스의 촉진적 기능을 수행할 뿐만 아니라 전략실천조직의 자율성을 최대한 발휘할 수 있도록

---

1) 이와 같은 문제를 어떻게 해결할 것인가는 전략 위원회의 능력과 기능실천과정에서 등장하는 본연의 숙제이며, 반드시 해결해야 할 과업이다. 이와 같은 기능적 능력과 실천과정에서의 성과의 문제는 향후 지속적으로 전략 위원회의 역할과 기능의 전문화를 추구해야 하는 근본적인 이유가 된다. 그러나 전략 위원회의 조직과 역할, 기능의 편성과 운영이 개선되고 향상되어 감에 따라 해결될 수 있는 분야이므로 조직의 전략 거버넌스 아키텍팅의 지능이 향상됨에 따라 해결될 수 있을 것으로 판단된다.

2) 지원적 거버넌스의 역할은 간섭을 최소화하면서 전략실천 및 운영주체들이 주요한 전략 관리의 요소들을 간과하거나 전략 관리와 통제역량이 부족한 경우, 그에 대한 지원적 기능과 역할을 수행함으로써 엔터프라이즈의 전략 성과를 높이는 것이다. 이와 같은 지원적 거버넌스의 방법은 거버넌스의 통제적 기능이나 관리적 기능을 최소화하고 지원적 역할을 중심으로 한다.

함으로써 전략실천조직의 전략 책임성을 극대화시킬 수 있다. 따라서 거버넌스의 내용은 합법성, 합리성을 비롯한 전략 거버넌스의 기본원칙을 중심으로 전략실천 조직의 목표 이행책임의 준수여부에 중점을 둔다.

두 번째의 방법은 전략 관리 활동에 개입함으로써 주요한 전략 활동의 진도와 내용을 점검하고 필요한 관리활동에 참여하는 방법이다.

이와 같은 경우, 거버넌스 주체와 조직이 전략관리 활동에 개입하는 정도에 따라 전략실천에 따른 이행책임을 공유하게 된다. 따라서 전략 거버넌스 조직의 기능과 역할이행의 능력이 제한될 경우, 이 방법은 제한적으로 실시된다.

세 번째의 방법은 전략통제 활동에 직접 개입하는 방법으로 전략적 의사결정과 통제활동을 거버넌스 조직이 직접 수행함으로써 전략실천조직의 전략책무의 이행책임을 최소화하는 방법이다.

예를 들면, 특정 지주회사의 경우 전략 활동의 의사결정과 통제에 직접 개입 함으로써 전략통제의 책임을 지주회사에서 관장하는 경우를 들 수 있다.

⑥ 전략 수립 및 실행 거버넌스

전략 수립–실행에 대한 거버넌스에서는 현실 팩트, 전략 니즈, 전략 콘텍스트, 전략 수립, 전략실행, 전략 평가척도에 관하여 점검, 관리한다.

앞에서 살펴본 전략 관리통제 및 지원 거버넌스는 엔터프라이즈의 차원에서의 전략경영의 전개에 필요한 사항들을 점검하고 통제 관리하는데 초점을 맞추지만, 전략 수립 및 실행 거버넌스에서는 주로 엔터프라이즈의 전략기획 조직의 전략 수립활동과 그 전개 활동에 초점을 맞추어 거버넌스를 전개한다는 점이 차이점이라고 할 수 있다.

거버넌스 주체나 대응조직의 역량이 떨어질 경우, 거버넌스의 추진조직이나 피 거버넌스 조직 간의 역량격차는 거버넌스 성과를 떨어뜨리게 된다.

예를 들면, 제4장에서 살펴본 바와 같이 거버넌스 전략 위원회에서 전략 관리 통제나 전략능력자원에 관한 적극적 개입을 하고자 해도, 그에 합당한 능력이나 역량이 제한될 경우, 엔터프라이즈 전략 거버넌스는 거버넌스 주체의 의욕과 기대와는 반대로 오히려 엔터프라이즈의 성과를 제약할 수 있다.[1]

이와 같은 경우, 전략 위원회에서는 최소한의 전략통제와 관리를 전개하고 그에 대한 성과를 높이기 위하여 전략추진 조직의 책임성의 관리와 통제에 국한하여 전략 수립 및 실행 거버넌스를 제한적으로 실천한다.

그러나 좀 더 강력한 거버넌스의 대응이 필요할 경우, 거버넌스 주체들이 자신의 전략 거버넌스의 실천적 기법과 지식, 실천능력을 강화할 필요가 있다. 최근 사회적 관심사와 산업계의 추세, 그리고 거버넌스 실제 분야에서는 이와 같은 조직의 전략 거버넌스의 능력실천에 주목하기 시작하고 있으며 전략 거버넌스에 관한 이론이나 실천적 전개기법의 전반적 수준은 아직 미흡한 상황이므로 이에 대한 교육과 지도활동이 강화될 필요가 있다.

이와 같은 현상은 조직과 거버넌스 주체들의 전략경영 기량이 지능적으로 향상되고, 엔터프라이즈 전략 거버넌스 능력이 향상됨에 따라서 점차 앞에서 언급한 바와 같은 전략 거버넌스의 영역별 결합적 적용 및 산업별 확대적용이 가능하게 된다.

⑦ 전략계획 수립 프로세스 거버넌스

전략계획 수립 프로세스 거버넌스는 엔터프라이즈에서 당면하고 있는 현실 상황의 전개에 대하여 합당하게 계획수립 부문의 조직이 편성되어 있고 제때에 해당 조직에서 필요한 전략적 계획을 수립하고 있는지, 그리고 그 전략계획의 프로세스와 의사결정은 제대로 되고 있는지, 전략적 선택과 판단의 우선순위의 원칙이나 내용은 어떻게 편성되고 있는지, 전략계획의 내용과 품질은 어떠한지에 대하여 감독하고 관리한다.

전략계획 수립 프로세스에 대한 거버넌스 실천을 위한 필요점검 항목은 계획수립 프로세스의 환경대응방식, 전략계획 수립의 논리와 체계, 계획수립 조직의 편성, 의사결정과 커뮤니케이션, 전략목표체계, 전략 수립

---

1) 또한 조직의 경영관리진과 전략실무조직의 전략경영능력이 떨어질 경우, 조직의 엔터프라이즈 전략 거버넌스는 표류하거나 유명무실한 기능과 역할의 상실로 조직 내에서 무용한 활동으로 진행될 소지가 있다.

및 실행 프로세스, 전략 수립 및 실행원칙, 커뮤니케이션과 통제이다.

우선 당면하고 있는 환경에 대한 전략적 계획 수립 프로세스의 환경대응방식에 관한 점검이다. 대응방식에는 선행적 대응과 반응적 대응, 사후적 대응이 있다. 사후적 대응은 환경변화의 상황이 전개된 이후에 대응하는 방식으로 선취적(先取的) 기회를 확보하기 어렵다.[1]

반응적 대응은 환경변화의 상황에 반응적으로 대응하는 방식으로 개념적으로는 실시간 반응대응이 가능한 것처럼 판단되지만, 실제로는 사전 준비체제가 미흡하거나 결여될 경우 사후적 대응의 형태로 귀속된다.[2]

선행적 대응은 현재상태의 변화추이를 주목하고 그 추이와 환경변화의 내용을 분석하여 사전에 그에 대한 대비태세를 갖추어 놓고 전략적 대응을 준비하는 방식을 의미한다.[3]

따라서 전략 수립에 대한 거버넌스에서는 조직에서 당면하게 되는 환경에 대하여 선행적으로 전략을 수립하고 있는지 또는 사후적으로 전략을 수립하는지를 점검하고 그에 대한 통제 관리를 전개한다. 이와 같은 대응의 점검을 통하여 엔터프라이즈가 당면하게 될 전략 리스크에 대한 책무의 이행여부를 확인하고 교정한다.

다음으로는 전략계획 수립의 논리와 체계의 점검이다.

예를 들면, 새로운 산업기술전략을 전개해야 할 상황에서 기존의 조직능력개편을 중심으로 하는 전략계획 수립 논리로 전략을 전개한다면, 그 전략의 합리성을 상실한다. 또한 새로운 전략 범위에 대한 신규진출 사업투자에 대한 전략을 추진해야 할 상황에서, 운영의 효과성을 높이기 위한 전략계획 수립도 마찬가지이다.

---

1) 김승렬, 박동준, 전략적 위기경영 실천기법, 소프트전략경영연구원, 2008. pp. 204~211.

2) 대부분의 조직에서 환경의 주요한 변화에 대하여 반응적 전략대응을 전개하는 것 같은 착각을 갖게 되는 것은 환경변화의 타이밍과 내용을 제대로 파악하지 못하고 그에 대한 대응도 즉시 전개할 수 있다고 믿기 때문이다. 그러나 반응적 대응을 상황에 따라 「바로 전개할 수 있는 조건」은 사전에 반응적 대응에 필요한 체제나 역량, 능력을 「사전적으로 미리」 갖추어 놓았을 경우이다.

3) 미리 환경변화를 파악하고 사전에 필요한 대응역량과 체제를 갖추어 환경변화에 대응하는 것을 선행적 대응방식이라고 한다.

즉, 전략계획 수립의 논리와 실행에 대한 논리적 합리성을 점검해야 한다. 이와 같은 점검은 앞에서 다룬 전략 설계 아키텍처와 거버넌스 아키텍처를 중심으로 전략 콘텍스트의 세부항목을 참조하여 파악할 수 있다.

조직항목에서는 전략 수립부문과 전략 수립활동에 참여하는 조직구성원들의 편성과 엔터프라이즈 차원의 전략과 비즈니스 차원의 전략을 중심으로 조직구성원들의 편성 적합성을 점검한다.[1)]

의사결정과 커뮤니케이션에서는 전략 수립 프로세스의 각 단계별 의사결정과 커뮤니케이션의 효과적 전개에 관한 과정과 내용을 파악한다. 특정한 주요 정보에 관한 커뮤니케이션 활동이 간과되어 있거나 또는 의사결정이 생략되어 있을 경우, 이에 대한 통제관리 활동을 수행한다.

전략목표체계에 대하여는 최종적으로 달성해야 할 목표들과 단계적, 과정적으로 달성해야 하는 목표와 목표전개에 관한 체계의 합리성이나 합법성, 적합성을 점검한다.

전략 수립 및 실행 프로세스에 대하여는 어떠한 전략 수립 및 실행 프로세스를 전개하고 있는지 점검하고 그러한 프로세스 성과와 전략 성과 간의 마찰이나 역기능이 발생할 소지가 없는지를 관찰하고 필요한 프로세스에 대한 관리와 통제를 실시한다. 전략 수립 및 실행원칙에 대하여는 전략 선택원칙과 운영원칙, 전략실천에 대한 평가원칙과 같은 기본적인 전략전개에 대한 조직원칙을 수립하고 그에 따라 합당하게 전개하고 있는지를 점검하고 필요한 조치를 지휘 통제한다.

커뮤니케이션과 통제에서는 조직 내부적으로 필요한 정보들이 원활하게 제공되고 활용되고 있는지에 대한 파악과 통제활동을 전개하며, 필요한 전략 거버넌스 정보가 바람직한 방법으로 거버넌스 주체 및 전략 위

---

1) 편성 적합성이란 현실 팩트, 전략 니즈의 발굴과 전략 콘텍스트 대응에 따라 필요한 지식, 기술, 정보능력, 경험과 학습능력을 확보하고, 추구하고자 하는 전략 수립 활동능력을 확보하고 있는 요원들을 중심으로 적합하게 편성하고 있는가을 의미한다.

원회에 제때에 제공되고 있으며, 필요시 촉진적 지원이나 통제에 필요한 커뮤니케이션이 제대로 이루어지고 있는지에 대하여 관찰과 통제활동을 수행한다.

⑧ 전략실행 거버넌스

전략실행에 대한 거버넌스에서는 기존 전략의 실행 거버넌스와 새로운 전략실행에 대한 거버넌스로 나누어 실시되지만 각각 검토하고 관리해야 할 항목들은 유사하다. 즉, 전략실행 절차와 프로세스의 통제, 로지스틱과 조달, 조직능력, 성과관리, 컨틴전시 대응, 커뮤니케이션 피드백, 전략수정과 전환대응을 점검한다.

우선 전략실행을 위한 절차와 프로세스의 통제가 어떻게 되어 있는지를 점검하고 그 오류를 점검하여 필요한 조치를 지휘한다. 이어서 전략실천행동의 통제가 어떻게 전개되고 있는지에 대하여 검토하고 필요시 주요 행동통제를 지휘한다.

전략 행동통제에서 다종다양한 전략 행동들에 대한 감독과 감시가 용이하지 않을 경우, 주요한 전략 행동들을 중심으로 검토하고 판단해야할 중점적 전략 행동들만을 대상으로 하여 거버넌스를 실천한다. 따라서 어떠한 전략 행동들이 중요하고 중점적 전략 행동들인가에 대한 판단을 구할 필요가 있다.[1]

로지스틱과 조달에 관한 판단에서는 해당 기능들의 전략적 실행성과를 중심으로 판단한다.

로지스틱과 조달에 있어서 필요한 물자와 자원의 전환 프로세스의 실천성과뿐

---

1) 이에 대한 판단이 쉽지 않을 경우, 내부와 외부의 주요 전문가 조직을 활용하여 대응한다. 구체적으로는 각 전략 행동들의 중요성, 연관행동들과의 관계 및 행동성과가 전략목표성과에 미치는 영향, 차지하는 역할, 전체 성과에서 차지하는 해당 전략 행동성과의 구성비 및 앞에서 파악된 전략우선순위 원칙들을 중심으로 판정한다.

만 아니라 시간과 품질을 고려한 전략적 실행성과를 고려한다. 또한 범위의 내용에 따라, SDI 전략 벡터의 통합성, 전문성, 다양성의 전략적 전개의 성과를 고려하여 판단한다.

조직능력은 전략실천을 위한 필수적 요소이므로 앞에서 살펴본 능력 및 자원 거버넌스에서 살펴본 바와 같이, 기존의 능력과 새로운 능력을 종합적으로 고려하고 새로이 요구되는 능력요소에 대한 확보와 개발, 혁신에 관한 고려를 염두에 둘 필요가 있다. 능력자원 거버넌스에서 파악된 내용들이 있을 경우, 그에 입각하여 실시한다.

성과관리에서는 전략 행동성과, 사업추진의 주요 성과, 자원성과, 능력성과의 측정과 평가, 보완 및 피드백을 어떻게 전개하고 있는가에 대한 판단과 통제를 수행한다. 컨틴전시 대응에서는 계획의 입안 시점에서 고려하지 못한 돌발적 상황의 출현이나 당초에는 가정으로 설정했던 상황 전제조건들의 변화에 대하여 추진할 수 있는 전략적 대응의 방법에 대한 검토와 성과확보 가능성을 점검한다.

커뮤니케이션 피드백에서는 전략실행과정에서 필요한 전략적 커뮤니케이션과 피드백의 내용을 점검한다.

전략적 커뮤니케이션이란 외부 전략주체 및 요인들의 현실 팩트, 전략 니즈, 전략 콘텍스트의 상황 및 전개내용에 관한 발신정보에 대응하는 커뮤니케이션과 피드백을 비롯하여 조직부문간, 계층 간 전략의 수립, 실천과 보완, 수정을 위하여 필요한 정보의 전달과 대응을 의미한다.

산업적으로 확대되어 있는 엔터프라이즈의 경우, 전략적 커뮤니케이션은 연관 기업과 결합적으로 현실 팩트와 전략 니즈에 대응하는 외부적, 내부적 커뮤니케이션을 수행하며, 그 통합적 기능성과를 극대화한다.

수정과 전환 대응에 대한 거버넌스에서는 전략실행 과정에서 부득이하게 전략 행동들을 수정 또는 전환해야 할 경우, 기민하게 전략 행동과 관리행동들을 수정하고 전환할 수 있는지의 여부와 그 실태를 점검하고 효과적으로 전개할 수 있도록 지휘 통제한다.

⑨ 전략평가 거버넌스

전략평가의 거버넌스에서는 평가방법과 원칙, 계획수립의 평가, 의사결정평가, 평가 프로세스의 점검, 조직능력자원의 평가, 비즈니스 운영평가, 의사결정과 피드백, 커뮤니케이션, 전략수정과 전략전환을 점검한다.

우선 무엇을 평가할 것인가와 어떻게 평가할 것인가에 대하여 원칙과 방법을 확립할 필요가 있다.[1]

엔터프라이즈의 전략내용과 그 특성, 활동내용에 따라 평가대상과 방법의 차이가 있지만, 조직의 현실에 합당하게 전략평가요소들을 중심으로 전략목표 달성에 대한 평가방식을 개선하여 실천한다. 전략평가에서 고려해야 하는 요소들과 관리항목들은 다음과 같이 살펴볼 수 있다.[2]

첫째 계획 수립에 관한 평가이다. 계획 수립 평가에서는 계획 수립활동에서 요구되는 요소들을 잘 규합하고 활용하여 전략계획 수립활동을 잘 전개하였는지를 판단하고, 필요한 경우 수정전략의 계획 활동이나 보완적 조치들을 전개하였는가를 점검한다. 또한 계획 수립의 타이밍이나 계획내용의 품질을 평가함으로써, 전략계획 수립 과정에 참여한 조직구성원들과 부문에 대한 평가를 내릴 수 있다.

둘째로는 의사결정에 대한 평가이다. 전략계획의 수립과 전개의 각 단계별로 필요한 의사결정이 제때에 효과적으로 내려지고 있었는지에 대한 평가를 통하여, 의사결정체계와 방식 그리고 의사결정자의 전략책무의 이행여부와 그 내용 및 수준에 관한 판단과 후속조치를 강구할 수 있다.

셋째로는 전략평가의 프로세스를 어떻게 편성하고 전개할 것인지에 대한 방법과 원칙의 점검이다. 전략평가의 프로세스는 계획단계에서부터 실천단계 그리고

---

1) 전략평가는 전략목표의 달성여부와 그 수준을 측정하고 무엇을 해야 할 것인지를 판단하는 것이다. 전략목표의 실현정도에 따라 적절한 전략평가방법을 채택하고 그 책무의 이행 및 실현성과를 파악하여 필요한 책임과 보상을 내리며, 관련된 피드백을 수행하도록 한다.

2) 당면하는 상황의 변화에 따라 전략목표가 수시로 변화하고, 때로는 새로운 목표들이 추가될 경우, 당초에 설정된 전략목표에 의한 판단이나 새로이 변화된 목표에 의한 평가가 곤란할 경우가 종종 있다. 이와 같은 경우, 단순히 목표달성의 수준만으로 전략실천의 평가를 내리기 곤란한 경우가 발생한다.

수정 및 보완단계, 피드백에 이르는 각 단계에서 전략평가를 누가 어떤 절차에 의하여 어떤 방법으로 할 것인지에 대한 판단과 점검을 통하여, 전략평가가 제대로 되고 있는지를 점검한다.[1]

조직능력자원의 평가에 대한 거버넌스에서는 조직부문별 전략전개에 대한 평가기준과 능력 및 자원전개의 평가기준을 확립함으로써 거버넌스를 전개한다. 비즈니스 운영에 대한 평가기준은 전략적 비즈니스 운영의 주요 원칙과 주요 평가기준을 설정함으로써 거버넌스를 전개한다.[2]

의사결정과 피드백의 평가기준은 의사결정의 타이밍과 내용, 그리고 전략전개에서 요구되는 관련부문에 대한 의사결정과 피드백이 얼마나 적시적(適時的)이고 효과적인가에 대하여 실천적 평가기준을 설정한다.[3]

의사결정의 타이밍에 대한 거버넌스에서는 전략 수립의 시간적 소요와 의사결정의 시간적 소요를 적절히 균형적으로 안배하여 실천계획을 세워 추진하고 있는지를 평가한다.[4]

주의할 점은 불확실성이 증가하고 환경의 비연속성이 증가할 경우, 전략 수립과 의사결정의 과정에서 더 많은 시간이 소요될 수 있다는 점이다.[5]

---

1) 전략실천 주체들이 전략의 실행에 대한 평가를 생략하거나 또는 간과하게 될 경우에는 거버넌스 주체들이 전략실천주체들의 전략대응행동들에 대한 진행내용과 단계별 세부내용들을 계획일정에 따라 보고받도록 하고, 전략 거버넌스 아키텍처에 의하여 주요 체크포인트에 따라 점검함으로써 대응할 수도 있다.

2) 앞에서도 언급되었지만, 기존의 조직단위에서 기존의 비즈니스와 새로운 전략 비즈니스를 병행적으로 수행할 경우, 상호 마찰이나 충돌이 등장할 수 있으므로 이에 대한 대비와 관리를 위한 비즈니스 운영에 대한 평가기준을 설정하고 조직전개와 능력 및 자원의 평가기준의 설정작업과 함께 운영원칙을 정비한다.

3) 종종 엔터프라이즈 전략 실천 주체인 경영진의 의사결정에 대하여 거버넌스 주체가 시간압력이나 제한시간을 부여하거나 효과적 의사결정을 강요하는 것이 오히려 부정적 결과를 유발할 수도 있다.

4) 그러나 전략대응의 타이밍이 긴박할 경우에는 부득이 시간압력을 행사하여야 할 경우도 있다. 따라서 그 의사결정의 타이밍을 결정할 때에는 전략 니즈와 전략 콘텍스트에서 요구되는 타이밍을 중심으로 판단하는 것이 필요하다. 현실적으로 전략실무진들은 전략 수립의 작업시간을 벌기 위하여 시간을 끌게 되어 의사결정자의 의사결정에 필요한 시간을 충분히 주지 못하게 되는 경우도 있다.

5) 그 이유는 전략 수립의 책임보다 의사결정의 책임이 더 중대할 뿐만 아니라, 불

커뮤니케이션과 피드백에 대한 평가기준은 외부적 커뮤니케이션과 조
직 내부적 커뮤니케이션, 협력기업 조직 및 외부 이해관계인들과의 커뮤
니케이션에 대한 정보의 수집, 전달 및 대응내용에 관한 행동적 측면뿐
만 아니라 그 속도와 방향성에 대한 평가기준을 마련하고, 그에 입각하
여 평가한다.[1] 전략수정과 전략전환에 대한 평가는 기존의 전략 또는 전
략실천행동이 잘못되었거나 오류가 있을 경우, 신속히 그 전략 행동들을
수정하거나 또는 필요한 전략전환을 전개하고 있는지를 파악한다.[2]

4. 엔터프라이즈 전략 거버넌스의 실천

엔터프라이즈 전략 거버넌스는 엔터프라이즈 조직의 전략적 시행착오
를 최소화하고, 불확실한 환경에 대응하는 전략 성과를 높이기 위하여
전개하는 지능적 엔터프라이즈 통제 활동이다.

엔터프라이즈 전략 거버넌스는 경영자나 거버넌스 조직의 의욕이나 지시만 가
지고 실천되는 것이 아니다. 여기에는 전략 거버넌스 조직과 계획, 전문성이 충
족되어야 하며, 그에 대응하는 경영조직주체의 전략적 역량과 전문성, 전략대응에
관한 지휘·통제·관리 활동이 충실하게 전개되어야 한다.

전략 거버넌스 조직과 경영조직 주체의 전략 활동이 충실하게 전개되
고 상승적으로 실현될 경우, 엔터프라이즈의 전략 성과는 향상된다.

엔터프라이즈가 당면하고 있는 환경의 난기류가 증대하고 비연속성이 높아질

확실성하에서의 의사결정은 전략설계와 계획 수립보다 더 복잡한 판단과정과 결
단이 요구되기 때문이다.

1) 예를 들어, 고객정보수집의 경우 단순히 매출관련 정보나 구매성향과 같은 정보
뿐만 아니라 소비자 상담실에 반영된 중대한 불만사항을 포함하여 새로운 현실
기대사항이나 의향정보와 같은 정보가 신속하게 그리고 필요한 부문에 정확히 전
달되고 있으며, 그 대응의 내용과 속도 및 고객의 피드백에 관한 반응까지 반영
할 수 있도록 하는 것이 중요하다.

2) 예를 들면, 잘못 설계된 전략에 의하여 추진한 특정한 신규전략 사업은 신속하고
과감하게 철수하는 것을 들 수 있다.

수록, 엔터프라이즈의 경영진과 조직의 전략적 역량의 한계를 보완하고 지속적인 전략 성과를 제고하기 위하여 전략 거버넌스 조직과 기능의 확충이 요구된다.

전략 거버넌스는 통제적, 관리적, 지원적 기능을 수행함으로써 경영조직의 전략적 시행착오를 줄이고 전략 성과를 높이기 위하여 전개된다.

그러나 전략 거버넌스 기능이 경직적으로 전개되고, 전략이 결여된 비 전략적 거버넌스에 치중하게 된다면 잘못 구도되고 본연의 엔터프라이즈 기능을 제약하는 전략 거버넌스가 엔터프라이즈의 치명적 실패를 가속화시킬 수도 있다.

현실적으로 전략 거버넌스 기능의 활용에 대한 경험이 부족한 조직이나 전략적 역량이 부족한 경영조직에서 전략 거버넌스를 효과적으로 활용하는 일은 생각처럼 간단하지 않다. 그 이유는 불확실성에 대응하는 전략에 내재하는 리스크와 전문성에 따라 그 성과가 크게 좌우되는 전략의 고유한 특성 때문이다.

따라서 조직의 규모나 특성, 경영조직과 거버넌스 조직의 전문적 수준과 능력에 따라 그에 적합한 형태와 내용의 전략 거버넌스를 실천할 필요가 있다. 즉, 전략 거버넌스의 장점과 그 효과를 이해한다면, 엔터프라이즈에서 전략 거버넌스를 현실적으로 실천하는 다양한 방법들을 개발하여 적용할 수도 있다.

엔터프라이즈 조직에서 전략 거버넌스의 실천과 학습을 위하여 고려해 볼 수 있는 전략 거버넌스의 실천방안으로 다음과 같은 방안들을 활용할 수 있다.

(1) 조직의 능력수준에 따른 전략 거버넌스의 실천

경영조직의 전략 전문성이 떨어지고 거버넌스 조직이나 능력을 갖출 수 없는 경우, 전략 거버넌스를 활용하고자 할 때, 어떠한 전략 거버넌스의 실천 방법을 채택하고 어떻게 활용할 것인가에 대한 의문을 가질 수 있다.[1]

---

1) 예를 들면, 소기업 창업자가 전략 거버넌스의 기능을 활용하고자 할 경우를 보자. 이와 같은 소기업 창업자가 외부적 거버넌스를 활용하는데 가장 손쉬운 방법은

거버넌스는 불필요한 간섭이 아니라 목적 지향적 통제활동이다. 따라서 통제를 받는 측이나 통제를 하는 측에서 어느 한 쪽의 능력이나 방법이 떨어질 경우, 통제에 대한 상호 신뢰성이 떨어지고 거버넌스의 효과성은 제약된다.[1]

전략을 수익제고의 수단으로 간주하는 조직에서는 전략 거버넌스는 수익 거버넌스의 일환으로 간주된다. 그러나 전략을 사회적 성과를 제고하는 지혜나 사회적 문제해결의 수단으로 간주하는 엔터프라이즈에서는 전략 거버넌스가 엔터프라이즈 거버넌스의 상위에서 기능한다.

따라서 전략능력이 떨어지는 조직이라면 우선 거버넌스와 전략 아키텍처에 대한 지식과 경험, 능력을 확충할 수 있는 방법을 강구해야 한다.

조직에서 지식과 경험을 확충할 수 있는 가장 효과적인 방법은 지식과 경험이 있는 사람을 활용하는 것이다.[2]

조직의 규모가 어느 정도 갖춰진 조직이라면, 전문가 조직을 활용하여 조직 내부에서 전략대응의 전략 전문성을 강화하는 방안을 모색하여야 한다.

내부 조직의 전략 전문성을 높이는 이유는 외부 전문가 조직의 활용에 드는 비용과 시간, 노력을 줄이는 한편, 엔터프라이즈의 전략대응의 책임성, 기민성을

의심이 많은 투자자를 유치하는 방법을 고려할 수 있다. 이와 같은 경우, 투자자는 자신의 투자자금이 어떻게 활용되며, 그 성과가 어떻게 될 것인가에 대하여 매일 사업운영에 내하여 세심한 관찰활동을 수행할 뿐만 아니라, 종종 경영간섭을 통하여 사업성과를 제고하고자 할 것이다. 만약 이와 같은 간섭이나 통제를 받는 일이 힘들다면, 외부 거버넌스에 대한 수용능력이 떨어진다고 볼 수 있다.

1) 특히 불확실성이 높은 상황이나 환경에 대하여 전략적 통제를 전개할 경우, 이와 같은 거버넌스의 실행과 수용의 문제는 기능적, 논리적 문제보다 인간적 문제에 기인하는 부작용이 더 크게 작용할 수 있다. 결국 거버넌스도 인간의 인식과 정서, 활동의 문제에 속한다. 종종 거버넌스의 기반과 관련하여 신뢰, 의무, 책임 그리고 정직과 같은 도덕성의 문제가 등장하는 이유가 여기에 있다고 할 수 있다.

2) 만약 조직 내부에 그와 같은 전문적인 능력을 지닌 사람을 확보할 수 없다면, 외부 전문가를 한시적으로 또는 경우에 따라 조직하여 활용하는 것이 첩경이다. 만약 그와 같은 전문가를 확보하게 되었다면, 조직 내에서 전문가의 전문적 능력을 최대한 활용하여 조직의 전략 성과를 극대화하기 위한 방법을 창출하여야 한다.

높이고 조직적 지식과 기량, 전략 지능을 높이기 위한 것이다.

조직의 규모가 커지고 조직여력이 확보되어 있다면, 조직 내에 전략전문 역량 그룹을 다양하게 편성하는 것이 필요하다.[1]

사업수행 조직에서 전략 거버넌스 조직에 대하여 대응하고자 할 때, 거버넌스 조직에 대응할 수 있는 전문성이 떨어질 경우, 전략 거버넌스 조직에 대응할 수 있는 외부 자문조직을 공식적 또는 비공식적으로 활용하는 방안을 확립하는 방안을 고려할 필요가 있다.

전략 거버넌스 조직의 전문성이 높을 경우, 경영조직에서는 전략 거버넌스 조직의 능력을 최대한 활용하는 것을 고려할 필요가 있다. 예를 들면, 전략통제와 관리에 대한 전략 거버넌스 역할을 강화하고 그 참여의 폭을 확대하여, 경영조직의 내부적 전문성을 점검하고 보완하며 전략적 의사결정의 효과성을 높인다.

이 경우, 전략 거버넌스 조직의 전략책임을 경감하기 위한 경영조직의 내부적 노력과 조치가 필요하다. 전략책임은 근본적으로 경영조직에 귀속된다. 거버넌스 조직의 기능과 역할은 경영조직의 전략책임을 분담하는데 유력한 기능과 역할을 수행한다.[2]

전략 거버넌스 조직이 확립되어 있는 조직이라면, 경영조직은 전략 거버넌스 조직의 선의적 기능을 최대한 발휘하고 전략 집행 성과를 제고하기 위하여 전략 거버넌스 조직에 대하여 최대한의 지원 조치 및 성의 있는 노력을 경주하는 것이 필요하다.

조직의 전략능력수준 여하와 상관없이 전략 거버넌스를 실천하고자 한

---

1) 이와 같은 조직역량을 확보하려면, 관리자 그룹을 중심으로 전략역량을 강화하기 위한 전략적 계획과 조직적 노력 및 투자활동이 적극적으로 실천되어야 한다. 여기에서 적극적이라는 표현의 의미는 명확한 의도를 가지고 그리고 집요하게 지속적으로 추진한다는 것을 의미한다.

2) 통제의 책임성을 이해하는 경영조직이라면, 이와 같은 전략 거버넌스 조직의 기능을 최대한 활용하기 위한 지능적 활동을 전개할 필요가 있다. 정치적 조직의 예를 들면, 조직에 우호적이고 협조적인 거버넌스 조직을 미리 자발적으로 구성하여, 그 활동과 성과에 대하여 사회 전체적으로 홍보하고, 조직의 외부대응력을 강화하는 것을 들 수 있다.

다면, 조직의 현실에 합당한 전략 거버넌스의 설계와 계획을 마련하여야
한다. 전략 거버넌스의 설계는 엔터프라이즈의 특성에 따라 다르지만, 전
략 거버넌스 전문가들과 그에 대응할 수 있는 내부 조직을 편성하여 전
략 거버넌스의 추진계획을 마련하고 그 실행을 추진하여야 한다.

(2) 조직의 전략능력에 대응하는 거버넌스 조직 활동

<표 5-19>에서는 거버넌스 조직에서 경영조직의 전략능력에 따라 통
제와 지원, 관리의 전개내용을 어떻게 전개할 것인가에 대한 착상을 제
시하고 있다.

경영조직의 전략능력수준을 전략개발 및 수립능력과 전략실천 및 관리
능력에 초점을 맞추어 각기 저, 중, 고 수준으로 구분하여 보면 표에서
보는 바와 같이 9가지의 수준으로 살펴볼 수 있다.

<표 5-19> 경영조직의 전략능력과 전략 거버넌스

전략개발/수립 능력	고	(4)	(7)	(9)
	중	(2)	(6)	(8)
	지	(1)	(3)	(5)
		저	중	고
		전략실천/관리 능력		

첫 번째 (1)수준은 전략개발, 수립능력의 수준이 낮고, 전략실천관리능
력이 높은 수준이다.

이와 같은 조직은 현재 운영하고 있는 사업능력은 탁월할 수 있지만, 새로운

환경변화에 대응하는 전략의 개발이나 전략 수립능력과 새로운 전략의 실천이나 관리능력은 아주 떨어지는 조직의 형태로 특별한 전략적 조치를 강구하지 않는 한, 현재추진중인 사업의 생애와 함께 운명을 같이 할 조직이라고 할 수 있다.

따라서 전략 거버넌스의 직접개입의 정도도 높고, 통제, 관리, 지원의 활동의 범위도 확대된다.

단순 반복적인 운영활동으로만 추진하는 사업 프로세스를 지닌 조직에서 흔히 볼 수 있는 형태로, 예를 들면 더 이상 변화가 없는 확정구간 운영의 여객사업을 들 수 있다.[1] 이와 같이 전략능력이 떨어지는 조직에서는 전략 거버넌스를 대폭적으로 강화하고, 전략능력을 강화하기 위한 특별조치를 강구하지 않는 한, 전략적 변혁이나 전략적 성과를 모색하기 어렵게 된다.

두 번째 수준으로 (2)와 (4)의 영역은 전략개발 및 수립능력이 중수준, 또는 고수준이지만, 전략실천 및 관리능력이 저수준인 영역이다.

이와 같은 경우, 다양하고 새로운 전략들을 지속적으로 개발하여 추진하려고 하지만, 대부분의 전략들이 중도에서 포기되거나 또는 전략 목적들을 대폭 축소한 형태로 사업이 전개된다. 이와 같은 조직에서는 전략 거버넌스를 전개함에 있어서 비즈니스 운영부문의 전략실천과 관리에 초점을 맞추어 실천할 필요가 있다.

또한, 경영조직에서 모색하는 전략이 실천 능력이나 자원의 부족상황에 대한 고려를 하지 않으며 이에 대한 능력자원 확보계획도 미흡할 뿐만 아니라, 전략적 의지만 너무 앞서나가고 있는 형태이기 때문에, 전략적 시행착오를 빈번하게 경험하게 되므로, 실천능력수준에 합당한 전략을 수립하고 있는지에 대한 점검을 실시할 필요가 있다. 이어서 능력 확보가 제대로 되지 못하고 있는 내부적 또는 외부적 이유를 통찰하고 근본적으로 능력 확보를 위한 전략을 점검하여야 한다.

따라서 전략실천 관리능력의 거버넌스에서는 필요한 능력이나 자원의 조달이 가능하도록 하는 방안을 유도하고 전략 관리에 대한 거버넌스 활동에 개입하여 필요한 전략 지원을 수행한다.

---

1) 철도, 지하철, 버스, 항공, 해운과 같은 정규노선 여객사업조직에서는 대부분의 경영활동이나 조직 활동이 정규 시간과 정규 노선의 운영에 집중되어 있으며, 이와 같은 조직에서는 별도의 전략적 활동추진능력을 확보하지 않는 한, 새로운 교통운송망이나 새로운 여객 서비스의 루트 개발, 여객수송 서비스의 개선과 같은 전략적 성장을 도모하기 어렵다.

세 번째 유형으로 (3), (5)의 영역에서는 전략실천 관리능력은 보통의 수준이거나 또는 탁월하지만, 전략개발이나 전략 수립능력이 떨어지는 수준의 조직이다.

이러한 조직에서의 전략 거버넌스는 전략개발과 전략 수립에 대한 지원과 관리, 통제를 강화한다.

전략실천능력은 갖추었지만, 새로운 전략개발능력이 떨어지는 경우, 모험적 전략시도를 제한하는 전략문화가 작용하고 있기 때문에, 이에 대한 원인을 찾아내고, 전략 개발활동을 장려하고 촉진하는 거버넌스를 발휘할 필요가 있다.[1]

네 번째로 표의 중앙에 (6)의 영역에 속하는 수준으로 앞에서 다룬 유형보다 유리한 조건을 갖추고 있다. 그러나 거버넌스에서 가장 대응하기 힘든 조직유형으로 전략개발/수립능력의 수준이나 실천관리능력 수준도 애매한 수준의 경우이다.

경영조직의 구성원들이 스스로 자신들의 능력수준이 어느 정도는 '상당한' 수준에 이르고 있다고 판단하고 있기 때문에, 간섭이나 개입, 통제에 대한 수용성이 낮고, 한편으로는 전략적 개발이나 실천에 대한 책임성 또한 낮은 상황인데도 전략 거버넌스에 대하여 부정적으로 인식할 우려가 있을 뿐만 아니라, 자발적 협조성 또한 낮기 때문이다.

현실적으로도 필요한 조직의 구성은 어느 정도 갖추고 있지만, 괄목할만한 비즈니스의 전략성과를 보이지도 못하고 있고, 새로운 전략은 물론이고 기존의 전략실천 성과도 미흡하다.

이와 같은 경우, 전략 거버넌스를 전개할 때에는 전략적 리더십을 발휘하여 거버넌스의 지원과 통제의 내용을 균형적으로 관리하고 전략 책무와 그 이행에 대한 성과 평가 시스템을 확립할 필요가 있다. 또한 조직 내 전략추진조직과 의사결정자들의 전략적 지능과 의지를 촉발시키고 스스로 전략능력을 강화하도록 하여 전략개발과 전략실천의 활력을 강화할 수 있도록 조치한다.

다음으로 (7), (8) 수준영역에 대한 거버넌스에서는 조직의 전략능력수

---

1) 예를 들면, 식품이나 제약회사에서 다양한 종류의 비즈니스와 제품군들을 보유하고 있으면서도 혁신적인 제품으로 세계적인 시장을 장악할 전략제품들이 잘 개발되지 못하는 경우 이에 대한 전략지원, 관리, 통제의 거버넌스를 강화한다.

준이 어느 정도 확립되어 있으므로 전략 개발 능력과 전략실천 관리능력의 부족부분을 찾아내어 그에 대하여 지원, 관리, 통제활동을 전개한다.

전략개발능력이 다소 부족한 (8)의 영역에서는 전략개발/수립활동을 촉진할 수 있는 거버넌스 활동을 전개한다. 전략개발/수립활동에서는 불확실성과 새로운 전략개발에 대한 실패의 두려움을 극복할 수 있는 조치와 제도적 개선을 도모한다.[1]

(7)과 같이 전략개발/수립능력은 탁월하지만 전략실천능력이 다소 부족한 조직이라면, 전략실천, 관리활동에 대한 간접적 통제나 관리의 전략 거버넌스 활동을 강화한다.

마지막으로 경영조직의 전략능력이 탁월한 (9)의 수준에서는 거버넌스 조직에서는 간접적이고 최소한의 전략 거버넌스를 통하여 엔터프라이즈 전략 성과를 관리한다. 조직의 전략능력은 영원불변한 것이 아니며, 환경 현실의 상황에 따라 가변적 성과를 보인다.

(9)수준의 조직과 같이 조직의 전략능력이 높은 경우에는 전략 거버넌스 조직에서 직접 개입하는 수준을 최소화한다. 그러나 기본적인 전략 거버넌스의 활동의 전개를 충실하게 수행하여야 지속적인 전략성과를 유지할 수 있다. 따라서 (9)수준의 조직에서는 기존 조직 능력의 퇴화를 예방하고, 현재의 거버넌스 체제와 내용의 개선의 여지가 있는지를 점검하여 거버넌스를 통한 엔터프라이즈의 진화를 도모하기 위한 조치를 강구할 필요가 있다.[2]

예를 들면, 거버넌스 조직의 건전성을 유지하고 기민한 환경대응의 현실적 성

---

1) 예를 들면, 신규전략개발 프로젝트 추진에 대한 강제적 의무를 부여하거나 신규 전략개발사업의 실패시 책임은 거버넌스 조직에서 일부 조정해주고, 전략 거버넌스 조직에서 전략개발활동에 대한 감독과 지원 보장하는 방법을 들 수 있다.

2) 현재 (9)수준에 속하고 있는 조직이라고 해서 전략 거버넌스에 대한 의무나 책임이 면제되는 것이 아니며 전략 현실의 변화에 따라 언제 (6)이하의 수준으로 떨어지게 될지도 장담할 수 없기 때문이다.

과와 미래성과를 제고하기 위하여 전략적 대응의 기민성, 창조성, 효과성을 확보할 수 있도록 거버넌스 원칙과 조직을 지속적으로 정비하고, 그 메커니즘과 수단을 개발하는 조치를 들 수 있다.

5. ESAG 프레임워크에 의한 대응

이상에서 논의한 엔터프라이즈 전략 거버넌스의 구체적인 실천이해를 돕기 위하여 <표 5-20>에서는 ESAG 프레임워크에 의한 각 영역 및 영역 간의 대응의 예시를 통하여 개략적으로 제시하고 있다. 도표의 예시를 중심으로 살펴보면 다음과 같다.

(1) 통제원칙, 통제계획과 실천

우선 전략 거버넌스 활동과 실천에 관한 거버넌스 원칙을 확립하고, 필요한 조치를 강구한다.

또한 엔터프라이즈가 추구해야 할 본연의 사명과 목적, 목표를 중심으로 당면하고 있는 환경현실에 대응하는 전략 행동의 전개에 있어서 불확실성, 리스크에 대응하기 위한 전략 거버넌스 차원에서의 활동계획 수립과 실천을 추진하여야 한다.

(2) 거버넌스 조직

전략 거버넌스의 효과적 실천을 위하여 내부와 외부의 거버넌스 조직을 구성할 필요가 있다.

외부의 거버넌스 조직은 엔터프라이즈의 설립과 운영에 관한 회사규정과 이사회의 의결을 통하여 설립할 수 있다. 정부조직이나 공공부문의 경우, 기존의 감사원 또는 특정한 외부감사기관을 관련 법률에 의하여 별도로 지정하여 실시한다.

내부의 거버넌스 조직의 편성과 효과적 운영은 전략감사 위원회 조직과 경영층을 지원함으로써 자율적 거버넌스를 통하여 경영의 자율성, 책임성, 기민하고 신속한 전략대응을 가능하게 하여 실천적 성과를 높일 수 있도록 한다.

<표 5-20> ESAɢ 프레임워크에 의한 대응(예시)

**(1) 통제원칙,
통제 계획과 실천(P)**

P1. 통제원칙의 기준설정
  및 통제원칙의 확립

P2. 전략거버넌스 계획,
  실천

P3. 불확실성과 리스크
  대응

P4. 통제계획의 전개와
  실천 관리

P-M 관계

PM1. 전략감사의 실천

PM2. 전략 리스크, 불확실성에
  대응하는 전략 수립과 집
  행 관리의 책임을 부여

(3) 거버넌스 메커니즘(M)

M1. 전략대응 책무, 성과
  보상체계의 확립

M2. 전략감사 위원회의
  감사직무 확립 및
  수행

P-T 관계

PT1. 전략통제계획 수립 및 실
  천

PT2. 전략 거버넌스 실천 성과
  모니터링 실시

P-O 관계

PO1. 전략거버넌스 조직에
  관한 규정 확립

PO2. 경영진과 관리자의
  전략 책무 공식화

O-M 관계

OM1. 경영진의 전략대응직무
  및 책임이행여부 평가

OM2. 전략 성과의 통제, 관리
  의 체계화

OM3. 전략들 간의 충돌 대응
  책임부여

M-T 관계

MT1. 전략 통제절차, 수단
  및 시스템 확립

MT2. 전략 거버넌스오류
  점검, 개선활동의 전
  개

(2) 거버넌스 조직(O)

O1. 전략 거버넌스 조직(전
  략 위원회)의 정비 및
  기능정립

O2. 거버넌스 조직의 전략
  능력 강화

O3. 거버넌스 조직의 책임
  의 명시

O-T 관계

OT1. 전략 거버넌스 관련 조직
  의 지휘 및 통제 관리수
  단 전개

OT2. 전략직무책임 이행의 평
  가.

(4) 거버넌스 수단(T)

T1. 전략의사결정 평가
  회의, 보고

T2. 전략내부 감사실
  시

T3. 전략 거버넌스 오
  류의 점검과 혁신

T4. 전략 예산의 평가
  및 승인

따라서 내부적으로는 이사회의 내부에, 또는 지주회사의 경우에는 지주회사의 내부에 필요한 전문가 그룹을 편성하여 전략감사 위원회를 구성하여 그에 대응할 필요가 있다.

뿐만 아니라 전략감사 위원회에 대응할 수 있는 내부적 전략 거버넌스 조직부문을 설립하여, 전략감사 위원회의 활동을 보좌하고 조직의 전략적 활동에 대한 성과를 높이기 위한 감독과 지원, 통제, 관리를 수행할 수 있도록 한다.

> 전략감사 위원회가 여러 가지 이유에서 그 기능을 다하지 못하게 될 경우, 내부적 전략 거버넌스 조직부문에서 자발적이고 능동적으로 전략 거버넌스 활동을 수행할 수 있도록 하여, 자정적(自淨的) 전략 성과의 개선과 진화를 위한 노력을 기울일 필요가 있다.
>
> 이를 위하여 전략 거버넌스 조직부문의 전략판단과 분석 및 집행과 관련된 능력을 강화하고, 관련된 조직구성원들에 대한 전략 거버넌스 책임, 의무, 역할 및 기능을 확립한다.

(3) 거버넌스 메커니즘

전략 거버넌스 메커니즘에서는 전략통제와 지휘 수단을 점검하고 전략책임과 의무이행의 내용과 방식 및 성과보상과 관련한 내부적, 외부적 제도와 방침의 합당성, 합리성을 점검하여 조치한다.

또한 전략충돌 현상에 대한 경영자와 관리자들의 책무가 어떻게 부여되고 현실적으로 어떻게 이행되고 있는지를 점검하여 책임과 성과보상의 시스템을 개선한다.

(4) 전략 거버넌스 수단

전략 거버넌스 수단의 관점에서는 특히 주요 책임자와 경영자를 중심으로 전략 거버넌스와 관련된 직무계약과 책임의 이행 및 성과의 보상에 관련된 계약내용을 정비할 필요가 있다.

> 따라서 사규에 전략대응 책무에 대한 규정을 정비하고, 전략 거버넌스의 절차

와 내용, 계획 수립과 집행과 관련한 내용을 확립하여야 한다. 특히 전략 거버넌스 위원회와 내부적 전략 거버넌스 대응 조직부문의 역할과 기능, 활동에 대하여 구체적으로 명시할 필요가 있다.

이와 더불어 전략설계에서 집행, 평가, 통제에 이르는 전략 활동에 대한 통제와 감독 시스템을 확립하고 그 효과적 전개를 실시할 필요가 있다. 또한 기존의 감사기능에 대하여 전략감사기능을 확립하고, 효과적 전략감사 수단의 지속적인 개발과 적용을 통하여 전략감사의 성과를 높인다.

또한 전략 사업추진과 전개의 재무적 타당성을 점검하고 전략 예산의 평가와 승인을 통하여 전략 성과를 통제한다.

(5) 영역별 관계적 대응

ESAG 프레임워크의 영역간의 관계적 대응을 개략적으로 살펴보면 다음과 같이 살펴볼 수 있다.

① 거버넌스 원칙과 실천영역과 메커니즘 영역(P-M) 관계대응

거버넌스 원칙과 실천영역과 메커니즘 영역과의 P–M관계에서는 전략 감사 원칙 및 그 실천을 강화하고, 경영자와 관리자들을 중심으로 전략 리스크, 불확실성에 대응하는 전략 수립과 집행 관리의 책임을 부여한다.

② 거버넌스 원칙과 실천 및 거버넌스 조직(P-O) 관계대응

거버넌스 원칙과 실천 및 거버넌스 조직과의 P–O관계에서는 전략 거버넌스 조직에 관한 설립 및 운영에 관한 규정을 확립하고 경영진과 관리자의 전략책무를 공식화하여 전략의 책임이행의 내용을 점검하고 평가한다. 특히 전략충돌현상에 대하여 전략 거버넌스 조직의 감독책임을 부여하여 경영관리자의 전략실천에서의 전략충돌현상에 대한 대응여부와 그 조치성과를 평가한다.

③ 거버넌스 조직과 메커니즘과의 관계(O-M) 관계대응

거버넌스 조직과 메커니즘과의 O–M관계에서는 경영진의 전략대응직무 및 책임이행 여부의 평가 제도를 확립하고, 전략 성과의 통제 및 관리를 체계화하고 전략들 간의 충돌 대응책임을 부여하여 그 이행성과를 점검한다.

④ 거버넌스 메커니즘과 수단(M-T) 관계대응

거버넌스 메커니즘과 수단과의 M-T관계에서는 전략 통제에 관한 책임, 평가, 성과보상과 관련하여 전략통제의 절차, 수단, 시스템을 확립하고 전략 예산의 집행의 효과성을 점검하여 전략 거버넌스 오류를 점검할 수 있도록 함으로써 전략 거버넌스 활동의 개선을 도모한다.

특히 전략충돌에 대하여 각 전략들에 대하여 합당한 전략통제절차와 수단을 활용하고 있는지 점검하고, 그에 대한 시스템적 오류에 대응할 수 있도록 감독하고 교정한다.

⑤ 거버넌스 조직과 거버넌스 수단(O-T) 관계대응

거버넌스 조직과 거버넌스 수단과의 O-T관계에서는 전략 거버넌스 관련조직의 지휘, 통제 관리수단을 점검하여 조직화하고 전략직무책임 이행의 주기적 평가를 통하여 전략 성과를 점검한다.

특히 전략충돌현상에 대하여 전략충돌의 원인과 과정에 대응할 수 있는 거버넌스 수단을 발굴한다. 전략충돌현상의 발생 및 진행과정에 대하여 보고, 협의, 커뮤니케이션, 감사, 감독 및 의사결정의 수단들을 전개함에 있어서, 내부조직과 외부조직 및 외부 감시자, 정보원들을 조직화하여 전략 니즈와 전략대응의 성과를 지속적으로 모니터링 한다. 또한 신규 비즈니스의 전략 추진과 관련하여, 전략감사의 역기능이 작용하지 않도록 조치한다.

⑥ 거버넌스 원칙 및 실천과 거버넌스 수단(P-T) 관계대응

거버넌스 원칙 및 실천과 거버넌스 수단의 P-T관계에서는 전략통제 및 거버넌스 계획의 수립 및 실천을 통하여, 전략 거버넌스 활동의 성과를 제고한다. 또한 전략 거버넌스 실천의 성과를 내부와 외부의 모니터링 조직을 활용하여, 전략 거버넌스 활동의 개선과 성과제고를 위한 방

안을 도출하여, 전략 거버넌스의 수준과 기량을 높인다.

(6) 필요시 결합적 대응으로 전략 거버넌스 성과를 높인다

ESAG의 각 영역별 대응에 있어서 그 성과제고를 위하여 필요하다고 판단될 경우, ESAG의 각 영역별 대응에 대하여 관련성이 있는 조치들을 중심으로 결합적 대응을 전개함으로써 전략 거버넌스의 성과와 엔터프라이즈의 최종적 전략 성과를 제고한다.

예를 들면, <표 5-20>에서 제시한 대안들을 중심으로 통제원칙의 $P(P_1, P_2, P_3, P_4)$와 조직$O(O_1, O_2, O_3)$, 거버넌스 메커니즘의 $M(M_1, M_2)$ 그리고 거버넌스 수단의 $T(T_1, T_2, T_3, T_4)$의 대안들에 대하여 연관성이 높고 결합적으로 전개해야 성과를 달성할 수 있는 조치들은 묶어서 대응할 수 있도록 한다.

구체적으로 예시하자면, 기본원칙과 필수적 조직의 확립, 주요 전략 거버넌스 체제와 방법 및 수단의 기본적 전개에 관한 기틀확립의 차원에서의 결합적 대응으로 $P(P_1, P_2) \times O(O_1, O_2) \times M(M_1, M_2) \times T(T_1, T_2, T_4)$의 대책을 전개한다. 또한 불확실성 및 리스크에 대응하는 전략 거버넌스 활동의 강화를 위한 결합적 대응으로 $P(P_3, P_4) \times O(O_2, O_3) \times M(M_1, M_2) \times T(T_1, T_3)$의 대책을 포함하여 관계적 요소들(PM, PO, PT, OM, OT, PB)과의 결합적 전개를 추진하는 예를 들 수 있다.

5.6 ESA 프레임워크의 실천

이상에서 살펴본 바와 같이 ESA 프레임워크에 의한 접근방법은 엔터프라이즈의 전략적 대응에 있어서 설계적 관점과 거버넌스 관점에서의 대응을 결합적이며 실천적으로 전개할 수 있도록 한다. 또한 전략 아키텍처의 구조적 접근과 분석을 통하여 기존의 전략대응방식의 성과를 본질적으로 개선시킨다.

1. 거버넌스와 설계관점에서의 결합적 아키텍처 대응

조직이 당면하고 있는 현실 팩트 변화, 전략 니즈, 전략과제들에 대한 대응에 있어서 특정한 전략 대안이나 조치에 의하여 해결될 수 있는 경우에는 ESA의 특정 영역 내에서의 특정한 조치만을 통하여 대응해도 무방하다. 이와 같은 대응을 무엇이건 한 방에 해결하는 「족집게 또는 일침의 전략 대응」이라고 할 수 있다.

현실적으로 그와 같은 신기한 대응이나 처방은 어디에서나 크게 환영받는다. 효과의 측면에서 가장 탁월하기 때문이다. 그러나 엔터프라이즈에서 대응해야 할 현실과 과제, 그리고 그 방법의 전개는 그와 같은 족집게 전략이나 일침 전략으로 대응하려고 할 경우, 오히려 전략적 시행착오와 자원과 능력의 낭비가 늘게 될 소지가 크다.

전략 아키텍처에 의한 대응을 통하여 살펴본 바와 같이 특정한 현실 팩트나 전략 니즈에 대응하는 경우에도, 외부적 시장 및 사회에 대한 제품이나 서비스의 전개, 사업수행의 프로세스와 실천 시스템 및 지식, 기술, 정보의 전개, 조직의 편성과 같은 기본전략을 위시하여 비즈니스와 능력자원의 전개, 그리고 전략집행의 아키텍처의 관계적 결합 전략이 전개되어야 전략 성공을 효과적으로 추구할 수 있기 때문이다.

이와 같은 전략 아키텍처의 영역별 결합적 대응을 통한 전략 전개에 있어서도 내부적 오류 등에 의하여 전략적 성과를 보장할 수 없게 되는 경우에는 ESAD와 ESAG의 결합적 대응을 통하여 전략을 지휘하고 집행함으로써 조직의 전략 성과를 보장할 필요가 있다.

기존의 전략설계에 의한 대응은 근본적으로 전략설계 기능이 내재적으로 지니는 근본적 한계점을 극복할 수 없는 상황이나 경우들이 종종 발생한다.

예를 들면, 전략설계에 있어서 정보부족과 인식의 한계로 환경현실인식의 부정확성에 따라 전략의 정확성이 떨어지는 현상을 들 수 있다. 또한 비연속적, 불규칙적, 우발적으로 변화하고 등장하는 전략적 이슈들에 사전적으로 대응하는데 한계가 있을 뿐만 아니라, 전략 수립과 대응의 방법과 논리의 한계도 등장한다.

더욱이 처음 당면하게 되는 전략과제들이나 최초로 인식하기 시작한 현실 팩트, 전략 니즈에 대하여 경험이나 대응논리, 방법이 부재한 상황에서 그에 대응하기 위한 전략설계는 대부분 실험적 학습과정과 유사한 형태로 전개된다.

이와 같은 경우, 전략설계를 담당 책임사업부문에 위임하고 그 거버넌스를 집행 관리하지 않을 경우, 전략설계의 어려움과 실패에 대한 부담 때문에, 사업부문에서는 새로운 모험적 사업의 설계와 추진을 거부할 소지가 있다. 따라서 그에 대한 책임과 권한, 성과를 중심으로 거버넌스 메커니즘과 수단을 정비하고 필요한 조직을 구성하여 이를 지휘할 필요가 있다.

이와 마찬가지로 전략 거버넌스에 의한 대응이 한계가 있을 경우, 기존의 전략을 전면적으로 검토하여 전략설계를 새롭게 하여 전략대응의 내용을 변화시켜 전략 성과를 달성하기 위한 조치를 강구한다.

구체적으로는 ESAD$\{(S \times B \times C \times E), (ES \times EC \times EB \times CS \times CB \times SB)\}$와 ESAG$\{(P \times O \times M \times T), (PM \times PO \times PT \times MT \times OM \times OT)\}$의 결합구성을 고려하여 설계와 거버넌스의 결합적 대책의 전개를 통하여 엔터프라이즈 전략 성과를 제고한다.

따라서 기존의 전략설계와 통제의 방식이 잘못되어 있거나 또는 전략충돌이나 중복에 따라 등장하는 문제현상에 대한 개선이 요구될 경우, ESA 프레임워크를 통하여 대응해야 하는 전략적 과제나 문제현상의 근본적 이유를 도출하여 그에 대한 근원적, 구조적 대응을 통하여 해결성과를 제고하도록 한다.

<도 5-23>에서는 엔터프라이즈 실행조직과 거버넌스 조직이 ESA 프레임워크를 중심으로 엔터프라이즈 사업기능의 수행에 관한 상호작용의 과정을 도식화하여 제시하고 있다.

<도 5-23> ESA 프레임워크의 실천과 거버넌스 조직

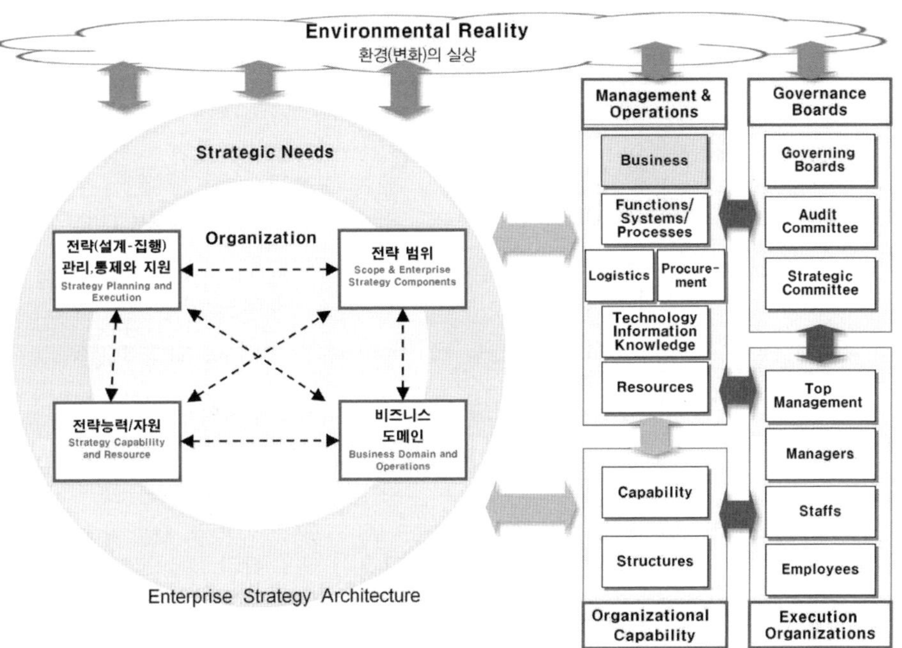

2. 전략충돌에 대응하는 ESA 아키텍처 결합대응

우리의 기입조직이나 정부조직에 대한 전략 지도경험을 토대로 전략충돌 또는 전략 성과부진의 실태를 보면, 대체로 앞에서 살펴본 바와 같은 형태와 유사한 문제현상들이 진단된다.

(1) 대표적인 전략충돌현상들의 내용과 발생원인

전략 설계의 관점에서 진단되는 충돌의 현상은 전략 설계 아키텍처 (ESAD)와 전략 거버넌스 아키텍처(ESAD)의 각 영역들로 구분하여 진단 할 수 있다. 엔터프라이즈 전략 아키텍처의(ESA)의 각 영역별로 진단되는 전략 충돌의 현상과 그 원인을 <표 5-21>에 요약 정리하였다.

<표 5-21> 조직 내에서 목격되는 대표적인 전략 충돌 현상

	구분	현상	원인
ESA_D	Ⓢ 범위영역에서의 충돌	① 내부, 외부 영역에서의 충돌, 대상에서의 충돌 ② 시공간에서의 충돌	① 범위 조정의 방임, 대상설계 미흡 ② 시공간설계의 조정미흡
	Ⓑ 비스니스 영역에서의 충돌	③ 제품, 서비스, 시장에서의 충돌 ④ 비즈니스 전개 프로세스에서의 충돌	③ 경쟁 환경 대응에서의 비즈니스 성과추구 ④ 비즈니스 전개 프로세스 설계의 한계, 오류
	Ⓒ 능력–자원 영역에서의 충돌	⑤ 필요 능력, 자원의 조달, 확보에서의 경쟁과 충돌 ⑥ 능력, 자원의 전개에서의 충돌	⑤ 전략전개에 필요능력자원의 소요 ⑥ 능력, 자원의 부족과 한계
	Ⓔ 전략 수립, 실천에서의 충돌	⑦ 전략 수립과정, 내용에서의 충돌 ⑧ 전략전개과정에서의 충돌 ⑨ 전략통제 및 관리과정에서의 충돌	⑦ 전략 프로세스의 경직성, 설계능력의 부족 ⑧ 전략지휘능력, 전략 시스템의 한계 ⑨ 전략평가, 전략 관리능력의 부족
ESA_G	Ⓟ 통제원칙, 실천영역에서의 충돌	① 통제원칙에서의 충돌, 필요성, 니즈, 합리성, 합법성, 합목적성에 대한 혼란 ② 통제계획, 실천 활동에서의 충돌	① 사명, 목적, 목표, 전략 니즈의 불확실, 목표와 수단의 전도, 원칙의 미흡 ② 통제활동설계 및 전개능력의 미흡, 경험의 부족, 불확실성, 난기류
	Ⓞ 통제조직 영역에서의 충돌	③ 거버넌스 조직의 기능부전 ④ 전략대응행동에 대한 평가미흡, 책임전가	③ 거버넌스 조직구성의 미흡, 능력부족 ④ 조직의 전략대응에 대한 모호한 책무부여
	Ⓜ 통제 메커니즘 영역에서의 충돌	⑤ 특정 비즈니스 중심의 권력 편중 ⑥ 전략적 시행착오, 전략대응의 실패에 대한 무책임 현상	⑤ 권력전개의 불균형, 권력구조 설계의 한계 ⑥ 전략감사의 한계, 거버넌스 조직의 방임
	Ⓣ 통제 수단영역에서의 충돌	⑦ 전략적 의사결정의 표류 ⑧ 감독, 지원, 통제의 오류 ⑨ 전략통제의 성과 미흡	⑦ 전략적 의사결정능력, 전략적 리더십의 한계 ⑧ 전략지휘능력의 부족 ⑨ 부적절한 전략통제 절차, 시스템의 전개

자료: 전성현, 박동준, 엔터프라이즈 전략 아키텍처에 관한 연구, *Journal of Information Technology and Architecture*, 한국 ITA학회, 2009년 제6권 1호

<표 5-22> ESAᴅ에서의 전략충돌 대안의 내용과 근거

영역	대응방안	세부내용	근거
범위영역	(1)충돌범위 규명 (2)충돌범위 재설계	1. 사명, 목표, 목적의 점검과 조치가 필요하다. 2. 제품-서비스, 시장, 산업, 지역, 국가로 확장되는 규모와 내용의 충돌을 확인하여 조정한다. 3. 전략 니즈와 전략 콘텍스트를 점검하여 충돌요소를 점검한다.	●범위설계의 오류는 전략방향, 규모, 내용을 왜곡하고, 전략 성과를 억제한다. ●전략 니즈와 전략 콘텍스트 대응에서의 충돌은 전략집중을 곤란하게 한다.
범위영역 능력자원 영역 실행전개 집행영역	(3)내부적-외부적 전략조정	1. 외부적 전략전개를 위한 내부적 전략대응요소들을 정비한다. 2. 균형적 대응이 곤란할 경우, 외부적 전략대응의 내용을 조정하거나 또는 내부적 전략대응의 내용을 조정한다. 3. 충돌의 요소들에 대한 외부적 조정과 내부적 조정을 결합적으로 전개한다.	●외부적 전략대응과 비즈니스 도메인에 대한 대응과 내부적 능력-자원, 전략실행의 내부적 전략전개가 불일치 될 경우, 전략 성과를 제약한다.
범위영역 능력자원 영역	(4) 전략기회-가능성 확대	1. 기존의 전략과 새로운 전략들을 통합적으로 점검하여, 새로운 전략 기회의 발굴과 대응을 전개한다. 2. 충돌을 유발하는 전략들에 대한 재평가를 통하여, 전략선별 및 집중적 전개를 추진한다.	●기존의 전략들 간의 충돌이 새로운 기회의 발굴이나 범위, 규모, 비즈니스 영역에 대한 접근을 억제한다.
비즈니스 영역 능력자원 영역 실행전개 집행영역	(5)미래 성공전략에 입각한 충돌 최소화	1. 엔터프라이즈 전체차원에서의 미래 성공전략을 수립한다. 2. 현재의 전략 성과와 미래전략 성과를 고려한 전략 수립과 실천을 전개한다. 3. 전략충돌의 경우, 조정원칙을 재설계한다.	●서로 다른 전략목표의 추진에 따라 유발되는 소모적인 전략충돌의 조정에 관리노력을 낭비하지 않고, 미래의 전략 성과를 고려한 성공전략의 관점에서 조정한다.
실행전개 집행영역 능력자원 영역	(6)능력-자원전략 편성배치의 재설계	1. 전략의 합리성과 합목적성을 중심으로 충돌요소들에 대한 능력자원의 설계와 편성내용을 조정한다. 2. 능력자원의 확보, 조달, 개발, 혁신이 곤란할 경우, 전략설계의 내용을 재조정한다.	●전략충돌시, 능력과 자원전개에서의 충돌과 마찰이 발생한다. ●전략에 필요한 능력과 자원이 제한되어 있다
범위영역 능력영역 실행전개 집행영역	(7)전략요소 정비 및 재설계	1. 전략 목표, 대상, 범위, 방법, 능력자원의 전개, 프로세스, 조직기능전개의 충돌요소들에 대하여 분석하고 그 전개과정에서의 충돌요소들을 제거한다. 2. 필요시 전략요소들을 재설계한다.	●전략 구성요소들에 대한 충돌에 대하여 전략 수립과 실행의 내용을 정비하고 재설계한다.
비즈니스 영역 능력자원 영역	(8)범위방향의 재조정	1. 능력 및 역량, 자원의 수준에 입각하여 전략의 범위 및 방향을 재조정한다. 2. 전략의 범위, 방향의 재조정이 곤란할 경우, 추진전략들에 대한 우선순위, 완급, 중요도에 따라 전략 전개 속도, 범위, 대상을 조정한다.	●확보된 능력자원의 제약으로 전략에서 요구되는 능력자원의 제공이 곤란할 경우, 능력자원쟁탈전이 유발된다.

영역	대응방안	세부내용	근거
비즈니스 영역 실행전개 집행영역	(9)새로운 전략 수립, 전략창조 의무화	1.새로운 전략을 중심으로 기존의 전략논리를 정비하고 충돌의 요소를 해소할 수 있는 방향으로 전략재설계 및 실천을 전개한다.	●전략충돌시, 새로운 통합적 전략을 통하여 충돌요소를 해소한다.
비즈니스 영역	(10)비즈니스 영역, 비즈니스 전략의 취사선택	1.비즈니스의 목적과 목표, 사명을 중심으로 중요도와 성과달성을 중심으로 비즈니스 영역선택의 내용을 정비한다. 2.비즈니스 리스트럭처링을 통하여 비즈니스의 통합적 성과를 추구한다. 3.중요한 비즈니스들을 중심으로 비즈니스들을 취사선택하여 집중적 성과를 달성한다.	●기존의 비즈니스 전략들 간의 충돌이 비즈니스 성과와 엔터프라이즈 성과를 억제할 경우, 비즈니스 영역과 전략을 조정한다.
비즈니스 영역 능력자원 영역 실행전개 집행영역	(11)외부적 내부적 전략의 결합설계	1.근시안적 전략을 예방하고, 비즈니스의 외부적 성과와 내부적 성과의 결합적 제고를 위하여 각 비즈니스 전략들의 외부적 내부적 결합설계를 전개한다. 2.관행적인 비즈니스의 연장선상에서 전략설계를 전개하는 것이 아니라 외부적 환경요소와 전략 니즈에 대응하는 비즈니스 전략의 설계와 실천을 전개한다.	●전략의 외부적 성과와 내부적 성과의 균형적 전개로 엔터프라이즈의 전략 성과를 제고한다.
능력자원 영역 실행전개 집행영역	(12)전략선별과 충돌요소의 제거	1.각 전략들의 합리성, 합법성, 합목적성, 현실적 타당성을 중심으로 충돌과 중복된 전략들을 점검하고, 핵심이 되는 전략들을 중심으로 전략들을 선별, 재정비한다. 2.전략 충돌요소들의 내용을 점검하여 충돌요소들을 제거한다.	●전략 영역이나 요소들에 있어서 전략충돌로 전략 성과가 떨어질 경우, 우선적으로 대응해야 할 전략을 중심으로 전략선별 및 집중전개를 실시한다.
비즈니스 영역 능력자원 영역	(13)새로운 비즈니스 영역의 개척	1.다양한 비즈니스 영역, 능력자원의 전개영역의 개척을 통하여 성장 가능한 비즈니스 전략의 전개를 통하여, 새로운 전략추진가능성을 확보한다. 2.구태의연한 비즈니스 전략들을 제거한다.	●엔터프라이즈의 성장활력을 확보하고 관리하기 위하여 새로운 비즈니스 영역을 개척하여 기존 능력자원 및 비즈니스 전략들의 활력을 제고한다.
실행전개 집행영역 능력자원 영역	(14)공동 활용, 분리 대응 전략요소의 관리	1.전략요소들의 무리한 공용적 활용은 전략충돌을 유발한다. 따라서 공용적 활용이 가능한 요소들은 공유 활용을 위한 전략설계를 전개한다. 2.독자적 활용이 요구되는 전략요소들은 독자적 활용을 보장하는 전략설계와 실천을 전개한다.	●공동으로 활용할 수 있는 전략요소들은 공유할 수 있도록 설계함으로써 시너지를 제고한다. ●독자적으로 활용해야 하는 전략요소들은 독자적 활용을 보장한다.(부정적 시너지의 예방)

영역	대응방안	세부내용	근거
능력자원 영역	(15)능력자원설계능 력 강화	1.각 전략들에서 요구되는 능력자원의 설계와 실천능력을 강화한다.	●전략에서 요구되는 능력, 자원의 설계 및 활용능력이 떨어질 경우, 전략의 능력자원 쟁탈현상이 등장하고, 능력자원의 성과와 전략성과가 억제된다.
능력자원 영역	(16)능력자원 확보 전략의 수립 및 전개	1.각 전략들에서 요구하는 능력자원의 확보를 위하여 인수, 활용, 개발, 혁신, 변혁에 대한 구체적인 실천전략을 확립한다. 2.필요시 외부적 능력의 활용을 위한 수단을 강구한다.	●과도한 전략은 능력을 소진시키지만 미흡한 전략은 과잉능력에 의한 성과부진이 유발된다. ●필요한 전략대응의 내용에 합당한 능력자원의 확보를 위한 전략을 수립한다.
실행전개 집행영역, 능력자원, 비즈니스 영역	(17)전략우선순위 원칙설정적용	1.각 전략들이 추구하는 사명, 목표, 목적, 내용을 중심으로 취사선택을 위한 우선순위 원칙을 수립하여 전략충돌에 대응한다.	●전략충돌시 전략 또는 전략요소들에 대한 선별을 위한 우선순위 원칙이 없을 경우, 전략조정이나 의사결정이 곤란하다.
실행전개 집행영역	(18)전략요소 결합 의 재설계	1.잘못 결합된 전략요소를 점검하고 균형적 대응을 전개할 수 있는 결합적 설계를 수행한다. 2.범위, 비즈니스, 능력, 전략설계 및 실천의 각 영역별 요소들에 대하여 결합적으로 대응함으로써 충돌을 예비할 수 있는 설계와 조치방안을 전개한다.	●전략설계와 실천에서 요구되는 전략요소의 결합설계를 재검토하여 전략충돌요소를 최소화한다.
실행전개 집행영역	(19)전략지휘능력, 시스템의 변혁	1.전략 의사결정, 전략 지휘체계, 전략 시스템의 결합적 전개를 통하여 전략충돌에 대응한다. 2.전략충돌에 대한 의사결정의 원칙과 절차를 확립한다. 3.전략충돌의 본원적 문제점과 파생적 문제현상들에 대한 대응을 지휘할 수 있는 지휘능력을 확립한다. 4.전략 충돌현상에 조직적 대응이 가능한 체계를 확립한다.	●전략충돌시 충돌현상을 지휘할 수 있는 전략지휘능력을 강화하고, 충돌현상에 대응하여 신속히 조치할 수 있는 전략시스템을 정비한다.
실행전개 집행영역	(20)통제기법, 관리 요소, 의지 및 관심의 강화	1.전략충돌에 대하여 어떠한 전략 아키텍처의 영역 및 요소에서 발생하는지를 파악하여 대응할 수 있는 통제기법과 관리요소를 강화한다. 2.전략충돌현상에 대하여 주목하고 대응할 수 있는 관리책임을 부여하고 그에 대응할 수 있는 절차와 대응논리를 확립한다.	●전략충돌현상의 인식과 통제의 기법이 결여될 경우, 전략충돌현상의 인식조차 곤란할 경우가 발생한다. ●전략충돌을 관심 있게 주목하고 그에 대한 해결을 위한 경영자와 관리자의 의지가 결여될 경우, 전략충돌현상이 방임된다. ●전략충돌에 대한 인식강화와 통제기법, 관리요소의 정비가 필요하다.

전략충돌현상들을 구분하여 살펴보면, ①내부, 외부 영역 및 대상에서의 충돌, ②전략과 관련된 시공간에서의 충돌, ③제품, 서비스, 시장에서의 충돌, ④비즈니스 전개 프로세스에서의 충돌, ⑤필요 능력, 자원의 조달, 확보에서의 경쟁과 충돌, ⑥능력, 자원의 전개에서의 충돌, ⑦전략 수립과정, 내용에서의 충돌, ⑧전략전개과정에서의 충돌, ⑨전략통제 및 관리과정에서의 충돌과 같이 구분할 수 있다.

전략 거버넌스 아키텍처의 관점에서 진단된 현상으로는 ①통제원칙에서의 충돌, 필요성, 니즈, 합리성, 합법성, 합목적성에 대한 혼란, ②통제계획, 실천 활동에서의 충돌, ③거버넌스 조직의 부재 또는 기능부전, ④전략대응행동에 대한 평가미흡, 상호 책임부문간의 책임전가, ⑤특정 비즈니스 중심의 권력 편중, ⑥전략적 시행착오, 전략대응의 실패에 대한 무책임 현상, ⑦전략적 의사결정의 표류, ⑧감독, 지원, 통제의 오류, ⑨전략통제의 성과 미흡과 같은 현상을 대표적으로 들 수 있다.

(2) 전략 설계 아키텍처에 의한 대응

그동안의 연구와 경험을 토대로 파악된 문제현상들에 대하여 전략 설계 아키텍처에 의한 대응방안과 그 근거를 <표 5-22>에 요약 정리하였다. 전략 충돌현상에 대한 전략 설계 아키텍처 프레임워크에 의한 대응을 보면 다음과 같다.

① 범위 영역

우선, 전략 범위(S) 영역에서 전략 충돌범위 규명과 그에 따른 충돌범위의 재설계를 검토한다.

구체적으로는 사명, 목표, 목적을 재점검하고 전략이 추구하는 대상 공간의 범위 및 시간적 전개를 재점검하여 제품—서비스, 시장, 산업, 지역, 국가로 확장되는 규모와 내용의 충돌을 확인하여 조정한다. 그리고 충돌하고 있는 전략들의 범위, 대상에서의 충돌이 범위 조정이나 설계가 미흡하여 발생하고 있으므로 전략 니즈와 전략 콘텍스트를 점검하여 범위 영역에서의 충돌요소를 점검, 조정한다.

또한 외부적 전략전개를 위한 내부적 전략대응요소들을 점검, 정비하고 충돌되고 있는 전략 요소들에 대한 외부적 조정과 내부적 조정을 결합적으로 전개한다.

특히 기존의 전략들 간의 충돌이 새로운 기회의 발굴이나 범위, 규모, 비즈니스에 대한 접근을 억제하고 있다면, 기존의 새로운 전략기회의 발굴과 대응을 전개하고 충돌을 유발하는 전략들에 대한 재평가를 통하여 추진해야 할 전략을 선별하여 전개한다.

② 비즈니스 영역

기존의 비즈니스 전략들 간의 충돌이 비즈니스 성과와 엔터프라이즈 성과를 억제할 경우, 비즈니스 영역과 전략을 조정한다.

비즈니스 전략들 간의 충돌이 비즈니스 영역편성에서의 중복편성, 또는 선택된 비즈니스들 간의 서로 이질적 목표의 추구와 서로 다른 비즈니스 방식의 혼재에 따라 유발되고 있다면, 비즈니스의 목적과 목표, 사명을 재검토하고 중요도와 성과달성을 중심으로 비즈니스 설계와 실행 초점을 세분화하여 분석하고 영역선택과 내용을 정비한다.

또한 비즈니스 전략설계에 대하여 관행적인 비즈니스의 연장선상에서 전략을 설계하는 것이 아니라 외부적 환경요소와 전략 니즈, 전략 콘텍스트에 대응하는 비즈니스 전략의 설계와 실천을 점검하여 그 대응을 통솔한다.

필요하다면, 비즈니스 리스트럭처링을 통하여 비즈니스의 통합적 성과를 추구하고 중요한 비즈니스들을 중심으로 비즈니스들을 취사선택하여 집중적 성과를 달성한다.

③ 능력-자원 영역

전략에서 요구되는 능력, 자원의 설계 및 확보, 활용 능력이 떨어질 경우, 각 전략들 간에 능력자원 쟁탈현상이 등장하고, 능력자원의 성과와 전략성과가 억제된다. 따라서 각 전략들에 요구되는 능력자원의 설계와 실천능력을 강화한다. 또한 각 전략들의 추진에 필요한 능력자원의 확보를 위하여 능력과 자원의 인수, 활용, 개발, 혁신, 변혁에 대한 구체적인 실천전략을 확립하고 필요시 외부적 능력 활용을 위한 수단을 적극적으로 강구한다.

④ 전략수립집행 영역

전략 구성요소들에 대한 충돌에 대하여 전략 수립과 실행의 내용을 정비하고 재설계한다.

즉, 전략 목표, 대상, 범위, 방법, 능력자원의 전개, 프로세스, 조직기능전개의 충돌요소들에 대하여 분석하여 그 전개과정에서의 충돌요소들을 제거하고 필요시 전략요소들을 재설계한다.

또한 서로 다른 전략목표의 추진에 따라 유발되는 소모적인 전략충돌의 조정에 관리노력을 낭비하지 않도록 하고, 미래의 전략 성과를 고려한 성공전략의 관점에서 조정한다. 따라서 엔터프라이즈 전체 차원에서의 미래 성공전략을 수립하고 현재의 전략 성과와 미래 전략성과를 고려한 전략 수립과 실천을 전개한다. 전략충돌의 예방이나 조정대응이 곤란할 경우, 그 조정원칙을 재설계한다.

전략에 필요한 능력과 자원이 제한되어 충돌이 유발될 경우, 전략의 합리성과 합목적성을 중심으로 충돌요소들에 대한 능력자원의 설계와 편성내용을 조정하고 능력자원의 확보, 조달, 개발, 혁신이 곤란할 경우, 전략설계의 내용을 재조정한다.

전략충돌시 전략 또는 전략요소들에 대한 선별을 위한 우선순위 원칙이 없을 경우, 전략조정이나 의사결정이 곤란하므로 각 전략들이 추구하는 사명, 목표, 목적, 내용을 중심으로 취사선택을 위한 우선순위 원칙을 수립하여 전략충돌에 대응한다.

또한 전략설계와 실천에서 요구되는 전략요소의 결합설계를 재검토하여 전략충돌요소를 최소화한다. 따라서 잘못 결합된 전략요소를 점검하고 균형적 대응을 전개할 수 있는 결합적 설계를 수행한다.

구체적으로는 범위, 비즈니스, 능력, 전략설계 및 실천의 각 영역별 요소들에 대하여 결합적으로 대응함으로써 충돌을 예비할 수 있는 설계와 조치방안을 전개한다. 또한, 전략충돌시 충돌현상을 지휘할 수 있는 전략지휘능력을 강화하고, 충돌현상에 대응하여 신속히 조치할 수 있는 전략시스템을 정비한다. 따라서 기존의 전략지휘능력, 시스템의 능력을 진단하여 변혁을 추진한다.

또한 전략 의사결정, 전략 지휘체계, 전략 시스템의 결합적 전개를 통하여 전략충돌에 대응한다. 이를 위하여 전략충돌에 대한 의사결정의 원칙과 절차를 확립하고 전략충돌의 본원적 문제점과 파생적 문제현상들에 대한 대응을 지휘할 수 있는 지휘능력을 확립한다. 전략 충돌현상이 불가피할 경우, 전략 충돌현상에 대하여 조직적 대응이 가능한 실행체계를 확립한다.

전략 충돌현상의 인식과 통제의 기법이 결여될 경우, 전략 충돌현상의 인식조차 곤란할 경우가 발생한다. 따라서 전략충돌에 대하여 관심을 가지고 의식적으로 주목하고 그에 대한 해결을 하기 위한 경영자와 관리자의 의지가 결여될 경우, 전략충돌현상이 방임된다. 이에 대응하기 위하여 전략충돌에 대한 인식강화와 통제기법, 관리요소의 정비가 필요하다.

이에 대응하기 위하여 통제기법, 관리요소, 의지 및 관심을 강화하기 위한 조직적 노력을 기울인다. 즉, 전략충돌에 대하여 어떠한 전략 아키텍처의 영역 및 요소에서 발생하는지를 파악하여 대응할 수 있는 통제기법과 관리요소를 강화하고, 전략충돌현상에 대하여 주목하고 대응할 수 있는 관리책임을 부여하고 그에 대응할 수 있는 절차와 대응논리를 확립한다.

전략 설계 아키텍처 프레임워크의 각 영역별 결합적 대응에 관하여는 <표 5-22>의 세부 내용에서 보는 바와 같이 살펴볼 수 있다.

(3) 전략 거버넌스 아키텍처에 의한 대응

전략 거버넌스 관점에서의 전략 아키텍처에 의한 대응방안과 그 근거를 <표 5-23>에 요약정리하고 있다.

① 통제원칙

전략의사결정, 전략 수립, 전략 관리의 원칙이 제대로 수립되어 있지 못하거나 그 실천이 미흡할 경우, 전략들 간의 조직 능력-자원의 쟁탈이나 우선순위 쟁탈과 같은 내부적 혼란이 유발된다.

이에 대하여 통제원칙의 기준설정 및 통제원칙을 확립하고 전략 충돌의 현상적 문제에 대하여 효과적으로 대응할 필요가 있다. 따라서 전략 통제원칙과 전략 충돌현상에 대응하기 위한 전략 관리의 원칙수립, 그리고 전략의사결정, 전략 수립, 전략 관리의 원칙을 점검하여 정비하고 부단한 지휘통제와 감독이 요구된다.

<표 5-23> ESAG에서의 전략충돌 대안의 내용과 근거

영역	대응방안	세부내용	근거
통제원칙	(1) 통제원칙의 기준 설정 및 통제원칙의 확립	1. 전략 통제원칙의 확립 2. 전략충돌현상에 대응하기 위한 전략 관리의 원칙수립	●전략의사결정, 전략 수립, 전략 관리의 원칙이 필요
	(2) 불확실성과 리스크대응	1. 불확실성에 대응하기 위하여 전략 거버넌스 전문가의 활용 2. 전략 거버넌스 조직의 전략능력 강화 3. 전략 거버넌스 조직의 직무능력 확충	●전략 거버넌스가 경직적이고 근시안적으로 전개될 경우, 조직의 전략적 실패를 유발할 소지가 있음
	(3) 거버넌스 조직의 책임 명시	1. 전략충돌현상에 대응하기 위한 전략감사기능의 전개 2. 전략감사제도의 확립	●전략 거버넌스 조직의 책무의 모호함으로 전략 거버넌스 기능의 부실한 전개
조직주체	(4) 거버넌스 조직정비 및 기능정립	1. 전략 거버넌스 위원회 조직편성 및 기능 확립	●전략 거버넌스 조직 미비 ●전략 거버넌스 기능 부재
	(5) 거버넌스 조직의 전략능력강화	1. 전략 거버넌스 전문가의 활용 2. 전략 거버넌스 조직 전략능력강화 3. 전략 거버넌스 조직 직무능력 확충	●거버넌스 조직의 전략능력이 떨어질 경우, 전략 거버넌스의 유명무실화
	(6) 거버넌스 조직의 책임 명시	1. 전략충돌현상 대응 위한 전략감사기능의 전개 2. 전략감사제도의 확립	●전략 거버넌스 조직의 책무의 모호함으로 전략 거버넌스 기능의 부실한 전개
거버넌스 메커니즘	(7) 비즈니스별 권력구조 점검	1. 비즈니스와 전략 내용에 따라 필요한 권력의 배분	●특정 비즈니스에 집중된 권력이 전략요소를 점유함에 따라 전략충돌이 유발될 수 있음
	(8) 전략대응 책무의 확립	1. 소관 비즈니스와 엔터프라이즈 차원에서의 전략대응의 책무를 부여 2. 전략충돌시 유발되는 문제현상에 대응하는 전략적 책무를 부여	●전략대응책무가 모호할 경우, 전략충돌에 대한 대응이 방임될 소지가 있음
	(9) 전략감사 위원회의 감사직무 확립 및 직무수행	1. 정기적 전략감사 활동의 전개 2. 신규 비즈니스의 전개 및 전략집행에 대한 전략감사 3. 전략충돌에 대한 전략감사 실천	●전략 거버넌스 조직의 직무불이행으로 전략 평가 및 피드백이 곤란
거버넌스 수단	(10)전략지휘 및 통제능력의 강화	1. 전략영역 및 요소별 실천성과를 평가하고 필요한 지휘와 통제를 통하여 전략실천을 관리	●전략설계와 실천에 대한 성과평가가 결여될 경우, 전략과 실천이 유리됨
	(11)통제절차, 수단 및 시스템의 정비	1. 전략 지휘 및 전략거버넌스의 통제절차와 체계, 수단의 확립	●전략 거버넌스 및 지휘의 통제절차가 결여될 경우, 전략 거버넌스가 유명무실화됨
	(12) 전략 거버넌스의 오류의 점검과 혁신	1. 전략 거버넌스의 영역별 전개내용과 방식, 체계의 오류를 주기적으로 점검 2. 전략 거버넌스의 성과 점검	●전략 거버넌스의 자정적 오류점검이 되지 못할 경우, 전략 거버넌스의 독단과 전횡으로 전략성과를 저해

주: ESAG의 각 요소간의 관계대응은 생략함

전략 거버넌스가 경직적이고 근시안적으로 전개될 경우, 조직의 전략적 실패를 유발할 소지가 있다. 따라서 불확실성에 대응하기 위하여 전략 거버넌스 전문가를 활용하고, 전략 거버넌스 조직의 전략능력강화, 전략 거버넌스 조직의 전략적 직무수행 능력을 확충하여 불확실성과 리스크대응을 강화한다.

또한 전략 거버넌스 조직의 책무의 모호함으로 전략 거버넌스 기능의 부실한 전개가 전개될 경우, 거버넌스 조직의 책임을 명시하고 전략충돌현상에 대응하기 위한 전략감사제도를 확립하여 전략감사 기능을 수행한다.

② 조직주체

대부분의 우리 조직들의 실정을 보면, 거버넌스 기능전개가 주로 거버넌스 조직의 역량과 거버넌스의 제도적 기능에 의존하여 실천된다. 그러나 현실적으로는 거버넌스 조직의 편성이 엉성하게 짜여있거나 그 기능 부전으로 전략 거버넌스의 설계와 집행이 제대로 추진되지 못하고 있는 조직이 많다. 따라서 거버넌스 조직을 정비하고 그 기능을 시급히 정립시킬 필요가 있다.

특히 조직의 현실에 대하여 정통하고 전문적 역량을 확보한 유능한 전문가 그룹으로 구성된 전략 거버넌스 위원회 조직편성 및 기능 확립이 시급하다. 뿐만 아니라 거버넌스 조직의 전략능력강화를 강화하여야 한다. 거버넌스 조직의 전략능력이 떨어질 경우, 전략 거버넌스의 실천성과 유명무실할 뿐만 아니라 오히려 조직의 전략성과를 저해할 수 있으므로, 전략 거버넌스 전문가를 활용하여 전략 거버넌스 조직 전략능력을 강화하고 전략 거버넌스 조직 직무능력을 확충한다.

③ 거버넌스 메커니즘

특정 비즈니스에 집중된 권력이 전략요소를 점유하고, 그에 따라 전략충돌이 유발되는 일에 미리 대비하기 위하여 비즈니스별 권력구조를 점검하여 비즈니스와 전략 내용에 따라 필요한 권력을 배분한다.

거버넌스 조직 및 경영조직에서 전략대응책무가 모호할 경우, 전략충돌에 대한 대응이 방임될 소지가 있으므로 소관 비즈니스와 엔터프라이즈 차원에서 전략대응의 책무를 부여한다. 또한 전략충돌시 유발되는 문제현상에 대응하는 전략적 책무를 부여한다.

전략 거버넌스 조직의 직무이행 수준이 낮은 경우, 전략 평가 및 피드백이 곤란하게 되므로 전략감사 위원회의 감사직무 확립 및 철저한 직무수행이 요구된다. 따라서 정기적 전략감사 활동을 전개하고 신규 비즈니스의 전개 및 전략 집행에 대한 전략감사를 실시하며 전략충돌현상에 대한 전략감사를 실천한다.

④ 거버넌스 수단

우선 전략지휘 및 통제능력을 강화한다. 전략설계와 실천에 대한 성과평가가 결여될 경우, 전략과 실천이 유리되어 지휘통솔이 곤란할 뿐만 아니라 전략들 간의 전략 시너지의 실현이 곤란하다.

뿐만 아니라 전략 충돌의 현상에 대한 관리와 통제가 어려워진다. 따라서 전략영역 및 요소별 실천성과를 평가하고 전략예산의 승인과 통제를 비롯하여 필요한 지휘와 통제기능을 발휘하여 전략실천을 관리한다.

전략 거버넌스 및 지휘의 통제절차가 결여될 경우, 전략 거버넌스가 제대로 실천되지 못하므로 우선적으로 통제절차, 수단 및 시스템을 정비한다. 구체적으로는 전략 지휘 및 전략 거버넌스의 통제절차와 체계, 수단을 확립한다.

또한 전략 거버넌스의 자정적 오류점검이 되지 못할 경우, 전략 거버넌스의 독단과 전횡, 부정과 같은 현상이 유발되어 엔터프라이즈의 전략 성과를 저해하게 될 수 있으므로 전략 거버넌스의 오류를 지속적으로 점검하고 전략 거버넌스의 영역별 전개내용과 방식, 체계의 오류를 주기적으로 진단한다.

따라서 전략 거버넌스의 성과를 주기적으로 점검하고 여타의 경영기법에서 혁신적 노력을 기울이는 것과 같이 관심, 시간, 예산, 노력, 방법과 지혜를 투입하여 엔터프라이즈 전략 거버넌스 활동의 지속적인 혁신을 추구한다.

(4) 전략 아키텍처 프레임워크에 의한 결합적 대응

<표 5-22>와 <표 5-23>에서 살펴본 바와 같이 엔터프라이즈 전략 아키텍처를 활용하여 대응할 경우, 고질적이고 만성적으로 전략충돌이나 성과부진의 문제를 경험하고 있는 조직에서 구조적이고 보다 근본적인 해결책을 모색할 수 있다.

뿐만 아니라, 추구하고자 하는 본연의 전략 니즈 대응을 중심으로 전략의 설계에서부터 실천에 이르는 과정을 결합적으로 또는 선택적으로 관리하고 추진함에 있어서 유용하게 활용할 수 있다.

<도 5-24> 설계 관점에서의 전략충돌 대응

<4> 실행전개영역
5. 미래성공전략에 입각한 충돌 최소화
6. 능력-자원전략 편성배치의 재설계
7. 전략요소 정비, 재설계
9. 새로운 전략수립, 전략창조의 의무화
11. 외부적-내부적 전략의 결합설계
12. 전략선별과 충돌요소 제거
14. 공동활용, 분리대응 전략요소의 관리
17. 전략우선순위 원칙 설정적용
18. 전략요소결합의 재설계
19. 전략지휘능력, 시스템의 변혁
20. 통제기법, 관리요소, 의지, 관심 강화

<1> 범위 영역
1. 충돌범위 규명
2. 충돌범위 재설계
3. 내부적-외부적 전략조정
4. 전략기회, 가능성 확대
7. 전략요소 정비, 재설계
8. 범위, 방향 재조정
12. 전략선별과 충돌요소 제거

4. 전략기회, 가능성 확대
5. 미래성공전략에 입각한 충돌 최소화
6. 능력-자원전략 편성배치의 재설계
7. 전략요소 정비, 재설계
8. 범위, 방향 재조정
11. 외부적-내부적 전략의 결합설계
12. 전략선별과 충돌요소 제거
14. 공동활용 전략요소의 분리 대응
15. 능력-자원 설계능력 강화
16. 능력-자원 확보전략 정비
17. 전략우선순위 원칙 설정적용
<3> 능력/자원 영역

5. 미래성공전략에 입각한 충돌 최소화
8. 범위, 방향 재조정
9. 새로운 전략수립, 전략창조의 의무화
10. 비즈니스 영역, 전략의 취사선택
11. 외부적-내부적 전략의 결합설계
13. 새로운 비즈니스 영역 개척
17. 전략우선순위 원칙 설정적용
<2> 비즈니스 전개 영역

* 도표의 작성과 이해를 편리하게 하기 위하여 영역별 교차대응이 요구되는 항목은 각 영역에 중복 기재함

표에서 제시된 전략충돌 대응방안들을 엔터프라이즈 전략 아키텍처의 설계 프레임워크(ESAD)의 각 해당영역별로 <도 5-24>와 같이 일목요연하게 배치하여 보면, 어떠한 대응방안들을 어떻게 결합시켜 해결해 나가야 할 것인지에 대한 착안점을 모색하기 용이할 뿐만 아니라 그 실천적 중요성에 따라 구체적인 대응방안을 구성하고 실행을 결합적, 또는 선택적으로 통제하고 관리하는데 유용하게 활용할 수 있다.

이와 마찬가지로 <도 5-25>와 같이 엔터프라이즈 전략 아키텍처의

거버넌스 프레임워크(ESAG)의 각 해당영역별로 대응방안들을 배치해보면, 거버넌스 차원에서 무엇을 어떻게 대응하는 것이 바람직한 것인지에 대한 결합적이고도 구조적인 대응이 가능하다.

<도 5-25> 거버넌스 관점에서의 전략충돌 대응

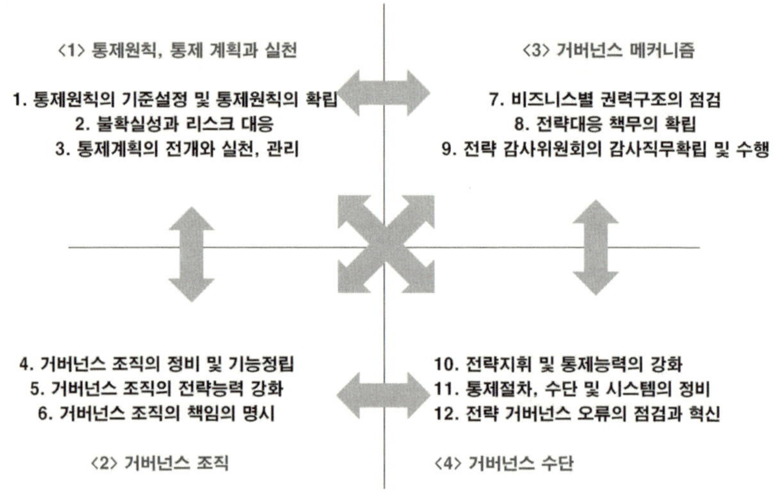

실천적 측면에서의 전략 성과 제고의 문제는 전략설계 아키텍처에서 설계된 전략의 내용과 전략대응행동의 설계가 완벽하지 못할 뿐만 아니라, 전략실천의 과정에서 지속적으로 당초의 전략설계의 내용을 보완해가면서 전개해야 한다는 필요성에 기인한다.

따라서 전략실천성과를 제고하기 위한 일환으로 전개되는 ESAG, 즉 전략 거버넌스에서 전략설계의 미비점이나 한계점을 극복하기 위한 방안과 노력이 강구된다. 이와 같이 ESAG를 통하여 ESAD, 즉 설계 아키텍처의 한계점을 보완하는 기능 수행이 ESAG의 실천적 유용성을 높인다.

<도 5-26>에서는 ESAD 프레임워크와 ESAG 프레임워크의 각 해당 영역별로 정리한 대안들을 하나의 표에 종합적으로 정리하고 있다. 조직마다 이에 대한 진단의 내용과 그에 대한 대응방안은 서로 다르게 귀결

될 것이지만, 이와 같은 프레임워크를 중심으로 도식화하고 종합정리함으로써, 우선적으로 먼저 착수할 일들과 결합적으로 동시에 추진해야 할 일들을 분별하여 정리하여 사용할 경우, 실천적으로 유용하게 활용할 수 있다.

<도 5-26> 통합적 관점에서의 전략충돌 대응

특히 새로이 착수하는 엔터프라이즈 활동이나 신규사업, 또는 다양한 사업부문과 조직체들이 결합하여 전개하는 전략적 활동에 대한 전략설계와 효과적인 거버넌스를 전개할 수 있다.

3. 엔터프라이즈 전략 거버넌스의 통합적 전개

엔터프라이즈 전략 거버넌스는 엔터프라이즈의 전략경영의 전개를 포괄적으로 점검하고 그 성과를 관리 통제함으로써 조직의 외적 합법성, 합리성, 합목적성, 적합성과 내적 일관성을 유지하고 지속적인 성과의 실현과 발전을 도모한다.

따라서 전략 거버넌스는 최종적으로 엔터프라이즈 전략경영의 통합적 성과를 주시하고, 그 전개활동의 건전성, 합리성을 추구한다.

엔터프라이즈 전략경영이라고 하지만, 실제로 엔터프라이즈의 구조와 기능전개, 그리고 성과실현의 아키텍처를 이해하지 못할 경우, 그 실체와 현실적 통제가 어렵게 된다. <도 5-27>에서는 엔터프라이즈 전략경영의 전개를 한 눈에 이해할 수 있도록 통합적으로 구성하여 제시하고 있다.

(1) 엔터프라이즈 전략경영의 구조적 기능 전개

<도 5-27> 그림의 왼쪽 위에서부터 아래쪽으로는 전략 아키텍처의 구조적 구성요소들을 중심으로 기능적 전개를 실천하는 마케팅, 제품제조, 프로세스와 시스템, 자원전개, 조직 및 능력, 그리고 관리로 구분되어 있으며, 각기 왼쪽에서 오른쪽으로 전개하는 과정은 대응해야 할 현실과 현상의 조사 분석을 비롯하여 대응 전략의 수립 및 집행과 운영, 그리고 통제의 프로세스를 설명하고 있다.

맨 위의 마케팅 부문부터 살펴보면, 필립 코틀러의 유명한 마케팅 전략의 전개와 실천관리의 프로세스인 R(시장조사)-STP(포커싱 및 포지셔닝을 위한 세그먼테이션과 타기팅)-MM(제품과 가격, 유통과 판촉의 마케팅 믹스)-I(마케팅 전략의 실천)-C(성과의 통제)의 기본적인 마케팅의 프로세스가 제시되어 있다.[1]

이와 같은 마케팅의 프로세스에서 맨 앞의 현실의 조사는 반드시 마케팅부문의 기능전개에만 해당하는 것은 아니다. 대부분의 경영 기능들의

---

[1] Philip Kotler, *Kotler on Marketing*, The Free Press, 1999.

수행에 있어서 팩트와 니즈의 조사는 필수적인 프로세스로 대두된다. 또
한 오른쪽 끝의 통제도 마찬가지이다.

<도 5-27> 엔터프라이즈 전략경영의 구조적 전개

Enterprise Strategic Management & Enterprise Governance				
	Strategic	Tactical	Managerial	
Marketing	R (Research)	STP (Segmentation ·Targeting ·Positioning)	MM (Marketing Mix : Product, Price, Place, Promotion)	I (Implementation)	C (Control)
Production	R (Research)	DD (Design and Development)	P (Production)	O (Operations)	C (Control)
Systems	RD (Research & Diagnosis)	PS (Process & Systems) IKT (Information, Knowledge, Technology)			C (Control)
Resources	RD (Research & Diagnosis)	R (Resource) L (Logistics) P (Procurement)			C (Control)
Organization	RD (Research & Diagnosis)	Org (Organization & Structure) CCC (Capabilities, Capacities, Competencies)			C (Control)
Management	RD (Research & Diagnosis)	P (Planning) EM (Execution & Management)			C (Control)
	Strategy Architecture	**Business & Management Execution Architecture**		**Control & Governance Architecture**	

　　마케팅 전략 전개 프로세스의 마케팅 믹스에서 구체화되는 제품은 제품개발
및 제조의 과정을 통하여 실현되고 시장에서 전개할 수 있게 된다. 만약 유통전
문 조직의 경우라면 제조의 과정은 생략되고 그 아래의 자원부문에서 상품이 조
달되고 로지스틱스를 정비하여 도입, 배치, 전개의 최적화를 추구한다.
　　그러나 제조를 하여 마케팅을 전개해야 하는 조직에서는 마케팅과 생산의 부

문이 제품(Product)과 제품생산(Production), 그리고 영업 전개(Implementation of Marketing Strategy: Sales Operations)와 제조운영(Production Operation)을 결합적으로 전개하여 전략적 성과를 추구한다.

이와 같은 마케팅과 생산의 결합전개는 시장조사와 제품의 니즈를 중심으로 마케팅의 대상영역을 구체화시키는 한편, 제품의 형태, 기능, 속성과 내용, 가치를 디자인하여 개발하는 병렬적 결합과정을 성공적으로 전개해야 한다. 따라서 마케팅의 **STP**전략과 제품개발의 **DD**(Design and Development)전략이 기민하고 효과적으로 결합 전개될 수 있도록 관리할 필요가 있다

마케팅과 제품생산의 두 가지의 기본 기능은 엔터프라이즈의 비즈니스 실천의 양대 기축이 된다. 물론 판매중심의 회사나 제조중심의 회사와 같이 기능 전문화를 특화시킨 회사는 특화된 기능을 중심으로 기본 기능이 구성된다.

마케팅과 생산 부문의 아래쪽에는 소위 엔터프라이즈 사업 수행에 필요한 핵심적 지원 및 관리 기능부문이 제시되어 있다.

우선 시스템이라고 표시된 부문에서는 비즈니스 및 본사 운영에 필요한 업무 프로세스와 시스템, 그리고 전략 아키텍처의 니즈에 대응하는 창조전략에 핵심적인 정보, 지식, 기술의 전개에 관한 요소들이 전개된다.

자원에서는 마케팅, 제품생산을 비롯하여 각 사업운영 및 본사 운영에 필요한 자원의 확보와 전개, 개발, 혁신의 과정과 그에 대한 통제가 전개된다. 뿐만 아니라, 물자와 자금을 비롯한 투입요소들의 전개와 지리적 공간적 배급과 전개에 관한 로지스틱스의 활동을 전개한다.

그 아래에는 비즈니스의 실천과 사업조직 운영에 필요한 조직의 편성과 구조, 조직 능력, 역량, 경쟁능력의 설계와 전개가 전개된다.

맨 아래에는 계획과 집행, 관리와 통제의 비즈니스와 전략, 조직과 능력, 시스템의 지휘활동이 전개된다.

이와 같은 엔터프라이즈 전략경영은 근본적으로 엔터프라이즈가 대응하고자 하는 영역과 범위의 전략 결정에서부터 내적 일관성을 유지하여 전개된다. 만약 마케팅 전략 분야에서 추구하고자 하는 전략과 제품 생산부문에서 추구하는 전략이 서로 정렬되지 않고, 제각기 다른 방향으로 전개된다면, 통합적 전략성과를 실현하기 어렵게 된다.

(2) 엔터프라이즈 전략 거버넌스의 전개

<도 5-27> 그림의 맨 위에는 엔터프라이즈 전략경영과 전략 거버넌스의 전개가 전략적 활동과 전술적 활동, 그리고 관리적 활동에 대하여 외부적 합리성, 합법성, 합목적성, 적합성과 같은 전략 원칙과 거버넌스의 원칙에 의거하여 엔터프라이즈의 성과를 제고하기 위한 지원 및 관리와 통제의 거버넌스를 전개하는 것을 표시하고 있다.

각 필수적 기본기능을 비롯하여 지원 및 관리기능들에 대하여 구분해보면, 그림의 위에서 보는 것처럼 각기 전략적, 전술적, 관리적 기능의 전개로 나누어 볼 수 있다. 이와 같은 그림을 통하여 이해할 수 있는 것은 엔터프라이즈의 핵심적 기능전개에 있어서 각 부문별로 제각기 왼쪽의 전략적 요소와 중앙의 전술적 요소, 그리고 오른쪽의 관리적 요소들이 결합적으로 전개되어야 한다는 사실이다.

이와 같은 결합적 전개는 전략을 중심으로 본다면, 마케팅과 제품 생산, 그리고 시스템과 프로세스, 정보-지식기술, 자원전개와 필수투입요소들의 투입전개, 로지스틱스 전개, 조직편성과 능력, 역량, 경쟁역량과 경쟁능력의 전개, 계획과 집행, 관리와 통제의 전략들이 내적 일관성을 지니고 균형적으로 정렬되어 설계되고 실천되어야 함을 이해할 수 있게 된다. 물론 전술과 관리적 측면에서의 전개도 마찬가지이다.

따라서 엔터프라이즈 전략 거버넌스에서는 이와 같은 전략의 설계와 집행, 관리와 통제의 성과를 주목하고 그 실천적 전술이나 관리적 운영과 통제에 대하여 외부적, 내부적 합당성, 합리성, 합목적성, 적합성을 준수하고 엔터프라이즈의 성과를 지속적으로 창조하고 있는지에 대하여 점검하고 통제한다.

이와 같은 엔터프라이즈 전략경영의 전개를 위한 필수적인 구성요소들과 그 전개과정의 실천은 엔터프라이즈의 존립목적과 사명, 목표 및 운영 성과의 실현을 목적으로 하여 전개된다. 따라서 각 기능의 투입과 성과, 가치의 창조와 실현에 대하여 재무적 관점에서 평가하고 통제한다. 이를 위하여 그림의 맨 아래 전략 아키텍처와 비즈니스와 경영관리의 실행 아키텍처, 그리고 통제 아키텍처를 효과적으로 전개하기 위하여 설계하고 그 실천성과를 모니터링 한다.

4. 전략 거버넌스 실천관리 보드

이상의 전략 아키텍처의 분석과 설계논리에서 살펴본 구성요소들과 그 전개과정을 거버넌스의 실천적 관점에서 표현하면 <도 5-28>과 같다.

<도 5-28> ESAɢ 프레임워크의 실천적 전개구도

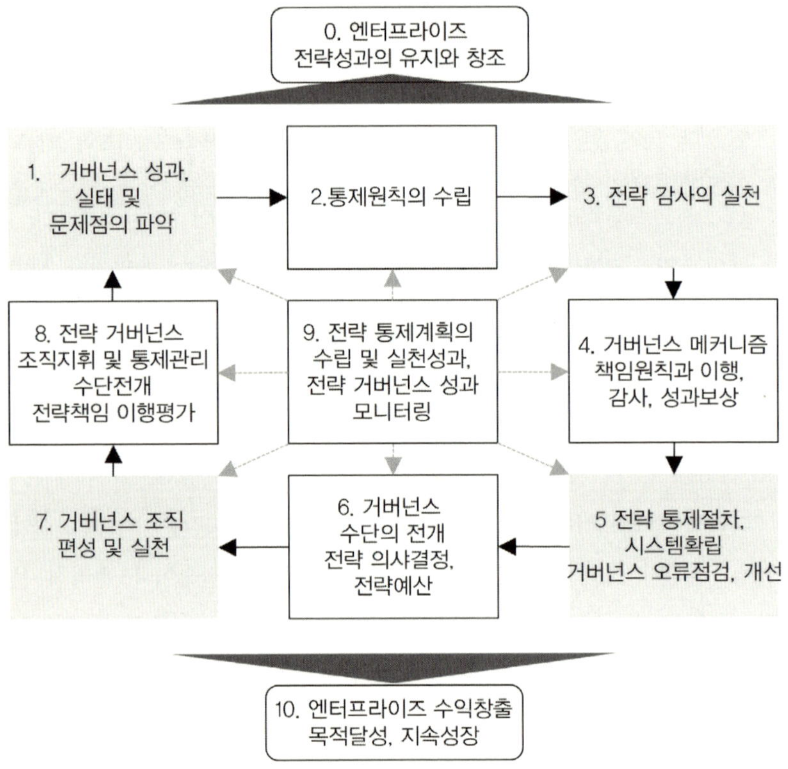

전략 거버넌스는 근본적으로 엔터프라이즈의 활동과 조직의 기능전개에 대하여 현재와 미래를 대응하여 전개한다. 따라서 현재의 조직의 재무적 건전성을 비롯하여 조직과 각 부문의 기능, 사업전개의 합리성, 합목적성, 합법성, 적합성을 중심으로 조직현실과 활동방향을 지속적으로 모니터링하고 필요한 통제활동을 전개하여 전략 거버넌스 성과를 높인다.

도표에서는 엔터프라이즈 전략성과의 유지와 창조를 위하여 전략 거버넌스를 전개하는 것을 출발점으로 하고 있다. 이어서 (1)현재의 거버넌스 추진 성과 및 실태, 그리고 당면하고 있는 문제현상들을 파악한다.

이와 같은 거버넌스 현실 점검을 통하여 (2)거버넌스 통제원칙을 수립하고 (3)전략감사의 실천 (4)거버넌스 메커니즘의 정비 (5)전략 통제절차, 방법, 시스템의 확립 (6)거버넌스 수단의 전개 (7)거버넌스 조직편성 및 실천 (8)전략 거버넌스 조직 지휘 및 통제관리 (9)전략 통제계획의 수립 및 실천성과, 전략 거버넌스 성과의 모니터링이 전개된다.[1]

앞에서 엔터프라이즈 전략 실천관리 보드를 편성하여 대응하는 방식과 마찬가지로 전략 거버넌스의 실천적 전개를 위하여 전략 거버넌스 실천관리 보드를 구성하여 전개함으로써 거버넌스의 실용적 성과를 높인다.

<표 5-24>에는 전략 거버넌스 실천관리 보드를 작성한 예시이다. 전략 거버넌스 실천관리 보드를 중심으로 어떠한 거버넌스 활동을 전개할 것인지에 대한 판단과 실천의 관리가 용이하게 된다. 전략 거버넌스 실천관리 보드는 앞의 <표 5-13>의 엔터프라이즈 전략 실천관리 보드를 전개하는 경우, 그에 대응하는 주요 거버넌스 활동을 예시하고 있다.

표에서는 개괄적으로 표현하고 있지만, 구체적으로 신규사업추진과 마케팅 전략의 전개를 중심으로 전략전개를 할 경우, 그에 대한 사업추진의 원칙, 투자와 사업성의 점검, 전략 책무의 이행여부, 사업의 전개내용에서의 문제현상, 제품 및 시장성과의 추이, 원가의 변동요인 및 생산성 실태, 전략 개선의 여지는 없는지에 대하여 모니터링하고 필요한 지원이나 통제를 수행한다.

---

1) 물론 도표에서 번호를 매긴 것과는 달리 (7)거버넌스 조직편성 및 실천이 가장 먼저 선결되어야 하는 조직도 있다. 또한 그 절차의 전개도 (1)부터가 아니라 (3)전략감사의 실천으로부터 전개할 수도 있다. 어떠한 거버넌스 요소로부터 시작하건, 엔터프라이즈의 전략, 조직, 사업, 능력, 기능, 성과실현에 대하여 거버넌스를 통하여 엔터프라이즈의 성과추구 활동이 전개된다.

<표 5-24> 엔터프라이즈 전략 거버넌스 실천관리 보드

0. Mission –Facts-Needs

엔터프라이즈 목적과 니즈 대응을 위한 신규사업전개
재무건전성 및 신사업추진 여력 확보

1. 전략 거버넌스 현황파악 1.1 전략 거버넌스 실태조사 1.2 현재 추진중인 전략 사업의 문제현상 파악 1.3 전략 거버넌스 대응방향의 점검	2. 거버넌스 통제원칙의 수립 2.1 통제 대상, 범위, 직무에 대한 기준 설정 2.2 통제 원칙의 확립 2.3 리스크 대응에 대한 책임범위, 적용원칙의 설정	3. 전략 감사의 실천 3.1 신규 전략 투자, 시설 투자의 점검 3.2 전략 성과의 진단 3.3 전략 프로세스의 점검 및 실천과정 평가 3.4 전략 책무이행에 관한 감사
8. 전략 거버넌스 조직의 지휘 8.1 전략 거버넌스 조직의 연간활동계획전개 8.2전략 직무 책임의 이행평가	9. 전략 통제계획의 수립 및 실천성과 통제 보완 9.1 전략 통제계획의 수립 9.2 전략 실천성과의 평가 및 조치 9.3 전략 거버넌스 성과의 모니터링	4. 거버넌스 메커니즘, 책임원칙 이행과 성과보상 4.1 전략원칙, 책무의 이행여부 점검 4.2 전략 대응행동의 성과측정 및 보상 4.3 성과보상의 실천여부의 점검
7. 전략 거버넌스 조직 지휘, 통제관리 7.1 전략 거버넌스 조직의 편성 7.2 전략 거버넌스 조직의 책무 할당 7.3 전략 거버넌스 조직의 연간활동계획 전개 7.4 전략 직무 책임의 이행평가	6. 거버넌스 수단의 전개 6.1 주요 전략 의사결정회의 공식화 6.2 전략 진척사항 및 성과보고 회의 6.3 내부 전략감사 실시 및 보고회 6.4 전략 예산의 승인	5. 전략 통제절차, 시스템의 확립 5.1 전략의사결정 및 전략계획수립에 대한 보고 및 검토 회의 5.2 전략 검토 및 수정보완에 대한 피드백의 제도화 실천여부 (정보시스템 포함) 5.3 전략 거버넌스 오류에 대한 점검 개선 활동의 전개

10. Outcomes

10.1 수익구조의 개선(부채감축 및 수익성 제고)
10.2 신규성장사업의 성공적 실현으로 새로운 고객–시장대응 성장 비즈니스의 가동
10.3 조직활력 증대로 엔터프라이즈 전반적 성과의 개선
10.4 전략 거버넌스의 효과적 전개로 전략 시행착오의 예방 및 조직의 환경대응의 기민성 제고

만약, 거버넌스 조직 구성원들이 전략 통제의 역량이 떨어지거나 전략 거버넌스의 원칙을 지원적 거버넌스로 전개하고자 할 경우, 주요 성과측정지표를 중심으로 전략지원과 승인, 통제의 대응을 전개한다.

만약, 비즈니스의 시장성과가 예상보다 저조할 경우, 마케팅 전략의 유효성을 점검하고 관련 전략요소들에 대하여 필요한 수정보완조치를 통하여 마케팅 전략 성과를 높이도록 통제 관리를 강화한다. 또한 마케팅 전략 전개와 그에 대응하는 내부 전략의 전개에서 균형이 맞지 않거나 또는 엔터프라이즈 전략과의 충돌이나 마찰이 없는지, 조사하여 그 대응을 조치한다.

이와 같은 전략 모니터링과 대응 결과를 중심으로 신규 투자계획을 점검하고 전략실천 주체들이 각자의 전략책무를 제대로 수행하고 있는지를 파악하여 그 원인을 조명하고, 필요한 원인대응조치를 통하여 신속하고 기민하게 전략 성과를 개선시키도록 지휘한다.

이와 같은 전략 거버넌스 행동의 전개를 위하여 거버넌스 실천계획을 수립하며, 전략 거버넌스 성과를 점검하기 위한 주요 측정항목을 개발하여 스스로 거버넌스의 효과성을 점검하고 조치한다.

5. ESA 프레임워크의 전개절차

<도 5-29>에서는 경영관리의 실행 조직과 거버넌스의 조직이 결합적으로 전략설계 아키텍처를 중심으로 당면하고 있는 환경과 현실에 대하여 전개하는 전략대응의 흐름을 예시하고 있나.

즉, 환경변화의 실상에 대하여 거버넌스 조직과 경영주체를 중심으로 전략 범위 및 구성요소를 설계하고 전략계획과 관리활동의 전개에 필요한 능력과 자원의 동원, 배치와 비즈니스 영역에서 사업을 추구하고 전개하는 과정을 일목요연하게 이해할 수 있다.

(1) ESA 프레임워크의 기본적 절차

실천적 관점에서 ESA 프레임워크의 전개는 설계와 거버넌스의 관점에서 전체적으로 세밀하게 구성하여 엔터프라이즈의 전략을 수립할 수도 있고, 간편한 형태로 각 구성요소의 부분들에 대하여 필요에 따라 각각 선별적으로 적용할 수도 있다.

<도 5-29> ESA 프레임워크의 결합적 구성요소 전개

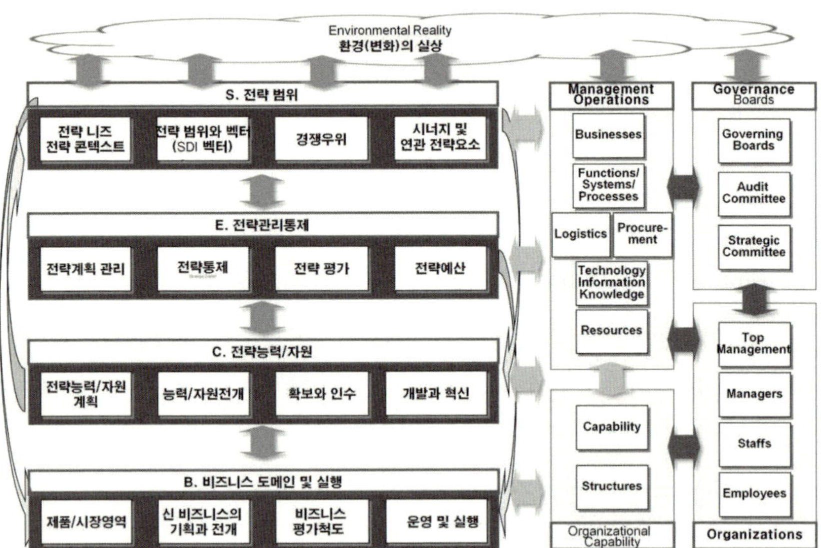

ESA 프레임워크의 선별적 적용의 예를 들면, 엔터프라이즈의 현실에 즉각적으로 추진할 수 있도록 하기 위하여 범위 영역(S)에서는 기존의 영역을 중심으로 경쟁우위 요소와 시너지 요소를 선택하고 그에 따라 비즈니스(B) 영역에서의 운영 및 능력자원(C) 영역에서의 필요한 구성요소만을 선별하여 설계하고 각 영역들 간의 관계요소에서 필요한 사항 들을 도출하여 전략설계를 전개하여 추진하는 것을 들 수 있다.

물론 다른 전략들과 중복 또는 충돌의 문제가 등장하게 될 경우를 고려하여, 그에 대한 판단을 추가적으로 수행해야 하지만, 일단 우선적으로 추진해야 하는 전략의 선택적 설계와 그 추진에 대하여 설계와 거버넌스의 ESA의 각 요소별 구조적 결합과 선별적 활용이 가능하다.

앞에서도 살펴본 바와 같이 전략 아키텍처는 전략적 과제선택과 필요한 전략요소들에 대한 관점을 통하여 단순히 당면하고 있는 문제의 해결에만 초점을 맞추는 것이 아니라 전략능력과 자원의 전개, 전략실천으로 이어지는「전략설계와 거버넌스의 전체 과정과 관계」를 전체적으로 조명하여 구성하고 대응하기 때문에 그 특징과 장점이 발휘된다.

따라서 특정한 전략의 선택과 집중과 같이 선별적 활용의 경우, 전체적으로 검토하여 얻을 수 있는 중요한 엔터프라이즈 차원에서의 전략적 판단과 의사결정은 포기된다.

그러나 우선 당장 급하게 추진해야 될 전략대응활동에 대하여, 서둘러 전략을 만들어 추진하거나 또는 기존의 전략 프로세스에 의한 전개방법에만 의존하는 경우보다는 엔터프라이즈 전략 아키텍처를 활용할 경우, 보다 높은 전략성과를 추구할 수 있으며, 현실적으로 유용한 결과를 얻을 수 있다. 예를 들면, 엔터프라이즈 전략 실천관리 보드나 전략 거버넌스 실천관리 보드의 활용을 통하여 신속한 전략대응의 성과를 제고할 수 있다.

여기에서 유의할 점은 조직구성원들이나 ESA의 추진요원들의 능력수준에 따라 그 성과가 크게 좌우된다는 점이다.

즉, 다양한 상황이나 환경조건하에서 각 조직이 발휘할 수 있는 ESA 능력수준에 따라 ESA 프레임워크의 전개절차와 성과가 좌우된다.

ESAg 능력수준이 낮은 조직에서 ESAd 프레임워크의 전개에만 치중할 경우, 다양한 전략적 시행착오를 경험할 수 있으며, 그에 대한 평가와 수정, 보완, 목표의 효과적 달성과 같은 관리적 성과가 저해될 수 있다.

반면, ESAd 능력수준이 낮은 조직에서 ESAg 프레임워크의 전개에만 치중할 경우, 새로운 전략 니즈와 기회의 발굴과 같은 창조적 전략능력이 부족하여 전략추진성과 또한 제약된다. 따라서 현재 조직의 ESA 능력수준이 어떠한지에 대한 분석과 진단 평가를 수행하고 경영자와 관리자를 중심으로 신속하고 효과적으로 활용할 수 있도록 실천방법과 기량 및 활용의 숙련도를 높이기 위하여 조직적 노력을 기울일 필요가 있다.

기본적인 ESA 프레임워크의 전개절차를 간략히 도시하여 보면 <도 5-30>과 같다.

<도 5-30> ESA 프레임워크의 전개절차

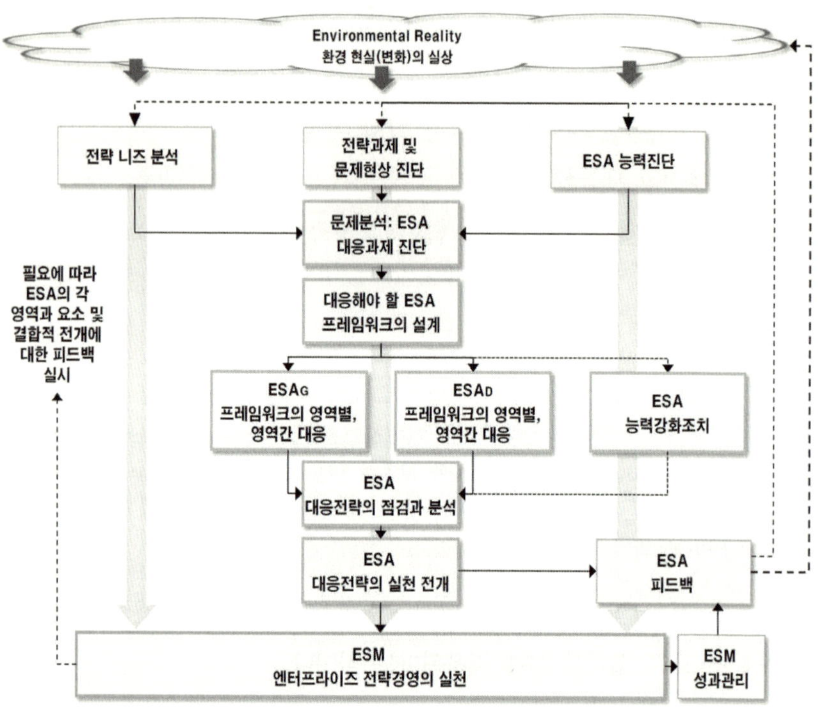

도표에서 보는 바와 같이 ESA 프레임워크의 전개논리와 실천적 절차는 엔터프라이즈 전략경영의 실천전개의 논리를 강화한다.

우선 ESA 프레임워크를 통한 대응은 엔터프라이즈가 당면하고 있는 환경 현실의 전략과제에 대하여 대응해야 하는 전략 니즈나 전략충돌 등을 포함한 전략적 과제나 대응해야 할 문제현상, 또는 조직의 ESA 능력상의 문제에 대한 대응을 전개해야 할 필요성의 인지를 통하여 시작된다.

예를 들어, 엔터프라이즈가 당면하고 있는 환경과 현실에서 새로운 전략 니즈가 출현하거나 기존의 전략 니즈의 변화에 따라 ESA의 대응을 전개시킨다. 뿐만 아니라 엔터프라이즈의 전략전개에 있어서 다양한 비즈니스의 전개와 더불어 추진하고 있는 전략들 간에 상충적 마찰이나 충돌이 발생하고 있으며 그로 말미암아 엔터프라이즈의 전략성과를 저해하고 조직 내외부에서 문제를 유발시킬 때,

기존의 전략성과의 기복이 심하고, 성과수준이 만족스럽지 않을 때, 그리고 조직의 ESA능력의 변화가 생길 경우 ESA 대응을 착수한다.

이와 같이 착수된 ESA대응은 당면하고 있는 ESA 문제 및 과제 진단을 통하여 대응해야 할 ESA 프레임워크의 각 영역 및 구성요소들에 대한 분석과 점검과 조정, 또는 재설계를 통하여 조직이 대응해야 할 ESA 프레임워크의 구체적인 내용과 구조를 설계한다.

구체적으로는 전략의 설계차원에서 대응해야 할 ESAD 및 거버넌스 차원에서의 ESAG 과제와 대응조치를 편성하고 후속적으로 각 대안들을 점검하여 예상되는 성과 및 실행측면에서 상호 모순이나 충돌, 중복 여부를 파악하여 결합적 성과를 제고할 수 있는 계획안으로 발전시킨다. 이와 같이 편성된 구체적인 ESA 추진계획을 전개하고 그 성과를 전략 거버넌스와 전략 집행활동을 통하여 추적하고 평가하여 ESA 프레임워크 전개절차의 각 프로세스에 대하여 피드백 한다.

따라서 ESA 추진계획은 기존의 전략계획(Strategic planning)의 프로그램에서 해결하지 못하고 있던 제반 문제현상들을 개선할 뿐만 아니라, 신규 비즈니스의 전략계획이나 신년도 전략계획, 또는 새로운 사업과 창업을 전개하는 신규 엔터프라이즈 전략계획에 적용하여 효과적으로 활용할 수 있다.

이상과 같이 전개하는 ESA 프레임워크에 의한 엔터프라이즈의 대응은 기존의 전략경영의 전개성과를 향상시키고 엔터프라이즈 전략경영의 차원에서 추진하고 있는 비즈니스의 전략 성과를 높일 뿐만 아니라 엔터프라이즈 성과 실현과 관리의 차원에서 개별적 성과 및 집약적 성과를 높인다. 따라서 ESA의 추진과 전개를 효과적으로 전개할 경우, 엔터프라이즈 전략경영 성과를 획기적으로 개선할 수 있다.

조직에서 실무적으로 전개하고자 할 때, ESA 프레임워크의 실천적 전개절차를 구체적으로 보면 다음과 같다.

(2) ESA 프레임워크의 실천적 전개

ESA 프레임워크의 각 영역과 구성요소를 중심으로 그 실천적 전개를 개괄적으로 살펴보면 다음과 같은 12가지의 절차로 전개된다.

① 전략 수립 및 조정, 집행 통제활동

ESAD의 전략 수립 및 조정, 통제활동의 개시는 전략 거버넌스의 기본적인 통제활동인 내부적 통제, 또는 외부적 통제활동을 통하여 전개된다.

먼저 전략 수립활동은 환경현실에 대한 현실 팩트의 분석과 진단, 전략 니즈와 전략기회의 이해와 발굴, 전략 콘텍스트의 구성과 판단, 전략구성요소의 진단과 편성 및 전개 가능성, 전략대응의 논리와 실천적 대응방안의 구성, 예상되는 결과와 구체적인 대응조치를 중심으로 전략설계를 전개한다.[1]

전략 수립활동의 주체인 조직부문에 대한 거버넌스에서는 기획부문과 실행부문, 의사결정부문에 대한 점검과 대응을 수행하여야 한다.

기획부문에 대하여는 필요한 인력 및 전문적 전략기획의 능력과 필요한 예산 및 전략자원의 확보수준 및 전략창조설계의 방법론과 같은 전략설계의 필요한 구성요소와 투입요소들에 대한 점검을 수행하고 필요한 조치를 강구함으로써 효과적인 전략창조설계활동을 지휘하도록 한다.

실행부문에 대하여는 전략창조설계의 내용과 수준에 대하여 현재의 성과를 개선하고 미래의 성과를 창조할 수 있는 실천전략과 실행의 가능성을 점검하고 그 실천성과를 통제한다.

의사결정부문에 대하여는 전략 수립과 관련하여 필요한 직무의 전개와 의사결정

---

1) 전략 수립활동은 전략창조설계 활동을 주도하는 기획부문을 비롯하여, 실천적 조직부문, 전략적 의사결정조직에 의하여 전개되며, 필요한 핵심적 투입요소들로는 시간적 요소를 비롯하여 지식과 기술, 정보이다. 시간적 요소는 전략적 대응에 요구되는 시간과 동원이 가능한 시간으로 구분된다. 만약 대응에 필요한 시간보다 전략 수립활동에 동원할 수 있는 시간이 부족할 경우, 전략 수립활동의 프로세스를 단축하거나 전략대응 요소의 구성이나 설계내용의 축소와 같은 조치가 전개된다. 이와 같은 경우, 전략 수립활동은 임기응변식의 전략 수립활동으로 전개된다. 더욱이 환경현실의 전개과정에 시의 적절하게 대응하지 못하게 될 경우에는 사후적 대응이 전개된다. 사후적 대응은 그 대응시점에 따라 적시에 대응할 경우, 또는 사전적 대응, 선행적 대응으로 해결할 수 있는 상황적 과제들을 제때에 해결하지 못함으로 인하여 발생하게 되는 실제손실의 정도가 증대한다. 따라서 전략 거버넌스에서는 시간적 요소의 관리를 전개하는 것이 필요하다.

자의 구성, 책임의 소재 및 책임이행의 관리에 대하여 점검하고 오류를 시정한다. 책임과 직무의 관리의 오류의 예로는 현실 팩트와 전략 니즈에 대응하는 전략적 의사결정의 책임을 들 수 있다. 새로운 환경현실에 대응하기 위한 전략의 창조와 설계에서 환경과 현실의 속성이 비연속적으로 변화하고 있을 때, 또는 부분적인 정보부족(partial ignorance) 하에서의 의사결정에 대한 책임의 부담은 소극적 환경대응의 전략을 선호하게 될 소지가 있다.

이러한 현상은 리스크와 책임부담이 큰 경우, 의사결정에 대하여 안전장치를 부여하지 않은 채로 의사결정을 진행할 때 등장한다.[1]

따라서 전략적 기회와 니즈에 대응하는 과정에서 부분적인 정보부족과 리스크에 대한 의사결정 책임의 부담은 그렇지 않은 경우의 의사결정의 책임의 부담과는 다른 논리로 부여할 필요가 있다.

예를 들면, 리스크 대응 책임에 대한 부담을 의사결정, 리스크 대응 안전장치 확보와 관리의 책임, 리스크 대응 업무수행 및 관리책임, 리스크 대응에 필요한 리스크 자원의확보 및 전개에 관한 책임을 나누어 분산시키고 그 실행과 직무의 감독 및 관리를 강화하는 일이다.[2]

전략 거버넌스의 대부분의 책임은 의사결정부문에 귀속되므로, 전략 거버넌스의 전개관리에 대한 직무부여와 그 실천내용 또한 점검되어야 한다. 따라서 조직의 ESA의 실태와 바람직한 ESA의 설계와 전개, 변혁과 관련하여 그 책무의 구성과 이행에 대한 거버넌스를 수행할 필요가 있다.

---

1) 이러한 현상에 대응하는 행동특성을 리스크 성향이라고 정의하기도 한다. 그러나 리스크와 책임부담이 크고 그에 대한 별도의 안전장치가 없을 경우의 대응행동특성에 대한 판단은 논리적 대응 관점이 결여된 행동적 대응특성의 구분에 지나지 않는다. 이와 같은 경우, 리스크 대응의 조치를 방법적으로 어떻게 구성하고 전개할 것인가, 어떠한 세이프가드를 확보할 수 있는가, 그리고 상황과 리스크 대응자원의 동원 및 추진 가능성의 여부에 따라 판단할 필요가 있다.

2) 전략적 의사결정에 관한 책임의 이행에는 의사결정부문의 적절한 전략능력이 요구된다. 따라서 그에 필요한 전략능력의 확보와 보완적 조치가 전개되어야 한다. 예를 들면, 경영자 교육을 포함하여 필요한 경영자 전략지원 부문의 편성을 통하여 기능적으로 의사결정부문의 전략적 행동에 관한 지원조치를 전개할 필요가 있다. 뿐만 아니라, 전략적 의사결정과 관리를 위한 정보 시스템적 지원을 통하여 그 책임의 이행수준을 향상할 필요가 있다.

② 전략범위 영역설계

전략범위 영역설계에서는 환경현실의 진단과 분석, 전략 니즈의 발굴과 대응, 전략구성요소의 설계와 편성전개를 중심으로 엔터프라이즈 또는 비즈니스가 전개하고자 하는 영역의 범위와 규모, 대상, 방향에 관한 기본적인 전략설계활동을 지휘한다.

전략설계에는 상황의 인식, 전략논리, 패러다임과 같이 눈에 보이지 않는 요소들이 작용하기 때문에, 이에 대한 이해가 부족할 경우 전략 거버넌스의 전개가 곤란하다. 따라서 정형적이고 명시적인 관점에서 그 설계 과정과 논리 및 행동의 통제를 전개할 필요가 있다.

전략범위 설계에서는 비즈니스와 능력 및 연관 전략요소들의 설계와 그 관계에 대한 관점에서 거버넌스를 전개한다. 전략설계에 있어서 통제는 전략 논리전개 및 프로세스의 전개에 대한 통제와 투입 및 산출요소에 대한 통제가 있다.

투입요소에 대한 통제는 전략 수립 및 집행의 과정에서 요구되는 조직구성원, 정보, 방법론 및 지식, 기술, 예산과 같은 전략창조자원 및 요소들이 적정하게 편성되어 투입되고 있는지에 대한 통제이다.

프로세스 전개에 대한 통제는 전략 수립의 절차의 진행과 전개과정이 제대로 전개되고 있는가에 대한 통제이다. 산출요소에 대한 통제는 전략 수립의 결과물에 대한 통제이다. 소위 전략계획서와 같은 산출물이 제대로 만들어지고 전개되고 있는지에 대한 통제라고 할 수 있다.

논리의 통제에서는 전략창조가 무분별하게 전개되는 일을 예방하고, 전략추진 목적과 실천에서의 혼란을 피하고, 바람직한 성과를 창조하는 방향으로 전개될 수 있도록 하기 위하여 전략논리 전개의 전제와 성립요건을 확립한다.[1]

---

1) 예를 들면, 전략의 방향이나 목적, 윤곽을 사전에 정의하고 그에 입각하여 전략창조설계를 전개하도록 하는 것으로 가장 대표적인 방법이 사명이나 비전에 의한

논리의 통제에서는 합목적성뿐만 아니라 사회적 기준 및 조직의 합법성 및 경제적, 현실적 타당성을 점검하는 합리성을 중심으로 전략창조의 내용과 방법을 규정함으로써 거버넌스의 성과를 높인다.

행동의 통제에서는 조직부문의 이기주의나 현실안주의 근시안 현상, 그레샴 법칙과 같이 바람직한 전략창조활동에 부정적 영향을 주는 행동들을 통제하고 긍정적 행동을 장려하는 촉진활동을 전개한다.[1]

③ 능력-자원의 편성

능력-자원 설계와 편성에 있어서는 현재 확보하고 있는 능력-자원의 점검과 진단을 비롯하여 새로운 능력-자원의 설계와 편성에 관한 지휘를 수행한다.

능력-자원의 확보와 활용에는 비용과 노력이 수반되기 때문에, 실질적으로 성과적 관점에서 그 편성내용을 분석하고 그에 대한 대응을 통제한다.[2] 능력은 전략을 통하여 환경대응성과를 발휘하므로, 필요할 경우 전략의 변경이나 새로운 능력전개를 위한 전략창조를 위하여 능력발휘의 수준을 높일 필요가 있다.[3]

외부적 능력-자원의 확보를 통한 전략전개를 도모할 경우, 외부적 능력-자원의 확보 및 활용조건과 성공요소에 대한 전략 거버넌스 활동을 전개한다.[4]

통제를 들 수 있다. 이와 같은 방법은 엔터프라이즈의 사명달성을 대전제로 하여, 전략설계의 방향과 내용을 합목적성에 의하여 규정하는 방법이라고 할 수 있다.

1) 박동준, 이민광, 기업병—우리 회사는 괜찮은가?, 소프트전략경영연구원, 1994. 참조

2) 또한 당면하고 있는 환경현실에 대하여 현재 확보하고 있는 능력의 대응성을 중심으로 그 대응성이 떨어지고 있다면, 그 이유를 분석하고 능력대응의 성과를 높이기 위한 관리적 조치를 전개하도록 한다. 만약 경영관리 또는 비즈니스 실행의 방식이나 체계가 능력-자원의 성과발휘를 억제하고 있다면, 경영관리와 비즈니스 실행의 방식과 체계를 재편성한다.

3) 만약, 절대적 능력이 부족하여 전략전개와 실천이 곤란할 경우, 추가적으로 필요한 능력-자원의 내용을 파악하고 그 실현 가능성을 점검하도록 한다. 따라서 능력-자원의 내부적 확보가능성이 제한될 경우, 전략의 조정활동을 지휘한다.

4) 특히 외부적 능력-자원의 확보와 활용에는 비용관계 또는 소유관계의 조건에 따라 그 관계적 성과를 관리하기 위한 거버넌스 아키텍처의 수립과 그 관리가 요구된다. 따라서 그에 대한 전담부문의 설치 및 관리기능의 전개를 통하여 거버넌

④ 전략대응 전개

전략대응의 전개에서는 전략 수립과 실천, 통제와 관리를 비롯하여 능력—자원의 편성과 전개의 지휘, 전략실행영역에 대한 비즈니스 실행과 운영과 관련하여 필요한 경영관리요소들을 설계하고 관리행동을 전개한다.[1]

특히 조직 내에서 전략 집행 관리의 판단과 효과적인 전략 프로세스의 전개를 수행하는 것이 필요하다.[2] 따라서 EA 아키텍처 특히 ESAG에 의한 전체적 관점에서의 설계와 대응이 필요하게 된다.

전략 집행관리 영역에서의 성과는 경영관리진에 대한 평가 및 감사를 통하여 통제된다. 만약 그에 대한 평가와 통제가 잘못 전개되어 엔터프라이즈의 성과가 저조하게 될 경우, 경영관리진의 전면교체와 같은 강력한 조치가 이어진다.[3]

전략 집행의 설계에서는 현재 조직내에서 전개되고 있는 전략경영의 아키텍처를 점검하고 불필요한 경영관리의 방식과 체계의 재설계와 재조정을 요구한다. 따라서 환경현실에 대응하는 기존의 경영 및 관리 시스템을 포함하여 조직, 비즈니스 운영에 대한 경영관리의 전반을 재검토하고 불필요한 요소들을 제거하며, 새로운 전략적 경영관리의 실천전개를 지휘한다.

또한 전략 수립 및 전개활동에 부적절한 경영관리요소들의 제거와 전략대응의 성과를 제고하기 위한 체제와 방식의 변혁을 통하여 부단한 전략창조설계의 활동이 전개되도록 하고, 그 실천과정을 통제한다.

스를 지휘할 필요가 있다.

1) 따라서 조직의 각 부문의 통제적 역할을 수행하고 있는 전략 집행영역에서는 연관부문의 관리통제활동에 매진하기 때문에, 정작 스스로의 방식과 체제에 대한 개선과 그에 대한 방법적 노력을 기울이기가 쉽지 않다. 따라서 전략경영관리에 대한 ESA 아키텍처, 또는 EA 아키텍처의 설계를 통한 대응이 절실히 요구된다고 할 수 있다.

2) 조직 내에서 두뇌적 역할을 수행하고 있는 전략 집행 관리의 변혁은 스스로의 뇌를 스스로 수술하는 경우와 마찬가지로 자발적인 내부적 노력에 의하여 실현하는 것은 사실상 불가능하다고 볼 수도 있다.

3) 대표적인 경우로 이사회에서의 경영진과 주요 관리자의 교체를 명하는 경우나 피인수 조직의 경영진 교체를 들 수 있다. 이사회에서 경질하는 조치는 내부적 거버넌스에 의한 조치이지만, 인수합병에 의한 조치는 산업, 시장, 사회적 차원에서의 외부적 재조정이라고 할 수 있다.

⑤ 비즈니스 영역에서의 전략설계 활동전개

비즈니스 영역에서의 전략전개는 엔터프라이즈 차원에서 전개해야할 비즈니스 실행을 위한 전략설계와 기능별 실행조직에 부여된 기존의 조직목표를 달성하기 위한 전략설계가 전개된다.[1]

따라서 ESAG에서는 조직의 현재 목표의 달성에 대한 성과수준의 평가뿐만 아니라 추구하고 있는 목표가 환경현실대응의 적합성에 대한 점검과 평가를 지휘할 필요가 있다.

⑥ 전략목표 및 가이드라인의 제시와 전략범위 설계 및 수정

환경현실에서 새로운 엔터프라이즈 활동 추진의 필요성이 긴요하게 부각되고 있을 경우, 전략 아키텍처 프레임워크의 전개에 대한 기본적인 원칙과 가이드라인을 확립할 필요가 있다.

새로운 비즈니스의 설계와 전략대응을 위한 전략설계와 전개에 있어서 비즈니스 영역에서의 전략 수립과 실행은 제품, 서비스, 고객, 시장, 산업, 사회에 대하여 범위와 규모, 내용에 대한 주도면밀한 검토와 대응이 요구된다. 또한 그 전개방법으로 전문화, 다각화, 통합화의 전개를 어떻게 설계하고 편성할 것인가에 대한 현실적 성과를 고려하여 실천적 대응전략을 설계한다.

따라서 전반적인 전략목표와 가이드라인에 대한 원칙을 제시하고 그에 입각하여 실천적 전략설계와 수정을 지휘 통제한다.

⑦ 전략전개활동의 조정과 변혁

실천적 전략을 구체화하는 과정에서 비즈니스별로 전개되는 전략의 내용과 그 실천에 있어서 재조정이 요구되는 사항들에 대하여 전략의 재조

---

1) 새로운 비즈니스 실행을 위한 전략설계의 과업이 면제될 경우, 해당 조직에서는 기존의 조직목표를 중심으로 목표달성을 위한 전략이나 실천적 사업운영의 성과를 개선하기 위한 전략들이 전략설계의 중심이 된다. 이와 같은 경우, 조직의 목표가 환경현실에 대응하기에 부적합한 내용으로 구성되어 있을 경우, 조직부문의 목표실행중심의 전략은 잘못된 목표를 추구하는 전략의 전개로 환경현실대응성과가 저조하게 된다.

정과 더불어 경영관리상의 조정과 변혁이 필요할 경우, 그에 대한 경영 관리 내용과 요소와 방법, 체제를 조정하거나 변혁한다.[1]

⑧ 조직능력-자원 능력설계

조직능력 및 자원능력설계는 전략설계활동에서 기본적으로 편성되지만, 전략 집행영역에서 비즈니스 영역과의 조정을 통하여 능력-자원의 편성 배치계획을 중심으로 전개된다.

조직능력과 자원능력설계는 지속적인 비즈니스 실행성과를 최대한 높일 수 있 도록 설계되어야 한다. 능력-자원의 확보와 전개에 있어서 비용과 투자의 부담 이 요구되기 때문에, 비즈니스의 전개방식의 편성 및 사업구조와 정렬시킬 필요 가 있다.[2]

또한 다양한 비즈니스를 전개함에 있어서 공통적으로 활용할 수 있는 능력과 자원의 편성과 전개에 대한 관리가 효과적으로 수행되고 있는지에 대한 통제가 요구된다. 능력과 자원은 전략실행과 성과창조의 관점에서 절대적으로 필요한 실 행요소들이므로 과부족 현상이 발생할 경우 직접적으로 실행성과를 좌우한다. 따 라서 실행영역에서는 필요한 능력-자원을 충분히 확보하려는 경향이 있다.

그러나 능력-자원의 확보는 그에 따라 수반되는 비용과 투자의 부담이 있으 므로 경제성 평가에 의한 점검이 요구된다. 특히 엔터프라이즈 전체 차원에서 공 용으로 활용해야 하는 능력-자원의 관리에서는 각 비즈니스의 기능전개의 성과 를 최대한 실현하면서 공용으로 최소비용과 노력을 강구하면서 능력-자원전개를 위한 통제 관리적 조치를 수행하여야 한다.

⑨ 능력-자원 요구

비즈니스 영역에서는 전략실행을 위하여 필요한 능력-자원을 설계하고

---

1) 또한 다양한 비즈니스들의 영역 내 전략요소나 영역설계 간의 충돌이나 마찰과 같은 현상이 발생할 경우, 필요한 조정적 활동을 수행한다. 예를 들면, 전략, 조 직, 예산, 자원, 시스템 및 프로세스 및 부문별 기능의 재배분에 대하여 전략 계 획을 조정하고 관리적 활동을 전개한다.

2) 예를 들어 복수의 다양한 직무를 수행하는 조직과 전문적 과업의 직무를 수행하 는 조직의 구조는 서로 다르다. 또한 반복적으로 활용할 수 있는 자원과 소모적 자원의 편성과 배치는 자원구조의 설계가 다르다.

이의 전개를 위하여 필요한 능력–자원요소들의 확보와 전개조치를 전략 집행부문에 요구한다.[1] 이에 대하여 전략 집행영역에서는 비즈니스를 중심으로 각 조직별 고유 능력과 자원의 편성 배치와 공용적 능력–자원의 편성전개를 통하여 그 대응을 전개한다.

⑩ 능력-자원 투입전개

능력–자원의 투입과 전개에서는 필요한 능력–자원의 내용과 규모, 방법 및 필요한 투입 시점에 대하여 계획하고 실천을 전개한다.[2]

또한 투입의 시점에 따라 능력–자원성과가 좌우되므로 적절한 시점에서 확보되고 투입되고 있는지를 통제한다.

이와 관련하여 원천적 능력–자원 요소들의 직접 투입이 곤란하고 가공이나 육성을 통하여 일정한 사전적 절차를 거쳐 능력–자원 요소들의 품질을 확보한 뒤에 투입되어야 할 경우, 능력–자원 투입의 선행적 조건의 충족 여부를 통제한다.

⑪ 조직능력-자원성과의 통제

조직능력–자원성과는 실행을 통하여 달성된다. 따라서 실행성과를 중심으로 평가한다. 비즈니스의 실행에 투입되는 능력과 자원의 품질이 실행성과에 영향을 미치게 되므로, 논리적으로는 고유한 비즈니스 실행성과와 능력–자원성과를 구분하여 점검할 필요가 있다.[3]

---

1) 이와 같은 능력–자원요구는 조직 내에서 전개되는 내부거래의 성격을 지니며, 전략 집행부문에서 총괄적으로 확보한 능력–자원에 대하여 거래비용을 충당할 수 있는 비즈니스 성과를 반대급부로 제시한다. 따라서 능력–자원의 요구에는 그에 합당한 기대성과를 제시하여야 하며, 그 활용과 관련하여 합목적성, 합법성, 합리성의 기준을 충족하여야 한다.

2) 필요한 능력보다 과도한 능력–자원의 투입은 비용성과를 억제한다. 그러나 필요 규모에 미달하는 능력–자원의 투입은 비즈니스의 실천과 성과를 억제한다. 따라서 투입전개활동에서는 실제로 필요한 능력–자원의 확보여부와 그 편성과 투입이 제대로 전개되고 있는지 통제한다.

3) 예를 들어 열심히 비즈니스를 전개하지만, 능력–자원의 수준미달로 성과가 억제되고 있다면, 능력–자원의 재편성이나 수준향상을 위한 통제적 조치를 전개함으

⑫ 전략지휘와 통제 관리

전략 집행, 즉 전략지휘 및 통제 관리는 비즈니스 실천에 대한 ESAG의 실천적 통제활동으로 수립된 전략의 효과적인 전개를 점검하고 필요한 통제적 조치를 수행한다.[1) 또한 현재 채택하고 있는 기존의 ESAD나 ESAG의 편성이 잘못되어 있다면, ESA의 재편성이나 재설계를 지휘한다.

이상으로 ESAG의 프레임워크에 의한 전개 프로세스의 실천에 대하여 살펴보아야 할 점을 살펴보았다.

6. 전략 아키텍처 능력개발

조직에서 필요한 ESA 능력을 확보하지 못할 경우, 적극적이고 효과적인 ESA 실천은 곤란하게 된다. 따라서 최고경영자를 위시하여 주요 관리자 및 스태프 부문을 중심으로 ESA 능력을 강화하기 위한 별도의 노력을 기울일 필요가 있다.

만약, 현재 당면하고 있는 ESA 과제나 대응의 전략 니즈가 급박할 경우에는 외부전문가를 활용하는 방편도 있지만, 근본적으로는 조직 내에 ESA 대응을 기획하고 실천할 수 있는 인재들과 부문을 편성할 필요가 있다.

ESA는 엔터프라이즈 조직의 전략적 운명을 좌우할 수 있기 때문에 외부의 전문가 그룹을 활용하는 것에는 한계가 있다. 예를 들면, 전략과 보안의 문제뿐만 아니라, 조직 내 거버넌스 활동과 관련하여 주요한 핵심적 내부 통제활동에 관계되기 때문에, 외부의 전문가 그룹에 대한 한시적 용역과 같은 조치로는 외부

로써 성과를 제고한다. 따라서 능력-자원의 성과여부를 점검하여 능력-자원전개에 필요한 경영 관리적 조치를 수행하고 필요한 전략대응을 강화한다.

1) 구체적으로는 전략설계의 구체적 요소들의 이행여부와 성과의 점검, 전략전개과정의 통제 등이 이에 해당한다. 전략전개의 과정에서 전략설계상의 오류가 파악될 경우, 전략구성요소들의 점검과 검토 및 전략논리, 전략전개의 방식 등에 대하여 즉각적인 수정과 보완을 지휘하고 필요한 요소들을 통제한다.

적 능력 활용의 제약이 있다.

또한 주목해야할 점으로는 ESA 프레임워크에 의한 조직적 대응은 지식과 경험적 시도를 통하여 조직지능으로 발휘될 뿐만 아니라 엔터프라이즈 조직의 능력에 따라 ESA대응이 진화적 시스템과 같이 작용한다는 사실이다.

따라서 경영층을 비롯하여 관리자를 중심으로 주요 관련부문에 대하여 조직 내 ESA 능력을 강화하기 위한 교육과 제도 확립, 기능전개를 실천하기 위한 별도의 조치를 충실히 수행할 필요가 있다.

또한 ESA의 외부적 대응성과를 제고하기 위한 능력개발 및 전개계획을 수립한다. 예를 들면, ESAD의 전략 집행성과를 높이기 위하여 내부 조직구성원과 외부의 관계자들로 구성된 시장 감시, 비즈니스 감시, 조직의 능력–자원 감시, 전략 집행감시와 같은 감시조직을 편성하여 대응할 필요가 있다.

이는 그동안 전개해온 고객 모니터링과 같은 마케팅의 수단보다 확대된 감시활동을 수행하는 감시조직으로, 그 기능을 충실히 수행할 수 있도록 조직 능력의 확보와 시스템적 실천방안을 강구할 필요가 있다.

또한 신규 비즈니스와 관련하여 경영진 육성 프로그램을 비롯하여 전략감사 위원회 조직의 능력을 강화하기 위한 조치를 강구할 필요가 있다. 이를 위하여 ESA 프레임워크의 각 영역별 필요능력을 진단하고 그에 대하여 연차별 ESA 능력강화계획을 수립, 실천함으로써 ESA 조직지능을 지속적으로 향상시키기 위한 조치를 강구하여야 한다.

이와 같은 ESA 활동은 소수의 실무자들에게 위임하여 전개할 경우, 그 성과를 보장할 수 없으며, 최고경영층의 직속 또는 경영진이 직접 진두지휘하여 전개하여야 한다. 필요하다면, ESA 기능과 활동을 전담하여 조직의 엔터프라이즈 전략 거버넌스(ESG: Enterprise Strategy Governance) 활동의 추진을 책임지고 진두지휘하는 임원(Chief ESG Officer, 또는 CGO) 제도를 설치하여 조직에서 본격적인 ESA 실천을 전개한다.

조직의 거버넌스 부문의 임원을 CGO(Chief Governance Officer)라고 한다. CGO는 거버넌스 기능을 수행하는 임원으로 최고경영자를 보좌하

여 조직의 현재성과 뿐만 아니라 미래의 지속가능성장을 추구함으로써
미래의 전략성과를 주도한다.

CGO제도를 확립하고 있는 부문에서는 기존의 거버넌스 기능에 엔터
프라이즈 전략 거버넌스를 포함하여 CGO와 내부 거버넌스 조직기능을
확충함으로써 엔터프라이즈 전략 거버넌스 임원(Chief ESG Officer)의 기
능을 맡아 전개할 수 있다.

7. ESA를 통한 엔터프라이즈의 성장과 진화

전략 설계 아키텍처에서 살펴본 바와 같이 기존의 전략의 변화 또는
새로운 전략의 모색과 전개에는 필요한 능력과 역량의 개발과 전개가 필
요하다. 뿐만 아니라 지속적인 외부적 엔터프라이즈 사업전개를 실천함에
있어서 능력과 역량의 전개를 효과적으로 실시하기 위한 절차와 프로세
스 및 시스템이 균형적으로 전개되어야 한다.

<도 5-31>에서는 이와 같은 엔터프라이즈 전략전개와 기업의 성장과
진화에 대한 개념적 구도를 제시하고 있다.

그림의 중심의 마름모 형태는 현재 엔터프라이즈가 확보하고 전개하고
있는 전략요소들인 현실 팩트와 전략 니즈(N_1)를 중심으로 전략 범위 즉,
제품—시장(SC_1)과 사업수행의 프로세스와 시스템(PS_1), 조직능력과 자원
(CR_1)의 균형적 결합수준을 보여주고 있다.

이와 같은 상황에서 새로운 엔터프라이즈 활동의 전개를 모색할 경우,
기본구도의 요소들이 그림의 좌표중심에 실선으로 그려진 마름모 형태의
과거의 수준($N_1:SC_1:PS_1:CR_1$)에서 점선으로 표현된 새로운 수준($N_2:SC_2:$
$PS_2:CR_2$)으로 확장된다.

이와 같은 변화는 수직축의 위($\uparrow$)로 전개되는 새로운 현실 팩트와 전

략 니즈의 발굴과 대응으로 전개되는 전략기회의 성장대응, 우상(↗)으로 전개되는 새로운 전략 범위와 전략 요소의 창조 작업의 전개, 우측(→)으로 전개되는 고객, 시장의 개척과 확대, 아래쪽(↓)으로 전개되는 사업무 수행방식과 프로세스 및 그 성과를 지원하는 시스템의 변혁, 좌하(↙)로 전개되는 능력과 역량 및 자원의 변혁, 좌측(←)으로 전개되는 조직의 성장과 진화, 좌상으로 전개되는 전략 설계와 관리 통제의 진화, 그리고 우하(↘)로 전개되는 외부적 사업실천과 그 범위가 확대되면서 수익과 성과, 목적의 이행수준이 증대되고 엔터프라이즈가 지속적으로 진화한다.

<도 5-31> 엔터프라이즈 전략 아키텍처 전개와 기업의 성장과 진화

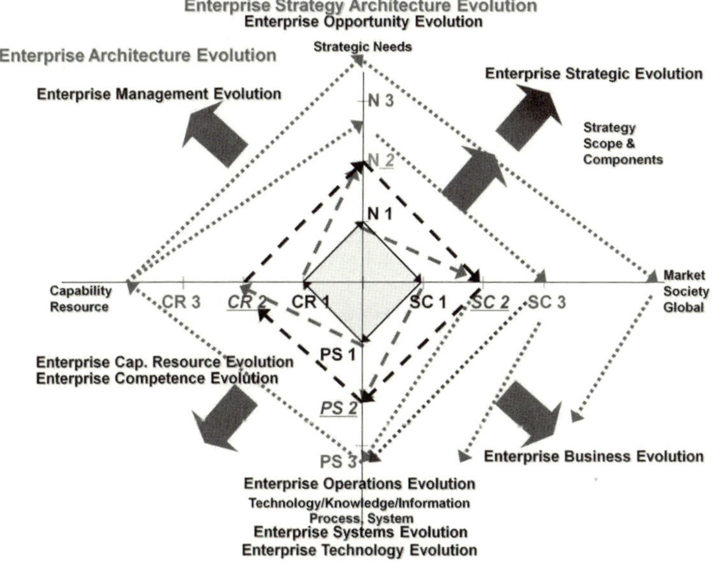

이와 같은 엔터프라이즈의 진화는 단순히 특정한 하나의 전략 요소만의 확대나 변혁, 또는 조직능력 요소만의 확대나 변혁과 같이 특정한 단위요소들의 구성변경만으로 달성되지는 않는다. 예를 들어, 좌하의 핵심역량을 강화해도 우상의 전략 범위와 전략 요소의 전개가 결여된다면,

핵심역량을 강화하는 목적과 방법이 잘못될 수도 있을 뿐만 아니라 그 전개성과 또한 제약될 수 있다.

또한 능력요소의 추가와 전략요소의 추가의 경우, 전략요소와 능력요소의 결합적 전개를 위한 관리방법과 구체적인 실행을 위한 계획의 수립과 운영과 같은 요소들이 설계되어 실천될 경우에 엔터프라이즈의 진화가 달성된다.

엔터프라이즈 전략 거버넌스에서는 이와 같은 전략적 관점에서의 엔터프라이즈의 균형적 성장을 도모할 뿐만 아니라, 실천적 측면에서의 전략 성과를 제고한다.

이상에서 보는 바와 같이 **엔터프라이즈 전략 아키텍처**는 엔터프라이즈에서 당면하고 있는 다양한 전략상황에 대한 대응에서 유발되는 여러 가지의 문제점들을 예방할 수 있을 뿐만 아니라 엔터프라이즈 전략과 활동 추진의 성과를 제고하는 한편, 새로운 엔터프라이즈 활동의 전략적 전개를 모색하고 실천하는데 유용한 도움을 제공한다.

제6장

엔터프라이즈 전략 아키텍처 적용사례 연구

6장에서는 최근 관심을 끌고 있는 공기업 변혁과 관련하여 공기업 A사의 현장 사례를 중심으로 전략충돌현상에 대하여 실제로 엔터프라이즈 아키텍처에 의한 진단과 대응을 어떻게 하는가에 대한 사례를 간략히 제시하고 있다.

이 사례에서는 엔터프라이즈 전략 아키텍처 프레임워크에 입각하여 전략 거버넌스를 우선 진단하여 통제원칙, 통제계획과 실천을 살펴보고, 거버넌스 조직과 메커니즘, 전략 거버넌스의 수단에 대한 점검과 그 대응방안을 요소별 대응과 관계적 대응으로 구분하여 제시하고 있다.

또한 전략설계 차원에서의 진단과 대응 역시 엔터프라이즈 전략 아키텍처 프레임워크에 입각하여 전략범위와 비즈니스 영역, 능력자원 및 전략 집행의 요소별로 진단하고 전략충돌현상에 대응하는 방안을 결합적으로 제시하고 있다.

또한 서비스 분야의 소기업의 전략현실에 대하여 전략 거버넌스와 전략 설계의 내용을 진단하고 그 대응방안을 살펴본다.

마지막으로 사례연구를 통하여 본 전략 아키텍처 프레임워크의 유용성을 설명한다.

제6장에서는 엔터프라이즈 비즈니스의 현실에 있어서 전략의 충돌, 중복 현상에 대하여 전략 아키텍처 프레임워크의 적용사례를 통하여, **ESA** 프레임워크의 유용성을 검토한다.

6.1 적용사례 연구개요

사례로 다루는 조직은 공공사업과 일반 수익사업을 추구하고 있는 공사조직으로 해당 조직의 전략부문 경영자와 실무책임자를 중심으로 전략 설계와 전개의 실제에 대하여 6차에 걸쳐 직접 방문하여 심층적 면담조사를 통하여 분석하였다.[1]

면담조사에서는 '전략설계와 전략 거버넌스에 대한 실제가 어떻게 이루어지고 있는가'와 '현재 전략충돌과 중복의 문제에 대하여 어떻게 대응하고 있으며 향후 어떻게 개선되어야 할 것인가'를 중심으로 현황에 대한 질문과 답변의 인터뷰의 형식으로 상담하였다.

상담 중에 경영자와 관리자들은 전략의 충돌의 문제에 대하여 별다른 문제점이나 관심의 필요성에 대하여 인식을 못하고 있었으며, 전략의 충돌현상에 대하여 주목하는 일 보다는 기존의 추진사업에 대한 전략적 성과를 달성하는 일에 더욱 관심을 기울이고 있었다. 따라서 당면하고 있는 전략과제들을 해결하다보면, 부득이 여러 사업 전략들과의 충돌현상이 유발될 수도 있으며, 그러한 충돌은 실천적 측면에서 부문 간의 회의를 통하여 원만히 해결해야 한다는 인식이 작용하고 있었다.

---

1) 본 사례는 박사학위논문의 사례연구를 위하여 실시한 조사 자료에서 인용되었으며, 논문에 발표하지 않은 내용을 일부 추가하였다. 최근 공사조직의 경영평가 및 대외 이미지와 관련하여 민감하게 작용할 수 있으며 사례연구 대상 공사조직의 활동에 부정적 영향을 미칠 수 있으므로 공사명칭은 익명으로 처리하도록 한다. 박동준, EA성과제고를 위한 엔터프라이즈 전략 아키텍처의 개발에 관한 연구, 국민대학교 BIT대학원, 박사학위논문, 2009.

사례연구에서는 조직에서 엔터프라이즈 조직의 전략적 대응에 대하여 ESA의 전략 아키텍처에 대한 필요성의 인식, 경영자와 관리자의 현실적 관점에서 전략 아키텍처 프레임워크 활용 유의성에 대한 인지적 판단을 통하여 ESA 프레임워크의 현실적 적용방법과 그 유용성을 살펴본다.

1. 문제 현상의 기술

A사는 공공부문의 시책사업과 신규 수익사업을 병행적으로 수행하는 과정에서 신규 수익사업의 성과가 저조할 뿐만 아니라 공공부문 사업의 수행에 소요되는 자원들을 신규사업부문에서 지원해줄 것을 요구함에 따라서 부문 간에 서로 반목하는 현상이 등장하고 있다.

따라서 신규 사업부문의 성공을 위하여 필요한 기본적인 인력, 투자, 시스템 등의 요건조차 확보하지 못하고 있기 때문에 임계규모에 미달하고 있고, 결과적으로는 효과성을 실현하지 못하고 있을 뿐만 아니라, 연관조직부문의 긴밀한 협력이 요구되는 상황에 처하여도 원활한 협조관계를 설정하지 못하고 있다.

결과적으로 신규 사업부문에서는 새로이 전략추진에 필요한 자원을 요청하고 있고, 그에 대한 필요성에 대한 판단과 의사결정은 지연되고 있으며, 부분적으로는 자원투입과 사업수행활동에서의 중복현상이 등장하고 있다.

따라서 신규 수익사업부문에 대한 사업의 전개와 추진의 속도와 성과가 떨어지는 한편, 정책기관이나 감독기관에서는 이러한 현상에 대한 지적이 늘고 있는 실정이다.

2. 문제 대응을 위한 ESA 프레임워크의 전개

이와 같은 A사의 현실과 문제점에 대응하기 위하여 전략 거버넌스 차원에서의 ESAG 프레임워크 및 ESAD 프레임워크에 의하여 각각의 영역별로 구분하여 A사의 전략전개의 실제와 전략충돌을 조명하고 그에 대한 대책을 살펴보도록 하자.

6.2 A사의 전략 아키텍처 프레임워크에 의한 진단

A사의 비즈니스 거버넌스를 담당하고 있는 중앙부처의 정책감독기관이나 통제 거버넌스를 담당하고 있는 감사기관에서는 A사의 사업추진에 대하여 현실적으로 당면하고 있는 사회적, 국가적 과제에 필요한 대응을 적시에 적절히 대응하지 못하고 있음을 지적하고 있다.

그러나 A사에 대하여 거버넌스 활동을 수행하고 있는 외부적 거버넌스 조직이나 A사의 내부적 거버넌스 조직구성원들이 어떻게 대응해야 할 것인지에 대한 명확한 전략설계와 그 실행에 대한 판단을 못 내리고 있는 실정이다.

공공부문 사업을 추진하고 있는 공사조직인 A사의 경우, 조직에서 전체적으로 추구하는 전략과 사업본부별 추진 전략들은 상위 목표와 실천적 목표들의 전개의 논리에 입각하여 대체로 일관성을 유지하고 있었으며, 공사설립 관련법규에 입각하여 기업 행동의 거버넌스가 외부 조직과 내부감사를 중심으로 실행되고 있다.

엔터프라이즈 전략 아키텍처의 관점에서 A사의 전략설계와 전략 거버넌스의 실제를 살펴보면 다음과 같다.

1. A사의 전략 거버넌스의 진단

ESAG 프레임워크의 영역별 진단내용의 개략을 보면 다음 <표 6-1>에서 보는 바와 같다.

A사는 주요 신규 사업을 개발하고 추진하기 위한 부서를 별도로 조직으로 구성하고 있지만, 표에서 보는 바와 같이 A사는 추구하는 엔터프라이즈 전략에 대하여 별도의 통제나 관리를 위한 조직과 기능을 갖추지 못하고 있음을 알 수 있다.

따라서 추구하고 있는 신규 전략 사업들에 대한 전략설계와 집행, 통제의 계획과 실천을 실무부서의 경영자와 실무책임자들에게 위임하고 그 결과에 대하여 조직의 외부 감사나 통제에 의하여 전략 사업에 대한 평가를 받는 형태로 전략에 대한 거버넌스가 전개되고 있는 실정이다.

이와 같은 연유로 내부적으로 사전에 전략에 대한 점검이나 보완, 또는 집행에 대한 통제는 별도의 전략 거버넌스에 대한 조직적 기능이 전개되지 않고, 경영자를 중심으로 기획 및 운영조직에서 담당하고 있고, 전략실천의 시행착오가 등장하게 될 경우, 사후적으로 전략내용과 집행방식에 대한 수정조치가 이루어진다.

전략수정활동들은 시간 및 예산, 자원과 능력이 일정 수준 투입된 이후에 전개되므로, 조직의 전략 성과를 억제할 소지가 있음에도 불구하고, 이에 대한 내부적 전략 거버넌스 활동이 독립적으로 전개되지 못하고 있기 때문에, 주로 국정감사 등의 외부적 거버넌스 활동에 의하여 점검되고 통제된다.

ESAG의 각 영역별로 진단내용을 구체적으로 살펴보면 다음과 같다.

(1) 통제원칙, 통제계획과 실천

A사의 전략 거버넌스에 대한 별도의 통제원칙은 규정되어 있지 않고, 공사법에서 규정하고 있는 사업의 계획과 집행에 관한 일반적 거버넌스의 원칙에 입각하여 수행된다.

즉, 대부분의 사업기획과 입안, 계획 및 집행에 관한 원칙은 공사설립에 관한 법률에 입각하여 수행되고 있다. 따라서 원칙적으로는 법률에 저촉되거나 또는 법률에 규정되지 아니한 비즈니스의 기획과 실천은 억제된다.

새로운 환경현실과 전략 니즈에 대응하기 위하여 신규전략을 추진하고지 할 경우, 공사의 신규사업추진과 관련된 법률의 개정이 요구되며, 주요 이해관계인들의 법안정비 및 의결활동이 수반되어야 한다.

또한 법률에서 정의하고 있는 사업의 전략적 대응과 실천에 대하여는 그 방법과 절차, 내용에 대한 합법성, 합리성, 합목적성을 충족하여야 한다.

그러나 이와 같은 전략 활동에 대한 전략적 통제의 원칙도 명시되지 않고 있으며, 나아가 구체적인 절차와 방법도 규정하지 않고 있기 때문에, A사의 전략 거버넌스 활동은 지극히 수동적이며 미흡한 수준에 있다고 할 수 있다.

<표 6-1> ESAG 프레임워크에 의한 A사의 전략 거버넌스 진단

(1) 통제원칙, 통제 계획과 실천(P)	P-M 관계	(3) 거버넌스 메커니즘 (M)
P1. 공사법에 의한 통제 P2. 전략통제에 관한 원칙은 별도로 마련되어 있지 않음 P3. 불확실성과 리스크 대응에 대한 통제활동의 절차, 원칙 미흡 P4. 통제계획의 전개와 실천, 관리 낮음	PM1. 전략감사의 실시가 미흡 PM2. 전략거버넌스 계획, 실천 미흡 PM3. 전략 리스크, 불확실성에 대응하는 전략 수립과 집행의 관리의 책임이 방임되어 있음 PM4. 감사기관의 관심사항에 거버넌스 의존	M1. 내부전략감사의 미흡 M2. 전략책무계약 부재 M3. 감사원 감사, 국정감사 위주의 감독기관 외부감사에 의존
P-O 관계	P-T관계	M-T 관계
PO1. 전략 거버넌스 조직에 관한 규정 미흡으로 거버넌스 조직 설계가 되지 못하고 있음 PO2. 경영진과 관리자의 전략 책무에 관한 공식화가 미흡	PT1. 전략통제의 한계 PT2. 명목적, 형식적 전략 성과관리 **O-M 관계** OM1. 경영진의 전략대응직무 및 책임관계의 불명확 OM2. 전략 성과의 통제, 관리가 곤란 OM3. 전략들 간의 충돌에 대응이 곤란	MT1. 전략 통제절차, 수단 및 시스템 미비 MT2. 전략 거버넌스 오류의 인식미흡 MT3. 외부 감사기관의 보고, 감사, 지적사항 이행에 치중
(2) 거버넌스 조직(O)	O-T 관계	(4) 거버넌스 수단(T)
O1. 전략감사 위원회 미비, 별도의 전략 거버넌스 조직이 없음 O2. 거버넌스 기능, 역할 대행 조직의 전략능력 강화요망	OT1. 전략 거버넌스 관련 조직의 지휘 및 통제관리, 수단을 활용하지 못하고 있음 OT2. 조직 및 능력부족으로 전략에 대한 거버넌스 수단전개 미흡	T1. 전략 지휘 및 통제관리, 수단의 미흡 T2. 전략 통제절차, 수단 및 시스템 미비

더욱이 A사가 당면하고 있는 환경현실의 복잡성과 불확실성, 리스크에 대한 대응에 대하여 자율적인 대비책을 강구하지 못하고 있을 뿐만 아니라, 그에 대한 지휘, 통제에 대한 원칙, 절차 및 방법조차 확립하지 못하고 있기 때문에, 수시로 사업수행의 전략들이 수정될 소지가 많음에도 그에 대한 거버넌스 관점에서의 대응도 방임되고 있다.

특히 최근 자체 수익사업을 추진하고자 신규사업부문을 설립함에 따라, 기존의 공공예산사업과 자체사업의 추진에 대하여 동일한 통제원칙과 평가기준을 적용함으로써, 신규 사업 수익사업부문에서의 추진성과가 미흡한 실정임에도 그에 대한 별도의 대책마련을 하지 못하고 있다.

이와 같은 현상에 대하여 기존 공공사업 추진전략과 수익사업 추진전략 간의 충돌과 마찰이 등장하고 있음에도, 신규 수익사업의 규모가 미미하고 추진조직도 소조직으로 구성되어 조직 내에서도 별다른 주목을 받지 못하고 있을 뿐만 아니라 본사차원에서 이에 대하여 미온적 대응에 그치고 있다.

예를 들면, 신규 사업추진 조직에서 필요한 인력, 자원에 대한 배치와 활용에 대하여 기존의 공공사업부문에서 비협조적으로 대응할 뿐만 아니라 심지어는 배타적인 현상, 경쟁적 현상도 등장한다.

또한 신규 사업추진조직의 구성원들은 공공사업부문에서 차출되어 편성되었으며, 급여수준이나 근무조건, 직무원칙 등이 공공사업부문의 조직관리의 내용을 그대로 적용하고 있다.

따라서 신규 사업추진 전략에 대응하기에는 어려움이 있을 뿐만 아니라, 새로운 모험적 시도를 전개하다가 감봉이나 견책을 받기보다는 공공사업부문의 무사안일형 직무수행방식을 따르는 것이 바람직하다는 직무의식이 신규 사업 전략의 추진력을 약화시키고 사업예산의 집행 효과성도 떨어지고 있다.

이에 대하여 전략 거버넌스의 관점에서도 신규 사업에 관한 전략설계와 집행, 추진에 대하여 별도의 전략 거버넌스 활동에 대한 계획과 실천에 대한 대응을 실천하지 않고 있으며, 그에 대한 통제와 관리활동 또한 간과하고 있기 때문에, 전략 성과의 관리와 통제에 대하여 거버넌스 차원에서의 시급한 대응이 요망된다고 할 수 있다.

(2) 거버넌스 조직

A사에서는 사외이사제도를 실시함으로써 주요 의사결정에 대하여 외부적 관점에서의 반영을 도모하고 있지만, 현실적으로 엔터프라이즈 활동에 대한 주요 전략적 의사결정에 대하여 전략 거버넌스를 수행하는 CGO와 같은 전담 임원이나 전담조직은 설치하지 못하고 있다.

따라서 전략적 책무와 모험적 대응이 필요한 전략적 의사결정에 대하여는 전략기획부문과 실행부문의 책임자와 실무조직을 중심으로 기본안이 편성되며, 이사회에서는 주요 검토항목만을 중심으로 사업추진을 승인하는 방식으로 수행된다.

이와 같은 의사결정은 전략책무에 대한 책임관계에 대하여 입안자나 기획자, 실행조직 및 의사결정의 각 조직부문 및 계층별 책임사항의 명확한 기술이 결여되어 있기 때문에, 상급기관의 주무부서와의 관계대응을 제외한 대외적 전략 커뮤니케이션이 크게 제약되어 있고, 최종적인 전략책무는 이사회에 귀결되기 때문에, 전략적 대응이 명백히 요구되는 사안들에 대하여도 불확실성이 높거나 리스크가 높을 경우, 이사회에서도 소극적 의사결정과 안이한 전략대응으로 치중하고 있다.

외부적 거버넌스 활동에서도 A사에 대한 전략 거버넌스 활동까지는 수행되지 않고 있기 때문에, 전략 거버넌스 활동을 촉진하고 평가하며, 필요한 조치를 수행하며 대응할 수 있는 조직적 대응이 미흡한 실정이다.

(3) 거버넌스 메커니즘

거버넌스 메커니즘은 전략적 책무의 설계와 수행내용을 의미하지만, A사의 경우 거버넌스의 주체와 대상, 내용에 대한 활동이 거의 전개되지 못하고 있고 전략 거버넌스 메커니즘의 설계와 전개는 아주 미흡한 수준이라고 할 수 있다.

예를 들면, 신규사업추진과 관련하여 어떠한 거버넌스 원칙과 주체, 방식, 논리를 전개할 것인지에 대한 거버넌스 기본적 요소들이 확립되지 못하고 있기 때문에, 거버넌스를 어떠한 구조와 관계로 편성할 것인지에 대한 판단조차 내리지 못하고 있다.

뿐만 아니라 정책기관이나 주요 외부적 이해관계인들이 요구하는 주요 요구사항들이 다양하게 산발적으로 제시될 경우, 그에 대응하기 위하여 조직 내에서 다양한 회의 준비와 보고서 작성, 관리적 평가항목의 점검 등에 치중하여 조직의 전략적 대응에 필요한 주요 사업추진노력 투입보다 외부적 요구사항에 대응하기 위한 소모적 활동으로 조직능력을 낭비하는 현상이 비일비재하게 등장한다.

내부감사활동의 수행에 있어서도 주로 업무결과를 중심으로 감사활동이 전개되고 있으며, 감사원이나 상급기관의 외부감사 지적사항의 사후관리에 집중하여 신규 사업 입안과 추진, 전략의 설계와 집행과 관련된 감사는 제대로 수행하지 않고 있다.

따라서 조직에서 추구하는 전략적 활동의 기획과 설계 및 집행과 실천에 대한 전략감사활동이 제대로 전개되지 못함으로 인하여, 기존의 전략추진에 대한 기본적인 분석과 평가도 실천되지 못하고 있을 뿐만 아니라 다양한 전략적 시도와 추진에 대하여도 어떻게 대응해야 할 것인지에 대한 내부감사 관점에서의 대응도 간과되고 있다.

(4) 전략 거버넌스 수단

전략 거버넌스 수단에 있어서는 협의와 보고 및 회의, 사안별 기획안 검토와 같은 형태의 내부적 경영관리의 관점에서의 수단을 중심으로 커뮤니케이션 수단들을 활용하고 있다.

따라서 별도의 전략 거버넌스를 위한 절차나 수단, 시스템이 확립되지 못하고 경영회의나 사업검토회의에 곁들여 전략 거버넌스와 관련된 사안을 부가적으로 다루는 형태의 거버넌스를 전개하고 있다.

(5) ESAG 프레임워크에 의한 실태진단요약

<표 6-1>에서 보는 바와 같이 A사는 전반적으로 전략에 대한 거버넌스의 체제나 활동의 내용은 미흡한 수준에 머물고 있다고 할 수 있다.

먼저 영역과 영역간의 관계에서 통제원칙과 조직, 즉 P−O 관계를 보면, 전략 거버넌스 조직에 관한 규정 미흡으로 CGO와 같은 책임경영자를 포함한 거버넌스 조직설계가 되지 못하고 있으며 경영진과 관리자들

이 조직의 전략적 환경대응과제에 대응하여 전략 니즈를 충족하고 전략적 과제를 해결해야 하는 전략책무에 대한 공식화하지 않고 있다.

P-M 관계, 즉 원칙과 실천 및 메커니즘과의 관계에서는 기본적인 전략감사가 실시되지 못하고 있고, 전략 거버넌스에 관한 계획, 실천전개가 미흡한 실정이다. 또한 전략 리스크, 불확실성에 대응하는 전략 수립과 집행 관리책임이 경영층이나 관리자, 또는 어떠한 특정 조직부문에도 명시적으로 편성되어 있지 못하고 상황에 따라 혼란스럽게 전개되고 있다.

> 따라서 A 조직에 대하여 유일하게 실천되고 있는 공식적인 감사는 외부 감사기관의 감사활동에 의존하고 있으며, 현실적으로는 상급기관을 중심으로 사업수행실적을 중심으로 전개되며, 전략과 관련된 거버넌스에 있어서도 해당 감사기관에서 지적이 나오지 않을 경우, 경영진 측에서 별다른 조치를 강구하지 않고 있다.

O-T 관계, 즉 거버넌스 조직과 거버넌스 수단과의 관계에서는 전략 거버넌스 조직이 미비하고 전략 거버넌스 능력의 부족에 기인하여, 유사 기능을 수행하고 있는 기획부문에서의 전략 지휘 및 통제 관리를 수행하고 있지만, 전략적 의사결정이나 전략 커뮤니케이션은 모두 경영층 또는 사업부문에게 위임하고 있고 계획 수립과 예산통제에 급급하고 있기 때문에, 전략 거버넌스에 관련하여 적절한 수단을 활용하지 못하고 있다.

M-T 관계, 즉 거버넌스 메커니즘과 수단과의 관계에서는 전략 통제의 절차와 수단, 시스템을 갖추지 못하고 있을 뿐만 아니라 전략 거버넌스 메커니즘과 수단편성, 전개의 오류를 인식하여 대응하지 못하고 있다. 특히 외부감사기관에 대하여 정기적으로 감사자료의 작성과 보고, 수감활동을 위한 자료준비 및 감사 지적사항의 이행과 사후보고에 치중하고 있다.

P-T 관계, 즉 거버넌스 원칙과 수단과의 관계에서는 원칙과 수단의 확립수준이 낮기 때문에 전략통제의 실천이 제대로 전개되지 못하고 있고, 사업 예산통제에 치중하여 명목적이고 형식적 보고를 위한 전략 성

과관리에 그치고 있다.

O-M 관계, 즉 거버넌스 조직과 메커니즘과의 관계에서는 경영진의 전략대응직무 및 책임관계가 제대로 정의되지 못하고 있고, 거버넌스의 내부책임을 수행하는 경영자와 관리자들의 전략 성과의 통제 및 관리가 곤란하며, 전략들 간의 충돌에 대하여 방임하고 있음을 알 수 있다.

이와 같은 전략 거버넌스 활동은 조직의 전략설계와 집행과정에 영향을 미칠 뿐만 아니라, 그 성과의 관리도 제대로 되지 않기 때문에, 현상 유지형 사업전개에 치중할 소지가 높다. 따라서 경영진 및 관련 이해관계인들을 중심으로 전략 거버넌스의 중요성을 인식하고 그에 대한 원칙과 실천의 세부적 대응내용을 정비하고 조직과 메커니즘, 수단의 대응을 전반적으로 강화할 필요가 있다.

2. A사의 전략설계 진단

A사의 조직에서의 전략기획은 주로 기존의 사업연장과 필요시 대상과 범위의 확대를 중심으로 전략을 수립해왔다. ESAD 프레임워크의 영역별 진단내용의 개략을 보면 <표 6-2>에서 보는 바와 같다.

A사에서 추가적으로 필요한 신규 전략을 수립하게 되는 경우는 조직 내부적으로 당면하고 있는 환경현실에 대하여, 대응해야 할 현실 팩트와 전략 니즈를 인식하여 자발적이고 모험적으로 전략을 설계하고 추진하기보다는 주요 외부적 이해관계인, 즉, 예산을 배정히는 상급 부처나 기관에서 요구하는 정책 사업에 대하여 추진전략을 수립하는 방식으로 전략대응을 일관해왔다.

따라서 대부분의 전략설계는 주요 이해관계인들의 요구사항에 입각한 환경대응에 초점을 맞추고 있다. 때로는 정치적 이해관계와 요구사항들의 충족을 위한 사업 설계와 집행이 암묵적으로 수행되기도 하고, 주요한 전략적 우선순위에 대한 원칙이 무시되는 경우도 비일비재하다. 이와 같은 형태와 내용으로 전략설계를 전개해왔기 때문에 외부 환경현실에 대하여 중요한 전략 니즈에 대한 도전적인 파악이나 능동적인 전략적 분석과 판단은 멀어지고, 조직 내에서 수동적인 전략대응이 보편적 전략 행동으로 자리하고 있다.

뿐만 아니라, 외부 이해관계인의 주문과 요구사항에 밀접하게 대응하는 형태의 전략대응이 조직구성원의 머릿속에 기본적 원칙으로 작용하고 있다. 따라서 A공사에서 엔터프라이즈 차원에서 대응해야 할 대상고객의 실질적 요구사항에 대응하는 것보다 강력한 외부 영향력을 발휘하는 주요 이해관계인들과 밀접한 관계대응을 중심으로 전략을 추진하고 있다.

(1) 전략 범위

A사는 전략의 설계에 있어서 전략의 범위와 대상의 설계에 있어서도, 주요 이해관계인의 요구사항에 입각하여 사업 대상, 분야, 방향, 사업량을 중심으로 전략의 범위를 결정한다.

전략 니즈의 분석과 발굴에 있어서 A사의 주요 고객관계의 개발과 확대는 공공사업의 예산범위 내에서 결정된다. 따라서 예산이 없으면 사업은 없다는 논리가 보편적으로 작용하고 있으며, 모든 전략적 행동의 원점이 예산확보와 예산내역에 입각한 사업집행으로 수렴된다.

이와 같은 현상은 예산을 확보하지 못한 모험적 전략 사업의 추진을 곤란하게 할 뿐만 아니라 기존의 전략범위의 수정이나 확대에 대한 전략적 시도를 억제하고 새로운 전략 니즈에 대응할 수 있는 여력을 제한하기 때문에, 전략적 변혁이나 새로운 전략적 시도가 제약된다.

최근 새로운 수익사업 추진을 위한 신규 사업 부문에서는 새로운 전략 니즈의 인식에 입각하여 전략범위의 재설계를 시도하고 있기 때문에, 기존의 공공부문의 전략추진 활동의 범위와 신규 사업에 대한 전략추진 활동의 범위에서 충돌현상이 등장하고 있다. 즉, 지역과 고객층, 고객 군에 대하여 공공부문에서 관계하고 있는 범위와 신규 사업부문에서 관계하고 있는 고객 및 지역, 서비스가 일부 중첩되면서, 공공조직에서 영리사업을 수행한다는 지적이 제시되고 있다.

<표 6-2> ESAᴅ 프레임워크에 의한 A사의 전략설계 진단

(4) 전략 집행(실행전개) 영역(E)

E1. 전략계획 수립과 집행에 대한 절차, 방법, 원칙의 미흡
E2. 전략 집행의 책무 불명확

E-S 관계

ES1. 전략기회, 전략 니즈 발굴에 대한 소극적 대응
ES2. 예산편성을 중심으로 하는 내부적 추진전략의 설계
ES3. 전략 리스크, 불확실성에 대응하는 전략 수립과 집행의 관리의 책임이 방임되어 있음

(1) 범위 영역(S)

S1. 소극적 전략 범위 설계
S2. 전략요소 정비, 재설계의 미흡.

E-C 관계

EC1. 전략요소의 확보와 지휘능력의 한계
EC2. 전략통제 및 전략 시스템의 취약
EC3. 미래 성공전략의 부재로 능력자원 개발 마스터플랜 부재
EC4. 능력-자원 편성배치가 조직논리, 정치논리로 전개
EC5. 능력-자원 전개 및 배치에 대한 전략 우선순위 원칙 결여

E-B 관계

EB1. 외부적-내부적 전략의 결합설계 및 대응 프로세스 결여
EB2. 공공사업추진전략과 신규 수익사업 추진전략 간의 충돌
EB3. 소극적 외부 대응 비즈니스 전략 수립

C-S 관계

CS1. 기존능력중심의 전략 범위 선택
CS2. 모험적 전략범위 선택 기피
CS3. 능력자원 혁신의 곤란

S-B 관계

SB1. 기존의 사업운영 중심의 추진전략에 치중
SB2. 신규 수익사업과 공공사업간의 사업영역중복으로 차별화가 곤란
SB3. 새로운 비즈니스 영역 개척의 한계

(3) 능력/자원 영역(C)

C1. 기존 능력자원의 축소
C2. 전략적 능력, 역량의 한계
C3. 주요 능력자원의 설계 및 확보능력의 제약

C-B 관계

CB1. 공공부문사업에의 능력자원의 우선배치
CB2. 능력-자원의 한계로 신규 비즈니스 사업목표의 축소조정 및 지연전개

(2) 비즈니스 전개 영역(B)

B1. 기존의 사업운영 중심의 추진에 치중
B2. 신규 비즈니스 영역에 대한 모험적 전략추진 미흡

한편 공사법에서 제시하고 있는 국가적 과제의 수행과 관련하여 공사 스스로 적극적 대응이 필요한 현실 팩트, 본질적인 전략 니즈의 재검토, 전략적 대응에 대하여는 소극적으로 대응하고 과거에서부터 수행해온 사업과제들을 중심으로 기존사업의 확대에 초점을 맞추어 일부 정책적 요구사항을 반영하는 수준에 머무르고 있다.

따라서 전략의 범위와 대상, 전략 니즈와 같은 주요한 전략설계요소들에 대한 근원적 검토와 분석은 미흡한 수준이며, 현상 연장적 활동을 중심으로 전략범위를 확정하고 있다.

(2) 비즈니스 영역

전략범위의 결정과 마찬가지로 엔터프라이즈가 추구해야 할 비즈니스에 대하여, 법률에서 정의한 사업영역에 대한 기존 사업을 중심으로 부분적인 개량과 확대, 축소를 통하여 사업량과 예산을 조정하는 방식으로 비즈니스를 설계하고 운영하고 있다.

따라서 비즈니스 영역에 대한 진출과 확대, 조정에 관한 판단은 공사설립과 운영에 관한 법률에 근거하여 설정되며, 추가적으로 외부적 상위 정책부처에서 파악한 정책니즈에 따라 전개되는 정부정책의 편성의 내용과 예산편성에 입각하여 신규 사업이 추가되거나 확정된다.

기존 비즈니스 영역에 대한 사업추진은 그동안 수행해온 성과와 보완되어온 평가기준을 중심으로 독자적 운영을 전개하고 있으며, 부분적으로 사업운영과 대상, 범위, 방향에 대한 수정이나 보완, 추가 및 조정활동을 독자적으로 전개해오고 있다. 그러나 대부분 주무부처에서 A공사의 연간 사업계획의 예산배정과 승인과 관련하여, 사업내용 및 추진계획에 관하여 외부적으로 결정되고 대부분 공사의 비즈니스 활동이 연간 사업계획에 입각하여 전개된다.

따라서 비즈니스 리스크와 불확실성에 대응하기 위한 전략 거버넌스의 실천이 미흡하고 전년도에 수립한 연간계획에 입각하여 비즈니스를 전개하기 때문에, 기민한 비즈니스 영역 대응이 어렵다.

(3) 능력자원

A공사의 조직능력 및 자원의 확보 및 전개수준을 보면, 기존의 사업추진과 신규사업추진을 위한 기본적 능력과 자원을 사업기본계획에 편성하여 배치운영하고 있다.

그러나 정부조직의 인력구조조정 정책의 일환으로 최근 인력을 대대적으로 축소함으로써 사업범위의 일부 축소조정이 불가피하게 되어 비즈니스 영역과 전략의 범위를 재조정해야 하는 상황에 처해있다.

특히 신규전략 사업 분야에 배치되는 인력과 전략 예산, 기술, 자원투입에 관한 설계에 대한 전면적인 재검토가 필요하다. 즉, 신규전략 사업을 성공적으로 추진하기 위하여 필요한 인력, 능력 및 전략자원에 대한 편성이 기존의 공공사업 분야의 사업집행을 위한 인력과 능력을 중심으로 편성되어 있기 때문이다. 뿐만 아니라 예산의 편성도 새로운 전략 사업의 설계와 탐색적 전략 활동, 연구개발, 전략학습 및 프로젝트의 시험운영 등에 대한 예산항목은 배제되어 있기 때문에, 전략 니즈의 분석이나 조건, 상황, 환경에 대한 연구는 결여된 채로 한 번에 완벽한 사업실천전략을 수립하려려고하는 경향을 보인다.

따라서 필요한 능력자원의 신규확보를 비롯하여 일부 조직구성원들과 확보 자원들을 재편성하고 추가적인 개발계획을 재정비할 필요가 있다.

(4) 전략 집행

A사의 전략 수립 및 실천은 대부분 연도계획에 의하여 전개되고 있으며, 그 내용은 예산계획의 편성과 집행에 치중하고 있다. 또한 이전부터 수행해온 계속사업과 신규정책사업의 집행을 위한 실천전략에 치중함으로써 엔터프라이즈의 도전적 사업 전략의 수립과 실천은 외면되어 왔다.

즉, A사가 당면하는 환경현실에 대응하고 본연의 사명을 완수하기 위하여 반드시 고려해야 할 현실 팩트와 전략 니즈의 발굴과 해석, 점검을 비롯하여 전략범위의 확립과 같은 기본적인 전략설계를 비롯하여, 새로운 비즈니스 영역의 개척과 발굴, 전개와 능력자원의 개발과 혁신, 전략 수립방법의 개발과 집행성과의 제고를 위한 설계와 실천이 미흡하다.

전략설계에 있어서 A사가 마땅히 추구해야 할 전략의 당위성 분석이나 합리성 분석이 형식적으로 전개되고 과거에서부터 지속적으로 수행해온 사업들에 대하여는 사회적 필요나 고객의 관점에서 새로운 니즈의 반영이 되지 못하고 있음에도 여전히 재정비되지 못한 채로 조직구성원들은 당연히 계속 수행해야 하는 사업으로 인식하고 있다.[1]

(5) ESAD 프레임워크에 의한 실태진단

<표 6-2>에서 보는 바와 같이 A사는 전반적으로 전략설계에 있어서 기존사업의 지속적 수행에 주력하고 있으며, 최근에 신규 수익사업부문을 발족하여 이를 대대적으로 홍보함으로써 공사의 사업추진역량을 강조하고 있지만, 전략적 실천의 현실을 보면, 실질적인 면에서 개선의 여지가 많다고 할 수 있다.

따라서 E-S 관계, 즉 전략 집행과 전략범위의 관계에서 보면 소극적 전략 범위에 치중하고 주로 그에 입각하여 전략설계를 전개하고 있기 때문에, 공사에서 추진해야 할 주요한 전략 니즈의 발굴과 적극적인 전략 기회의 추구 및 전략적 과제에 대한 적극적 대응이 되지 못하고 있다.

또한 전략설계에 있어서도 예산편성을 중심으로 내부적 추진전략에 치중하고 있으며, 더욱 심각하게 지적해야 할 사항으로 A사의 환경현실에서 등장하고 있는 전략 리스크와 불확실성에 대응하는 전략 수립과 집행의 관리의 책임이 방임되고 있다는 점이다.

최근 정부정책의 기조가 급격히 변화하고 있는 추세와 공사조직의 사회적 기여와 역할 및 사업추진을 통한 가치창조와 같은 적극적 경영대응이 요구되고 있는 현실을 감안할 때, 이에 대한 시급한 개선과 개혁이 절실히 요구되고 있다. 특히 전략충돌현상에 관하여 전략범위와 전략 집행과의 관계에서 신규 수익사업

---

1) 따라서 해당사업들에 대한 전략통제가 제대로 전개되지 못하고 있으며, 기존의 사업유지를 위한 다양한 대안들을 계속 생산해내고 그의 실천에 집중함으로써, 새로운 전략으로의 이행이나 변혁을 위한 노력을 스스로 제한하고 있다. 흥미로운 사실은 이와 같은 기존의 전략을 강화하는 방식의 대응의 행태가 새로운 전략적 시행에서 유발될 수 있는 실패를 최소화시킨다고 생각하게 되어, 오히려 전략 성과를 높이고 있다는 자기기만, 자기만족에 빠지게 하여 근시안적 전략 현상이 만연되어도 아무도 그에 대하여 조치하려고 하지 않는다는 사실이다.

부문에서 추구해야 할 새로운 전략 니즈와 시장 및 산업범위의 확대에 대한 전략 수립 및 집행의 추진을 기존의 공공사업부문에서 적용하는 방식과 내용, 절차를 그대로 활용함으로써 전략충돌을 방임하고 있다.

즉, 신규 사업 전략과 공공사업 전략 간의 적극성과 소극성의 차이, 모험적 도전전략과 현실안주형 전략의 차이, 공격형 전략과 수비유지형 전략의 차이, 리스크 극복형 전략과 리스크 회피형 전략의 차이와 같이 두 사업부문 간의 전략범위와 집행에서의 차이를 극복하지 못함으로 인하여 전략충돌현상이 지속되고 있으며, 결과적으로 수익사업부문의 사업성과가 지연되고 있음을 보이고 있다.

다음으로 E–C 관계, 즉 전략 집행과 능력–자원영역 간의 관계에서 A사는 전략요소의 확보와 지휘능력의 한계, 전략통제 및 전략 시스템의 취약, 미래 성공전략의 부재로 능력–자원 개발을 위한 마스터플랜의 부재, 능력–자원에 대한 편성 및 배치가 조직논리, 정치논리로 전개되고, 전략우선순위 원칙이 결여되고 있음을 보이고 있다.

전략충돌의 측면에서 보면, 수익사업부문에서 요구되는 전략 마스터플랜이 부실하게 수립되어 있을 뿐만 아니라 능력–자원편성의 구분배치에 대한 계획부재, 전략우선순위의 혼란을 보이고 있다.

S–B 관계, 즉 전략범위와 비즈니스 영역간의 관계에서 A사는 기존사업 운영중심의 추진전략에 치중하고 있으며, 신규 수익사업과 공공사업 간의 사업영역에서의 차별화가 곤란하고, 새로운 비즈니스 영역개척의 한계를 보이고 있다.[1]

E–B 관계, 즉 전략 집행과 비즈니스 영역간의 관계에서는 외부적 전략대응과 내부적 대응의 전략에 대한 균형적 결합설계와 같은 체계적 전략설계와 실천 프로세스를 전개하기 보다는 주변에서 관심이 있는 사업에 대하여 정책 건의가 들어오면, 그에 입각하여 정책사업과 예산을 편

---

1) 따라서 신규사업부문의 전략이 기존의 공공사업 사업부문의 전략에 비하여 의사결정에 있어서 후순위로 밀려있을 뿐만 아니라 사업운영측면에서도 투입인력, 자원의 전개에 있어서도 후순위로 밀려 그 실천이 지연되고 있다.

성하고 해당 사업을 시달 받아서 추진하려고 한다.

또한 추진사업에서 시행착오가 발생하면, 그에 대한 시정을 위한 내부적 경영의 조치를 통하여 문제를 해결하기 보다는, 민원이나 고정사항 처리를 위한 사업을 추가적으로 만들어서 예산과 사업을 배정받아 사업을 추진하는 방식으로 추진해왔기 때문에, 비즈니스와 전략 집행과의 관계의 발전이 제대로 이루어지지 못해왔음을 알 수 있다. 따라서 공공부문사업에 대한 고객의 소리는 신속히 반영되지만, 신규 수익사업부문에 대한 고객제안이나 건의사항은 상대적으로 소홀히 간주된다.

그 이유는 거버넌스의 실천과 관련된 것으로 공공사업 부문에 대한 감사는 정부예산집행의 필수적인 감사사항이지만, 수익사업 부문에 대하여는 사업규모가 작고 정책적 중요도가 낮다는 이유로 상대적으로 관심을 소홀히 하기 때문이다.

C-S 관계, 즉 능력-자원과 전략범위의 관계에서는 기존에 확보된 능력과 자원을 중심으로 전략범위를 확정하고, 새로운 전략 니즈나 전략기회의 발굴과 같은 시도를 스스로 억제하고 있다.

따라서 A사와 유관한 사업 분야에서의 전략적 기회가 포착될 경우에도 모험적으로 해당분야에 대한 접근을 시도하지 않고 있으며, 기존의 능력-자원이나 새로운 능력-자원의 확보나 개발, 혁신을 억제함으로써 전략적 성장의 가능성을 스스로 제약하고 있다. 따라서 신규사업부문에서 요구되는 새로운 능력-자원의 확보나 개발, 도입의 측면에서 전략충돌현상을 경험하고 있다.

C-B 관계, 즉 능력-자원과 비즈니스 영역간의 관계에서는 주로 정부예산 사업으로 구성되어 있는 공공부문 사업을 중심으로 능력-자원을 편성배치하고 있으며, 신규 비즈니스 영역에 대한 능력-자원은 기존의 공공부문 사업전개를 위한 인력, 능력, 자원, 시스템, 제도, 문화 등을 그대로 활용함으로써 신규 비즈니스를 전개하기 위한 실질적 노력을 기울이지 못하고 있다.

특히 신규 비즈니스 사업수행을 위하여 필요한 능력 및 자원요소를 비롯하여, 경영지원, 전략 강화 등의 활동과 지원이 이루어지지 않고 있으며, 심지어 능력과 자원의 부족을 이유로 신규 비즈니스 사업목표를 부분적으로 축소조정하고 사업추진계획전개의 지연실시를 고려하기도 한다.

A사의 전략설계에 관한 진단을 요약하면, <표 6-2>에서 보는 바와 같이 신규전략의 설계와 추진을 스스로 억제하는 체제와 구조를 유지함으로써 전략의 설계나 집행, 추진, 변혁을 스스로 도모하기 어려운 상황에 처해있다고 할 수 있다.

즉, 신규사업부문에 대한 전략설계와 집행, 능력자원의 편성배치와 사업운영에 있어서 전반적으로 전략충돌현상이 녹아들어 있으며, 더욱 심각한 문제는 신규 사업 담당업무의 실무자와 관리자, 일부 경영자를 제외하고는 대부분 그에 대한 문제현상에 대한 의식을 하지 못하고 있다는 점이다.

따라서 내부의 경영진이나 실무자들이 의욕적으로 전략을 설계하고 이를 추진하고자 하여도 대부분 중도에서 그 추진력을 상실하게 되는 경우가 많으며, 외부에서 유능하고 의욕적인 최고경영자가 부임하게 될 경우에도, 상급기관과의 전략 거버넌스와 관련하여 근본적 조치를 강구하지 않는 한, 그 전략적 대응의 성과가 제약될 수밖에 없는 실정이라고 할 수 있다.

이와 같은 경우, 외부의 전문 컨설팅을 통하여 전략을 설계하고 추진하는 방법을 채택하기도 하지만, A사의 경우 새로운 전략계획안의 수립만으로 A사의 전략적 변혁이나 추진은 제대로 달성되지 않는다. 그것은 전략 설계 아키텍처와 전략 거버넌스 아키텍처의 연관요소들이 제대로 정비되지 못하고 있기 때문이다.

따라서 전략 설계 아키텍처의 영역별 재정비가 시급히 요구되고 있으며, 이에 대한 경영진 및 관련 조직부문의 결합적 대응이 요망된다고 할 수 있다.

6.3 ESA 프레임워크에 의한 대응과 제언

전략범위와 비즈니스 영역 및 능력자원의 편성전개, 전략설계와 집행 관리의 전략설계 아키텍처의 관점과 전략 거버넌스의 관점에서 볼 때, A조직은 기존의 전략에 대한 관점을 계획과 예산 및 사업추진의 관점에서 혁신하여 전반적으로 엔터프라이즈 전략 아키텍처의 관점에서 재정비할 필요가 있다.

A사에서는 대응해야 할 전략 니즈와 환경현실에 대하여 대응해야 할 전략인식을 소홀히 하고, 엔터프라이즈 전략과 기존의 사업추진활동에 대한 계획 수립을 동일시하고 있을 뿐만 아니라, 이에 대한 경영 관리적 관점에서의 전략대응에 대한 책무도 불명확하고 방기함으로써 현상유지의 관점에서 조직과 사업을 이끌어왔다는 점에 대하여 경영진을 비롯하여 조직구성원들의 냉철한 반성과 성찰이 요구된다.

만약 정부예산의 배정과 지원과 독점적 사업구도 하에서 유지되어올 수 있는 상황적 배경이 비연속적으로 변화하게 되거나, 급속한 환경변화와 새로운 국민적, 정책적 요구가 제기되어 사업의 변혁을 추진해야 할 경우에 당면하게 된다면, A사는 현재 추진하고 있는 기존의 사업과 신규 사업에 대하여 전면적 재검토를 수행하지 않을 수 없는 실정이라고 할 수 있다.

따라서 A사는 기존의 사업추진에 대한 합리성, 합법성, 합목적성을 재검토하고 엔터프라이즈 전략설계를 통하여 기존의 비즈니스의 재설계와 능력–자원전개의 내용과 방식을 재정비할 필요가 있다. 이를 위하여 전략범위와 전략 집행의 방식 또한 새롭게 정비할 필요가 있다.

또한 전략 거버넌스의 기능과 활동, 조직, 방식을 재정비함으로써 향후 A사의 국가적 역할과 기능을 강화하고 지속적인 성장과 발전을 도모할 필요가 있다.

특히 기존의 공공부문 사업의 전략과 신규 수익사업부문의 전략 간의 충돌의 문제는 전략 아키텍처에 의한 점검과 대응을 통하여 충돌의 문제의 원인을 파악하고 그에 대한 대응을 통하여 제한적 능력자원의 활용성과를 높이고 전략적 시행착오를 최소화함으로써 전략 성과를 높일 필요가 있다.

따라서 당면하고 있는 전략과제에 대응하기 위하여 ESAD의 프레임워크와 ESAG의 프레임워크를 활용하여 설계적 관점에서 대응이 필요한 사항들은 ESAD에 의하여 대응하고 거버넌스 관점에서 대응이 필요한 사항들은 ESAG의 프레임워크를 활용하여 대응함으로써 엔터프라이즈 전략 대응의 성과를 높이도록 한다.

또한, 전략 설계와 전략 거버넌스의 결합적 대응이 요구되는 사항들에 대하여는 ESAD와 ESAG의 결합적 대응을 통하여 엔터프라이즈 전략과제에 대응하도록 한다.

1. 전략 거버넌스 차원에서의 대응

전략 거버넌스 차원에서의 대응은 현상 진단에서 파악된 문제에 대응하기 위한 대안들을 중심으로 필요한 조치를 강구한다.

<표 6-3>에는 ESAG의 프레임워크에 의한 진단내용에 따라서 그에 대한 대응방안들을 개괄적으로 집약한 대응방안들을 제시하고 있다.

(1) 통제원칙, 통제계획과 실천

우선적으로 전략 거버넌스와 관련한 원칙의 수립이 필요하다. 거버넌스는 단순히 통제를 원활하게 하기 위한 것만이 아니기 때문에, 통제와 수반하여 연관된 책임의 이행과 관련한 기본적인 원칙설정이 중요하다.

제4장에서 살펴본 바와 같이 전략에 대한 의사결정의 원칙으로 합목적성, 합법성, 합리성과 관련한 전략 거버넌스 원칙을 확립할 필요가 있다. 또한 A사의 본연의 사명과 목적, 목표를 중심으로 당면하고 있는 환경현실에 대응하는 전략행동의 전개에 있어서 불확실성, 리스크에 대응하기 위한 전략 거버넌스 차원에서의 활동계획의 수립과 실천이 추진되어야 한다.

그동안 A사는 가급적 위기요소나 불확실성이 작용하는 분야의 활동을 가급적 억제하고 상급부처에서 시달하는 정책 사업들을 중심으로 소극적인 사업계획의 수립과 예산사업의 실천에 전념해왔기 때문에, 불확실성과 리스크에 대응하기 위한 전략대응의 문화나 조직특성이 거의 결여되어 있다.

따라서 강력한 최고경영자의 의지와 관심을 투입하고 경영진과 간부에게 ESA 추진책임을 부여하며, ESAG의 관련 영역별 조치들을 통하여 이에 대한 대응과 실천을 강화하고 전략통제 및 전략전개활동을 강화할 필요가 있다.

<표 6-3> ESAG 프레임워크에 의한 대응

<table>
<tr><td>

(1) 통제원칙, 통제 계획과 실천(P)

P1. 통제원칙의 기준설정 및 통제원칙의 확립

P2. 전략거버넌스 계획, 실천

P3. 불확실성과 리스크 대응

P4. 통제계획의 전개와 실천 관리

</td><td>

P-M 관계

PM1. 전략감사의 실천

PM2. 전략 리스크, 불확실성에 대응하는 전략 수립과 집행 관리의 책임을 부여

</td><td>

(3) 거버넌스 메커니즘(M)

M1. 전략대응 책무, 성과보상체계의 확립

M2. 전략감사 위원회의 감사직무 확립 및 수행

</td></tr>
<tr><td>

P-O 관계

PO1. 전략거버넌스 조직에 관한 규정 확립

PO2. 경영진과 관리자의 전략 책무 공식화

</td><td>

P-T 관계

PT1. 전략 통제계획 수립 및 실천

PT2. 전략 거버넌스 실천성과 모니터링 실시

O-M 관계

OM1. 경영진의 전략대응직무 및 책임이행여부 평가

OM2. 전략 성과의 통제, 관리의 체계화

OM3. 전략들 간의 충돌 대응 책임부여

</td><td>

M-T 관계

MT1. 전략 통제절차, 수단 및 시스템 확립

MT2. 전략 거버넌스 오류점검, 개선 활동의 전개

</td></tr>
<tr><td>

(2) 거버넌스 조직(O)

O1. 전략 거버넌스 조직 (전략 위원회)의 정비 및 기능정립

O2. 거버넌스 조직의 전략능력 강화

O3. 거버넌스 조직의 책임 명시

</td><td>

O-T 관계

OT1. 전략 거버넌스 관련 조직의 지휘 및 통제 관리 전개

OT2. 전략직무책임 이행의 평가.

</td><td>

(4) 거버넌스 수단(T)

T1. 전략의사결정 평가회의, 보고

T2. 전략내부 감사실시

T3. 전략 거버넌스 오류의 점검과 혁신

</td></tr>
</table>

특히 공공부문의 사업추진과 신규 수익사업부문의 사업추진 간의 전략 거버넌스 원칙의 구분 적용을 통하여 성질이 다른 두 사업부문의 간의 충돌을 억제하기 위한 조치를 전개할 필요가 있다.

(2) 거버넌스 조직

A사의 거버넌스 조직은 관련 정부부처와 국회의 정기 감사, 이사회 및 감사실이 중심적 역할을 수행하고 있다.

정부부처는 정책의 실천에 관한 사업추진내용을 중심으로 사업배정과 감독역할을 수행하며, 국정감사에서는 공사의 사명 및 기능과 역할의 수행을 중심으로 감사를 수행한다.

따라서 국정감사에서 보다 광범위한 관점에서의 공사의 사업 활동에 대한 거버넌스를 수행하고 있지만, 공사의 전략을 중심으로 전략 거버넌스를 실행하는 거버넌스 조직은 현재 확보되지 못하고 있다.[1]

따라서 공사의 이사회를 중심으로 A사의 전략과 전략 집행에 관련된 거버넌스가 실천되어야 하지만, 이사회에서는 담당 사업부문의 경영자와 실천조직에게 책임 및 권한을 위임함으로써, 전략 거버넌스가 제대로 전개되지 못하고 있다.

또한 감사실은 주로 업무감사를 중심으로 전개되고 있으며, 전략감사는 최고경영자의 감사지시가 별도로 하달되지 않는 한, 실시되지 못하고 있다. 따라서 내부적으로는 이사회의 내부, 또는 전문경영인으로 CGO와 같은 임원급의 책임경영자와 전문가 그룹을 편성하여 전략감사 위원회를 구성하여 그에 대응할 필요가 있다.

뿐만 아니라 전략감사 위원회에 대응할 수 있는 내부적 전략 거버넌스 조직부문을 설립하여, 전략감사 위원회의 활동을 보좌하고 조직의 전략적 활동에 대한

---

1) 국정감사라고는 하지만, 체계적인 감사의 방향이나 계획의 수립을 통하여 감사를 하기보다는 주요 정당의 정책적 이해관계를 중심으로, 또는 국회의원의 정치적 관심사에 따라 감사의 방향이 전개되는 경향도 있기 때문에, 종종 감사의 방향과 내용이 들쑥날쑥하기도 하고, 그 실천과 전개방식 또한 체계적이지 못하기 때문에, 엔터프라이즈 차원에서의 거버넌스 전개를 제대로 할 수 없는 상황에 처하여 여러 가지의 현실적 문제점을 노출하고 있다.

성과를 높이기 위한 감독과 지원, 통제, 관리를 수행할 수 있도록 하는 것이 필요하다고 할 수 있다.

(3) 거버넌스 메커니즘

전략 거버넌스 메커니즘에서는 우선 전략통제와 지휘 수단을 점검하여 기존의 내부 보고와 회의를 통하여 전개되는 방식을 수정하여 외부적 관점에서의 전략 니즈의 평가 및 분석, 외부적 전략 감시 채널을 활용한 커뮤니케이션의 활용 등을 고려하여 전략감사 및 거버넌스의 메커니즘을 개선할 필요가 있다.

또한 필요한 전략 거버넌스 활동의 개선을 위한 방법적 노력을 강구할 필요가 있다. 이를 위하여 기존의 감사기능을 개선하고 강화하여 전략감사기능의 정비와 확립이 요구된다.

(4) 전략 거버넌스 수단

전략 거버넌스 수단의 관점에서, A사는 특히 주요 책임자와 경영자를 중심으로 그리고 거버넌스의 기능을 수행하고 있는 위원회조직을 중심으로 전략 거버넌스와 관련된 직무계약과 책임의 이행 및 성과의 보상에 관련된 계약내용을 정비할 필요가 있다.

따라서 전략대응 책무에 대한 규정을 정비하여 공식화하고, 전략 거버넌스의 절차와 내용, 계획 수립과 집행과 관련한 내용을 확립하여야 한다. 특히 전략 거버넌스 위원회와 내부적 전략 거버넌스 대응 조직부문의 역할과 기능, 활동에 대하여 구체적으로 명시할 필요가 있다.

이와 더불어 전략설계에서 집행, 평가, 통제에 이르는 전략 활동에 대한 통제와 감독 시스템을 확립하고 그 효과적 전개를 실시할 필요가 있다.

(5) 영역별 관계적 대응

먼저 P-M 관계, 즉 거버넌스 원칙의 실천영역과 메커니즘 영역과의 관계에서는 그동안 실질적으로 전개되지 못하고 있던 전략감사를 충실히 실시하고 전략 리스크, 불확실성에 대응하는 전략 수립과 집행 관리의 책임을 부여한다.

특히 신규 수익사업부문에 대한 전략 니즈와 전략의 당위성을 점검하여 그 중요도에 따라 전략 집행 관리의 책무를 감시하고, 전략충돌현상 때문에 전략적 우선순위에서 후순위로 밀려나거나 제외되는 일이 있는가를 점검하여 전략실천내용을 감독한다.

P–O 관계, 즉 거버넌스 원칙과 실천 및 거버넌스 조직과의 관계에서는 전략 거버넌스 조직에 관한 설립 및 운영에 관한 규정을 확립하고 경영진과 관리자의 전략책무를 공식화하여 전략의 책임이행 내용을 점검하고 평가한다.

구체적으로는 전략충돌현상에 대하여 전략 거버넌스 조직의 감독책임을 부여하여 경영관리자의 전략실천에서의 전략충돌현상에 대한 대응여부와 그 조치성과를 평가한다.

O–M 관계, 즉 거버넌스 조직과 메커니즘과의 관계에서는 경영진의 전략대응직무 및 책임이행여부의 평가 제도를 확립하고, 전략 성과의 통제 및 관리를 체계화하고 전략들 간의 충돌대응책임을 부여하여 그 이행 성과를 점검한다.

M–T 관계, 즉 거버넌스 메커니즘과 수단과의 관계에서는 전략 통제에 관한 책임, 평가, 성과보상과 관련하여 전략통제의 절차, 수단, 시스템을 확립하고 전략 거버넌스 오류를 점검할 수 있노록 함으로써 전략 거버닌스 활동의 개선을 도모하도록 한다.

특히 전략충돌에 대하여 각 전략들에 대하여 합당한 전략통제절차와 수단을 활용하고 있는지 점검하고, 그에 대한 시스템적 오류에 대응할 수 있도록 감독하고 교정한다.

O–T 관계, 즉 거버넌스 조직과 거버넌스 수단과의 관계에서는 전략 거버넌스 관련조직의 지휘, 통제 관리를 점검하여 조직화하고 전략직무책임 이행의 주기적 평가를 통하여 전략 성과를 점검한다.

전략충돌현상에 대하여 전략충돌의 원인과 과정에 대응할 수 있는 거버넌스 수단을 발굴하고, 전략충돌현상의 발생 및 진행과정에 대하여 보고, 협의, 커뮤니케이션, 감사, 감독 및 의사결정의 수단들을 전개함에 있어서, 내부조직과 외부조직 및 외부 감사자, 정보원들을 조직화하여 현실 팩트, 전략 니즈와 전략대응의 성과를 지속적으로 모니터링 한다.

마지막으로 P-T 관계, 즉 거버넌스 원칙 및 실천과 거버넌스 수단의 관계에 있어서는 전략통제 및 거버넌스 계획의 수립 및 실천을 통하여, 전략 거버넌스 활동의 성과를 제고한다.

또한 전략 거버넌스 실천의 성과를 내부와 외부의 모니터링 조직을 활용하여, 전략 거버넌스 활동의 개선과 성과제고를 위한 방안을 도출하여, 전략 거버넌스의 수준과 기량을 높인다.

이와 같은 실천적 대응은 그동안 평가 및 감사를 위한 위원회 조직을 통하여 유명무실하게 대응해오던 방식과는 그 책임이행의 내용과 실천적 절차 및 기능적 전개에서 큰 차이를 보이게 된다.

2. 전략 설계차원에서의 대응

A사가 당면하고 있는 환경현실의 전략 니즈와 전략과제에 대응하기 위하여 ESAD 프레임워크를 통한 전략대응을 살펴보면 다음과 같다.

<표 6-4>에는 ESAD의 프레임워크에 의한 진단내용에 따라서 그에 대한 대응방안들을 개괄적으로 집약한 대응방안들이 제시되어 있다.

전반적으로 A사의 전략설계는 기존의 정책사업의 집행을 위한 전략에 치중하고 있지만, 최근 국정감사 및 외부 사외감사 등을 통한 요구사항을 보면, 보다 확대된 사업전개를 통한 사회적 과제, 시대적 과제의 해결에 대한 요구사항이 증가하고 있으며, 또한 비효율적 예산운영과 같은 지적도 늘고 있다.

이에 대응하기 위하여 조직을 축소하려는 자구적 노력을 기울여, 인력규모삭감과 같은 내부적 전략조치를 통하여 일시적인 수익개선의 실적을 보였지만, 근본적인 전략대응에 관한 활동은 미흡한 실정이다. 따라서 기존의 정보기술 분야에서 기존의 사업전개를 중심으로 경영 프로세스 혁신과 ERP 등의 시스템적 대응을 전개해오고 있지만, 엔터프라이즈 차원에서 추구해야 할 새로운 비즈니스의 추진과 기존의 사업의 변혁에 대한 근본적인 검토가 결여되어 정보기술의 시스템 성과를 제고하는데 근본적인 문제점을 안고 있다.

<표 6-4> ESAD 프레임워크에 의한 대응

(4) 전략 집행 (실행전개) 영역(E)

E1. 외부적–내부적 전략의 균형적 결합설계와 실천
E2. 공동 활용 전략요소의 분리 대응
E3. 전략우선순위 원칙 설정적용
E4. 통제기법, 관리요소의 개선

E–S 관계

ES1. 전략기회, 전략 니즈 발굴 및 적극적 전략전개
ES2. 전략선별과 충돌요소 제거
ES3. 전략 리스크, 불확실성에 대응하는 전략 수립과 집행의 관리의 책임부여
ES4. 전략요소 정비, 재설계

(1) 범위 영역(S)

S1. 충돌범위 규명
S2. 충돌범위 재설계
S3. 전략 기회, 가능성 확대
S4. 연관 전략요소 설계
S5. 범위, 방향 재조정

E–B 관계

EB1. 외부적–내부적 전략의 조정
EB2. 공공사업 추진전략과 신규 수익사업 추진전략 간의 전략조정
EB3. 전략선별과 충돌요소 제거
EB4. 새로운 전략 수립, 전략창조의 의무화
EB5. 비즈니스 영역, 전략의 취사선택

S–B 관계

SB1. 비즈니스 범위, 방향 재조정
SB2. 미래 성공전략에 입각한 비즈니스 충돌 최소화
SD3. 새로운 비즈니스 영역 개척

E–C 관계

EC1. 능력–자원전략 수립
EC2. 전략지휘능력, 시스템의 변혁
EC3. 능력–자원 개발 마스터플랜 수립

C–S 관계

CS1. 능력–자원혁신전략과 신규 전략범위의 결합설계
CS2. 모험적 전략 창조 의무화, 전략기회, 가능성 확대
CS3. 공동 활용 전략요소의 분리 대응

(3) 능력/자원 영역(C)

C1. 능력–자원전략 편성배치의 재설계
C2. 능력–자원 설계능력 강화
C3. 능력–자원 확보전략 정비

C–B 관계

CB1. 신규 비즈니스 사업에 필요한 능력자원의 편성배치
CB2. 신규 비즈니스와 공공부문의 능력자원의 확보 및 적정배치

(2) 비즈니스 전개 영역(B)

B1. 미래 성공전략에 입각한 비즈니스 충돌 최소화
B2. 비즈니스 범위, 방향 재조정

ESAD 프레임워크의 영역별 전략대응을 보면 다음과 같다.

(1) 범위영역에 대한 대응

<표 6-4>에서 보는 바와 같이 우선 A사의 전략범위에 대한 전면적인 재검토가 요망되고 있다. A사는 기존의 정부정책 및 정부예산 사업을 중심으로 사업을 전개하고 있으므로, 정부부문과 함께 정책과 예산사업의 대상과 범위에 대한 재검토를 수행할 필요가 있다.

특히 공공사업과 공사의 특수성에 대응하기 위하여 정책 및 거버넌스와 관련된 주요 이해관계인들을 중심으로 A사의 중장기 전략방향에 대한 확립이 시급히 요청된다. 구체적으로는 전략범위를 확립하기 위하여 현실 팩트와 전략 니즈, 전략 콘텍스트를 주도면밀하게 분석하고, 추구해야 할 전략방향을 확립함으로써 전략의 합목적성, 합법성, 합리성을 충족하고 전략추구의 범위와 윤곽을 명확히 할 필요가 있다.

특히 A사가 추구해야할 전략 니즈와 전략과제들에 대하여 모험적, 도전적으로 그 전략상황을 분석하고 대응해야 할 전략목표들을 재정비해야 한다. 또한 필요하다면 정부의 상급부처와 협의하여 근본적인 정책의 전환과 정책사업 및 예산의 조정을 통하여 보다 개선된 국가적, 사회적 성과를 제고할 필요가 있다.

또한 해외부문과 수익사업부문의 전략에 대하여, 그 범위를 확립함으로써 공사의 전략의 충돌현상에 대응하고 조직능력 및 자원의 소모적 마찰현상을 예비할 필요가 있다.

(2) 비즈니스 도메인에 대한 대응

전략범위의 재설계와 연계하여 추가적으로 반영되는 전략 니즈에 대응하는 비즈니스 영역 설계를 정비할 필요가 있다.

기존의 예산사업들은 주로 과거로부터 추진해온 기존 사업의 영역에 집중하고 있으며, 최근 첨단기술을 활용한 공공사업의 혁신적 사업개선의 내용을 반영한 사업영역이 부분적으로 추가되고 있는 실정이다.

여기에 신규 수익사업 분야가 추가되면서 전통적 사업영역, 기술적 사업영역, 신규 수익사업영역이 분산적으로 전개되고 있다. 따라서 외견상으로는 비즈니스가 확대되어 다양한 국가적 수요를 충족하고 있는 것처럼 보이지만, A사의 본질적인 사명과 목적, 목표에서 지향하는 국가적, 사회적 현상에 대한 전략 니즈와 전략과제의 해결의 수준은 미흡한 상황이며, 내부적 사업추진성과 및 정책이행의 효과적 목표달성수준 또한 개선의 여지가 많다.

이와 같은 상황에 대하여 비즈니스 차원에서 대응하기 위하여 외부조직과의 협력 체제를 강화할 필요가 있는데, 기존의 전략 벡터에서 개량된 SDI 전략 벡터의 관점에서 사업의 다각화와 외부조직의 능력과 사업기능과의 통합적 전개 및 전문화의 추진을 결합적으로 전개하여 비즈니스 영역의 재설계와 전략 성과의 제고를 위한 노력을 기울일 필요가 있다.

또한 수익사업과 공공사업분야에 대한 비즈니스 영역과 관련된 전략요소들의 재설계를 통하여, 충돌의 요소를 최소화할 수 있도록 할 필요가 있다. 즉, 공공사업부문의 사업영역과 명확하게 구분된 수익사업의 영역에 대한 지리적, 기술적, 제품—서비스, 사업적 특성을 강화하고 해당 사업의 고객들과의 영업 및 마케팅 관계를 정비하여, 수익사업의 성과를 제고하기 위한 전략과 운영체제를 정비하여야 한다.

최근 정보기술 분야의 발전과 더불어, 정책적 대응의 범위와 규모가 확대되고 있다. 그러나 이를 실천하는 조직과 실무자 그룹에서 정책적으로 확대된 영역과 범위, 규모에 대하여 효과적으로 대응할 수 있는 정보기술의 실천적 역량이 떨어지고 있음에도 불구하고, 주무부처와 공사가 공히 정책의 실천적 능력을 주도면밀하게 고려하지 못한 치로 외부입찰을 통한 다양한 시행사업들이 전개되고 있다.

이와 같은 사업전개는 전략성공의 실천논리에 입각하여 공사의 사업실천역량을 강화하여 전략적 균형을 유지하고 엔터프라이즈 전략의 확대를 전기해야 한다. 그러나 현실 팩트, 전략 니즈, 전략 콘텍스트의 점검과 대응에 대한 전략실천 능력부족으로 정책사업의 추진성과와 품질을 저해하는 현상을 초래하고 있다.

따라서 정부정책의 효과적이고 전략적 실천조직으로써의 공사의 위상과 역할수행에 합당하게 적극적이고 모험적인 엔터프라이즈 사업전개를 도모할 수 있는 인력, 능력, 기술, 자원 등의 전략요소들을 재설계하고,

그 비즈니스 추진을 지휘할 수 있는 운영 및 경영체제를 새롭게 정비하고 확립할 필요가 있다.

(3) 능력 및 자원 영역

A사의 능력 및 자원은 대부분 공공부문의 사업추진을 위한 구도 하에서 편성, 전개되고 있으며 정부정책의 확대에 따라 늘어나는 사업들을 수행하기 위한 조직능력과 자원을 지속적으로 확보하여 전개해오고 있다.

따라서 인력계획의 수립도 정책사업의 규모와 예산범위에 따라 기존사업의 수행 인력을 중심으로 증가시켜왔다.

이와 같은 인력구조의 특성에 더하여, 사업의 운영방식 또한 기존의 정책사업의 원만한 수행에 초점을 맞추어 전개되어 왔기 때문에, 기존의 사업변혁 및 신규 수익사업의 추진과 관련하여 모험적이고 도전적인 전략 사업의 입안과 실천 및 집행에 필요한 인력과 추진능력이 부족한 실정이다.

따라서 기존의 능력자원 편성내용을 점검하여 사업 중심의 인력 재편성을 실시하고, 추가적으로 요구되는 인적 자원 및 능력, 기술적 요소, 전략전개에 필요한 자원의 확보와 개선, 혁신, 변혁에 대한 전반적 계획을 수립하여 능력자원을 재정비할 필요가 있다.

또한 능력자원의 전개와 배치에 대한 원칙 및 우선순위에 관한 기준을 확립하고, 주요 능력자원에 대하여는 별도의 설계와 확보를 위한 조치를 강구하여야 한다.

(4) 전략 집행

A사의 전략 수립 및 실천과 관련하여 전략 집행에 대한 기본적인 절차와 방법, 원칙을 재정립할 필요가 있다.

현재의 전략 집행방식은 기존의 공공사업의 계획 수립과 실천, 평가 및 통제를 중심으로 전개되는 계획통제 관리의 방식에 편승하여 전개되고 있다.

그러나 기존의 계획 수립의 방식은 주로 정부부처에서 편성한 정책사업의 실행을 위한 계획 수립이 중심이 되기 때문에, 정책사업의 실행조직인 A사에서는 정책사업의 수요의 내용과 규모, 대상, 범위에 대한 조사활동조차 독자적으로 실천하지 못하고 있는 상황이다.

따라서 독자적 수익사업의 전개에 있어서도 시장수요파악조차 정밀하게 전개되지 못한 채로 전략의 기획과 추진이 전개되고 있을 뿐만 아니라, 그에 대한 관리와 통제, 평가의 원칙 또한 기존 사업의 평가와 통제의 방식에 근거한 성과평가의 논리를 적용하고 있기 때문에, 전략전개의 내용이나 절차, 방식이 부실하게 전개되고 있다.

이와 같은 현상에 대응하기 위하여 A사는 근본적으로 현행의 방식에서 변혁하여 전략의 설계와 실행과 관련하여 기본적인 집행절차와 방법, 원칙을 강화해야 한다. 뿐만 아니라 전략설계와 실천에 관련된 전략요소들을 재정비하고 필요한 요소들을 확보하기 위한 경영진 및 관리자의 실천적 노력이 절실히 요구된다.

또한 신규사업 및 수익사업의 추진을 위한 내부적 능력과 자원의 편성과 배치에 관한 재설계를 통하여 기존 사업들과의 능력자원의 요구와 활용에서의 마찰과 충돌을 예비하고 전략 통제 및 전략 시스템을 정비하여 효과적인 전략 집행이 수행될 수 있도록 하여야 한다.

이를 위하여 경영진 및 관리자를 중심으로 전략설계와 집행의 과정에 대한 직무책임을 명시화하고 추진사업의 성과 평가를 강화할 필요가 있다.

(5) 관계적 대응

영역별 관계적 대응에 있어서 먼저 E-S 관계, 즉 전략 집행과 범위의 관계에서 전략기회와 전략 니즈 발굴 및 그에 대한 적극직 전략전개를 도모할 필요가 있다.

뿐만 아니라 기존의 전략을 포함하여 전면적 전략 재설계작업을 통하여 전략 선별을 강화하고 전략충돌 요소를 제거함으로써 전략 성과를 높이기 위한 대책을 강구하여 대응하여야 한다. 또한 전략 리스크, 불확실성에 대응하는 전략 수립과 집행의 관리책임을 부여하고, 기존의 전략요소를 정비하고 재설계할 필요가 있다

E-C 관계, 즉 전략 집행과 능력-자원의 관계에서 능력-자원 전략의 재설계와 장기적이고 종합적인 능력자원 전략계획을 수립할 필요가 있다. 또한 전략지휘능력, 전략실천능력과 전략 시스템의 변혁을 시급히 전개해야 한다.

E-B 관계, 즉 전략 집행과 비즈니스 영역과의 관계에서 외부적-내부적 전략의 조정을 통하여 기존의 전략충돌현상에 대응할 필요가 있다.

즉, 공공사업부문과 신규사업부문의 추진전략 간의 전략조정을 통하여 충돌요소를 제거한다. 또한 새로운 비즈니스와 전략 수립을 의무적으로 전개할 수 있도록 내부 전략개발 및 실천 제도를 확립함으로써, 조직의 전략적 성장과 발전의 가능성을 높이고, 신규 비즈니스 추진능력을 강화한다.

S-B 관계, 즉 전략의 범위와 비즈니스 관계에서는 기존의 비즈니스와 신규 사업의 비즈니스에 대한 범위, 방향을 재조정하고, 전략 벡터를 정비하여 사업의 전문성, 다각화, 통합화의 결합적 전개를 재구성하여 전략충돌을 최소화하면서 전략기회를 확대하고 새로운 성장 비즈니스 영역을 개척한다.

C-S 관계, 즉 능력-자원 및 범위 관계에서는 능력-자원의 개발과 혁신전략과 병행하여 새로운 전략 니즈, 전략기회의 발굴과 접근으로 신규 전략을 균형적으로 수립하여 실천한다.

또한 활용 가능한 능력-자원을 중심으로 모험적 전략을 추진할 수 있는 전략범위를 발굴하고 그에 대한 전략대응을 의무적으로 실시할 수 있도록 제도화함으로써 전략대응의 범위와 능력발휘의 성과수준을 제고한다. 이와 더불어 확보 가능한 능력-자원을 중심으로 공동 추진이 가능한 전략범위와 개별적으로 접근해야 할 전략범위를 구분하여 적절한 능력-자원의 배치 및 전개를 실시한다.

C-B 관계, 즉 능력-자원과 비즈니스 영역의 관계에서는 신규 비즈니스 사업에 필요한 능력자원을 별도로 확보하여 편성배치하고 필요한 능력자원을 개발하며, 공공사업부문과 신규사업부문에 대한 능력자원 배치계획을 정비하여 능력자원의 충돌을 사전에 대비한다.

3. 전략충돌현상 대응을 위한 ESA 프레임워크의 전개

전략충돌현상에 대응하기 위하여 기존의 공공사업부문과 신규 수익사업에서 추구하는 전략들 간에 전략설계와 거버넌스 차원에서 대응할 필요가 있다. 전략충돌현상에 대응하는 일은 단순히 새로운 전략을 설계하고 실천하는 것보다 복잡한 절차를 요구한다. 전략충돌현상에 대한 개념적 도식을 보면, <도 6-1>과 같이 살펴볼 수 있다.

<도 6-1>에서는 ESA 설계 아키텍처와 ESA 거버넌스 아키텍처에서 전략충돌현상에 대한 개념적 제시와 ESA 아키텍처의 영역별 충돌현상과 원인을 개략적으로 제시하고 있다.

A사의 경우, 기존의 공공부문 사업추진에 관한 전략은 S_1, B_1, C_1, E_1의 내용으로 설계되고 있으며, 그에 대한 전략 거버넌스는 P_1, O_1, M_1, T_1의 내용으로 전개되고 있다. 한편, A사의 신규 수익사업추진과 관련한 전략은 S_2, B_2, C_2, E_2의 내용이 요구되며, 그에 대한 전략 거버넌스 또한 P_2, O_2, M_2, T_2의 내용의 전개가 요구되고 있다.

그러나 A사의 현실적 상황에서 전략범위의 선택과 추구에 있어 공공사업부문인 S_1과 수익사업부문의 S_2간에 서로 다른 전략방향을 추구하면서 전략충돌현상을 경험하고 있지만, 그에 대한 근본적인 해결책은 구하지 못하고 S_2, B_2의 전략내용의 편성과 추진사업의 내용을 중심으로 실천적 대안을 구하고자 경영진 및 조직구성원들의 노력이 집중되고 있다.

그러나 근본적으로 이에 대응하기 위한 C_2, E_2의 내용은 현실적으로 C_1, E_1의 내용을 그대로 차용하여 전략대응에 임하기 때문에, 신규 수익사업의 부진현상을 경험하고 있는 실정이다.

따라서 전략충돌의 문제와 더불어 현재 추구하고자 하는 신규 수익사업 전략과 관련하여 우선 전략 아키텍처의 외부적 균형정렬과 내부적 균형정렬을 추구하여 S_2, B_2, C_2, E_2와 전략 거버넌스의 P_2, O_2, M_2, T_2

의 내용이 균형적 정렬을 실현하기 위한 전략 아키텍처의 변혁이 요구된
다.

<도 6-1> ESA 프레임워크에 의한 전략충돌현상의 분석

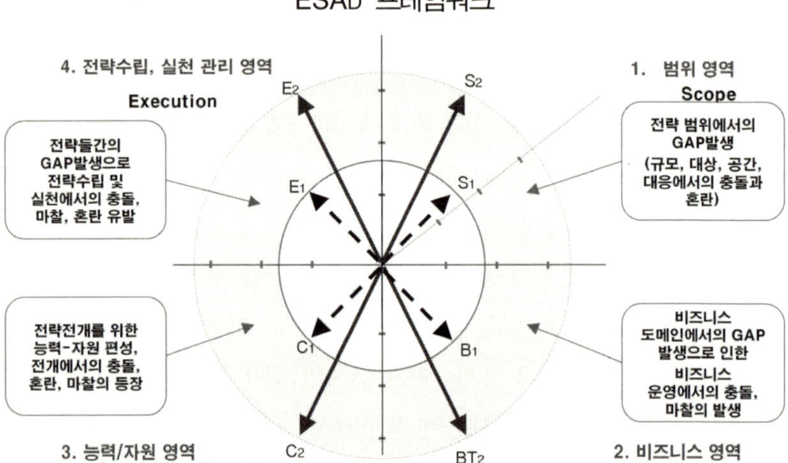

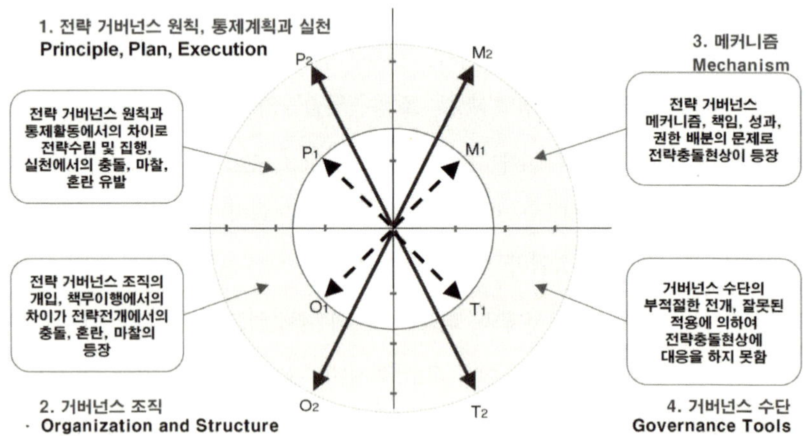

또한 기존의 공공부문사업추진과 충돌과 마찰에 의한 폐단을 줄이고 공공부문과 수익부문의 사업전개에서 전략적 성과를 제고하기 위하여 필요한 전략 아키텍처의 각 요소들에 대응을 재설계 할 필요가 있다.

6.4 B사의 사례연구

최근 소기업에 대한 제도적 차원에서의 관심이 일고 있다. 소기업이라고 하지만, 창업자의 경험이 일천하고 사업과 투입자원의 규모가 작으며, 시장의 변동에 따라 사업의 위상도 크게 좌우되는 소기업이 있는가하면, 비록 소기업이지만, 핵심적인 기술을 확보하고 틈새시장을 개발하여 적극적으로 전략을 전개하는 소기업도 있다.

사례로 선정한 기업조직은 사력 12년이 된 소기업으로 기업체를 대상으로 위탁을 받아서 직원들에 대한 경영 및 관리교육을 실시하는 소기업으로 최근 기업체 교육수요의 변화로 중대한 생존의 위기에 처해있는 조직이다. 직원의 규모는 한 때 10여명까지 확대되었지만, 최근 기업 내 교육의 수요와 공급관계의 변화로 최근 4명으로 축소하였다.

1. 문제현상의 기술

B사는 기업체 및 공공부문의 조직을 대상으로 위탁교육사업을 수행하는 과정에서 사업의 수익성과가 저조하기 때문에, 생존의 기로에 처해있는 조직이다. 이와 같은 경우 대부분의 현실적 문제는 서비스 제품의 경쟁력의 저하현상에서 출발한다. 따라서 B사가 제공하고 있는 서비스 제품의 경쟁력을 확보하는 일이 시급한 실정이다.

그러나 B사의 경영책임자는 대부분의 문제를 수요측면의 문제로 귀속시키고 있으며, 그에 따라 문제해결의 초점을 수요자, 특히 교육부문의 담당자와의 친밀한 거래유착 관계를 중심으로 대응하고 있으며 그와 같은 현실대응의 관점을 변화시키려 하지 않고 있다.

2. 문제 대응을 위한 ESA 프레임워크의 전개

B사의 경영자와 조직구성원들은 서비스 제품 전략의 핵심이 고객니즈에 있다는 점에 동의하고 있다. 그러나 고객니즈를 고객사의 직원교육니즈를 중심으로 대응하고 풀어가기 보다는 교육담당자의 니즈를 중심으로 대응함으로써 고객니즈 대응에서 착각을 보이고 있다.

이와 같은 현상은 전략 콘텍스트에서 준수해야 할 합리성, 합목적성, 합법성, 적합성의 원칙을 위배하고 현실적으로 친밀한 거래의 편의성에 초점을 맞추어 사업을 유지하려고 하는 사업행동에서 비롯된다.

B사의 경우, 다른 소기업들과 마찬가지로 거버넌스 조직이 불비하기 때문에, 스스로 자기통제와 점검을 위한 셀프 거버넌스를 전개해야 한다. 그러나 B사의 경영책임자와 실무자들은 이와 같은 셀프 거버넌스를 제대로 전개할 여력도 없으며 그 실천적 관점도 확립되어 있지 못하다.

따라서 조직의 경영이 제대로 전개되지 못하고 좌초하거나 표류를 하게 되어도, 그 누구도 간여할 틈이 없다. 이러한 점이 B사를 비롯한 소기업의 운명을 결정하고 효과적으로 이끌어가는 경영행동을 제대로 전개할 수 없도록 하기 때문에, 참으로 불행하고 안타까운 현실이라고 할 수 있다.

3. B사의 전략 아키텍처 프레임워크에 의한 진단과 대응

B사의 비즈니스 거버넌스는 현재 백지상태로 유보되고 있다. 이와 같은 현실은 고객기업으로부터 B사의 서비스 제품의 품질에 대한 요구사항이 제기될 경우에도, 그것을 공식적으로 대응할 수 있는 구체적인 장치

나 방법이 부재하다는 것을 의미한다.

<표 6-5> ESAG 프레임워크에 의한 B사의 전략 거버넌스 진단

<table>
<tr><td>

(1) 통제원칙, 통제 계획과 실천(P)

P1. 경영자와 실무자의 업무통제

P2. 고객사의 프로그램 및 강사평가에 의한 교육설계 및 투입요소의 통제

P3. 불확실성과 리스크 대응에 대한 통제활동의 절차, 원칙 전무함

P4. 통제계획의 전개와 실천, 관리 낮음

</td><td>

P-M 관계

PM1. 전략감사의 실시가 없음

PM2. 전략거버넌스 계획, 실천 없음

PM3. 전략 리스크, 불확실성에 대응하는 전략 수립과 집행의 관리의 행동과 책임이행이 결여되어 있음

PM4. 고객기업의 교육 서비스 평가에 거버넌스 의존

</td><td>

(3) 거버넌스 메커니즘 (M)

M1. 내부전략감사를 하지 않고 있음

M2. 신규 사업, 신규 교육프로그램의 수행에 대한 전략책무계약 부재

M3. 고객만족도 평가와 상담에 의존

</td></tr>
<tr><td>

P-O 관계

PO1. 전략 거버넌스 조직에 관한 규정 미흡으로 조직설계가 되지 못하고 있음

PO2. 경영진과 관리자의 전략 책무에 관한 공식화가 미흡

</td><td>

P-T 관계

PT1. 전략통제의 한계

PT2. 사업운영관리는 있지만 전략 성과관리는 없음

O-M 관계

OM1. 경영진의 전략대응직무 및 책임관계의 인식부재

OM2. 전략 성과의 통제, 관리가 곤란

OM3. 전략들 간의 충돌에 대응이 곤란(운영, 영업, 서비스)

</td><td>

M-T 관계

MT1. 전략 통제절차, 수단 및 시스템 미비

MT2. 전략 거버넌스 오류의 인식미흡

MT3. 고객 지적사항에 의존

</td></tr>
<tr><td>

(2) 거버넌스 조직(O)

O1. 전략감사 위원회 미비, 별도의 전략 거버넌스 조직이 없음

O2. 거버넌스 기능, 역할 대행 조직의 활용 및 전략능력 강화요망

</td><td>

O-T 관계

OT1. 전략 거버넌스 관련 조직의 지휘 및 통제관리, 수단을 활용하지 못하고 있음

OT2. 조직 및 능력부족으로 전략에 대한 거버넌스 수단전개 미흡

</td><td>

(4) 거버넌스 수단(T)

T1. 전략 성과통제방법, 지휘 및 통제관리, 수단의 미흡

T2. 전략 통제절차, 수단 및 시스템 미비

</td></tr>
</table>

뿐만 아니라 B사에서 자신의 생존전략이나 경쟁전략을 전개하고자 할 경우에도, 어떠한 전략 영역을 대상으로 어떠한 원칙과 방법으로 전략을 전개할 것인지를 분석하고 점검하며, 필요한 수정과 조치를 권고하고 통제할 수 있는 기능이 전개되지 못하고 있다.

엔터프라이즈 전략 아키텍처의 관점에서 B사의 전략설계와 전략 거버넌스의 실제를 간략히 살펴보면 다음과 같다.

(1) B사의 전략 거버넌스의 진단 및 대응

ESAG 프레임워크의 영역별 진단내용의 개략을 보면 <표 6-5>에서 보는 바와 같다.

B사는 주요 고객들을 중심으로 교육 서비스 사업을 전개함에 있어서 필요한 교과니즈와 교육프로그램, 교과과정을 해당 교육담당자로부터 전달받거나 요청에 의하여 서비스 제품 사업을 전개하고 있다.

이와 같은 교육 서비스 업무 프로세스의 전개는 대부분 전문적인 역량과 지식, 전문적 기법을 보유한 전문 강사나 교수진, 또는 프로그램 기획자를 중심으로 과정개발이 전개된다. 그러나 B사는 자체적으로는 교수진이나 프로그램 기획자를 확보하지 못하고 있으며, 확보된 교수진과 강사진의 명단을 중심으로 필요시 교육 니즈나 요청에 따라 교육 프로그램을 편성하여, 기업체 교육부문에 제공함으로써 교육섭외와 영업활동이 전개된다.

이와 같은 방식은 교육니즈의 착안과 교육 과정의 개발이라는 중요한 R&D 기능을 모두 외부적 전문가들에게 외주로 맡기고 B사는 고객의 요청에 따라 부분적인 조정을 통하여 교육실시만 수행하는 기능적 조직의 형태를 지니게 된다.

이는 마치 자동차조립 및 제조의 형태와 크게 다르지 않다. 대부분의 기능들이 외주화 되어 있으며, 최종 조립 및 제조활동과 영업의 전개로 사업이 진행된다. 이와 같은 비즈니스 모델의 조건이 제대로 성립되려면, 그에 합당한 제조와 영업의 품질과 마켓 브랜드를 확립해야 한다. 그러나 B사는 그와 같은 제조와 영업의 품질과 마켓 브랜드가 제대로 확립되지 못한 상태이다.

이와 같이 B사가 추구하는 전략에 대하여 별도의 통제나 관리를 위한 기능과 조직을 갖추지 못하고 있기 때문에, 제대로 된 엔터프라이즈 경영활동이 전개되지 못하고 있음을 알 수 있다.

ESAG의 각 영역별로 진단내용을 구체적으로 살펴보면 다음과 같다.

① 통제원칙, 통제계획과 실천

B사는 전략 거버넌스에 대한 별도의 통제원칙이 확립되지 못하고 있으며 유일한 경영과 사업통제는 영업과 프로그램 및 강사진 외주의뢰에 대한 경영진과 실무진의 그때그때의 의사결정과 판단에 의존하고 있다.

따라서 사업 및 영업에 대한 전략적 통제는 전무할 뿐만 아니라, 분기별, 또는 고객사의 월별 교육실시계획에 입각하여 운영적 차원에서의 접대와 사업협의를 중심으로 영업전개가 유일한 경영의 관심사로 설정되어 있다.

② 거버넌스 조직

B사에서는 자기 출자의 개인 소기업이므로 별도의 이사회의 구성이 되어 있지 못하다. 따라서 별도의 내부적, 외부적 거버넌스 조직을 갖추지 못하고 있다.

따라서 거버넌스 활동에서도 B사에 대한 전략 거버넌스 활동은 제대로 수행되지 않고 있기 때문에, 전략 거버넌스 활동을 촉진하고 평가하며, 조치를 수행하며 대응할 수 있는 조직적 대응이 전무한 실정이다.

③ 거버넌스 메커니즘

B사의 경우, 생존이 위급한 상황에 처해있지만, 전략에 대한 거버넌스 메커니즘은 거의 전개되지 못하고 있다. 유일한 희망을 구할 수 있는 거버넌스 메커니즘은 특정한 고객사의 피드백에 의한 사업통제의 거버넌스이다.

이와 같은 경우, B사는 특정한 고객사에 의존하게 되는 현상이 심화되어 전략적 취약성이 증대된다. 예를 들면 교육위탁업체의 변경과 같이 예기치 못한 돌발적 상황이 발생하면, 생존이 위태롭게 될 수 있다.

④ 전략 거버넌스 수단

전략 거버넌스 수단에 있어서는 주로 내부적 경영관리의 수단을 중심으로 협의와 보고 및 회의, 사안별 기획안 검토와 같은 형태의 커뮤니케이션 수단들이 활용되고 있다.

창업이후 꾸준히 전개해온 유일한 회의기능은 주간 업무회의를 중심으로 전개된다. 업무회의에서도 현재 추진 중인 교육영업과 교육 프로그램 수행, 필요한 강사수배와 영업비 지원, 그리고 성과배당에 대한 협의가 전부라고 할 수 있다. 따라서 별도의 전략 거버넌스를 위한 절차나 수단, 시스템이 확립되지 못하고 경영회의나 사업검토회의에 곁들여 필요할 경우에만 사후대응을 전개하기 위하여 전략 거버넌스와 관련된 사안을 논의하는 수준에서 그치고 있다.

⑤ ESAG 프레임워크에 의한 실태진단요약

<표 6-5>에서 보는 바와 같이 B사는 전반적으로 전략에 대한 거버넌스의 체제나 활동의 내용은 전무한 수준에 머물고 있다고 할 수 있다.

먼저 영역과 영역간의 관계에서 통제원칙과 조직, 즉 P-O 관계를 보면, 전략 거버넌스 조직에 관한 절차나 규정이 없으며 거버넌스 조직편

성이 되지 못하고 있다. 따라서 경영자과 실무자들이 조직의 전략적 환경대응과제에 대응하여 현실 팩트와 전략 니즈를 충족하고 전략적 과제를 해결해야 하는 전략책무를 제대로 실천하지 못하고 있다.

다음으로 P–M 관계, 즉 원칙과 실천 및 메커니즘과의 관계에서는 기본적인 전략감사조차 제대로 실천되지 못하고 있고, 전략 거버넌스에 관한 계획, 실천전개가 전무할 뿐만 아니라 전략 리스크, 불확실성에 대응하는 전략 수립과 집행 관리의 책임이 경영층이나 실무조직구성원을 포함하여 조직내외에 편성되어 있지 못하다. 따라서 B조직의 사업 활동의 전개나 생존전략에 대한 추진방향이나 점검, 향후 투자전략 등에 대하여 공식적인 점검과 평가, 통제를 할 수 없는 상황이다.

O–T 관계, 즉 거버넌스 조직과 거버넌스 수단과의 관계에서는 전략 거버넌스 조직이 미비하고 전략 거버넌스 능력도 부족하여, 새로운 활로를 찾아야 할 상황에서도 어떠한 방향으로 어떠한 전략 도메인에 대하여 어떻게 전략을 편성하고 실천할 것인지에 대한 통제적 기능이 전혀 발휘되지 못하고 있다. 더욱이 대부분의 의사결정과 경영 활동이 영업 및 교육운영에 치중하고 있기 때문에, 조직의 전략전개에 대한 효과성을 점검하고 대응할 수 있는 전략 거버넌스의 적절한 수단을 활용하지 못하고 있다.

M–T 관계, 즉 거버넌스 메커니즘과 수단과의 관계에서는 생존전략과 사업전략을 전개하기 위한 전략 통제의 절차와 수단, 시스템을 갖추지 못하고 있을 뿐만 아니라 전략 거버넌스 메커니즘과 수단편성, 전개의 오류를 인식하여 대응하지 못하고 있다.

P–T 관계, 즉 거버넌스 원칙과 수단과의 관계에서는 앞에서 예를 든 A사와 마찬가지로 원칙과 수단의 확립수준이 낮기 때문에 전략통제의 실천이 제대로 전개되지 못하고 있고, 보고나 회의체계 또한 확립되지 못

하고 사업수입확보에만 모든 관심을 기울이고 있다.

O-M 관계, 즉 거버넌스 조직과 메커니즘과의 관계에서는 경영진의 전략대응직무 및 책임관계가 제대로 인식되지 못하고 있고, 거버넌스의 내부책임을 수행하는 경영자와 실무자들의 전략 성과의 효과적인 통제 및 관리가 곤란하다.

이와 같은 전략 거버넌스 활동의 내용은 조직의 생존 및 비즈니스 전략의 설계와 집행의 과정에 영향을 미칠 뿐만 아니라, 그 성과의 관리도 제대로 되지 않기 때문에, 새로운 투자의 유치나 경영성과의 획기적인 개선과 같은 것을 기대하기 어렵고, 아슬아슬한 사업 환경에 휩쓸려 겨우 현상유지를 추구하면서 심각한 위기상황 하에서는 폐업을 하게 될 소지가 높다. 따라서 경영진 및 관련 이해관계인들을 중심으로 전략 거버넌스 중요성을 인식하고 그에 대한 원칙과 실천의 세부적 대응내용을 정비하고 조직과 메커니즘, 수단의 대응을 전반적으로 강화할 필요가 있다.

(2) B사의 전략설계 진단 및 대응

B사에서의 전략기획은 주로 기존의 고객과의 밀착영업을 전개하면서 상호협조 관계를 중심으로 교육 프로그램을 개발하고 교육을 진행하면서 그에 필요한 대응을 중심으로 대상과 범위의 확대를 실시하면서 전략을 수립해왔다. ESAD 프레임워크의 영역별 진단내용의 개략을 보면 <표 6-6>에서 보는 바와 같다.

현실 팩트와 전략 니즈의 분석과 발굴에 있어서 B사의 주요 고객관계의 개발과 확대는 기존의 고객의 요구사항을 중심으로 결정된다. 따라서 기존 거래처와 고객의 요청이 없으면 영업차원에서 고객과의 회식을 중심으로 구걸식 영업을 전개하고 있다.

심지어는 교육예산에서 거래처의 담당자에게 일정액의 리베이트를 제공하거나 또는 그에 상응하는 향응이나 금품제공의 경우도 등장한다.

<표 6-6> ESAd 프레임워크에 의한 B사의 전략설계 진단

(4) 전략 집행(실행전개) 영역(E)

E1. 사업 및 전략계획 수립과 집행에 대한 절차, 방법, 원칙의 미흡
E2. 전략 집행 및 통제활동의 결여

E-S 관계

ES1. 전략기회, 전략 니즈 발굴에 대한 소극적 대응
ES2. 영업 관리를 중심으로 하는 전략에 치우침
ES3. 기존 전략의 리스크, 불확실성에 대응하는 전략 및 집행을 못함

(1) 범위 영역(S)

S1. 영업 관계를 중심으로 소극적 전략 범위 설계
S2. 전략요소에 대한 설계, 대응의 미흡
S3. 경쟁우위 및 시너지, SDI전략 벡터 요소에 대한 설계대응의 한계

E-C 관계

EC1. 전략 요소 미비 및 지휘능력의 한계
EC2. 전략통제 및 전략대응 시스템이 없음
EC3. 미래전략의 부재로 조직능력 자원개발 마스터플랜 부재
EC4. 능력-자원 편성배치 원칙부재 및 임기응변식 전개됨
EC5. 능력 자원의 확보 및 전개에 대한 조직의 전략적 대응 실천의 미흡

E-B 관계

EB1. 외부-내부 전략의 결합 설계 및 대응 전개 프로세스의 미비
EB2. 기존고객 대응의 영업 및 사업전략과 신규 고객개척 및 사업추진전략 간의 충돌
EB3. 소극적 외부 대응 비즈니스 전략 수립

C-S 관계

CS1. 기존의 교육영업 및 진행요원중심으로 전략범위를 선택
CS2. 신규니치영역에 대하여 생존을 위한 모험적 전략범위를 선택하지 못함
CS3. 능력자원 혁신이 곤란

S-B 관계

SB1. 기존의 고객중심의 사업운영 추진전략에 치중
SB2. 새로운 교육프로그램이나 교강사, 새로운 교육방식의 전개와 같은 신규 사업전략의 전개 미흡
SB3. 타 경쟁교육업체와 크게 차별화되지 못한 프로그램으로 일관
SB4. 새로운 비즈니스 영역 개척의 한계

(3) 능력/자원 영역(C)

C1. 교육 능력 및 자원의 한계
C2. 전략적 프로그램 및 교수진, 강사 확보능력, 역량의 한계
C3. 주요 핵심 능력자원의 미비

C-B 관계

CB1. 기존 유착고객 대응사업에 주요 능력자원의 우선배치
CB2. 능력-자원의 한계로 신규 고객 및 교육 서비스 대응 비즈니스 추진이 불가능

(2) 비즈니스 전개 영역(B)

B1. 기존의 고객을 중심으로 교육사업의 수주와 운영 추진에 치중
B2. 신규 니즈 대응의 교육 프로그램 및 교강사진의 개발 미흡
B3. 신규고객개척 및 적극적 교육 사업전개가 어려움

이와 같은 고객대응행동과 현상은 B사가 대응해야 할 고객과 시장에서의 현실 팩트와 전략 니즈를 왜곡하고 전략 콘텍스트의 이해부족 및 잘못된 사업수행의 관행과 결합하여, 제1장에서 살펴본 <표 1-8>의 오른쪽의 합법성과 대응책임성을 비롯한 전략논리의 합리성 대응과 표의 왼쪽에서 살펴본 전략관점의 각 구성요소별 대응에서 실패함으로써 심각한 전략적 위기를 초래할 수 있다.

또한 이와 같은 비용지출은 교육사업 예산에서 상당부분을 차지하고 있는 교강사진의 강사료의 삭감으로 이어지며, 결과적으로는 교육 프로그램의 경쟁우위의 전략요소를 충족하지 못하게 되어, B사는 물론이고 고객사도 함께 전략적 위기에 처하게 될 소지가 있다.

이와 같은 미흡하고 부실한 전략전개는 <도 1-9> 기업창조의 설계와 실천 사이클에서 제한적인 사업전개에 초점을 맞춘 MO Cycle에 집중함으로써 스스로의 전략경영의 전개를 제한할 뿐만 아니라, 현재의 사업현실에 전략적으로 대응하기 위한 SO Cycle과 바람직한 기업조직의 창조와 실현을 위한 SE Cycle, 그리고 창조적인 기업설계와 기업실현을 위한 EC Cycle의 전략적 전개를 이끌지 못하고 있다. 따라서 B사가 당면하고 있는 환경과 현실에 성공적으로 대응하기 위한 전략경영의 결합적인 SM Cycle의 전개를 실천하지 못하고 있다.

이와 같은 경우, B사의 당면환경에 대응하기 위한 전략경영전개를 위하여 엔터프라이즈 차원에서의 전략 아키텍처의 전면적 대응을 점검하고 수정할 필요가 있다.

따라서 전략의 범위와 대상, 현실 팩트, 전략 니즈와 같은 주요한 전략설계요소들에 대한 근원적 검토와 분석을 통하여 생존과 성장을 위한 근본적인 전략의 변혁이 강력히 요구되고 있다. 예를 들면 <도 5-2> 엔터프라이즈 전략 아키텍처를 통하여 조명한 기본전략의 구도에서 보는 바와 같이, 8가지의 기본적인 전략과 관계적 전략들에 대하여 본격적인 점검과 대응을 전개할 필요가 있다.

현저한 특징을 중심으로 간략하게 요약하자면 B사는 특정 고객기업체를 중심으로 긴밀한 유착관계의 형성을 통하여 모든 사업행동을 전개함으로써 사업전개를 실천하는 기본적인 전략 니즈의 대응에서부터 스스로 제한적인 전략을 전개하고 있다. 따라서 신규고객의 개척이나 새로운 교육 프로그램의 개발과 고객의 문제를 해결하는데 유용한 도움을 줄 수 있는 교육 서비스의 질적 성과향상, 그리고 새로운 시장 대응을 위한 전략 설계는 거의 하지 못하고 있으며 실천하려고 하지도 않는다.

이와 같은 현상은 경영자와 실무자들의 과거의 사업 경험과 자신의 사업추진 역량에 입각한 귀결이기도 하다. 그러나 이와 같은 대응이 조직과 구성원들의 역량을 스스로 성장시키지 못하고 사업의 성과 또한 제약하게 된다.

① 전략 범위

B사는 전략의 설계시 전략 범위와 대상의 설계에 있어서 기존의 주요 거래처의 요구사항에 따라 교육 서비스 사업의 대상, 분야, 방향, 사업량을 중심으로 범위를 결정하고 있다.

B사는 거래처인 고객들의 니즈에 맞추어 대응한다는 기본적인 원칙을 따르는 것과 같지만, 기본적으로는 B사는 독립적인 엔터프라이즈 주체이며 자신의 엔터프라이즈 활동에 대응하기 위한 전략의 범위와 대상에 대하여 대응할 수 있는 전략을 정비할 필요가 있다.

개괄적으로 보면 <표 5-2>의 엔터프라이즈 전략 아키텍처의 구성요소에서 보는 바와 같이, 그리고 세부적으로는 <표 5-5>의 범위와 규모, <표 5-6>과 <표 5-8>의 엔터프라이즈 전략 벡터와 경쟁우위에서 보는 바와 같이 엔터프라이즈 전략 대응에 필요한 요소들을 점검하여 대응하여야 한다.

예를 들어, 비즈니스 차원에서 대응하는 전략의 범위와 대응의 규모가 기존의 거래처 기업들의 교육 서비스를 제공하는 것으로 확정하고 있으며, 그 범위와 대상을 변경할 수 없다면 교육 담당자와 유착하여 사업을 따내는 방식에 매달릴 것이 아니라 이제부터는 전략 벡터를 정비하여 고객이 원하는 니즈를 탐색하고 대응할 수 있는 제품서비스 전략을 정비하여야 한다.

또한 SDI 전략 벡터를 통하여 자신들만이 제공할 수 있는 교육 서비스와 독창적이고 차별화된 유용한 교육 프로그램을 개발하고, 교육산업의 로지스틱스와 연관관계를 구성하고 있는 교육 지도강사 및 지도교수진의 발굴 및 육성, 상호 지원을 통하여 전략 벡터를 재설정할 필요가 있다.

특히 <표 5-8>의 경쟁우위 전략요소를 분석하여 표의 왼쪽의 교육 서비스의 포지셔닝과 표의 오른쪽의 집중대응의 포지셔닝을 점검하여 자신들이 제공하는 교육운영 및 지원 서비스를 경쟁 우위적 관점에서 강화하고 대응전략을 편성하여야 한다.

<표 5-9>의 시너지 전략요소에 대하여는 내부적 조직 및 기능전개 및 조직능력의 한계가 약점이므로 최소한의 조직구성원들을 중심으로 일사불란한 팀워크를 전개하며, 지도교수진, 거래처 고객 기업의 교육부문과 협력하여 교육니즈 탐색과 교과과정개발에서 전략 시너지와 경영시너지를 추구하고 기능적 시너지를 포함하여 전략대응을 강화해야 한다.

이와 같은 전략설계에서 기존의 고객대응만으로는 엔터프라이즈 활동의 성과가 불확실할 경우, 신규시장과 고객개척을 위한 전략 범위와 대상의 재설계로 전략적 설계의 구조적 변혁을 추구한다.

② 비즈니스 영역

비즈니스 영역의 설계에서는 현재 추진하고 있는 제한적인 고객들을 대상으로 전개하는 교육 서비스를 중심으로 좀 더 확대된 비즈니스를 설계한다. 시공간적으로는 현실 팩트와 전략 니즈를 중심으로 보다 안정적으로 고객과 시장의 공간적 전개를 설계하고 장기적으로 진출하고자 하는 시장영역에 대하여 대응하고자 하는 비즈니스를 구성한다.

대상을 중심으로 보면 제품 서비스, 고객, 투입요소, 관계의 대상, 추가적으로 확대할 수 있는 대상과 관계설정을 어떻게 구성하고 이끌어갈 것인지에 대하여 설계한다. 따라서 기존에 제공하던 교육 프로그램과 서비스와 대상고객, 투입요소 및 사업 운영전개의 내용을 새로이 변화하고 있는 전략 니즈에 대응하고 경쟁우위, 시너지를 제고할 수 있는 방향으로 비즈니스 내용과 전개를 재설계한다.

③ 능력-자원 영역

B사의 능력-자원의 설계는 현재 확보하고 있는 인적 서비스 제공인력을 중심으로 전략범위와 대상, 비즈니스의 영역에서 구도된 전략을 전개하기 위하여 필요한 인력확보가 급선무이다.

<표 1-9>의 능력-자원 활용과 엔터프라이즈 전략에서 보는 바와 같이, 우선은 기존의 인력을 중심으로 최대한 능력 활용과 전개를 추진하면서 추가적으로 필요한 외부 인력을 조달, 확충할 필요가 있다.

필요하다면, 전략적 제휴와 같은 수단전략을 전개히어 대응함으로써 비즈니스 영역전개에서 추구하는 새로이 변화하고 있는 전략 니즈에 대응하고 경쟁우위, 시너지를 제고할 수 있는 방향으로 비즈니스 내용과 전개를 효과적으로 추구할 수 있도록 한다.

④ 전략수립 및 집행

B사는 그동안 어두운 바다에서 등대의 불빛만 보고 항해하는 선박과도 같이 주로 기존의 고객 거래처를 중심으로 사업대응을 수행하는 것이 유

일한 전략수립 및 집행의 내용이었다.

그러나 최근 주요 고객 거래처에서 교육의뢰가 급속히 줄어들고 있고, 일부 거래처에서는 교육수주를 중단함으로써 생존의 위기 현실에 처하게 된 것이다. 이와 같은 경우, 담당자와의 유착을 통한 사업수행은 유일한 사업전략이라고 판단하고 대응하는 것은 참으로 무모한 짓이 아닐 수 없다.

더욱이 제한된 수입예산에서 영업 리베이트의 비중이 높고, 결과적으로는 강사료를 할인하게 되어, B사의 교육에 유능한 강사들이 참여하지 못하게 됨으로써 주요 거래처인 고객사의 교육 프로그램의 만족도가 저하되고 있는 현실에 주목할 필요가 있다. 이와 같이 대응해서는 제대로 된 전략대응이라고 할 수 없으며 B사의 엔터프라이즈 활동에 대한 존폐가 위협받게 되는 일도 당연지사라고 할 수 있다.

이제부터는 등대의 불빛만 따라 다닐 것이 아니라, 어디에서 어떠한 고객들이 어떠한 니즈를 가지고 대기하고 있는지를 스스로 탐색하고 점검하여야 한다. 따라서 <도 5-14> 비즈니스와 능력-자원전개, SDI의 통합적 전개에서 보는 바와 같이 새로운 전략전개를 실천을 고려하여 전략의 설계와 집행에 대응할 필요가 있다.

즉, 기존의 고객 거래처 기업들을 중심으로 교육 수주가 지연되거나 중단되었다면, 꺼진 등대의 불을 어떻게 해보려고 할 것이 아니다. 자신의 전략 범위와 구성요소, 비즈니스의 대상과 범위 설계, 능력과 자원의 배치 및 그 집행의 통제를 점검하고 대응해야 할 전략을 새로이 설계하고 실천해야 하기 때문이다.

6.5 사례연구를 통하여 본 ESA 프레임워크의 유용성

이상으로 ESA 프레임워크의 적용 사례연구를 통하여 그 적용가능성과 유용성에 대하여 살펴보았다.

엔터프라이즈에서 추구하고자 하는 전략 및 관련활동들은 최종적으로 추진성과에 의하여 판단된다. 이러한 이유에서 전략 그 자체만으로는 성과를 판별하기 어려울 뿐만 아니라, 그 대응에 있어서도 실천과정에서 당면하게 되는 다양한 요인과 변수들이 작용하기 때문에, 정확한 판별이 어렵게 된다.

이와 같은 이유에서 전략보다는 실천에 초점을 맞추어 어떻게 하면 전략적 성공과 엔터프라이즈 조직의 발전과 성장을 실현할 것인가에 관심을 두게 된다. 그러나 엔터프라이즈 조직의 사업추진에 있어서 무엇을 대상으로 어떻게 전개할 것인지에 대한 전략의 설계와 이에 대한 거버넌스의 활동을 간과할 경우, 현실적으로 전략에 대한 조직적 대응의 성과를 관리할 수 없게 된다.

사례연구에서 살펴본 A사의 경우, 기존의 비즈니스의 추진과 새로운 비즈니스의 추진과 관련하여 조직내부와 관련기관, 감사기관 등에서 왜 신규 수익사업부문의 전략이 제대로 전개되지 못하고 있는가에 관하여 다양한 의문점과 질책들이 제시되었다.

그러나 엔터프라이즈 전략 아키텍처의 프레임워크에 의하여 진단해본 결과, A사의 경우 ESA의 각 영역별 요소들의 설계와 거버넌스 관점에서 다양한 문제점과 균형정렬의 불일치 현상 및 그 원인들을 구조적으로 파악할 수 있었다.

또한 그와 같은 문제점과 주요 과제들에 대하여 각 영역별 요소들에 대한 재설계와 관리, 통제의 변화를 통하여 추구하고자 하는 엔터프라이즈 비즈니스의 성공을 위한 분석적 대안의 도출과 결합적 대응의 방법을 구성할 수 있게 되었다.

따라서 A사의 경우, ESA진단과 향후 대책에 관하여 경영진과의 논의를 통하여 이제부터 신규 사업을 포함하여 엔터프라이즈 차원에서의 전반적인 사업들을 전략범위와 비즈니스 도메인, 능력자원, 전략 집행의 과정을 재조명하고자 하고 있으며, 전략 거버넌스의 관점에서도 필요한 조치를 단계적으로 강구해나가고자 하는 경영진의 의지표명을 확인할 수 있었다.[1]

ESA 프레임워크는 정부조직을 비롯하여 일반 기업조직, 비영리 조직을 포함하여 엔터프라이즈 활동을 전개하는 조직의 전략설계와 전략 거버넌스 활동을 고도화시키는 데 활용할 수 있다.

> 특히 기존의 전략경영의 관점에서 조직의 전략 수립차원에서의 대응을 초월하여 전략 아키텍처의 관점에서 전략범위의 설계, 비즈니스의 설계, 능력자원의 설계, 전략실천의 통합적 접근을 가능하게 할 뿐만 아니라, 전략 거버넌스의 관리의 관점을 추가하여 엔터프라이즈의 생성과 발전, 소멸의 과정과 단계별로 폭넓게 적용할 수 있다.

조직규모가 크지 않고 특정한 서비스만을 제공하는 소기업 형태의 B사의 사례연구에서 ESA 프레임워크를 통한 진단과 대응을 통하여 과연 B사의 현재사업을 계속할 것인지에 대한 전략적 판단이 가능하게 되었다. 뿐만 아니라, B사가 생존을 하기 위하여 어떠한 전략설계의 원칙과 거버넌스의 기능을 활용할 것인지에 대한 유용한 착안과 대응방안을 모색할 수 있다.

---

[1] 그러나 엔터프라이즈 차원에서의 전반적인 사업들을 전략범위와 비즈니스 도메인, 능력자원, 전략 집행의 과정을 재조명하고 전략 거버넌스의 관점에서도 필요한 조치를 단계적으로 강구해나가고자 하는 경영진의 의지표명은 지속적으로 실천되지 못하였다. 그것은 조직 내에서 본격적으로 ESA 추진을 공식화하여 실천하고 그 진행을 관리하고 통제할 수 있는 조치, 예를 들면, CGO와 같은 책임부문의 설치와 같은 실천적 조치를 강구하지 못하였기 때문이다. 따라서 경영진의 교체와 더불어 ESA 추진의 공식화작업이 다른 현안과제들에 밀려 잠식당했기 때문이라는 점을 밝혀둔다.

사례연구에서 이해할 수 있는 바와 같이 기업규모와 사업의 종류가 적을 경우, ESA 프레임워크의 적용과 전개는 한결 용이하게 수행된다. 그것은 대응해야 할 요소와 범위, 대상이 비즈니스의 범위가 큰 조직에 비하여 상대적으로 협소하고 작기 때문에 그에 따라 줄어들기 때문이다.

따라서 대응해야 할 전략의 범위와 규모가 작을 경우, ESA 프레임워크와 엔터프라이즈 전략설계의 원칙적용과 활용을 더욱 간편하게 전개할 수 있다.

B사의 경우, 다양한 비즈니스의 전개가 아닌 단일 업종과 제한된 분야의 전문화된 서비스를 제공하고 있었기 때문에, 특별히 다양한 비즈니스들을 수행하는 과정에서 경험하게 되는 전략의 충돌의 문제는 중요하게 고려할 필요가 없었다. 그러나 B사가 향후 인터넷 기반의 교육 서비스 사업을 전개하고자 한다면, ESA 프레임워크를 활용하여 기존의 오프라인 교육 서비스와 온라인 교육 서비스 사업 간의 전략충돌의 문제에 대응할 필요가 있다.

특히 새로운 전략설계를 중심으로 사업의 확장을 전개함에 있어서 투자자와의 관계에서 엔터프라이즈 거버넌스와 전략 거버넌스의 전개를 효과적으로 실천할 필요가 있다. 거버넌스의 대응에서 합법성, 합목적성, 책임성, 적합성의 원칙을 준수해야 B사의 외부적 사업 관계가 확립되고 사업실천의 건전한 추진력을 확보할 수 있기 때문이다.

현실적으로 많은 소기업들이 중요한 전략적 성장의 기회를 포착하고 있음에도 자본력의 열세로 성장에 필요한 전략적 투입요소와 자원을 확보하지 못하여 그 추진력을 발휘하지 못하는 경우가 많다. 그와 같은 현상을 초래하게 되는 근본적인 이유 중의 하나는 외부적 자본유입과 통제에 대한 합리적 접근방법을 잘 이해하지 못할 뿐만 아니라 그 실천방법과 운영에 대한 체계를 전개하기 어렵다고 생각하기 때문이다.

따라서 그에 대하여 적극적이고 전략적 대응방법이 엔터프라이즈 거버넌스에 의한 대응이라는 점에 착안하고 엔터프라이즈의 설립과 전개에 합당하게 실천적인 거버넌스의 전개방법을 추구하여 나름대로 효과적인 방법들을 개발하고 전개할 필요가 있다.

ESA를 활용한 조직의 전략대응은 <도 5-30>에서 살펴본 바와 같이 기존의 엔터프라이즈 전략경영의 성과를 강화하고 새로운 엔터프라이즈 전략경영의 전개를 가능하게 한다.

즉, 전략의 설계에서 그 실천에 이르는 전 과정을 일목요연하게 이해할 수 있을 뿐만 아니라, 전략적 대응을 준비하고 행동하는 각 실천부문과 관리부문에서 필요한 전략적 요소와 전략 니즈를 점검하고 대응하기 용이할 뿐만 아니라, 추구하고자 하는 전략을 요소와 영역별로 미시적으로 구분하고 분석할 수 있고 거시적으로 결합하여 전략의 유용성, 합목적성, 합법성, 적합성, 책임성을 점검할 수 있기 때문이다.

또한 각 전략설계와 거버넌스의 요소에 대하여 필요한 요소와 영역별로 재구성하여 현재 추진하고 있는 전략이나 향후 추진해야 할 전략을 점검하고 통제할 수 있다. 이를 간편하게 전개하기 위하여 엔터프라이즈 전략 실천관리 보드와 전략 거버넌스 실천관리 보드를 활용한다.

실천적 관점에서는 전략의 설계와 실천, 비즈니스의 전개와 운영, 능력과 자원의 확보와 배치, 전략의 통제와 집행 및 관리를 비롯하여 전략 거버넌스의 주체와 메커니즘, 수단과 원칙을 결합하여 엔터프라이즈의 필요에 따라 수시로 실용적으로 전개할 수 있다. 이는 마치 식당의 조리대에서 필요한 요소들을 정리하고 결합하며, 대응해야 할 전략상황이라는 메뉴에 합당하게 조리하여 완성하는 것과도 같이 일상적으로 대응하는 엔터프라이즈의 활동에서 전략창조와 운영에 대한 프로세스와 워크숍의 추진과 관리가 용이하다.

그러나 한시적으로 활용하는 방법은 역시 한계가 있다. 전략의 상황은 수시로 변화할 뿐만 아니라, 그에 대하여 대응하는 조직의 전략 활동 또한 일시적인 대응으로는 지속적인 전략적 성과를 보장할 수 없기 때문이다. 따라서 ESA의 엔터프라이즈 조직 대응을 정규적이고 지속적으로 전개할 수 있도록 조직 내에 제도화시킬 필요가 있다.

그와 같은 방법이 곤란하다면 점증적 전개방식과 부가적 활용기법을 통하여, 예를 들어 목표관리나 BSC 또는 ESC를 조직의 전략대응의 기본 논리로 하고 있는 조직이라면, 기존의 전략논리를 크게 훼손하지 않는 범위에서 조직의 전략논리를 보강하고 **엔터프라이즈 전략 실천관리 보드와 전략 거버넌스 실천관리 보드**를 활용하여 필요한 ESA요소들을 반영하여 전개하는 방법도 활용할 수 있다.

사례연구에서도 이해할 수 있는 바와 같이 ESA는 업종이나 규모, 속성과 상관없이 엔터프라이즈의 현실에 적용할 수 있는 논리적 전략대응의 기법으로 활용될 수 있다.

현실적으로 ESA의 활용을 통한 엔터프라이즈 전략경영의 성패는 조직 내에서 ESA를 활용할 수 있는 엔터프라이즈 전략경영의 기반과 체제를 어떻게 구성할 것인가에 따라 좌우된다. 또한 ESA를 활용하는 조직구성원들의 활용능력 여하에 따라 ESA추진 성과가 결정된다. 따라서 이에 대한 조직적, 제도적 대응이 요구된다.[1]

---

1)　예를 들면, 앞에서도 언급하였지만, CGO와 같은 ESG(Enterprise Strategy Governance) 담당 임원제도를 확립하여 전략 거버넌스의 설계와 실천의 차원에서 조직의 엔터프라이즈 전략 아키텍처를 활용, 전개함으로써 현실 대응과 전략 성과를 높인다.

맺음말

이 책은 건전하고 강력한 엔터프라이즈의 활동이 개인과 조직, 국가와 사회를 강건하게 하며 번영을 이끈다는 확고한 신념을 바탕으로 작성되었다.

따라서 대부분의 조직과 전략 주체들이 필요한 전략을 성공적으로 전개할 수 있기를 희망하며, 현실적으로 무엇이 간과되고 있고, 어디에서 부실이 유발되는가를 주목하여 전략 설계 아키텍처를 구성하는 틀과 구조, 전개논리를 제시하기 위하여 저술한 책이다. 즉, 우리의 조직 현실에서 거버넌스 실천의 차원에서 어떻게 하면 전략을 점검하고 효과적으로 통제할 수 있는가의 주제를 놓고 고민하여 전략 거버넌스를 실천하기 위한 틀과 방법적 실천논리를 제시하고자 하였다.

이 책은 조직의 현장에서 책임자와 실무자가 구체적으로 활용하고 실천할 수 있는 전략 아키텍처에 대한 논리적 개념과 연계, 활용에 관한 방법을 이해하기 쉽게 제시하여 엔터프라이즈 아키텍처 이론과 실제의 발전을 도모하고 우리나라 기업 및 정부조직의 엔터프라이즈 성과를 제고하기 위한 일념으로 작성된 책이다.

이 책에서 제시하고 있는 전략 아키텍처의 논리적 체계와 프레임워크 전개기법은 기존의 전략경영에서 간과하거나, 또는 너무도 당연한 것들로 간주하고 그 때문에 세밀하게 접근하지 못했던 전략 설계와 거버넌스에 대하여 아키텍처 대응의 논리를 확립하고 우리나라 엔터프라이즈의 전략 경영의 추진성과를 높이기 위한 실천적 기법으로 연구되고 고안된 기법이다.

특히 다양한 비즈니스를 수행해오고 있는 정부부문 및 일반 기업조직의 엔터프라이즈 전략의 수립과 실행의 과정에서 등장하는 전략의 충돌과 중복과 같은 현실적 문제에 대하여 어떻게 하면 그에 대응할 수 있는가에 대하여 현상의 규명과 대응방안의 모색을 위하여 고안되었으며, 엔터프라이즈 전략경영의 차원에서 필요한 전략 아키텍처 프레임워크를 논리적으로 체계화함으로써 향후 조직에서 전략설계와 전략 거버넌스의 실천논리를 강화하는데 유용한 분석용구로 활용할 수 있도록 하였다.

뿐만 아니라 현재 정부부문과 대규모 기업그룹들을 중심으로 도입이 확대되고 있는 엔터프라이즈 아키텍처(EA)의 설계와 운영에 있어서 필수적인 영역인 엔터프라이즈 전략에 대하여 그동안 EA의 밖에서 결정되고 있던 전략을 아키텍처의 관점에서 대응할 수 있도록 프레임워크를 중심으로 구조화함으로써 EA의 구체적인 출발점으로 인지되고 있는 비즈니스 아키텍처의 설계에 전략 아키텍처를 반영할 수 있는 초석을 제공하고 있다.

제5장과 6장에서 제시하고 있는 바와 같이 엔터프라이즈 아키텍처의 모색에서 전략설계와 전략 거버넌스 아키텍처를 활용함으로써 엔터프라이즈의 전략경영 성과를 높일 뿐만 아니라 엔터프라이즈의 지속적 성장과 발전에 도움이 될 수 있는 논리적 체계와 착안점을 제시하고 연관 아키텍처로의 발전적 결합과 활용의 가능성을 높이고 있다는 점이다.

특히 전략 아키텍처 프레임워크에 의한 대응을 통하여, 전략충돌현상에 대한 현상적 이해와 대응의 성과를 높일 수 있다. 즉, 전략충돌현상의 원인과 대응에 있어서 전략설계 아키텍처와 전략 거버넌스 아키텍처의 프레임워크를 중심으로 각 영역별 요소들을 점검하여 전략충돌현상에 대하여 구체적으로 진단하고 대응하고 개선해야 할 대안들을 도출하는데 유용한 수단으로 활용될 수 있다.

조직의 거버넌스에 대하여 직접적, 또는 간접적으로 책임을 맡고 있는 부문의 관리자를 비롯하여 CGO를 비롯한 책임경영진에게 엔터프라이즈 전략 아키텍처의 구조적 논리와 전개방법의 적용을 전개한 **엔터프라이즈 전략 실천관리 보드**와 **전략 거버넌스 실천관리 보드**를 통하여 현실적으로 유용하고, 절차적이며, 체계적인 전략 거버넌스 성과의 제고를 도모할 수 있다.

이 책에서는 ESA의 프레임워크 구성과 전개방법을 중심으로 엔터프라이즈의 전략의 영역을 아키텍처의 사상을 통하여 정립함으로써 EA의 성과를 제고하기 위하여 실천해야 할 내용을 살펴보았다.

이 책에는 ESA 프레임워크와 EA와 세부적인 연관 하위 아키텍처들과의 구체적인 연결고리를 구성하지 않고 있으므로 향후 비즈니스 아키텍처(BA)를 비롯한 ITA와의 결합적 방법에 대한 절차와 체계적 방법이 후속적으로 개발되고 연구될 필요가 있다.

또한 ESA 프레임워크의 활용의 관점에서 보다 간편하고 단순한 구도에서 실천적으로 전개할 수 있는 실용적 전개방법과 ESA 프레임워크의 진화적 관점에서의 동태적 설계와 수정, 보완을 위한 방법연구가 필요하다. 이와 더불어 ESA 프레임워크를 중심으로 엔터프라이즈 전략경영과 엔터프라이즈 설계에 관한 이론적 연구를 보완할 필요가 있다.

전략경영분야와 EA/ITA분야, 그리고 엔터프라이즈 조직에서 엔터프라이즈 전략 아키텍처를 중심으로 전략 아키텍처의 고도화 기법들이 계속 개발되어 우리나라 정부조직과 산업조직들의 전략적 성과를 더욱 높일 수 있게 되기를 소망한다.

감사의 글

이 책이 탄생하기까지 여러분들의 도움이 있었습니다. 이 책에서 소개하고 있는 엔터프라이즈 전략 아키텍처와 핵심적 프레임워크의 기본논리를 개발함에 있어서 전략경영과 EA 아키텍처, IT 아키텍처의 이론들을 용해시키고 종합하여 다시 전략 아키텍처의 틀로 만들어 책으로 내기까지의 4년간의 고민과 시도, 그리고 좌절과 완성의 과정을 거치는 동안, 프레임워크의 개발 프로젝트를 이끌어 오신 전성현 교수님의 집요함과 집념, 그리고 격려와 협조 및 지도가 큰 도움이 되었음을 밝혀둡니다.

엔터프라이즈 전략 아키텍처 프레임워크의 기본적 논리 틀을 구성하고 개발하는 과정에서 건국대학교의 이석준 교수님과 아주대학교 이태공 교수님의 예리한 지적과 방법론의 검토와 조언에 감사드립니다. 또한 국민대학교의 김승렬 교수, 김은홍 교수, 최흥식 교수, 정승렬 교수님의 협조와 지원에 모두 깊은 감사의 인사를 드립니다.

전략경영의 연구와 관련하여 작고하신 이고르 앤소프 교수님, 그리고 일본전략경영협회의 나카무라 겐이치(中村元一) 회장, 미국 앤소프 어소시에이츠(Ansoff Associates)의 패트릭 설리반(Patrick Sullivan) 교수, 피터 앤토니오(Peter Antoniou) 교수님께 감사드립니다.

기업과 공공부문의 현장 적용의 기법개발과 관련하여 중소기업연수원 이경렬 원장, 데이터 아키텍처 분야의 선두 그룹인 비투엔컨설팅(주)의 조광원 대표이사, 펜타시스템테크놀로지(주) 정진현 회장, Autonomy Corporation의 홍동환 솔루션 아키텍트, 행안부 강성주 정보기반정책관, 한국토지공사 정책경영연구실의 박근석 박사, 한국정보평가원의 권혁수 대표 컨설턴트, 그리고 레인폴스의 박현지 박사님의 자문과 의견교환 그리고 지원이 많은 도움이 되었습니다.

또한 국가적 전략 과제의식과 그 해결을 위하여 늘 고뇌하고 격려해주신 한국생산성본부 최동규 회장님과 전상중 해군제독, 김국헌 예비역 장군 님의 관심과 조언에 큰 감사를 드립니다.

또한 이 책의 출간과정에서 표지 디자인의 김현진 디자이너, 초록우체통의 정수은 사장, 한결 미디어의 박연 사장, 한영문화사의 홍사룡 사장님의 도움에 감사드립니다.

그동안 도움을 주신 여러분께 깊은 감사드립니다.

이 책을 마칠 때까지 부모님과 가족의 깊은 이해와 양보, 그리고 큰 사랑을 받았습니다. 이 책이 우리나라 엔터프라이즈 전략경영의 발전과 조직의 성과제고에 도움이 되길 바라는 일념으로 감사의 마음을 대신합니다.

참고문헌

1. 김승렬, 박동준, 전략적 위기경영 실천기법, 소프트전략경영연구원, 2008,

2. 김지은, 박용태, 사용자 중심 서비스 지도의 실무적 활용: 서비스 시장, 경쟁, 개발 전략 수립, 2011 한국경영과학회/대한산업공학회 춘계공동학술대회 논문집, 2011

3. 김홍식, 실용적인 엔터프라이즈 인포메이션 아키텍처 성숙도 모델, *Journal of Information Technology and Architecture*, Vol. 3.2, 한국 ITA학회, 2006.

4. 박동준, 21세기를 주도할 소프트파워 전략, 도서출판 성림, 1993.

5. 박동준, 뉴스와트전략, 소프트전략경영연구원, 2005.

6. 박동준, 피터 앤토니오 공저, 경영관리자의 성공전략을 위한 전략포맷, 소프트전략경영연구원, 2008.

7. 박동준, EA성과제고를 위한 엔터프라이즈 전략 아키텍처의 개발에 관한 연구, 국민대학교 BIT대학원, 박사학위논문, 2009.

8. 박동준, 이민광 공저, 기업병—우리 회사는 괜찮은가?, 소프트전략경영연구원, 1994.

9. 신동익, Enterprise Architecture 개념의 재조망, *Journal of Information Technology and Architecture*, Vol. 5.1, 한국 ITA학회, 2008.

10. 이태공, 엔터프라이즈 아키텍팅을 통한 시스템 컴포넌트 비용 절감 방법, *Journal of Information Technology and Architecture*, Vol. 3.1, 한국 ITA학회, 2006.

11. 전성현, 공공부문 정보기술아키텍처 전문교육 교육자료, 한국정보사회진흥원, 2005.

12. 전성현, 뉴 비즈니스 모델, 아산재단연구총서 제 79집, 집문당, 2001.

13. 전성현, 오행경영론: 우리에게 경영학은 있는가 – 동양적 경영학을 향한 창의적 모색, 소프트전략경영연구원, 2011.

14. 전성현, 박동준, 엔터프라이즈 전략 아키텍처에 관한 연구—전략 충돌과 전략 사일로에 대응하기 위한 전략 아키텍처 프레임워크와 대응방안을 중심으로, *Journal of Information Technology and Architecture*, Vol. 6.1, 한국 ITA학회, 2009.

15. 전성현, 엔터프라이즈 아키텍처와 아키텍처 기반경영, *Journal of Information Technology and Architecture*, 제3권 2호., 한국 ITA학회, 2006.

16. 전성현, 엔터프라이즈 아키텍팅 속성, *Journal of Information Technology and Architecture*, Vol. 3.1, 2006.

17. 전성현, 엔터프라이즈 IT아 경쟁력, 정보기술연구 제14집, 국민대학교 정보기술여구소, 2008.

18. 전성현, EA 아키텍처의 두 얼굴, *Journal of Information Technology and Architecture*, Vol. 4.1, 한국 ITA학회, 2007.

19. 전성현, EA에 대한 상황적 이해, *Journal of Information Technology and Architecture*, Vol. 5.1, 한국 ITA학회, 2008.

20. 전성현, EA와 IT 거버넌스, 한국교육학술정보원, 2006.

21. 정보화추진 위원회, 국가정보화 기본계획, 2008. 12.

22. 정승렬, 강재화, 이봉규, IT 거버넌스의 개념적 정의 및 측정도구 개발, 정보처리학회 논문 제14-D권, 제2호 2007.

23. 조동성, 기업의 환경창조 메커니즘: 일본기업의 환경창조경영, 도서출판 아이비에스, 1997.

24. 최흥식, ICT 산업의 패러다임 변화에 대한 연구, 정보기술연구 제14집, 국민대학교 정보기술연구소, 2008.

25. 나까무라 겐이치 외(中村元一, 山下達哉), JSMS Alliance 研究會, 實踐「アライアンス」型 經營—21世紀を生き抜く連携の戰略,ダイヤモンド社, 1993. 박동준 역, 제휴의 전략경영,

소프트전략경영연구원, 1994.

26. 나까무라 겐이치(中村元一), 圖表50で讀む戰略經營, 都市文化社, 1990. 박동준 역, 최고경영자를 위한 전략경영매뉴얼, 소프트전략경영연구원, 1993

27. 오마에 겐이치, 이단자 시대의 공격우위, 박동준 역, 소프트전략경영연구원, 1998.

28. 카키시마 카즈미(柿島一三), 現代實踐內部監査, 白桃書房, 1992, 장종원, 박동준 역, 내부감사실천매뉴얼, 소프트전략경영연구원, 1996.

29. Ambler, Scott W., *A Manager's Introduction to the Rational Unified Process(RUP)*, Ambysoft, 2005

30. Andrews, Kenneth R., *The Concept of Corporate Strategy (3rd ed.)*, Dow Jones Irwin, 1978.

31. Ansoff, H. I., *Corporate Strategy*, McGraw–Hill, 1965.

32. Ansoff, H. I., Edward McDonnell, *Implanting Strategic Management* (2nd ed), Prentice Hall, 1992. 박동준 역, 전략경영실천원리, 소프트전략경영연구원, 1997.

33. Ansoff, H. I., *New Corporate Strategy*, John Wiley & Sons, 1988, 박동준 역, 최신전략경영, 소프트전략경영연구원, 1993.

34. Ansoff, H. I., et al, Empirical support for a paradigmic theory of strategic success behaviors of environment serving organizations, *International Review of Strategic Management*, Wiley, 1993, Vol. 4.

35. Ansoff, H. I., *Strategic Management*, Macmillan, 1979.

36. Antoniou, Peter H., Patrick A. Sullivan (ed.), *The Igor Ansoff Anthology*, BookSurge, 2006.

37. Audit Committee Institute, *The Audit Committee Journal: International Audit committee member survey 2008*, KPMG International, 2008.

38. Bogaret, I., et al., "Strategy as a Situational Puzzle: the Fit of Components," Gary Hamel and Aime Heene Ed., *Competence based competition*, John Wiley and Sons, England, 1994.

39. Brandenburger, Adam M., Barry J. Nalebuff, *Co–opetition*, Currency Doubleday, 1996

40. Brown, S. L., Kathleen M. Eisenhardt, *Competing on the Edge: Strategy as Structured Chaos*, Harvard Business School Press, 1998.

41. Carbone, Jane A., *ITA–EA: IT Architecture Toolkit*, 2004, Prentice–Hall, 서한준, 최재원 역, 네모북스, 2005.

42. Chandler, A. D., *Strategy and Structure*, The M.I.T. Press, Cambridge, Mass., 1962.

43. Colley, John L., et. al., *Corporate Governance*, McGraw–Hill, 2003.

44. Collins, Jim, Jerry I. Porras, *Built to Last*, HapperCollins, 1994.

45. Crawford, Curtis J., *Compliance & Conviction: The Evolution of Enlightened Corporate Governance*, XCEO, Inc, 2007.

46. Davenport, Thomas H., Jeanne G. Harris, *Competing on Analytics: the new science of winning*, Harvard Business School Press, Review, 2007.

47. Davenport, Thomas H., "Putting the Enterprise into the Enterprise System," *Harvard Business Review*, Jul–Aug 1998.

48. Davenport, T. H., "Saving IT's Soul: Human-Centered Information Management," *Harvard Business Review*, March-April 1994.

49. David, Fred R., *Strategic Management*, Prentice–Hall, 1997.

50. Day, George S., David J. Reibenstein, and Robert E. Gunter, *Wharton on Dynamic Competitive Strategy*, John Wiley & Sons, 1997.

51. Dixit, A. K., Barry J. Nalebuff, *Thinking Strategically: the competitive edge in business, politics, and everyday life*, W. W. Norton & Company, 1991.

52. DOD, *DoD Architecture Framework, Version 1.5, Volume II: Product Descriptions*, 2007.

53. Donaldson, Gordon, "A New Tool for Boards: The Strategic Audits," *Harvard Business Review*, Jul–Aug, 1995.

54. Drucker, P. F., *Innovation and Entrepreneurship*, HarperCollins Publishers, 1985.

55. Drucker, P. F., *Managing for Results*, HarperCollins Publishers, 1964.

56. Drucker, P. F., Managing in a time of great change, First Truman Tally Books, 1995.

57. Drucker, P. F., "The Discipline of Innovation," *Harvard Business Review*, Nov–Dec 1998.

58. Drucker, P. F., *The Effective Executive*, HarperCollins Publishers, 1966.

59. E–GOV, *FEA Practical Guidance*, Federal Enterprise Architecture Program Management Office, OMB, Nov. 2007.

60. E–GOV, Federal Enterprise Architecture Program Management Office, OMB, *Value to the Mission - FEA Practice Guidance*, Nov. 2007.

61. Fradette, M., Steve Michaud, *The Power of Corporate Kinetics: Create the self–adapting, self–renewing, instant–action enterprise*, Simon & Schuster, 1998.

62. Galbraith, Jay R., Edward E. Lawler III, *Organizing for the Future: The New Logic for Managing Complex Organizations*, Jossey–Bass Publishers, 1993.

63. Galpin, Timothy J., *Making Strategy Work: Building Sustainable Growth Capability*, Jossey–Bass Publishers, 1997.

64. Gordon Donalson, "A New Tool for Boards," *Harvard Business Review*, Jul–Aug. 1995, HBS Press, HBR on Corporate Governance, 2000.

65. Grant, Robert M, *Contemporary Strategy Analysis: Concepts, Techniques, Applications*, Blackwell Publishers, 2002.

66. Grembergen W. V. (ed.), *Strategies for information Technology Governance*, Idea Group, 2004.

67. Haeckel, Stephan H., Richard L. Nolan, "Managing by wire," *Harvard Business Review*, Sep–Oct 1993.

68. Hagen, Paula J., *Guide to the (Evolving) Enterprise Architecture Body of Knowledge*, EABOK Draft, MITRE, 2004.

69. Hamel, G. and Aime Heene Ed., *Competence based competition*, John Wiley and Sons, England, 1994.

70. Hamel, G., C K Prahalad, *Competing for the Future*, HBS Press, 1994.

71. Hamel, G., "The Concept of Core Competence," Gary Hamel and Aime Heene Ed., *Competence based competition*, John Wiley and Sons, England, 1994.

72. Hamel, G., Yves L. Doz, and C. K. Prahalad, "Collaborate with Your Competitors and Win," *Harvard Business Review*, Jan–Feb, 1989.

73. Harvard Business School Publishing, *Business Value of IT*, Harvard Business School Press, 1998, 현대경제연구원, IT 경영전략, 21세기북스, 2000.

74. Harvard Business School Publishing, *Harvard Business Review on Advances in Strategy*, Harvard Business School Press, 2002.

75. Harvard Business School Publishing, *Harvard Business Review on Change*, Harvard Business School Press, 1998.

76. Harvard Business School Publishing, *Harvard Business Review on Corporate Governance*, Harvard Business School Press, 2000.

77. Harvard Business School Publishing, *Harvard Business Review on Corporate Strategy*, Harvard Business School Press, 1999.

78. Harvard Business School Publishing, *Harvard Business Review on Measuring Corporate Performance*, Harvard Business School Press, 1998.

79. Harvard Business School Publishing, *Knowledge Management*, Harvard Business School Press, 1998, 현대경제연구원 옮김, 지식경영, 21세기북스, 1999.

80. Harvard Business School Publishing, *The results-driven manager: managing change to reduce resistance*, Harvard Business School Press, 2005.

81. Hax, Arnold C., Nicolas S. Majluf, *The Strategy Concept and Process: A Pragmatic Approach*, Prentice-Hall, 1996.

82. Henderson, J. C. and N. Venkatraman, "Strategic Alignment: Leveraging information technology for transforming organizations," *IBM Systems Journal*, Vol 38, NOS 2&3.

83. Hesselbein, F., Marshall Goldsmith, Richard Beckhard (ed.), *The Organization of the Future*, The Peter F. Drucker Foundation, Jossey-Bass Inc., 1997.

84. Hilb, Martin, *Integriertes Personal-Management: Ziele-Strategien- Instrumente*, Luchterhand, 1994.

85. Hite, R. C., *Information Technology: The Federal Enterprise Architecture and Agencies' Enterprise Architectures Are Still Maturing*, United States General Accounting Office(GAO), May. 2004.

86. Hitt, M. A, et al, *Strategic Management: Competitiveness and Globaliza- tion*, (2nd Ed.) West Publishing Company, 1997.

87. Huber, Richard L., "How Continental Bank Outsourced Its "Crown Jewels", *Harvard Business Review*, Jan-Feb 1993.

88. Hunger, J. David, Thomas L. Wheelen, *Strategic Management*, Addison- Wesley, 1996.

89. Hussey, David E., *Business Driven Human Resource Management*, John Wiley & Sons, 1996.

90. Hussey, David E., *Strategic Management: From theory to implementation* (4th ed.), Butterworrth Heinemann, 1998.

91. Hussey, David E., *Strategy & Planning*, John Wiley & Sons, 1999.

92. IBM Corporation, *Smart SOA: Best practices for agile innovation and optimization*, Service Oriented White paper, 2007.

93. IBM, *GMA Information Technology Investment and Effectiveness Study*, 2008.

94. Ibrahim, Mamdough, *Service-Oriented Architecture and Enterprise Architecture, Part 1: A framework for understanding how SOA and Enterprise Architecture works together*,
http://www.ibm.com/developerworks/webservices/library/ws-soa-enterprise1/, 2007.

95. Ibrahim, Mamdough, *Service-Oriented Architecture and Enterprise Architecture, Part 2: Similarities and differences*,
http://www.ibm.com/developerworks/webservices/library/ws-soa-enterprise2/, 2007.

96. Ibrahim, Mamdough, Long Gil, *Service-Oriented Architecture and Enterprise Architecture, Part 3: How do they work together?*,
http://www.ibm.com/developerworks/webservices/library/ws-soa-enterprise3/, 2007.

97. Iyer, B., R. Gottlieb, "The Four-Domain Architecture: An approach to support enterprise architecture design," *IBM Systems Journal*, VOL 43, NO 3, 2004.

98. John Pound, "The Promise of the Governed Corporation," *Harvard Business Review*, Mar-Apr. 1995, HBS Press, *Harvard Business Review* on Corporate

Governance, 2000.

99. Kaplan, R. S., David P. Norton, "Aligning Support Functions," *Balanced Scorecard Report*, Harvard Business School Publishing, Jan–Feb 2006.

100. Kaplan, R. S., David P. Norton, "Measuring the Strategic Readiness of Intangible Assets," *Harvard Business Review*, Feb 2004.

101. Kaplan, R. S., David P. Norton, "Using the Balanced Scorecard as a Strategic Management System," *Harvard Business Review*, Jan–Feb 1996.

102. Kaplan, R. S., David P. Norton, *Alignment: Using the Balanced Scorecard to Create Corporate Synergies*, HBS Press, 2006.

103. Kaplan, R. S., David P. Norton, *Strategy Maps: Converting intangible assets into tangible outcomes*, HBS Press, 2004.

104. Kaplan, R. S., David P. Norton, *The Balanced Scorecard*, HBS Press, 1996.

105. Kerr, James M., *Best Practice Enterprise: A Guide to Achieving Sustainable World-class Performance*, J. Ross Publishing, 2006, 임세헌 외 공역, 베스트프랙티스 엔터프라이즈, 한경사, 2008.

106. Kotler, Philip, *Kotler on Marketing: How to Create, Win and Dominate Markets*, The Free Press, New York, 1999.

107. Kotter, John P., *Leading Change*, HBS Press, 1996.

108. Leo, Francesco Fe, "Understanding the roots of your competitive Advantage: Form product market competition to competition as a Multi-layer Game," Gary Hamel and Aime Heene Ed., *Competence based competition*, John Wiley and Sons, England, 1994.

109. Levitt, Theodore, "*Creativity Is Not Enough*," The Innovative Enterprise, Harvard Business School Publishing, (product no. 1628.) 2002.

110. Kenneth Lieberthal and Geoffrey Lieberthal, "The Great Transition," *Harvard Business Review*, Oct. 2003.

111. Lipton, Mark, *Guiding Growth: How vision keeps companies on course*, HBS Press, 2003.

112. Lorsch, J. W., "Empowering the Board," *Harvard Business Review*, January–February, 1995.

113. Lutchen, Mark D., *Managing IT as a Business: A Survival Guide for CEOs*, John Wiley & Sons, 2003.

114. MacAvoy, Paul W., Ira M. Millstein, *The Recurrent Crisis in Corporate Governance*, Stanford University Press, 2003.

115. Mankins M. C., Richard Steele, "Turning Great Strategy into Great Performance," *Harvard Business Review*, Jul–Aug, 2005.

116. Mintzberg, H., "Crafting Strategy," *Harvard Business Review*, Jul–Aug, 1987.

117. Mintzberg, H., "Five P's for Strategy," *California Management Review*, Fall 1987.

118. Mintzberg, H., J. Brian Quinn, *The Strategic Process*, (3rd ed.), Prentice Hall, N.J., 1996,

119. Mintzberg, H., *The Rise and Fall of Strategic Planning: Reconceiving roles for planning, plans, planners*, The Free Press, 1994.

120. Monks, Robert A. G., Nell Minow, *Corporate Governance* (3rd ed.), Blackwell Publishing, 2004.

121. Montgomery, C. A., Michael E. Porter, *Strategy: Seeking and Securing Competitive Advantage*, HBS Press. 1991.

122. Naisbitt, John, *Mind Set!: Reset Your Thinking and See the Future*, HarperCollins, 2006.

123. Norton, David P., "Managing Strategy is Managing Change," *Balanced Scorecard Report*, Jan–Feb 2002, Vol. 4, No. 1.

124. OECD, *OECD Principles of Corporate Governance*, 2004.

125. Open Group,. *TOGAF V.9.*, 2009

126. Oxley, J. E., R. C. Sampson, "The Scope and Governance of International R&D Alliances," *Strategic Management Journal*, Vol. 25, Issue No. 8–9, Aug–Sep. 2004.

127. Pohle, G., P. Korten, S. Ramamurthy, S. Foercking, *The Specialized Enterprise*, IBM Institute for Business Value, 2005.

128. Porter, Michael E., "From Competitive Advantage to Corporate Strategy," *Harvard Business Review*, May–June, 1987.

129. Porter, Michael E., *Competitive Advantage: Creating and Sustaining Superior Performance,* The Free Press, 1985.

130. Porter, Michael E., *Competitive Strategy,* The Free Press, 1980.

131. Porter, Michael E., *The Competitive Advantage of Nations,* The Free Press, 1985.

132. Pound, J., "Beyond Takeovers," *Harvard Business Review*, March–April, 1992.

133. Pound, J., "The Promise of the Governed Corporation," *Harvard Business Review*, March–April, 1995.

134. President and fellows of Harvard College, *Harvard Business Review on Corporate Governance*, Harvard Business School Press, 2005.

135. President and fellows of Harvard College, *Harvard Business Review on Corporate Strategy*, Harvard Business School Press, 1999.

136. Quinn, J. Brian, *Strategies for Change: Logical Incrementalism*, Irwin, 1980.

137. Ross, Jeanne W., Weill, Peter, Robertson, David C., *Enterprise Architecture as Strategy: Creating a Foundation for Business Execution*, Harvard Business School Publishing, 2006.

138. Senge, Peter, Bryan Smith, Nina Kruschwitz, Joe Laur, Sasa Schley, *The Necessary Revolution*, Doubleday, 2008.

139. Slywotzky, Adrian J., *Value Migration: How to think several moves ahead of the competition*, Harvard Business School Press, 1996, 황건 역, 가치이동, 세종서적, 1996.

140. Sowa J. F. and J. A. Zachman, "Extending and formalizing the framework for the information systems architecture," *IBM Systems Journal*, V. 31, No. 3. 1992. pp. 600-601.

141. Steiner, George A., *Strategic Planning*, The Free Press, 1979.

142. Temnenco, Vitalie, *TOGAF or not TOGAF: Extending Enterprise Architecture beyond RUP*, http://www.ibm.com/developerworks/rational/library/jan07/temnenco/index.html, 2007.

143. The Open Group, *The Open Group Architecture Framework(TOGAF) Version 9.* 2009.

144. Treacy, Michael, Fredd Wiersema, *The Discipline of Market Leaders: Choose your customers, narrow your focus, dominate your market*, Addison–Wesley, 1995.

145. Weill, Peter, Jeanne W. Ross, *IT Governance: How top Performers manage IT decision rights for superior results*, Harvard Business School Publishing, 2004.

146. Zott, Christoph and Raphael Amit, "The Fit Between Product Market Strategy and Business Model: Implications for firm performance," *Strategic Management Journal*, John Wiley & Sons, 2007.

찾아보기

480

저자소개

박동준 (朴東濬)

저자 박동준은 숭실대학교 철학과, 연세대학교 경영대학원에서 경제학 석사(경제기획 전공), 국민대학교 BIT대학원에서 경영정보학 박사를 취득하였다. 삼성공채입문(22기)으로 직장생활을 시작하여 한국상업은행, 한국생산성본부 교육기획실장(책임전문위원)으로 근무하였으며 서강대학교 경영회계연수원의 책임연구원으로 재직한 바 있다.

1993년 소프트전략경영연구원을 설립하여 전략경영분야의 실천기법을 개발하고 관련된 도서와 자료를 저술, 출간해왔다. 국내 주요 정부기관 및 주요 기업 그룹의 경영진과 관리자, 전략부문의 실무책임자들을 대상으로 전략경영 교육과 워크숍을 지도해왔다. 현재 소프트전략경영연구원장, 미국 법인 ESPRO Inc. 대표이사. 한국 ITA/EA학회 이사(학술분과)로 재임하고 있다.

일본전략경영협회(JSMS) 이사, 앤소프 코리아(Ansoff Korea) 대표, 앤소프전략경영스쿨(USIU/AIU MBA과정) 주임교수, Ansoff Institute Board of Director, Strategic Change(John Wiley) Editorial Board를 역임하였다.

■ 주요저서로는 「전략 아키텍처로 대응하라: 엔터프라이즈 전략경영 - 엔터프라이즈 전략 아키텍처와 거버넌스의 통합적 실천기법」, 「성공원칙 - 당신이 주인공입니다(전3권)」, 「EA 성과제고를 위한 엔터프라이즈 戰略 아키텍처의 설계에 관한 研究(박사학위논문)」, 「뉴스와트전략 2.0」, 「경영관리자의 성공전략」, 「전략포맷(피터 앤토니오 공저)」, 「전략적 위기경영-실무기법(김승렬 공저)」, 「경영명상 100제(피터 앤토니오 공저)」, 「뉴스와트전략」, 「성공경영을 위한 전략 C」, 「기업병(李民光 공저」, 이상 소프트전략경영연구원 출간), 「소프트파워전략」, 「무계획은 실패를 계획하는 것이다」(이상 도서출판 성림), 「ソフトパワ―戰略」(都市文化社, 日本 東京) 등이 있다.

■ 저자의 주요 연구개발 성과 및 전략실천 기법으로는 「New SWOT 기법」, 「경쟁전략 매트릭스 기법」, 「공생전략 SWOT 매트릭스 기법」, 「Strategy Format 기법」, 「Strategic Issues Solution 기법」, 「Enterprise Strategy Architecture(ESA)와 엔터프라이즈 전략경영 기법」, 「전략 거버넌스 실천기법」, 「전략적 위기경영 대응기법」, 「Risk SWOT 매트릭스 기법」, 「Risk Issues Clustering 기법」, 「전략성공 SECRETS Model」등이 있다.